KB220794

불교학의 사회화 이론과 실제

프라즈냐 총서
44

# 불교학의 사회화
# 이론과 실제

| 삶의 예술로서의 응용실천불교학 |

박경준 著

운주사

## 책머리에

> 참 철학이라면 관념의 유희를 위한 지식철학을 철폐하고, 돈과 물질과
> 인간에 대한 우리의 태도에 실질적 변화를 강요하는 행동철학으로 돌아
> 갈 것이다. 그러기 위해서 불교철학이라면 이젠 반드시 백성들의 생활을
> 일체적으로 취급하는 사회정의의 문제에 대한 불교적 태도부터 밝혀야
> 한다.
>                                         —휴암, 『한국불교의 새 얼굴』

불교는 깨달은 자가 깨닫지 못한 자로 하여금 깨닫도록 이끌어, 마침내
모든 사람 모든 중생이 함께 붓다가 되는 것을 목표로 한다. 한마디로
불교는 깨달음의 종교인 것이다.

　하지만 불교의 궁극적인 목표는 '깨달음의 완성'에 있는 것이 아니라
'삶의 완성'에 있다. 말하자면 불교는 '깨달음을 위한 삶'이 아니라 '삶을
위한 깨달음'을 가르친다. 그럼에도 많은 불교인들은 깨닫기만 하면
사람으로서 풀어야 할 일대사를 다 해 마치는 것으로 착각한다. 이것은
깨달음에 대한 신비주의적 곡해 때문에 비롯된 것이다. 물론 깨달음의
세계는 상식과 논리로써 파악할 수 있는 세계가 아닐 수 있다. 하여
범부중생은 깨달음을 신비의 이상경으로 동경하기도 한다. 그러나 깨달
은 당사자가 볼 때 깨달음은 신비의 세계가 아니라 여여하고 평범한,
있는 그대로의 생활세계일 수도 있다.

　그래서 고타마 붓다는 대각大覺을 이루고 곧바로 열반에 들지도 않았
고 무위도식으로 여생을 보내지도 않았다. 붓다는 깨달음을 통해 참되고
의미 있는 삶의 길을 새롭게 내딛었다. 그리고 그 길은 중생과 함께하는

삶 속에 있다는 통찰을 통해 중생의 미혹을 깨뜨리고 중생의 고통을 보듬기 위해 세간 속으로 뛰어들었다. 깨달음은 삶의 완성이 아니라 참다운 삶의 시작임을 보여준 것이다.

필자는 이와 같은 이해와 신념을 바탕으로 오랫동안 현학衒學과 사변思辨으로서의 불교학을 지양하고, 불교를 주체적·역동적 '삶의 예술'로 정의하며 '불교의 사회화'·'불교의 생활화'를 학문적 화두로 삼아왔다. 이 책의 제목을 『불교학의 사회화 이론과 실제』라 하고 부제를 「삶의 예술로서의 응용실천불교학」이라고 한 소이가 바로 여기에 있다.

종교는 '산 종교'와 '죽은 종교'의 둘로 구분된다. 박물관 안에 박제화되어 있거나 경전 속에 갇혀 있는 종교가 죽은 종교라면, 동시대와 함께 호흡하고 사람들과 소통하며 새로운 사회를 열어가는 종교가 산 종교이다. 오늘의 한국불교가 산 종교로 자리매김하기 위해서는 철저한 자기성찰과 변혁을 통해 새롭게 태어나지 않으면 안 된다. 그동안 한국불교는 빠른 시대변화가 몰고 온 수많은 사회적 난제에 적절히 대응하지 못하고 역사를 능동적으로 향도해 오지도 못하였다. 이를 극복하기 위해서는 무엇보다도 불교인의 투철하고 적극적인 사회의식이 필요하다. 또한 전통적인 불교 교리에 대한 새로운 접근과 해석이 필요하다.

예컨대 휴암은 불교의 전통적인 인과사상 (업보윤회사상)에 대해 "운명적·기계적으로 소화된 인과정신이 팔자八字 사상을 심어주고, 우리에게 진취적인 기상을 고갈시켜 우리를 애매모호한 신비적 풍토에 빠뜨렸다면, 개인주의적으로 소화된 인과정신은 …… 상호불가분의 관련성 속에 책임을 함께 나누는 연대감을 고취시켜주지 못하고, 도리어 인과사상이 모든 책임을 각자의 자기 탓에만 돌려버리게 함으로써, 상호 무책임주의와 방관주의를 유발시키고 만 듯하다."라고 비판한 바 있는데, 이러한 교리문제에 대한 새로운 시각과 실천적 해석이 필요하다는 말이다.

　이러한 문제의식을 가지고 필자는 불교의 근본교리인 연기설과 업설 등에 대한 새로운 접근과 해설을 시도해 보았다. 말하자면 '불교학의 사회화 이론'을 정초해 보고자 한 것이다. 제1장과 제2장, 그리고 제3장과 제5장의 내용 일부는 이에 해당된다고 할 수 있다. 제4장부터 제7장까지 다룬 내용은 제6장의 「종교인 과세에 대한 불교적 관점」처럼 주로 실제적이고 현실적인 문제로서, 말하자면 '불교학의 사회화 실제'에 해당된다고 할 수 있다.

　이 책은 필자가 1976년부터 2018년까지 40여 년에 걸쳐 불교학을 공부하면서 써온 논문들을 한데 모아 엮은 것이다. 대부분 전문불교학술지에 게재한 연구논문들이다. 물론 2010년도에 동국대 출판부에서 출간한 『불교사회경제사상』에 수록된 박사학위논문과 몇몇 논문들은 제외시켰다. 논문 제목은 대부분 그대로 두었지만 두 논문을 하나로 합친 것은 수정하였다. 새로운 주장과 학설을 보충하고 싶은 곳도 있었지만 논문 내용을 크게 바꾸지 않았고, 연도年度에 관한 사항도 그대로 두었다. 이 글들이 필자의 학자로서의 삶의 발자취이자 역사이기도 하다는 생각에서다. 책 말미에 수록 논문 출처와 게재연도를 밝혀 놓았으므로 미심쩍은 부분은 논문 게재연도를 참고해 주시기 바란다.

　이 책을 만들면서 가장 고심했던 점은 중복되는 내용의 처리 문제였다. 특히 필자가 기존에 발표한 논문과 유사한 주제로 원고청탁을 받아서 쓴 논문의 경우, 중복 인용과 서술을 피할 수 없었기 때문이다. 중복되는 부분들은 최대한 정리하였으나 논지의 전개상 부득이한 경우는 그대로 두었다.

　끝으로 이 책을 만드는 과정에서 많은 도움을 준 이재수, 이범수,

8

서수정, 장성우, 정기선 박사와 정헌열 연구원, 그리고 교수회관 226호 연구실의 이향민 조교에게 심심한 감사의 뜻을 전한다. 바쁜 일정임에도 많은 분량의 원고를 최선을 다해 훌륭한 책으로 엮어준 도서출판 운주사 김시열 사장과 직원 여러분께도 깊은 사의를 표한다.

2019년 2월
연구실에서
삼보의 언덕을 바라보며

제1장 — 불교의 사회화를 위한 이론적 정초

# I. 초기불교 연기상의설 재검토

'오늘의 한국불교는 새롭게 태어나지 않으면 안 된다'는 자성과 비판의
소리가 불교계 안팎에서 끊임없이 들려오고 있다. 그 자성과 비판의
대상은 한두 가지가 아니겠지만, 그중에서도 가장 중요한 사항의 하나는
불교인들의 사회의식에 관한 문제가 아닌가 한다. 일반적으로 볼 때
불교인들의 사회의식은 빈약하고 저조하다. 그리하여 급속한 시대의
변화가 몰고 온 수많은 사회적 난제에 대해 주체적으로 적절하게 대응하
지 못하고 있으며, 역사를 능동적으로 향도해 나가지도 못하고 있다.
따라서 오늘의 한국불교가 자기변혁을 하기 위해서 필요한 것은 무엇보
다도 투철하고 적극적인 사회의식이라고 하겠다. 사회의식이 그동안
우리 한국불교가 호국불교라는 기치 아래 강조해 온 체제순응적인 동참
의식이나 협동의식만을 의미하는 것이 아님은 물론이다. 오히려 현재와
같은 상황에서 우리들에게 절실히 요청되는 것은 비판적 사회의식이라
고 할 수 있다.

그렇다면 이러한 비판정신을 불교의 어떠한 사상과 교설 속에서 도출
해 낼 수 있을까. 필자는 이것을 중국 삼론종의 근본교의인 파사현정

등의 사상보다도, 우선 불교사상의 원류라고 할 수 있는 연기설을 통하여
논구해 보고자 한다.

  연기설은 불교의 오랜 역사 속에서 업감연기설業感緣起說, 아뢰야식연
기설阿賴耶識緣起說, 진여연기설眞如緣起說, 법계연기설法界緣起說(또
는 무진연기설無盡緣起說), 육대연기설六大緣起說 등으로 전개되어 왔
다.[1] 그러한 과정 속에서 연기설이 사상적 발전을 이루고 있는 것이
사실이지만, 동시에 원초적인 연기설의 정신이 굴절되고 왜곡된 점도
적지 않을 것으로 추측된다. 그러므로 여기에서는 초기불교의 십이연기
설을 중심으로 논의해 보고자 한다.

  불교는 흔히 사회적 비판에 대해 부정적인 입장을 취하는 종교로
곡해되어 왔다. 불교는 어디까지나 자비의 종교라는 선입견, 그리고
불교의 계율이나 업설 또는 연기설 등에 대한 피상적이고도 편협한
이해가 그러한 곡해를 야기하는 것 같다. 불교는 확실히 자비를 중시하는
종교이다. 그렇지만 자비의 구체적 실천이 항상 따뜻하고 관대하고
순응적인 모습으로 나타날 수만은 없다고 본다. 불교의 진정한 자비는
오히려 정직한 충고와 합리적 비판을 통해서 표현될 수 있기 때문이다.

  또한 불교의 계율 가운데에는 타인에 대한 비방을 삼가라는 내용이
많이 발견된다. 우리에게 잘 알려진 『범망경梵網經』[2]의 경우만 보더라도,
십중대계十重大戒 속에는 설사중과계說四衆過戒와 자찬훼타계自讚毀他
戒가 있고 사십팔경계四十八輕戒 속에도 방훼계謗毀戒 등의 내용이 있다.
이러한 계율을 잘못 이해하면 불교는 사회적 비판에 대해 부정적 입장을
취한다고 생각할 수도 있을 것이다. 그러나 이러한 내용만으로 불교가

---

1 김동화, 『佛教學概論』(寶蓮閣, 1972), p.144.
2 『梵網經盧舍那佛說菩薩心地戒品第十』(上·下)(大正藏 24, pp.997~1010).

비판적 사회의식을 부정한다고 속단하는 것은 옳지 못한 일이다.

불교의 궁극적 목표는 중생을 무지와 죄악으로부터 해방시키는 데 있으므로, 무지와 죄악을 덮어두고 방치하는 것은 불교정신에 정면으로 배치되는 것이다. 따라서 『범망경』 등에서 타인의 잘못을 들추어 내지 말라고 한 것은 남을 비방함으로써 자신을 내세우려고 한다든가 남을 헐뜯는 것을 취미로 삼는 어리석음을 경계한 것이지, 결코 타인의 미망迷妄과 잘못을 수수방관하라는 말은 아니다. 『범망경』의 다른 계율을 보면, 중생을 교화하지 않는 것은 죄이며, 병을 보고 간호해 주지 않는 것도 죄라고 했다. 마찬가지로 사회가 병을 앓고 있거나 자기모순에 빠져 있는데도 외면하고 그대로 내버려둔다면 그것도 하나의 죄가 된다고 할 수 있을 것이다. 본래 비방과 비판은 엄격히 구분되어야 할 성질의 것임을 잊어서는 안 된다.

불교의 업설은 의도적으로 지은 선업과 악업에는 금생이나 내생에 반드시 그 과보가 따른다는, 이른바 인과응보의 사상이다. 이 업설은 대개 삼세윤회설과 함께 설해지므로 잘못하면 일종의 숙명론으로 이해될 수 있으나, 석존이 일찍이 숙명론을 삼종외도의 하나라고 하여 배격한 점 등으로 미루어 볼 때, 업설을 단순한 숙명론으로 해석하는 것은 온당치 못하다고 할 것이다.

그렇기 때문에 불교의 업설이 현실의 질서를 절대시한다거나 비판적 사회의식을 부정한다고 보는 것은 그릇된 것이다.

그리고 무엇보다도 문제인 것은 연기설에 대한 통속적이고도 피상적인 이해이다. 일반적으로 연기설은 일체만유의 상의상자성相依相資性으로 해석되어 화해와 협력, 자비와 관용의 이론적 근거로서 인용되고 있다. 그러나 불교사상의 핵심이라고 할 수 있는 연기설에 대한 이러한 일방적인 이해는 인간학의 요람인 불교의 풍부하고 역동적인 사상을 왜곡하고 형해화形骸化할 수도 있다. 따라서 우리는 연기설에 대한 다양한 시각을 견지하면서 연기설 자체의 내용을 정확하게 이해함은 물론, 연기설의 기저에 흐르고 있는 실천적 불교정신까지도 파악하지 않으면 안 된다.

이러한 취지에서 여기에서는 연기를 상의성으로 파악하는, 이른바 연기상의설의 제반 문제를 비판적인 입장에서 검토한 후, 연기설에 대한 새로운 해석을 시도해 보고자 한다. 이 졸론이 '불교의 사회화'를 위한 기초이론의 정립에 일조하기를 기대해 본다.

## 1. 연기설의 일반적 해석

'연기緣起를 보면 법法을 보는 것이고, 법을 보면 곧 연기를 보는 것이다'[3]라는 『중아함中阿含』「상적유경象跡喩經」의 가르침을 통해서도 알 수 있듯이, 연기설緣起說은 불교의 가장 근본적이고 핵심적인 교설임이 틀림없다. 그런 만큼 연기의 진리는 그 의미가 심원甚遠하여 우리가 바르게 이해하기 어렵다. 석존은 한때 제자 아난阿難으로부터 "여래와 여러 비구들이 연기법이 심심甚深하다고 하지만 제가 보기에는 연기법에는 그렇게 깊은 뜻이 없는 것 같습니다"라는 말을 듣고, "아난아, 그런 생각을 하지 말아라. 십이연기十二緣起는 그 의미가 매우 심심하여 일반인들이 명확하게 알 수가 없느니라"라고 가르친다.[4] 또한 『장아함長阿含』의 「대연방편경大緣方便經」에서도 석존은 "아난아, 이 십이연기는 보기 어렵고 이해하기 어렵다. 연기법을 깨닫지 못한 사람들이 그 뜻을 사량·

---

3  大正藏 1, p.467上, "若見緣起便見法, 若見法便見緣起."

4  大正藏 2, p.797下, "世尊告曰: '止!止!阿難! 勿興此意, 所以然者, 十二因緣者, 極爲甚深, 非是常人所能明曉.'"

관찰·분별하려고 하면 모두 즉시 황미荒迷해져 버릴 것이다."⁵라고 설하
고 있다. 『잡아함雜阿含』의 한 경⁶에는 12연기에 대한 조금 더 상세하고
구체적인 설명이라 할 수 있는, 이른바 연기법 의설義說⁷이 설해져 있지만
난해하기는 마찬가지다.

연기법은 이처럼 난견난지難見難知의 법이기 때문에 부파불교 시대에
도 연기법에 대한 해석이 각 부파에 따라 적지 않은 차이를 보였던
모양이다. 『구사론俱舍論』에서는 연기설에 대한 부파시대의 제해석을
크게 ① 찰나剎那(kṣaṇika)연기 ② 연박連縛(sāṃbaṃdhika)연기 ③ 분위分
位(āvasthika)연기 ④ 원속遠續(prākarṣika)연기 등 네 가지로 정리하고
있으며, 이 중의 세 번째인 분위연기에 석존의 본회本懷가 있다고 주장하
고 있다.⁸ 여기에서 찰나연기란 1찰나에 12연기가 갖추어져 있다는
해석이고, 연박연기는 12지支가 12찰나에 각각 대응하여 연속한다는
해석이다. 또한 분위연기는 이른바 삼세양중인과설三世兩重因果說이며,
원속연기는 12지의 인과가 다생多生에 걸쳐 일어난다는 해석이다. 그리
하여 12연기의 진의眞意가 분위연기, 즉 삼세양중인과에 있다는 해석을
후대의 논사들이 거의 대부분 수용하게 된다. 물론 유식가唯識家인 호법
護法(Dharmapāla, 531~561)은 이세일중인과설二世一重因果說을 주장하
고 있지만 일반적인 공감을 불러일으키지는 못하였다.⁹

그러나 근래에는 많은 불교학자들이 이 삼세양중인과설을 비판하고

---

5  大正藏 1, p.60中, "阿難! 此十二因緣難見難知, 諸天·魔·梵·沙門·婆羅門·未見緣者,
   若欲思量觀察分別其義者, 則皆荒迷, 無能見者."
6  통상 緣起法說義說經이라고 불린다.
7  大正藏 2, p.85.
8  大正藏 29, p.48下.
9  宇井伯壽, 『佛教汎論』(岩波書店, 1962), pp.173~176. 참조.

있으며, 그에 따라 다양하고 새로운 해석이 제기되고 있는 실정이다. 이에 대한 연구는 고稿를 달리하도록 하고, 우선 이 장章에서는 한국의 일반 불교인들에게 아직도 큰 영향력을 행사하고 있는 전통적인 삼세양 중인과설과 현재 우리나라 대부분의 불교서적에서 채택하고 있는 연기 상의설緣起相依說에 대하여 살펴보도록 한다.

## 1) 삼세양중인과설

태생학적胎生學的 연기설의 모태라고 할 수 있는 삼세양중인과설은 12연기의 12지支 가운데에서  무명無明(avijjā; avidyā)과  행行(saṅkhārā; saṃskāra) 2지支는 과거세의 2인因으로 보고, 식識(viññāṇa; vijñāna)·명색名色(nāma-rūpa)·육처六處(saḷāyatana; ṣaḍāyatana)·촉觸(phassa; saṃ-sparśa)·수受(vedanā; vedanā) 등 5지는 현재세現在世의 5과果로 본다. 그리하여 과거세와 현재세 사이에 일중一重의 인과관계가 성립된다. 또한 애愛(taṇhā; tṛṣṇā)·취取(upādāna; upādāna)·유有(bhava; bhava) 등 3지支는 미래세의 과果를 인생引生할 현세의 3인因으로 보고 생生(jāti; jāti)·노사老死(jarā-maraṇa; jarā-maraṇa)의 2지는 현세의 3인으로 말미암아 일어날 미래세의 2과로 본다. 그리하여 다시 현재세와 미래세 사이에 일중一重의 인과관계가 이루어진다. 이렇게 하여 결국 삼세三世(과거세·현재세·미래세)에 걸친 양중兩重(과현일중過現一重, 현미일중現未一重)의 인과, 즉 삼세양중인과가 성립하는 것이다.

여기에서 과거 2인은 전제前際의 2지분支分에 해당되고 현재 5과와 현재 3인은 중제中際의 8지분이 되며, 미래 2과는 후제後際의 2지분에 해당된다. 그리고 과거의 무명은 현재의 애·취와 동일한 것이므로 그 이전에 다시 식·명색·육처·촉·수 등이 있게 되고 미래의 노사는 현재의

명색·육처·촉·수에 상응하므로 그 이후에 다시 애·취·유 등이 따르게
된다. 이상의 내용을 〔표 1〕과 같이 도시할 수 있을 것이다.[10]

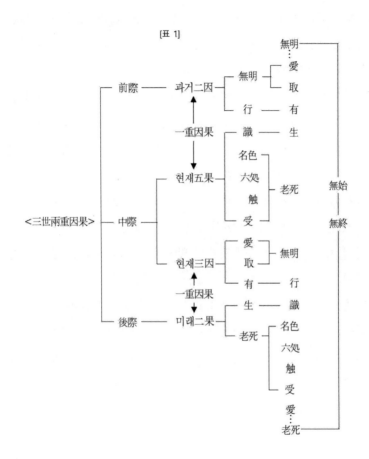

[표 1]

10 김동화, 『俱舍學』(文潮社, 1971), pp.247~248. 참조.

## 2) 연기상의설

20세기로 접어들면서 삼세양중인과설에 대한 본격적인 비판이 일기 시작한다. 막스 발레서Max Walleser는 *Die philosophische Grundlage des älteren Buddhismus*(1904간)를 통하여 12연기에 대한 재래의 태생학적 해석을 비판하고 여기에 논리적 해석을 가해야 한다고 주장한다. 그로부터 수년 후 일본의 송본문삼랑松本文三郎은 다시 "종래 일반적인 설명에 의하면 십이연기는 원인·결과의 원인관계로 해석되고 있지만, 나는 그렇게 생각하지 않는다. …… 12연기는 논리적인 관계를 나타낸 것이므로, 결코 시간적으로 설명해서는 안 된다"고 주장한다. 그러나 전통적인 해석은 쉽사리 사라지지 않고 이따금씩 새로운 해석이 제기되기도 하였는데, 거기에는 형이상학적 해석이라든가 자연과학적 또는 심리학적 해석, 또는 논리적 관계와 발생적 관계를 결합한 해석 등이 포함되어 있다.[11]

이러한 상황에서 다시 연기의 논리적 상의관계를 역설하여 연기설의 해석에 실질적인 한 획을 그은 사람은 우이하쿠쥬(宇井伯壽)라고 할 수 있다. 그는 12연기설은 결코 '우리들 인생생존이 어떻게 발생하여 왔는가'를 설명하려고 하는 것이 아니라, '인생생존이 어떻게 되어 있는가'를 설하려고 하는 가르침이라는 대전제 하에 다음과 같이 언명하고 있다.

그러므로 12支의 하나하나는 결코 원인·결과의 관계 순서로 설해져 있는 것이 아니고, 오히려 조건과 귀결의 관계를 따라 열거한 것이라고 이해해야

---

11 和辻哲郎, 『原始佛教の實踐哲學』(岩波書店, 1973), pp.173~174.

한다. 아니, 더욱 적절하게 말한다면 各支는 相關的·相依的 관계에 있는 것을 條件을 따라 순서를 세워 열거한 것이라고 보지 않으면 안 된다. 만일 시간적으로 본다면 이 12支 모두가 한 全體로서 묶여 다음 시간, 다음 시간으로 계속하여 간다고 볼 수밖에 없다. 그러므로 12支로 한 것은 본래, 현실의 우리들이라고 하는 구체적 一全體를 개념상 분석적으로 구별하여 열거한 것이고, 12支 하나하나가 부분으로서 實在하고 있는 것을 나타내는 것은 아니다. 이 단순한 개념상의 구별에 지나지 않는다고 하는 점을 특히 주의해야 하는데, 이것을 잘못하여 各支를 실재적으로 생각하는 데서 輪廻의 進程을 나타낸다는 등의 그릇된 이해가 생기게 된 것이다.[12]

이러한 해석은 주로 연기의 기본공식이라고도 일컬어지는 '차유고피유此有故彼有 차기고피기此起故彼起 차무고피무此無故彼無 차멸고피멸此滅故彼滅'의 가르침에 근거하고 있다. 우이는 이 문장의 근본취지를 '상의상관성相依相關性'으로 파악하고 십이연기의 취의趣意도 근본적으로 세계의 상의相依를 밝히는 데 있기 때문에 12연기설을 상의설 또는 연기상의설로 지칭한다는 것이다.[13] 흔히 무시간적無時間的 논리적 연기관이라고도 하는 이러한 입장은 연기의 지분支分을 철저하게 개념상의 법法으로 이해하는 화즙철랑和辻哲郎[14] 등에 의해 계승되고 있으며 증영영봉增永靈鳳은 그의 책『근본불교의 연구』제8장의 제목을 '연기상의설'이라고 하고 거기에서 "불타佛陀의 근본적 입장은(유지설有支說보다는)

12 宇井伯壽,『印度哲學研究(第二)』(東甲子社書房, 1925), pp.297~298. 두점은 필자가 표시함.

13 위의 책, pp.318~323.

14 和辻哲郎, 앞의 책, 참조.

오히려 상의설에 있다고 해야 한다. 상의설은 일상생존日常生存의 모든 것이 상호관계적으로 상의상자相依相資로서 나타나 있다고 보는 것이다"[15]라는 주장을 펴고 있다.

그러나 필자는 연기상의설의 개념을 조금 더 확장시켜 사용하고자 한다. 다시 말해 연기설 속에서 시간적 관계[16]를 완전히 부정하지는 않더라도, 특히 '차유고피유此有故彼有 차무고피무此無故彼無'를 공간적 상의성의 의미로 해석하는 것은 모두 연기상의설로 취급하고자 하는 것이다. 이를테면 "연기관계緣起關係에는 '이것이 있으므로 저것이 있고, 이것이 생기므로 저것이 생긴다'는 공간적·논리적 관계와 함께 시간적· 생기적生起的 관계로도 생각할 수 있는 것이며, 이로써 인간이나 사회의 여러 현상에 대한 인과관계, 자연현상에 대한 인과관계 모두가 포함되는 것이다"[17]라는 주장과 같은 경우 이것도 연기상의설로 본다는 것이다. '이것이 있으므로 저것이 있다'를 공간적·논리적 관계로 파악하고 있기 때문이다.

이와 같이 광의廣義의 연기상의설을 전제로 할 때 우리나라의 일반 불교서적에서는 대부분 연기상의설을 채택하고 있음을 알 수 있다. 김동화 박사는 『불교학개론佛敎學槪論』에서 다음과 같이 설명한다.

'此有故로 彼有며 此起故로 彼起니라'라고 한 것이 즉 緣起의 意義다. 이 宇宙 간에 森森羅羅한 一切萬有는 서로 서로 相依相資의 聯關的 관계를 갖고 있는 것으로 한 가지도 孤立獨存하는 것이 없다는 의미다. ……
즉 此有故彼有라는 것은 一切萬有의 空間的 관계성을 말하는 것이요,

---

15 增永靈鳳, 『根本佛教の研究』(風間書房, 1948), p.181.

16 여기서 말하는 시간적 관계는 三世兩重因果의 관계를 의미하지는 않는다.

17 菅沼晃 외 著, 이지수 역, 『원시불교와 부파불교』(대원정사, 1989), p.65.

또 此起故彼起라 하는 것은 一切萬有의 時間的 관계성을 말하는 것이다. 前者는 일체 事物의 同時並存的 연관성을 道破하는 것이요, 後者는 일체 사물의 異時繼起的 연관성을 표시하는 것이다.[18]

장원규 교수 또한 "차유고피유'의 구句는 현상적 모든 존재는 공간적으로 동시에 상의상관相依相關하는 관계를 밝히는 것이요, '차기고피기'의 구는 시간적으로 이시계기異時繼起하는 상의상관성을 말하는 것이라고 볼 수 있다"[19]는 연기상의설을 주장하고 있다. 무진장스님 역시 "이것이 생기기 때문에 그것이 생기고, 이것이 멸하기 때문에 그것이 멸한다'는 것은 시간적 앞뒤 관계를 나타내고, '이것이 있으면 그것이 있고 이것이 없으면 그것이 없다'는 말은 공간적 또는 논리적 관계를 나타낸다고 볼 수 있다"[20]고 서술하고 있다. 한 가지 예만 더 들어보기로 하자. 고순호 법사는 『불교학개관』에서 "①'이것이 있으므로 저것이 있다'라는 것은 '이것이 없다면 저것도 없다'는 것을 내포한 것으로 현상계 만유의 공간적 상의성 관계를 나타낸 말이요, ②'이것이 일어나므로 저것이 일어난다'라는 것은 '이것이 멸하면 저것이 멸한다'는 것을 내포한 것으로 현상계 만유의 시간적 상의성 관계를 나타낸 말이기 때문이다"[21]라고 설명하고 있다. 이외에도 우리나라 대부분의 불교서적과 포교용 소책자에는 이와 같은 연기상의설이 소개되고 있다.

그리하여 이 연기상의설은 불교학계에 엄청난 영향력을 끼쳐왔다. 그러나 일본의 경우 시간이 경과하면서 상의설에 대한 비판이 적잖이

---

18 김동화, 『佛敎學槪論』(寶蓮閣, 1972), p.104.

19 장원규, 『印度佛敎史』(韓國譯經院, 1973), p.39.

20 無盡藏, 『佛敎槪說』(弘法院, 1980), p.254.

21 高淳豪, 『佛敎學槪觀』(宣文出版社, 1983), p.57.

나타나고, 연기설에 대한 새로운 견해들이 제기되면서 연기설을 둘러싼 이른바 뜨거운 연기설 논쟁[22]이 시작된다. 엄격하게 말해서 이 논쟁은 아직까지도 끝나지 않은 상태인데, 1989년에는 일본의 마츠모토 시로(松本史郎)가 그의 『연기와 공―여래장사상 비판』[23]에서 상의설相依說의 논리적 해석에 대해 통렬한 비판을 가하고 있다.

우리나라에서도 고익진 교수가 1970년도에 이미 '차유고피유'에 대한 우정백수宇井伯壽의 해석과 그의 무시간적無時間的·논리적論理的 관계로서의 연기관에 대해 이론異論을 제기한 바 있고,[24] 그 외에도 한두 편의 논문 속에 상의설에 대한 비판적 관점이 나타나고 있다.[25] 하지만 이 논문들은 연기상의에 대한 비판을 주요 테마로 다루고 있지 않기 때문이기는 하겠지만, 그에 관한 언급이 너무 간략하고 개괄적이다. 따라서 이제 본고를 통하여 그에 관한 구체적이고 상세한 논증을 시도해 보고자 한다. 연기상의설의 전반적인 문제에 대한 논의는 다른 기회로 미루기로 하고, 여기에서는 우선 연기상의설의 가장 근본적인 이론적 전거典據라고 할 수 있는 '차유고피유' 및 'Idappaccayatā'에 대한 해석의 문제를 중심으로 고찰해 보기로 한다.

---

22 東洋哲學研究所 刊, 『東洋學術研究』(第20卷·第1號), pp. 49~68(梶山雄一의 論文).
23 松本史朗, 『緣起と空』(大藏出版株式會社, 1989), pp. 11~97 참조.
24 高翊晋, 「阿含法相의 體系性研究」(東國大 1970년도 碩士學位 請求論文), p. 129 참조.
25 表外淑, 「原始佛教의 十二緣起說에 關한 研究(東國大 1979년도 碩士學位 請求論文).

## 2. 연기상의설의 재검토

### 1) 차유고피유此有故彼有

此有故彼有  此起故彼起
此無故彼無  此滅故彼滅
imasmiṃ sati idaṃ hoti
imass'uppādā idaṃ uppajjati,
imasmiṃ asati idaṃ na hoti,
imassa nirodhā idaṃ nirujjhati.[26]

이것은 이른바 연기의 기본공식[27]이라고도 할 수 있는 연기상의설의 전거로 많이 인용되고 있는 중요한 문구이다.

위에서 살펴본 바와 같이 현재 우리나라에서는 대체로 이 중의 '차유고 피유 차무고피무'를 공간적 상의성으로, '차기고피기 차멸고피멸'을 시간적 계기성으로 해석하고 있다. 과연 이러한 해석이 타당한 것일까. 이 문제에 대해 직접 논하기 전에 먼저 필자는 이러한 도식적인 해석이

---

26 S.N. Ⅱ, p.65·70·78 ; M.N. Ⅰ, p.261 ; M.N. Ⅱ, p.63 ; M.N. Ⅲ, p.63 등 참조.

27 赤沼智善은 연기설을 크게 正系의 연기설과 別系의 연기설로 二分하고 있고(『原始佛 敎之硏究』, p.480. 破塵閣書房, 1939刊), 三枝充悳은 초기불교의 거의 모든 자료를 검토한 후 연기설을 크게 ①연기설을 막연하게 나타내고 있는 것, ②이른바 12因緣 및 그 변형인 數支의 有支緣起說, ③그 이외의 연기설로 三分하면서, '연기설=12연 기'라고 하는 종래의 커다란 편견·오해·독단에 가담해서는 안 된다고 주장하고 있다. ; 『初期佛敎의思想』, pp.580~582.(東洋哲學硏究所, 1978) 이러한 주장들을 접하면서 '연기의 기본공식'이라는 표현을 쓰기가 무척 망설여지지만, 적어도 12연 기를 비롯한 5支·6支·8支·9支·10支 연기 등 有支緣起의 경우에는 이러한 표현도 가능하리라고 생각한다.

가능하게 된 배경을 두 가지만 언급하고자 한다.

첫째, 이러한 도식적인 해석에는 '연기설은 곧 상의설'이라고 하는 선입견이 적지 않게 작용하고 있다는 점이다. 이것은 대승불교의 전통을 이어받은 우리나라에서는 그동안 초기불교의 연기설보다는 대승불교시대에 발달한 연기설-이를테면, 화엄의 중중무진重重無盡의 법계연기설과 같은-을 먼저 접하였던 것이 통례였음을 상기해 보면 쉽게 추측할 수 있을 것이다. 또한 한동안 일본불교학계에 상당한 위세를 떨쳤던 우이하쿠쥬의 연기상의설의 영향력도 무시할 수 없다고 본다. 적어도 초기불교의 연구에 관한 한 우리나라는 일본으로부터 많은 도움과 영향을 받았기 때문이다.

둘째, 우리의 불교는 오랫동안 중국불교학의 영향을 받아 훈고적이고 주석적인 학문방법이 주류를 형성해 왔다는 점이다. 훈고적인 방법론은 의미를 확장시키고 직관력에 호소할 수 있는 여지가 많다는 장점도 있지만, 자칫하면 문맥(context)을 소홀히 하는 비약적인 해석과 사변으로 흐르기 쉬운 단점도 있다.

'차유고피유'를 공간적 상의성으로 규정한 것은 바로 이러한 배경에서 이루어진 것이며, 이것은 무엇보다도 문맥을 소홀히 한 데서 비롯된 착오라고 볼 수 있다. 그 이유를 다음에서 밝혀보기로 한다.

불전에는 '차유고피유……'가 독립적으로 설해진 경우는 거의 없고 그 다음에는 반드시 십이지연기 등이 뒤따라 나온다. 이에 관한 문헌상의 근거를 몇 가지만 밝혀 보기로 한다. 먼저 『중아함』 권47에는 다음과 같이 설해져 있다.

"어떤 비구가 인연因緣을 아는 비구입니까?"
부처님께서 말씀하셨다.

"아난아, 혹 어떤 비구는 인연과 인연을 따라 일어나는 것을 보아 진실 그대로 안다. 곧 이것을 인하여 저것이 있고, 이것이 없으면 저것이 없으며, 이것이 생기면 저것이 생기고, 이것이 멸하면 저것이 멸함을 안다. 이른바 무명無明을 인연하여 행行이 있고, 나아가 생生을 인연하여 늙음과 죽음이 있으며, 만일 무명이 멸하면 행이 멸하고, 나아가 생이 멸하면 늙음과 죽음이 사라진다고 보아 진실 그대로 안다. 아난아, 이런 비구는 인연을 아는 비구이니라."[28]

다음 『잡아함』 권12에는 아래와 같이 되어 있다.

무엇이 연기법의 법에 대한 설명인가? 이른바 '이것이 있기 때문에 저것이 있고, 이것이 일어나기 때문에 저것이 일어난다'고 하는 것이니, 즉 무명을 인연하여 행이 있고 …(내지)… 순전한 괴로움뿐인 큰 무더기가 발생하느니라. 이것을 연기법의 법에 대한 설명이라고 하느니라.[29]

Pāli Nikāya의 경우도 영역英譯을 통해 살펴보면, 먼저 *Majjhima -nikāya*에는 다음과 같이 설해져 있다.

As to this, Ānanda, a monk knows thus; 'If this is, that comes to be; from the arising of this, that arises; if this is not, that does not come to be; from the stopping of this, that is stopped. That is to say; Conditioned by ignorance are the (karma-)formations; conditioned by the (karma-)

---

28 大正藏 1, p.723下, "'云何比丘知因緣? 世尊答曰: 阿難! 若有比丘見因緣及從因緣起 知如眞, 因此有彼, 無此無彼, 此生彼生, 此滅彼滅, 謂緣無明有行, 乃至緣生有老死, 若無明滅則行滅, 乃至生滅則老死滅. 阿難! 如是比丘知因緣.'"

29 大正藏 2, p.85上, "云何緣起法法說? 謂此有故彼有, 此起故彼起, 謂緣無明行, 乃至 純大苦聚集, 是名緣起法法說."

formations is consciousness;……; conditioned by birth there come into being old age and dying, grief, sorrow, suffering, lamentation and despair. Thus is the origin of this whole mass of anguish……. Thus is the stopping of this whole mass of anguish.' It is at that stage, Ānanda, that it suffices to say, 'The monk is skilled in conditioned genesis.'[30]

다음 *Saṃyutta-nikāya*에는 이렇게 설해져 있다.

Thus: this being, that becomes; from the arising of this, that arises; this not being, that becomes not; from the ceasing of this, that ceases. That is to say, conditioned by ignorance, activities, conditioned by activities consciousness comes to pass, and so on:[31]

이러한 예는 이 밖에도, 한역 아함에서든 Pāli Nikāya에서든 수없이 발견되는데, 이 '차유고피유……'가 Pāli 원문에서는 yadidaṃ, 한역漢譯에서는 위위謂, 영역英譯에서는 that is to say에 의해 다음 문장과 연결되어 있다는 사실에 주의해야 할 것이다. 이렇게 볼 때 '즉' 또는 '다시 말하면'이라는 의미의 yadidaṃ에 의해 연결되는 뒷문장은 다름 아닌 '차유고피유……'의 구체적인 내용인 것이다. 따라서 12지연기를 비롯한 일련의 유지연기有支緣起의 내용을 제외시켜 놓고서 '차유고피유……'를 독립적으로 해석하는 것은 옳지 못하다고 하겠다. 사실 삼지충덕三枝充悳도 지적하고 있듯이 '차유고피유……'의 정형구는 십이연기설 등이 설해지는 과정을 통해서, 각지各支를 일일이 열거하는 번거로움을 피하기

---

30 P.T.S, *Middle Length Sayings Ⅲ*, p.107.

31 P.T.S, *Kindred Saying Ⅱ*, p.23.

위해 일괄적으로 표현한 일종의 추상화 또는 공식화의 산물인 것이다.[32]
따라서 차유고피유와 차기고피기는 표현만 다를 뿐이지 그 내용은 동일
한 것이라고 보아야 한다. 즉 차유고피유와 차기고피기는 모두 '무명無明
(此)을 연하여 행行(彼)이 있게 되고, 행行(彼)을 연緣하여 식識(彼)이
있게 되고, ……, 생生(此)을 연하여 노사老死(彼)가 있게 된다.'는 12연기
의 유전연기流轉緣起 전 과정을 함축적으로 지칭하는 말로서 결국은
동일한 의미인 것이다. 그러므로 '차유고피유 차무고피무'는 공간적
상의성으로, '차기고피기 차멸고피멸'은 시간적 계기성으로 구분하여
이해하는 것은 적어도 문맥상으로 볼 때 전혀 근거가 없는 것이다.
더구나 공간적(동시적) 상의성으로 해석하는 것은 자기모순에 빠지고
만다. 왜냐하면 현재 공간적으로 아무것도 없는 무無의 상황에서 차此와
피彼를 구별한다는 것은 아무런 의미가 없기 때문이다. 차무고피무
역시 표현만 다를 뿐이지, 그 의미는 차멸고피멸과 같은 것으로서 환멸연
기의 내용을 가리키고 있다고 보아야 하는 것이다. 그렇다면 이와 같이
동일한 내용을 중복하여 설하고 있는 이유는 무엇일까. 그것은 아마도
의미를 강조하기 위해서, 또는 게偈의 형식을 좀 더 충실히 갖추기
위해서인 것으로 생각된다.

김동화 박사는 위에서 인용한 내용에 부언하여 "일체제법一切諸法이
공간적으로 동시병존同時並存하는 관계를 본다면 그것은 마치 세 다발(三
把)의 갈대묶음(束蘆)이 상호의지하여 동시에 존립할 수 있는 것과 같이,
일체제법도 갑甲이 존립하는 데서 을乙, 병丙, 정丁 등의 지지支持를
필요로 하고, 또 을이 존립하는 데도 역시 갑, 병, 정 등의 지지를

---

32 三枝充惠, 『初期佛教の思想』(東洋哲學研究所, 1978), p.585. 三枝는 이 定型句가
　十二緣起를 동반하지 않고 독단적으로 등장하는 예는 諸 자료 가운데 단지 '中部
　79 善生우다이小經에서의 1回뿐이라고 註記하고 있다.

요하는 것이다."[33]라고 설명하고 있다. 그러나 갈대묶음의 비유를 이와 같이 비약시켜 해석하는 것은 약간의 무리가 있는 것 같다. 필자가 조사한 바에 의하면, 이른바 이 '갈대묶음의 비유'는 12지支 중 식識과 명색名色의 관계에 대한 비유로서,[34] 일체제법에 대해서까지 확대 적용할 수 없다고 본다. 이 비유는 『잡아함』 권12에 나오는데, 마하구치라摩訶拘絺羅가 "명색名色은 식識을 연緣하여 생생生하고 동시에 식은 명색을 연하여 생긴다"라고 말하자 사리불舍利弗이 의아하게 생각하고 그 뜻을 다시 묻자 마하구치라가 이렇게 답한다.

> 비유하면 세 단의 갈대를 빈 땅에 세울 때 서로서로 의지해야 서는 것과 같은 이치입니다. 만일 그 하나를 빼버리면 (나머지) 둘도 서지 못하고, 만일 둘을 다 빼버리면 (남은) 하나도 서지 못하게 되어 서로서로 의지해야 서게 되는 것입니다. 식이 명색을 인연하는 것도 이와 같아서 서로서로 의지하고 나서 자라게 되는 것입니다.[35]

여기에서는 삼로三蘆라는 표현 때문에 곡해의 여지가 있지만 그 내용을 잘 살펴보면 결국 식識과 명색名色의 관계를 비유하고 있음을 알 수 있다. 또한 *Saṃyutta-nikāya II* 중 '*The sheaf of reeds*'라는 경經에서도 다음과 같이 설하고 있다.

If, friend, I were to pull towards me one of those sheaves of reeds,

---

33 김동화, 『佛敎學槪論』, p.104.

34 김동화 박사도 이 비유가 본래 '名色과 識의 相依相立'에 대한 비유임을 『原始佛敎思想』(京城文化社, 1982刊) p.62에서 밝히고 있다.

35 大正藏 2, p.81, "譬如三蘆立於空地, 展轉相依, 而得竪立, 若去其一, 二亦不立, 若去基二, 一亦不立, 展轉相依, 而得竪立, 識緣名色, 亦得如是. 展轉相依, 而得生長."

the other would fall; if I were to pull towards me the other, the former would fall.

Even so, friend, from the ceasing of name-and-shape, consciousness ceases; from the ceasing of consciousness, name-and-shape ceases; from the ceasing of name-and-shape sense ceases, and similarly is there ceasing of contact, feeling…and of this entire mass of ill.[36]

여기에서는 '갈대묶음의 비유'가 식識(consciousness)과 명색名色(name -and-shape)의 상호관계는 물론, 형식상으로는 명색名色이 멸하면 육처六 處(sense)가 멸하고 육처가 멸하면 촉觸(contact)이 멸하고 …… 등 무명無 明과 행行을 제외한 식識 이후의 환멸연기 과정에도 적용되고 있다. 그러나 내용상으로는 이것 역시 식과 명색의 관계에 한정시키는 것이 좋을 것 같다. 어쨌든 '갈대묶음의 비유'를 현상계의 모든 존재에 대해서까 지 확대 적용하는 것은 적어도 문헌상으로는 무리가 있는 것이다.

일본에서도 이러한 도식적인 해석이 종종 발견된다. 예를 들면 산본계 량山本啓量은 "'이것이 있으므로 저것이 있고, 이것이 없으므로 저것이 없다'는 것은 존재의 유무有無에 관하여 말한 것이다. 이것은 존재한다는 사실은 상호관계하고 있다는 것을 표현하는 것이다. 또한 '이것이 일어나 므로 저것이 일어나고, 이것이 멸하므로 저것이 멸한다'는 것은 생멸生滅 에 관하여 말한 것이다. 상호相互 상관相關하여 생기生起하고 있다는 의미이다."[37]라고 서술하고 있는데 이 역시 '차유고피유……'를 독립시켜 사변적인 해석을 하고 있는 것이다. 이와는 대조적으로 '차유고피유……' 를 상의적으로 이해하지 않는 경우도 발견된다. 중촌원中村元은 그의

---

36 P.T.S, *Kindred Sayings II*, p.81.

37 山本啓量, 『原始佛敎の哲學』(山喜本房佛書林, 1973), p.65.

『원시불교의 사상』에서 "이것(甲)이 있을 때 저것(乙)이 있다. 이것(甲)
이 생하므로 저것(乙)이 생한다"를 '이것'을 원인으로 하고 있는 것(차연성
此緣性, idappaccayatā)으로 파악하여, "이 경우, 갑이 항상 조건 지우는
것 또는 원인이고, 을이 항상 조건 지워지는 것 또는 결과이다. 조건
지움의 관계는 항상 일방적이며 가역적可逆的이지 않다."[38]고 진술하고
있다.

특히 이 문제에 관하여 송본사랑松本史朗은 등전굉달藤田宏達이 동시
적(상의적) 인과의 근거로 예시하고 있는 'imasmiṃ sati idaṃ hoti'에
대해 예리한 분석을 행하고 있다.[39] 송본松本은 먼저 sati와 bhavati를
똑같이 '유有'로 해석하는 데에 반대한다. bhavati는 '생하다'로 해석하는
것이 옳다는 것이다. 앞에서 인용한 바 있는 'If this is, that comes
to be'라든가 'this being, that becomes' 등의 영역이 차유고피유此有故彼
有라는 한역보다는 훨씬 원문에 충실한 번역이라고 생각하는 필자로서
는 기본적으로 송본松本의 의견에 공감하지만, 우리말로 옮길 때는
'있게 된다' 정도의 번역이 어떨까 한다.

　　　송본松本은 계속해서 'imasmiṃ sati idaṃ hoti 중의
　　　　　　　　　　　　　A　　　　　B

　　A문에 절대처격(locative absolute)[40]이 나타나 있기 때문에 'A와 B는

---

38　中村元, 『原始佛敎の思想(下)』(春秋社, 1981). p.162.

39　松本史朗, 앞의 책, pp.39~41.

40　절대처격이란 '명사(처격) 十分詞가 그 원칙적인 형식으로서, 양자 사이에는 주어와
　　술어의 관계가 있고, 情況·原因·條件·讓步 등을 나타내는 節을 만든다. 그렇기
　　때문에 이것은 '이것이 있을 때' '이것이 있으므로' '이것이 있으면' 등으로 번역될
　　수 있는 것이다.

동시'라는 등전藤田의 주장을 정면으로 공박한다. 즉 A문에 절대처격이
나타나 있기 때문에 오히려 A와 B는 이시異時라는 것이다. 따라서 차유
고피유를 상의적(공간적·동시적·논리적)으로 해석해서는 안 된다는 주
장이다.

  한편, 우정백수宇井伯壽는 'imasmiṃ sati idaṃ hoti' 등에 대하여 언급
하면서, 이것의 번역문인 차유고피유 등의 피彼는 원문에는 모두 차此
(idaṃ)이기 때문에 원문대로 '차유고피유'로 번역해도 좋고 또는 피彼와
차此를 교환하여 '피유고차유'라고 번역해도 좋다는 주장을 하고 있는
데,[41] 여기에는 문제가 있는 것 같다. 왜냐하면, 첫째, imasmiṃ이 idaṃ의
처격處格(locative)이기 때문에 번역문의 피彼가 원문에는 똑같이 idaṃ인
것은 사실이나, idaṃ의 용례상 이것은 꼭 동일한 대상을 가리키지
않을 수도 있기 때문이다. 우리말의 경우에도 A, B, C가 서로 다른
대상물이지만 이것들이 서로 근접해 있을 때는 모두 '이것'이라고 지칭하
는 것과 같다고 하겠다. 둘째, 차유고피유 등은 독립적인 문구가 아니라
뒤에 연결되는 연기의 지분支分들을 의미하고 있기 때문이다. 셋째,
우정宇井의 논리대로라면 '차기고피기'의 경우에도 (차此와 피彼가 원문
에는 똑같은 idaṃ이기 때문에) 차此와 피彼를 바꾸어 '피기고차기'라고
도 할 수 있다고 해야 할 텐데, 과연 그럴 수 있는 것일까. 아마도
이러한 판단착오는 근본적으로 이 구절을 굳이 상의성으로만 파악하려
는 태도에서 기인하는 것으로 생각된다.

  따라서 차유고피유 등의 번역문에서 적어도 차此와 피彼의 사용은
온당하다고 본다. 다만 여기에서의 피彼는 차此와 대칭되는 의미의
피彼가 아니라, '또 다른 이것'이라는 의미의 피彼라는 점을 지적해 두고

41  宇井伯壽, 『印度哲學研究(第二)』, p.318.

싶다.

이렇게 볼 때 우리들은 초기불교의 연기설에 대한 올바른 이해를 위하여 '차유고피유……'의 우리말 번역에도 좀 더 신중을 기해야 할 것이다. 그런 의미에서 이에 대한 우리말 번역을 Pāli문과 한역을 함께 참고하여 다음과 같이 시도해 본다.

이것이 있으면 저것(또 다른 이것)이 있게 되고, 이것이 일어나므로 저것(또 다른 이것)이 일어난다.
이것이 없으면 저것이 없게 되고, 이것이 사라지므로 저것이 사라진다.

## 2) Idappaccayatā

초기불교 연기설의 정형구라고 할 수 있는 '차유고피유……'에 대한 그릇된(상의적) 해석이 행해진 데에는 여러 원인이 있겠지만, idappaccayatā라는 술어를 상의성으로 번역한 것도 하나의 중요한 원인이 아닌가 한다. 이것을 상의성으로 번역한 우정백수는 "idappaccayatā (범어로는 idaṃpratyayatā)란 '이것에 의지하는 것'이 그 자의字義이지만, 그 의미는 갑甲은 이 을乙에 의지하고 을은 또 이 갑에 의지한다는, 다시 말해서 서로 상의한다는 것이기 때문에 상의성이라고 번역해도 좋을 것이다."[42]라고 주장하고 있다. 이에 따라 일본의 많은 불교학자들이 이 말을 상의성이라 번역하고 또한 사용하는 가운데, 마침내 상의성이 원어에서 분리·독립되어 쓰이게 되었다.[43] 그러나 다음 *Saṃyutta-ni-kāya*의 내용을 잘 살펴보면 이 말을 상의성으로 번역한다는 것이 매우

---

42 위의 책. pp.224~225.
43 三枝充悳, 앞의 책, p.476.

곤란함을 알 수 있다.

Katamo ca, bhikkhave, paṭiccasamuppādo? jātipaccayā, bhikkhave,
jarāmaraṇaṁ ǀ uppādā vā Tathāgatānaṁ anuppādā va Tathāgatānaṁ,
ṭhitā va sā dhātu dhammaṭṭhitatā dhammaniyāmatā idappaccayatā ǀ
Taṁ Tathāgato abhisambujjhati abhisameti ǀ abhisambujjhitvā abhisam-
etvā ācikkhati deseti paññāpeti paṭṭhapeti vivarati vibhajati uttāni-karoti
ǀ ʿpassathāʾti cāha-ʾjātipaccayā, bhikkhave, jarāmaraṇaṁʾ ǀ [44]

참고로 이에 대한 영역을 소개하면 다음과 같다.

What, brethren, is causal happening?
Conditioned by rebirth is decay and death: —whether, brethren, there
be an arising of Tathāgatas, or whether there be no such arising, this
nature of things just stand, this causal status, this causal orderliness,
the relatedness of this to that.
Concerning that the Tathāgata is fully enlightened, that he fully
understands. Fully enlightened, fully understanding he declares it,
teaches it, reveals it, sets it forth, manifests, explains, makes it plain,
saying ʿBehold! Conditioned by rebirth is decay and death.ʾ[45]

이 구절에 상응하는 한역 『잡아함』 권12의 내용 중에는 idappaccayatā에
대응하는 특별한 역어譯語가 발견되지 않는다.[46] 일역日譯 『남전대장경南

---

44 *S.N. II*, p.25
45 P.T.S., *Kindred Saying II*, p.21.
46 大正藏 2, p.84中.

傳大藏經』에서는 이것을 상의성相依性으로 번역하고 있으나,[47] 인용문에서도 알 수 있듯이 영어로는 the relatedness of this to that이라고 번역하고 있다. 그런데 위 인용문의 내용을 살펴보면 먼저 연기를 '생生을 연緣하여 노사老死가 있는 것'이라고 정의하고 있음을 알 수 있다. 이것은 곧 12연기를 지칭하는 것이라고 보아도 좋을 것이다. 그렇다면 문맥상 idappaccayatā는 결국 12연기의 속성이나 특성을 나타내는 말로 보아야 한다. 따라서 이것을 상의성으로 해석하는 것은 적절하지가 않다. 12연기는 대표적인 유지연기有支緣起이기 때문이다. 물론 12연기 중에서 '명색名色'과 '식識'의 관계는 상의성을 띠고 있지만 이것은 지극히 예외적인 경우이다. 이렇게 본다면 'the relatedness of this to that'이라는 영역英譯은 적절한 것으로 생각되며, 이와는 다른 구절에서 나오기는 하지만 '수순연기隨順緣起'[48]라는 한역漢譯도 상의성보다는 원어에 가까운 표현이라고 여겨진다.

또한 idappaccayatā의 원의原義를 '차연성此緣性'으로 파악한 삼지三枝가 여기에서의 차此(idaṃ)를 지支(aṅga)로 해석하여, 차연성此緣性은 결국 '지연성支緣性' '지연기支緣起' '유지연기有支緣起' 등으로 보아도 좋은 것이라고 주장하고 있다. 여기에 덧붙여 결론적으로 언명言明하고 있는 다음의 내용은 초기불교 연기설의 근본성격을 이해하는 데 많은 도움이 될 것으로 믿는다.

十二支를 세우는 十二緣起를 비롯한 各種의 緣起說은 반드시 둘 이상의 支를 施設하고 있기 때문에, 거의 모든 연기설은 '支緣起' '有支緣起'라고

47  相應部經典2, 『南傳大藏經』13, p.36.
48  大正藏 2, p.84中, "法如·法爾, 法不離如, 法不異如, 審諦眞實·不顚倒. 如是隨順緣起, 是緣生法."

그 표현을 달리할 수 있게 된다. 다시 말해서, 실은 '支연기' '有支연기'라는 말에 의하여 idappaccayatā(의 본래 의미)가 표시됨과 동시에 초기불교의 거의 대부분의 연기설을 망라하게 된다고 할 수 있는 것이다.[49]

## 3. 연기설의 재해석

이상에서 살펴본 것처럼 차유고피유나 idappaccayatā는 결코 연기상의설의 전거典據가 될 수 없다. 그럼에도 불구하고 그동안 우리 불교계에서는 '연기＝상의'라는 이해를 거의 무비판적으로 받아들여 왔다. 그리하여 연기설은 흔히 평화의 원리로서 또는 자비와 협력의 원리로서 해석되기 일쑤였다. 그러한 예는 얼마든지 있지만, 여기서는 편의상 두 가지만 예거例擧해 보기로 한다. 먼저 『불교학개론』 제VIII장 제3절 '불교의 평화와 협조원리' 가운데에는 다음과 같은 내용이 나온다.

눈에 보이지 않는 미생물에서부터 우주적 집단에 이르기까지 일체의 諸法은 연기적 도리에서 벗어난 것이 하나도 없다. 그러므로 인간은 너와의 협력과 모든 것과의 조화 속에서 더욱 발전되고 평화로운 나와 우리들의 삶을 누릴 수가 있는 것이다. 그럼에도 불구하고 인간은 연기적 도리에 무지하여 自我를 고집하고 몇몇의 우리만을 내세워 온갖 편견과 대립을 유발시키고 그것은 불타는 욕망과 결부하여 끝내 共滅의 무서운 전쟁으로까지 발전되고 있다.[50]

전후관계를 살펴볼 때 이와 같은 설명은 '이것이 있는 까닭으로 저것이

---

49 三枝充悳, 앞의 책, p.477.

50 東國大敎養敎材編纂委員會 編, 『佛敎學槪論』(동국대출판부, 1986), p.207.

있다'는 가르침에 근거하여 행해지고 있음을 알 수 있다. 다음으로 수야홍
원水野弘元은 『원시불교』에서 다음과 같이 서술하고 있다.

불교에서는 더욱 높은 입장에서 不殺生의 근거를 緣起說에서 구하고 있다.
이것은 후에도 詳說하겠지만, 세상의 모든 것은 상호 밀접하게 관계를
맺고 있어서, 자신이 평화롭고 행복해지기 위해서는 세상의 모든 존재가
똑같이 평화와 행복을 얻어야 하기 때문에, 주위를 불행에 빠뜨려서는
안 된다는 것이다. 또한 인간의 理想이 個人 및 社會의 완성에 있기 때문에
이 이상사회를 건설하기 위해서도 자비와 同情의 마음이 필요하다. 이것은
모두 연기설에서 유래하는 것이며, 이것이 불교 본래의 입장이다.[51]

오랜 불교사 속에서 다양하게 전개된 총체적 연기사상의 입장에서
광의적廣義的으로 볼 때, 연기설은 이러한 평화와 협력의 원리로 해석할
수도 있다는 것을 결코 부정하지 않는다. 그러나 적어도 초기불교의
연기설에 대해, 그것도 차유고피유를 근거로 하여 이러한 해석을 내린다
는 것은 아무래도 온당하다고 볼 수가 없다.

단적으로 말해서, 초기불교의 연기설은 본래 인생고人生苦(老死憂悲苦
惱)의 조건을 규명하고 원인을 분석하는 데에서부터 출발했던 것이다.
삼지三枝가 12연기설을 '고苦의 고찰考察'[52]로 규정하는 것이나 수야水野
가 "불교에서 연기를 설하는 소이所以는 사실세계의 현상관계를 밝히고
자 한 것이 아니라, 어떠한 이유에서 우리의 불안과 고뇌가 생겨나고
그 고뇌를 제거하여 상락常樂의 이상경理想境에 도달할 수 있는가 하는,
인생 문제를 바르게 알고 그 바른 인생관에 따라 수양하고 노력하여

51 水野弘元, 『原始佛教』(東京: 平樂寺書店, 1981), p.68.
52 三枝充悳, 앞의 책, p.584.

이상을 달성하기 위한 것이다"[53]라고 언명하고 있는 것도 그 표현은 다르지만 의미는 동일한 것이다.

그렇다면 연기설을 이렇게 이해할 수 있는 근거는 무엇일까. 그것은 첫째, 석존의 출가동기를 음미해 보면 쉽게 알 수 있다. 싯달타 태자는 노老·병病·사死와 같은 현실의 고통과 고뇌를 직시하고 그러한 인생고를 해결하기 위해서 출가하였던 것으로, 훗날 연기의 진리를 깨닫게 된 것도 이러한 출가동기와 무관하다고 볼 수는 없기 때문이다. 둘째, 초기불교의 연기설을 살펴보면 거기에는 무명연기無明緣起(무명無明을 출발점으로 하는 12지연기十二支緣起)뿐만 아니라 제식연기齊識緣起(식識을 출발점으로 하는 십지연기)라든가 탐애연기貪愛緣起(애愛를 출발점으로 하는 오지연기)와 같은 연기설도 설해지고 있음을 발견할 수 있는데, 그것은 결국 노사老死의 문제로부터 시작하여 마침내 무명無明에 이르게 되는 연기설의 과정을 보여주는 것이라고 생각되기 때문이다. 셋째, 경전에는 '어떠한 법法이 있어서 노사老死가 있는 것이며, 어떠한 법法을 조건으로 하여 노사老死가 있는 것일까'[54]라고 하는 물음이 더러 발견되는데, 이것 또한 연기설이 성립되는 과정을 잘 말해주고 있기 때문이다. 이러한 물음에 대한 전정사유專精思惟의 결과 마침내 석존은 '노사老死는 생生을 연하여 있고, 생生은 유有를 연緣하여 있다. 유有는 취取를 연緣하여 있고 …… 행行은 무명無明을 연하여 있다'는 깨달음을 성취하게 되었을 것이다. 그러나 설명의 편의상 '무명無明을 연緣하여 행行이 있고, 행行을 연하여 식識이 있다. 식識을 연하여 …… 생生을 연하여 생사우비고뇌老死憂悲苦惱가 있다'고 순서적으로 정리하여 설하게 된 것이며, 경전에서

---

53  水野弘元, 앞의 책, p.140. 註 53)의 입장과는 상당한 視角의 차이가 있음.
54  大正藏 2, p.80中·下, "何法有故老死有? 何法緣故老死有?"

는 통상 이러한 순서적 설명이 일반화되어 있는 것이다.

이와 같이 우리의 현실고가 조건에 의해 나타나는 것이라고 한다면, 12연기설은 결국 우리의 현실고가 절대적인 것이 아니라, 근본적으로 무명에 의해 나타나 있는 상대적이고 가변적인 것임을 말해주고 있는 것이다.

이렇게 볼 때, 연기설은 우리에게 '모든 고통은 절대적 존재가 아니고, 연기되어 있으므로 그 조건과 원인을 파악하여 그것을 극복하도록 노력하라'는 가르침을 전해주고 있다고 할 수 있다. 따라서 연기설은 본래 현실에 대한 깊은 통찰과 현실극복을 위한 창조적 비판, 그리고 적극적 실천의 자세를 우리에게 일깨워 주고 있다 하겠다. 이 점은 12연기설을 보다 조직적이고 실천적으로 설해 놓은 사성제四聖諦의 가르침을 통해서 더욱 극명하게 드러난다. 사성제는 다름 아닌 '고苦의 자각自覺을 통한 고苦의 극복'을 설하고 있기 때문이다.

이러한 연기설의 정신은 개인적·심리적·실존적 현실(苦)만이 아니라 사회적·역사적 현실에도 적용될 수 있다고 본다. 우리의 삶은 본래 '정신과 육체'라든가 '개인과 사회'로 양분할 수 없는, 유기적·총체적·역동적인 것이기 때문이다. 다시 말해서 연기설은 사회적 고통이나 혼란도 절대적 현실이 아니고, 연기緣起되어 있는 것이기 때문에 지혜로운 통찰과 분석으로써 그 원인과 조건을 바르게 파악하여 제거해 간다면 반드시 해결·극복할 수 있다는 것을 우리에게 가르쳐주고 있는 것이다. 따라서 연기설은 불교인의 비판적 사회의식을 위한 충분한 이론적 근거를 제공해 주고 있다 할 것이다.

## 결어

필자는 이상으로 불교의 사회화를 위한 하나의 기초이론을 정립해 보려는 의도에서, 먼저 연기상의설의 문제점을 분석·비판하고, 이에 입각하여 연기설에 대한 새로운 해석을 시도해 보았다. 그 결과 대략 다음과 같은 결론을 얻어낼 수 있었다.

첫째, 연기상의설의 근거로 인용되는 차유고피유此有故彼有는 흔히 공간적 상의성으로 해석되지만 문맥상으로 보아 그것은 오히려 시간적 계기성의 의미이며, idappaccayatā는 어원상으로 보나 문맥상으로 보나 상의성相依性이 아니라 차연성此緣性 또는 지연성支緣性의 의미라는 점.

둘째, 따라서 초기불교의 십이연기설은 결코 상의설로 이해될 수 없다는 점.

셋째, 십이연기는 일반적으로 무명無明 ⇨ 행行 ⇨ 식識 ⇨ 명색名色 ⇨ 육처六處 ⇨ 촉觸 ⇨ 수受 ⇨ 애愛 ⇨ 취取 ⇨ 유有 ⇨ 생生 ⇨ 노사老死의 순서로 설명되지만, 본래는 노사老死로부터 시작하여 그 원인과 조건을 규명해 나가는 과정을 통해 성립되었다는 점.

넷째, 12연기설은 우리의 현실고現實苦가 조건에 의해 형성되어 있기 때문에 절대적인 것이 아니라, 상대적·가변적이라는 것을 말해주고 있다는 점.

다섯째, 적어도 초기불교의 연기설은 우리에게 평화와 협력의 원리를 제공해 주고 있다기보다는 오히려 현실극복과 현실개혁을 위한 창조적 비판의 원리를 가르쳐 주고 있다는 점.

여섯째, 이러한 창조적 비판의 원리는, 삶의 유기적·총체적·역동적 성격에 비추어 볼 때, 개인적 현실만이 아니라 사회적 현실에도 적용될 수 있다는 점.

일곱째, 따라서 연기설은 불교인의 비판적 사회의식을 위한 충분한 이론적 근거를 제공해 주고 있다는 점 등이다.

'연기緣起 ⇨ 차유고피유此有故彼有 ⇨ 상의상자相依相資'라고 하는 근거 없는 사변적 논리는 자칫하면 불교인에게 관용과 협력의 자세만을 강조한 나머지, 현실사회의 구조적 모순과 문제점들에 대한 방관자적 자세와 기존질서에 대한 무비판적 순응을 은연중에 강요할 수도 있고, 그리하여 타성과 안일, 무관심과 현실외면 속으로 빠져들게 할 수도 있다. 그러나 이상에서 살펴본 바와 같이 연기설의 정신은 결코 그러한 것이 아니다. 우리는 연기설의 근저根底에 흐르고 있는 창조적 비판정신을 간과해서는 안 될 것이다. 사실 석존의 위대한 생애는 끊임없는 창조적 비판정신의 결정이라고 해도 과언이 아닌 것이다. 석존이 당시 인도사회의 카스트 제도를 비판하고 사성평등四姓平等의 새로운 교단을 창시하여 운영해 갔던 것이 한 좋은 예라고 할 것이다. 연기설의 저변에 살아 움직이는 이러한 창조적 비판정신에 비추어 볼 때, 오늘날 우리 사회가 안고 있는 수많은 문제들을 투철한 비판적 사회의식과 적극적 실천을 통해 창조적으로 극복하려는 불교인의 노력은 참으로 당연하고 정당한 것이라고 하겠다.

# II. 업설을 통해 본 불교의 역사정신

현대는 그 어느 시대보다도 불안한 역사적 상황이다. 아직도 사라지지 않은 이데올로기의 대립은 인류의 염원인 세계평화 정착에 커다란 장애가 되고 있으며, 기계·문명의 발달은 '자유에서의 도피'[55] 현상을 초래하였고, 선의 가치에 대한 신념의 상실은 허무의식을 급증시켰다. 이러한 현대의 위기는 무엇보다도 인간 역사의 의미와 목표에 대한 개념의 상반된 해석에 기인한다고 생각한다.

역사란 무엇인가? 역사의 의미와 목표는 무엇이며 역사를 움직이는 원동력은 무엇인가? 이 문제들은 과거로부터 현재에 이르기까지 많은 사람들의 관심사가 되어 왔지만, 아직까지도 명확한 해답을 얻지 못하고 있는 형편이다. 사전적 풀이에 의하면, 역사에는 크게 두 가지 뜻이 있다. 하나는, '과거에 생기한 사건'이라는 뜻으로서 독일어의 Geschichte를 말한다. 다른 하나는, '과거에 생기한 사건들의 기록', 즉 사료라고도 할 수 있는 것으로서 독일어의 Historie를 의미한다(본 논문에서 사용하

---

55 Erich Fromm, 李克燦 譯, 『自由에서의 逃避(Escape from Freedom)』(民衆書館, 1975).

는 역사라는 말은 Geschichte로서의 역사를 뜻한다).

　이러한 사전적 의미를 갖는 역사에 대한 오늘날의 견해들을 크게 세 유형으로 분류해 볼 수 있다. 첫째, 진보적인 역사관으로서 우주와 인간의 역사는 일회적인 것으로, 정해진 목표를 향하여 진보해 간다고 하는 것이다. 둘째, 순환적循環的인 역사철학으로서 우주와 인간의 역사는 일회적인 것이 아니라 무한히 반복된다고 하는 유형이다. 셋째, 회의적인 역사철학으로서 역사라고 하는 것은 의미와 형태를 파악할 수가 없다고 본다.[56] 이 세 견해 가운데 어느 것이 옳은가 하는 것은 인류가 계속해서 탐구해야 할 문제겠지만, Butterfield의 말처럼 "역사적 사건에는 무엇인가, 아무도 의도하지 않은 방향으로 역사코스를 잡아 비틀어 놓는 성질이 있다"[57]고 하는 것을 신봉하려는 오늘날의 경향은 또 하나의 커다란 역사적 위기라고 생각된다.

　역사에는 인간 이외에 역사를 움직이는 어떤 다른 힘이나 법칙이 있는 것일까? 우리는 이에 대한 가부可否의 해답을 얻을 수 있는 가능성을 불교의 업설에서 발견할 수 있지 않을까? 불교의 업설은 인간의 업(의지와 행위) 이외의 어떠한 힘과 법칙도 인정하지 않기 때문이다.

　흔히들 불교는 역사를 부정하고, 인간윤리를 파괴하고, 현실을 도피하는 종교라고 비판한다. 또한 불교의 사관史觀은 Brahman으로부터 나와 다시 Brahman으로 돌아가는 결정론의 입장을 취한다고 비판하기도 한다.[58] 불교가 시간의 순환성 또는 자연질서의 반복성을 긍정하는 것은 사실이다. 우주와 역사의 영원한 순환을 부정하지도 않는다. 그렇기

---

56 G.E. Cairns, 이성기 역, 『東洋과 西洋의 만남(Philosophies of History)』(마음의 샘터사, 1976), p.9.

57 E.H. Carr, 吉玄謨 譯, 『역사란 무엇인가(What is History?)』(探求堂, 1975), p.66.

58 崔載喜, 『歷史哲學』(靑林社, 1971), p.233.

때문에 불교는 그 궁극적 목표로서, 무의미한 윤회輪廻의 굴레로부터 벗어난 열반涅槃을 설정하고 있으며, 더 나아가서 열반에만 안주할 것이 아니라 다시 윤회하는 세속으로 복귀하여 깊은 연민의 정으로써 중생을 구제할 것을 가르치고 있다.

그러나 우주의 순환 속에서 역사가 진행되는 것은 시인하지만, 역사의 과정이 단순한 자연이나 인간 이외의 다른 힘에 의하여 결정된다고는 보지 않는다. 역사는 인간의 업력에 의하여 운전된다는 것을 업설은 강조하고 있다. 그러므로 불교가 역사와 인류와 현실을 부정하며, 불교의 사관史觀은 Brahman에 의한 결정론이라고 하는 비판은 전혀 근거가 없는 것이다. 불교의 업설은 역사를 보는 훌륭한 객관적 기준을 마련해 주고 있으며, 오늘날 세계의 상호이해와 협력을 위해서 절실히 필요하다고 생각되는 '인간을 주체로 하는 역사정신'을 강조하고 있다. 여기에서는 업설을 중심으로 이러한 불교의 역사정신을 살피고자 한다.

## 1. 역사발전의 근본원인에 대한 제학설

### 1) Augustine의 종말론적 목적사관

앞에서 언급한 바와 같이 역사의 과정을 결정짓는 근본원인이 인간 자신에게 있지 않다고 보는 경향이 있으니 그것은 무엇보다도 기독교의 사관이다. 기독교의 사관을 최초로 정립한 사람은 Augustine이다. 그는 이른바 종말론적 목적사관目的史觀을 확립시켰다. Augustine에 의하면 인간의 역사는 목적을 가지고 있는데 그 목적은 바로 원죄로부터의 구속이다. Adam의 창조에서부터 최후의 심판에 의한 구속에 이르는 전역사과정全歷史過程은 오직 하나님의 뜻에 의하여 결정되며, 하나님은 그의 목적을 위해서 우주적 각본을 갖고 있다.[59] 그 각본은 유일한 의미를 갖는 세계사인 히브리의 역사인데, Augustine은 다음과 같이 일곱 시대로 구분한다. (1)아담으로부터 노아의 홍수까지, (2)노아로부터 Abraham까지, (3)Abraham으로부터 David까지, (4)David로부터 포로기까지, (5)포로기로부터 그리스도의 탄생까지, (6)그리스도로부터 최후의 심판까지, (7)하나님에서 영원히 안식하는 시기가 그것이다. 역사의 정점(완성 또는 종말)이 되는 주요한 사건은 타락한 인간을 구원하시는 그리스도의 강림이다. 역사의 종국에 가서는 신의 축복을 받은 도시는 영원히 남게 될 것이고, 사탄의 도시는 타락한 천사와 대다수의 타락한 인간들에게 영원한 고통의 도시가 될 것이다. 최후의 심판에서 구원받은 자는 썩지 않는 육신을 허락받는다. 저주받은 자에게도 육신을 허락하지만, 그에게는 더욱 강렬하게 영원한 고통을 준다.[60] 다시 말해서 역사는 원래 하나님과 인간의 계약관계인데, 그것이 비록 투쟁을 통해서이기는 하지만 필경은 하나님에 의하여 선한 인간이 구제되는 관계이며, 인류사의 본질은 결국 하나님에서 출발하여 하나님에게로 돌아가서 안식하는 것이라고 한다.[61] 이와 같이 역사는 신의 목적을 가지고서 인간의 의지에 관계없이 신의 섭리에 의하여 필경은 종말에 들어가는 것이라고 하기 때문에 그의 사관史觀을 종말론적 목적사관이라고 한다.

59 G.E. Cairns, 앞의 책, p.246.
60 G.E. Cairns, 앞의 책, p.248.
61 崔載喜, 앞의 책, pp.66~67.

## 2) Hegel의 세계정신

한편 이러한 기독교적 목적사관의 영향을 많이 받은 Hegel은, 역사는
세계정신(Weltgeist)에 의하여 변증법적으로 진보한다는 이론을 전개하
였다. 세계사의 배후에는 이성理性이 존재하고 있어 인간을 조정하며,
인간들은 자기들끼리 서로 투쟁하며 몰락해 가지만 이성은 망하는 법이
없고 오히려 그들의 투쟁을 통해서 자기를 실현해 간다고 한다.[62] Hegel
에 의하면 이성은 실체이고 본질이고 진리이며, 무한한 힘이고 무한한
내용이다. 이 이념만이 세계 내內에서 계시될 뿐, 이 이념 밖에는 아무것
도 계시되지 않는다. 따라서 세계사는 이성적으로 진행되어 왔고 세계
사는 세계정신의 이성적이며 필연적인 행정行程이다. 동일불변의 본성
을 소유하는 유일한 정신인 이 세계정신이 이 유일한 본성을 세계의
존재 안에 현현顯現하고 있다고 하는 것은 세계사 그 자체의 고찰의
결과 비로소 생긴 성과라고 한다.[63] 그는 세계사를 세계정신이 그 본성
을 실현한 정도에 따라서 4기로 나눈다. 인도와 중국의 문화는 정신의
제1단계인 유아기이며, 희랍문화는 정신의 제2단계인 청년기이며, 로
마문화는 정신의 제3단계인 성년기이며, German문화는 정신의 제4단
계인 노년기이다. 세계사의 제1단계에서는 한 사람만이 자유自由이며,
제2단계와 제3단계에서는 소수의 사람만이 자유이며, 제4단계에서는
모든 사람이 자유다. 그리하여 역사의 최종단계에서 세계정신은 비로
소 자신을 세계 내에 실현시키는 것이라고 한다.[64] Hegel에 따르면,

62 G.W.F. Hegel, 김종호 역, 『歷史哲學(Die philosophie der geschichte)』(思想界社出版
部, 1963), p.250.
63 같은 책, pp.53~55.
64 G.E. Cairns, 위의 책, pp.275~276.

역사는 개인의 열정과 의도에 관계없이 오직 세계정신에 의하여 진보하
는 것이다.

### 3) Marx의 유물사관

이와 같은 Hegel의 관념론적 변증법은 Marx에게 큰 영향을 끼친다.
그러나 Marx는 Hegel의 변증법의 관점을 바꾸어서, 역사는 물질(生産力)
에 의해서 변증법적으로 진보한다고 하는 변증법적 유물사관唯物史觀을
확립시켰다. Marx에 의하면, 실적 기초가 되는 경제적 구조는 사회의
'생산관계의 총체總體'에 의해서 형성되는 것으로서, 이 위에 하나의
법률적·정치적 상부구조上部構造가 성립되며, 물질적 생활의 생산양식
은 사회적·정치적·정신적 생활과정 일반을 제약(bedingt)한다고 한다.
인간의 의식이 그들의 존재를 규정(bestimmt)하는 것이 아니라 반대로
그들의 사회적 존재가 그들의 의식을 규정한다.[65] 따라서 인간의 본질은
단독적인 개개인의 선천적 추상이 아니라 현실에서의 생산력, 자본구성,
그리고 이러한 것들을 결합하는 사회적 형태의 총체가 바로 인간의
본질이라고 한다.[66] 이러한 이론을 바탕으로 하여 그는 인간의 역사는
생산력을 둘러싼 계급투쟁의 역사라고 결론짓는다. 그리고 역사의 주요
시기를 다음과 같이 5단계로 구분한다.

제1단계는 아직 계급이 없는 원시공산주의사회原始共産主義社會, 제2
단계는 자유민과 노예계급이 투쟁하는 노예사회, 제3단계는 지주와

---

65 Sidney Hook, 양호민 역, 『맑스와 맑스주의자들(Marx and Marxists)』(文明社, 1972),
   pp.214~215.

66 A.M. Scott, 정태섭 역, 『共産主義(The Anatomy of Communism)』(思想界出版部,
   檀紀 4294년), p.9.

농민계급이 투쟁하는 봉건주의사회, 제4단계는 부르주아와 프롤레타리아 계급이 투쟁하는 자본주의사회, 제5단계는 공산주의사회로서 프롤레타리아 독재에 의하여 재산을 공유하며, 그로 인하여 모든 계급이 소멸되고 역사가 완성된다고 한다. 이와 같이 Marx는 역사가 창조적 의지를 갖는 인간에 의해서가 아니라 오히려 인간의 의지를 규정하는 생산력에 의해서 결정되고 지배된다고 보았다. 이것이 그의 변증법적 유물사관이다.

## 4) 기타 학설

이 밖에도 역사 발전의 근본 원인을 생동하는 인간 자체로 보지 않는 견해는 얼마든지 있다. 회교回敎의 『꾸란』은, "Allah가 우리를 위해 기록한 것 이 외에는 아무것도 우리에게 발생하지 않을 것이다"라고 말한다. 또한 회교의 대신학자 알 가잘리Al-Ghazzali는 그의 저서 『종교학의 부흥(Resuscitation of the Science of Religion)』에서 알라의 권능에 대해서 다음과 같이 기록하고 있다. "그는 아실 수 있는 모든 것을 알고 계신다. 그는 칠흑 같은 밤에 단단한 돌 위를 걷는 흑새도 아시며, 태양빛 속에서 움직이는 티끌도 주의해 보신다. 그는 존재하는 모든 것을 원하시며 사건들을 결정하신다. 이런 까닭으로 선과 악뿐만 아니라 만물은 모두 그의 결정과 결단, 그의 지혜와 의지를 따라서만이 일어난다. 그의 의지는 그의 다른 속성과 마찬가지로 그의 본질을 이루며 언제나 그에게 속한다. 영원으로부터, 그는 시간 속에서 만물이 존재하기를 원하셨으며, 만물은 그때에 존재하게 되었다."[67]

---

67 G.E. Cairns, 앞의 책, p.251.

이와 같이 회교도들은 알라의 섭리가 모든 역사와 자연과 인간을 지휘한다고 본다.

또한 Brahman교에서도 인간의 역사는 인간의 뜻에 좌우되는 것이 아니라고 본다. 이 세계와 인간은 모두 대범천大梵天(Mahābrahman)과 대자재천大自在天(Maheśvara) 등의 의지에 의해서 전개되었다가 다시 그들의 뜻에 의하여 그들에게 되돌아간다고 말하기 때문이다.[68]

한편, 이와는 성격이 조금 다르지만 Condorcet는 인간은 과학을 통하여 지상에 천국을 세울 수 있다고 하는 과학만능주의를 부르짖고 있다. 그에 의하면 인류·역사의 종말에는 과학의 덕택으로 모든 전쟁이 사라지고, 교육은 의무화되어 고르게 되며, 모든 사람이 경제적 욕구를 풍요하게 충족시키며, 지능은 더욱 발달할 것이고, 최종적으로는 죽음까지도 정복되며, 인간은 고매하게 되어 불멸할 것이라고 한다.[69]

## 2. 불교의 업설

### 1) 업설의 기본원리

이상에서 살펴본 여러 견해와는 아주 대조되는 독특한 역사정신이 불교의 업설 가운데 나타나고 있다. 먼저 업설의 기본원리부터 알아보기로 한다.

업설은 불교 교리상에서 독립되어 있는 것이 아니다. 그것은 다른 교리들과 밀접한 관련을 맺고 있는데, 그것의 기초가 되는 불교의 근본교

---

68 金東華, 『俱舍論』(文潮社, 1971), p.186.

69 Antonie-Nicolas de Condorcet, June Barraclough 譯, *Sketch for a Historical Picture of the Progress of the Human Mind* (The Noonday Press, 1955), pp.173~202.

리는 십이처설十二處說이다. 『잡아함경雜阿含經』 권13에 다음과 같은
내용이 있다.

佛告婆羅門 一切者謂十二入處 眼色耳聲鼻香舌味身觸意法 是名一切[70]

즉 어떤 바라문이 부처님께 이 세상에 있는 일체一切의 존재에 관해서
물었을 때, 부처님은 그에게 '세상에 존재하는 일체의 것은 십이입처十二
入處[71]로서, 눈·물질·귀·소리·코·냄새·혀·맛·몸·촉감·마음·법을 가
리킨다'고 대답하였다. 다시 말해서 십이처설十二處說이란, 이 세상에
존재하는 모든 것은 오직 현실적으로 인식할 수 있는 이 열두 가지뿐이요,
현실적으로 인식할 수 없는 어떠한 존재도 인정할 수 없다고 하는 이론이
다. 이 십이처설을 인식주관認識主觀과 인식객관으로 구분할 수 있는데,
눈·귀·코·혀·몸·마음은 곧 인식주관이요, 물질·소리·냄새·맛·촉감·
법은 인식객관이다. 여기에서 한 가지 유의해야 할 것은 의意(Manas)와
법法(Dharma)의 문제이다. 법法이란 말은 많은 뜻을 가지고 있으나,
여기서는 물질·소리·냄새·맛·촉감을 모두 포함하는 자연세계와 사회
환경, 인간관계를 의미한다. 그런데 이 의意와 법法은 눈과 물질, 귀와
소리, 코와 냄새, 혀와 맛, 몸과 촉감 등의 관계와 같은 단순한 인식상의
관계만을 나타내지는 않는다. 그것은 인식상의 관계를 넘어서서 작용과
반응의 관계를 나타내고 있다. 십이처十二處에서 주관과 객관의 관계는
좀 더 깊이 생각해 보면 중생과 자연(事物)의 관계라고 할 수 있다.

---

70 大正藏 2, 『雜阿含經』, 91上, "謂有情類, 於此處所, 共業增長, 世界便成 ; 共業若盡,
世界便壞."
71 一切는 곧 十二處이기 때문에 十二處라고 하며, 一切는 十二處에 들어간다(入)고
하여 十二入處라고도 한다.

중생은 자연에 대해서 의지적 작용을 가할 수 있는 데 반해서 자연은 그럴 능력이 없다. 자연은 중생의 의지적 작용에 대해서 다만 반응할 뿐이며, 의지가 없기 때문에 그 반응은 항상 필연적인 것이 될 수밖에 없는 것이다.

의意와 법法이 이와 같이 작용·반응의 인과관계를 나타내고 있기 때문에 십이처설은 인과응보因果應報를 설하는 업설의 이론적 기초가 된다고 말할 수 있다. 업(Karma)은 한마디로 정의하면 의意의 작용인데, 이러한 업이 원인이 되어 반드시 그에 상응한 결과(業報)가 있다는 것이 업설이기 때문이다.[72]

업설은 원인이 없는 결과를 인정하지 않기 때문에 자연환경이나 사회환경도 저절로 이루어졌다고 보지 않는다. 그것은 중생의 업에 의해서 이루어졌으며, 중생과 업에 의해서 다시 변화될 수 있다고 본다. 더 나아가 『대비바사론大毘婆沙論』권134에서는 다음과 같이 말하고 있다.

중생들이 여기에서 공업이 증장되면 세계가 곧 성립하는데, 공업이 만약 없어지면 세계가 곧 없어진다.[73]

즉 세계가 생성, 괴멸壞滅하는 것도 중생의 공동의 업(共業) 때문이라고 한다. 또한 『중아함경』권32에는 다음과 같이 설해져 있다.

이 (신·구·의) 3업은 이렇게 서로 비슷하지만, 나는 의업意業을 가장 무거운 것이라고 주장하여 악업을 행하지 않게 하고 악업을 짓지 않게 한다. 신업과 구업은 그렇지 않다.[74]

---

72 高翊晋, 「阿含法相의 體系性 研究」(東國大 碩士學位 청구논문, 1970), pp.26~28.
73 大正藏 27, 692下.

업에는 마음으로 짓는 업(意業)과 입으로 짓는 업(口業), 몸으로 짓는
업(身業)이 있는데, 이 셋 가운데서 의업意業이 가장 강력하며, 구업口業
과 신업身業은 마음을 통해서 나오기 때문에 실은 의업에 포함시킬
수도 있다고 보는 것이다.

이와 같이 업설은 철저하게 인간 이외의 힘을 부정하고 인간의 힘만을
긍정하며, 인간의 모든 행위 중에서도 자유의지의 작용을 가장 핵심적인
것으로 받아들인다.

또한 업설은 인과응보에 관해서 다음과 같은 특기할 만한 사실을
말해 준다. 『성실론成實論』 권7을 보면 다음과 같은 구절이 나온다.

업의 경우 선업이 아니거나 불선업이 아닌 것을 무기업이라고 한다. 또한
선하거나 불선하거나 업은 모두 과보를 얻는데, 이 업은 과보가 생겨날
수 없기 때문에 무기업이라고 한다.[75]

업에는 선업과 악업 그리고 선하지도 악하지도 않은 업(無記業)이
있는데, 선업과 악업은 반드시 그 과보를 가져오나 선하지도 악하지도
않은 무기업에 대한 업보는 나타나지 않는다는 것이다. Meyer의 말대로
영향력 있는(결과를 초래하는) 사건을 역사적 사건이라고 한다면,[76] 그
역사적 사건이란 불교적으로는 반드시 그 보報를 일으키는 선업 또는
악업을 가리킨다고 볼 수 있다. 우리의 일상적인 생활이나 행위가 그

74 高麗藏 18, 54下, "此三業如是相似, 我施設意業爲最重, 令不行惡業, 不作惡業.
身業·口業則不然也."

75 大正藏 32, 295中, "若業非善非不善者, 名曰無記. 又善不善, 業皆能得報, 此業不能
生報, 故名無記."

76 Collingwood, *The Idea of History* (Oxford University Press, 1961), p.179.

모든 보報를 초래하는 것은 아니다. 어떠한 강한 도전에 응전應戰할 때 취하는 선이나 악만이 그 보를 초래한다. 그리고 어떠한 도전에 응전하는 경우, 아무리 동기와 의도가 선하다 할지라도 지혜롭지 못한 판단(邪見)에 의한 어리석은 행위는 오히려 나쁜 보報를 받는다고 하는 것도 업설의 특기할 만한 내용이라 하겠다.[77]

## 2) 역사의 원동력과 자유의지

이상에서 살펴본 바와 같이 십이처十二處 외에는 어떠한 존재도 있을 수 없으며, 자연은 의지를 가질 수 없으므로 역사의 원동력은 인간이고, 인간의 업이며, 인간의 자유의지라는 것이 명백해진다. 그러나 우리의 현실과 역사로 눈을 돌려 보면 우리의 자유의지에 입각한 인과업보만으로는 설명이 안 되는 일들이 적지 않다. 너무도 의외이고 우연적인 일들이 생기기 때문이다. 이러한 문제점에 대해서는 업의 연속성이 명쾌한 답을 준다.

『중아함경』 권3에는 이렇게 설해져 있다.

> 만일 일부러 짓는 업이 있으면, '나는 반드시 그가 과보를 받을 텐데 현재 세계에서 받거나 후세에서 받을 것이다.'라고 말한다. 만일 일부러 지은 업이 아니면, 나는 '그가 반드시 그 과보를 받는다.'고는 말하지 않는다.[78]

---

77 大正藏 1, 437下.『中阿含經』에는 마음으로 짓는 세 가지 惡業을 ① 貪慾 ② 嫉恚 ③ 邪見으로 기록하고 있다.

78 高麗藏 17, 1038下, "若有故作業, 我說: '彼必受其報, 或現世受, 或後世受' ; 若不故作業, 我說: '此不必受報.'"

현재에 의도적으로 지은 업은 그 과보가 현재뿐만 아니라 미래에까지 나타난다는 말이다. 다시 말하면, 한 시대가 한 일 또는 안 한 일은 다음의 역사적 시대에까지 긴 그림자나 빛을 던진다. 따라서 우리가 '의외'라고 생각하거나 '우연'이라고 생각하는 일들은 이러한 그림자나 빛의 영향으로 일어난 것이지 사실상 우연은 아닌 것이다. 이와 같이 업의 연속성이라는 개념은 역사의 원동력이 인간의 자유의지라는 사실에 대한 불신감을 제거해 준다.

그러면 인간의 자유의지에는 어떤 성향이 있을까? 인간의 의지에 대해서 부정적인 견해를 갖는 사람도 많다. Schopenhauer가 인간의 의지를 '맹목적 의지'라고 하고, Martin Luther가 '노예적 의지'라고 말하는 것이 그 좋은 보기가 될 것이다. 불교에서도 어떻게 보면 인간의 의지에 대해서 부정적인 견해를 취하고 있는 것 같다. 인간의 행위는 무명(Avidyā: 진리에 대한 무지)을 강한 속성으로 하고 있다고 보기 때문이다.[79] 그러나 업에는, 단순히 무명에 의하여 생사의 고해에 헤매게 하는 업 외에도 무명으로부터 벗어나 열반에 도달하게 하는 업도 있다는 것을 잊어서는 안 된다고 한다.[80] 그렇기 때문에 인간의 자유의지는 선만을 또는 악만을 지향하지는 않는다. 그것이야말로 선택의 문제이다. 따라서 역사의 미래는 선의 방향으로 또는 악의 방향으로 결정되어 있지는 않다. 『대보적경大寶積經』에 "중생의 무명도 무한하며 보살의 자비도 무진하다"[81]고 설해져 있는 것이 역사에 대한 불교의 비결정론적

---

79 十二綠起說에 의하면, 인간의 生老病死를 비롯한 모든 苦痛은 근본적으로 無明에 기인한다고 한다.

80 西義雄, 『業の思想』(講座佛敎 第一卷 중에서) (東京: 大藏出版株式會社, 昭和 34年) p.74.

81 『大寶積經』 권41(大正藏11, 235中), "如衆生界無有限量, 如是菩薩摩阿薩所修之慈亦

입장을 입증해 주고 있다.

그러므로 이렇게 자유의지의 양면성을 말하는 업설을 결정론이라고 단정 짓는 것은 옳지 못한 것이다. Max Weber가 "업설은 영원히 사회에 대한 비판정신을 불러일으키지 못할 것이고, 인권사상人權思想의 발전에 방해가 되며, 인간의 공동公同의 권리라든가 공동의 의무를 전혀 문제 삼지 않으며, 국가라든가 시민(Citizen)과 같은 개념을 일으키지도 못한다"[82]고 비판한 것은 업설이 결정론이라고 곡해했기 때문이다. 사회는 과거의 업에 의해서 결정되는 것이 아니다. 현재의 창조적인 업에 의해서 얼마든지 새로운 방향으로 전환될 수 있다. 따라서 부조리한 사회에 대한 정당한 비판은 사회발전에 필수적인 것이라 하겠다. 부처님이 생존 당시에 인도사회의 사성계급제도四姓階級制度(Caste System)를 강력하게 배격했던 것이 좋은 본보기이다. 또한 공동의 의무라든가 국가라는 것을 문제 삼지 않는다고 했는데, 그러한 오류는, 업에는 개인적인 업(不共業)만이 아니라 개인의 행위에 지대한 영향을 미치는 자연환경과 사회환경을 결정짓는 공동의 업(共業)도 있다고 하는 것을 몰랐기 때문에 생긴 오류라고 본다. 부처님이 수많은 계율을 제정한 것은 개인을 넘어선 사회에 대한 공동의식을 강조하였기 때문이라고 본다.

## 3) 위에서 본 제역사관과의 비교

이제 이상 간략하게 설명한 업설의 역사정신과 앞장에서 언급한 여러 역사관을 비교해 보고자 한다.

---

無限量. 空無邊故來生無邊, 衆生無邊故慈亦無邊."

[82] Max Weber, Translated and Edited by Hans H. Gerth and Don Martindale, *The Religion of India* (New York; The Free Press, 1958), pp.144~145.(밑줄은 필자)

먼저 Augustine의 종말론적 목적사관과 불교의 업설에서 볼 수 있는 사관史觀을 비교해 보면 거기에는 커다란 차이가 있다. Augustine은 인간과 세계는 하나님이 창조한 것이고 역사는 신의 섭리에 의해서 움직인다고 하지만, 불교에서는 하나님과 같이 인간이 인식할 수 없는 존재를 시인하지 않으며[83] 역사의 과정도 '인간 이외의 어떤 다른 힘'에 의해서 결정된다고 보지 않는다. 또한 Augustine은 인간은 원죄 때문에 지혜를 가질 수 없으며, 가끔 갖는다 하더라도 그것은 하나님의 지혜이지 인간의 지혜는 아니라고 한다. 그러나 불교는 무명無明을 벗어나는 인간의 지혜를 긍정하고 있다.

다음, 헤겔은 세계정신이 세계사를 지배한다고 보았는데, Collingwood가 'Hegel이 주장하는 이성과 열정과의 관계는 이성으로서의 신과 열정으로서의 인간의 관계가 아니라 인간 자신의 이성과 인간 자신의 열정과의 관계다'[84]라고 지적하고 있듯이, Hegel의 세계정신은 신적인 존재가 아니라 인간성 내부의 존재라고 하자. 그러나 역사가 세계정신, 그리고 이성의 교지狡智(List der Vernunft)에 의해서만 발전한다고 하는 것은 역사의 결정론이다. 역사는 인간의 선악이라는 양면성 때문에 진보할 수도 있고 퇴보할 수도 있다. 선업만의 관점으로 본다면 세계사는 세계정신이 그 자유를 실현시킨 과정이라고도 볼 수 있지만, 악한 인간성의 관점으로 본다면 세계사는 오히려 Dray의 말처럼 '정열과 욕구의 드라마', '개인적 목표와 이기적 욕망의 소용돌이', '여러 민족의 행복, 국가의 지혜, 개인의 덕이 희생되는 살육장'[85]이라고 볼 수도 있을 것이다.

---

83  위에서 살펴본 十二處說 참조.

84  Collingwood, 앞의 책, p.117.

85  William H. Dray, *Philosophy of History* (Englewood Cliffs, N.J. ; Prentice-Hall, Inc., 1964), p.69.

한편, Marx가 역사과정에서 생산력의 영향력을 강조한 점은 Hegel의
이론보다는 훨씬 구체적인 관점이라고 보지만, 생산력이 결정적이라고
봄으로써 역사의 주객을 전도시킨 사관을 확립시킨 결과가 되었다.
불교에서도 경제적 요소를 경시하지 않는다. 『대지도론』권93에서는
모든 사회악의 근본이 빈궁에 있다고 하며, 보살의 국토[86]에는 중생의
생활이 풍요하고 안락하여 모든 악이 없다고 하였다.[87] 그러나 이 경제적
요인이 인간의 모든 행위의 결정적 요인이라는 말은 아니다. 경제적
풍요가 역사의 종국적 목표가 될 수도 없다. 역사의 과정 속에서는
생산력을 비롯하여 종교운동, 과학혁명, 예술의 창조, 정치체제, 또는
소수의 위대한 지도자 등 수많은 요인이 작용한다. 불교의 사관을 연기사
관緣起史觀[88] 또는 원융사관圓融史觀[89]이라고 말하는 소이도 여기에 있다.
그러나 물적 요소나 심적 요소를 똑같은 요인으로 보면서도 물적 요소는
인간 의지의 업보로 받아들이려고 하는 것이 업설의 입장이다. 인간은
환경의 도전에 단순하게 반응하는 것이 아니라 선택적으로 응전한다.
그리고 회교回敎에서는 Allah에 의한 역사의 결정론, Brahman교에서는
Brahman에 의한 역사의 결정론을 말하나 불교에서는 Allah나 Brahman
을 인정하지도 않고 역사의 결정론을 수용하지도 않는다는 것은 위에서
살펴본 바와 같다. 마지막으로 콩도르세가 이야기한 과학이라는 것도

---

86 菩薩(Sk. Boddhi-Sattva)은 불교의 理想的 人間像이다. 따라서 보살의 國土는 理想鄕
　이라고 볼 수 있다.
87 大正藏 25, 711上. "貧窮薄福者, 不能自活, 則行劫盜. …… 菩薩國土, 衆生豊樂自态·
　無所乏少, 則無衆惡."
88 鄭泰媒, 「共産主義의 挑戰에 직면한 佛敎」(世界佛敎學術會議, 앰배서더호텔,
　1976.8.31~9.2) 發表要旨文, p.26.
89 豊田劍陵, 『佛敎と社會主義』(重川書店, 大正 13年), pp.50~59.

과학 자체만의 힘은 아니다. 거기에는 인간의 노력과 인간의 창조의지가 바탕이 된다고 보아야 할 것이다. 또한 그의 희망적 미래관은 높이 평가받아야 하겠지만, 과학의 힘을 과대평가한 나머지 인간이 죽음까지도 정복할 수 있다고 한 것은 역사의 실상을 파악하지 못하고 허상에 집착한 결과라고 생각한다.

## 맺는 말

이상으로 불교의 업설은 역사의 원동력을 인간의 의지로 본다는 것을 고찰하였다. 자연환경과 경제적 요소가 역사에 많은 영향을 미치는 것은 사실이지만, 그러한 요소를 오히려 인간의지의 업보로서 받아들이려는 것이 업설의 입장이다. 동시에 불교의 업설은 다음과 같은 역사정신을 일러준다.

첫째, 역사의 흥망성쇠는 운명 지워진 것이 아니며, 인간의지의 창조성 또는 무명성에 따라 결정된다. 무명을 여읜 지혜, 소아에서 대아로 향하는 자비, 타성과 안일을 극복하는 창조의지에 의하여 역사는 발전한다. 한편 역사의 퇴보는 자기 본위와 이기적 행위에로의 성향인 무명 때문에 초래된다.[90]

둘째, 역사는 연속성을 그 강한 속성으로 한다. 그 어떤 역사시대도 단절되어 있지 않다. 그것은 과거로부터의 업보를 받는 동시에 미래에 업력을 던지면서 존재한다. 따라서 과거와 단절된 역사의 기적적 전환을 시도하는 일은 숙고되어야 한다.

---

90 Toynbee도 사회의 좌절과 붕괴의 현저한 징후의 하나로서 '창조적' 소수자가 '지배적' 소수자로 타락하는 경향을 내세우고 있다. Toynbee, 刊行會 譯, 『역사의 연구(A study of History)』 제4권(동서문화원, 1975), p.203.

셋째, 역사의 발전은 개인과 전체 어느 한쪽에만 치우쳐서는 안 된다. 개인의 발전만을 지향하는 절대적 자유주의나 전체의 발전만을 지향하는 절대적 평등주의는 모두 관념의 환상에 불과한 것이다. 조화와 균형을 향한 노력을 포기해서는 안 된다.

넷째, 역사의 발전은 항상 역사에 대한 인간의 책임의식과 인간 스스로의 창조의지, 그리고 인간 상호간의 따뜻한 인간애를 갈망하고 있다.

# III. 불교 업설에서의 동기론과 결과론

1992년 9월 19일자 조선일보의 '색연필'란에 실린 다음과 같은 만필이 독자들의 주목을 끌고 있다.

서울 형사지법2 단독 李俊範 판사는 17일 술에 취한 행인의 바지에서 명함 4장이 들어 있는 수첩을 훔친 혐의로 구속기소된 金경진 피고인에게 징역 10월의 實刑을 선고했다. 金피고인은 지난 6월 27일 오후 1시 30분쯤 서울 중구 을지로 2가 p나이트클럽 앞 택시 정류장에서 술에 취해 비틀거리는 鄭모씨에게 접근, 등을 두드려 주는 척하다 바지 뒷주머니에서 명함 4장이 들어있는 수첩을 훔친 혐의로 구속기소 됐었다.

재관부는 판결문에서 "金피고인이 결과적으로 현금 등 금품을 훔치지는 않았지만 술에 취한 행인에게 호의를 베푸는 척하면서 수첩을 훔친 행위로 볼 때 죄질이 불량해 실형을 선고한다"고 밝혔다.

이상이 신문기사 내용의 전부이다. 이 기사는 말 그대로 하나의 가십으로서 일반인들에게는 한낱 흥밋거리에 불과할지도 모른다. 하지만 이것은 학문적 입장에서, 특히 형법학이라든가 윤리학의 입장에서 볼 때

논의의 여지가 많은 사건이다. 나아가 불교윤리학의 입장에서 생각해
볼 때도 이 사건은 우리에게 하나의 중요한 과제를 던져주고 있다.

이 사건에 내재된 문제는 한마디로 동기론과 결과론의 문제라고 할
수 있겠다. 수첩을 훔친 행위의 동기를 더 중시하느냐, 그 결과를 더
중시하느냐에 따라 재판부의 판결은 상당한 차이를 나타내게 될 것이다.
생각건대 이 사건에 대한 판결의 경우는 행위의 결과보다도 그 동기에
더 큰 비중을 두고 있는 것으로 보인다. 따라서 동기를 더 중요시하는
입장에서 보면 이 판결은 당연한 것이 되겠지만, 결과를 더 중요시하는
입장에서 본다면 문제가 없을 수 없다.

윤리학에서 동기론(Motivismus)과 결과론(Konsequentismus)의 논쟁은
그 역사가 오래되었고, 아직도 논쟁이 계속되고 있는 실정이다. 그렇다
면 불교에서는 과연 이 문제를 어떻게 파악하고 있을까?

일반적으로 불교는 동기론의 입장을 취하는 것으로 이해하는 경향이
농후하다고 생각된다. 그것은 근본적으로 불교는 '마음의 종교'(마음
앎의 종교, 마음 닦음의 종교, 마음 깨침의 종교)라는 통념에서 연유할 것이다.
더욱이 『아함』에서 석존은 "만일 고의로 짓는 업이 있으면, 반드시
그 과보를 받되, 현세에서 받거나 후세에서 받는다고 나는 말한다.
만일 고의로 지은 업이 아니면, 반드시 그 과보를 받지 않는다고 나는
말한다"[91]고 직접 갈파하고 있다. 『사분율』에도 "결과적인 범죄라 할지라
도 고의성이 없는 것은 파계 행위로 간주하지 않는다"는 석존의 가르침이
수없이 설해지고 있다.

그러나 이러한 교설 등을 근거로 하여 '불교는 철저한 동기론의 입장을
취한다'고 단정해도 되는 것일까? 혹시 경전에는 결과론의 입장을 두둔

---

[91] 이 구절에는 해석상의 문제가 남아 있는데 본론에서 이를 자세하게 밝힐 것이다.

하는 가르침은 전혀 없는 것일까? 그리고 만약 불교가 철저한 동기론의
입장에 선다는 것이 움직일 수 없는 사실이라면, 현행 형법에 명시되어
있는 여러 과실범[92]에 대한 처벌규정을 우리는 어떻게 받아들여야 하는
것일까?

　현대 산업사회는 매우 복잡미묘한 성격과 구조를 띠고 있으며, 인간관
계 또한 매우 복잡한 양상을 드러내고 있다. 따라서 '마음만 깨끗하면
된다'든가 '동기만 순수하면 된다'는 식의 단순하고 편협한 동기론적
발상은 재고되어야 할 것이다. 이제 우리는 '불교＝동기론'이라는 무비판
적 선입견이나 고정관념을 떨쳐버리고 이러한 문제점들에 대한 불교의
참다운 입장이 무엇인지 좀 더 깊이 있게 천착해 볼 필요가 있다. 이에
필자는 우선 업설을 중심으로 불교에서의 동기론과 결과론의 문제에
대해 고찰해 보고자 한다.


## 1. 윤리학에서의 동기론과 결과론

본론에 들어가기에 앞서, 일반 윤리학에서의 동기론(또는 동기설)과 결과
론(또는 결과설)에 대해 잠깐 살펴보도록 한다. 물론 필자가 불교의 업설
을 중심으로 고찰하고자 하는 동기론과 결과론의 문제가 윤리학에서의
그것과 완전히 일치한다고 할 수는 없다. 그러나 거기에는 상당한 유사점
이 있는 게 사실이고, 또한 불교윤리학의 발전적 미래를 위해 새로운
연구과제를 제시해 본다는 의미도 있기 때문에 이에 대해 잠시 언급해

---

92 現行刑法에서 過失이 있는 경우를 처벌하는 犯罪는 失火(170조), 業務上 重失火(171
　조), 過失爆發物破裂(192조②), 過失溢水(181조), 過失·業務上過失·重過失交通妨
　害(189조), 過失·業務上過失·重過失 致死傷(266조 이하), 業務上過失·重過失臟物
　取得(364조) 등 극히 예외적으로 인정하고 있다.

두려는 것이다. 단 본 논문에서는 이들 이론에 대한 필자의 주관적 견해 또는 입장 표명은 불필요하다고 판단되므로, 이들 이론을 객관적으로 소개만 하기로 한다.

동기론이란 한마디로 인간행위에 대한 도덕적 평가의 기준을 그 행위의 동기에 두는 학설이라고 정의할 수 있을 것이다. 여기에는 크게 세 가지 유형이 있다.

①목적은 수단을 신성케 한다는 입장에서 행위의 중심인 목적 관념만 정당하면 그 수단과 결과는 문제시하지 않는다는 주관적 동기설, ②동기의 목적 관념과 함께 목적의 실현에 필요한 수단과 예측할 수 있는 결과 관념까지 포함한 지향을 평가의 대상으로 하는 지향설志向說(intentionalism), ③윤리적·가치적 의미에서 결과론에 대립하는 Kant의 도덕명제 등이 그것이다. 윤리학에서 말하는 '의무론적(또는 法則論的: deontological) 윤리체계'[93]라든가 '직각론적直覺論的 윤리설'이 이 동기론에 해당한다고 할 수 있다.

결과론이란 인간행위를 도덕적으로 평가하는 데 있어서 어떠한 의도나 동기 또는 지향을 무시하며, 그 결과의 좋고 나쁨에 따라서 그 행위의 옳고 그름, 선과 악을 판단코자 하는 도덕론이다. 이른바 '목적론적(teleological) 윤리체계'라든가 '자연주의적 윤리설'이 이 결과론에 해당하며, 따라서 쾌락주의 및 공리주의는 결과론의 대표적인 이론이라고 할 수 있다.

그러면 지면 관계상 동기론으로서는 Immanuel Kant(1724~1804)의 주장만을, 결과론으로서는 공리주의(Utilitarianism)의 내용만을 각각 개

---

[93] 이것을 '倫理的 形式主義'라 부르는 경우도 있다. 폴 테일러, 김영진 역, 『윤리학의 기본원리(principles of Ethics)』(서광사, 1985), p.117 참조.

략적으로 살펴보기로 한다.

## 1) 칸트의 동기론

먼저 Kant의 동기론에 대해 알아보자.

윤리학에 관한 Kant의 최초 저술은 『도덕형이상학의 기초(Grund-legung zur Metaphysik der Sitten)』인데, 그 서두에 다음과 같은 내용이 나온다.

> 이 세계 안에서는 어디에서나, 아니 이 세계 밖에서도 온전히 무조건 善으로 여길 수 있는 것은, 다만 善意志밖에 이를 생각할 수 없다.[94]

이 구절은 칸트 윤리설의 출발점이자 기본전제라고 할 수 있으며, 그 자체로서 선한 것[즉 본래적 선(intrinsic goodness)의 가치를 가진 것]은 오직 선의지뿐이라는 것을 의미한다. 따라서 인간의 도덕적 노력이 궁극의 목표로 삼을 바는 선의지의 실현 내지 함양이요, 윤리학의 과제는 선의지의 탐구에 그 초점을 맞추게 된다. 여기서 무엇보다도 중요한 것은 소위 '선의지'의 의미에 대한 정확한 이해일 것이다.

선의지란 옳은 행동을 오직 그것이 옳다는 이유만으로 선택하는 의지를 뜻한다. 그것은 행위의 결과를 고려하는 마음 또는 자연적 경향을 따라서 옳은 행동으로 쏠리는 의지가 아니라, 단순히 어떤 행위가 옳다는 바로 그 이유로 말미암아 그 행위를 택하는 의지인 것이다. 결과에 대한 고려나 자연적 경향에 좌우되었을 경우에는, 비록 외면적으로는

---

94 칸트, 「도덕형 이상학의 기초」, 『世界의 大思想(Grundlegung zur Metaphysik der Sitten)』(휘문출판사, 1972), p.177.

틀림없이 옳은 행위를 택한 의지일지라도, 참된 선의지라 할 수 없다.[95]
칸트의 설명을 직접 인용해 보기로 한다.

> 善意志는 그것이 활동 역행하는 결과를 보아서, 혹은 앞에 세워 놓은바
> 어떤 목적에 도달하는 데 유익하다고 해서 善한 것이 아니라, 오직 이
> 善을 意慾한다는 것 자체만으로써, 곧 그 자체에 있어서 선한 것이며,
> 그 자체를 생각하여 볼 때 어떤 애착심을 위하여, 아니 온갖 애착심 전체라
> 해도 좋겠고 이를 위하여 善意志로 인해 이루어 놓을 수 있는 모든 것보다
> 뛰어나게, 비교할 수 없을 만큼 더 높이 평가될 수 있다.[96]

선에 대한 이 같은 정의로부터 다음과 같은 칸트의 윤리적 입장도
도출될 수 있을 것이다. 먼저 칸트는 고대 그리스 이래의 행복주의에
반대한다. 행복이 인생의 목적이라면 자연은 인간에게 감성만을 주고
이성을 주지 않았을 것이라고 칸트는 주장한다. 왜냐하면 이성은 행복을
계획하고 이를 위한 수단을 창출해 내는 데는 무능할 뿐 아니라 때로는
오히려 방해가 된다. 반면에 감성은 행복을 추구하는데 더 확실한 기여를
할 수 있을 것이기 때문이다. 이성적 인간에게는 행복보다 더 고귀한
가치가 주어지고 있다고 보아야 한다.

선의 정의에 나타난 또 다른 의미는 동기론이다. 칸트에 의하면 바라는
바가 뜻대로 이루어졌다든가 어떤 목적을 성공적으로 달성한 결과에서
도덕적 가치를 찾아서는 안 된다. 세상사는 뜻대로 되지 않을 수도
있다. 모든 뜻이 좌절되어 선의지만 남는다 하여도 그것은 보석처럼
빛난다. 칸트에게는 결과라는 것은 보석상자와 같아서, 내재적 가치를

---

95 金泰吉, 『倫理學』(박영사, 1987), pp.126~127.
96 칸트, 앞의 책, p.177.

지니는 것이 아니다. 선의지가 선한 것은 그것이 선한 결과를 가져오기 때문이 아니다. 의지가 선하여도 결과가 선하지 않을 수도 있다. 결과가 나빠도 선의지의 가치는 조금도 손상되지 않는다. 선의지를 선으로 정의한 데는 이처럼 결과론을 배격하고 동기론을 취하는 의미가 있는 것이다.[97]

또한 선의지를 선으로 정의한 데서 우리는 칸트의 엄숙주의(Rigorismus) 윤리를 발견할 수 있다. 한마디로 말해서 선의지란 객관적 실천의 법칙[98]을 순수한 동기에서 따르는 능력이다. 그러나 현실적인 인간의 의지는 주관적 동기의 세력 밑에 있는 까닭에, 보통 객관적 실천의 법칙과 잘 조화되지 않는다. 따라서 의지와 실천적 법칙 사이에 일종의 갈등이 일어나며, 실천의 법칙은 의지에 대하여 명법(der Imperativ)의 형태로 나타나는 동시에, '옳다'는 관념은 당위, 즉 의무(die pflicht)로서의 압력을 대동하고 육박해 온다. 따라서 선의지란 의무 그 자체를 존중하는 마음에서 의무를 수행하고자 하는 뜻이라고도 말할 수 있을 것이다. 칸트에 있어서는 의무를 존중하는 동기에서 의무에 맞도록 하는 행위만이 도덕적 가치를 인정받을 수 있는 행위이다. 의무에 배치되는 행위는 비록 아무리 유익하다 하더라도 도덕적일 수는 없다.[99] 또한 비록 의무에

97 姜在倫, 『思考와 行動』(日新社, 1992), p.155.
98 여기서 말하는 '객관적 실천의 법칙'이란 "네 의지의 준칙이 항상 동시에 보편적 입법의 원리로서 타당하도록 행위하라"는 칸트의 이른바 定言命法 또는 斷言的 命令(Kategorischer Imperativ)을 의미한다.
99 칸트의 이러한 윤리적 입장은 다음의 일화에도 잘 나타나고 있다 : 칸트는 마른 과일을 매우 좋아했다. 그는 친구 마더바이를 통하여 그것을 특별히 수입해 들여오곤 했다. 한번은 그가 주문한 프랑스産 과일을 실은 배가 도착하기를 몹시 기다리고 있었다. 친구들을 만찬에 초대하여 그 과일을 대접할 작정이었다. 그러나 배는 폭풍우를 만나 수 일 간 도착이 지연되었다. 배가 도착했을 때에는 식량이 부족해진

부합하는 행위일지라도 그것이 의무에 대한 존중을 동기로 삼지 않을 경우에는 도덕적 행위가 될 수 없다는 것이 칸트의 입장인 것이다.[100] 칸트의 동기론은 이처럼 철저하고 엄숙한 것이다.


## 2) 공리주의의 결과론

19세기 영국에서 큰 세력으로 발전한 새로운 형태의 쾌락설(또는 쾌락주의)을 우리는 일반적으로 공리주의라고 한다. 특히 새로운 형태의 쾌락설이라고 한 것은 그리스의 쾌락주의자들이 모두 자기 개인의 쾌락을 목적으로 삼은데 반해 영국의 쾌락주의자들은 사회전체의 공중적 쾌락을 역설하기 때문이다.

공리주의에는 경험적 공리주의(empirical utilitarianism), 신학적 공리주의(theological u.), 진화론적 공리주의(evolutional u.), 직각론적 공리주의(intuitional u.) 등의 분파가 있으나, 여기서는 공리주의의 주류를 이루고 있는 경험적 공리주의의 입장에서 공리주의의 기본입장을 개괄하고, Jeremy Bentham(1748~1832)과 James Mill(1773~1836)의 뒤를 이어 공리주의를 한 차원 더 높이 끌어올린 John Stuart Mill(1806~1873)의 사상의 요점을 부연 설명하기로 한다.

---

선원들이 과일을 먹어치워 버린 뒤였다. 칸트는 과일에 손대지 말고 모두 굶어 죽었어야 했다고 고함을 질렀다. 그런 모습에 놀란 마더바이가 "교수님, 너무 흥분하시는 것 아닙니까!"라고 했다. 칸트는 "나는 참으로 흥분하고 있는데, 미안해요"라고 했다. Stuckenberg, *The Life of Kant*, p.138. 그러나 선원들은 마땅히 굶어 죽었어야 했다는 말이 칸트의 도덕과 전적으로 맞는 이야기이다. 강재륜, 『사고와 행동』, p.173에서 재인용.

100 金泰吉, 앞의 책, pp.127~128.

한마디로 공리주의는 행위의 옳고 그름을 결과의 좋고 나쁨에 따라 평가하는 결과론이다. 공리주의는 만약 한 사람이 어떤 행동을 할 경우 좋은 결과를 낳는다면, 또는 만약 모든 사람이 그 행동을 할 경우 좋은 결과를 낳는다면 그 행동은 도덕적으로 옳다고 주장한다. 어느 경우든 결국 그 행동을 옳거나 그르게 하는 것은 바로 그 행동이 발생시키는 결과의 좋음과 나쁨이다. 따라서 공리주의는 근본적으로 도덕적 동기나 심성 혹은 품성보다는 실제 행동을 문제 삼는다.

또한 공리주의는 선을 추구하는 목적론이라고 할 수 있다. 그 선은 여러 가지로 규정되겠지만, Bentham은 이것을 유용성(utility)이라 하여 이익·쾌락·행복 등과 동의어로 사용한다. 그리고 그 선은 나를 포함하는 관련자 모두의 선, 더 나아가 전 인류 또는 동물계에까지 확대될 수 있는 선이다. 선에는 양적 계량과 비교가 가능하다는 점이 전제된다. 그리하여 목적 실현을 위한 여러 가지 방책이 있다고 할 때, 옳은 행동은 최대선의 결과를 가져오는 방책이 된다. 다시 말해서 선의 '총량'이 최대가 되는 행동이 옳다는 평가를 받는다. 그리고 이 선의 총량(total quantity)이라는 말은 매우 엄격한 의미로 사용된다.

우리의 행동은 우리 자신이나 타인 또는 다른 동물에 쾌락이나 고통을 끼친다. 그리고 우리의 행동은 직접적 결과뿐 아니라 간접적 결과를 낳으며 목전의 결과뿐 아니라 먼 미래의 결과도 가져온다. 따라서 쾌락이나 고통의 '총량'이라고 하면, 그것은 나, 우리, 인류 또는 동물에까지 미치게 될 쾌락과 고통의 총량, 그리고 직접·간접으로 끼치게 될 쾌락과 고통의 총량을 의미한다. 그러므로 한 행동에 대한 평가는 그 행동이 낳게 될 직·간접의 모든 결과, 그리고 그 행동이 모든 존재(자연적 존재도 포함)에 끼칠 결과에 대한 평가이어야 한다."[101]

또한 공리주의는 목적이나 결과가 내재적 선(또는 본래적 선, intrinsic

good)을 가진다고 본다. 보다 많은 쾌락을 가져온 '결과 A'는 보다 적은 쾌락을 가져온 '결과 B'보다 더 많은 내재적 선을 포함한다는 것이다. A가 내재적 선을 포함하고 있다는 것은 그것이 B와 비교하지 않아도 그 자체가 선한 가치를 가지고 있다는 뜻이다. A로 이루어진 사회가 있다면 그 사회는 살기 좋은 사회가 될 것이다.[102]

Mill은 Bentham을 계승하여 이와 같은 공리주의의 기본입장을 유지하면서도 Bentham의 부족한 점을 보완하려고 했다. 그 첫째는 쾌락에 '질적 차이'가 있느냐는 문제에 관한 것이요, 둘째는 공리주의 원리의 타당성 '입증'에 관한 문제이다.

선악과 시비를 오직 쾌락의 '분량'에 따라 판정하려 한 Bentham의 공리설이 남긴 난점은 쾌락의 분량을 측정하기가 매우 곤란하다는 기술적인 문제만이 아니다. 그보다도 더욱 심각한 문제점은 쾌락의 질적 차이를 무시한 윤리설이 사람들의 일반적인 가치의식과 잘 조화되지 않는다는 사실에 있다. 이 점에 주목한 Mill은 쾌락에도 질적으로 높은 것과 낮은 것이 있음을 강조한다. 고상한 감정과 목적을 지닌 사람들은 쾌락주의자들이 인간의 고귀성을 망각했음을 비난하고, 쾌락주의자의 행복을 돼지의 그것에 비유한다. 하지만 이러한 비난은 쾌락주의에 대한 곡해에서 온 것이라고 반박한다. 만약 인간에게 짐승들의 쾌락보다 귀하고 고상한 쾌락이 없다면, 그들의 비난은 합당했을 것이다. 그러나 쾌락에는 높은 것과 낮은 것이 있으며, 더 높은 쾌락을 즐길 수 있다는 데에 인간이 짐승과 다른 점이 있고 짐승보다 더 고귀한 점이 있다. Mill은 사람에게 돼지의 쾌락밖에 있을 수 없다고 상상하는 비판자들이야

---

101 姜在倫, 앞의 책, pp.71~72
102 위의 책, pp.73~74.

말로 인간성의 고귀함을 망각하고 있다고 응수하고 있는 것이다. "만족한 돼지가 되기보다는 차라리 불만족한 인간이 되는 편이 낫다 ; 바보로서 만족하기보다는 소크라테스로서 불만함이 낫다"는 것은 Mill의 유명한 말로서, 이와 같이 높은 쾌락을 택하는 것은 일부의 인간만이 아니라 모든 인류에게 공통된 본성이라고 그는 주장한다.[103]

Mill이 Bentham보다 더 깊이 천착했다고 생각되는 또 하나의 문제는 공리주의 원리의 타당성을 입증하는 문제였다. Mill도 Bentham과 마찬가지로 '궁극적인 목적에 관한 문제는 일반적인 의미의 증명을 허용하지 아니함'을 인정한다. 그러나 비록 엄밀한 의미의 증명은 불가능할지라도, 공리주의의 타당성을 모든 지성인에게 납득시킬 수 있는 이론을 제시할 수는 있다고 믿는다. 그 이론의 요점은 다음과 같다: (1)어떤 사물이 바람직하다(desirable)는 것을 밝히기 위하여 제시할 수 있는 유일한 증거는, 사람들이 실제로 그것을 바란다(desire)는 사실뿐이다. (2)사람들이 바라고 있는 것은 각자의 쾌락 또는 고통의 면제이다. (3)그러므로 각자의 쾌락 또는 행복은 각자에게 바람직한 것, 즉 각자의 선이다. (4)같은 논리로, 사회 전체에 바람직한 것은 사회를 구성하는 사람들 전체의 쾌락 또는 행복이다.[104]

이처럼 공리주의는 어떤 행위의 내적 동기나 의도가 아닌 그 결과를 도덕적 평가의 기준으로 삼는 대표적인 결과론인 것이다.

---

103 金泰吉, 앞의 책, pp.97~99.
104 金泰吉, 앞의 책, p.101.

## 2. 업설에서의 동기론·결과론 문제

### 1) 업설의 기본 성격

업보윤회설은 불교에 있어서 매우 중요하고 비중 있는 교설이라고 할
수 있다. 그것은 업보윤회설이 불교의 최고선이자 궁극목표인 해탈열반
과 직접 맞물려 있기 때문이다.

그러나 이 업보윤회설은 불교 특유의 사상이라고 할 수는 없다. 우파니
샤드 이래, 일부 유물론자를 제외한 인도의 거의 모든 종교·철학은
업설에 입각한 윤회설을 수용하면서 윤회로부터의 해탈을 그 지상목적
으로 삼고 있기 때문이다. 요컨대 해탈(mokṣa), 열반(nirvāṇa), 불사
(amṛta), 무상계無上界(niḥśreyasa) 등은 이 윤회의 세계를 벗어난 영원한
부동의 경지에 다름 아닌 것이다. 고타마 붓다가 출가한 것도 이것을
위해서였고, 자이나교가 흥기한 것도 이것 때문이었으며, Sāṃkhya(數
論)의 발생도 다름 아닌 이 '윤회로부터의 해탈'을 성취하기 위한 것이었
다.[105]

생각건대 '선한 사람은 죽은 후에 좋은 세계에 태어나고, 악한 사람은
나쁜 세계에 떨어진다'고 하는 것 같은 사고방식은, 인도에서는 이미
불교보다 수백 년 이전인 Atharva-veda 시대 무렵부터 범서梵書
(Brāhmaṇa)시대에 걸쳐 존재했던 것으로 여겨진다. 그러나 그것은 아직
윤회설이라고까지 할 만한 것은 못 되었다. 윤회설이란 삼세에 걸쳐
생사를 거듭하면서 천상·인간·지옥 등 여러 세계를 편력한다는 주장으
로, 불교에서 삼계육도三界六道에 윤회한다고 하는 것이 그 대표적인

---

105 木村泰賢, 『印度哲學宗教史』(東京 : 大法輪閣, 1981), pp.220~221.

예일 것이다. 일반적으로 이 윤회설은 불교 흥기 이전 200~300년경인
우파니샤드 시대에 성립된 것으로 보고 있다.[106]

이렇게 볼 때 결국 불교의 업보윤회설은 이러한 인도사상의 시대적
조류에 상당 부분 빚지고 있는 셈이 된다. 그러나 석존은 다른 파派의
업설과 윤회설을 그냥 그대로 받아들이지는 않았다. 다른 파의 업설과
윤회설은 적어도 영원불변하는 자아의 실체(이를테면 ātman과 같은)를
인정하고 있는 데 반해, 불교는 인연소생의 생명관에 입각한 무아설을
주장하면서 자아의 실체관념을 용인하지 않는다. 즉 다른 파에서는
영혼의 사후상속死後相續을 설명함에 있어, 자아라는 총알이 업이라는
화약의 힘에 의해 발사되어 일정한 장소로 가고 다시 그로부터 새로운
화약에 의해 다른 장소로 발사된다는, 이른바 영혼의 불멸에 기초하는
윤회를 말하는 데 대해, 불교에서는 그런 총알의 항존恒存을 부정하면서
소위 화약과 그 힘에 의한 윤회만을 인정하는 것이다.

이 점에 있어서 불교의 윤회설과 무아설은 서로 모순되는 것으로
곡해될 수도 있다고 본다. 실제로 Rhys Davids 같은 불교학자도 "말하자
면 당시 유행하는 의견이 불교의 근본교리 중에 부가된 것이다. 더욱이
이 근본교리와 전연, 적어도 논리적으로, 융합하는 바가 없이……"라고
말하면서, 불교의 업보윤회설은 일반 대중을 교화하기 위한 단순한
방편설(통속설)이라는 견해를 제시하고 있다. 물론 이러한 견해를 정당
한 것으로 인정할 수는 없지만, 이 문제는 일찍부터 불교학상의 난제로
간주되어 오고 있는 것이 사실이다.[107]

---

106 水野弘元, 『原始佛敎』(京都: 平樂寺書店, 1981), pp.52~53 ; 윤회설의 연원에 대해서
   는, Böhtlingk같은 사람은 Ṛg-veda 시대까지 소급하고 있는 등 아직 의견의
   일치를 보지 못하고 있는 실정이지만, 대략 Brāhmaṇa 말기에 태동하여 古우파니
   샤드 시대에 완성된 것으로 보면 좋을 것이다.

그러나 또 다른 측면에서 생각해 볼 때, 이 업보설과 윤회설은 불교의
인생관에서 매우 중요한 의의를 지닌다. 이것을 떠나서는 인생의 다양한
현실상을 설명하는 것도 불가능하고, 나아가 삶의 이상을 설계하는
것도 불가능해진다. 따라서 이것을 논리성이 결여된 부가물로 단정
짓는 일은 삼가야 할 것이다. 석존의 생명관을 바르게 이해하고 보면,
오히려 업설과 윤회설은 불교에 이르러 비로소 진정한 철학적 의의를
띠게 되었음을 알 수 있을 것이다. 업이라는 것은 생명에 빌붙어 작용하는
종속적 힘이 아니라, 오히려 생명이 자기창조를 행할 때의 내적 규정이기
때문이다. 업이 그 스스로의 힘에 의해 미래를 창조하고 개척하는 것은,
그 본질이 무한한 창조력을 지닌 잠재적인 의지(또는 자유의지)이기 때문
이지 결코 업 자체에 불가사의한 신비력이 숨어 있기 때문이 아님을
알아야 할 것이다.[108]

석존이 인간의 자유의지를 얼마나 중시했으며, 자유의지에 입각한
도덕적 책임과 창조적 노력을 얼마나 강조했는가를, 우리는 다음과
같은 석존의 삼종외도[109] 비판을 통해서도 충분히 이해할 수 있다.

어떤 것이 셋인가. 어떤 沙門·婆羅門은 이와 같이 보고 이와 같이 말한다.

---

107 木村泰賢, 朴京俊 譯, 『원시불교사상론』(경서원, 1992), pp.149~151 ; 불교에서는
　　윤회설과 無我說을 서로 모순되는 것으로 보지 않고 '無我輪廻說'로 會通시키는
　　것이 通例이다.

108 위의 책, pp.151~158.

109 3종외도란 ①숙명론(숙작인론: pubbakata-hetu-vāda), ②신의론(존우화작인론: issar
　　animmāṇa-hetu-vada) ③우연론(무인무연론: ahetuapaccaya-vāda)을 가리키며, 행
　　과 불행, 고와 악 등 우리가 겪는 바는 모두가 각각 숙명, 신의, 우연에 그 근본원인이
　　있다고 주장하는 그릇된 사상과 종교임. 이 3종외도 설은 『중아함』 권3 「도경」(大正
　　藏 1, p.435) 가운데에 소개되고 있다.

'사람이 하는 바는 일체가 다 宿命으로 인해 지어졌다'고. 다시 어떤 사문·바라문은 이와 같이 보고 이와 같이 말한다. '사람이 하는 바는 일체가 다 尊祐(Issara)의 지음(化作)에 원인한다'고. 다시 어떤 사문·바라문은 이와 같이 보고 이와 같이 말한다. '사람이 하는 바는 일체가 다 因도 없고 緣도 없다'고.

그 중에서 만일 어떤 사문이나 바라문이 '사람이 하는 바는 일체가 다 숙명의 지음에 원인한다'고 하여, 그렇게 보고 그렇게 말한다면 나는 곧 그에게 가서 '여러분, 진실로 사람이 하는 바는 일체가 다 숙명의 지음에 원인한다고 그렇게 보고 그렇게 말하는가' 하고 물으리라. 그들이 '그렇다'고 대답한다면, 나는 다시 그에게 말하리라. '만일 그렇다면 여러분들은 다 산 목숨을 죽이는 사람이다. 왜냐하면 일체는 다 숙명의 지음에 원인하기 때문이다. 이와 같이 여러분은 다 주지 않는 것을 취하며 邪婬하며 거짓말하고 …(내지)… 邪見을 가진 사람이다. 왜냐하면 일체는 다 숙명의 지음에 원인하기 때문이다. 여러분이 만일 일체는 다 숙명의 지음에 원인한다고 진실로 본다면 內因內의 해야 할 일과 하지 않아야 할 일에 대해서 도무지 意欲도 없고 方便(노력 또는 精進 : Vāyāma)도 없을 것이다. 여러분이 만일 해야 할 일과 하지 않아야 할 일에 대해서 진실 그대로 알지 못하면 곧 正念을 잃을 것이요, 正智가 없으면 가르칠 수 없을 것이다'라고. 만일 사문의 법으로서 그와 같이 말한다면 곧 이치로써 그 사문이나 바라문을 항복받을 수 있을 것이다.[110] (똑같은 論理로 尊祐化作因論과 無因無緣論을 계속해서 비판하고 있음: 필자 註)

이와 같이 자유의지에 입각한 도덕적 책임과 창조적 정신활동을 고려하지 않는 사상과 종교는 모두 사도로서 비판했던 것이 석존의 기본입장이었다. 이러한 삼종외도에 대한 비판 내용을 통해 볼 때, 불교는 숙명론

---

[110] 고익진 편역, 『한글 아함경』(동국대 출판부, 1991), pp.276~277.

을 분명한 사도로 규정함을 잘 알 수 있다. 따라서 불교의 어떠한 교설도 숙명론으로 이해해서는 안 되는 것이며, 우리가 지금 문제 삼고 있는 업설 역시 마찬가지다. 불교의 업설은 실로 자유의지에 입각한 도덕적 책임과 창조적 노력을 역설하고 있다고 할 것이다.

## 2) 업설의 동기론

위와 같이 인간의 자유의지를 대전제로 하고 있는 불교의 업설이 윤리학적으로 동기론의 성향을 띤다는 것은 당연하며, 실제로 『중아함경』 권3 「사경思經」은 다음과 같이 토로하고 있다.

> 만일 일부러 짓는 업이 있으면, 반드시 그 果報를 받되, 현세에서 받거나 후세에서 받는다고 나는 말한다, 만일 일부러 지은 업이 아니면, 나는 반드시 그 과보를 받지 않는다고 말한다."[111]

물론 여기에는 불교의 업설이 동기론이라는 직접적인 언명言明은 나타나 있지 않다. 하지만 '의도적으로(故意로: sañcetanika) 지은 업에는 과보가 있고, 의도적으로 지은 업이 아닌 경우에는 과보가 없다'는 사실 판단(형식적으로 볼 때) 속에는 분명 행위의 동기를 중시하는 윤리적 입장이 투영되어 있다고 본다. 따라서 필자는 이 구절의 가르침을 온전한 동기론으로 이해해도 아무런 문제가 없다고 생각한다.

　그런데 한글대장경에는 이 구절이 "만일 일부러 짓는 업이 있으면, 나는 반드시 그 갚음을 받되 현세에서 받거나 후세에서 받는다고 말한다. 만일 일부러 지은 업이 아니면, 나는 이는 반드시 그 갚음을 받는다고는

---

111 위의 책, pp.334~335.

말하지 않는다"[112]라고 번역되어 있다. 이것은 한문 원본의 "爾時世尊告諸比丘 若有故作業 我說彼必受其報 或現世受 或後世受 若不故作業 我說此不必受報"[113] 가운데 마지막 부분인 '불필수보不必受報'를 부분부정으로 번역하고 있다고 생각된다. 이것을 완전부정으로 보느냐 혹은 부분부정으로 보느냐에 따라 상당한 입장의 차이가 생긴다. 완전부정으로 이해할 경우, 그것은 철저한 동기론의 가르침이 되며, '고의로 지은 업이 아닌 경우에는 반드시 그 과보가 있는 것은 아니다'라고 부분부정으로 이해할 경우, 그것은 결국 '고의성이 없는 업에는 과보가 없을 수도 있다', 즉 '고의성이 없는 업에도 대부분의 경우 과보가 있다'는 의미가 되어 상당 부분 결과론의 입장을 포함하고 있는 셈이 된다. 요컨대 이 구절을 완전부정으로 해석할 경우에는 불교의 업설은 '완전한 동기론'이 되며, 부분부정으로 해석할 경우에는 '동기론＋결과론'이 된다고 하겠다. '불필수보'는 문법적으로는 부분부정으로, 문맥상으로는 완전부정으로 해석하는 것이 온당하다고 생각한다. 하지만 현실적으로는 (예컨대 형법학에 활용할 경우) 부분부정으로 해석할 필요도 있다고 본다. 따라서 이것은 부분부정으로 해석하는 것이 옳다고 보는 것이 필자의 기본입장이며, 그럴 경우 불교의 업설은 원칙적으로는 동기론이면서도 일정 부분 결과론을 포용한다고 볼 수 있다.

필자가 한 가지 안타깝게 생각하는 것은 이 한역 「사경思經」에 상응하는 Pāli Nikāya의 경설(이를테면 *M.N.iii*, 207이라든가 *A.N.X*, 206 등) 중에서 '불필수보不必受報'에 해당되는 내용을 아직 찾지 못하고 있다는 사실이다.[114]

---

112 역경위원회 편역, 한글대장경 『中阿含』(동국역경원, 1988), p.59.
113 大正藏 1, p.437中 ; 밑줄은 필자.
114 *A.N.X.* 206의 일부를 인용해본다; "I declare, monks, that of intentional deeds

율장律藏에서는 석존이 여러 가지 구체적 사건을 접하면서 계속해서 동기론의 입장을 표명하고 있음을 볼 수 있다. 세 가지 경우만 인용해 본다. 먼저『사분율』권56「조부지이調部之二」에 기록된 예를 살펴보자.

그때에 투라난타 비구니가 새벽에 옷을 입고 발우를 들고 俗家에 갔더니, 어린 아이 하나가 방앗간에서 자고 있었다. 투라난타가 곁으로 다가와서 디딜방아의 공이를 건드리니, 방아공이가 아이의 머리에 떨어져서 죽었다. 이를 걱정하니, 부처님께서 말씀하셨다.
"너는 무슨 마음으로 그랬느냐?"
"죽이려는 마음이 아니었습니다."
"그러면 犯함이 없다. 그러나 남의 방아공이를 건드리지 말아라."[115]

실수로 어린아이가 죽게 되었지만 석존이 이를 '무범無犯'(바라이죄를 범한 것이 아니다)이라고 한 것은 분명 행위의 결과보다 동기를 더 중요시한 것이다. 다음,『사분율』권55「조부지일調部之一」의 한 예를 보자.

이때에 여러 俗人(白衣)들이 묘지에서 옷을 한 곳에 벗어두고, 죽은 사람을 매장하고 있는데 때마침 누더기(糞掃衣) 입는 비구가 지나가다가 넝마인 줄 알고 가져갔다. 속인들이 이것을 보고 말하기를 '스님, 우리들의 옷이니, 가져가지 마십시오' 하였다.

---

done and accumulated there can be no wiping out without experiencing the result thereof, and that too whenever arising, either in this same visible state or in some other state hereafter. I declare, monks, that there is no ending of Ill as regards intentional deeds done and accumulated without experiencing the result thereof.……"

115 大正藏 22, p.982上.

이에 비구가 대답하기를 '나는 넝마인 줄 알았소' 하고 그 자리에 두고
갔다. 비구가 이를 걱정하니, 부처님께서 말씀하셨다.
"너는 무슨 마음으로 그랬느냐?"
"누더기인 줄 알았을 뿐, 훔치려는 생각은 없었습니다."
부처님께서 말씀하셨다.
"범함이 없다. 그러나 많은 옷 무더기는 넝마라 여기어 갖지 말라."[116]

훔치려는 의도와 동기 없이 행한 투도偸盜는 파계破戒로 간주하지
않는다는 석존의 입장 역시 동기론임이 틀림없다. 이러한 석존의 입장은
다음의 복합적인 사건의 경우 더욱 극명하게 드러난다.

그때에 어떤 비구가 방을 지키는데 어떤 소녀가 와 (공양)시간이 되었음을
알렸다. 이때에 그 비구는 소녀를 붙들어 음행을 하여 그의 女根이 찢겨져
항문과 통했고 끝내는 죽었다. 그 비구가 걱정하니 부처님께서 말씀하셨다.
"너는 무슨 마음으로 그랬느냐?"
"죽이려는 마음은 없었습니다."
"그러면 殺生은 범하지 않고, 婬行의 波羅夷罪만을 범했다."[117]

이처럼 지나칠 정도로 철저한 불교의 동기설에 대해 일찍이 자이나교
측에서는 상당한 공격을 했던 것 같다. 본래 자이나교에서는 불교를
무작용론無作用論(Akriyavāda)이라고 비난하고, 불교에서는 자이나교를
숙작인론宿作因論(pubbekata-hetu-vada)이라고 비판한다.
이것은 근본적으로 자이나교는 유아설有我說, 유자성有自性의 업을
설하며 그리하여 신身·구口·의意 삼업三業 중 신업身業을 중시하는 결과

---

116 大正藏 22, p.976下.
117 大正藏 22, pp.974下~975上.

론인 데 반해 불교는 무아설無我說, 무자성無自性의 업을 설하면서 의업意
業을 중요시하는 동기론이라는 사실에 연유하는 것일 것이다.[118] 여기에
서 자이나교의 업설과 불교의 업설을 상세하게 비교해 볼 수는 없고,
다만 불교의 동기론이 자이나교도들에게 어떻게 비쳐졌던가를 *The
Sūtrakṛtāṅga sūtra*의 한 내용을 통해 소개하고자 한다. 이 내용은 자이나
교도인 Ārdraka라는 사람과 한 불교도의 대화 내용이다.

【한 불교도】 만약 어떤 야만인이 곡물창고(granary)를 사람인 줄로 알고
쇠꼬챙이로 찌르거나, 조롱박(호리병박)을 어린 아기인 줄로 알고 쇠꼬챙이
로 찔러 내어 굽는다면,[119] 우리의 견해에 따르면 그는 殺人罪를 저지른
것이다. 그러나 만일 한 未開人이 사람을 곡물창고의 일부분으로 착각하여
쇠꼬챙이로 찔러내거나, 어린 아기를 조롱박으로 착각하여 쇠꼬챙이로
찔러내어 굽는다면, 우리의 견해로는 그는 살인죄를 저지른 것이 아니다.
조롱박으로 잘못 알고 구운 어린 아기는 부처님들의 아침식사로도 적합할
것이다.[120]

【Ardraka】 올바른 수행자라면, 설혹 故意性이 없다 할지라도, 결과적으로
살아 있는 생명체에 해를 끼치는 행위가 無罪라는 주장을 인정할 수 없을
것이다. 그러한 주장은 잘못이며, 그러한 주장을 가르치는 사람에게도
그것을 따르는 사람에게도 그것은 아무런 이익을 가져다주지 못한다.
그러한 음식을 같이 먹는 사람들은 모두가 無知의 罪를 저지르는 것이니,

---

118 Molela Vallée poussin, 岡李貫瑩 譯, 『佛敎倫理學』, p.188.

119 함께 싸우던 사람이 웃옷을 곡물창고 위에 벗어놓고 달아났다고 할 때, 그 옷을
    도망간 사람이라고 생각하여 찌를 수 있을 것이고, 조롱박이 어둠 속에서는 어린
    아기로 비쳐질 수도 있을 것이다.

120 F.Max Mtlller ed., *The Sacred Books of the East*, Vol. XLV, pp.414~415
    (Sūtrakṛtāṅga II, 6)

지혜로운 사람은 결코 그런 일을 하지 않는다. 그러한 것을 말하는 것조차도 不善(untruth)이다.[121]

물론 이 내용은 자이나교측의 문헌에 의한 것이므로 상당히 과장된 면이 있다. 하지만 불교가 의업意業을 중시하고 행위의 동기를 중시한다는 점만큼은 확실하게 보여주고 있다 하겠다.

그러면 잠시 불교에서 말하는 의업意業의 개념에 대해 조금 살펴보기로 하자. 불교에서는 통상 십업十業을 설하는 바, 그것은 선악에 따라 각각 십선업과 십악업으로 나뉜다. 『중아함中阿含』 권3 「사경思經」에 의하면, 살생殺生·불여취不與取(偸盜)·사음邪婬·망언妄言(妄語)·양설兩舌·추언麤言(惡口)·기어綺語·탐貪·질에嫉恚(瞋)·사견邪見(痴)[122] 등 십악업十惡業을 신身·구口·의意 삼업三業으로 분류하고, 신업(身故作三業)에는 살생·불여취·사음을, 구업(口故作四業)에는 망언·양설·추언·기어를, 의업(意故作三業)에는 탐·질에·사견을 각각 포함시키고 있다. 탐貪은 "남의 재물과 모든 생활의 기구를 항상 엿보고, 구하고 바라서 나의 소득으로 만들고자 하는 것"이고, 질에嫉恚는 "마음에 미움을 품어 이런 생각을 가진다, '저 중생은 죽여야 하고, 묶어야 하며, 재물을 빼앗아야 하고 파면시켜야 하며 배척해 쫓아내야 한다'고. 그래서 그로 하여금 한량없는 괴로움을 받도록 하는 것"이며, 사견邪見은 '보시(의 效能)도 없고 재齋도 없으며 주설呪說도 없다. 선과 악의 업도 없고 선악업의 과보도 없으며, 이 세상과 저 세상도 없다. 아비도 없고 어미도 없다. 세상에는 진인眞人이 사는 좋은 곳도 없고, 이 세상 저 세상에 잘 가고 잘 향하며, 스스로 알고 스스로 깨달으며, 스스로 증득하고

---

121 위의 책, pp.415~416
122 大正藏 1, p.437下.

성취하여 노니는 것도 없다는 등의 전도된 소견'이라고 경經은 의삼업意
三業의 개념을 정의한다.[123]

　이렇게 볼 때 십업설에서는 의업意業을 신업身業·구업口業과 함께
독립된 업으로 취급하고 있는 듯하다. 이런 입장에서『잡아함雜阿含』
권37「원주경圓珠經」은 의삼업意三業에 대한 각각의 직접적인 과보果報
를 다음과 같이 설하고 있을 것이다.

　　탐냄을 많이 익히고 많이 행하면 지옥에 날 것이요, 혹 인간에 나더라도
　　탐냄만 더할 것이다. 성내기를 많이 익히고 많이 행하면 지옥에 날 것이요,
　　혹 인간에 나더라도 성내기를 더할 것이다. 삿된 소견을 많이 익히고
　　많이 행하면 지옥에 날 것이요, 혹 인간에 나더라도 어리석음만 더할
　　것이다.[124]

　그러나 업에는 사업思業(Cetanā-karman)과 사이업思已業(Cetayitvā
-karman)이 있다는[125] 경설에 비추어 생각해 볼 때, 의업에는 독립적인
면과 함께 신업·구업을 일으키는 동기적인 성격도 있는 것으로 생각된
다. 물론 사업思業이란 의업意業을 의미하며 사이업이란 '생각하고 난
다음의 업'이라는 뜻으로서 신업과 구업을 지칭한다. 사이업이라는 단어
를 통해 보더라도 불교에서는 업의 비중이 의意, 즉 사思에 실려 있음을
알 수 있을 것이다.[126]

---

123　고익진 편역, 앞의 책, p.336.

124　고익진 편역, 앞의 책, p.347.

125　大正藏 1, p.600上, "云何知業謂有二業思已業是謂知業".

126　大正藏 1,「優婆離經」,「中阿含」권32, p.628中에서는 직접 "此三業如是相似
　　我施設意業爲最重 令不行惡業不 作惡業 身業口業則不然也"라고 설하고 있다.

이와 같은『아함경』자체의 상이한 가르침에 입각하여 아비달마阿毘達
磨의 각 부파에서도 서로 다른 관점을 제시하고 있다. 먼저 유부有部에서
는 사思가 행위로 나타날 때 비로소 선·악이 성립된다고 주장한다.
이에 반해 비유사譬喩師(경량부經量部)와 분별론사分別論師는 사思 그 자체
를 이미 행위로 보는 관계상, 탐貪·진瞋·치痴 자체도 이미 악업으로
본다. 그러나 유부도 십업十業 가운데에 의삼업意三業을 독립적으로
별립別立시키는 것은 인정할 수밖에 없기 때문에 보충 해석이 필요하다.
즉 비유사·분별론사가 탐·진·치를 곧 사업(의업)으로 보는데 반해,
유부에서는 탐·진·치를 사思와는 다른 차원의 의악행意惡行이라고 규정
한다. 다시 말해서 사思가 신삼업身三業과 구사업口四業을 일으키는 의지
적 행위인 데 반해, 탐·진·치는 오로지 마음 안에서만 작용하는 한정적
악행으로서 독립적 지위를 부여받는 것이다(俱舍論16: 大正藏 29, p.84上).
한편『성실론成實論』에서는 상품의 탐·진·사견(痴)은 독립적 업도業道
일지라도, 중·하품의 탐·진·사견은 단순한 동기일 뿐으로 독립적인
업도는 아니라고 절충적인 해석을 시도하고 있다.[127]

또한 경량부에서는 사思를 ①심려사審慮思(확실한 결심이 서기 이전까지
의 동기적 갈등을 일으키는 사려思慮), ②결정사(내적 의지, 결심), ③동발사
(외적 행위)등 세 가지로 나누었던 것으로 추측되는데,[128] 이러한 구분이
이루어졌던 것은 의업의 문제가 쉽게 해결할 수 없는, 상당히 미묘한
문제라는 것을 말해주는 것이며, 따라서 불교에서의 동기론·결과론의
문제도 그렇게 단순한 것이 아님을 시사하고 있다 할 것이다.

---

127 木村泰賢,『小乘佛敎思想論』(東京 : 大法輪閣, 1980), pp.561~562.
128 大正藏 29, p.68下.

## 3) 업설의 결과론

필자는 앞 절에서 '若不故作業 我說此不必受報'의 구절을 문법적인 이유에서, 또한 현실적인 필요에 의해서 부분부정으로 해석하는 것이 좋겠다는 견해를 피력하였는데, 거기에는 또 하나의 이유가 있다. 즉 '고의성이 없는 행위에도 과보가 있을 수 있다'는 내용의 경설이 눈에 띈다는 점이다. 먼저 그 경설의 내용을 인용해 본다.

아버지는 늙었기 때문에 걸음이 느렸다. 아들은 온갖 독한 짐승들이 무서워, 급히 아버지를 부축하여 밀고 가다가 단단히 잡지 못해 그만 아버지를 밀어 땅에 넘어뜨렸다. 그래서 그 아버지는 아들 손에 맞아 죽은 셈이 되었다. 아버지가 죽은 뒤에 아들은 혼자 부처님께 나아갔다. 비구들은 그 사미에게 물었다.
"너는 아침에 네 스승(아버지)과 함께 걸식하러 마을에 나갔는데, 지금 네 스승은 어디 있는가?" 사미는 사실대로 대답했다. 그때에 여러 비구들은 그 사미를 꾸짖었다.
"너 아주 나쁜 놈이다. 아버지를 죽이고 동시에 스승을 죽였다."
그들은 곧 부처님께 나아가 사뢰었다. 그러자 부처님은
"그 스승이 죽었지마는 그것은 惡意 때문이 아니다." 하시고 곧 사미에게 물으셨다. "너는 네 스승을 죽였느냐?"
사미는 대답하였다.
"저는 진실로 죽였습니다. 그러나 악의로써 죽인 것은 아닙니다."
부처님은 그 말을 옳다 하시고
"그렇다. 사미여, 나는 네 마음을 안다. 네게는 악의가 없었다. 지나간 세상에도 그와 같이 악의가 없이 죽인 일이 있었느니라."
때에 비구들은 이들 父子가 지난 세상에 어떤 인연으로 서로 죽였는가를 여쭈었다. 부처님은 말씀하셨다.

"과거 한량없는 아승지겁 전에, 이들 父子 두 사람이 한 곳에 살고 있었다. 때에 아버지가 병이 중하여 누워 있었다. 파리가 자꾸 날라들었다. 아버지는 아들을 시켜 파리를 쫓고 편히 잠들고자 하였다. 아들은 파리를 쫓았으나 파리는 그치지 않고 자꾸 왔다. 아들은 화가 나 큰 몽둥이를 가지고 파리를 기다려 죽이려 하였다. 파리들은 자꾸 아버지 이마에 오기 때문에 그는 몽둥이로 파리를 때리다가 그만 아버지를 죽였다. 그러나 그때에도 악의는 아니었느니라. 비구들이여, 알라. 그때의 아버지는 바로 이 사미요, 그때 몽둥이로 아버지를 때린 아들은 바로 지금 죽은 저 比丘이니라. 그때에 그 아들은 몽둥이로 아버지를 죽였으나 악의가 아니었기 때문에, 지금의 그 갚음도 일부러 죽인 것이 아니니라."[129]

이와 같이 고의성은 없지만 결과적으로 죄악에 해당되는 행위에 대해 그 과보를 설하는 경은 극히 드문 것 같다.

하지만 실수로 저지른 살인행위가 업보를 초래한다는 가르침 속에는 행위의 결과를 중시하는 결과론적 사상이 내재되어 있음이 분명하다. 따라서 불교는 동기론의 입장과 결과론의 입장을 동시에 견지하고 있다고 보아야 한다. 그렇다면 동기론과 결과론은 양립할 수 있는 것일까. 양립할 수 있다면 그 이론적 근거는 무엇일까.

이 문제는 무엇보다도 의업에 대한 분석을 통해서 해결 가능하다고 본다. 앞에서 잠깐 언급한 것처럼 의업에 대한 아비달마阿毘達磨의 견해는 매우 분분하다. 그러므로 이에 대한 보다 종합적인 연구·분석은 다음의 과제로 남겨두기로 하고, 여기서는 우선 『중아함』「사경思經」에 나오는 의업에 관한 기본적인 내용만을 중심으로 논의해 보고자

---

129 「兒·誤殺父品」, 『賢愚經』 권10(大正藏 4, p.418上中).

한다. 「사경」에서는 의업 속에 탐·질에·사견을 포함시키고 있음을 우리는 알고 있다. 탐·질에·사견 등 이른바 의삼업意三業 가운데서 우리가 특히 주목해야 할 것은 다름 아닌 사견邪見이다. 『구사론俱舍論』에서는 「사경思經」의 내용에 근거하여 사견邪見을 '선과 악 그리고 그 업보(한마디로 인과법) 등에 대해 그릇되게 생각하고 심지어 무시하는 견해'[130]라고 정의하고 있다. 한마디로 사견은 '인과의 도리에 대한 무지'이지만, 치癡(moha) 또는 무명無明(avijjā)의 개념으로까지 확장될 수 있을 것이다.

어쨌든 의업意業의 개념 속에 '의지' 이외에 '무지無知 또는 우치愚癡'의 의미가 함축되어 있다는 것은 시사하는 바가 크다고 하겠다. 따라서 불교에서 의업을 중시한다는 것은 '의지·의도·동기'뿐만 아니라 '무지無知·우치愚癡'까지도 문제시한다는 의미로 해석할 수 있다고 본다. 불교에서 지혜(prajñā)를 그렇게 강조하는 이유도 함께 생각해 보아야 한다. 물론 지혜의 본래적 의미는 진제적眞諦的 지혜이겠지만 속제적俗諦的 지혜 또한 경시해서는 안 될 것이다. 여래는 세간사世間事에 대해서도 참으로 지혜롭다는 사실도 상기해 보아야 한다.[131]

사실 불교는 '(나쁜)의지'보다도 '무지와 우치'를 더욱 경계하고 있다고 말할 수도 있다. 다시 말해서 '의지(동기)'보다도 '어리석음(으로 말미암은 나쁜 결과)'을 더욱 죄악시할 수도 있다는 말이다. 따라서 불전에는 어리석음을 경계하는 수많은 가르침이 설해지고 있다. 그중에서 *Jātaka* 에 나오는 이야기를 하나 소개해 본다.

---

130  大正藏 29, p.88中, "於善惡等惡見撥無此. 見名爲邪見業道."
131  如來十號 중 '世間解'의 의미를 음미해 볼 것.

원숭이들은 가죽부대와 물뿌리개로 묘목에 물을 주기 시작했다. 그때 원숭이 대장이 원숭이들에게 말했다.

"여러분, 물이란 매우 소중히 간직해야 하는 것이다.. 그대들은 묘목에 물을 줄 때, 뿌리를 모두 뽑아서 그 뿌리를 잘 살펴보아 깊은 곳까지 뻗어 있던 것은 물을 많이 주고 그다지 깊게 뿌리내리지 못한 것은 물을 아주 조금만 주도록 하라. 그러면 우리에게도 이 귀중한 식수가 남게 될 것이다."

그 원숭이들은 "좋습니다" 하고 그렇게 하였다.

마침 그때, 어떤 지혜로운 사람이 왕궁의 정원에서 저 원숭이들이 그렇게 하고 있는 것을 보고 말했다.

"아니, 원숭이들이여. 너희들은 어찌하여 묘목을 모조리 뽑아서 뿌리의 크고 작음에 맞추어 물을 주고 있는가?"

"우리 대장이 그렇게 하라고 했기 때문에 우리는 시키는 대로 하고 있는 것입니다." 그 사람은 이 말을 듣고. "아, 참으로 한탄할 일이로다. 어리석고 지혜 없는 자들은 이익되는 일을 한답시고 전혀 이롭지 못한 일만을 하고 있을 뿐이로다."고 생각하며 다음과 같은 게송을 노래하였다.

"이익된다는 것은 매우 쓸모가 있다고 하면서 전혀 행복을 가져오지 않으니, 어리석은 자는 이로운 일을 망칠 뿐이다. 마치 동산을 망가뜨린 원숭이들처럼."[132]

또한 우리는 불교의 업설이 개인의 선의지만을 강조한다는 고정관념에 더 이상 집착해서는 안 될 줄 안다. 우리가 겪는 고苦와 락樂, 행幸과 불행不幸을 결정짓는 요인이 개인적 선·악 행위 및 그에 따른 잠재적 업력만이 아니라는 것을 알아야 한다.『열반경』「교진여품」의 가르침처럼,[133] 우리의 '현실의 삶'은 여러 가지 요인이 얽히고설켜 이루어지는

---

132 민족사 편,『붓다의 과거세 이야기』(민족사, 1991), pp.249~251.

것이기 때문이다. 개인들의 동기적 선악에 의해서만 행과 불행이 결정되지 않고 사대(四大)·시절·토지·인민 등의 다양한 요인에 의해 결정된다는 입장의 밑바닥에는 결과를 중시하는 사고가 자리하고 있다고 여겨진다.

그리고 우리는 이미 앞에서 『사분율』의 가르침에 나타난 석존의 동기론적 입장을 살펴보았다. 투라난타 비구니가 실수로 디딜방아의 공이를 건드려 잠자던 어린아이를 죽게 한 일이 있었을 때, 부처님은 분명 그것을 바라이죄로 규정하지 않았다. 그것은 투라난타가 고의로 아이를 죽인 것은 아니었기 때문이다. 하지만 이것만을 가지고 석존을 철저한 동기론자로 단정 지을 수는 없을 것이다. 바라이죄가 아니라는 말을 곧바로 '악이 아니다'는 의미로 받아들여서는 곤란할 것 같고(교단 내의 행동규범과 일반도덕이 완전히 일치할 수는 없을 것이기에), 석존이 생존하던 당시의 시대상황과 오늘의 시대상황이 현격하게 다르다는 점도 고려해야 할 것 같다.

더욱이 석존은 투라난타에게 "그러나 남의 방아공이를 함부로 건드리지 말아라"는 주의를 주고 있다. 대부분의 경우 석존은 다시는 그런 실수를 저지르지 않도록 주의하라는 내용의 가르침을 덧붙이고 있다. 이것은 석존도 행위의 결과에 대해 상당한 관심과 주의를 기울이고 있었음을 보여주는 좋은 증거라고 할 수 있다. 더구나 우리가 살아가고 있는 현대산업사회는 거대한 조직에 기초한 대형화·대량화·집단화 사회이다. 정책입안자의 무지와 사소한 판단 착오가 한 국가에 몰고 올 대혼란을 생각해 보라. 전기, 수도, 교통통신, 가스, 가공할 무기,

---

133 大正藏 12, p.851中, "一切衆生現在因於四大·時節·土地·人民, 受苦受樂, 是故我 說一切衆生不必盡因過去本業, 受苦受樂也."

대형 건축 등과 관련된 일에 종사하고 있는 사람들의 사소한 실수가
우리에게 어떠한 재난과 불행을 초래할 것인지를 상상해 보라. 또한
오늘날 초미의 관심사가 되고 있는 '환경 문제'를 생각해 보라. 우리
인류가 <u>의도적으로</u> 환경을 파괴한 것은 아니지 않은가. 이런 상황에서
행위의 동기만을 문제 삼을 수 있겠는가. 그렇기 때문에 우리의 현행
형법에서는 고의범보다는 가볍지만 과실범에게도 '주의의무위반注意義
務違反"[134](Verletzung der Sorgfaltspflicht)이라는 죄목으로 처벌을 하고 있
으며, 업무상과실범業務上過失犯은 더 엄중하게 처벌하고 있는 것이다.
필자는 우리의 현행 형법의 대부분을 (사형제도 같은 것은 제외하고)
석존도 인정하시리라 믿는다.

　이와 같이 석존의 가르침을 면밀히 검토해 보면 거기에는 어느 정도
결과론적 사고가 배어 있다는 것을 도저히 부정할 수 없다. 저 유명한
'전도傳道의 선언' 내용에는 공리주의적公利主義的 사상 경향이 짙게 깔려
있고, 오온설五蘊說과 같은 불교의 기본 교설 속에는 심신불이心身不二의
사상이 엿보여 불교가 결코 동기론에 치우쳐 있다고만은 볼 수 없는
근거들을 제시해 주고 있는 것이다.


## 맺음말

이상에서 필자는 불교의 업설을 중심으로, 불교는 동기론만이 아니라
결과론이기도 하다는 것을 다음과 같은 이유를 들어 논구해 보았다.

---

134 過失을 注意義務違反이라고 하는 점에서는 異見이 없다. 그러나 주의의무의
　　내용에 대해서는 結果豫見 義務라는 說, 結果回避義務라는 說, 인식 있는 과실에
　　있어서는 결과회피의무·인식 없는 과실에 있어서는 결과예견의무라는 說 등으로
　　나누어진다. ; 鄭盛根, 『刑法總論』(法志社, 1992), p.399.

첫째, 고의성이 없는 결과적인 악업에도 그 과보가 뒤따른다는 내용의 경설이 발견된다는 점.

둘째, '若不故作業 我說此不必受報'의 구절 중 '不必受報'는 문법적으로나 위 경설의 내용으로 보아 부분부정으로 해석하는 것이 온당하다는 점.

셋째, 의업意業 가운데에는 '사견邪見(愚癡)'이 포함되어 있다는 점.

넷째, 불전佛典에는 어리석음(愚癡)의 폐해를 일깨우는 많은 가르침이 설해지고 있다는 점.

다섯째, 불교에서는 근본적으로 무명無明과 우치愚癡를 가장 큰 죄악으로 보며 지혜를 줄기차게 강조하고 있다는 점.

여섯째, 『대승열반경』에는 개인적인 선의지나 선업만으로는 행복과 안락安樂이 보장되지 않는다는 가르침이 설해지고 있다는 점.

일곱째, 나쁜 결과를 회피하기 위해서는 미연에 '주의의무注意義務'를 잘 이행해야 한다는 내용의 가르침을 석존도 자주 설하고 있다는 점 등이다.

불교인들에게 동기론적 사고가 팽배해 있다는 것은 누구도 부인하기 힘들 것이다. 불교의 여러 사상과 가르침은 물론, 불교인의 신행생활에서 빼놓을 수 없는 주요 경전인 『천수경』의 한 구절, "죄악은 마음으로부터 일어날 뿐 그 자성自性이 없나니, 마음이 멸滅할 때 죄罪 또한 사라지리. 죄와 마음을 함께 비우는 것, 이것을 진정한 참회라 하네"[135]라는 내용만 보더라도 우리는 그러한 사실을 쉽게 짐작할 수 있다. 하지만 필자는 불교는 결코 일방적인 동기론이 아니며 불교사상 속에는 결과론의 경향도 엄존한다는 것을 밝혔다. 물론 이 동기론과 결과론의 문제는 앞으로

---

135 『천수경』, "罪無自性從心起, 心若滅時罪亦亡, 罪亡心滅兩俱空, 是則名爲眞懺悔."

계속해서 불교의 여러 교리적·사상적 입장에서 더욱 깊이 있게 연구되어야 할 과제라고 생각한다. 그것은 이 문제가 단순한 교리적 문제에 그치지 않고 우리의 실천적 태도에도 적지 않은 영향을 끼치기 때문이다.

불교가 현대산업사회에 효과적으로 대처하지 못하는 원인이야 많겠지만, '불교=동기론'이라는 일방적인 생각도 한 원인이 된다고 본다. 관념론으로 흐르기 쉬운 동기론적 사고는 특히 사회적 실천에 부정적 영향을 끼칠 수 있는 반면에, 결과론적 사고는 보다 적극적이고 능동적인 사회적 실천을 촉발할 수 있다고 본다. 동기만이 선善이 아니라 좋은 결과를 낳는 행위도 선이라는 의식의 전환이 이루어질 때, 우리들은 보다 적극적이고 능동적으로 여러 현실 문제를 타개할 수 있을 것이며, 그리하여 오늘의 역사적 도전을 슬기롭게 극복해 갈 수 있을 것이다.

# IV. 불교 업보윤회설의 의의와 해석

불교의 '업과 윤회의 가르침'에 대한 곡해가 적지 않다. 가장 일반적인 곡해는 업보윤회설을 신비주의적 혹은 숙명론적 사상으로 바라보는 것이다. 대체적으로 현대인들에게 업보윤회설은 3세윤회설로 이해된다. 예컨대, 영화 「리틀 붓다」의 내용 중에 나오는 '환생' 이야기는, 엄밀하게 말하면 정통 윤회설의 내용과 조금 다르지만,[136] 불교의 기본적 윤회사상으로 이해되면서 대중적으로 불교에 대한 신비주의적 이해를 확산시켜 왔다. 우리는 일상생활에서도 윤회에 관한 이야기를 종종 나눈다. 누구는 전생에 왕족이었을 것이라고 한다든가, 누구는 업장이 두터워 금생에는 고생을 많이 했지만 다음 생에는 부잣집에 태어날 것이라고 한다든가 하는 등의 대화는 모두 윤회를 전제로 한 이야기들이다. 이러한 윤회관 역시 불교를 신비주의적 또는 숙명론적 종교로 곡해하

---

136 베르나르 포르, 김수정 옮김, 『불교란 무엇이 아닌가』(그린비, 2011), pp.87~91 참조. 저자는 "달라이 라마의 계승이라는 것은 사찰이나 왕궁에서 벌어지는 기나긴 정치적 책략의 연속이었다"고 하면서 '환생'의 종교적 순수성에 대해 비판적인 입장을 표명하고 있다.

게 만들기 십상이다.

또 다른 오해는 불교 업설은 개인적 차원에서만 작동하는 원리라는 편견이다. 불교 업설은 대개 개인적 차원에서 설해지지만, 사회적 차원을 배제하지 않는다. 공업共業의 개념이 바로 그것을 증명한다. 불교 공업설이 우리의 삶에 어떤 방향을 제시하는지, 살펴보는 것은 큰 의미를 가질 것으로 본다.

이러한 오해들을 바로잡는 것은 올바른 불교이해를 위해 반드시 선행되어야 할 작업이라고 생각된다. 불교의 업보윤회설은 불교적 세계관과 인생관의 바탕이 되는 근본 교리이기 때문이다. 지금까지 우리 학계에서 '업과 윤회'에 대한 연구는 주로 윤회를 변증하고 합리화하는 입장에서 행해져 왔다고 할 수 있다. 또한 무아와 윤회의 모순을 '무아윤회설'로 봉합하려는 경향이 있어 왔다. 그러다 보니 업설과 윤회설에 대한 비판적 연구와 새로운 해석 작업이 부족한 측면이 있다. 이러한 인식을 바탕으로 본고에서는 업과 윤회의 내용이나 사상사적 전개 과정보다는 업설과 윤회설의 의의에 대해 초점을 맞춰 살피고자 한다. 그리고 조금은 비판적인 관점에서 또 다른 해석을 시도해 보고자 한다. 업설에 대한 심리학적 해석은 그 하나가 될 것이다. 요즈음은 명상의 시대라 할 만큼 명상이 유행인바, 이것은 결국 행복의 기준이 물질에서 마음으로 옮겨가고 있음을 의미한다. 이러한 시대적 추세에 부응하기 위해서라도 인과업보를 심리적 차원에서 논의할 필요가 있다고 본다.

## 1. 업설과 윤회설의 기본 의의

### 1) 올바른 인생관의 확립

불교의 업설은 무엇보다도 인간의 苦와 樂, 행복과 불행, 즉 인간의
운명은 인간의 행위(karma)에 의해 규정된다는 것을 선언한다. 다시
말해서 인간의 운명은, 신(절대자)의 뜻에 의해 결정되는 것도 아니고,
숙명에 의해 좌우되는 것도 아니고, 단순한 우연의 산물도 아니라고
가르친다.[137] 그것은 오직 인간 스스로의 행위에 의해 규정된다는 것이다.
불교 업설은 한마디로 인과응보의 교설로서 '선인선과善因善果 악인악과
惡因惡果' 또는 '선인낙과善因樂果 악인고과惡因苦果'의 인과법칙을 주장
한다. 그것은 '콩 심은 데 콩 나고 팥 심은 데 팥 난다'는 우리 속담과
크게 다르지 않다. 초기 경전은 인과응보의 진리를 다음과 같이 설한다.

> (무릇 사람은) 씨앗을 뿌리는 대로 그 열매를 거둔다. 善한 행위에는
> 선의 열매가, 惡한 행위에는 악의 열매가 맺는다. (그 사람이) 씨앗을
> 심어 그 사람이 (자신의) 과보를 받는다.[138]

21세기를 살아가는 현대인들도 위와 같은 평범하고도 상식적인 진리
를 외면한 채, 잘못된 세계관과 인생관에 빠져 어리석은 삶을 사는
사람들이 적지 않다. 우리 주변에는 인간의 역사나 개인의 운명이 어떤
절대자의 뜻이나 각본에 따라 결정된다고 믿고, 스스로 바르게 행동하고

---

137 이것은 초기불교의 三種外道 비판에서 분명하게 드러난다. 『中阿含』,「度經」
　　등 참조.

138 *S.N. I*, p.227.

열심히 함께 노력하기보다는 기도나 종교에 지나치게 매달리는 사람들이 있다. 극단적인 경우에는 휴거 등을 믿는 종말론자가 되어 건강한 삶을 포기하는 경우도 있다. 또한 전생에 자신이 지은 숙명의 힘에 의존하는 사람들도 많다. 걸핏하면 철학관을 찾고 점을 치며, 사주나 점괘가 좋지 않다면 굿에 의지하다가 패가망신하는 경우도 있다. 우연에 의지하는 사람들은 정직하고 성실하게 사는 것을 탐탁해 하지 않고 도박의 노예가 되거나 일확천금을 노리는 한탕주의에 빠지며 향락주의자가 되기도 한다. 이러한 삶을 살아가는 사람들은 고타마 붓다 당시의 인도뿐만 아니라 오늘날의 지구촌에서도 적잖이 발견된다.

인과응보를 믿는 사람들은 '하늘은 스스로 돕는 자를 돕는다'는 속담처럼, 인간의 운명은 인간 스스로의 행위에 의해 결정된다는 것을 깨달아, 세상의 지식과 인생의 지혜를 부단히 배우고, 합리적인 계획을 세우고, 부지런히 노력하고 행동하며, 겸허히 기다리고 인내한다. 이렇게 불교의 업설은 언제 어디에서나 인간으로 하여금 건전하고 건강한 삶을 살아가게 하는 근본 원리이자 기초인 것이다.

## 2) 인간 평등의 원리적 토대

동서고금을 돌아보면, 인류 역사는 차별의 역사요 불평등의 역사라고 해도 과언이 아니다. 신분과 계급은 물론 종교와 직업, 인종과 성별에 따른 불평등은 오랫동안 인류 역사 발전에 걸림돌이 되어 왔다. 오늘날 인류 사회에서 극단적인 노예제도는 사라졌다고 하지만, 아직도 인도의 바르나-카스트제도와 같은 계급차별이 행해지고 있는 지역이 적지 않다.

지구촌 한편에서는 '인간해방'을 넘어 '동물해방'을 외치고 있지만, 반면에 선진국에서도 인종 차별이 엄존하고, 문명국가에서도 남녀 차별이 사라지지 않고 있으며, 우리나라에서도 학벌이라든가 출신지에 따른 차별 등의 악습이 현존하고 있다. 이러한 차별은 모든 사람이 진정한 자유를 실현하는 인류 역사의 궁극적 이상을 성취하기 위해서 가능한 한 빨리 축출되어야 한다.

불교 업설은 인간의 존엄과 가치 또는 인격의 기준을 그 무엇도 아닌 오직 인간의 행위(karma) 자체에 둠으로써 불합리한 것들의 개입을 차단하고 인간 평등의 실현을 위한 토대를 마련한다. 초기 경전은 다음과 같이 설한다.

태어남에 의해 천민(領群特)이 되는 것도 아니고, 태어남에 의해 바라문이 되는 것도 아니다. 업에 의해 천민이 있게 되고, 업에 의해 바라문이 있게 된다.[139]

이것은 사회적 신분이나 계급에 의해 귀천이 결정되는 것이 아니라 각 개인의 행위와 행동에 의해 결정된다는 것을 분명히 하고 있다. 그러므로 불교 교단에 들어오는 사람들도 근본적인 차별이 있을 수 없으며 모두가 평등하다. 석존은 이것을 바다의 비유를 통해 다음과 같이 설한다.

마치 갠지스 강, 야수나 강, 아찌라와띠 강, 사라부 강, 마히 강과 같은 큰 강들이 바다에 모여들면 이전의 이름을 잃고 단지 바다라는 이름을 얻는 것과 같이 四姓도 여래가 가르친 法과 律을 따라 출가하면 이전의 종성을 버리고 똑같이 釋子(석가세존의 자식)라고 불린다.[140]

---

139 大正藏 2, p.29上.

140 A.N. IV, p.202.

인간의 가치는 권력이나 재력, 가문이나 직업 등에 의해 규정되지 않는다. 업설에 따르면, 자신의 이기적 욕망을 위해 남에게 악을 행하여 괴롭히거나 피해를 주고 무례하게 구는 사람은 가치가 없는 천한 사람이며, 부지런히 선을 행하여 나와 남을 이롭게 하고 선행을 자랑하거나 과시하지도 않으면서 예의 바르게 행동하는 사람은 가치 있는 귀한 사람이다. 사람은 누구나 자유롭게, 자율적으로 선 또는 악을 선택하고 행할 수 있다는 의미에서 평등하다. 따라서 불교 업설은 인간 평등의 원리적 토대가 된다고 할 수 있다. 이것은 석존이 불교 업설에 근거하여 당시 인도 사회의 사성계급제도를 비판한 점으로 미루어 보아도 쉽게 알 수 있다.

## 3) '자유와 책임'의 민주주의 원리

민주주의는 인류가 일구어낸 역사의 아름다운 꽃이다. 민주주의는 역사의 당연한 귀결이며, 국민은 국가의 주인이기에 국민 개개인의 자유와 권리는 보장되어야 하고 책임과 의무는 존중되어야 한다. 물론 다수결의 원리 때문에 민주주의는 우민정치愚民政治가 될 수도 있다는 점에서 최선이 아니라는 비판도 있지만, 민주주의는 아직까지는 그 대안이 없는, 적어도 차선의 정치제도라 할 만하다.

앞에서 언급한 것처럼, 막스 베버는 불교의 업설은 인권사상의 발전에 걸림돌이 되고, 국가나 시민과 같은 개념을 발생시키지도 못한다고 주장하였다.[141] 이 말은 결국 불교는 어떠한 정치적·사회적 목표를 내세

---

141 Max Weber, *The Religion of India* (New York: The Free Press, 1958), pp.133~145 참조.

우지 않으며, 동시에 민주주의와 무관하다는 것을 의미한다. 이것은 분명 막스 베버의 실수라고 생각한다. 실수는 원천적으로 베버가 불교 업설을 지극히 개인적인 숙명론으로 오해한 데서 비롯된다.

여기서는 불교와 민주주의의 관계에 대해서 논할 여유는 없다. 다만 불교 업설은 '자유와 책임'의 원리로서 해석할 수 있다는 점만 강조해 두고 싶다. 불교적 업은 인간의 자유의지에 근거한 능동적·자율적인 행위라는 점에서 '자유'사상에 통하고, 업보는 그 누구도 어떤 방법으로 도 결코 면할 수 없다는 점에서 '책임'사상과 통한다. 초기 경전 가운데는 다음과 같은 석존의 가르침이 발견된다.

> 허공 속에서도, 바다 속에서도, 바위 틈 속에서도 피할 수 없느니라. 악업을 행한 자가 그 과보를 면할 수 있는 곳은 그 어디에도 없나니.[142]

우리는 불교 경전에서 이러한 '자유와 책임'만이 아니라, 나아가 '권리 와 의무'의 정신도 이끌어낼 수 있다. 불교는 국가와 사회의 기원을 설명함에 있어 일종의 '사회계약설'을 주장한다.[143] 이것은 개인의 권리와 함께 사회 및 국가에 대한 개인의 의무를 전제로 하지 않으면 성립할 수 없다. 업설에서 '자유와 책임'은 '권리와 의무'의 정신과 통한다. 불교 업설은 이렇게 '자유와 책임', '권리와 의무'라는, 민주시민이 가져야 할 기본요건과 정신을 가르쳐 준다. 불교의 업설과 윤회설은 결코 숙명론 이 아니다. 그것은 자유의지를 바탕으로 한 도덕적 행위와 창조적 노력을 설하는 상식적이고도 미래지향적인 인생관을 함의한다.

---

142 Dhammapāda, 127.
143 Aggañña Sutta의 'mahāsammata(위대한 선출된 자)'라는 표현은 이를 대변한다.

## 2. 불교 공업설의 사회적 의의

근대 인도에서 불교개종운동을 이끌었던 암베드까르(Bhimrao Ramji Ambedkar, 1891~1956)는 위에서 언급한 막스 베버처럼 불교의 업설을 숙명론 정도로 이해하였다. 그리하여 그는 업과 윤회의 교리에 대해 부정적이고 비판적인 입장을 취하였다. 암베드까르는 인도 불가촉천민들의 고통은 그들의 과거 업 때문이 아니라 사람들의 학대와 잘못된 사회계급제도에서 기인한다고 보았다. 그런데 업과 윤회의 형이상학은 현재 고통 받는 사람들은 전생에 악업을 행했기 때문이라고 하여 사회의 구조적 모순과 폭압적 현실사회에 면죄부를 준다고 생각하였다. 그러기에 '업과 윤회'의 교리에 대해 비판적이었다.[144]

　전통적인 불교의 업설에 따르면, 사람의 수명이 길고 짧은 것, 질병이 많고 적은 것, 외모가 단정하고 추한 것, 천하고 귀한 종족으로 태어나는 것, 부유한 사람과 가난한 사람 등의 차별이 모두 과거생의 선업이나 악업으로 말미암은 것이다.[145] 『분별업보약경分別業報略經』에 다음과 같은 내용이 있다.

　　성인을 뵈옵고 기뻐하지 않으면
　　날 적마다 언제나 어리석어서
　　벙어리가 되어 말을 못하고

---

144 Christopher Queen & Sallie King, ed., *Engaged Buddhism* (State University of New York press, 1996), p.47. 베르나르 포르는 업사상의 사회적 부작용에 대해 언급하면서 일본의 예를 든다: "일본에서는 '에타(穢多, 불결함)'라고 하며 지금은 '부라쿠민(部落民)'이라고 더 잘 알려진 소규모 촌락인 집단에 대한 사회적 차별을 합리화하는 논리로 업의 개념이 이용되었다." 베르나르 포르, 앞의 책, p.80.
145 大正藏 1, p.706上中.

소경이 되어 볼 수 없으리.

낯이 두꺼워 부끄러움을 모르고
절제 없이 말을 많이 하는 사람,
그는 업에 따라 과보를 받다가
나중에는 까마귀의 몸을 받으리.[146]

이러한 가르침은 해석하기에 따라서 일종의 숙명론으로 곡해될 여지가 없지 않다. 하지만 근본적으로 불교의 업설은 숙명론이 아니다. 불교는 과거세의 업뿐만 아니라 현세의 업도 현실을 규정한다고 설한다. 더욱이 불교 업설은 과거의 업보다는 오히려 현재의 업에 더 비중을 둔다. 『대반열반경』은 그것을 다음과 같이 설한다.

나의 佛法 가운데는 과거의 업도 있고 현재의 업도 있거니와 그대는[147]
그렇지 아니하여 오직 과거의 업뿐이요 현재의 업은 없다.[148]

이어서 『대반열반경』은 현재의 과보가 현재의 업에 연유하는 비유를 든다. 즉 어떤 나라의 한 사람이 국왕을 위해 원수를 죽이고 포상을 받는다면, 그는 현재에 선업을 짓고 현재에 즐거움의 과보를 받는 것이 된다(善因樂果). 또한 어떤 사람이 국왕의 아들을 살해하고 그 때문에 사형에 처해진다면, 그는 현재에 악업을 짓고 현재에 괴로움의 과보를 받는 것이 된다(惡因苦果)는 비유다.[149] 이 이야기는 비유라기보다는

---

146 大正藏 17, pp.446~450 참조.
147 여기서 '그대'는 外道의 한 사람으로서 자이나교도로 추정된다.
148 大正藏 12, pp.851上.
149 大正藏 12, p.851中.

구체적인 사례에 속한다고 보이며, 이 사례는 업설에 대한 신비주의적 이해에 제동을 건다. 이 사례의 내용을 살펴보면, 거기에는 업의 과보가 은밀하고 신비스러운 방식으로 드러나지 않고, 사회적 '법과 제도'를 통해서 공개적이고 합리적으로 나타남을 알 수 있다. 국왕의 원수를 제거하여 상을 받고, 왕자를 살해하여 사형을 받는다는 것은 '상벌제도' 에 의한 것임이 분명하다. 이것은 현세에서 바로 확인할 수 있는, 법과 제도를 통해 구현되는 인과업보라고 할 수 있다.[150]

이처럼 인과응보가 법과 제도를 통해서도 드러나는 것이라면, 우리는 개인적으로 선업을 쌓는 것에서 한 걸음 더 나아가 다함께 올바른 법과 제도를 확립하고 그것을 바르게 집행하도록 해야 한다. 이렇게 볼 때 인과응보의 법칙은 사회정의와 무관하지 않으며, 불교 업설의 외연은 사회적 차원으로까지 확장되어 있다는 것을 알 수 있다.

『열반경』「교진여품」에 따르면 자연환경, 시대상황, 사회환경은 모두 기세간器世間의 범주에 포함시킬 수 있다. 일반적으로 기세간은 자연환경의 의미로 정의되지만, 사회환경도 기세간에 포함시킬 수 있다고 본다. 자연이 인간을 담는 그릇이라면 사회(또는 문화) 역시 인간을 담는 그릇이기 때문이다. 그렇다면 기세간은 인간의 업과 무관한 것일까. 불교는 놀랍게도 기세간은 공업共業의 산물이라고 답한다.[151]

'공업(Sādhāraṇa-Karma)'이라는 용어는 대체적으로 초기 경전에서는 발견되지 않으며, 부파불교시대에 들어와서 비로소 사용되기 시작한 것으로 추정된다. '공업'은 아마도 2세기 무렵 『아비달마대비바사론』에서 처음 사용된 것으로 보인다.[152] 여러 문헌들의 가르침을 종합해 보면,

---

150 졸고,「大乘涅槃經の業說について」,『印度學佛教學研究』51-1, 2002, pp.417~419 참조.

151 졸고,「불교 공업설의 사회학적 함의」,『불교학보』제52집, pp.161~162 참조.

공업은 일체 중생의 집단적 또는 공동의 업으로서 자연환경(기세간)의 성립과 파괴, 그리고 상태를 규정하는 업이라고 정의할 수 있을 것이다.[153]

이러한 공업사상은 현대를 살아가는 우리에게 시사하는 바가 적지 않다. 불교의 공업 사상은 원론적으로 현대사회에 팽배한 개인주의를 비판한다. 우리의 삶을 규정하는 것은 각자의 개인적인 불공업不共業뿐만 아니라 공동의 공업이기도 하기 때문이다. 따라서 개인적인 노력만으로는 우리의 삶의 조건을 충족시킬 수 없다. 반드시 공동의 노력이 필요하다. 공동체 의식에 바탕한 공동선의 추구가 이루어질 때 현대사회가 안고 있는 여러 문제는 해결의 실마리를 찾게 될 것이다.

예컨대 환경문제는 인간의 공업으로 말미암은 것이다. 인류의 팽창주의 경제가 초래한 환경오염이나 생태계 파괴, 기후변화 등은 우리 모두가 함께 노력하지 않으면 극복할 수 없다. 그러기 위해서는 거시경제의 새로운 청사진이 제시되어야 하고, '절제 자본주의'와 같은 새로운 대안이 마련되지 않으면 안 된다. 환경위기, 생태위기는 개인적인 경제윤리를 바탕으로 사회적 합의, 지구적 합의를 통한 제도적·정책적 차원의 접근이 필요하다. 이에 대한 당위성은 초기 경전의 하나인 『구라단두경(Kūṭadanta-sutta)』의 내용 중에 제시된 바 있다. 이 경의 요지는, 범죄자를 아무리 강력하게 처벌하더라도 가난하고 배고픈 사람들이 있는 한 범죄는 근절되지 않는다는 것이다. 따라서 국가적 차원의 경제정책이 시행되어 분배의 정의가 이루어질 때 국가는 안녕과 평화를 유지할 수 있다는 것이다. 이 경은 빈곤을 사회악의 근원으로 보면서, 사회악의 해결을

---

152 남궁선, 「공업의 사회성에 대한 생태철학적 해석」, 『한국불교학』 46(한국불교학회, 2006), pp.300~303 참조.

153 大正藏 27, p.41中: "有情數는 각각의 別業에 의해 생기고 非有情數는 共業에 의해 생긴다. 自在天 등의 그릇된 원인에 의해 생기는 것이 아니다."

위해서 개인적 선보다도 사회적 선에 더 적극적으로 호소한다.[154]

또한 공업사상은 현대인에게 시민사회운동이나 NGO 활동, 공공질서 준수 등의 필요성을 역설한다. 개인의 차원을 넘어선 시스템에 관한 일들은 시민 모두가 연대의식을 갖고 공동으로 관여해야 한다. 불교의 공업설은 우리에게 성숙한 시민의식을 갖고 시민사회운동에 적극적으로 참여할 것을 묵시적으로 가르치고 있다고 해석할 수 있다.[155]

## 3. 인과응보의 심리적 해석

갑이 형편이 어려운 을을 도와주었는데 을이 훗날 성공하여 갑에게 은혜를 갚았다든가, 병이 정을 구타하였는데 정에게 다시 구타당했다든가, 누군가가 도둑질하다가 붙잡혀 감옥에 갔다든가 하는 것은 모두 인과응보의 구체적 사례라고 할 수 있다. 사람의 운명은 이러한 개별 행위에 따른 인과응보에 의해 규정되기도 하지만, 선업이나 악업의 축적으로 형성된 성격과 인격에 의해 규정되기도 하는 것이 현실이다. 전자의 경우를 기계적·물리적 인과응보라 한다면, 후자의 경우는 생물적·화학적 인과응보라 할 수 있을 것이다. 기무라타이켄(木村泰賢)은 전자를 업의 반동적 현현이라 부르고, 후자를 업의 능동적 현현이라 부른다. 그는 업의 능동적 현현에 대해 다음과 같이 설명한다.

慈善心에 의해 보시를 행한다고 하자. 이 결과로서 자기의 성격이 점점 유연하게 되고, 드디어 자선 박애의 사람, 더 나아가 절대적 愛他心의 권화인 보살로까지 재생하기에 이른다. 이것이 바로 (업의) 능동적 방면

---

154 이에 대한 자세한 내용은, 졸고(앞의 논문), pp.165~166 참조.

155 졸저, 『불교사회경제사상』(동국대출판부, 2010), pp.310~311 참조.

의 현현이고 소위 同類因果에 속하는 것이다. …… 생각건대 우리들의
세계는 결국 우리의 성격이 만든 것이라고 보는 것이 석존의 眞諦的 견지
일 것이다.[156]

사람의 성격과 인격은 (유전자 등에 의해) 선천적으로 규정되기도
하지만, 후천적인 노력에 의해 바뀌기도 한다. 업의 창조적 역동성과
가변성을 인정하지 않는다면 업설은 숙명론으로 전락하고 말 것이며,
이것은 불교가 아니다. 현대인들에게는 (기계물리적인) 윤리학적 인과
응보보다 (생물화학적인) 심리학적 인과응보가 더 설득력이 있을 수
있다. 업과 윤회에 대한 심리학적 연구는 미래 불교학의 주요 과제가
될 것이다.

이러한 심리학적 해석의 하나로 양심에 입각한 인과응보도 생각해
볼 수 있을 것이다. 즉 겉으로 보아, 선을 행한 사람이 그에 상응하는
과보를 받지 못하더라도, 자신의 양심에 비추어 만족하고 행복해 한다면
이 역시 인과응보라 할 수 있다. 마찬가지로 악을 행한 사람이 외견상
성공한 것처럼 보이더라도, 마음속으로 양심의 가책을 느끼며 괴로워한
다면 이 역시 인과응보라 할 수 있다는 말이다. 물론 사람에 따라 양심의
감도가 다르다는 점에서 반론이 제기될 수도 있겠지만,[157] 악을 행하고
법망을 피해 도망 다니는 죄인의 마음이 결코 평안하고 행복할 수는
없을 것이다. 상식적으로 볼 때, 이러한 심리적 인과응보의 현상을
부정하기는 어려워 보인다. 근래 우리 사회에 명상에 대한 관심이 증가하
고 있다. 종교를 떠나 직접 명상 수행하는 사람들도 꾸준한 증가 추세다.
이것은 절대빈곤을 극복한 사람들이 생각하는 행복관, 인생관이 '물질'에

---

156 木村泰賢, 박경준 역, 『원시불교사상론』(경서원, 1992), p.170.
157 위의 책, p.180.

서 '마음'으로 변해 가고 있다는 방증이다. 사람들은 이제 마음의 평화가 행복이자 성공이고, 마음의 고통이 불행이자 실패라는 것을 깨달아 가고 있다. 최근 마음의 평화를 주제로 한 코이케 류노스케 스님의 책들이[158] 계속 베스트셀러가 되고, 명상 관련 서적들이 인기를 누리는 현상이 그러한 사실을 말해준다. 현대인들을 교화하기 위한 방편으로도 인과업보에 대한 심리적 해석은 적절하고 유용해 보인다.


## 4. 윤회설의 의의

정세근은 최근 그의 저서 『윤회와 반윤회-그대는 힌두교도인가, 불교도인가?』의 결론 부분에서 다음과 같이 한국불교에 강력하게 고한다.

> 하나, 불교를 힌두교와 구별하라. 우리 불교는 인도의 전통 힌두교와 지나치게 뒤섞여 있다. 인도철학과 불교철학은 다르다. 불교를 인도철학으로 죽이지 마라. 나아가, 불교와 자이나교를 구별하라. 윤회가 있는 불교는 자이나교와 다르지 않다. ……
> 넷, 윤회를 부정하라. 윤회는 힌두교의, 자이나교의 것이다. 윤회가 설명하는 것이 계급질서이고 태생의 한계이고 불가항력적인 것이라면, 그런 관념은 일찍이 버릴수록 좋다. 나도 모르는 윤회의 법칙은 거짓이다.[159]

그는 이러한 주장에 앞서, 그의 책 제6장 '무아와 윤회 논쟁'에서 윤호진, 정승석, 김진, 한자경, 최인숙, 조성택 등의 주장과 논평, 그리고 그것들에 대한 비교 분석비판을 통해 이른바 불교의 '무아윤회설'에

---

158 『생각 버리기 연습』, 『화내지 않는 연습』 등.
159 정세근, 『윤회와 반윤회』(개신, 2008), pp.361~362.

대해서 상세하게 고찰하고 있다. 그리고 그 결론은 "나는 이 문제를 무아윤회와 유아윤회의 입장에서 바라보기보다는 무아연기의 철칙 아래 윤회를 부정하는 것이 근본적인 해결책이라고 생각한다"라고 하는 주장이다. 그는 연기를 비유비무非有非無의 중도의 입장에서 바라보지 않고, 무 또는 무아의 입장으로 해석한다. 그러나 연기설은 유무중도의 입장에서 설해진 것이므로 연기설에 근거한 무아설은 중도의 입장에서 이해해야 한다.[160] 전체적인 불교사상의 입장에서 볼 때, '아我'는 크게 실아實我(실체아, ātman), 가아假我, 진아眞我로 구분할 수 있다.[161] 불교에서 말하는 '무아'는 '실아가 없다'는 의미이지 가아와 진아까지 부정하는 것은 아니다. 초기불교의 연기무아설은 나를 온통 부정하는 의미가 아닌 것이다. 고익진은 다음과 같이 주장한다.

> 무아설의 무아도 '나'는 없지만 아주 없다는 뜻이 아니다. '나'는 없지만 그러나 아주 없지 않다는 그러한 뜻을 담은 중도적인 무아이다. 왜 그러냐면, 그것은 연기에 입각한 연기무아설이기 때문이다. 구사론은 이러한 나를 '거짓 나(假我 prajñaptyātman)'라고 하고, 그러한 '나'는 실로는 없지만 거짓으로는 있음이 허용되며, 이러한 거짓 '나'의 허용은 지혜의 일부에 속한 것으로 보고 있다.[162]

이러한 '가아'의 개념을 통해 무아설과 윤회설은 모순 관계에서 벗어난다. 한자경은 다음과 같이 주장한다.

---

160  이중표, 『근본불교』(민족사, 2002), p.101.
161  김동화, 『불교학개론』(보련각, 1972), pp.99~100 참조.
162  고익진, 『불교의 체계적 이해』(일승보살회, 2008), p.238.

무아윤회는 가능하다. 가아(오온)는 존재하고, 하나의 가아가 지은 업이 남긴 업력이 다음 가아를 형성하면, 그 가아들 간의 연속성을 윤회라고 하는 것이기 때문이다. 이처럼 윤회는 오온(가아)과 업만으로도 충분히 설명될 수 있다. 무아윤회론은 바로 이 점을 밝히는 것이라고 본다.[163]

가아의 개념을 통해 '무아윤회'의 난점은 해결된 것으로 보이지만, 가아의 윤회방식은 여전히 궁금하고 신비스러워 보인다. 그러나 어쨌든 윤회설은 불교사상 전반에 깊이 뿌리내리고 있다. 수많은 전생담은 말할 것도 없고, 붓다의 특별한 능력 중 하나인 숙명통宿命通 또는 숙명명 宿命明 등이 그것을 증명해 준다. 해탈의 가르침도 윤회를 떠나서는 의미를 상실한다. 그러므로 윤회를 단순히 교화방편설로 보는 것은 신중을 기해야 한다.[164] 또한 '윤회'는 3세에 걸쳐서뿐만 아니라 현세에도 일어나고, 한 찰나에도 일어난다고 종종 해석되기 때문에 윤회에 대해 함부로 단정 짓는 일은 삼가야 한다.

또한 진여의 입장에서 보면 생멸이 없지만 세속제의 범부중생에게는 사후세계에 대한 궁금증이 있고, 특히 신체적 또는 정신적 콤플렉스가 있는 사람들은 뭔가 또 다른 삶의 기회를 얻고자 윤회를 믿고 싶어 하는 경향이 있다. 일반인들도 대개는 생이 지속되기를 바라는 바, 윤회론은 이러한 심리적 욕구를 충족시켜 줄 수가 있다.[165] 윤회에 대한 확신은 자연스럽게 정신적·도덕적·정서적으로 상당한 긍정적 효과를 갖는 것으로 평가된다.[166] 윤회설은 신비주의라기보다 이러한 업설에

---

163 한자경, 「무아와 윤회 그리고 해탈」, 『오늘의 동양사상』 7, 2002, p.23.
164 고익진, 앞의 책, p.243 참조
165 지나 서미나라, 권미옥·서민수 옮김, 『윤회의 진실』(정신세계사, 1995), pp.79~80.
166 지나 서미나라, 권미옥·서민수 옮김, 앞의 책, p.246.

대한 적극적 신념의 표현으로 이해해야 한다. 인간사회에서는 더러 우연적인 요소가 발생하는 것도 사실인 바, 이에 아랑곳하지 않고 3세윤회설에 대한 믿음을 통해 선을 행하고 악을 그치는 일에 더욱 힘쓰게 하기 때문이다.

## 나오는 말

이상에서 살핀 바와 같이, 불교의 업설과 윤회설은 오늘을 살아가는 우리에게 그 의의가 여간 크지 않다.

첫째, 불교의 업설과 윤회설은 인간의 운명은 신의 뜻이나 숙명 또는 우연이 아니라 인간의 행위(karma)로 말미암은 것임을 강조함으로써 우리로 하여금 올바른 삶을 살아가게 한다. 인간의 귀천 역시 오직 인간의 행위에 의해 규정된다고 하는바, 이것은 곧 인간 평등의 원리적 토대가 된다고 할 것이다. 또한 불교의 업보윤회설은 '자유와 책임'을 가르치며, 이것은 민주주의 사회에서 더욱 요청되는 시민정신이라고 하겠다.

둘째, 불교의 업설은 개인적인 불공업뿐만 아니라 사회적인 공업을 강조함으로써 참여민주주의에 대한 이론적 지지대 역할을 한다. 특히 공업은 자연환경까지를 규정한다고 하는바, 오늘날 환경위기에 대한 인간 공동의 노력은 물론, 그 무엇도 쉽게 체념하지 않는 도전정신을 일깨운다.

셋째, 불교의 업설은 근본적으로 인간의 선의지를 강조하는 윤리적 동기론의 입장에 서지만, 결과론적 윤리사상도 포함하는 것으로 추정된다. 이는 글로벌 리스크 사회에 유용할 것으로 보인다.

넷째, 불교의 업설은 단선(개인)적 차원뿐 아니라, 평면(사회)적 차원,

그리고 공간(심리)적 차원에서도 해석이 가능하다고 생각된다. 따라서 앞으로는 심리적 인과응보에 대해서도 관심을 기울여야 할 것이다.

끝으로, 불교의 업보윤회설은 이미 훌륭한 이론체계를 구축하고 있지만, 과학의 발전과 시대 변화에 따른 새로운 질문과 그에 대한 창조적 해석도 필요하다고 생각된다. 예컨대, 선과 악의 개념이 시간과 장소에 따라 달라졌을 때 업보윤회설은 어떻게 적용되는가? 유전자 과학이 첨단화해 가는 상황에서 윤회는 어떻게 합리화되는가? 선악의 개념은 자연이 아닌 사회적 개념인바, 인과응보는 필연적 자연법칙이 아니라 확률적 사회법칙으로 이해해야 하는 것 아닌가? 윤회하는 중생의 개체수는 언제나 동일한가, 아니면 감소하거나 증가하는가?[167] 축생의 선업과 악업의 기준은 무엇인가? 업보윤회설은 이러한 물음들에 대해 더욱 진지하고 명쾌한 응답을 준비해 가야 할 것이다.

---

[167] 윤회하는 중생의 총 개체수는 언제나 동일하다는 주장이 있으나 필자는 이에 동의하지 않는다.

# 제2장

## 대승불교에 관한 소고

# I. 대승경전관 정립을 위한 시론

## ─대승불설·비불설론과 관련하여─

오늘날 아시아의 불교는 일반적으로 남방불교권과 북방불교권으로 대별된다. 흔히 소승불교(Hīnayāma)로 일컬어지는 전통적·보수적 불교인 남방불교는 현재 스리랑카, 미얀마, 타일랜드, 라오스, 캄보디아 등에서 신봉되고 있으며, 이들 국가의 불교도들은 스스로를 'Theravāda(장로長老의 도, 상좌부)를 믿는 사람들'이라는 의미의 테라와딘(Theravādin)이라고 부른다. 서력기원 후에 새롭게 나타난 북방불교는 현재 우리나라를 비롯하여 네팔, 부탄, 티베트, 러시아의 일부지방(특히 시베리아의 브리아트 몽고인들), 몽골, 중국, 베트남, 일본 등에 퍼져 있으며 이 지역의 불교도들은 자신들의 불교를 보통 대승불교(Mahāyāna)라고 부른다.[1] 대승불교도들은 전통적으로 자신들의 불교가 '대승'임에 상당한 긍지를 지녀왔다. 그것은 대승불교국가의 하나인 우리나라의 경우도 마찬가지다. 그런데, 최근 우리나라 불교계에는 미묘한 현상이 나타나고 있다. 근대적 불교학문의 성과에 힘입어 경전성립사에 대한 지식이 불교인들

---

1 中村元 編著, 『ブッダの世界』(東京: 學習研究社, 1980), pp.4~5.

사이에 확산되면서, 지금까지 우리나라 불교인들의 굳건한 신앙과 경배의 대상이 되어 온 대승경전의 권위가 흔들리기 시작한 것이다. 대승경전이 석가세존의 직접적인 교설이 아닐 수도 있다는 주장이 많은 불교인들에게 충격을 던져주고 있는 가운데, 일부 신도들은 그 주장에 대해아예 일고의 가치도 없는 망설로 간주하기도 하고, 일부는 그것을 무비판적으로 수용하여 대승경전을 외면하기도 하며, 일부는 반신반의하기도하는 실정이다. 또한 이러한 영향으로 아직까지는 극히 한정적이지만, 일부 스님들과 학자들 사이에서도 '대승불교는 참다운 불교가 아니다'는주장이 종종 제기되고 있으며 그리하여 전통적인 간화선보다도 위빠사나를, 대승경전보다도 원시경전을 선호하는 경향도 나타나고 있다. 이처럼 대승경전을 불설佛說로 보느냐 비불설非佛說로 보느냐 하는 문제는 불교 신행의 흐름을 바꾸어 갈 수도 있는 매우 심각하고 중요한문제라고 생각된다. 그럼에도 불구하고 이 문제에 대해 공식적인 입장을표명하고 있는 불교 종단은 우리나라에 아직 없으며, 학계에서도 왠지이 문제에 대해 공개적으로 논의하는 것을 기피하는 경향이 있는 것같다. 그것은 아마도 대승경전이 부처님의 직설이라는 객관적인 자료나이론적 기초가 마련되어 있지 않은 상태에서의 그러한 논의 자체가대중적 '대승신앙'에 불필요한 의혹과 동요를 불러일으킬 소지가 있음을우려한 때문이 아닌가 한다. 그러나 객관적인 불교사와 경전성립사에관한 지식이 일반화되어 가고 있고, 많은 불교인들이 지적 혼란과 정서적갈등을 겪고 있는 상황에서 이 문제를 언제까지나 덮어둘 수만은 없다고본다.

원래 대승 불설·비불설론의 대립은 인도에서 대승불교가 일어날 당시부터 매우 심했던 것으로 알려지고 있다. 그러나 시간이 흐르면서 이논쟁은 점차 수면 아래로 숨게 되었고 중국에서는 불교 전래 초기에 잠시 논란이 있었으나 대부분 대승경전을 당연한 불설佛說로 믿어 왔다. 그 후 중국, 우리나라, 일본 등에서 이 문제는 거의 거론되지 않았던 것 같다. 그러다가 18세기 중엽 일본의 부영중기富永仲基가 『출정후어出定後語』에서 '대승비불설'의 주장을 편 이래 일본 불교학계에서는 이에 관한 논쟁과 연구가 많은 학자들에 의해서 오랫동안 계속되어 왔다. 그러나 우리나라에서는 1965년에 발표된 「대승 불설 비불설론에 대한 연구」라는 제목의 논문[2] 및 서너 권의 불교전문서적과 잡지에서의 개략적인 언급 외에는 이에 관한 본격적인 연구 논문과 저술을 거의 발견할 수가 없는 실정이다. 따라서 지금부터라도 한국의 불교계는 이 문제에 대해 조금 더 깊은 관심을 갖고 '올바른 대승경전관의 정립'을 위해 적극적인 노력을 기울여야 한다. '올바른 대승경전관'의 정립 없이 올바른 불교관을 확립할 수 없고 '올바른 불교관'의 확립 없이 바람직한 한국불교의 미래를 기대할 수 없기 때문이다.

## 1. 대승경전의 성립과 그 배경

### 1) 대승불교 흥기의 배경

#### (1) 외부적 상황

오랜 불교의 역사 가운데에서 가장 큰 획을 긋는 특기할 만한 사건인 대승불교 운동은 그 무엇보다도 불교 교단 내의 여러 가지 불합리한 상황에서 비롯된 것이지만, 동시에 그것은 일정 부분 당시의 구체적인

---

2 蔡澤洙, 「大乘 佛說 非佛說에 對한 研究」(東國大學校大學院, 1965년도 碩士學位請求 論文).

사회 상황을 반영하고 있는 것도 사실이다.[3] 대승불교가 흥기한 것은
대략 불교를 세계적인 종교로 발돋움할 수 있게 한 공작孔雀(Maurya)
왕조가 붕괴한 서력 기원전 180년경부터 굽타Gupta왕조가 성립한 서기
320년에 이르는 시기로 추정되고 있다. 강력한 중앙집권적 관료국가인
마우리야왕조가 멸망하자 인도의 여러 지방에서는 소국가小國家들이
이곳저곳에서 출현하게 되면서 인도 전체가 사분오열되고 전쟁은 그칠
날이 거의 없었다. 또한 서북쪽으로부터는 그리이스인, 스키타이인
(Scythians ; Turki, Śaka 또는 Saka), 파르티아인(parthians ; pahlava) 등의
이민족이 계속해서 침입해 들어오고 있었다. 그리하여 중인도의 국가들
은 약화되고 마침내는 북방의 쿠샤나(Kuṣāna, 月支 또는 月氏)족으로부터
침공을 받아 북반인도北半印度를 통치받기도 하였다. 또한 한 때는 남방
의 안달라案達羅(Andhra)왕조의 지배를 받기도 하였다.[4] 이러한 정치적
상황 속에서 대부분의 인도인들은 정신적으로 안정되지 못하고 물질적
으로도 매우 궁핍했을 것으로 생각된다. 새로운 종교에 대한 대중적
갈망은 이러한 시대적 배경 속에서 축적되고 있었던 것이고, 대승불교
운동은 바로 이러한 상황 속에서 이루어질 수 있었을 것이다.

또한 당시 일반사상계의 흐름도 대승의 흥기를 촉진시킨 자극제 역할
을 하였다고 볼 수 있다. 당시는 이미 마하바라타Mahābhārata와 라마야나
Rāmāyaṇa의 대시편大詩篇이 완성되고, 수론數論과 승론勝論을 비롯한

---

3 宋榮培, 『中國社會思想史』(한길사, 1988), p.5. "철학자·사상가·종교가들이 의식하
  든 의식하지 못하든 그들의 理性과 理想은 그들이 각기 당면하고 있는 시대의
  문제 및 아픔과의 관계 속에서만 그 가치를 획득하게 되는 것이고 바로 이 객관적인
  토대, 즉 시대상황이 그 사상들을 살아 움직이게 하는 原動力이라고 할 수 있다."
4 中村元, 「大乘佛敎興起時代のィンドの 社會構成」, 『印度學佛敎學硏究』 제7호,
  pp.97~107 ; 張元圭, 『印度佛敎史』(동국역경원, 1973), p.112.

많은 철학 이론들이 나타나 있었으며, 비쉬누와 쉬바신을 중심으로 하는 신바라문교新婆羅門敎(Hinduism)도 대중적 신앙으로 뿌리를 내려가고 있었다. 특히 북방에서는 그리스와 페르시아 문화가 인도에 유입되어 다양한 방면에 영향을 끼쳤던 시대이다.[5] 그렇다고 해서 이러한 사상, 종교, 문화가 대승불교에 직접적인 영향을 끼친 명확한 흔적은 아직 발견하기 어렵다.[6] Murti의 표현대로 그것은 어디까지나 간접적이고 부수적인(circumstantial) 것이었다고 보는 것이 좋을 것이다.[7] 여기에서 이 문제를 깊이 있게 다룰 수는 없지만, 어쨌든 대승불교가 일어나게 된 데는 불교 내부의 원인과 함께, 당시 사회 상황이나 사상·종교계의 큰 흐름도 적지 않은 영향을 끼쳤던 것이다.

### (2) 불교 교단의 상황

그렇다면 대승불교 흥기 당시의 불교 교단 상황은 어떠했을까. 현재까지는 이에 관한 직접적인 내용을 기록한 자료가 발견되고 있지 않기 때문에, 여기에서는 먼저 몇몇 대승경전에 의거하여 당시의 상황을 재구성해 보고자 한다. 석존의 입멸 후 약 100년경에 교단의 근본분열이 있은 후, 대승불교가 흥기할 무렵에는 불교 교단은 대략 18부파 또는 20부파로 갈라져 있었다. 우리는 흔히 그 시대를 부파불교시대, 아비달마불교시

---

5 木村泰賢, 『大乘佛教思想論』(東京: 大法論閣, 1982), p.90.

6 平川彰, 『初期大乘佛教の研究』(東京: 春秋社, 1968), p.19 참조.

7 T.R.V. Murti, *The Central philosophy of Buddhism* (London: George Allen and Unwin Ltd., 1974), p.81. 무르티는 여기서 神性, 信愛(Bhakti), 絶對에 관한 힌두교적 관념으로부터 대승불교가 직접적인 영향을 받았다는 Kern, Max Muller, Keith, Stcherbatsky 등의 견해에 약간의 의문을 나타내면서, 대승불교가 형이상학적 절대론이나 종교적 범신론의 경향을 갖게 된 것은 오히려 전통적인 불교사상 자체 내의 역동성(dynamism)에 기인한다고 주장하고 있다.

대, 또는 소승불교시대라고 부르는데, 소승불교(Hīnayāna Buddhism)란 대승불교인들에 의한 폄칭임은 물론이다. 새로운 대승의 주창자들이 기성의 부파불교인들을 소승이라고 부른 데에는 그럴 만한 이유가 없지 않을 것인바, 여러 부파로 분열되어 난맥상을 보이고 있던 당시의 불교계는 혼란한 시대상황하에서 여러 가지 부정적인 면들을 드러내고 있었던 것이다.

먼저 그러한 상황을 『대반열반경』은 다음과 같이 설명하고 있다.

> 내가 열반한 뒤 혼탁하고 악한 세상에, 국토는 황란荒亂하고 서로 침략하여 사람들이 기아飢餓에 허덕일 때에 많은 사람들이 굶주림을 해결하기 위해 발심發心하여 출가하리라. 이러한 무리들은 계행戒行을 지키고 위의威儀를 구족具足한 청정한 비구들이 법을 수호하는 것을 보면 쫓아내고 해치거나 죽이거나 하리라.[8]

이것은 당시의 출가자들 가운데는 순수한 구도심求道心에서가 아니라, 어려운 시대상황으로 말미암은 생활상의 이유로 출가한 이른바 사이비 수행자가 많았으며 이들은 계행戒行이 청정한 진실한 승려들에게 행패를 부리고 교단 밖으로 추방시키기까지 했었음을 생생하게 전해주고 있다. 이러한 무리들은 겉으로는 계율을 지니는 듯하면서도 경전을 읽지 않고 맛있는 음식을 즐기며 호화롭게 살았다. 몸에 입은 옷은 위의威儀가 없고 소와 양을 기르며 겉으로는 점잖은 체하나 속으로는 탐욕과 질투가 가득하고 '여래如來께서 우리들이 고기 먹는 것을 허락하였다'고 하면서 자기들이 지어낸 이야기를 부처님이 설하신 것이라 하여 서로 다투기를 일삼았다.[9]

---

8 『大般涅槃經』(大正藏 12, p.624上).

또한 이들은 생선과 고기를 가져다가 제 손으로 음식을 만들고 기름병을 들고 다니며 일산日傘을 받고 가죽신을 신고, 임금이나 대신이나 장자를 따라다니며, 관상을 보고 천문을 말하고 종들을 두고 금·은·자거·마노 등 갖가지 보석과 과일을 쌓아두며 주문과 환술을 하며 풍류를 배우고 꽃과 향수로 몸을 단장하고 바둑과 놀음과 여러 가지 이상한 기술로 소일消日하고 지냈다.[10] 뿐만 아니라 술집과 기생집, 놀음판 따위의 부정한 곳에 출입하는 등[11] 방탕한 생활은 극을 치닫고 있었다. 이렇게 문란한 자기네들의 행동에 대해서 부끄러움과 반성은커녕 합리화하고 변명하기 일쑤였으니,

> 부처님 말씀에 비구들이 음행을 하려면 법복을 벗고 세속 옷을 입은 뒤에 음행을 하라고 하였으니, 음행할 인연을 생각하더라도 나의 허물이 아니며 여래如來가 세상에 계실 때에도 비구가 음행을 하고 해탈을 얻은 이가 있으며 혹은 목숨이 끝난 뒤에 천상天上에 태어나기도 하였으니 옛날이나 지금에 다 있는 일이라. 나만이 하는 일이 아니며 혹은 사중금四重禁을 범하고 오역죄五逆罪를 범하여 온갖 부정한 일을 행하고도 진정한 해탈을 얻었으며……[12]

라고 역시 『대반열반경』은 전하고 있다.

이와 같은 『열반경』의 내용들은 당시의 불교 교단이 실로 위기 상황에 처해 있었음을 우리에게 잘 말해준다. 그리고 이러한 위기 상황을 전해주

---

9 위의 책, p.626中.

10 위의 책, p.626中下.

11 위의 책, p.644中.

12 위의 책, p.645下.

고 있는 것은『열반경』만이 아니다.『부증불감경不增不減經』의 한 내용
에 의하면, 석존이 입멸入滅한 후 5백 년이 지나면 많은 중생들이 어리석
어 지혜가 없고, 머리를 깎고 법의法衣를 입어 겉으로는 사문沙門인
것 같지만 속으로는 사문의 덕행이 없다. 또한 이러한 무리들은 자신들이
진실로 사문이 아닌데 사문이라 하고 불제자佛弟子가 아닌데 불제자라
자칭한다고 한다.[13]『묘법연화경妙法蓮華經』「권지품勸持品」에서도 다음
과 같은 동일한 사정을 발견할 수가 있다.

악세惡世 중에 비구는 삿된 지혜로 마음이 첨곡諂曲하여 (도를) 얻지 못했는
데도 얻었다 하고, 아만심我慢心이 충만하여 혹 어떤 고요한 곳에 납의納衣를
입고 머물면서 스스로 참 도道를 행한다고 한다. 이는 인간을 경천輕賤하는
자로서 이양利養을 탐착하는 고로 백의白衣(재가인 또는 세속인)와 더불어
법을 설한다.[14]

이상의 경설經說들은 생각하기에 따라서는 단순한 예언에 의한 관념적
내용으로 볼 수도 있겠지만, 당시의 혼란스러웠던 사회 상황과 수많은
부파로 분열되어 난맥상을 드러내 보이고 있었던 불교계의 상황을 생각
해 보면 이것은 아무래도『법화경』,『열반경』등의 대승경전이 성립할
당시의 실제적인 교단 상황을 반영하고 있는 것으로 이해하는 것이
더 타당할 것이다.
    그러나 당시의 출가자 모두가 가명승假名僧이나 파계승破戒僧은 아니
었다. 그 당시에도 진지한 구도자적 자세로 수행과 연구에 전념한 수행자
들이 많았던 것이다. 하지만 당시 부파불교인들은 일반 대중과의 관계를

---

13 『不增不減經』(大正藏 16, p.466中).
14 『妙法蓮華經』(大正藏 9, p.36中).

소홀히 하고 너무 번쇄한 이론작업에만 매달려 전반적으로 종교적 생명력을 잃고 있었던 것으로 여겨진다. 당시의 비구들이 학문적 연구에 몰두한 데에는 여러 원인이 있겠지만, 쿠샤나Kuṣāna 왕조의 카니시카 왕의 불교 보호 정책도 하나의 원인이었던 것 같다.

카니시카Kaniṣka 왕은 C.E. 2세기 초, 약 23년 동안의 재위 중에 푸루샤푸라puruṣapura에 수도를 정하고 광대한 지역에 세력을 떨쳐 통일 제국을 완성시켰다.[15] 왕은 평등한 종교정책을 폈지만 특히 불교를 적극적으로 보호하여 당시의 불교는 매우 번성하였던 것으로 알려지고 있다. 그중에도 설일체유부說一切有部(Sarvāstivāda)에 대한 지원은 특별했다. 국왕뿐만 아니라 여러 토후와 장자長者들도 교단에 대한 정치적·경제적 지원을 아끼지 않았다. 그리하여 교단은 안정된 사회적 기반을 확보하고 대장원大莊園 등을 소유하게 되었으며, 비구들은 풍족하고 안정된 생활을 하면서 경전 연구(아비달마)에 몰두할 수 있었던 것인데 이러한 분위기가 오히려 부정적인 결과를 초래하게 되었다고 볼 수 있다.[16] 물론 아비달마 불교는 인도 전역에 확산되어 불교의 지역적 발전을 돕고, 아함을 체계화하고, 교리를 심화시키는 등 나름대로 불교발전에 공헌한 바도 있었지만, 부정적인 측면도 많았다. 미즈노 고겐(水野弘元)은 아비달마 불교사상의 부정적 특징을 다음과 같이 정리하고 있다. 아비달마불교는 ①아라한阿羅漢을 목적으로 하는 성문사상聲聞思想(성문승)이고, ②업보윤회의 괴로움에서 벗어나고자 하는 타율주의他律主義(업보사상)이며, ③자기 한 사람의 완성을 위해 수양·노력하는 자리주의自利主義(小乘)이다. ④성전의 언구에 걸려 사물에 집착하고 제법의 유有를 인정·주

---

15 佐佐木教悟 外, 權五民 譯, 『印度佛教史』(경서원, 1989), p.89.

16 元義範, 『印度哲學思想』(集文堂, 1990), p.57 ; 平川彰 外 編, 『講座·大乘佛教1: 大乘佛教とは何か』(東京: 春秋社, 1981), p.105.

장하는 입장(有思想)을 견지하고, ⑤이론적, 학문적인 경향이 많고 그
이론에는 실천과 관계없는 희론戱論이 적지 않으며, ⑥출가적, 전문적임
에도 불구하고 소승적이고 세속적인 저급한 입장을 지니고 있다는 것이
다. 대승불교는 필시 부파불교의 이러한 문제점에 대한 반동 또는 혁신운
동으로서 불교사의 새로운 장을 열었을 것임에 틀림없다.[17]

## 2) 대승경전의 성립

불교사에 있어서 가히 '역사적'이라고 할 만한 대승불교운동은 대승경전
의 성립으로부터 연원되었다고 할 수 있다. 그러나 이 운동 초기의
전개 과정에 관한 지식과 정보를 제공해 주는 자료는 매우 빈약하다.
따라서 현재로서는 대승불교운동의 창시자가 누구인지, 누가 대승불교
경전을 편찬했는지, 이 운동이 어느 지역에서부터 시작되었는지, 분명히
알 수가 없다.[18]

전통적으로 대·소승의 모든 경전은 석존 일대一代의 직접적인 교설로
이해되어 왔다. 그러한 입장은 천태天台의 오시교판五時敎判을 비롯한
대부분의 중국 교상판석을 통해서 잘 알 수 있다. 또한 한역『증일아함增
一阿含』「서품序品」,『보살처태경菩薩處胎經』권제7,『대지도론大智度
論』권100,『금강선론金剛仙論』등의 문헌에서도 발견된다. 이를테면,

가섭迦葉이 아난阿難에게 말하되, "보살장菩薩藏이든 성문장聲聞藏이든 계
율장戒律藏이든, 부처님이 설하신 교법敎法은 일언일자一言一字도 빠뜨리

---

17 宮本正尊 編,『大乘佛教の成立史的 研究』(東京: 三省堂, 1957), p.262.
18 Charles S. Prebish(ed.), *Buddhism—a modern perspective* (London: The
    Pennsylvania State University Press, 1978), p.65.

지 않도록 하라"고 하였다.[19]

부처님께서 멸도하신 후, 문수와 미륵 등 제대보살諸大菩薩이 아난阿難을
이끌고서 이 마하연摩訶衍(大乘)을 결집結集하였다.[20]
여래는 철위산 밖에 머물러 있되, 다른 세계에도 도달하지 않은 상태였다.
여래는 그러한 이계二界의 중간에서 무량無量한 제불諸佛과 함께 모여 불화
佛話의 경經을 설해 마치시고 대승大乘의 법장法藏을 결집하기 위해 다시
대중大衆을 불러 모으셨다.[21]

등의 내용은 그러한 사실을 잘 나타내 주고 있다 할 것이다. 그러나
일본 도쿠가와 시대 말엽에 토미나가 나카모토(富永仲基)가 '불교경전은
석존 일대의 설법이 아니고, 불멸佛滅 후 수백 년에 걸쳐서 단계적으로
첨가되어 온 결과 오늘날과 같이 방대한 양이 되었다'는, 이른바 가상설加
上說을 주장하고 서구로부터 실증주의 역사학의 방법론이 도입된 이래,
경전성립사에 관한 연구는[22] 새로운 국면을 맞게 된다. 그렇다고 하여

---

19 『菩薩處胎經』(大正藏 12, p.1058中), "迦葉告阿難言: '佛所說法, 一言一字, 汝勿使
   缺漏.'"

20 『大智度論』(大正藏 25, p.756中), "佛滅度後, 文殊尸利·彌勒諸大菩薩, 亦將阿難集是
   摩訶衍."

21 『金剛仙論』(大正藏 25, p.801上), "如來在鐵圍山外, 不至餘世界二界中間, 無量諸佛,
   共集於彼, 說佛話經訖, 欲結集大乘法藏, 復召集徒衆."

22 宮本正尊 編, 앞의 책, p.274. 이 연구의 방법에는 일반적으로 ①경전 스스로가
   말하고 있는 佛滅年代, 人名, 地名, 經名 등에 의한 성립연대의 추정, ②경전
   상호간의 사상·교리의 비교에 의한 경전 성립 先後의 推定, ③불교 이외의 인도문헌
   에 서술되어 있는 내용에 의한 비교·추정, ④龍樹, 世親 등의 저술과 傳記 등에
   인용된 經名 등으로부터 그 경전 성립의 下限 연대 추정, ⑤중국에 전래된 한역경전
   의 譯出 시기로부터 그 경전 성립의 下限 연대 추정 등이 있다.

경전성립에 관한 상세하고 전반적인 내용이 명확하게 밝혀진 것은 아니
나, 대략적인 내용은 어느 정도 밝혀지게 되었다. 그러한 연구의 결과는
대승경전이 석존의 직접적인 교설이라고 보기 어렵다는 점을 알려주고,
또한 소승경전이나 대승경전 모두가, 설혹 동일 경전인 경우라도, 일시
에 현재의 상태로 성립된 것이 아니고 그것이 전승되는 동안 단계적으로
증광增廣되고 개변改變되어 왔다는 점을 알려주고 있다.[23] 대승경전은
특히 1,000여 년이나 되는 오랜 기간에 걸쳐 성립된 것이 거의 확실시되고
있다.

　김동화 박사는 대승경전의 성립시기를 크게 네 단계로 나눈 바 있다.
그 첫 단계는 초기 대승경전의 성립시기로서(A.D. 1~A.D. 200년경),
이 시기에는 반야부의 제경, 화엄계의 제경, 법화계의 제경, 정토계의
제경이 성립된다. 둘째는 중기 대승경전의 성립시기로(A.D. 200~A.D.
400년경) 이 시기에는 (대승)『열반경』, 여래장계 경전, 『해심밀경』 등의
경전이 성립되며, 셋째는 후기 대승경전의 성립시기로(A.D. 400~A.D.
700년경), 이때는 『능가경』 등이 성립된다. 넷째는 밀교 경전의 성립시기
로(A.D. 700~A.D. 1,200년경), 이 시기에는 『대일경』, 『금강정경』 등을
비롯한 밀교 계통의 경전이 성립된다.[24]

　물론 대승불교의 시기 구분은 학자들에 따라 약간씩 다르지만 큰
차이는 없다. 다만 일본의 정곡정웅靜谷正雄은 '반야경 이전의 대승경전
들이 존재한다'는 평천창平川彰의 주장을 이어받아 초기대승 이전에
'원시대승原始大乘'의 시기를 별도로 설정할 것을 주장하며, 이 원시대승

---

23 위의 책, pp.273~274.
24 金東華, 『大乘佛敎思想』(宣文出版社, 1983), pp.18 ff. 참조. 대승경전이 오랜 기간에
　　걸쳐 성립했다는 것은 望月信亨(『佛敎經典成立史論』)을 비롯한 일본과 西歐의 대부
　　분의 학자들이 동일하게 주장하고 있다.

의 시기에 성립된 것으로 추정되는 경전으로『대아미타경大阿彌陀經』,
『아촉불국경阿閦佛國經』,『사리불회과경舍利弗悔過經』,『아난사사경阿
難四事經』,『보살행오십연신경菩薩行五十緣身經』,『태자화휴경太子和休
經』,『금강반야바라밀경金剛般若波羅蜜經』 등을 들고 있다.[25] 정곡靜谷은
이들 원시대승경전은 초기대승경전보다 적어도 50년 이상 일찍 성립된
것으로 보고, 사상적인 면에서도 초기대승경전과 약간의 차이점이 있음
을 밝히고 있다.[26] 그러나 본 논문에서는 편의상 원시대승의 개념을
초기대승에 포함시켜 논의하기로 한다.

그렇다면 이러한 광의의 초기대승경전을 편찬하고 유포한 사람들은
과연 누구였을까. 종래에는 대개 그들이 대중부大衆部의 구성원들 가운
데서 진보적, 개혁적 성향이 강한 승려들, 혹은 뜻있는 일부 재가신자들
이었을 것으로 추정하였다.[27] 그러나 이러한 견해는 최근 많은 비판을
받고 있으며, 그 대신 법사 또는 설법사說法師(dharmabhāṇaka)를 구심점
으로 하는 불탑신앙자 집단이 대승불교의 원류로 크게 부상하고 있다.

석존이 입멸 시에 아난에게 내린 "출가한 비구는 여래의 사리 공양을
해서는 안 된다. 여래의 사리는 크샤트리아, 바라문, 장자 등의 재가신자
가 공양하도록 하라"[28]는 유계가 있은 이래 사리공양과 불탑신앙은 재가

---

25 靜谷正雄,『初期大乘成立過程』(京都 : 百華苑, 1990), pp.47ff.

26 위의 책, p.48. 靜谷은 원시대승에서는 아직 '大乘'이라는 단어가 나타나지 않고
  '空'사상도 명확하지가 않고, 佛塔信仰에 대한 비판도 철저하지 못하며, 부파불교에
  대한 비판도 없다고 하면서, 원시대승의 주요 내용으로 ①作佛의 理想 ②四無量心,
  六波羅蜜의 실천 ③誓願 ④아미타불과 같은 現在他方佛신앙 ⑤佛塔공양의 중시
  ⑥약간의 三昧 ⑦보살의 階位 ⑧禮佛懺悔의 法 등을 제시하고 있다.

27 이에 관해서는 靜谷正雄, 앞의 책, pp.9~10 ; 山田龍城,『大乘成立論序說』(京都:
  平樂寺書店, 1977), p.7 등을 참조할 것.

28 *D.N.* 16, Mahāparinibbāna-suttanta(vol. II, p.141).

신자들에 의해서 시작되었고, 위대한 석존에 대한 신앙심에서 많은
비구·비구니도 물론 불탑을 예배하게 되지만 불탑의 관리나 운영은
어디까지나 재가자들이 하였다. 재가신자는 출가한 비구와 달리 세속생
활과 병행할 수 있는 종교를 찾는다. 그들에게 석존은 수도상修道上의
지도자로서보다도 위대한 구제자로서의 의미가 더 강하게 되며 석존에
대한 예배와 공양이 강조된다. 그리고 그들은 구체적인 예배 대상을
찾게 되는데, 이러한 경향에 부응하는 것이 바로 불탑이다. 특히 아쇼카
왕은 인도 각지에 수많은 불탑을 건립하여 불탑숭배와 성지순례의 전통
을 세워놓은 것으로 유명하다. 이러한 배경에서 부파교단과 병행하여
존재했던 불탑신앙자 집단의 찬불적讚佛的, 신앙적信仰的 불교가 대승불
교를 탄생시켰을 가능성이 높다는 것이다.[29] 이러한 불탑신앙이 성행하
게 된 데는 불탑을 관리함은 물론 불탑에 바쳐진 공양물과 불전佛錢,
또는 부동산不動産 등을 관리하며, 성지를 방문한 순례자를 위해 경전을
암송하는 등의 찬불·공양의 의식을 집행하고 여러 비유를 들어 붓다의
가르침을 설하는 사람들의 역할이 필요했을 것이다. 이러한 비승비속非
僧非俗의 사람들은 흔히 법사 또는 설법사로 불리는데, 이들은 일종의
음악가이면서 경을 암송하며 전법의 책무를 분담했던 바나카(bhāṇaka)
의 전통을 계승한 것으로 여겨지고 있다.[30] 이 다르마바나카에 관한
중요한 내용은 특히 『법화경』의 「법사품」과 「법사공덕품」 가운데서

---

29 靜谷正雄, 앞의 책, p.15, 13.
30 平川彰 外編, 『講座·大乘佛教』: 『大乘佛教とは何か』(東京: 春秋社, 1981),
　　pp.242~244. 이 bhāṇaka의 존재는 saṃyutta-bhāṇaka(相應部의 암송자), jātaka
　　-bhāṇaka(本生經의 암송자) 등의 단어에 의해 확인되며, 바르후트나 산치 등의
　　불탑에서는 바나카가 불탑의 부속물을 기부했다는 내용의 碑銘이 발견되기도
　　한다(같은 책 참조).

발견된다. 이에 의하면, 이러한 법사야말로 일체 세간이 존경할 만한 '여래如來의 사자使者'이고, '대보살'이며, 여래와 동등하게 보고 공양·공경해야 할 존재이다. 따라서 법사에게 사사수학師事受學함으로써 속히 보살도를 완성할 수 있다고 한다. 이것은 조금 깊이 생각해 보면 『법화경』을 제작하고 선전한 사람들이 스스로를 법사라 부르고, 자신들이야말로 법法의 개시자開示者, 참다운 불제자佛弟子, 옛 불교에 대한 신불교의 교시자라는 자긍심을 가졌던 사실을 말해주고 있다고 해석할 수 있는 것이다.[31] 이와 같이 『법화경』을 비롯한 대부분의 대승경전은 이 다르마바나카들에 의해서 창출되었다고 보는 것이 일반적이다.

이처럼 대승경전이 서력기원을 전후로 하여 다르마바나카를 중심으로 하는 불탑신앙자 집단으로부터 비롯된 것이라면, 대승경전은 과연 어느 지역에서 성립되기 시작한 것일까. 이에 대해서는 대략 남방인도 기원설과 서북 인도 기원설이 우세하게 거론되어 왔다. 대승경전이 인도의 남부중앙인 안드라지방에서 비롯되었다는 남방인도 기원설은, 대승불교 발전에 지대한 공헌을 한 용수(Nāgārjuna)보살이 남인도 출신이라는 점과 『마하반야바라밀경』이 스스로 밝히고 있는 "이 『반야경』은 남방에서 일어나 서방을 거쳐 북방에 이른다"[32]는 내용에 주로 의거하고 있다. 서북인도 기원설은, 이 지역에서 많은 대승사상가가 배출되었고 서구문화의 영향을 받아 불상이 최초로 제작된 점 등에 의거하고 있다.[33] 이 두 주장은 모두 나름대로 상당한 설득력을 갖고 있다고 생각된다. 그러나 대승불교운동이 어떤 한 사람의 주도 하에 이루어졌다기보다는

---

31 靜谷正雄, 「法師(dharmabhāṇaka)について」,『印度學佛教學研究』通卷 5, p.131.

32 『摩訶般若波羅蜜經』(大正藏 8, p.317中).

33 靜谷正雄, 앞의 책, pp.275~280. 靜谷正雄은 서북인도 기원설을 뒷받침하는 여덟 가지 情況 증거를 제시하고 있다.

당시의 도도한 시대의 흐름에 따라 여러 지역의 불탑신앙자 집단의 움직임이 함께 어우러져 자연스럽게 나타났다고 생각한다면, 대승불교의 흥기를 어느 특정 지역에만 한정시킬 수는 없다고 본다. 아마도 약간의 시차時差는 인정해야 되겠지만 여러 지역에서 동시다발적으로 일어났을 가능성도 높다고 본다.

## 2. 대승 불설·비불설론의 대두와 전개

### 1) 일천제와 대·소승의 대립

일천제 관념 및 사상의 대두는 매우 특별한 교단상황을 반영하고 있어 그 교단사적 의의가 큰 것으로 생각된다. 단적으로 말해서 일천제 사상은 대승불교가 흥기할 당시(특히 대승大乘 『열반경涅槃經』이 성립할 당시)에 대승과 소승, 다시 말해서 대승 불설론佛說論과 비불설론非佛說論이 심각하게 대립하고 있었음을 나타내 주고 있는 것이다.[34]

일천제(icchantika)는 흔히 '단선근斷善根'이라고 번역되듯이 참으로 극악무도하여 모든 선근이 끊어진, 그래서 영원히 성불할 수 없는 존재로 알려지고 있다. 『열반경涅槃經』에서는, 대승大乘 방등方等 경전을 천마天魔 파순波旬의 설이라 비방하고, 부처님을 비난하고, 법은 구하지 않고 이익만 구하며 겉으로는 위의威儀를 갖추고 성인聖人의 행세를 하는 삿된 비구들이 있다고 말하면서 이들을 일천제라고 규정하고 있다.[35] 또한 『열반경』은 여법하게 수행 정진하며 대승법을 설하는 법사를,

---

34 이에 대해서는 졸고, 「大乘涅槃經에 나타난 一闡提 成佛論」 『韓國佛教學』 17, pp.213~246을 참고할 것.

35 『大正藏』 12, 『涅槃経』, p.660上中.

파계한 비구들이 칼과 막대기로 위협하는 사태마저 있었다는 사실을 알려준다.[36] 이러한 내용을 종합해 볼 때, 일천제란 구체적으로 '부파불교 교단 소속의 비구로서 파계를 일삼고 교단 내에 많은 물의를 일으키며 특히 대승불교운동을 극렬하게 박해했던 사이비 승려들'임을 알 수 있다. 대승불교인들이 이들을 4중금이나 5무간죄를 저지른 사람들보다도 더 극악한 무리라고 한 것은 결국, 대승불교 흥기 당시에 있어서 대승경전이 불설이냐 비불설이냐 하는 문제를 둘러싼 대승과 소승의 갈등과 대립이 얼마나 심각했었던가를 잘 말해주고 있다 할 것이다.

이와 같은 일천제 사상을 통하여, 우리는 대승 불설·비불설론의 대립이 대승불교흥기 당시부터 참으로 치열했었다는 역사적 사실을 확인하게 되는 것이다.

## 2) 인도와 중국의 경우

서력기원을 전후로 하여 일어난 대승불교운동은 불교 자체를 부정한 것은 아니었다. 그것은 이미 종교적 생명력과 대중성을 상실한 채 여러 가지 부정적인 면들을 드러내고 있던 기존의 부파불교교단에 대한 비판과 도전이었으며, '부처님에게로 돌아가자' 또는 '불교의 참 정신을 회복하자'는 기치를 내걸고 출범한 일종의 강력한 불교혁신운동[37]이었다.

---

36 위의 책, p.623下.
37 宮本正尊 편, 앞의 책, p.262. 水野弘元은 초기대승불교의 특징으로 ①성불을 목적으로 하는 보살사상(보살승), ②성불의 원행을 위해 스스로 악취에 나아가는 자율주의(원행사상), ③ 일체중생을 구제하고 사회전체를 정화·향상시키려는 이타주의(대승), ④ 그 행동은 모두 반야바라밀의 空無所得, 空無碍의 태도(공), ⑤ 이론·학문보다도 실천신앙을 중시함(실천적), ⑥ 재가적, 대중적이지만 그 경지는

그러자 소승의 부파불교인들은 불안과 위기의식을 느꼈을 것이고, 특히 교단적 정통성을 중시하는 보수파와 파계를 일삼던 사이비 승려들은 이에 격렬하게 반발하고, 이를 방해하고 박해했던 것으로 추정된다. 우리는 이러한 사실을 앞에서 일천제의 관념과 사상에 대한 분석을 통해 살펴보았다. 그리하여 인도에서 대승경전을 둘러싼 불설론과 비불설론의 대립 및 충돌은 한동안 계속해서 확산되어갔던 것 같다. 이러한 사정은 다음의 여러 문헌 내용에서 잘 나타나고 있다.

먼저 소승부파인들에 의해 제기되었을 것으로 생각되는 '대승은 비불설'이라는 주장의 기록들을 찾아보기로 한다. 『대품반야경大品般若經』 권제16의 한 구절을 인용해 본다.

> 악마가 비구比丘의 모습으로 화현化現하여 법복法服을 입고 보살菩薩이 머물고 있는 곳에 와 말했다. …… '너희들이 전에 들은 바는 모두 불법佛法이 아니요 붓다의 교설敎說도 아니다. 그것은 모두 문장을 꾸며 모아 놓은 것일 따름이다. 내가 말하는 것이야말로 참다운 불법佛法이다.[38]

보살은 곧 대승불교인을 지칭하는 것으로, 이『대품반야경』을 만든 대승인들은 '대승 비불설'을 주장하는 소승부파인들을 비구의 모습을 한 악마로 표현하고 있는 것이다.

다음으로『대반열반경』에는 대승경전이 제바달다(Devadatta, 調達)가 지어낸 것이지 불설은 아니라는 기록이 보인다.

> 너희들이 지닌 바 계율은 악마의 소설所說이며 우리들의 경율經律이야말로

___

제일의적인 높은 입장(일반화, 재가불교) 등을 열거하고 있다.

38 『大品般若經』(大正藏 8, p.340中).

부처님의 소설所說이다. …… 우리는 처음부터 방등경전方等經典의 일구일
자一句一字도 들어본 적이 없다. 그러므로 그런 것들은 제바달다 같은
악인惡人이 지은 것임을 알아라. 제바달다는 선법善法(佛法)을 파괴하기
위해 방등경方等經을 조작한 것이다.[39]

또한 『대지도론大智度論』 권63에는 다음과 같은 내용이 발견된다.

어리석은 사람은 "(반야般若를 비롯한 대승大乘을) 이것은 불설佛說이 아니
고, 마왕魔王이나 그 인민人民의 소작所作이다. 그리고 이것은 단멸사견인斷
滅邪見人의 수필手筆이고 장엄구력자莊嚴口力者의 설설說이다. 설혹 불설佛說
이라 하더라도 그 가운데는 처처處處에 다른 사람들이 첨가한 내용이 많다"
고 한다.[40]

그리고 『대보적경大寶積經』 권92에서는

이 대승의 경전은 세속世俗의 문사文詞에 뛰어난 사람이 만든 것이며 여래가
선설宣說한 것이 아니다. 너희들은 이 경이 설하는 바의 공덕과 이익을
얻지 못할 것이다.[41]

이 외에도 대승비불설의 주장은 『도행반야경道行般若經』 권6,[42] 『대법
고경大法鼓經』 권하,[43] 『대보적경大寶積經』 권114,[44] 그리고 『반주삼매경

---

39 『涅槃經』(大正藏 12, p.644下).

40 『大智度論』(大正藏 25, p.506上).

41 『大寶積經』(大正藏 11, p.528中).

42 『道行般若經』(大正藏 8, p.455中).

43 『大法鼓經』(大正藏 9, p.295中).

般舟三昧經』[45] 등의 내용 가운데서 발견되고 있다.

이러한 주장에 대해 대승인들은 안으로는 이러한 악선전에 동요되지 말고 믿음에서 물러서서는 안 된다고 경책하면서, 밖으로는 정법을 비방하면 대죄大罪를 지어 반드시 지옥에 떨어질 것이라고 소승인들에게 위협하고 있음을 다음의 내용들을 통해 알 수 있다.[46]

> 반야바라밀을 듣고도 흘려버리고 보살마하살의 법을 공경하지 않거나
> …… 남으로 하여금 이것을 설하지 못하게 하거나 반야바라밀을 저지하는
> 자는 일체지一切智를 끊고, 일체지를 끊으면 삼세三世의 부처님을 버리는
> 것이 된다. 그는 이 반야바라밀의 법을 단절시킨 죄로 죽어서 대大지옥에
> 떨어지게 된다.[47]

> 이 경을 믿지 않고 훼방하는 자는 세간世間의 모든 불종자佛種子를 끊는
> 것이며 …… 그 사람은 죽은 후에 아비阿鼻지옥에 떨어지게 된다.[48]

> 땅을 파고 풀을 베며, 나무를 찍거나 송장을 자르고 욕설하고 초달치는
> 것이 죄보罪報가 없는 것처럼 일천제一闡提를 죽여도 지옥에 떨어지지
> 않는다.[49]

또한 『입능가경入楞伽經』 권2에서는 "보살장菩薩藏을 비방하고 공격

---

44 『大寶積經』(大正藏 11, p.647中).

45 『般舟三昧經』(大正藏 13, p.907上中).

46 望月信亨, 『佛敎經典成立史論』(京都 : 法藏館, 1978), p.11.

47 『道行般若經』 권3(大正藏 8, p.441中).

48 『妙法蓮華經』 권2(大正藏 9, p.15中).

49 『大般涅槃經』 권15(大正藏 12, p.702下).

하는 일천제는 모든 선근을 끊게 되어 마침내 열반을 얻지 못한다."[50]고
하고 있는데, 이 내용들은 역시 소승부파인들의 대승 공격에 대한 대승인
들의 반격이라고 할 수 있을 것이다.[51] 또한 대승 문헌에는 이들의 공격에
대해 대승이 진정한 불설임을 이론적으로 증명하려는 노력도 나타나고
있다. 이에 대해서는 뒤에서 다시 언급하도록 한다.

다음으로 서역지방에서도 대승비불설의 주장이 있었음을 알 수 있다.
먼저 우전국于闐國에서의 사정을 「주사행전朱士行傳」을 통해 알아보기
로 한다.

주사행은 낙양洛陽에서 축불삭竺佛朔이 역출譯出한 『도행반야경道行
般若經』을 강설하고 있었는데, 이 역본은 문구가 간략해서 의미가 불명료
한 곳이 많아 늘 유감이었다. 주사朱士는 원본을 구하기 위해 260년(魏
甘露 5)에 우전국으로 떠난다. 그는 거기서 범본梵本 90장章 60여만
어語의 『대품반야경』을 얻어 이것을 낙양으로 가져가려 했다. 그러나
당시 우전에서는 소승불교가 세력을 떨치고 있었던 모양으로, 우전의
신하들이 왕에게 "그런 바라문의 책(결국 부처님의 진설眞說이 아니라는
의미)을 중국中國으로 보낸다면 (불교의) 정전正典을 이해하는 데 혼란이
우려되니 금지해야 합니다"라고 진언한다. 주사행은 이에 비분강개하여
"경전을 불 속에 던져 넣어서 타지 않으면 중국으로 가져가게 해 달라"고
제안했다. 왕이 허락하고 궁전의 정원에서 시험했는데 타지 않아 제자
불여단弗如檀 등 10명에게 이 경전을 낙양으로 가져가게 했다는 것이다.[52]

다음으로 구자국龜玆國에서의 사정을 「구마라집전鳩摩羅什傳」을 통해

50 『入楞伽經』(大正藏 16, p.527中).

51 望月信亨, 앞의 책, p.12.

52 『出三藏記集』 권13(大正藏 55, p.97上中). ; 藤堂恭俊 外, 차차석 역, 『中國佛敎史』(대
    원정사, 1992), p.60 참조.

알아본다. 구마라집은 수리야소마須利耶蘇摩로부터 설법을 듣고 "내가
이제까지 소승만을 배운 것은 금을 몰라 유석鍮石(금빛이 나는 자연적인
동광석銅鑛石)을 가장 훌륭한 것으로 생각한 것과 같다"고 감탄하며 대승불
교로 전향한 후 『중론』과 『백론』을 공부한다. 훗날 구자국으로 돌아가
백순왕신사帛純王新寺에서 『방광반야경放光般若經』을 얻어 열독하는데
악마가 와 글을 가리자 오직 공첩空牒만 보였다는 것이다.[53] 이 내용도
결국은 구자국에서도 대승불설·비불설론의 대립이 있었음을 알려주고
있다 할 것이다.

그렇다면 중국에서의 상황은 어떠했을까. 중국에서는 불설·비불설론
의 대립이 전혀 없지는 않았지만 인도의 경우처럼 그렇게 심하지 않았던
것 같다. 중국의 불교는 전래 초기부터 대승불교가 중심이 되었고,
대체적으로 대승이야말로 수승하고 진실한 불설이라는 대승신앙의 전
통이 계속 이어졌기 때문일 것이다.[54]

그러나 『출삼장기집出三藏記集』의 기록에 의하면 대승을 불신不信하
고 비방한 불교인들이 더러 있었음을 알 수 있다.

「소승미학축법도조이학의기小乘迷學竺法度造異學儀記」 제5에는 다음
과 같은 내용이 나온다.

> 혜도慧導는 『대품大品』(대품반야경)이 과연 진경眞經인지 의혹을 가졌고,
> 담악曇樂은 『법화경法華經』을 비판했으며, 팽성彭城의 승연僧淵은 『대승열
> 반경大乘涅槃經』을 비방하여 혀(설근舌根)가 녹아 문드러졌다.[55]

---

53 『出三藏記集』 권14(大正藏 55, p.100下). ; 藤堂恭俊 外, 위의 책, pp.92~93 참조.
54 水野弘元, 『經典-その成立と展開』(東京: 佼成出版社, 1990), p.32.
55 『出三藏記集』(大正藏 55, p.41上).

이처럼 대승경전을 의심하고 비방한 자들에게 구마라집의 큰 제자인 승예僧叡는 다음과 같이 응답, 질책하고 있다.

삼장三藏(소승小乘)은 염체染滯(그릇된 집착)를 제거하고 『반야般若』는 그 허망함을 없애며 『법화法華』는 일구경一究竟(일불승一佛乘)을 열고 『열반涅槃』은 그 실화實化를 천명한다. …… 단지 우열은 사람에게 있고 심천深淺은 그 깨달음에 있다. 자기 역량에 따라(임분任分) 행하면 그만이다. …… 혜도가 『대품大品』을 (불설佛說이) 아니라고 말하고 삼장三藏을 존중하면서 스스로(『대품大品』)을 비추지 않은 것은 잘못이다. 담락이 『법화』를 비판하고 오만하게 자신만이 옳다고 하며 다니는데, 그것은 다만 자기 혼자만의 생각이며 그 의도 또한 온당치 못하다. 승연은 ……『열반경涅槃經』이 진조眞照에 통하지 않는다고 하지만 (『열반경涅槃經』의) 진조眞照는 자연적으로 그의 허망함을 비출 것이다.[56]

또한 담마야사曇摩耶舍의 제자인 축법도竺法度는 소승을 배우는 데만 집착하고 시방불十方佛은 없다고 하며, 오직 석가釋迦만을 예경하고 대승경전의 독송을 허락하지 않았다. 그러자 선업사宣業寺의 비구니 법홍과 홍광사弘光寺의 비구니 보명普明 등은 그의 가르침을 진실로 믿고 따랐다고 한다.[57] 이처럼 불교계에 물의를 일으킨 축법도를 승우僧祐는 다음과 같이 비난한다.

축법도는 독을 사람에게 먹이려는 것과 같은 패륜을 저지르고 있다. 무릇 여인의 성품은 지혜가 약하고 믿음이 강해 한 번 위교僞敎를 받아들이면 그 미혹에 계속 이끌려 간다. 그러므로 경사京師의 몇몇 사찰은 마침내

---

56 『出三藏記集』권5, 「喩疑」제6(大正藏 55, pp.41中~42中).

57 大正藏 55, p.41上.

이법異法에 더럽혀졌고, 동경東境의 비구니들도 이 바람에 물들었다. 삿된 길은 열기 쉬우니 미혹과 혼란이 오래갈까 두렵구나.[58]

우리는 이러한 내용들을 통해 서역西域과 중국에서도 불설·비불설론을 둘러싼 대·소승의 대립과 갈등이 있었던 것을 알 수 있는 것이다. 불교 전래 초기의 우리나라와 일본의 경우는 아직 충분한 연구가 이루어지지 않은 상태여서 언급하기 어렵지만, 대승의 영향이 절대적이었기 때문에 이러한 대립은 거의 없었을 것으로 추측된다.

## 3) 근대 일본의 경우

우리나라와 마찬가지로 중국불교의 영향을 받은 일본의 불교인들은 불교 전래 이래 대승경전을 의심의 여지없이 붓다의 진설眞說로 받아들이고 있었다.

그러나 도쿠가와(德川) 시대로 접어들면서 비불교인들 사이에서 대승비불설의 주장이 나타나기 시작했으니, 이 주장을 한 최초의 인물은 부영중기(富永仲基, 1715~46)였다. 부영富永은 15세 무렵 유교와 제자백가에 관한 전통적 학설의 잘못된 점을 지적한 『설폐說蔽』를 저술하여 물의를 일으켰다. 그 후 만복사萬福寺에서 황벽판黃檗版 대장경의 판목인 쇄일을 하며, 불교경전을 공부하다가 '불교경전은 시간을 두고 점차 발달해 왔다'는 사실을 발견하고, 이러한 '가상설加上說'을 중심 내용으로 하는 『출정후어出定後語』 2권을 한문으로 저술하여(1744년) 불교계에 파문을 던졌다. 여기서 그는 '대승경전은 불멸佛滅 후 500년경에야 만들

---

어진 것으로 불설佛說이 아니다'는 충격적인 주장을 하고 있다. 이에 대해서는 후일, 문웅文雄이 『비출정후어非出定後語』를, 조음潮音이 『괵렬사망편摑裂邪網編』 2권을 지어 각각 반박하였으나 그 내용은 그렇게 정교하지 못하였다.

복부천유服部天游는 『출정후어』를 읽고 이를 이어받아 『적나라赤裸裸』 1권을 알기 쉽게 일어로 저술했다. 여기서 그는 천태종天台宗의 오시교판五時敎判을 비판하고 대승경전은 모두 후세인들의 가탁假託이라고 주장하고 있다. 이에 대해 조음潮音은 『금강색金剛索』 1권을 지어 "산인山人은 대수大樹를 아나 대어大魚를 모르고 해인海人은 대어大魚를 아나 대수大樹를 모르는 것처럼 천유天游가 말하는 바는 모두 망정妄情의 소치이다"는 등의 내용으로 반박한다. 또한 『출정후어』를 읽고 감격한 평정독윤平田篤胤은 신도神道 신자이자 일본 국학자로서 불교를 매도하고 조소하는 내용의 『출정소어出定笑語』 3권을 발표한다.

그는 여기에서 불경佛經은 일부일책一部一冊도 석가의 진설眞說이라 할 수 없고 모두가 후대의 위작僞作이며, 대승경전에는 아미타불이라든가 문수, 보현, 관음 등 허구의 불·보살만 등장한다는 등의 주장을 펴고 있다. 이 책의 영향을 받은 문인들은 메이지 유신(明治維新) 후에 일본 각지에서 폐불훼석廢佛毀釋(불교배척)운동을 일으키기도 하는데 이만큼 이 책의 파급효과는 큰 것이었다. 이에 대해서는 홍세興世가 "독윤의 망설에는 1)헌법에 위배되고, 5)성현을 우롱하고, 7)불법佛法을 망담妄談하고, 10)사교(기독교를 지칭)와 일치하는 10가지 죄가 있다"는 등의 내용을 담고 있는 『양구변羊狗辨』 3권을 써서 반박한다.

그리고 영국인 그리스도교 선교사 Joseph Edkins(1823~1905)는 1866년 한문으로 된 『석교정류釋敎正謬』를 지어 대승비불설론을 주장하였다. 그는 불교경전은 모두 후대의 불제자佛弟子가 불구佛口에 가탁하여 만든 것이라고 하며 대표적인 위작僞作의 경전으로『화엄경』을 들고 있다. 이에 대해 철정徹定은『석교정류초파재파釋敎正謬初破再破』2권을, 남계 南溪는『석교정류갹척釋敎正謬噱斥』2권을 지어 논박하였으나 그 내용은 별로 설득력이 없었다.

메이지(明治) 이후에 일본의 불교학자들은 서구 학문의 영향을 받게 되어, 그 방법론을 불교연구에 활용하기 시작한다. 그 대표적인 학자로 는 촌상전정(村上專精, 1851~1929)과 전전혜운(前田慧雲, 1853~1930)을 들 수 있다. 1901년 출간된 촌상村上의『불교통일론』제1편은 '대승비불 설' 등의 문제로 불교계에 큰 파문을 던진다. 이것은,『불교통일론』에 대한 비판의 내용을 담고 있는 강촌수산江村秀山의『불교통일론시평』, 이등철영伊藤哲英의『불교통일논평론』, 그리고 수많은 찬반양론의 내용 과 촌상村上이 이 일로 결국 승적을 반환하게 된 사정 등을 담고 있는 『불교통일론비판집』등이 계속해서 출간된 것만 봐도 잘 알 수 있을 것이다. 그는 대승불교를 공격하기 위해 대승비불설을 주장하지는 않 다. 다만 역사적 사실을 밝히려 했고, 동시에 설혹 대승이 불타의 진설이 아니라고 하더라도 올바른 불교는 불타의 참정신과 당연히 일치될 것이 므로 모든 불교를 역사적 인물인 석존이 설한 것으로 환원·통일시켜, 일본의 모든 불교종파가 하나가 되어 융합할 것을 염원하여『불교통일 론』을 썼던 것이다.

전전前田은 대승이 불타의 직설直說임을 대장경에서 찾아내려고 많은 노력을 한 결과『대승불교사론』을 출간하였다. 대체적으로 대승불설론 을 옹호하고 있는 이 저술은 일반인들에게 큰 반응을 불러일으키지는 못하였으나 학문적으로는 상당한 평가를 받았다고 할 수 있다. 그러나 본인 스스로가 "이 책은 그러한 논증을 시도한 것이지만, 유감스럽게도 목적지에는 도달하지 못했다"고 밝힌 것처럼 소기의 결과를 얻지는 못한 것 같다.

이들 두 학자 이후의 일본 불교계에서는 불설·비불설론의 문제에 관한 논의가 많이 수그러들었지만, 자기정치姉崎正治의 『근본불교』, 이등의현伊藤義賢의 『대승비불설론의 비판』, 『속대승비불설론의 비판』 등의 저술을 통해 꾸준히 이어져 오고 있다.

여기서는 일본에서의 대승불설·비불설론의 큰 흐름만을 간략히 정리해 보았다. 그 주요 내용에 관해서는 다음에서 언급할 것이다. 그러나 근대 일본에서의 대승불설·비불설론에 대해서는 조금 더 상세하게 연구할 필요가 있다고 본다.[59]

## 3. 대승 불설·비불설론의 내용 검토

### 1) 대승비불설론의 내용 검토

먼저 여러 문헌에 나타난 대승비불설론의 내용을 살펴보기로 한다.

대승경전이 불설이 아니라는 주장은 거의 모든 부파불교의 문헌에서는 직접 찾아볼 수가 없다. 이것은 대승의 경론經論과 기타 문헌들의 내용을 통해서 간접적으로 유추해 볼 수 있을 뿐이다. 이러한 내용들은 대략 다음과 같이 정리할 수 있다.[60]

---

59 이상의 내용에 대해서는 다음의 문헌들을 참고하였다. 村上專精, 『佛敎統一論 第一編 大綱論』(東京 : 金港堂, 1901) ; 前田慧雲, 『大乘佛敎史論』(東京 : 森江書店, 1927) ; 伊藤義賢, 『大乘非佛說論の批判』(京都 : 眞宗學寮, 1954) ; 水野弘元, 『經典-その成立と展開』(東京: 佼成出版社, 1990) ; 申星賢, 「大乘佛敎의 成立에 대한 諸異論考」, 『東國思想』 26집, 1995.
60 이 내용들의 상세한 출처는 위에서 거의 밝혔기 때문에 여기서는 그에 관한 각주는

①대승경전은 악마 또는 비구의 모습으로 변신한 악마가 설한 것이다(『도행반야경』, 『대품반야경』 등).

②대승경전은 마왕 파순이나 그의 신민臣民이 지은 것이다(『대지도론』).

③대승경전은 제바달다가 설한 것이다(『대반열반경』).

④대승경전은 단멸사견인斷滅邪見人(외도)의 수필手筆이다(『대지도론』).

⑤대승경전은 세속의 문사文詞에 뛰어난 사람이 만든 것이다(『대보적경』).

⑥대승경전은 바라문의 서적이다(『출삼장기집』).

⑦대승경전은 설혹 불설이라 하더라도 첨가된 내용이 많다(『대지도론』).

따라서 ⑦을 제외한 나머지 주장들은 모두가 역사적으로나 사상적으로나 대승경전은 불교와 하등 관계가 없는 완전한 비불설이라는 말이다. ⑦의 경우는 한 걸음 뒤로 물러선 느낌이 들지만 근본적으로 비불설을 주장하고 있는 것은 분명하다. 이들 내용에서는 '대승경전은 붓다가 아닌, 붓다 이외의 다른 사람의 소설所說이기 때문에 비불설이다'는 아주 단순하고 소박한 이유가 제시되고 있다.

다음으로 근래 일본학자들이 주장한 대승비불설론의 내용을 검토해 보기로 하자. 1744년 부영중기富永仲基가 『출정후어出定後語』에서 '가상설加上說'[61]에 의거한 '대승비불설'을 주장한 이후, 이 설은 복부천유服部天游의 『적나라赤裸裸』와 평전독윤平田篤胤의 『출정소어出定笑語』, 그리고 촌상전정村上專精의 『불교통일론』에 의해 이어져 내려왔다는 것은 이미 살펴본 대로다. 이들은 모두가 적어도 역사적으로는 대승경전이 불설이 아님을 분명히 밝히고 있지만 사상적으로는 서로 다른 입장을

---

생략한다.

61 그 일례로 계율에 대한 加上說의 일부 내용을 인용해 본다. "夫戒之體 本戒於事 但戒身口 是其本也 而大乘家 合防三業 而屬之心 亦加上之說也." 吉川延太郎, 『註解出定後語』(東京:教學書房, 1944), p.217.

나타내고 있다. 이 중에서 촌상村上의 비불설론에 대해 조금 살펴보기로 한다. 촌상은 비불설론의 근거로 다음 세 가지를 제시한다.[62]

(1) 대승부大乘部의 경론에 보이는 석가는 인격을 초월한 법성신法性身으로 보아야지, 실제적 인간으로서의 석가로 볼 수 없다.

(2) 대승경전에서 석가와 문답하기도 하고, 석가를 대신해서 설법하기도 하고, 석가의 설법을 듣기도 하는 보현普賢, 문수文殊 등의 모든 보살은(미륵彌勒은 제외) 역사적 존재가 아니라 가상의 인물이다. 따라서 석가도 구체적 육신으로서의 석가는 아니다.

(3) 『화엄경』은 용수龍樹가 용궁龍宮에서 가져왔다 하고, 『대일경大日經』과 『금강정경金剛頂經』은 용수가 남천축의 철탑에서 받아왔다는 등, 중요한 대승 경론의 내력이 신화적이어서 역사적 사실로 참고할 만한 것이 없다. 따라서 대승大乘의 경론經論은 실제로 석가의 교설을 기록한 것이라고 보기 어렵다.

이 내용들은 대체적으로 보아 그렇게 큰 무리가 없는 주장이라고 생각된다. 그러나 이와 같이 대승경전의 유통과정이 비현실적이라든가 대승경전의 등장인물이 비실제적이라는 이유 외에, 대승경전이 역사적으로 보아 불타佛陀의 직설直說이라고 볼 수 없게 된 가장 중요한 이유는 무엇보다도 현존하는 pāli장경 속에 대승경전이 하나도 포함되어 있지 않고 대승경전에 대한 언급조차 발견되고 있지 않다는 점일 것이다. 또한 소승경전인 『아함경』과 여러 대승 경전이 그 형식과 체제, 구성과 서술 방식에 있어 현격한 차이를 보이고 있는 점도 빼놓을 수 없는 중요한 이유라고 생각된다. 대체적으로 소승경전은 교훈적 내용과 기술

---

62 村上專精, 앞의 책, pp.457~459.

적 형식을 취하고 있고, 대승경전은 문학적, 희곡적 체재를 통해 자유롭게 그 사상을 펼쳐내고 있다.[63]

이등의현伊藤義賢은 현대의 대승비불설론을 크게 ①언어학상으로 보는 대승비불설론, ②대고중對告衆 동문중同聞衆으로 보는 대승비불설론, ③결집結集의 역사로부터 보는 대승비불설론, ④타방세계설로 보는 대승비불설론, ⑤타방세계의 왕생설往生說로 보는 대승비불설론, ⑥소승교로부터의 발달로 보는 대승비불설론 등 여섯 가지로 정리하고, 그 하나하나에 대해 장황한 비판을 가하면서 대승비불설론의 부당성을 주장하고 있다.[64] 하지만 역사적인 입장에서의 대승비불설론을 객관성 있고 설득력 있게 논박하고 있지는 못하고 있다.

## 2) 대승불설론의 내용 검토

먼저 여러 문헌에 나타난 대승불설론의 내용에 대해 검토해 보기로 한다. 우리는 앞에서 이미 『보살처태경菩薩處胎經』, 『대지도론大智度論』, 『금강선론金剛仙論』 등의 문헌에 대승경전이 불재세시佛在世時에 또는 불멸후佛滅後에 소승경전과 함께 결집되었다는 기록이 있음을 살펴보았다. 그 외에도 특히 대표적인 소승경전의 하나로 알려진 『증일아함增一阿含』 「서품序品」에는 대승에 관한 내용이 언급되어 있어서 이채롭다.[65] 다음 내용이 그것이다.

---

63 木村泰賢, 『大乘佛教思想論』(東京: 大法輪閣, 1982), pp.89~89 ; 望月信亭, 앞의 책, p.8.

64 伊藤義賢, 앞의 책, pp.161~460.

65 『增一阿含』(大正藏 2, p.550中下), "發趣大乘意甚廣, …… 方等大乘義玄邃, 及諸契經 爲雜藏."

다시 모든 법 있어 나누어야 하나니 세존이 하신 말씀 각각 다르기 때문이다. 보살菩薩이 뜻을 내어 대승大乘으로 나아가며 여래는 갖가지로 분별해 말하시다. 인중존人中尊께서 6도무극度無極(6바라밀)을 설명하시니 보시와 계율과 인욕과 정진과 선정과 지혜는 뜨는 달과 같나니 도무극度無極에 이르러서 모든 법 본다.[66]

『대지도론』에서는 불재세시에 이미 대승이 설해졌음을 다음과 같이 전하고 있다.

마하연은 깊고 깊어 믿고, 이해하고, 행하기 어렵다. 불佛재세시에 여러 비구들이 마하연을 들었으나 믿지 못하고 알아듣지 못하므로, 자리에서 일어나 나가버렸다. 하물며 부처님이 열반하신 후에 있어서랴.[67]

이와 비슷한 내용이 『유마경維摩經』 가운데서도 발견된다.

부처님은 일음一音으로 설법하시나
중생은 류類에 따라 각각 달리 이해한다. ……
부처님은 일음一音으로 설법하시나
혹자는 두려워하고 혹자는 기뻐하며
혹자는 싫어하고 혹자는 의심을 끊나니
이것이 곧 부처님의 신력불공법神力不共法이니라.[68]

또한 『용수보살전龍樹菩薩傳』에 의하면, 용수는 설산雪山 깊은 곳의

66 위의 책, p.550上.
67 『大智度論』(大正藏 25, p.756上).
68 『維摩詰所說經』(大正藏 14, p.538上).

불탑에서 한 노비구로부터 마하연경을 받았고, 대룡보살大龍菩薩이 용수를 용궁으로 데리고 들어가 7보장寶藏을 열고 7보함을 편 후 심오한 방등 경전의 무상묘법無上妙法을 용수에게 주었다고 한다.[69] 『금강정경대유가비밀심지법문의결金剛頂經大瑜伽秘密心地法門義決』에 의하면 용수보살은 남인도에서 백개자白芥子 일곱 알을 철탑 문에 던져 철탑을 열고 『금강정경』을 얻었다고 한다.[70]

이 외에도 이러한 류의 내용을 전하고 있는 기록들은 많지만, 이상 몇 가지 인용문으로도 충분하다고 본다. 이제 이들 내용을 종합하면 대략 다음과 같은 결론을 얻을 수 있을 것이다.

대승경전은 부처님 당시에 부처님에 의해서 직접 설해졌다. 그러나 그 뜻이 심오하여 대부분의 제자들은 거의 외면하였으며 설혹 그것을 듣는 제자가 있더라도 그는 그의 이해능력이 허락하는 만큼만 그 뜻을 파악할 뿐이었다. 부처님께서 살아 있을 때의 사정이 이러하였으니 입멸入滅 후에야 더 말할 필요가 있겠는가. 그리하여 대승경전은 극히 한정된 일부 제자들에 의해 전승될 수밖에 없었고 마침내는 오랜 시간 동안 용궁과 철탑 등에 사장되어 있었다. 그러다가 대승의 심오한 이치를 이해할 수 있는 능력을 지닌 용수에 의해 다시 빛을 보게 되었다는 것이다.

그러나 부처님의 말씀은 수백 년 동안 문자로 기록되지 않았다. 그리고 『증일아함』은 아함경 가운데서 그 성립이 가장 늦고 경의 구성도 매우 작위적이며, 특히 「서품」은 그 구성이나 서술방식, 그리고 내용에 있어서 일반 대승경전과 거의 흡사한 점 등으로 미루어 보아 아무래도 대승인

---

69 『龍樹菩薩傳』(大正藏 50, pp.185下~186上).

70 『金剛頂經大瑜伽秘密心地法門義決』(大正藏 39, p.808上中).

들이 경의 편찬에 관여한 것으로 판단된다. 그리고 『대지도론』이나 『유마경』의 내용은 대승인들이 자신들의 입지를 강화하기 위해 생각해 낸 이야기라고 본다. 더욱이 『대지도론』에서는 "부처님은 일신一身에 한해 설하지 않는다. 부처님은 무량세無量世 중에 무수한 몸으로 화현하여 설한다. 그러므로 그 가르침이 무량하다"[71]고 한다든가, 또는 "불법은 불구佛口로 설한 것만이 아니다. 일체 세간의 진실한 선어善語가 모두 불법이다. 따라서 미묘한 좋은 말은 모두 불법 가운데서 나온다"[72]고 하고 있으며, 마하연경은 ①불佛, ②화불化佛, ③대보살大菩薩, ④성문聲聞, ⑤득도한 제천諸天 등에 의해 설해진다고도 하고 있다.[73] 이러한 내용은 결국 앞에서 살펴본 내용과는 달리 대승경전이 석존의 직접적인 교설이 아닐 수도 있음을 스스로 시사해 주고 있다 할 것이다.

아무튼 이상의 문헌에 의거해서 대승경전이 불타의 역사적 진설眞說이라고 판단하는 것은 무리라고 본다. 다음으로 『현양성교론顯揚聖敎論』, 『대승장엄경론大乘莊嚴經論』, 『성유식론成唯識論』 등의 문헌에서는 각각 10가지, 8가지, 7가지의 이유를 들어 대승이 불설임을 더 적극적으로 주장하고 있다. 이 중 『성유식론』과 『대승장엄경론』의 설명을 종합하여[74] 여덟 가지로 정리해 보면 다음과 같다.

---

71 『大智度論』(大正藏 25, p.756中).

72 위의 책, p.66中.

73 위의 책, p.394中 ; 『分別功德論』(大正藏 25, p.32中)에서도 "雜藏은 一人만의 說이 아니다"고 말하고 있다.

74 大正藏 43, p.352中. 『成唯識論』에서는 『大乘莊嚴經論』의 내용을 인용하여 설명하였다. 『成唯識論述記』 권제4本에 의하면, 『장엄론』의 頌文은 彌勒(Maitreya)의 說인데(이것을 Asanga가 전해 받아 세상에 알린 것임) 長行의 주석은 Vasubandhu가(형 Asanga의 가르침을 받아) 저술한 것이다. 漢譯 『장엄론』에는 8因이 나오지만 원래 梵本에는 7因으로 되어 있어(『성유식론』의 제5有無有因을 둘로 나누었음) 『성유식

(1) 불기不記: 만일 대승이 불설이 아니고 여래의 입멸 후에 어떤 사람이 부처님의 정법을 파괴할 목적으로 위작한 것이라면, 여래는 이와 같은 비법非法이 장차 일어날 것이라고 예언했을 것이다. 그러나 이 같은 예언이 없었으므로 대승은 후인後人의 저작이 아니라 부처님의 진설이다.

(2) 동행同行: 소승·대승의 두 가르침은 예전부터 병행해 왔으니 어느 것이 먼저고 어느 것이 뒤라고 할 수 없다. 그렇다면 소승만을 불설이라 하고 대승을 비불설이라고 할 이유가 없다.

(3) 불행不行: 대승은 매우 깊고 넓은 법문이므로 외도들이 사량분별할 수 없다. 그러므로 그들의 경 가운데는 일찍이 설해져 있지 않았고 그래서 이 법을 행할 수도 없었지만, 그 때문에 대승을 비불설이라고는 할 수 없다. 설혹 그들을 위해 설했다 하더라도 그들은 역시 신수信受하지 않았을 것이다.

(4) 성취成就: 만약 대승이 석가모니불의 설이 아니고 깨달음을 이룬 다른 분(『유식술기唯識述記』에서는 가섭불이라 해석)의 설이라고 하더라도 대승이 곧 불설이라는 말은 합당하다. 왜냐하면 석가모니불 말고도 깨친 분이 있다면, 그는 곧 부처님이기 때문에 대승은 결국 불설이라고 할 수 있는 것이다.

(5) 체體: 만약 대승이 보리를 이룬 다른 분의 설로서 거기에 대승의 체가 있다면, 석가모니 부처님에게도 역시 대승의 체가 없다고 할 수 없다. 왜냐하면 대승의 체는 오직 하나일 것이기 때문이다.

(6) 비체非體: 만일 석가모니 부처님에게 대승의 체가 없었다고 한다면, 성문승에게도 역시 체가 없다고 해야 한다. 성문승은 불설이기 때문에 체가 있고 대승은 불설이 아니기 때문에 체가 없다고 한다면 그것은 큰 잘못이다. 왜냐하면 만약 대승(즉 불승佛乘)이 없었다면 결코 성불할 수 없으며, 성불할 수 없다면 성문승을 설할 수도 없기 때문이다. 그러므로 석가모니 부처님에게도 대승의 체가 있으며 따라서 대승은 불설이라는

---

론』에서는 범본에 따라 7因으로 축약한 것이라 함.

이치도 성립되는 것이다.

(7) 능치能治: 대승의 법에 의해 수행하면 무분별지無分別智를 얻어 능히 모든 번뇌를 깨뜨릴 수가 있다. 이처럼 공덕이 큰 법문은 부처님의 직설이 아니면 안 된다.

(8) 문이文異: 대승은 매우 깊은 법문이기 때문에 문자만으로는 그 진실한 의미를 파악할 수 없다. 대승경의 내용이 조금 다르더라도 그 때문에 그것을 비불설이라고 단정해서는 안 된다.

이를 분석해 보건대 ① 불기와 ② 동행과 ③ 불행의 내용은 대승이 역사적으로 볼 때에도 붓다의 진설임에 틀림없다는 점을 논증하고 있는 것으로 여겨진다. 하지만 ① 불기의 내용은 설득력이 결여되어 있고, 불교를 일종의 '역사결정론'으로 바라보려는 시각은 하나의 문제점으로 지적할 수 있다. ② 동행의 이유는 논증이라기보다는 신념의 표현이라고 하는 것이 더 좋을 것이다. ③ 불행의 논리는 앞에서 인용한 『유마경』이나 『대지도론』에서의 논리와 거의 동일하지만, 이것 역시 논증이라고는 할 수 없을 것이다. ④ 성취, ⑤ 체, ⑥ 비체, ⑦ 능치, ⑧ 문이의 내용은 사상적인 입장에서 대승이 불설임을 논증하고 있는 것으로 보인다. ⑧의 이유를 제외한 나머지 넷은 그 자체로서 설득력을 지니고 있다 할 것이다.

그런데 이 여덟 가지의 논증은 무착無著·세친世親 시대에 유행하던 '대승비불설론'의 내용을 반영하고 있다는 주장이 이등伊藤에 의해 제기된 바 있다. 즉,

(1) 대승경전은 불멸佛滅 후에 어떤 사람(餘師)이 정법正法을 파괴하기 위해 위작僞作한 것이다(위의 8인 중 제1인, 제2인에 비추어 추정).

(2) 대승교가 불설이라면 외도나 소승인들도 이것을 믿고 이것을 행했을

것이다. 그런데 이들이 쓴 문헌 속에는 전혀 대승에 대한 언급이 없기 때문에 대승은 불설이 아니다(제3인에 비추어 추정).

(3) 대승교는 과거불(迦葉佛)의 설이고 석가불의 설은 아니다. 석가불은 다만 성문승聲聞乘만을 설했기 때문이다(제4인에 비추어 추정).

(4) 전불前佛의 대승교는 공능功能이 있었지만, 석가불은 대승을 설하지 않았다. 따라서 대승교는 실행할 수 없는 것이다(제5, 제6, 제7, 제8인에 비추어 추정).

이등伊藤은 이 네 가지의 대승비불설론을 파척하기 위해서, 8가지의 이유를 들어 논박한 것이 무착과 세친이 함께 지은 『대승장엄경론』이라고 말하고 있다.[75] 이러한 추정은 충분히 가능하다고 여겨지며, 대승장엄경론의 8인이 이 네 가지의 대승비불설론을 논파하는 내용이라고 생각하고 8인의 내용을 이해하면 그 의미와 의의가 훨씬 분명해지리라 본다.

무착보살은 또한 『현양성교론』에서 대승이 불설인 10가지 이유를 밝히고 있는데,[76] 『대승장엄경론』의 8인과 약간의 차이는 있지만 대의는 동일하다. 그리고 역시 『대승장엄경론』에서 무착과 세친은 성문승과 대승의 '오종상위五種相違'에 대해 설하고 있는데 소승에 대한 대승의 우월성을 설명하고 있는 이 내용도 결국은 대승이 불설임을 밝히고자 한 것이다. 오종상위란 ① 발심이發心異, ② 교수이敎授異, ③ 방편이方便異, ④ 주지이住持異, ⑤ 시절이時節異이다. 발심하거나 가르치거나 수행 정진할(방편) 때 성문승은 자신의 열반의 성취를 목표로 삼지만 대승은 이타를 목표로 하는 것이 세 가지 차이이고, 세상에 머물면서 닦아 지니는 복덕과 지혜가(주지) 성문승은 작은데 대승은 큰 것이 네 번째

---

75 伊藤義賢, 앞의 책, pp.146~148.

76 『顯揚聖敎論』(大正藏 31, p.581中).

차이이며, 성문승은 삼생에 걸쳐 해탈을 성취하는데 대승은 삼대아승지 겁三大阿僧祇劫을 지나서야 해탈을 성취하는 것이 다섯 번째 시절의 차이이다.[77]

이 내용들을 종합해 보건대, 이 대승불설론들은 역사적인 입장에서 또는 사상적인 입장에서 대승이 불설임을 논증하고 있는바, 사상적인 입장에서의 불설 논증은 어느 정도 성공적이라고 생각되지만 역사적인 입장에서의 불설 논증은 설득력이 없는 것으로 평가된다. 다음에는 근래 몇몇 학자들에 의해 제시된 대승불설론의 내용을 검토해보기로 한다. 먼저 전전혜운前田慧雲의 경우를 살펴본다. 전전前田은 자신의 주장을 반드시 문헌에 입각해서 펴고 있는데 여기서 그 모든 내용을 언급할 수는 없고 그중 몇 가지만 소개해 보기로 한다.

⑴부처님의 설법은 의미의 함축성이 참으로 컸으므로 듣는 자의 이해력에 따라 각각 달리 이해하게 되었고 그것은 결과적으로 불설 속에 심천고하深淺高下의 차별을 야기시켰다. 따라서 대大·소小·권權·실實 등 갖가지 법문은 불멸후에 분파된 것이 아니고 불재세시에 이미 그 싹이 배태되고 있었다. 그리하여 제1회 결집 때부터 대승도 당연히 포함되었다.[78]
⑵부처님 재세시의 인도사상계에는 이미 대승불교사상과 유사한 사상들이 발달하여 있었으니, 예를 들면 명성冥性과 신아神我를 설하는 수론數論 (Samkhya)은 『기신론起信論』 등에 나타나는 진여연기론眞如緣起論과 흡사하였다. 붓다가 처음 사사하였던 알라라 칼라마는 바로 이 수론數論 외도外道였던바, 붓다는 일찍부터 그의 영향으로 대승적 세계관을 지니고 있었다.[79]

77 『大乘莊嚴經論』(大正藏 31, p.591中下).

78 前田慧雲, 앞의 책, pp.6~7.

79 위의 책, pp.322~326.

(3)『증일아함경』은 본래 소승경전임에도 불구하고 그 가운데에 대승 결집의 내용이 기록되어 있는바, 그것은 가장 믿을 만한 가치 있는 자료로서 대승이 붓다의 진설임을 입증해 주고 있다.[80]

첫 번째 내용은 『유마경』의 내용과 유사한 것으로 충분한 설득력이 있다고 여겨지지만, 그의 주장처럼 부처님 당시에는 그 싹이 배태되고 있었을 뿐 그때부터 대승과 소승으로 분화되었다고 보는 것은 무리라고 본다. 두 번째의 주장에도 많은 문제성이 내포되어 있는데, 수론의 사상에 대한 피상적 이해에 연유한 것이리라. 세 번째 문제에 대해서는 이미 앞에서 언급한대로다. 전전은 어떤 문헌과 자료의 내용을 너무 무비판적으로 받아들이는 경향이 있는 것 같다. 문헌에 대한 합리적이고 과학적인 해석을 소홀히 함으로써 온당하지 못한 결론을 이끌어내고 있다고 보인다.

또한 추미변광椎尾辨匡은 그의 한 저술에서 10가지 이유를 들어 대승경전이 불설임을 주장하고 있는데 그 내용이 대부분 추상적이어서 설득력이 부족하다.[81]

김동화 박사는 "대승이 불설이라고 이와 같이 주장하는 것은 일종의 추리론에 불과한 것이요 결코 사실에 근거한 과학적 증명은 되지 못한다"[82]고 하여 역사적으로 볼 때 대승은 비불설임을 분명히 하였으나, 한편으로는 "대승불교는 비불교가 아니라 원시불교에의 환원이요, 석가모니의 산 종교 즉 인간종교에의 복귀이다"[83]고 하여 사상적으로는 대승

---

80 위의 책, p.15.

81 椎尾辨匡, 『佛敎經典槪說』(東京 : 三康文化硏究所, 1971), pp.74~79.

82 金東華, 『大乘佛敎思想』(宣文出版社, 1983), p.13.

83 위의 책, p.20.

이 불설임을 천명하였다.

그리고 대승불교 사상이 근본적으로 원시경전의 가르침으로부터 비롯되고 있음을 몇 가지 예를 통해 밝히고 있다. 이를테면 (1)공사상空思想, (2)지혜설智慧說, (3)유심설唯心說, (4)불성설佛性說, (5)불신상주사상佛身常住思想, (6)제연기설諸緣起說, (7)제중도설諸中道說, (8)보살설菩薩說, (9)열반설涅槃說, (10)화합정신和合精神 등 주요 대승사상의 원시불교적 연원을 구체적인 예문이나 교리내용을 통해 밝히고 있는 것이다.[84]

성철性徹스님도 김동화 박사와 마찬가지로 대승경전은 역사적으로 비불설이지만 사상적으로는 불설임을 다음과 같이 밝히고 있다.

예를 들면 『법화경』이나 『화엄경』의 범본梵本을 언어학적, 문법학적으로 연구한 결과 이 경전들이 부처님 당시에 성립된 것이 아니라 부처님 입멸入滅 후 5~6세기 뒤에 만들어졌다는 것을 알게 되었습니다. …… 많은 학자들이 경전 연구를 거듭한 결과 '대승경전은 부처님이 친히 설하신 경전은 아니다' 고 하는 확증이 서게 되었습니다. …… 부처님의 근본불교가 중도사상中道思想에 있다는 것이 판명된 뒤에는 대승비불설은 학계에서 사라져 버렸습니다. …… 이와 같이 대승경전은 시대적으로 봐서는 혹 부처님과 5~6백년의 차이가 있다 하여도 사상적으로 봐서는 부처님 근본사상을 정통적으로 계승한 것이 확실하게 드러나는 것입니다. 그러니 소승불교는 정통이 아니며 대승불교가 정통인 것입니다.[85]

성철스님은 대승경전이 비록 부처님의 친설은 아니지만 불교의 가장 중요한 교리이자 불교만의 독특한 진리인 '중도사상'을 잘 계승하고

84 위의 책, pp.18~28.
85 退翁 性徹, 『百日法門』上(장경각, 1995), pp.64~70.

있다는 점에서 결국 불설임을 주창하고 있는 것이다.

이와 같이 많은 불교학자들이 대승경전과 원시경전의 사상적 연관성에 근거하여 대승불설론을 주창하고 있는데, 이러한 연관성에 관한 연구는 원래 일본의 자기정치姉崎正治로부터 시작된다. 자기姉崎는 그의 『근본불교根本佛敎』에서 『반야경』의 공관空觀은 원시불교의 수보리須菩提의 공관을 계승한 것이고, 『법화경』의 제법실상諸法實相·개시오입開示悟入의 사상은 근본불교의 법사상法思想 또는 석존의 인격에서 연유하였으며 아미타불이나 미륵신앙은 석존의 인격과 법사상 또는 근본불교의 생천生天 사상에서 비롯된 것으로 보았다고 한다.[86]

그러나 대승경전이 아무리 근본불교의 교리를 충실히 이어받고, 붓다의 참 정신을 잘 되살려내고 있다 하더라도 그것이 석존의 친설이 아닌 한, 일반적인 종교심리나 대중적 신앙정서상으로는 뭔가 허전한 점이 남아있을 수밖에 없을 것이다. 석존과 대승경전의 성립 사이에 상당한 시간적 간격을 인정하면서도 이러한 정서적 문제점을 해결해 줄 수 있는 길은 없는 것일까. 이러한 길은 증원양언增原良彦의 주장 속에서 발견될 수 있을지도 모르겠다.

증원增原은 Saṃyutta-Nikāya 제21장 제3절의 경을[87] 인용하면서 부처님 당시부터 천안天眼과 천이天耳를 얻은 제자와 석존 사이에는 '텔레파시에 의한 법담法談'을 나누는 전통이 확립되어 있었음을 말한다. 그리고 석존의 입멸 후에도 충실한 제자들은 우주에 편재한 석존의 존재를 역력히 느끼면서 석존과 법담을 나누고 법열法悅에 빠져들기도 했다고

---

86 水野弘元, 『經典-その成立と展開』(東京: 佼成出版社, 1990), pp.47~48.

87 Saṃyutta-Nikāya, Vol.Ⅱ. pp.275~277. 이 경은 Ghaṭo(the jar)라는 제목의 경임. 이 경에는 목련존자가 아주 먼 곳에 떨어져 있는 부처님과(天眼通과 天耳通의 힘으로) 경건한 대화를 나누는 장면이 나온다.

한다. 이들은 대개 산속에서 수행하는 산림수행자山林修行者들이었는데 이들은 소승불교를 신봉하는 출가자들이 후에 산속으로 들어가 은거한 경우와 불탑신앙자가 산속으로 들어간 경우의 두 계통이 있었다고 한다.[88] 그는 계속해서 다음과 같이 주장한다.

광활한 인도의 곳곳에서 산림수행자들이 연이어서 석가모니불의 설법을 듣기 시작했다. …… 그들은 명상체험을 통해 직접 부처님을 보고 부처님으로부터 직접 법문을 들었다. 대승불교는 이렇게 해서 시작되었던 것이다.[89]

여기에서 언급하고 있는 '산림수행자'에 관한 내용은 불교학계에서는 아직 잘 알려져 있지 않은 것으로 알고 있다. 산간보살山間菩薩의 존재는 알려져 있지만, 산림수행자와 산간보살의 관계에 대해서는 지금으로서는 알 수가 없다. 증원增原이 위의 내용을 개인적인 상상력을 발휘해서 쓴 것 같지는 않지만, 어떤 문헌에 의거한 것인지를 밝히지 않고 있어서 아쉽다. 만일 산림수행자의 존재가 사실이라면, 이들과 대승불교운동을 이끈 법사(dharmabhāṇaka)들과의 구체적인 관계에 대해서도 앞으로 연구가 이루어져야 할 것이다. 이것과는 다르지만 이러한 류의 주장은 망월신형望月信亨에 의해서도 조심스럽게 제기된 바 있다. 망월望月은 경전이 모두 불설의 형식으로 기술되어 있는 것은, 최초의 가르침에 권위를 부여하기 위해서 취한 형식을 그 후에도 답습한데서 연유하였거나, 아니면 반주삼매般舟三昧 등에 들어가 견불문법見佛聞法하고 그것을 그대로 기술한 것에서 기인하는지도 모른다고 말하고 있다.[90]

---

88 ひろさちや 著, 『大いなる教え興る : 大乘佛教の成立』(東京 : 春秋社, 1987), pp.57~62.

89 위의 책, pp.72~74.

이것은 대승경전의 서두에 나오는 '여시아문如是我聞'의 해석에 관한 것으로서, 그는 그것이 과거의 전통을 따른 것이거나 아니면 대승경전이 어떤 종교적 영감이나 체험에서 비롯되었음을 암시하는 것으로 해석할 수도 있다고 한 것이다. 이와 유사한 내용은 샨티데바Śāntideva가 그의 『대승집보살학론(Śikṣāsamuccaya)』에서 인용한 한 경의 내용 가운데서도 찾아볼 수 있다.

영감에 의한 말은 네 가지 요소를 통해서 붓다들의 말이 된다.[91]

우리는 여기서 우선 '영감에 의한 말'에 주의할 필요가 있다. 이것은 범어 pratibhāna를 번역한 것으로 영어로는 보통 inspired utterance, 또는 inspired speech의 의미이다. 어떤 종교적 체험이나 감응에 의해 유발되는 말이라는 의미이다. 이것은 불교 속에도 이러한 전통이 없지 않았다는 것을 말해준다고 볼 수 있으며, 따라서 대승경전도 바로 이 pratibhāna를 통해 성립되었을 가능성이 있다고 할 수도 있음을 주장하고 있는 것이다.

이상의 내용들은 종교적 체험과 관련된 것으로서 그 가능성은 배제하지 않지만, 반드시 이러한 전제 하에서만 대승경전의 권위를 인정하려는 것은 올바른 태도라고 할 수 없다. 그러한 태도는 근본적으로 주체적 깨달음의 종교인 불교를 자칫 신비주의적인 종교 또는 계시적 종교로 왜곡시킬 위험성이 크기 때문이다.

---

90 望月信亨, 앞의 책, p.序5.

91 Paul Williams, *Mahāyāna Buddhism－the Doctrinal Foundation*(London: Routledge, 1989), p.31에서 재인용. "Through four factors is an inspired utterance〔pratibhana〕the word of the Buddhas."

## 3) 잠정적 소결

지금까지 논의해 온 과정에서도 대승불설·비불설론에 관한 필자의 관점이 어느 정도 드러났으리라고 생각되지만 이제 그 입장을 조금 더 분명하게 밝혀 두고자 한다.

앞에서 살핀 것처럼 촌상전정村上專精, 김동화, 그리고 성철 등은 대승경전을 역사적으로는 분명한 비불설로 보면서도 사상적으로는 철저한 불설로 보고 있다. 필자 또한 당분간은 이러한 절충적 입장에 서고자 한다.

사실 우리나라와 일본의 불교계에서도 이러한 절충적 관점이 거의 정설로 자리잡아가고 있는 실정이다. 그럼에도 불구하고 서언에서 말한 것처럼 많은 불교인들이 아직 상당한 혼란을 겪고 있고 일부 불교지도자들이 간혹 신도들을 오도하고 있는 것도 사실이다. 이러한 상황에서는 조금 더 구체적이고 적극적인 대승불설의 논증이 이루어지고 논리가 개발되어, 모든 불교인들이 올바른 대승경전관을 바탕으로 안정되고 정상적인 신행생활을 계속해 갈 수 있도록 해야 한다. 대승불설의 논증은 물론 '원시경전과 대승경전의 사상적 연관성에 대한 면밀한 검토' 작업을 중심으로 이루어져야 한다. 그러나 이에 앞서 반드시 선행되어야 할, 참으로 중요하고 기초적인 작업이 있다. 그것은 첫째, '대승불교가 일어날 수밖에 없었던 배경과 동기'에 대해 다각적으로 분석하고 검토하는 작업이고 둘째, '불교란 무엇인가'라는 근본적인 물음을 통해 불교 또는 불교사상의 본질을 규명해 보고 이에 입각해서 불설과 비불설의 기준을 새롭게 마련하는 일일 것이다. 이러한 견지에서 여기에서는 대승불설 논증의 기초작업으로서 우선 이 두 가지 사항에 대해 조금 살펴보기로 한다.

먼저 첫 번째 문제부터 살펴보기로 하자. 대승경전이 붓다의 직설이냐 아니냐 하는 문제에만 너무 매달리는 것은 바람직하지 못하다. 왜냐하면 그러다 보면 실제로 더욱 중요한 문제를 비켜가거나 놓쳐버리기 십상이기 때문이다. 대승불교에 관한 문제에 있어서 실제로 가장 중요한 점은 '불설이냐 비불설이냐' 하는 문제보다도 '대승불교는 왜 일어났느냐' 하는 문제일 것이다. 모든 것은 흐르고 변한다. 시간과 장소, 그리고 사람이 변하므로 교단도 변한다. 그러는 과정에서 본래의 색깔이 퇴색하고 원래의 반듯한 형태가 뒤틀리고 최초의 맛이 변질되기도 한다. 그래서 개혁은 불가피해진다. 여기서 중요한 것은 개혁 그 자체가 아니라 개혁의 정당성 문제이다.[92] 그렇다면 역사적으로 최대의 불교개혁운동이라 할 대승불교운동은 과연 정당한 것이었을까. 정당한 것이었다면 그 운동의 이념적 바탕이 된 대승경전도 '붓다의 직설이냐 아니냐'에 관계없이 충분한 권위를 인정받게 될 것이고, 정당하지 못했다면 대승경전 역시 권위를 인정받기 힘들 것이다. 그렇기 때문에 '대승불교 흥기의 배경'에 대한 깊이 있는 이해는 실로 중요한 것이다.

필자는 일단 대승불교운동의 동기와 의도를 매우 정당하고 순수한 것으로 생각한다. 앞에서 이미 살펴보았듯이 대승불교가 일어날 무렵의 부파불교인들은, 일부는 완전히 출가자의 본분을 망각한 채 막행막식하고, 일부는 권위주의에 빠져 불교를 사원과 출가자의 전유물로 만들어가고 있었다. 또 다른 부류는 형식적인 계율 조항의 이면과 경전 언어 너머에 도도히 흐르는 생동하는 정신과 참다운 의미를 잃어버리고 타율적 형식주의와 현학적 아비달마에 빠져 자기완성과 세간 구제의 종교기능을 상실하고 있었다. 거기에다가 사회는 참으로 불안하고 혼란하였으

---

92 Paul Williams, *ibid.*, p.32.

니, 그러한 총체적 위기의 상황에서 '붓다의 참 정신'을 회복하여 개인적 안심입명安心立命과 세간 구제를 (보살의 실천적 이념을 통해) 실현하고자 했던 것이다.[93]

그러기 위해서는 시간적 격차와 왜곡된 아비달마적 해석의 영향으로 중생을 바르게 이끌고 깊이 깨우치기에는 이미 너무도 무력해지고, 무용지물이 되다시피 한 원시경전에 새로운 시대적 생명력을 불어넣는 작업이야말로 그 무엇보다도 중요한 급선무였을 것이다. 그리하여 본래가 성전 암송가로서 원시경전의 내용을 해박하게 꿰고 있었고 찬불승讚佛乘(불전문학)을 발전시켜 오기도 한 법사(다르마바나카)들과 학자들, 그리고 수행자들이 자신들의 종교적 체험에 근거하여 내용적으로는 원시경전의 근본사상을 계승하면서도 구성과 형식, 문체와 체제를 달리하는 새로운 대승 경전을 편찬하였을 것이다. 원래 경의 원어인 Sūtra는 동사 siv 또는 sīv(꿰매다의 의미)에서 파생된 말로 실, 끈, 줄 등을 뜻하는 단어이다. 따라서 위로는 진리와 성현의 말씀을 꿰고(貫穿) 아래로는 중생(의 고통과 미망)을 거둔다는(攝持) 것이 경의 근본 기능이요 존재이유인 것이다.[94] 부처님이 자신의 가르침을 상류층의 언어인 Veda어가 아니라 각 지방의 민중어로 전하게 한 것도 이러한 이유에서일 것이다. 이러한 경의 의의를 생각해볼 때, 새로운 경전을 편찬하여 그것으로 당시의 대중들을 섭지攝持하려고 한 대승인들의 의도와 노력은 참으로 숭고한 것이었지, 결코 잘못된 것이 아니었다. 아무튼 대승불교의 흥기 배경 문제에 대해서는 앞으로 더 많은 연구가 있어야 할 것이다. 그리하여 대승불교가 일어날 수밖에 없었던 상황에 대한 이해가 깊어지면 깊어질

93 木村泰賢, 『大乘佛敎思想論』(東京 : 大法輪閣, 1982), pp.201~217.
94 『佛學大辭典』(台灣: 佛光出版社), pp.2421下~2423上.

수록, '대승이 붓다의 직설이냐 아니냐' 하는 문제를 떠나서 대승경전에
대한 신뢰와 존경이 깊어질 것이다.

　다음으로, 불교사상의 본질 문제에 대해서 살펴보기로 하자. 붓다
(Buddha)는 그 어의가 말해주듯 진리를 만들거나 창조한 자가 아니라
붓다의 출현 여부에 관계없이 법계에 상주하는 보편적 진리를 깨달은
자이다. 그렇기 때문에 불교적으로 볼 때 어떤 점에서는 붓다보다도
진리(dharma)가 더 상위개념이라고 할 수 있다. 대승불교에서 법신불을
최상위개념으로 삼고 있는 것을 보면 잘 알 수 있을 것이다. 따라서
불교는 권위주의나 교조주의와는 거리가 멀다. 부처님은 스스로도 법에
의지하고 법을 공경하며 산다고 하였고 자신의 간략한 가르침에 자세한
설명을 덧붙인 제자 아난을 칭찬하기도 하고,[95] 60명의 제자들에게 그들
이 각기 혼자서 직접 전법의 길을 떠나도록 선언하기도 하며, "박칼리
(Vakkali)여, 나의 이 노쇠한 육신을 본들 무슨 소용이 있겠느냐. 너는
이렇게 알아야 하느니라. 법을 보는 자는 곧 여래를 보고, 여래를 보는
자는 곧 법을 본다고."[96]라는 가르침을 설하기도 한다. 더 나아가,

　나의 제자들은 심지어는 여래如來까지도 잘 관찰하여, 여래가 참으로 완전
한 깨달음을 성취했는지, 그러지 못했는지 살펴보아야 한다.[97]

고까지 말하고 있는 것이다. 『아함경』에 자주 나오는 '자등명自燈明
법등명法燈明 자귀의自歸依 법귀의法歸依'라든가 『무문관無門關』제1칙
의 내용 중에 나오는 '봉불살불逢佛殺佛 봉조살조逢祖殺祖'[98] 또는 『금강

---

95 『中阿含』, 「阿夷那經」(大正藏 1, p.735中).

96 *Saṃyutta Nikāya*, XXⅡ, 87.

97 *Middle Length Sayings* I, p.379.

경』의 '약이색견아若以色見我 이음성구아以音聲求我 시인행사도是人行邪
道 불능견여래不能見如來' 등의 내용도 그 취지는 거의 동일하다고 본다.
붓다는 자신의 언어를 통해서 제자들로 하여금 법(진리)을 자각케 하려고
했을 뿐이지 자신의 말을 절대시하지는 않았다.

그래서 자신의 가르침을 뗏목에 비유하기도 한 것이다.[99] 불교인들이
대장경 속에 부처님의 말씀뿐만이 아니라 제자들의 저술까지도, 다시
말해서 경經·율律·논論 삼장三藏을 모두 함께 포함시키고 있는 것은
바로 이러한 불교의 근본정신에 입각한 것이라고 할 수 있다.

한마디로 불교는 붓다보다도 진리 그 자체를 지향하는 종교라고 할
수 있다. 따라서 이러한 불교의 근본 입장에서 생각해 볼 때, 경전의
권위는 '붓다의 직설이냐 아니냐'가 아니라 '그 내용이 진리냐 아니냐'를
기준으로 해서 판단하는 것이 원칙이다. 그러므로 대승 『열반경』에서는
"사람과 말과 식識과 불요의경不了義經에 의지하지 말고, 법과 뜻(義)과
지혜와 요의경了義經에 의지하라"고 하고 있는 것이다. 이러한 입장에서
본다면 경전의 권위 문제를 '붓다의 직설이냐 아니냐' 하는 것만을 기준으
로 하여 논하는 것 자체가 이미 비불교적 발상이라고 해야 할 것이다.
다시 말해서 대승 경전이 설혹 붓다의 직설이 아니라 할지라도 '불교사상
의 본질'이라는 관점에서 볼 때 그것이 진리성만 지니고 있다면 얼마든지
불설이라 할 수가 있는 것이다(선설불설善說佛說). 더구나 진실한 불교
전통을 계승하려고 한 다르마바나카와 같은 사람들에 의해서 대승경전
이 편찬되었다고 한다면 대승경전의 가치와 권위에 대해서는 더 이상의
의혹을 품지 않아도 될 것이라고 본다.

---

98 『無門關』(大正藏 48, p.293上).

99 『增一阿含』(大正藏 2, pp.759下~760中).

이러한 이유에서도 필자는, 이제 어느 정도 그 윤곽이 밝혀진 경전성립사의 내용에 따라 역사적으로는 대승경전이 석존의 친설親説이 아님을 인정하면서도, 사상적으로는 오히려 대승경전이야말로 석존의 본회本懷와 참 정신을 창조적으로 계승하고 있는 진정한 불설로서 받아들이고자 하는 것이다.

## 나오는 말

본 연구는 어디까지나 시론적試論的 성격을 띤 하나의 기초작업이라고 생각한다. 따라서 우리나라에서도 이 문제에 대해 앞으로 더욱 광범위하고 본격적인 연구가 이루어져야 할 것으로 본다. 본 연구의 미비한 점을 보완하여 더욱 확고한 대승경전관을 정립하기 위해서는 다음과 같은 몇 가지 연구과제들이 남아 있음을 밝혀두고자 한다.

첫째, 대승불교가 일어날 수밖에 없었던 교단 안팎의 상황과 대승경전의 성립과정이 더욱 구체적으로 밝혀져야 한다.

둘째, 불교의 제 문헌에 대한 올바른 취급과 해석을 위해 문헌비평 작업이 반드시 선행되어야 하고 이를 위해 다방면의 학문적 접근이 이루어져야 한다.

셋째, 원시경전과 대승경전의 중심사상 및 다양한 내용들을 더욱 면밀하게 비교 검토해야 한다.

넷째, 근래 일본에서 제기된 대승불설·비불설론의 내용에 대한 조금 더 포괄적이고 상세한 검토가 있어야 한다.

다섯째, 우리나라에서도 대승불설·비불설론의 대립이 있었는지, 있었다면 그 양상은 어떠했는지도 여러 문헌에 의거하여 살펴보면 좋을 것이다.

# II. 대승『열반경』에 나타난 일천제 성불론

무상·고·무아의 사상은 불교 교리의 기본 체계를 이루고 있다. 그러나 이러한 사상은 어디까지나 현실 인식의 불교적 기본 입장에 지나지 않으며 무상·고·무아의 사상 속에 석존의 모든 교법과 진실한 메시지가 담겨있다고 볼 수는 없을 것이다. 더구나 동서고금을 통한 모든 종교가 그렇듯이 인류의 구제, 나아가서 중생의 구제를 그 구경의 목표로 삼고 있는 불교가 무상·고·무아의 원리로써 구제의 방법론을 삼을 수는 없을 것이다.

그러므로 대승『열반경』에서는 이른바 '일체중생실유불성一切衆生悉有佛性'의 가르침이 설해지고 있는 것이다.

모든 중생이 불성을 갖고 있다는 것은, 우리들은 누구나 궁극적 진리의 체득자이며 해탈과 열반의 성취자인 붓다Buddha가 될 수 있다는 말이다. 여기에 비로소 "모든 인간은 붓다가 됨으로써 구제될 수 있다"고 하는 적극적이고도 긍정적인 불교의 독특한 구제관이 성립되는 것이다.

그러나 이러한 '일체중생실유불성'의 사상에도 불구하고 도저히 성불할 수 없는 자도 있다는 주장이 있었던 것이니, 일천제(一闡提, icchantika)

사상의 대두가 그 기본적인 것이라 할 수 있다. 모든 중생이 불성이 있어서 성불할 수 있는데 오직 일천제만은 불성이 없으므로 성불할 수 없다고 하는 사상은 인도에서뿐 아니라 중국에까지 전해져 일반화되어 있었다. 그러한 가운데서도 구마라집鳩摩羅什의 문하생인 축도생竺道生은 6권본『대반니원경大般泥洹經』을 근거로 하여 일천제 성불론은 주창하였던 바 처음에는 불교인들로부터 신랄한 비난과 배척을 받았다. 그 후 40권본『열반경』이 담무참曇無讖에 의해서 한역되고 그 내용 가운데 일천제 성불의 논지가 발견되자 세인들은 도생의 탁월한 견해에 탄복하였다고 한다. 그러나 일천제의 불성 문제는 쉽게 해결이 나지 않고 그 이후로도 계속하여 논쟁의 대상이 되었다.

그렇다면 과연 일천제란 어떠한 무리를 가리키는 것이며 일천제는 어떠한 배경과 사정에서 연원된 것일까? 일천제는 과연 성불할 수 있는 것일까? 성불할 수 있다면 어떤 근거에서일까? 그리고 일천제 문제가 제불교사상과 불교사 속에서 어떤 의의를 갖는 것일까? 등등의 많은 문제가 야기된다.

이러한 문제점들을 해결하기 위해서 본고에서는 우선 대승『열반경』을 중심으로 하여 일천제의 개념과 불성의 유·무문제, 그리고 일천제의 성불론에 대해서 논구하기로 한다. 대승『열반경』중에서도 담무참이 한역한 40권본『열반경』을 기본 자료로 하고, 혜엄慧嚴 등이 개편改編한 36권본『열반경』과 법현法顯이 한역한 6권본『니원경』을 보조자료로 하여 살피고자 한다.

## 1. 일천제 사상의 대두와 개념

### 1) 시대적 배경

일천제 사상과 열반경의 성립은 시대상을 많이 반영하고 있다고 생각된다. 그것은 다음 두 가지 이유에서이다.

첫째, 일천제라는 용어는 원시경전에서는 거의 찾아볼 수 없고, 『부증불감경不增不減經』[100]을 제외하면 『열반경』에서 처음 사용되고 있는데, 『부증불감경』은 『열반경』과 같은 여래장계의 대승경전으로서 그 성립 시기가 『열반경』과 거의 비슷할 뿐만 아니라 일천제라는 말도 단 한 번 사용되고 있어서 별다른 문제를 일으키지는 않는다고 생각한다. 따라서 선근善根을 끊어 버리고 도저히 교화・구제할 수 없는 인물로 알려진 일천제가 관념상의 존재가 아니라면 반드시 열반경 성립 직전의 사회와 교단의 사정을 반영하고 있을 것이기 때문이다.

둘째, 『열반경』 속에는 정법쇠멸正法衰滅의 사상 또는 정법호지正法護持의 사상과 같은 교단내의 위기상황을 반영하고 있는 내용이 도처에서 발견되고 있다는 점이다.

그렇다면 일천제 사상과 『열반경』을 성립시키지 않으면 안 되었던 시대적 배경의 실상은 과연 어떠했을까?

한마디로 당시 인도 사회는, 마우리야왕조가 붕괴하고 굽타왕조가 들어서기까지, 숱한 내분과 이민족의 침공을 겪으면서 혼란과 도탄에 빠져 있었다. 불교교단 역시 출가자들의 심각한 파계 행위와 나태로

---

100 大正藏 16, p.467下 "舍利弗. 此人以起 二見因緣故. 從冥入冥 從闇入闇. 我說是等 名一闡提."

매우 문란하고 참담한 상황에 처해 있었다.[101]

## 2) 일천제의 일반적 개념

일천제—闡提란 범어 icchantika의 음역어이다. 일천제 외에도 일천제가
—闡提迦, 일천제가—闡提柯, 일천저가—闡低迦, 일전가—顛迦로 번역되
기도 한다. 때로는 천제闡提라고 약칭하기도 한다. 아천저가阿闡低迦
(acchantika), 아전저가阿顛低迦(atyantika) 등은 원래 icchantika에서 파생
된 것으로 보이지만, 일천저가와 구분하여 사용되기도 한다. 즉 일천제
는 선근善根을 끊은, 생사生死에 애착하는 사람, 아천저가는 중생 제도를
위하여 화현한 대비大悲의 천제, 아전저가는 도저히 구제 불가능한,
열반의 성품이 전무全無한 천제를 뜻한다. 일천제는 단선근斷善根, 신불
구족信不具足, 극욕極欲, 대탐大貪, 소종燒種, 무종성無種姓, 다탐多貪
등으로 의역되기도 한다. 티베트어로는 ḥdod-chen이라고 번역된다.

이 icchantika라고 하는 범어의 용례는 보통의 고전 범어 Classical
sanskrit에서는 발견되지 않고 불교 혼성 범어 Buddhist hybrid sanskrit
중에는 발견된다. 또한 이 말에 상당하는 Pāli어는 Nikaya 중에 보이지
않고, 이 말에 유비되는 낱말도 발견되지 않는다. 따라서 이 icchantika라
고 하는 용어는 불교 혼성 범어로서만 사용되고 더욱이 대승불교권
내에서 형성된 것으로 추정되고 있다.

Icchantika라는 말은 √iṣ(to desire)의 현재분사 icchat의 강어간强語幹
으로 간주되는 icchant에 사람을 뜻하는 접미어 - ka가 첨가된 것으로

---

그 어원이 추정되기 때문에 결국 '현재 욕구·갈망하고 있는 사람'이라고 하는 의미가 될 것이다. 무엇을 욕구하는 사람인가에 대해서는 대개 '현세의 이익(이양利養)과 쾌락을 욕구하는 사람'으로 해석되고 있다.

또한 icchantika의 Tibet역어는『구경일승보성론究竟─乘寶性論』을 비롯하여『입능가경入楞伽經』이나 Mahāvyutpatti 등의 용례에서 보통 ḥdod-chen(대욕大欲이라는 의미)으로 되어 있다. 이 Tibet어는 ḥdod-can(욕구하는 자)의 강의적 표현으로 보아 좋을 것이다. 따라서 이 ḥdod-chen이라는 Tibet역어는 Sanskrit의 원어적 의미를 충실히 반영하고 있다고 생각된다.

Sanskrit 원본을 결하고 있는 대승『열반경』의 Tibet역본에 있어서도 icchantika에 대한 Tibet역어는 ḥdod-chen이다. 따라서 대승열반경의 경우도 그 Sanskrit 원어는 icchantika일 것으로 단정해도 좋을 것이다. 그런데 이 icchantika는『보성론』에 있어서 ḥdod-chen의 역어 외에도 log-sred-can(삿된 갈애를 소유하는 자)라고도 번역되어 있다. 이 용례는 한역漢譯으로부터 다시 Tibet역된 것으로 알려져 있는 중역본重譯本의 대승『열반경』(영인판影印版 No. 787)에 있어서도 사용되고 있어서 이 역어는 Sanskrit 원어인 icchantika가 갖는 의미를 보다 불교적으로 궁구하여 표현한 것으로 보인다.

Icchantika의 의미 내용에 관하여『보성론』에서는 '윤회·유有 bhava를 욕欲하는 자', '대승법을 미워하고 신해信解하지 않는 자', '반열반般涅槃하는 종성種性이 없는 자' 등으로 표현하고 있어서『열반경』이나『능가경』에서 사용되고 있는 일반적인 용례와 일치하고 있다. 이 외에도 『보성론』에서는 '선근을 사기捨棄한 자', '생맹生盲의 자', '불가치不可治의 죄악이 있는 자' 등의 의미로 사용되기도 한다.[102]『보성론』중에는 '만약 생사를 좋아하고 집착하면(樂著) 일천제라 이름한다'[103]고 말하고

있어서 일천제는 '현세의 욕망에 집착하여 선善을 잃어버리고 대승정법
에 전념하지 않는, 열반의 성품이 없는 자'라고 정의될 수 있다.

그러나 이러한 내용만으로는 일천제의 구체적인 성격을 이해하기
어렵다고 본다. 따라서 다음에는 일천제의 구체적인 성격에 대하여
논하기로 한다.

### 3) 일천제의 구체적 성격

일천제가 믿음이 없고, 선근을 끊고, 현세의 이익만을 탐하며, 열반과
보리(bodhi)를 이룰 수 없는 사람이라는 것은 이해가 되었지만, 이러한
내용들은 매우 피상적인 것이어서 일천제에 대하여 구체적으로 말해주
고 있지는 않다. 그렇다면 일천제는 과연 구체적으로 어떠한 인물이었으
며 어떠한 무리들이었을까.

이미 앞에서 잇찬티까라고 하는 용어가 불교계 이외의 일반 사회에서
나 원시경전 속에서 사용되고 있지 않은 점으로 미루어 대승불교권
내에서 형성되었을 것으로 보인다. 일천제는 특히 열반경이 성립될
당시의 교단사정과 매우 밀접한 관계가 있는 것으로 보이며 그 이유는
열반경에 나타난 교단 내의 위기의식 때문이다.

일천제란 본래 당시 교단 내에 위기의식을 불러일으키고, 교단을
혼란에 빠뜨리고 있었던 사악한 무리들을 지칭한 것이 아니었겠는가
하는 추측에서 이를 뒷받침해줄 수 있는 근거를 인용해 보기로 한다.

열반경에서는 일천제를 오무간죄五無間罪나 사중금四重禁을 범한 자

---

102 小川一乘, 「icchantikaについて」, 『印度學佛敎學硏究』 17-1, pp.340~343.
103 大正藏 31, p.797下.

들보다 더 악한 존재로 간주하고 있음을 발견할 수 있으니, 보살품菩薩
品에

> 이 大般涅槃의 微妙한 경전도 그와 같아서 오무간죄나 사중금을 범한
> 흐린 물속에 두면 그것을 맑히어서 菩提心을 내게 할 수 있지만 일천제의
> 진창 속에 두면 백년만년이 지나도 그것을 맑히고 보리심을 내게 못하느
> 니라. 왜냐하면 일천제는 선근을 소멸하여서 그릇이 되지 못하기 때문이
> 니라.[104]

라고 하여, 오무간죄나 사중금을 범한 자는 구제할 수 있지만, 일천제는
도저히 구제할 수 없는 자로 정의하고 있다. 동同「보살품菩薩品」에

> 이 대승경전인 대열반경도 그와 같아서 성문이나 연각들의 지혜는 눈을
> 뜨게 하여 한량 없고 가 없는 대승경전에 머물게 하며 발심하지 못한
> 사중금과 오무간죄를 범한 이라도 모두 발심케 하거니와 배안엣 소경인
> 일천제 무리(一闡提輩)는 제외하느니라.[105]

고 하여, 이승二乘은 지혜의 눈을 뜨게 하고 오무간죄와 사중금을 범한
자들은 발심케 하지만 오직 일천제의 무리만큼은 제외한다고 하였다.
여기서 '일천제배一闡提輩'의 '배輩'라는 말을 통해 추측할 수 있는 것은
일천제가 집단 또는 교단을 형성하고 있지 않았겠느냐 하는 것이다.
그러나 일천제 교단에 관한 기록은 아직까지 발견되지 않고 있다.
　일천제가 이렇게 사중금이나 오무간죄를 지은 사람보다도 더 사악한

---

104 大正藏 12, p.659上.
105 大正藏 12, p.660下.

자라 한다면 도대체 일천제는 어떠한 죄악을 저지른 것일까? 아무리 생각해 보아도 사중금이나 오무간죄보다도 더 심한 죄는 현실적으로 없다고 본다. 그렇다면 일천제는 교단을 위기로 이끌어가려는 사이비 비구와 같은 교단내의 문제인물을 지시한다고 추측해 볼 수 있다. 불교적으로 볼 때 교단을 파괴하는 것은 가장 심각한 일이기 때문이다.

이러한 추측을 뒷받침해 주는 내용을 열반경에서 발견할 수 있으니, 「보살품」에 따르면, 일천제는 대승경전을 비방하고 대승경전을 닦지 않는 사람이라고 규정한다.[106] 『불성론佛性論』에서도 일천제를 설명하여 '증배대승 시천제장憎背大乘是闡提障'[107]이라 하고 『보성론寶性論』에서도 '위비방대승일천제장謂誹謗大乘一闡提障'[108]이라 하여 동일한 내용을 말해 주고 있다.

그러나 문제는 그렇게 쉽게 풀리지 않는다. 왜냐하면 경전의 곳곳에서 '대승을 비방하는 자'와 '일천제'를 구별하고 있기 때문이다. 따라서 일천제를 단순히 '대승을 비방하는 사람'이라고 정의할 수는 없다고 본다. 일천제도 물론 대승을 비방하고 있음은 사실이나 단순히 대승을 비방하는 사람들과는 또 다른 성격과 내용을 지니고 있음이 분명하다.

그러면 혹시 일천제가 외도外道나 바라문婆羅門을 가리키는 것은 아닐까? 경전에는 그러한 내용을 설하고 있는 곳이 있으니 『열반경』 「범행품梵行品」에,

선남자여, 만일 일천제를 죽이는 것은 이 세 가지 살생에 들지 않나니 저 바라문들은 모두 일천제니라. 땅을 파며 풀을 베며 나무를 찍거나

---

106 大正藏 12, p.660上.

107 大正藏 31, p.797下.

108 大正藏 31, p.829下.

송장을 자르고 욕설하고 초달치는 것이 罪報가 없는 것처럼 일천제를 죽임도 그와 같느니라. 왜냐하면 저 바라문들은 믿음 따위의 다섯 가지 법이 없으므로 죽여도 지옥에 떨어지지 아니 하니라.[109]

고 하여 있다. 그러면 위 내용을 어떻게 해석해야 하는 것일까? 필자의 견해로는 바라문들의 잘못된 견해와 행동은 일천제와 다를 바 없기 때문에 바라문도 일천제라 부른 것이지 본래 바라문을 가리켜 일천제라고 하지는 않았다고 본다. 바라문을 강력하게 비판하기 위하여 일천제라는 개념을 끌어들인 것으로 보이며, 일천제가 본래적 의미로부터 확장되어 더욱 보편화되고 있는 것을 알 수 있다.

『열반경』「일체대중소문품一切大衆所問品」은 일천제의 본래적 성격을 비교적 명쾌하게 나타내 주고 있는 귀중한 내용을 담고 있는데,

순타여, 비구나 비구니나 우바새나 우바이로서 추악한 말로 정법을 비방하거나 이런 죄업을 짓고도 참회하지 아니하며 부끄러운 생각이 없으면 이런 사람을 일천제로 나아간다고 하는 것이며 사중금을 범하거나 오역죄를 짓거나 하고 이러한 중대한 일을 저지른 줄 알면서도, 애초부터 두렵거나 부끄러운 마음이 없어 털어놓고 참회하지 아니하며 부처님의 법을 보호하고 건설할 마음이 조금도 없으며 훼방하고 천대하며 말에 허물이 많으면 이런 사람도 일천제로 나아간다 하며 또 만일 불·법·승 삼보가 없다고 말하면 이런 사람도 일천제로 향한다 하나니.[110]

라고 한 것으로서, 이 내용은 당시 교단의 위태롭고 혼란한 사정을 잘 말해줌과 동시에 일천제의 성격을 적극적으로 표현하고 있는 좋은

---

109 大正藏 12, p.702下.
110 大正藏 12, p.666中下.

근거라고 할 수 있다.

『열반경』「사정품邪正品」에서는 대승 방등 경전을 비방하고 부처님을 비난하고 법은 구하지 않고 이익만 구하면서 많은 사람들로부터 풍족한 공양을 받기 위하여 겉으로는 위의를 갖추고 성인의 행세를 하는 삿된 비구들이 있다는 것을 말하고 있으며, 「보살품」에서는 마침내 이들을 일천제라고 정의하고 있다.[111]

정법이 멸한다고 한 시대적 환경, 정법을 수호하기 위해서는 칼과 무기를 들어도 무방하다고 설한 점 등으로 미루어 알 수 있는 교단의 위기상황, 원시경전이나 인도 일반 사회에서는 일천제라는 말이 사용되지 않은 점 등만으로도 일천제의 성격을 쉽게 추측할 수 있는데 더욱이 경전 스스로가 직접 언급하고 있는 이상 '교단 내에 문제를 일으키고 있었던 사이비 비구'를 일천제의 본래적 개념이라고 보아 큰 잘못은 없을 것으로 본다.

## 2. 일천제의 불성 유무론

이렇듯 납의納衣를 걸친 비구의 신분임에도 불구하고 법을 배우고 깨달음을 구하는 데는 뜻이 없이 삼보를 비방하고 육체적인 안락과 현실적인 이양만을 추구하고 참회는커녕 부끄러워할 줄도 모르며 온갖 죄악을 저지르고 문제를 일으키면서 교단의 발전을 저지하고 방해한, 당면의 적이라고도 할 수 있는 이들 일천제에게도 불성은 있는 것일까? 일체중생은 모두 불성이 있다고 설하는 열반경에서는 과연 일천제의 불성을 어떻게 보고 있는 것일까? 이에 대해 살펴보기에 앞서 먼저 '불성佛性'이

111 大正藏 12, p.660上中.

라는 말이 어떠한 의미를 갖는 것이며 어떠한 과정을 거쳐 형성된 것인가에 대해서 알아보기로 한다.

## 1) 불성설佛性說의 성립

'부처를 이룰 근본 성품', '본래 중생에게 갖추어져 있는 부처 될 성품', '부처가 될 가능성'[112] 등으로 통상 알려지고 있는 불성의 의미는 쉽게 이해될 수 있는 성질의 것은 아니다. 열반경에서는 보살의 경지에 있는 사람도 불성을 완전하게 볼 수 없다 하였고 불성이야말로 부처님의 비밀장秘密藏이어서 성문과 연각으로서는 헤아릴 수 없는 것이며 오직 부처님만이 보는 것이라고 하였다. 더구나 상常·일一·주재主宰의 실체로서의 아트만을 부정하는 것이 불교의 근본입장이고 보면 불성이라는 개념을 어떤 각도에서 이해해야 하는 것인지 여간 어려운 문제가 아닐 수 없다.

불성이라는 말은『열반경』을 중심으로 하여 나타나기 시작하고『불성론』과『보성론』에서 체계화된 것으로서 여래장如來藏이란 말과는 거의 동의어로 사용된다. 불성의 범어는 흔히 Buddhatva 또는 Buddhatā로 알려져 있으나 이러한 범어는 원어라기보다는 한자漢字의 뜻을 비추어 추정한 환원범어還元梵語라고 보는 것이 좋을 것 같다. 왜냐하면『보성론』에서 불성이라는 한역어에 상당하는 Sanskrit어를 찾아보면 ① buddhadhṛtu ②tathāgatadhātu ③dhātu ④gotra ⑤tathāgata gotra ⑥buddhagarbha ⑦sattva ⑧prakṛti 등만 발견될 뿐이지 buddhatva라든가 buddhatā라는 말은 보이지 않기 때문이다.[113]

---

112 이운허,『불교사전』(弘法院, 1971), p.333.

또한『열반경』의 범어 원본은 발견되지 않기 때문에 정확히는 알
수 없으나 Tibet역본을 한역본과 비교해 추정해 볼 때『열반경』에 나오는
불성의 Sanskrit 원어는 대략 ①tathāgata garbha ②dhātu ③
buddhadhātu 등으로 볼 수 있다고 한다.[114] 불성 및 여래장과 관계
깊은 Sanskrit어의 한역어들을 살펴보면

　　①dhātu: 중생·중생성·진여불성·법성法性·법성체法性體·자성무구심自
　　性無垢心·성성·계界
　　②buddhadhātu: 불성佛性
　　③tathāgata-dhātu: 불성·여래법신如來法身·여래성如來性·여래법성如來
　　法性·여래법계如來法界·여래진여성如來眞如性·여래무위지체성如來無爲
　　之體性·여래장 如來藏
　　④gotra: 진여불성·진여성·불성·인因·자성自性
　　⑤tathāgata-gotra: 진여불성眞如佛性
　　⑥tathāgata-garbha: 여래장
　　⑦buddha-garbha: 불성·여래장[115]

과 같다.

　위의 연구 등으로 미루어 불성과 여래장을 거의 동일한 개념으로
보아도 무방할 것으로 본다. 따라서 불성설이라는 표현도 그 내용은
실상 여래장설을 의미하고 있는 것이다. 비교적 일반화된 여래장설이라
는 용어를 쓰지 않고 불성설이라고 한 것은 한역『열반경』에서는 불성이
라는 용어가 주를 이루고 있기 때문이다.

---

113　小川一乘, 「佛性とbuddhatva」, 『印度學佛教學硏究』11-2, pp.184~185 참조.
114　高崎直道, 『如來藏思想の形成』(東京: 春秋社, 1978), pp.137~142참조.
115　市川良哉, 「如來藏の漢譯の例について」, 『印度學佛教學硏究』8-1, pp.184~185.

불성사상 또는 여래장사상이란 모든 중생 속에 성불의 가능성이 있는 것을 믿고 그 가능성을 불성(buddha-dhātu) 또는 여래장(tathāgata-garbha) 이라는 말로 표현하며, 일체의 중생이 평등하게 성불할 수 있는 근거를 많은 비유와 이론적인 제개념諸槪念을 사용하여 천명하려고 하는 종교철 학이라고 정의할 수 있을 것이다.

이러한 여래장사상은 원시경전에 보이는 '심명정설心明淨說', 부파불 교시대에 있어서의 분별론자分別論者등의 '심성본정설心性本淨說'이 그 선구적 사상으로 인정되고 있다. '심성본정설'의 주장자에 관하여 이부종 륜론異部宗輪論에서는 '설출세부', '계윤부', '일설부', '대중부' 등을 들고 바사론婆沙論과 순정리론順正理論에서는 '분별론자分別論者' '일심상속 론자一心相續論者'를 그 주장자로 소개하며 논하고 있다.

역사적으로는 아쇼카왕의 14장 법칙法勅 가운데에 '심성본정心性本淨' 을 말해주는 '자성청정심'에 대한 언급이 발견되는데 만약 이 자성청정심 이 여래장사상에서 논하는 자성청정심과 동일한 내용이라면 여래장사 상의 원류를 아쇼카왕이라고 하는 역사적 실존인물에까지 소급해 볼 수 있을 것이다.[116]

한편 여래장의 연원을 불종佛種에서 구하려는 주장도 있는데 '종種'의 계보를 추적함으로써 '심성본정설'뿐만 아니라 초기불교로부터 흘러 내려온 '석종釋種', '성종聖種', '불종佛種'이라고 하는 종種의 사상이 여래 장, 불성의 교설로 전개되는 한 요인을 이루었다고 보는 것이다.[117]

『반야경』[118]과 『법화경』[119]에서도 여래장사상의 내재성內在性을 찾아

---

116 神谷正義,「如來藏思想の成立背景について」,『印度學佛教學研究』 21-2, pp.661~ 662.

117 香川孝雄,「佛種について」,『印度學佛教學研究』 17-1, pp.25~32.

118 高崎直道,「般若經と如來藏思想」,『印度學佛教學研究』 17-2, pp.49~56.

볼 수 있다는 주장이 있기도 하다.

그러나 여래장사상의 직접적인 효시는 『여래장경』이라는 것을 부인할 사람은 없다고 본다. 『여래장경』은 여래장을 9가지 비유를 들어 말하고 있는데 그 내용은 소박한 형태의 여래장사상이라고 할 수 있다.

한 예를 들어 보면,

바위 곁 나무의 꿀을 수많은 벌들이 둘러쌌는데
교지방편巧智方便을 가진 자는 먼저 그 벌들을 없애는 것이니
중생의 여래장은 바위 곁 꿀과 같고
번뇌에 싸임은 벌들이 꿀을 둘러쌈 같네.
내 이제 저 중생을 위하여 좋은 방편으로 정법을 설하니
번뇌의 벌을 제거하고 여래장을 개발開發하여라.[120]

고 한 것으로, 일체중생에게는 모두 여래장이 있는데 다만 번뇌에 싸여 있어서 드러나지 않고 있다는 것이다. 어디까지나 비유이기 때문에 이것만을 가지고 여래장의 내용을 판단하는 것은 위험스러운 일이지만, 여래장의 내용이 매우 실재적인 것으로 언급되고 있다.

이러한 여래장의 내용은 열반경 초반에서도 찾아볼 수 있으니 예를 들면 「여래성품如來性品」에,

선남자여, 중생의 불성도 그와 같아서 모든 중생들은 볼 수 없는 것이 마치 가난한 사람들이 자기 집 뜰의 풀 밑에 있는 순금 독을 알지 못하는 것과 같느니라. 선남자여, 내가 이제 모든 중생에게 있는 불성이 번뇌에

---

119  有賀要延, 「法華經における佛性思想の內在性」, 『印度學佛敎學硏究』 20-1, pp.337~341.

120  大正藏 16, p.458上.

가려졌던 것을 보여주는 것이 마치 가난한 사람들이 자기 집에 있는 순금 독을 보지 못한 것 같느니라. 여래가 오늘 중생에게 있는 각보장覺寶藏을 보여 주나니 그것은 불성佛性이니라.[121]

고 한 것으로, 비유만을 통해서 본다면 여기에서 말하는 불성의 개념도 실재적이다. 처음 성립된 6권본『니원경』에서는 불성의 성격이 거의 대부분 실재적인 경향을 보여주고 있다. 아마 이러한 내용들을 근거로 삼아 중국의 혜원慧遠은 불성을 진식심眞識心이라고 했는지 모른다.[122]

그러나 「현병품現病品」 이후 제2단계 제3단계를 거쳐서 성립된 열반경 후반에서는 불성의 개념이 다양해지고 있다. 예를 들면 제일의공第一義空, 중도中道, 십이인연十二因緣, 일승一乘, 수능엄삼매首楞嚴三昧, 십력十力, 사무외四無畏, 대비大悲, 삼념처三念處, 대신심大信心, 사무애지四無礙智 등을 불성이라고 하고 있는 것이다.

여래장사상을 가장 조직적으로 체계화하고 있는『보성론』에서는 여래장(불성)을 10가지의 뜻으로 정리하고 있다. 즉 ①체體(svabhāva) ②인因(hetu) ③과果(phala) ④업業(karma) ⑤상응相應(yoga) ⑥행行(vṛtti) ⑦시차별時差別(avasthāprebheda) ⑧변일체처遍一切處(sarvatraga) ⑨불변不變(avikāra) ⑩무차별無差別(abheda)이 그것이다.[123]

『여래장경』,『부증불감경』,『열반경』,『승만경』,『능가경』,『금강삼매경』,『무상의경』,『불성론』,『보성론』,『기신론』 등에 나타난 여래장의 철학적 제 성격을 현대적인 개념으로 표현해 보자면 대개

---

121 大正藏 12, p.648中.

122 大正藏 37, p.692하 참조(大般涅槃經義記).

123 大正藏 31, p.828中.

①존재론적으로는 내재적이고 인식론적으로는 초월적인 실재, 즉 염오染
汚를 여읜 불변부동의 법성

②자기동일성이라고 할 수 있는 것. 또는 나 자체.

③무아無我인 아我(아는 다른 관점에서 말하면 무아이다)

④일체생존의 원동자原動者

⑤초월성(열반)과 내재성(생사)의 동차원적同次元的 파착把捉

⑥인식주체 또는 인식성 자체

⑦힘, 혹은 작용[124]

등으로 표현할 수 있을 것이다.

그러나 일천제에게 불성이 있느냐 없느냐라고 하는 문제와 관련해서
생각해 볼 때 불성의 의미는 본래 혜원慧遠이 말하는 진식심眞識心에
가까운 것이 아니었겠는가 생각해 본다.

## 2) 무불성론無佛性論

열반경은 일반적으로 일천제 성불을 주장하는 것처럼 알려져 있지만
일천제에게는 불성을 허락하지 않고 따라서 성불할 수도 없다고 강력하
게 설하는 내용도 무시할 수가 없다. 6권본『니원경』만이 번역되어
읽혀졌을 때 축도생을 제외한 대부분의 사람들은 일천제 성불을 부정하
였던 점을 보더라도『열반경』에는 일천제의 무불성을 설하는 사상이
엄존한다는 것을 알 수 있다. 그러면『열반경』에 나타난 무불성론의
내용을 구체적으로 살펴보기로 한다.

일천제에 대해서 맨 처음 언급한 곳은「서품序品」인데, 입멸하려는

---

124 玉城康四郎,「如來藏の諸性格に關する概觀」,『印度學佛教學研究』7-2, p.264.

석존이 머물고 있는 구시나가라 사라나무 숲 복된 땅에 부득이한 사정으로 인하여 아직 도착하지 못한 몇몇 사람과 권속을 빼놓고는 삼천대천세계의 중생들이 다 모였는데 다만 일천제만은 거기에서 제외되었다.[125] 서품의 회중 속에 미리 일천제를 제외시키고, 일천제에 대해 언급하고 있는 것은 『열반경』이 이 문제를 얼마나 중시하고 있는가를 말해주는 것이다.

「사상품四相品」에서는 여래가 계율을 일시에 제정하지 않고 점차 단계적으로 제정하게 된 이유를 설명하는 가운데에 "혹 어떤 이는 정법正法과 깊은 경전을 비방하며 일천제를 구족하게 성취하고 온갖 모양이 죄다 없어져서 인연因緣이 없나니"[126]라고 하며 일천제에 대해 언급하고 있는데, 여기서는 '인연이 없다'는 표현을 쓰고 있으며 이것은 문맥으로 보아 '불성이 없어서 성불할 수 없다'는 의미로 해석하여도 별 문제는 없을 것 같다.

동同 「사상품」에 "내가 남섬부주에서 일천제가 되었거든 사람들이 보고 일천제라 하지마는 나는 실로 일천제가 아니니 만일 일천제였다면 어떻게 아뇩다라삼먁삼보리를 이루겠느냐"[127]라고 한 부분이 있는데, 일종의 수사修辭 의문문 형식을 통하여 더욱 강하게 '일천제가 아뇩보리를 이룰 수 있음', 즉 '일천제의 성불'을 부정하고 있는 것이다. "치료할 수 없다"[128]는 표현을 써서 일천제의 성불을 부정하고 있는 곳도 있다.

다음에는 같은 품品의 "일천제가 만일 없어지면 일천제라 할 수 없느니라. 무엇을 일천제라 하는가. 일천제는 온갖 선근이 끊어져서 마음에

---

125 大正藏 12, p.611上.

126 大正藏 12, p.626下.

127 大正藏 12, p.629中.

128 大正藏 12, p.632上. "一闡提者 名不可治"

모든 선법을 반영하지 아니 하며 한 생각도 선한 마음을 내지 아니하며"[129] 라는 내용을 살펴보자. "일천제가 만일 없어지면 일천제라 할 수 없느니라"고 한 부분을 어떻게 해석해야 하는 것일까? '일천제는 도저히 일천제의 속성을 버릴 수 없다'는 의미 또는 '일천제는 일천제의 속성을 여읠 수 있으며 그때는 일천제라 하지 않는다'는 의미로 해석할 수 있을 것이다. 그러나 "일천제는 온갖 선근善根이 끊어져서 마음에 모든 선근을 반영하지 아니하며 ……"라고 한 뒷부분과의 맥락 속에서 생각해 보면 이것은 아무래도 '일천제는 도저히 일천제의 속성을 여읠 수 없기 때문에 일천제라 이름한다'는 의미로 해석해야 할 것으로 본다.

또한『열반경』「보살품」에 와서는 여러 비유를 들어가면서 더욱 확실하게 일천제의 성불을 부인하고 있다. 그중 한 가지 비유만을 인용해 본다.

선남자여, 마치 볶은 씨앗은 아무리 단비를 맞으며 백천만겁을 지내어도 싹이 나지 못함 같으니 만일 싹이 난다면 그럴 이치가 없느니라. 일천제들도 그와 같아서 비록 대열반의 미묘한 경전을 듣더라도 보리심의 싹을 내지 못하나니 만일 보리심을 낸다면 그럴 이치가 없느니라.[130]

6권본『니원경』과 이에 해당되는 40권본의 초반 10권에서는 대개 이렇듯 일천제의 무불성을 주장한다. 그러나 40권『열반경』후반부에서도 무불성을 설하는 곳이 간혹 발견되고 있으니,「성행품聖行品」중에는 "선남자여 가장 하품 근기에는 여래가 법수레를 운전하지 않나니 하품근기는 일천제이니라"[131]고 하여 암시적인 표현으로 천제의 성불을 부정하

129 大正藏 12, p.633下.
130 大正藏 12, p.659上.

고 있다. 「고귀덕왕보살품高貴德王菩薩品」에 의하면

선남자여, 일천제들이 선지식·부처님·보살을 만나서 법문法門을 듣거나
만나지 못하거나 간에 일천제의 마음을 여의지 못하나니 왜냐하면 선한
법을 끊은 까닭이니라. …… 일천제들은 진실로 아뇩보리를 얻지 못하나니
마치 수명이 다한 이는 아무리 용한 의원과 좋은 약과 간병할 이를 만난다
하더라고 쾌차할 수 없는 것과 같나니라.[132]

고 하여 있어서 후반부에서도 일천제의 성불을 부정하고 있음을 분명하
게 알 수가 있는 것이다.

　그렇다면『열반경』은 어떠한 이유에서 일천제의 성불을 부인하고
있는 것일까? 인도사회의 뿌리 깊은 카스트제도까지도 부정하고 평등사
상을 내세운 불교의 근본정신을 고려해 볼 때 일천제 무불성론은 교리적
인 차원에서 해석해서는 안 될 줄 안다. 이것은 현실과 이상의 거리로부터
연유한 것으로서 당시 교단 사정의 심각성을 반영하고 있다고 보는
것이 가장 타당하다고 생각한다.

　이러한 일천제 무불성을 주장하는 열반경의 교설은 후에 일분무성설
一分無性說, 오(종)성(각별)설五(種)性(各別)說을 내세우는 삼승사상三乘
思想으로 전개·합류되고 있다. 일분무성설이란 이(불)성理(佛)性의 평
등은 인정하나 이성理性은 무위無爲이므로 발심수행과 같은 유위법의
인因이 될 수 없고, 발심수행의 친인親因은 본유종자本有種子로서 일천제
와 같은 무리에게는 없다는 것이다.

　오종성五種性(pañca-gotrāṇi)설이란, 유정有情의 종성에 총 5종의 구별

131 大正藏 12, p.689下.
132 大正藏 12, p.763上.

이 있다는 것으로서 ① 성문승정성聲聞乘定性 ② 독각승정성獨覺乘定性 ③ 여래승정성如來乘定性 ④ 부정종성不定種性 ⑤ 무성無性을 가리킨다.

이러한 무성無性, 즉 무불성無佛性의 사상은 무착無着의 『현양성교론顯揚聖敎論』, 『대승장엄경론大乘莊嚴經論』, 호법보살護法菩薩 등의 『성유식론成唯識論』, 친광보살親光菩薩 등의 『불지경론佛地經論』 등으로 이어지고 있다. 특히 불지경론에서는 오성각별의 사상이 철저화되고 있는데, 논에 의하면 오성은 본유의 차별이 있는 것으로 진여가 불성이라는 것은 방편설이며, '일체중생 실유불성'이라고 할 때의 일체는 소분少分의 일체를 가리킨다고 하여 불성이 없는 자도 있음을 명백히 하고 있다.[133]

### 3) 유불성론有佛性論

개미 새끼를 죽여도 살생한 죄를 얻지마는 일천제를 죽인 것은 죄가 없다고 할 정도로 일천제의 성불을 부인하는 것과는 대조적으로 일천제에게도 불성이 있다고 하는 주장을 발견할 수 있다. 이러한 일천제의 유불성有佛性을 설하는 것은 주로 「가섭보살품」이라든가 「고귀덕왕보살품」 등 『열반경』 후반부에 나타나고 있다.

「고귀덕왕보살품」에

모든 성문聲聞·연각緣覺의 경에서는 부처님에게 상락아정常樂我淨이 있는 것과, 필경에 멸하지 않는다는 것과, 삼보三寶의 불성에 차별이 없다는 것과, 사중금四重禁을 범하였거나 방등경方等經을 비방하거나 오역죄五逆罪를 지었거나 일천제 등이 모두 불성이 있다는 말을 듣지 못하다가 지금이 경에서 듣는 것을 이름하여 듣지 못한 것을 듣는다 이름하느니라.[134]

---

133 常盤大定, 『佛性の研究』(東京: 圖書刊行會, 1977), pp.163~166 참조.

고 하여 있고, 같은 「고귀덕왕보살품」에

> 불성佛性이 있으므로 일천제들이라도 본 마음만 버리면 모두 아뇩다라삼먁
> 삼보리를 이룰 수 있나니, 이런 것이 성문이나 연각으로는 알 수 없고
> 보살만이 아는 것이니 이런 뜻으로 예전에 알지 못하던 것을 지금에 안다고
> 하느니라.[135]

고 하여, 일천제에게도 불성이 있으므로 일천제를 성격지우는 삿된
마음만 버리면 아뇩보리를 얻어 성불할 수도 있다고 하고 있다.

이러한『열반경』의 일천제 성불의 사상은『불성론』을 비롯하여『보성
론』,『능가경』,『기신론』등으로 계승되어, 불성은 만유萬有를 망라하고
일체에 보편·실유悉有하며, 이(불)성理(佛)性의 친인親因이 있는 이상
일천제도 언젠가는 발심수행할 수 있으므로 무연無緣의 중생이라 해야지
무인無因의 중생이라고 해서는 안 된다고 하는 일체개성불一切皆成佛의
일승사상一乘思想으로 전개된다.

『불성론』변상분 제4에 나타난 일천제 유불성론有佛性論을 살펴보도
록 한다. 논論은 두 가지 모순되는 경을 인용하고 있는데, 하나는 사정취邪
定聚에 떨어진 일천제인에게도 본성법신本性法身과 수의신隨意身의 이종
신이 있는데 불일혜광佛日慧光이 이 이신二身을 비추고 있다 하여 유불성
有佛性을 설하는 경이고, 다른 하나는 일천제 중생에게는 결정코 열반성
涅槃性이 없다는 것으로 일천제 무불성을 설하는 경이다. 논은 이러한
모순에 대하여 전자는 요(의)설了(義)說이라 하고 후자는 불료(의)설不了
(義)說이라고 하여 회통시키고 있다. 일천제에게 결정코 해탈이 있을

---

134  大正藏  12, p.736下.
135  大正藏  12, p.749下.

수 없다고 한 것은 천제로 하여금 천제의 마음을 버리고 떠나게 하기
위한 것이라 하며, 중생에게 청정한 자성이 있으나 해탈을 얻을 수
없다고 하는 것은 옳지 않다고 한다. 그러므로 석존은 일체중생에게
자성(불성)이 있으므로 후시에는 반드시 청정법신을 얻는다고 한다는
것이다.[136]

### 4) 부정론不定論

열반경에는 일천제의 무불성론 및 유불성론만이 아니라 부정론不定論이
라고 할 수 있는 계열의 내용이 발견되기도 한다. 이러한 부정적不定的인
내용의 교설은 무불성의 사상을 유불성의 사상으로 연결시켜주는 교량
역할을 하기도 하며, 무불성론과 유불성론의 모순을 해결하기 위한
방편설의 입장을 취하고 있기도 하다.
「고귀덕왕보살품」에서는

> 선남자여, 일천제는 결정된 것이 아니니, 만일 결정되었다면 일천제는
> 마침내 아뇩보리를 얻지 못하련마는 결정하지 아니하였으므로 얻는 것이
> 니라.[137]

고 하여 부정의 교설을 통하여 성불에로의 가교를 시설하고 있는 것을
볼 수 있다.
한편 무불성론과 유불성론의 모순을 척결하기 위한 것으로 보이는
중관의 논리와 비슷한 내용이 「가섭보살품迦葉菩薩品」에 발견되는데

---

136 大正藏 31, p.800下.
137 大正藏 12, p.737下.

만일 말하기를 일천제들도 아뇩보리를 얻는다 하는 이는 잘못 집착한다
이름하고, 얻지 못한다 말하면 허망하다 이름하느니라. 선남자여, 이 일곱
사람이 혹 한 사람이 일곱을 갖추기도 하고, 혹 일곱 사람이 각각 한
가지를 갖기도 하였느니라.[138]

고 하여 있다. 그러나 「가섭보살품」의 이러한 내용은 비단 일천제에
대하여 설한 것만이 아니고 일체중생에 대하여도 같은 입장을 취하고
있음을 알 수 있다. 불성은 있는 것도 아니요 없는 것도 아니며, 있기도
하고 없기도 하다. 있음과 없음이 합하므로 중도라고 하며 그러므로
부처님이 말씀하기를 중생의 불성은 있는 것도 아니요 없는 것도 아니라
고 한다고 하기 때문이다.[139]

이렇게 볼 때 위의 인용문은 결국 일천제 성불을 긍정하는 것으로
해석하여도 큰 무리는 없다고 본다.

또한 불성을 구별하여 설명하는 곳도 발견되는데, 같은 「가섭보살품」
에 설하기를

선남자여, 어떤 불성은 일천제에게는 있고 선근인善根人에게는 없으며,
어떤 불성은 선근인에게는 있고 일천제에게는 없으며, 어떤 불성은 두
사람에게 모두 있고, 어떤 불성은 두 사람에게 모두 없느니라.[140]

고 한바, 위의 사구의四句義를 알고 있는 사람은 일천제가 결정코 불성이
있다든가 결정코 없다든가 단정짓지 않는다는 것이다. 이 사구의에

---

138 大正藏 12, p.827下.
139 大正藏 12, p.819中下 참조.
140 大正藏 12, p.821下.

대하여 수隋의 혜원(慧遠, 523~592)은 그의 저서『대승의장大乘義章』「불성의佛性義」에서 말하기를, 일천제에게는 있고 선근인에게 없는 불성이란 곧 불선음不善陰을 말하고, 선근인에게는 있고 일천제에게는 없는 불성이란 곧 선음善陰을 말하고, 두 사람에게 모두 있는 불성이란 이성理性을 뜻하고(이 이성理性은 부처님도 있으므로 삼인구유三人具有라 함), 두 사람에게 모두 없는 불성이란 불과음佛果陰을 뜻한다고 설명하고 있다.[141]

혜원과 동 시대의 길장(吉藏, 544~623)은 그의『대승현론大乘玄論』에서 위의 사구의를 '이외약무 이내즉유理外若無 理內則有' '이내약무 이외즉유理內若無 理外則有' '내외구유內外具有' '내외구무內外具無' 등에 대비시켜 설명하고 있는 것을 볼 수 있다.[142]

어떤 방식으로 불성을 나누더라도, 위의 사구의가 형식적으로는 부정不定을 말하지만 내용적으로는 일천제 성불의 가능성을 시사해 주고 있다고 본다.


## 3. 일천제의 성불론

이상에서『열반경』에 설해진 일천제의 불성에 관하여 무불성론無佛性論·유불성론有佛性論·부정론不定論 등 세 가지로 나누어 살펴보았는데 여러 가지 측면에서 종합해 볼 때 결국『열반경』은 일천제의 성불을 주장하고 있다고 본다.

먼저 불교 정신의 전반적인 맥락에서 일천제 성불의 타당성을 고찰해

---

141 大正藏 44, p.473中下, "四中初(不善陰)一闡提人有 善根人無 第二善陰 善根人有 闡提人無 第三果陰 二人俱無 第四理性 二人俱有 通而論之 三人俱有 佛亦有故"
142 大正藏 45, pp.40上~41中.

볼 때 다음과 같은 몇 가지 중요한 사실을 상기해 볼 필요가 있을 것이다.

첫째, 석존이 설법을 개시한 것은 일체중생이 붓다의 가르침을 수용할 만한 능력이 있음을 확신했기 때문일 것이라는 점.

둘째, 제바달다와 같은 악인도(『아함경』에서는 지옥에 떨어져 일겁 동안은 구제하지 못한다고 하였지만)『법화경』에 와서는 결국 장차 천왕여래天王如來가 되리라는 수기授記를 받는다는 점.

셋째, 대살인귀大殺人鬼인 앙굴리말라를 교화하여 아라한과를 증득케 하였다는 점.

넷째, 기억력이 없고 우둔하며 어리석기로 이름난 주리반특과 같은 사람도 결국은 석존의 방편으로 대오大悟하여 아라한과를 얻은 점.

다섯째, 아리얀Āryan족의 독특한 사상인 카스트 제도를 비판하고 사성평등을 주장한 점.[143]

이 외에도 본성청정本性淸淨의 사상이라든가 불종佛種의 사상이 이어져 왔던 점 등으로 미루어 볼 때 불성이라든가 여래장이라는 말이 사용되지는 않았지만 모든 사람은 석존과 동등하게 붓다가 될 수 있는 가능성을 지니고 있는 것으로 보았을 것이라는 점 등이다.

그러면 『열반경』에서는 어떠한 논리로써 일천제 성불의 사상을 확립시키고 있는 것일까? 이하 몇 가지 관점에서 일천제의 성불론을 살펴보도록 한다.[144]

---

143 金東華, 『佛教教理發達史』(三榮出版社, 1977), pp.52~57,
144 常盤大定의 『佛性の研究』 내용을 참조하여 수용함.

## 1) 일체중생실유불성의 논리적 필연성에서 본 성불론

『열반경』의 근본정신과 중심사상에서 볼 때 일천제는 성불할 수밖에 없다고 보며 『열반경』 자체의 논리를 갖고 있다고 본다. 즉 ①이종시식과 보무차별二種施食果報無差別 ⇨ ②여래상주如來常住 ⇨ ③일체중생실유불성一切衆生悉有佛性 ⇨ ④일천제성불의 논리 전개가 그것이다.

이종시식과보무차별[145]이란 석존이 성도하기 전에 난타와 난타바라로부터 받은 공양과 입멸하기 전에 순타Cunda로부터 받은 마지막 공양의 과보에는 차별이 없다는 뜻이다. 석존의 이종시식과보무차별의 말씀에 대하여 순타는 다음과 같은 요지의 질문을 한다.

즉 성도하기 전의 공양과 입멸 전의 공양의 과보가 차별이 없다는 것은 부당하니, 왜냐하면 성도 전에 공양을 받은 고타마 싯달타는 아직 일체종지一切種智를 다 이루지 못한 한 사람의 수도자이며 잡식신雜食身이고 번뇌신煩惱身이므로 중생들로 하여금 보시바라밀다를 구족케 할 수 없을 것이나 입멸시에 보시를 받는 자는 일체종지를 이룬 불佛이고 번뇌없는 몸이고 금강신金剛身이며 법신法身이기에 중생들로 하여금 보시바라밀다를 구족케 할 수 있을 것이기 때문이라는 것이다.

이에 대하여 석존은

선남자여, 여래의 몸은 이미 한량없는 아승지겁부터 음식을 받지 않지마는 모든 성문들을 위하여 먼저 난타難陀와 난타바라難陀波羅의 소 기르는 두 여자가 받드는 우유죽을 받고 그 뒤에 아뇩보리를 얻었다고 말하는 것이어니와, 나는 실로 먹지 않는 것이며 지금도 내가 여기 모인 대중을 위하여서 너의 마지막 공양을 받지마는 실상은 먹지 않는 것이니라.[146]

---

145  大正藏 12, p.611中下.

고 하여 여래는 상주하며 변역變易함이 없는 것이므로 성도하기 전의
싯달타와 성도 후 입멸 전의 석존은 단지 그런 모습으로 나타내 보인
것에 불과하지 결코 다르지 않다고 하였다. 그렇기 때문에 이종시식의
과보는 차별이 없다는 것이다. 이렇듯 이종시식과보무차별설은 여래상
주의 전제 하에 설해진 것이며, 그것은 여래상주를 설하기 위한 도입부가
되는 것이다.[147]

이렇게 하여 여래상주사상은 다시 일체중생실유불성一切衆生悉有佛
性으로 대표되는 여래장사상을 가능케 하는 것이니, 여래법신의 상주와
같은 덕성德性이 없이는 여래장사상은 생각할 수 없을 것이다. 『열반
경』은 이러한 일체중생실유불성을 주장하기 위해서 석존의 입멸이라
는 장면을 택하여 여래는 멸하지 않고 상주한다는 것을 분명히 했을
것이다.[148]

여래상주의 공덕으로 일체중생에게 모두 불성이 있다면 굳이 일천제
에게만 불성이 없다고 하는 것은 논리적으로 모순된다고 보지 않을
수 없다. 따라서 열반경은 현실적인 문제로 말미암아 비록 일천제의
무불성無佛性을 설한 곳도 없지 않지만, 열반경 자체가 갖는 '이종시식과
보무차별 ⇨ 여래상주 ⇨ 일체중생실유불성'의 논리성에 비추어 보면
필연적으로 일천제의 성불을 천명하게 되는 것이다.

---

146 大正藏 12, p.611中下.

147 河村孝照, 「大乘涅槃經と婆沙論」, 『印度學佛教學研究』 29-2, pp.182~185.

148 高崎直道, 앞의 책, p.132.

## 2) 불성의 어의語義에서 본 성불론

일천제 성불의 문제를 해결하기 위한 방법의 하나는 불성의 의미를
어떻게 보느냐 하는데 있다고 하겠다. 불성의 의미와 개념에 따라 일천제
의 성불문제는 그 답을 달리할 수 있기 때문이다.

먼저 「사자후보살품獅子吼菩薩品」에서는 불성을 제일의공第一義空·
중도中道·십이인연十二因緣·일승一乘·수능엄삼매首楞嚴三昧·십력十
力·사무외四無畏·대비大悲·삼념처三念處·대자대비大慈大悲·대희대사
大喜大捨·신심信心·사무애지四無礙智·정삼매頂三昧 등으로 정의하여
그 개념을 확대시키고 있다.[149]

또한 「가섭보살품」에는

선남자여. 불성佛性은 일법一法이라 말하지 않고 십법十法이라 백법百法이
라 말하지 않고 천법千法이라 만법萬法이라 말하지도 않나니 아뇩보리阿耨
菩提를 얻지 못하였을 적에는 모든 선善과 불선不善과 무기無記를 모두
불성佛性이라 말하느니라. 여래가 어느 때에는 인因 가운데 과果를 말하고
과果 가운데 인因을 말하나니 이것을 여래가 자기의 뜻을 따라 말함이라
이름하나니라.[150]

고 하는데, 이러한 불성의 의미는 『열반경』 초반의 순금 독의 비유를
통해서 설하고 있는 불성의 의미와는 성격을 달리한다고 말할 수 있다.
세상에 존재하는 모든 것을 불성이라고 할 수 있으며 선·불선·무기
등도 모두 불성이라는 것이다. 불성이 이렇게 포괄적인 의미를 갖는

---

149  大正藏 12, pp.767下~770上, 802下~803上 참조
150  大正藏 12, p.828上.

이상 일천제에게도 불성이 없을 수 없게 된다.

아마도 이와 같은『열반경』의 광대한 내용 때문에 원효는 그의『열반종요涅槃宗要』에서 "이 경은 불법의 바다요 방등方等의 비밀 창고다. 그 가르침은 실로 광탕무애廣蕩無崖하고 심심무저甚深無低하여 측량하기 어렵다. 무저無低하기 때문에 다하지 않음이 없고 무애無崖하기 때문에 두루 갖추지 않음이 없다."[151]라고 기술하고 있을 것이다.

「고귀덕왕보살품」에는

> 선근善根에 두 종류가 있다. …… 하나는 유루有漏요, 하나는 무루無漏이어니와 불성佛性은 유루有漏도 무루無漏도 아니다. 그러므로 끊어지지 않는다. 또 두 종류가 있으니 하나는 상常이고 하나는 무상無常이어니와 불성佛性은 항상恒常한 것도 아니고 무상無常한 것도 아니므로 끊어지지 않는다.[152]

라고 하여, 내외內外를 초월하고 유루와 무루를 초월하며 상·무상을 초월하게 되는 불성은 진여 여래장의 의미를 갖게 되며 이러한 진여 여래장으로서의 불성은 일천제에게도 없을 수가 없는 것이다.

「사자후보살품」에는

> 불성佛性에는 원인原因이 있고 원인의 원인이 있으며, 결과結果가 있고 결과의 결과가 있다. 원인이 있다는 것은 십이인연十二因緣을 말하고, 원인의 원인은 지혜智慧를 말하며, 결과는 아뇩다라삼먁삼보리阿縟多羅三藐三菩提요, 결과의 결과는 무상無上의 대반열반大般涅槃이니라.[153]

---

151 韓佛全 1, p.524上, "今是經者, 斯乃佛法之大海, 方等之秘藏, 其爲教也. 難可測量, 由良廣蕩無崖, 甚深無低, 以無低故無所不窮, 以無崖故無所不該."

152 大正藏 12, p.737上中.

153 大正藏 12, p.768中.

고 하였는데 이에 대하여 원효는 인과성이 아닌 일심一心으로서의 불성을 말하고 있다. (왜 인과성이 아니가 하면) 성품이 깨끗한 본각本覺은 무루선이고, 더러움을 따르는 수많은 선은 유루선有漏善이지만 한 마음의 본체는 그러한 둘 중 어느 것에도 항상 머물러 있지 않기 때문에 유루도 아니고 무루도 아니다. 또한 불과는 항상 선한 것이고 원인은 항상 선한 것은 아니지만, 한 마음의 본체는 인과가 아니다. 결과로 얻어진 것이 아니기 때문에 상常도 아니고 무상無常도 아니다. 그러나 일심은 원인도 될 수 있고 결과도 될 수 있고, 인의 인도 과의 과도 될 수 있다. 그렇기 때문에 불성에는 인, 인의 인, 과, 과의 과가 있다고 원효는 해석하고 있다.[154] 원효가 말하는 일심으로서의 불성이라면 일천제에게도 없을 수가 없다.

그런 「보살품」에

> 일천제들은 아무리 불성이 있더라도 한량없는 죄업에 얽히어서 벗어나지 못함이 마치 누에가 고치 속에 들어 있는 것 같나니 이런 업業으로 말미암아 보리菩提의 묘妙한 인연을 내지 못하고 생사에 헤매면서 그칠 날이 없느니라.[155]

고 한 내용은 많은 문제점을 야기시킨 것으로, '아무리 불성이 있더라도'라고 한 부분의 불성은 이불성理佛性으로, '보리의 묘한 인연'은 행불성行佛性으로 이해한 것이 후대의 일반적인 경향이었다. 그렇다면 이불성이 있는 자에게 반드시 행불성이 있는가, 없는가? 이것은 실로 유식과 천태 양가의 상위를 불러온 바로서 천태가天台家는 이불성이 있으면

---

154 韓佛全 1, p.545下 참조.
155 大正藏 12, p.660 中.

행불성이 있는 것은 당연하다고 하며, 유식가는 이불성은 일체에 공통되더라도 유위무루 종자의 유무 여하에 의해서 행불성의 유무는 부정不定이라고 하여 오랜 역사를 통하여 논쟁이 이어졌다. 따라서『열반경』의 근본사상은 어느 쪽인가 하는 문제는 쉽게 해결할 수 있는 것은 아니라고 본다. 그러나「고귀덕왕보살품」에 "이 대반열반경의 여래 심밀의深密義인 일체중생실유불성을 알면 일천제를 멸한다"고 한 점,「사자후보살품」에 "불성은 일체제불의 아뇩보리 중도의 종자이다"라고 한 점 등을 깊이 궁구해 보면『열반경』은 이불성에 행불성을 포함시킨 것으로 볼 수 있다.[156] 이불성에 행불성이 포함되어 있다고 본다면 당연히 일천제에게도 성불의 가능성은 인정되는 것이다.

## 3) 시간적 측면에서 본 성불론

불성은 유루도 아니고 무루도 아니며, 상常도 아니고 무상無常도 아니므로, 끊어지지 않는다고 하는 것은 위에서 살펴본 바와 같다. 부단不斷의 이불성이 있는 이상 시간의 경과에 따라 그 작용이 나타나지 않을 수 없을 것이다.「사자후보살품」에,

선남자여, …… 모든 중생이 오는 세상에 아뇩보리를 얻을 것이니 이것을 불성이라 하고, 모든 중생이 지금에 번뇌의 결박이 있으므로 현재 32상 80종호가 없으며 모든 중생이 지난 세상에 번뇌를 끊은 일이 있었으므로 현재에 불성을 보게 되는 것이니라. 이런 뜻으로 내가 항상 말하기를 모든 중생이 불성이 있으며 내지 일천제들도 불성이 있다고 하였느니라. 일천제들은 선법이 없으며 불성도 선법이거니와 오는 세상에 있을 것이므

---

156 常盤大定, 앞의 책, pp.58~59.

로 일천제들이 불성이 있다 하나니 왜냐하면 일천제들도 결정코 아뇩다라 삼먁삼보리를 이룰 수 있는 까닭이니라.[157]

고 하여, 현재에는 선법이 없지만 오는 세상에 선법을 일으킬 것이므로 일천제에게도 불성이 있고 일천제는 반드시 정등정각正等正覺을 이룰 것이라고 확언하고 있다. 「가섭보살품」에는

십이부경의 sūtra 중에서 현미한 이치는 내가 먼저 보살들을 위하여 말하였고, 천근한 뜻은 성문을 위하여 말하였고, 세간이치는 일천제와 오역죄 지은 이를 위하여 말하였으니, 이 세상에는 이익이 없더라도 불쌍히 여기는 마음으로 후세의 선근종자를 내게 하기 위함이니라.[158]

고 하여 일천제도 후세에 선근종자를 낼 수 있다는 것을 재확인하고 있음을 볼 수 있다. 이보다 한 걸음 더 나아가 일천제가 미래에만이 아니라 현재에도 선근을 얻을 수 있다고 한 것을 발견할 수 있다.[159]
    또한 원효는 불성을 ①상주불성常住佛性, ②무상불성無常佛性, ③현과불성現果佛性, ④당과불성當果佛性, ⑤비인비과非因非果의 일심불성一心佛性으로 분류하여 설명하고 있는데, 네 번째 당과불성에 대하여 말하기를 중생이 함장含藏하고 있는 바의 불성이라 하며[160] 당과불성에 대한 예증을 하고 있다. 원효는 「사자후보살품」에 나오는

---

157  大正藏 12, p.769上.

158  大正藏 12, pp.806下~807上.

159  大正藏 12, p.725中.

160  韓佛全 1, p.544下, "一性淨門常住佛性, 二隨染門無常佛性, …… 四者當果, 衆生所含."

선남자여, 마치 어떤 집에 우유와 타락이 있는데 다른 사람이 묻기를
'그대에게 소酥가 있느냐?' 대답하기를 '있노라' 함과 같나니, 타락이 실로
소는 아니지마는 공교한 방편으로 소를 만들 수 있으므로 소가 있다고
하는 것이니라. 중생도 그와 같아서 모두 마음이 있으며 마음이 있는
이는 결코 아뇩다라삼먁삼보리를 이룰 수 있나니 이런 뜻으로 모든 중생이
모두 불성이 있다고 내가 항상 말하느니라.[161]

고 한 내용을 예문으로 들고, 「가섭보살품」의 다른 내용도 예문으로
소개하고 있다.

이러한 모든 것은 결국 미래라고 하는 시간을 도입하여 일천제의
성불문제를 해결하고 있는 것으로 볼 수 있을 것이다.


### 4) 불보살의 자비적 측면에서 본 성불론

다음에는 불보살의 자비원력에 의해서 일천제가 성불할 수도 있다는
내용을 살펴보도록 한다. 『열반경』은 여타 대승경전과 마찬가지로 불보
살의 무량한 자비사상을 담고 있다. 이러한 자비의 힘은 일천제에게까지
미치므로 일천제도 결국은 구제될 수 있게 된다.

먼저 「현병품現病品」에는 이러한 복선이 깔려 있다고도 볼 수 있는
내용이 있으니, 즉

가섭이여, 세상에 세 사람의 병을 다스리기 어려우니 하나는 대승을 비방함
이요, 둘은 다섯 가지 역죄逆罪요, 셋은 일천제니라. 이 세 가지 병이
가장 중한 것이니 성문이나 연각으로는 다스릴 수 없느니라.[162]

---

161 大正藏 12, p.769上.

고 하여 성문이나 연각은 다스릴 수 없지만 불보살은 다스릴 수도 있다는 여운을 남기고 있다. 그러나 「현병품」 이전에 벌써 보살의 자비가 일천제들에게 향하고 있음을 알 수 있으니, 「보살품」에 "일천제들은 훼방하고 파괴하고 믿지 않더라도 보살들은 여전히 베풀어 주면서 위없는 도를 함께 이루려 하나니"[163]라고 하고 있기 때문이다. 「범행품」에는 더욱 분명하게 설하기를,

> 보살마하살이 초지에 머물면 곧 사랑하는 마음이라 하나니 왜냐하면 선남자여, 가장 나쁜 사람은 일천제라 하거니와 초지보살은 큰 사랑을 닦는 때에 일천제에 대하여 차별하는 마음이 없으며 그의 허물을 보지 아니하므로 성을 내지 않으며[164]

라고 하여 일천제에 대한 보살의 대비大悲를 확실하게 해 주고 있다.

「사자후보살품」에는 보살이 지옥 중생을 제도하기 위하여 지옥에 몸을 받는다고 하는 내용이 설해져 있기도 하다.[165]

또한 『열반경』은 마침내 보살이 일천제를 위하여 지옥에 생하는 일이 있음을 말해준다. 「범행품」에,

> 보살도 그와 같아서 일천제가 지옥에 떨어짐을 보고는 함께 지옥에 가서 나기를 원하느니라. 왜냐하면 이 일천제가 고통을 받을 적에 잠깐이라도 뉘우치는 마음을 내면 내가 곧 그를 위하여 갖가지 법을 말하며 잠깐 동안이라도 선근을 내게 하려는 까닭이니라.[166]

---

162  大正藏 12, p.673上.

163  大正藏 12, p.660上.

164  大正藏 12, p.696上.

165  大正藏 12, p.796上.

라고 하는 것을 통하여 알 수 있다. 이러한 불보살의 자비가 일천제에게 미치고 있다고 설하는 것은 무엇 때문일까? 그것은 결국 일천제가 타력에 의해서 구제될 수 있다는 것, 다시 말하여 성불할 수 있다는 것을 말해 주기 위한 것이라고 해석하는 것이 타당하다고 본다.

이러한 『열반경』의 일천제 사상은 『능가경』에서 대비천제(보살천제)와 단선천제(사일체선근천제)의 사상으로 정립되고 있으니,

> 대혜여, 저 보살 일천제는 일체법이 본래 반열반임을 알아 필경에 반열반에 들어가지 아니하지만, 일체의 선근을 버린 일천제가 아니다. 대혜여, 선근을 버린 일천제도 부처님 위신력 때문에 선근이 생기기 때문이다. 왜냐하면 부처님은 일체 중생을 버린 때가 없기 때문이다. 그러므로 보살 일천제는 반열반에 들어가지 않는다.[167]

이라고 한 것 등을 통해서 알 수 있다. 이 『능가경』의 특기할 만한 점은 단선천제는 여래의 위신력으로 선근을 생하게 될 때가 있지만, 대비천제는 일체중생을 버리지 않는 여래의 뜻을 받들어 결코 열반에 들지 않는다는 것이다. 그러나 보살인 대비천제는 이미 일체법의 본래반 열반을 알고 원력으로 일천체의 몸을 나툰 것이므로 열반성이 없다고는 할 수 없을 것이다. 그렇다면 결국 『능가경』은 일천제의 성불을 설하고 있다고 보아도 될 것이다.

---

[166] 大正藏 12, p.701中.

[167] 常盤大定, 앞의 책, p.76 재인용.

## 5) 일천제 성불의 조건

이상 몇 가지 관점에서 일천제 성불의 근거를 살펴보았는데, 다음에는
간략하게 일천제 성불의 조건에 대해서 고찰해 보도록 한다.

　일천제는 일천제인 상태 그대로 성불할 수 있는 것일까? 이에 대하여
『열반경』에 일천제는 일천제의 상태로는 성불할 수 없으며 일천제의
상태를 소멸한 후에라야 성불할 수 있다고 대답한다. 즉 「고귀덕왕보살
품」에

　　모든 중생이 불성이 있어서 사중금을 참회하고 법을 비방한 죄를 없애고
　　오역죄를 끝내고 일천제를 멸하며 그런 뒤에 아뇩다라삼먁삼보리를 이루는
　　것이니, 이것을 깊고 비밀한 뜻이라 하느니라.[168]

고 한 가르침이 그것이다. 「가섭보살품」에는,

　　일천제들이 선한 법을 내지 못하고도 아뇩다라삼먁삼보리를 얻는다 하면
　　이 사람은 삼보를 비방하는 것이요, 일천제가 일천제를 버리고 다른 몸으로
　　아뇩보리를 얻는다 하면 이 사람도 삼보를 비방한다고 하거니와 일천제가
　　능히 선근을 내며 선근을 내고는 계속하여 끊이지 않으면 아뇩보리를
　　얻나니 그러므로 일천제가 아뇩보리를 얻는다고 하면 이 사람은 삼보를
　　비방하지 않는 줄 알지니라.[169]

고 하여 있는데, 여기서는 먼저 무엇보다도 선근을 내야 하고 그런

---

168 大正藏 12, p.731中.
169 大正藏 12, p.828上.

후에도 끊이지 않고 계속하여 그 선근을 유지해야만 아뇩보리를 얻을
수 있다고 하였다. 이렇게 선근을 일으키고 유지하는 일천제는 정각을
얻기 위하여 다음에는 어떻게 해야 하는 것일까?

「사정품」에 설하기를,

> 중생이 계율을 수호하여 지니지 않고서야 어떻게 불성을 보겠는가. 모든
> 중생에게 비록 불성이 있다 하지마는 계행戒行을 잘 지니고야 볼 것이며,
> 불성을 보고서야 아뇩보리를 이룰 수 있느니라.[170]

고 한 것을 통하여 알 수 있듯이 계율을 수호할 것을 말하고 있다.
고기를 먹지 말고 짐승들을 키우지 말라는 등 계율을 중시하고 강조하는
것은 『열반경』의 기본 입장이고, 당시의 교단사정을 생각해 볼 때 계율을
지키지 않고서는 불성을 볼 수 없다고 한 것은 지극히 자연스러운 것이라
고 본다. 또한 모든 수행의 원리대로 계를 비롯한 정과 혜의 삼학은
빼놓을 수 없는 것이라 하겠다.

『열반경』에서는 특별하게 수행론에 대해서 설하고 있지는 않지만
갖가지 내용의 계율을 말하고 있는 것은 주의할 필요가 있다고 본다.
특히 「사자후보살품」에서 큰 바다에 여덟 가지 불가사의가 있음을 설명
하는 가운데 다섯째 여러 보배에 대한 항목에서 사념처·사정근·사여의
분·오근·오력·칠각지·팔성도분 등 삼십칠조도품과 영아행·성행·범
행·천행 등 선방편과 중생의 불성, 보살의 공덕, 여래의 공덕, 성문의
공덕, 연각의 공덕과 육바라밀, 한량없는 삼매, 한량없는 지혜를 들고
있다.[171] 바다 속의 보배와 같은 이런 많은 덕목들은 다시 말하면 일천제의

---

170 大正藏 12, pp.645下~646上.
171 大正藏 12, p.805中.

성불의 조건이 된다고 할 수도 있을 것이다. 그 조건 속에는 스스로의 노력과 수행, 그리고 이승二乘 및 불보살의 공덕이 함께 하고 있는바, 거기에는 불교의 자력종교적인 면과 타력종교적인 면이 평등하게 잘 반영되고 있다고 본다.

## 결어

이상에서 필자는 『열반경』을 중심으로 하여 주로 일천제의 구체적 성격을 밝히고, 일천제의 불성 유무론 및 일천제의 성불에 관하여 고찰해 보았다.

그 내용을 요약하면 다음과 같다.

일천제(icchantika)는 대체로 단선근의 인물로 알려져 있지만 그것은 피상적인 해석으로 일천제의 구체적 성격을 말해 주고 있지는 않다.

'Icchantika'라는 말이 일반사회에서 쓰이지 않고 불교계 내에서만 사용되었다는 점, 'icchantika'에 해당되는 빨리어가 니까야 중에 보이지 않는다는 점 등으로 미루어 'icchantika'는 일단 대승불교권 내에서 형성된 것으로 추정된다. 한 걸음 더 나아가 당시의 사회적 배경과 『열반경』에 나타난 법멸의 위기사상, 그리고 혼란한 교단사정 등으로 보아 『열반경』 성립 당시의 교단 내에서 많은 문제와 물의를 일으킨 일군의 집단을 지칭하는 것으로 보인다. 즉 일천제는 납의를 걸친 비구임에도 불구하고 법을 구하는 데는 뜻이 없고 현실적인 안락과 이양만을 추구하며 계율을 파하고 대승경전, 특히 『열반경』을 비방하는 등 교단의 존립에 위협적인 무리들을 가리킨 것으로 생각된다.

이러한 '일천제들에게도 불성이 있어서 성불할 수 있는 가능성이 있는 것일까?' 하는 문제에 대하여 『열반경』에서는 크게 세 가지 내용으로 나누어 답하고 있음을 알 수 있다. 일천제의 무불성론, 유불성론, 부정론 등이 바로 그것이다. 이러한『열반경』의 상이한 내용은 주로 유식가의 오종성론(무성론)과 천태가의 일체개성설의 모태가 되어 숱한 논쟁을 불러일으키기도 하였다.

그러나 불교의 근본정신에 비추어『열반경』의 사상을 깊이 검토해 볼 때『열반경』은 결국 일천제의 성불을 설하고 있다고 보인다.『열반경』에서 일천제 성불을 설하는 그 논리적 근거를 찾아본다면,

첫째, 이종시식과보무차별 ⇨ 여래상주 ⇨ 일체중생실유불성 ⇨ 일천제 성불의 자체 논리를 갖고 있다는 점, 둘째, 불성의 의미를 확장시켜 일천제에게까지 불성의 소재를 넓히고 있는 점, 셋째, 미래라는 시간을 도입하여 해결하고 있는 점, 넷째, 불보살의 자비원력에 의하여 구제될 수 있다고 한 점 등을 들 수 있다.

일천제 성불의 기치를 든『열반경』은 여래상주와 실유불성 사상의 기반을 더욱 확고히 함으로써 불교의 종교적 의의를 심화하고 그 독특한 구제관을 확립시키며 일승불교의 심원한 교리 발전에도 커다란 기여를 하고 있다고 본다.

# III. 빨리어 경전과 대승경전의 사상적 차이
## -『숫따니빠따』와 『법화경』을 중심으로-

최근 우리나라에서는 이른바 '대승'에 대한 신념과 긍지가 점점 약해지고 있는 것처럼 보인다. 여기에는 대략 네 가지 배경과 원인이 있다고 추정된다. 첫째는 일불제자—佛弟子인 불교도들이 이제는 소승과 대승의 대립을 극복해야 한다는 대승적인 인식 때문이라고 생각된다. 둘째, 불교 교리와 역사에 대한 지식이 일반화되면서 대승경전은 부처님의 직접적인 설법이 아니라는 주장과 접하게 되었기 때문이다. 셋째, 세계화의 도도한 흐름 속에서 불교국가 간의 교류와 협력이 활발해졌기 때문이다. 넷째, 일부 스님들과 재가불자들 사이에 '간화선'의 효능에 대한 회의가 증대했기 때문이다.

특히 우리나라에서는 1980년대 후반, 스리랑카와 태국 및 미얀마 등으로부터 '위빠사나'가 유입되기 시작했다. 그로부터 약 20년의 시간이 흐르는 동안 위빠사나 수행을 중심으로 한 테라와다불교는 스님들과 재가불자들 사이에 큰 호응을 얻으면서 널리 확산되고 있다. 현재 위빠사나 수행은 '보리수 선원' '마하보디 선원' '호두마을' '한국마하시선원' 등을 비롯한 30여 개의 단체와 도량에서 체계적이고도 집중적으로 이루

어지고 있다. 마침내 2008년 12월 31일에는 '문화체육관광부'에 '(사)한
국테라와다불교(Theravada Buddhasasana in Korea)' 설립에 관한 등록을
완료하게 된다. 다시 말해서 테라와다불교는 이제 한국에서 또 하나의
불교 종단 내지 교단으로 자리 잡게 된 것이다.

우리나라에는 이미 공식적인 불교 종단이 60여 개 이상 있다. 하지만
테라와다불교 종단은 그 전통과 의례, 수행 또는 생활 방식이 독특하여
우리 불교계에 적지 않은 영향을 끼칠 것으로 전망된다.

이러한 시점에서 이제 우리는 테라와다불교와 대승불교가 과연 사상
적으로 또는 교리적으로 어떻게 다른지 살펴보아야 할 필요가 있다.
본고에서는 그동안 대승불교의 입장에서 일방적으로 행해진 소승불교
에 대한 도식적인 이해와 평가를 잠시 접어두고 테라와다불교의 정전正典
인 빨리어 경전과 대승경전의 내용을 직접 비교해 보고자 한다. 하지만
빨리어 경전과 대승경전은 양적으로 너무 방대하여 본고에서는 우선
『숫따니빠따』와 『법화경』의 내용을 비교해 보고자 한다. 『숫따니빠
따』는 그 성립이 가장 오래된 경전 중의 하나로 불교 경전의 원형을
간직하고 있고 『법화경』은 대승의 특성이 잘 집약되어 있을 뿐만 아니라
현재 한국의 대중적 대승불교 신앙을 대표하는 경전이라 생각되기 때문
이다.

## 1. 부파불교와 대승불교의 갈등과 대립

고타마 붓다에 의해 창설된 불교 교단은 부처님 재세 시는 물론 불멸佛滅
후 약 100년까지는 일미화합一味和合의 모습을 보여 주었다. 그러나
불멸 후 100년경, 교단이 처한 상황이 변하면서 계율에 대한 입장 및
사상적 견해가 엇갈림으로써 교단은 상좌부上座部와 대중부大衆部로

분열된다. 이것을 불교사에서는 '근본분열'이라고 칭한다.

이 근본분열 이후에도 수백 년 동안 지말분열이 계속되어 교단은 무려 18부파 내지 20부파에 이르게 된다. 이러한 부파불교 시대에는 현학적 아비달마와 형식적 계율주의가 주류를 이루면서 종교적 생명력과 대중과의 유대를 상실해가고 있었다. 뿐만 아니라 부파불교 시대의 일부 출가자들은 출가자의 본분을 망각한 채 파계를 일삼고, 일부는 권위주의에 빠져 불교를 사원과 출가자의 전유물로 만들어 가고 있었다. 대승불교운동은 이러한 기존의 부파불교 교단을 비판하고 극복하고자, '부처님에게로 돌아가자' 혹은 '불교의 참정신을 회복하자'는 기치를 내걸고 출범한 집단적 불교혁신 운동이었다.

이에 부파불교인들은 크게 위기의식을 느끼게 되었을 것이고, 특히 교단의 역사적 정통성을 중시하는 보수파와 파계를 일삼던 사이비 승려들은 새로운 불교운동에 격렬하게 반발하여 이를 방해하고 박해했던 것으로 보인다. 이러한 사실은 앞의 논문에서 이미 살펴본 바와 같이, 무엇보다도 일천제—闡提(icchantika)의 관념과 사상을 통해 추정해볼 수 있다.


## 2. 『숫따니빠따』와 『법화경』의 비교

### 1) 『숫따니빠따』와 『법화경』 개요

『숫따니빠따』는 가장 오래된 경전의 하나로 초기경전이 '구전口傳'에 의해 전승되었음을 짐작케 하는 단순하고 소박한 형식의 경전이다. 『숫따니빠따Suttanipāta』는 그 경명經名처럼 경(Sutta)의 집성(nipāta)이라는 의미에서 흔히 『경집經集』이라고도 불린다. 『경집』은 아마도 이

경의 각장이 각각 독립된 경전으로 전해지다가 어느 땐가 하나의 경으로 합해졌기 때문에 붙여진 이름일 것이다.

이 경은 다섯 장으로 이루어져 있는데 이것을 단위(개별) 경전으로 구분하면 70경이 되며, 이것을 다시 게송으로 세분하면 1,149송[172]이나 된다. 이 가운데 제4장 '여덟 편의 시'는 일찍부터 16경으로 이루어져 있었는데 지겸支謙이 한역漢譯한 『의족경義足經』(2권)은 바로 이 장에 해당되는 경전이다. 『숫따니빠따』에는 『의석(義釋, Niddesa)』이라고 하는 오래된 주석서가 있는데, 이것은 제1장 제3경과 제4장 및 제5장의 내용에 대한 어구語句의 주해다.

『법화경法華經』은 산스끄리뜨본 *Saddharmapuṇḍarika-sūtra*의 한역으로 축법호竺法護는 이것을 sad(正 또는 妙) dharma(法) puṇḍarika(蓮花) sūtra(經), 『정법화경』으로, 구마라집은 『묘법연화경』으로 번역하였는데, 구마라집의 번역본이 일반화되어 『묘법연화경』이 대표적인 경의 이름이 되었다. 『법화경』은 이 『묘법연화경』의 약칭이다.

이 경의 한문 번역은 여섯 종류가 있었으나 현존하는 것은 3종이다. 서진西晋의 축법호가 번역한 『정법화경正法華經』(10권 27품), 요진姚秦의 구마라집鳩摩羅什이 번역한 『묘법연화경妙法蓮華經』(7권 28품), 수隋의 사나굴다闍那堀多와 달마급다達磨笈多가 공역한 『첨품添品 묘법연화경』(7권 27품)이 그 셋이다.

이 경은 그동안 티베트어, 위구르어, 서하어, 몽고어, 만주어 등 중앙아시아 권역의 여러 나라 언어로 번역되어 넓은 지역에 보급되었다. 근래에는 일본어, 프랑스어, 영어 등으로도 번역되어 유포되고 있다. 또한

---

172 Palī本은 1,149송으로 편집되어 있으나 Fausböll의 英譯本(Second Edition, Revised)은 1,148송으로 되어 있다. 파우스뵐은 빨리본 제1,041송과 제1,042송을 하나로 묶는 등 약간의 재편집을 하였기 때문이다.

우리나라에서도 조선조 세조 때의 언해본을 비롯하여 여러 현대 한글 번역본이 유통되고 있다.

『법화경』에 대한 연구는 서역 지방과 티베트를 거쳐 중국과 우리나라에서 크게 성행하였다. 수많은 주석서들이 그것을 증명하고 있다. 그 가운데서도 특히 천태天台 대사 지의智顗가 지은 법화삼대부法華三大部는 양적으로나 질적으로나 매우 뛰어나 가장 권위 있는 주석서로서 후대에 지대한 영향을 끼쳤다. 천태 대사는 법화삼대부, 즉『법화현의法華玄義』・『법화문구法華文句』・『마하지관摩訶止觀』을 통해 『법화경』을 주석하고 있지만 동시에 자신의 사상을 새롭게 구축하고 있기도 하다.[173]

『법화경』은 일시에 이루어진 경전이라고 생각되지 않는다. 최초의 『법화경』은 오늘날과 같은 규모가 아니라 8품 내지 10품 정도로 구성된 소규모의 경전이었을 것으로 추정된다. 다시 말해서, 그것은 지금의 제1 서품의 일부, 제2 방편품과 제3 비유품이 먼저 성립되고, 다음으로 제11 견보탑품의 전반부와 제13 권지품의 일부가 추가된 후, 다시 제15 종지용출품, 제16 여래수량품과 제21 여래신력품이 성립되어 8품이 되고, 어느 정도의 시간이 지나 제17 분별공덕품 및 제20 상불경보살품이 첨가된 총 10품으로 이루어진 경전이 되었을 것이다.[174]

## 2) 두 경의 구성 또는 형식

불교 경전은 대부분 육성취六成就를 갖추고 삼분三分으로 구분된다. 육성취란 경전 성립의 기본 요건으로서 신성취信成就(如是), 문성취聞成

173 정승석 편, 『불전해설사전』(민족사, 1989), p.136.
174 이재창, 『불교경전의 이해』(경학사, 1998), pp.178~179.

就(我聞), 시성취時成就(一時), 주성취主成就(佛), 처성취處成就(在某處), 중성취衆成就(與大比丘衆 某某俱)의 여섯 조건이다. 삼분이란 서분序分, 정종분正宗分, 유통분流通分을 말한다. 서분은 그 경전을 설하게 되는 연유와 배경을 설하는 부분이고, 정종분은 그 경전의 본론이라고 할 수 있는 중심 내용을 설하는 부분이며, 유통분은 경전의 이익과 공덕, 홍포와 선양에 관해 설하는 부분이다.

하지만 『숫따니빠따』를 구성하고 있는 70편의 경전들 가운데는 이와 같은 육성취와 삼분의 형식을 갖춘 경전들보다 갖추지 못한 경전들이 더 많다. 예를 들어, 제1장 사품蛇品의 제1경 「뱀」의 경우를 보도록 하자. 이 경은 짧은 내용의 17게송으로 이루어져 있는데, 그 제1 게송과 제17 게송은 각각 다음과 같다.

뱀의 독이 몸에 퍼지는 것을 약으로 다스리듯, 치미는 화를 삭이는 수행자는 이 세상(此岸)도 저 세상(彼岸)도 다 버린다. 뱀이 묵은 허물을 벗어버리듯이.(1)[175]
다섯 가지 덮개(五蓋)를 버리고, 번뇌가 없고 의혹을 뛰어넘어 괴로움이 없는 수행자는 이 세상도 저 세상도 다 버린다. 뱀이 묵은 허물을 벗어버리듯이.(17)

이들 내용 속에서는 육성취의 내용도 삼분의 형식도 발견되지 않는다. 거두절미하고 붓다가 제자들에게 직접 전하는 가르침만 게송의 형식으로 열거되어 있다.

물론 육성취와 삼분의 형식을 갖추고 있는 경도 있다. 예를 들면

---

[175] 법정 옮김, 『숫타니파타』(샘터, 1991), p.12 참조. 이하 괄호로 묶은 숫자는 게송의 일련번호임.

제1장 제4경 「밭을 가는 바라드바자」는 육성취의 내용을 모두 포함하고 있고 서분, 정종분, 유통분의 형식도 잘 갖추고 있다. 또한 제2장 소품小品 제14경 「담미까」와 같이 서분, 정종분은 있는데 유통분은 없는 경우도 있다. 『숫따니빠따』에 나오는 서분과 유통분의 내용은 잡아함의 경우처럼 대체적으로 간략하고 소박하다. 먼저 제2장 제14경 「담미까」의 서분의 내용을 살펴보면 다음과 같다.

> 이와 같이 나는 들었다. 어느 날 거룩한 스승께서는 사밧티의 제타 숲, 고독한 사람들에게 음식을 베푸는 장자의 동산에 계시었다. 그때 담미카라는 재가신도가 오백 명의 신도들과 같이 스승께 와서 예배한 뒤 시로써 여쭈었다. (제376 게송 바로 앞)

다음은 제3장 대품大品 제12경 「두 가지 관찰」의 유통분의 내용이다.

> 스승(Bhagavat, 世尊)은 이렇게 말씀하셨다. 수행승들은 기뻐하면서 스승의 가르침을 받아들였다. 이 설법이 있을 때 육십 명의 수행승들은 집착이 없어져 마음이 더러움에서 해탈되었다. (제765송 바로 뒤)

위에서 인용한 것처럼 『숫따니빠따』의 경전 내용들은 대부분 사실에 바탕한 것으로 간략하고 소박한 형태를 띠고 있다.

이에 반해 『법화경』은 육성취의 내용은 물론 삼분의 형식도 확실하게 갖추고 있고 그 분량도 광대하다. 『숫따니빠따』의 내용이 대부분 현실에 바탕한 것인 데 비해, 『법화경』의 내용은 비사실적 또는 초현실적인 부분이 많고 문학적 내지 희곡적인 성격도 강하다. 예를 들어 「서분」에 해당되는 「서품序品」의 내용만 보더라도 그러한 특징이 잘 드러난다.

서품에서는 육성취 중에서 특히 중衆 성취를 이루고 있는 대중이 실로
다양하고 장엄하다. 먼저 비구대중은 일만 이천 명인데, 이는 일반적인
1,250인의 거의 10배에 달하는 숫자다. 그중에서 구체적으로 가섭,
사리불, 목건련, 아난, 라훌라 등 21명의 제자들 이름을 밝히고 있다.
마하파자파티와 야소다라를 비롯한 비구니중도 6천인이다. 보살마하살
대중은 8만 명으로 그중 문수보살, 관세음보살, 대세지보살, 미륵보살
등 18명의 이름이 거명되고 있다. 도리천의 석제환인도 2만 명의 권속들
과 함께 하고 수많은 천자天子들도 동석하였다. 용왕, 긴나라왕, 건달바
왕, 아수라왕, 가루라왕 등의 무리와 더불어 아사세왕도 여러 백천
권속과 함께 자리하고 있다. 세존은 이 모든 대중들을 위해 『무량의경無量
義經』을 설하고 무량의처 삼매에 든다. 이때 여섯 가지 기이한 상서가
나타난다.

  이때 하늘에서는 만다라꽃, 마하만다라꽃, 만수사꽃, 마하만수사꽃들이
  비오듯 내려 부처님과 모든 대중 위에 뿌려졌으며 부처님의 넓은 세계는
  여섯 가지로 진동하였다 …… 이때, 부처님께서는 미간백호상眉間白毫相으
  로 광명을 놓으시어 동방으로 일만 팔천 세계를 두루 비추시니, 아래로는
  아비지옥에 이르고 위로는 아가니타천에 이르렀다.[176]

  이와 같은 『법화경』의 서분 내용은 『숫따니빠따』의 그것과 큰 대조를
이루고 있음을 알 수 있다.
  천태 대사에 따르면, 『묘법연화경』은 '2문門 6단段'으로 구성되어
있다. '2문'이란 적문迹門과 본문本門을 말하는데, 적문이란 이 땅에
자취를 남긴 석가모니불이 세 가지 방편을 통해 일승一乘의 한 가지

176 『妙法蓮華經』(大正藏 권9, p.2中).

진실을 밝혀, 이승二乘, 즉 성문과 연각도 성불할 수 있음을 알리고
그 길을 제시한 부분이다. 제2 방편품을 중심으로 설해지는 적문의
핵심 주제는 한마디로 '일승묘법一乘妙法'이라고 할 수 있다. 본문이란
이 땅에 출현한 석가모니불을 초월하여 실재하면서 중생을 구제하는
구원실성久遠實成의 본불本佛을 밝힌 부분이다. 제16 여래수량품을 중심
으로 설해지는 본문의 핵심 주제는 '구원본불久遠本佛'이라고 할 수 있다.
천태 대사는 이 적문과 본문을 각각 서분, 정종분, 유통분의 삼분으로
나누어 전체를 6단, 즉 6분으로 구분한 것이다.[177]

### 3) 불타관 비교

#### (1) 『숫따니빠따』의 불타관

#### 가. 인간으로서의 붓다

『숫따니빠따』에 나타나는 석가세존의 모습은 한마디로 인간으로서의
붓다, 즉 '인간 붓다'라고 할 수 있다. 세존은 코살라 국의 속국인 히말라야
기슭의 '석가족' 출신이다.[178] 감자왕甘蔗王의 후예로서 룸비니 동산에서
태어났으며 어린 시절과 청년 시절을 카필라성에서 보낸다.[179] 강보에
싸인 아기 붓다는 "머리위에 흰 양산을 가리고 빨간 모포에 싸여 있는
황금보물 같은 아기"로 묘사된다.[180] 그는 "집에서 사는 생활은 비좁고
번거로우며, 먼지가 쌓인다. 그러나 출가는 넓찍한 들판이며 번거로움이

---

177 정승석, 『법화경』(사계절, 2004), p.94; 2문 6단의 구성이 일목요연하게 도표화되어
　　있음.

178 법정 옮김, 앞의 책, (442)~(423).

179 위의 책, (683)(991).

180 위의 책, (689).

없다"고[181] 생각하여 출가한다. 출가 후 6년간의 용맹정진 끝에 깨달음을
얻고 생사윤회에서 해탈하여 열반을 성취한다. 이러한 경지에 대한
다음의 설명은 『숫따니빠따』에서 반복적으로 나타난다.

태어나는 일은 이제 끝났다. 청정한 행은 이미 완성되었다. 할 일을 다
마쳤다. 이제 다시는 이러한 생을 받지는 않을 것이다.[182]

이렇게 깨달음을 얻고 열반을 성취한 석가세존은 종종 '눈을 뜬 분'
'진리의 주인' '눈이 있는 이' '인류의 최상인' '위대한 영웅' '신성한 분'
'애착을 떠난 분' '번뇌의 화살을 꺾어 버린 분' '악마의 군대를 쳐부순
이'[183] 등으로 불린다. 이렇게 깨달은 붓다도 때가 되면 속옷과 겹옷을
입고 발우를 들고 탁발을 하며 우유죽을 드시기도 한다.[184] 외아들 라훌라
에게 경책할 때는 사랑과 엄격함이 함께 묻어나는 아버지의 모습이
연상되기도 한다.[185] 이처럼 『숫따니빠따』의 붓다는 역사적 실존 인물로
서 '인간 붓다'로 그려지고 있다.

## 나. 스승으로서의 붓다

『숫따니빠따』에서는 다음과 같은 내용이 반복적으로 나타난다.

훌륭한 말씀이십니다, 고타마시여. 훌륭한 말씀이십니다, 고타마시여.

---

181 위의 책, (406).

182 위의 책, (569).

183 위의 책, (83)(560)(562) 등.

184 위의 책, (80)(567) 등.

185 위의 책, (335)~(342).

마치 넘어진 사람을 일으켜 주듯이, 덮인 것을 벗겨 주듯이, 길 잃은 자에게 길을 가리켜 주듯이, '혹은 눈이 있는 사람들은 빛을 볼 것이다' 하고 어둔 밤에 등불을 비춰 주듯이, 당신 고타마께서는 여러 가지 방편으로 법을 밝히셨습니다. 저는 당신 고타마께 귀의합니다. 그리고 교법과 수행승의 모임(僧伽)에 귀의합니다.[186]

위의 비유들, 즉 "넘어진 사람을 일으켜 주듯이" "덮인 것을 벗겨 주듯이" "길 잃은 자에게 길을 가리켜 주듯이" "어둔 밤에 등불을 비춰주듯 이"가 의미하는 바는 모두 스승으로서의 붓다이다. 붓다는 사람들을 직접 구제해 주는 신도 아니고 신적 존재도 아니다. 붓다는 길을 가리키는 안내자요, 병을 처방하는 의사며 중생을 가르치는 스승일 뿐이다. 그는 스스로 깨닫고 증명하여 천신과 악마를 포함한 이 세계와 사문, 바라문, 인간을 포함하는 모든 살아 있는 것들에 가르침을 베푼다. 붓다는 처음도 좋고 중간도 좋고 마지막도 좋고, 말과 뜻이 잘 갖추어진 가르침을 설한다. 그리하여 그는 참사람, 깨달은 사람, 지혜와 행을 갖춘 사람, 행복한 사람, 세상을 알아버린 사람, 위없는 사람, 사람들을 길들이는 이(御者), 신과 인간의 스승, 눈뜬 사람, 거룩한 스승이라고 불린다.[187] 『숫따니빠따』의 가르침은 결국 출가수행자 또는 제자들을 향한 스승의 가르침이다. 그 가르침은 모든 탐욕과 번뇌를 여의어 생사윤회의 사슬을 끊고 해탈을 성취할 수 있도록 한다.

---

186 위의 책, (142) 뒤.
187 위의 책, p.165.

## 다. 신화적 존재 또는 초인으로서의 붓다

이와 같이 『숫따니빠따』에 나타나는 붓다의 모습은 대체적으로 인간적
이지만, 초인적인 붓다의 모습도 간혹 발견된다. 무엇보다도 그것은
아시타 선인이 어린 싯다르타 태자의 관상을 보고 난 후, "이 아이는
평범한 상이 아닙니다. 주의해서 길러주십시오. 이 왕자는 깨달음의
궁극에 이를 것입니다."[188]라고 한 말 속에 암시되어 있다. 아시타가
본 싯다르타 태자의 특별한 상은 다름 아닌 32상이었음을 『숫따니빠
따』의 다른 게송에서 확인할 수 있다.

모든 베다 가운데 서른두 가지 완전한 위인의 상이 전해져 있고, 차례로
설명되어 있다.(1000)
몸에 이런 서른두 가지 위인의 상이 있는 사람, 그에게는 두 가지 앞길이
있을 뿐, 셋째 길은 없다.(1001)
만약 그가 집에 머문다면 이 대지를 정복하리라. 형벌에 의하거나 무기에
의존함이 없이 법으로써 통치한다.(1002)
또 그가 집을 나와 집 없는 사람이 된다면 덮여 있는 것을 벗기고, 더
없이 높은 눈뜬 사람, 존경받을 만한 사람이 된다.(1003)

위 내용을 통해서도 알 수 있는 것처럼, 인도에서는 고대부터 일종의
메시아 사상이 있었던 것 같다. 그 메시아는 32상이라는 특별한 외모를
타고나는데, 그가 세상에 머문다면 온 세상을 법(dharma)에 의해 통치하
는 위대한 전륜성왕轉輪聖王이 되고, 출가한다면 깨달음을 성취하여
여래如來가 된다는 것이다. 붓다의 32상에 관한 언급은 여기에서 그치지
않고 보다 구체적으로 묘사된다. 제3장 제7경 「세라」에 의하면, 부처님

---

188 위의 책, (692)(693).

은 '세라'라는 바라문이 부처님의 특별한 서른 가지 상은 확인했지만 음마장상陰馬藏相과 광장설상廣長舌相은 보지 못해 의심하는 것을 보고, 신통력으로 감추어진 음부陰部를 볼 수 있게 하고 동시에 혀를 내밀어 두 귀와 이마까지 닿도록 하여 의심을 풀게 하였다.[189]

이 32상을 사실대로 이해한다면 부처님은 분명 보통 인간과는 다른 존재임에 틀림이 없다. 물론 32상을 지혜와 자비, 그리고 덕과 인격의 상징으로 이해한다면 또 다른 해석을 내릴 수도 있겠지만, 상징이라 하더라도 32상에 관한 이야기는 부처님을 보통 사람과는 다른 특별한 초인적 존재로 바라보는 입장을 반영한다고 할 것이다.[190]

또한 『숫따니빠따』에는 과거7불에 대한 언급은 없지만 과거불 중의 한 분인 가섭불과의 대화 내용이 소개되고 있다.[191] 과거불 사상은 석가모니불에 그 기원을 둔다고 볼 수 있지만, 과거불을 메시아 사상의 관점에서 본다면 석가모니불은 초인적 구세주라고 할 수도 있을 것이다. 그리고 어느 때 세존이 바라드바자 바라문으로 하여금 우유죽을 물속에 버리게 했는데, 곧바로 부글부글 소리를 내면서 많은 거품이 끓어오르자 바라문이 두려워하면서 세존께 귀의했다는 일화도 눈에 띈다.[192] 이러한 일화도 붓다의 초인적 모습을 연상시키는 측면이 있다.

---

189 위의 책, pp.169~170.
190 32상설은 부처님을 신비화하기 위해 후대에 아비달마불교인들이 만들어낸 것이라는 주장도 있음.
191 위의 책, (239).
192 위의 책, (82).

## (2) 『법화경』의 불타관

### 가. 구원실성久遠實成의 붓다

『숫따니빠따』의 붓다는 부분적으로 초인적인 측면도 있지만 근본적으로는 역사적 실존 인물로서의 인간 붓다이다. 기원전 6세기경 석가국의 카필라성에 아버지 정반왕과 어머니 마야부인 사이에서 태자로 태어난 그는 결혼도 하고 아들도 낳는다. 인생의 근본 문제를 해결하기 위해 출가하여 노력한 끝에 깨달음을 성취한 후, 수십 년간 전법교화의 삶을 살다 80세가 되어 쿠시나가라에서 열반에 든 역사적 인간이다.

하지만 『법화경』에서는 이러한 인간 붓다의 정체성에 대한 놀라운 비밀이 폭로된다. 석가세존은 보드가야에서 처음 붓다가 된 것이 아니라 이미 구원겁 전에 깨달음을 성취한(구원실성) 본래부처(본불), 다시 말해 구원본불久遠本佛이라는 것이다. 석가모니불은 중생들에게 불지견佛知見을 개개開‧시示‧오悟‧입入하기 위한 근본원根本願[193]을 가지고 태자의 몸으로 화현하였고, 열반에 들지도 않았지만 일부러 열반의 모습을 보여 준 것이며, 여래의 수명은 영원하다는 것이다.

『법화경』 제16 여래수량품에는 다음과 같은 가르침이 설해져 있다.

너희들은 여래의 비밀과 신통력에 대하여 자세히 들으라. 일체 세간의 하늘과 인간 그리고 아수라들은 모두 석가모니불은 석씨 왕성을 나와 가야성 가까운 도량에 앉아 아뇩다라삼먁삼보리를 얻었다고 생각하지만 그러나 선남자들아, 내가 성불한 지는 한량없고 가없는 백천 만억 나유타 겁이니라. ⋯⋯ 그로부터 나는 항상 이 사바세계에 있으면서 설법하여 교화했고, 또 다른 백천만억 나유타 아승지 국토에서 중생을 인도하여 이익되게 하느니라. ⋯⋯ 이와 같이 내가 성불한 지는 참으로 오랜 옛날부터

---

193 橫超慧日, 『法華思想の硏究』(京都 : 平樂寺書店, 1975), p.415.

였으며 수명이 한량없는 아승지겁이므로 이 세상에 항상 머물러 멸하는 법이 없느니라. …… 나는 그대들에게 내가 곧 멸도滅度할 것이라고 말하지만 이것은 참 멸도가 아니며, 여래는 이런 방편으로 중생을 교화하느니라.[194]

「여래수량품」의 비유에 의하면, 여래의 수명은 오백진점겁五百塵點劫 보다 훨씬 더 많다. 오백진점겁이란, 어떤 사람이 오백천만억 나유타 아승지의 삼천대천세계를 부수어 가는 티끌로 만들고, 그 티끌을 동방으로 오백천만억 나유타 아승지의 국토를 지날 때마다 하나씩 떨어뜨리는데, 이렇게 해서 그 티끌이 다 없어질 때까지 지나온 국토는 물론 티끌을 떨어뜨리지 않은 국토까지 모두 합하여 다시 가늘게 부수어 티끌을 만든다고 가정할 때, 그 모든 티끌 수만큼의 겁에 해당된다.

아무래도 이 오백진점겁의 비유는 붓다의 실제 수명을 추정하기 위한 것이라기보다 붓다의 생명이 영원하다는 것을 나타내기 위한 것이라 생각된다. 대승불교에서는 일반적으로 불신佛身을 크게 법신法身, 보신報身, 응신應身으로 나누는데 이 삼신설三身說은 『법화경』 이후에 정착된 사상이다. 그런데 이 『법화경』의 구원실성의 본불은 법신의 측면과 보신의 측면을 겸비하고 있어 흥미롭다. 구원본불을 영원한 생명의 본래부처(本佛)로 본다면 그것은 법신의 개념에 가깝고, 비록 구원겁 이전이라 하더라도 성불의 시점을 인정한다면 보신의 개념에 가깝다고 할 수 있다.[195] 구원본불은 이러한 법신과 보신의 성격을 함께 아우르고 있기에 종교적 생명력이 더 강한지도 모른다.

---

194 大正藏 권9, p.42中下.

195 김동화, 『대승불교사상』(불교시대사, 2001), p.108; 이영자, 『법화·천태사상연구』(동국대출판부, 2002), p.47 참조.

## 나. 구제자로서의 붓다

석가모니불은 중생을 구제하기 위한 구원본불의 응화신應化身이다. 앞
에서 인용한 것처럼 구원실성의 본불은 이 사바세계에 상주하여 끊임없
이 중생을 교화하고 구제한다. 하지만 불지견이 없는 범부 중생의 안목으
로는 구원본불의 그러한 실천행을 이해하기도 어렵고 믿기도 어려울
뿐이다. 『법화경』은 이러한 이유로 민중이 더 친근하게 다가올 수 있도록
하기 위해 대자대비한 '관세음보살'을 제시한다. 『법화경』 제25 관세음
보살보문품에는 다음과 같은 가르침이 설해져 있다.

> 선남자야, 만일 한량없는 백천만억 중생이 여러 고뇌를 받을 때에, 이
> 관세음보살의 이름을 듣고 일심으로 그 이름을 부르면 관세음보살께서
> 즉시 그 음성을 듣고 그들로 하여금 다 해탈을 얻게 하느니라. 만일 어떤
> 사람이 이 관세음보살의 이름을 받들면 그 사람이 혹시 큰 불 속에 들어가더
> 라도 불이 그를 태우지 못할 것이니, 이것은 관세음보살의 신통한 위력
> 때문이니라.[196]

불교에서는 우리가 살아가는 이 세상을 흔히 '사바세계(sahaloka)'라고
한다. 이 세상에는 잡다한 것들이 모여 있고(雜會土), 따라서 힘들고
어려운 일들이 많아 참고 견디지 않으면 살아갈 수 없다는(勘忍土) 뜻에서
생긴 이름이다. 특히 힘없는 민중의 삶은 더욱 고달프고 열악하기 일쑤
다. 불교에서는 일반적으로 우리가 살아가면서 겪기 쉬운 곤경을 칠난七
難이라고 한다. 화난火難, 수난水難, 풍난風難, 검난劍難, 귀난鬼難, 옥난
獄難, 도난盜難이 그것이다. 또한 단란한 가정을 이루려면 자식도 필요하
고 직업도 필요하다. 우리는 행복하게 살기 위해 필요한 수많은 소원을

---

196 大正藏 권9, p.56下.

갖기도 한다. 관세음보살은 이러한 여러 재난으로부터 중생을 구하고, 중생의 갖가지 소원을 들어주기 위해 온갖 방편을 동원한다.

> 선남자여, 만일 어떤 국토의 중생을 부처님의 몸으로 제도해야 할 이에게는 관세음보살이 곧 부처님의 몸을 나타내어 설하고, 벽지불의 몸으로 제도해야 할 이에게는 곧 벽지불의 몸을 나타내어 법을 설하고 …… 집금강신의 몸으로 제도해야 할 이에게는 곧 집금강신의 몸을 나타내어 그를 위해 법을 설해 주느니라.[197]

이처럼 관세음보살은 33응신應身을 나투어 중생을 구제한다. 위기와 곤경에 처한 중생의 입장에서는 관세음보살을 칭명하기만 하면 된다. 참으로 쉽고 편리한 방법이다. 특히 민중들 사이에서는 관세음보살에 대한 믿음이 널리 퍼져 갔다. 이러한 믿음은 마침내 이른바 '관음 신앙'을 성립시켰으며, 관세음보살의 칭명으로 부사의한 효험을 보았다는 수많은 영험담도 쏟아져 나왔다.[198]

요컨대, 중생구제의 화신이라 할 이 관세음보살은 부처님의 또 다른 이름에 다름 아니다. 따라서 『법화경』에서의 붓다는 바로 이러한 구제자로서의 붓다라고 할 수 있다.

197 大正藏 권9, p.57上中.
198 정승석, 앞의 책, p.123.

## 4) 두 경의 사상적 차이

### (1) 『숫따니빠따』의 불교 사상적 특징

앞에서 살펴본 것처럼 『숫따니빠따』는 실로 소박하고 원시적인 형태의 경전으로서 석가세존의 육성의 가르침을 생생하게 전해주고 있다. 따라서 『숫따니빠따』는 테라와다불교의 사상적 원형이 담겨 있는 경전이라고 할 수 있다. 이제 테라와다불교의 방향성을 가늠할 수 있는 『숫따니빠따』의 몇 가지 사상적 특징을 살펴보고자 한다.

### 가. 법수화 또는 조직화되지 않은 교리

『숫따니빠따』의 가장 큰 특징은 소박한 형태에 있다. 다시 말해 이 경전 속에는 붓다의 가르침이 아직 조직화되거나 체계화되지 않고 있다. 따라서 우리가 잘 알고 있는 불교교리의 기본 용어들, 이를테면 3법인, 4성제, 5계, 5온, 6근, 6경, 12처, 8정도, 12연기 등의 용어가 거의 발견되지 않는다. 3법인의 내용도 한곳에 함께 설해져 있지 않고 여기저기 산재해 있다. 4성제의 내용도 그 기본 틀만 있지 그에 대한 설명은 없다. 예컨대,

'이것은 괴로움이다. 이것은 괴로움의 원인이다' 하는 것이 하나의 관찰이고 '이것이 괴로움의 그침이다. 이것은 괴로움을 그치게 하는 길이다' 하는 것이 둘째 관찰이다. 수행승들이여, 이렇게 두 가지를 바르게 관찰하여 게으르지 않고 정진하는 수행승에게는 두 가지 과보 중에서 어느 하나를 기대할 수 있다.[199]

---

199 법정 옮김, 앞의 책, p.213.

5계에 관련해서는, 그 내용은 제394송에서 제398송까지 비교적 상세하게 설해져 있는데 막상 '5계'라는 용어는 보이지 않는다.[200] '8재계'도 그 내용은 설명되어 있는데 아직 용어 자체는 보이지 않는다. '여덟 부분으로 된(consisting of eight parts)' 재계라고 느슨하게 표현되어 있을 뿐이다.[201]

5온은 그 내용마저도 발견되지 않고, 6근을 말할 때는 그냥 6(six)이라고만 하고 있다. 6경과 관련된 내용은 제171송에 여섯 가지 욕망의 대상이라는 표현이 나오고 제974송에는 색, 성, 향, 미, 촉의 다섯 가지 명칭만 나온다. 8정도에 관련된 전체적인 내용은 눈에 띄지 않는다. 연기법이라든가 12연기와 같은 용어도 발견되지 않는데, 다만 제3장 대품 제12경 『두 가지 관찰』의 내용 가운데 무명無明, 행行, 식識, 촉觸, 수受, 애愛, 취取의 용어가 나온다. 이들의 관계에 대한 언급도 없을 뿐만 아니라 명색名色, 육입六入, 유有, 생生, 노사老死의 항목도 빠져 있지만, 이러한 가르침이 기초가 되어 후일 '12연기'가 정립되었을 것으로 추정된다.

석가세존이 이러한 전문용어나 법수法數를 전혀 사용하지 않았다고 생각되지는 않지만, 이러한 용어들 중에는 아비달마 불교인들에 의해 만들어져 적극적으로 사용된 것도 적지 않을 것으로 판단된다. 세존은 번쇄한 교리의 체계화 또는 조직화보다는 그 '대기설법對機說法'의 원칙으로 보아, 그때그때 상대에 따라, 주제나 문제에 따라 실질적인 내용을 중심으로 효과적인 대화와 가르침을 폈을 것으로 짐작된다. 가르침의 내용이 중요하지 가르침의 '이름'이 중요한 것은 아닐 터이다. 그리고

---

그 '이름'은 종종 실체적 진실을 왜곡하고 관념과 사변에 빠지게 하는 빌미가 되기도 한다. 그것은 후일 아비달마불교의 병폐에서도 입증되고 있으며, 대승의 초기경전인 『반야경』에서는 이름과 개념에 대한 집착을 강력하게 경계하고 있다.

## 나. 금욕적 출가수행의 독려

『숫따니빠따』를 관통하고 있는 대주제 중의 하나는 '출가수행'이다. 출가수행의 목적은 고통과 번뇌를 여의고 생사의 윤회가 없는 열반을 얻는 것이다. 그러기 위해서는 자식과 아내에 대한 애착도 버려야 하며 무엇보다도 욕망(탐애)을 멀리하지 않으면 안 된다. 욕망은 실로 그 빛깔이 곱고 감미롭지만 끝내는 우리를 고통과 번뇌 속으로 빠뜨리고 만다. 그래서 경전은 특히 '성교'를 경계한다.

> 독신을 지키고 있을 때에는 지혜로운 분이라고 인정받던 사람도, 성교에 빠지기 때문에 어리석은 사람처럼 괴로워한다.(820)
> 성자는 이 세상에서 앞뒤로 이러한 재난이 있음을 알아 굳게 독신을 지키고 성교에 빠지지 마라.(821)

성자는 온갖 욕망을 거들떠보지 않으며 이를 떠나 살기 때문에 욕망의 노예가 되어 살아가는 사람들에게는 선망의 대상이 된다. 욕망을 여읜 출가수행이 실로 당당하고 자유롭고 청정한 길임을 경전은 다음과 같이 노래한다.

> 소리에 놀라지 않는 사자와 같이, 그물에 걸리지 않는 바람과 같이, 흙탕물에 더럽혀지지 않는 연꽃과 같이, 무소의 뿔처럼 혼자서 가라.(71)

『숫따니빠따』는 욕망을 경계하면서 우리 몸의 아홉 구멍에서는 끊임 없이 더러운 오물이 흐르고 있음을 주시해야 하고, 죽어서 시체가 되면 부패하여 악취가 진동하게 된다는 것을 기억해야 한다고 가르친다. 육체를 비롯한 모든 세속의 굴레에서 벗어나는 것이 최선의 길임을 일관되게 가르친다. 그리고 "마치 하늘을 나는 목이 푸른 공작새가 아무리 애를 써도 백조를 따를 수 없는 것처럼, 집에 있는 이는 세속을 떠나 숲속에서 명상하는 성인이나 수행자에게 미치지 못한다"[202]고 거듭 강조한다.

### 다. 자비사상

우리는 흔히 소승불교는 자기중심적이고 자리주의自利主義라고 생각한 다. 그러나 이러한 고정관념과 잘못된 선입견을 여지없이 깨뜨려 주는 한 경이 있다. 제1장 사품 제8경 『자비』라는 이름의 경이다.

> 눈에 보이는 것이나 보이지 않는 것이나, 멀리 또는 가까이 살고 있는 것이나, 이미 태어난 것이나 앞으로 태어날 것이거나 살아 있는 모든 것은 다 행복하라.(147)
> 또한 온 세계에 대해서 한량없는 자비를 행하라. 위 아래로, 또는 옆으로 장애와 원한과 적의가 없는 자비를 행하라.(150)

경은 계속해서 "마치 어머니가 목숨을 걸고 외아들을 아끼듯이" 언제 어디서나 모든 살아 있는 것에 대해서 한량없는 자비심을 가지라고 설한다.[203] 또한 재가자의 행위 규범을 설하는 가운데, 산 것을 몸소

---

202 법정 옮김, 앞의 책, (221).
203 위의 책, (140)(151).

죽여서는 안 되고 남을 시켜 죽여서도 안 되며, 한 걸음 더 나아가 '죽이는 것을 보고 묵인해도 안 된다'고 가르친다. 마찬가지로 남이 도둑질하는 것을 묵인해도 안 되며, 거짓말하는 것을 묵인해도 안 된다. 이러한 가르침은 인간과 사회 및 자연에 대한 관심과 자비를 강조하며, 이것은 결국 이타주의利他主義와 접목된다고 보인다. 이러한 이타적 사상은 이미 대승大乘의 이념과 정신을 배태하고 있다고 생각된다.

『숫따니빠따』에는 이 밖에도 다양한 가르침이 설해져 있는데, 그 기저를 이루는 것은 업사상과 윤회사상이다. 경은 바라문이라 하더라도 나쁜 행위를 하면 현세에서 비난을 받고 내세에는 나쁜 곳에 태어난다고 한다.[204] 특히 지옥에 대해서는, 화염지옥, 칼날지옥, 홍련지옥 등 여러 지옥의 모습을 구체적으로 설명하면서 비교적 상세하게 다루고 있다.[205]

이러한 업과 윤회의 관념은 세존 당시 인도 사람들에게 상당히 보편화되어 있었던 것으로 보이며 세존은 이것을 수용하여 불교적으로 해석하면서 더욱 강조했던 것이다.

## (2) 『법화경』의 사상

『법화경』에는 초기 및 부파불교 사상은 물론 대승의 공사상 등 다양한 사상이 포괄되어 있다. 그러나 여기서는 지면의 제한상 『숫따니빠따』와의 비교 작업에 의의가 큰 핵심 사상들에 대해서만 논의하기로 한다.

### 가. 제법실상諸法實相

『법화경』 방편품에 의하면, 모든 부처님의 지혜는 매우 깊고 한량이

---

204  위의 책, (140)(141).

205  위의 책, (667)~(678).

없어, 그 지혜의 문은 이해하기도 어렵고 들어가기도 어렵다. 그리하여 일체 성문이나 벽지불로서는 알 수가 없다. 이처럼 부처님이 성취한 가장 희유하고 난해한 진리가 바로 '제법실상'이다. 이것은 오직 부처님들만이 깨달아 알 수 있는 진리이다. 제법실상은 '제법의 실상' 또는 '제법은 실상이다'의 두 가지 의미로 해석할 수 있는데, 여기서 실상의 구체적 내용이 바로 '10여시如是'이다.

10여시는 이러한 모양(如是相), 이러한 성질(如是性), 이러한 바탕(如是體), 이러한 잠재력(如是力), 이러한 기능과 작용(如是作), 이러한 직접적 원인(如是因), 이러한 간접적 원인(如是緣), 이러한 결과(如是果), 이러한 과보(如是報), 이러한 상부터 보까지가 모두 궁극적으로 평등함(如是本末究竟等)이다.[206]

제법실상론은 모든 사물과 존재를 단순히 피상적으로 인정하는 것이 아니다. 모든 사물과 존재(諸法)를 중도中道, 진공眞空, 묘유妙有의 관점에서 유기적이고 역동적으로 파악한다. 천태종에서 공空·가假·중中 삼제가 원융하다는 '삼제원융' 사상도 여기에서 비롯된 것이다. 또한 훗날 천태지의天台智顗는 이 십여시를 기초로 '일념삼천一念三千'의 세계관을 확립하게 된다.[207]

어쨌든 제법실상의 진리는 제법을 삼제원융의 관점에서 그대로 인정하고 수긍함으로써 현실 긍정에 바탕한 적극적인 대승적 실천의 동력이 된다.

---

206 大正藏 권9, p.5下.

207 Michael Pye, *Skilful Means* (London: Roultledge, 2003), p.21.

## 나. 회삼귀일會三歸一 사상

우리는 이미 제2장에서 부파불교도와 대승인들의 심각한 대립상을 '일천제'라는 개념을 통해 살펴보았다. 대승인들은 기존의 부파불교인을 소승이라고 폄하한다. 소승에는 성문승과 연각승이 포함되며 이 둘을 통칭하여 '이승二乘'이라고 한다.

이에 대해 대승은 보살승이라 이름하며 후일 현수賢首와 천태天台 등의 일승가一乘家에서는 대승을 권대승權大乘과 실대승實大乘으로 나누고 보살승을 권대승, 일불승一佛乘을 실대승으로 구분한다. 그리하여 일승가에서는 『법화경』「비유품」에 나오는 삼거화택三車火宅의 비유에서 양거羊車는 성문승, 녹거鹿車는 연각승, 우거牛車는 권대승, 대백우거大白牛車는 일불승에 각각 배대한다. 요컨대 '회삼귀일'이란, 붓다가 우치한 중생들을 위해 방편으로 삼승을 열어 보이지만 결국은 그것들을 회합시켜 일승으로 돌아간다는 말이다.

일승은 불승 또는 일불승이라고도 하는바, 일승은 모든 중생이 부처가 될 수 있으며 붓다의 가르침은 궁극적으로 일체 중생을 부처가 되게 하는 오직 하나의 진실한 가르침이라는 의미이다. 그러므로 삼승은 방편, 일승은 진실이다. 소승과 대승의 갈등이 심각한 시대 상황에서 『법화경』은 성립하였다. 『법화경』은 방편 사상을 매개로 하여 일승이라는 새로운 패러다임을 통해 그 갈등을 해결하려 한 것이다. 따라서 '회삼귀일' 사상의 본질은 융화와 화해의 정신이라고 할 수 있다.

## 다. 수기授記 사상

수기란 붓다가 보살, 연각, 성문을 비롯한 여러 중생에게 미래 어느 땐가 반드시 성불할 것임을 예언(記別)하는 것이다. 수기 사상은 특히 『법화경』에서 매우 비중 있게 설해지고 있다. 제6 수기품授記品, 제7

화성유품化城喩品, 제8 오백제자수기품五百弟子授記品, 제9 수학무학인
기품授學無學人記品 등에 수기에 관한 가르침이 집중적으로 설해지고
있다. 수기 사상은 '일불승'에 대한 믿음을 깊고 굳건히 하며 '성불'에
대한 희망과 용기를 고취시키는 교설이라고 할 수 있다.

　더욱이 『법화경』에서는 여성에게도 수기가 베풀어진다. 석존은 이모
인 마하파자파티 비구니에게는 장차 '일체중생희견여래'가 될 것이라
수기하고, 라홀라의 어머니인 야소다라 비구니에게는 '구족천만광상여
래'가 될 것이라 수기한다. 나아가 세존을 살해하려고까지 했던 제바달다
에게도 "한량없는 겁을 지나 반드시 성불하리니 그 이름은 천왕여래·응
공 …… 천인사·불세존이리라."고 수기한다. 이것은 대승의 평등 및
자비의 이념을 웅변해 주고 있다 할 것이다.


## 3. 빨리어 경전과 대승경전의 사상적 차이

위에서 『숫따니빠따』와 『법화경』을 중심으로 살핀 것처럼 빨리어 경전
과 대승경전 사이에는 공통점도 있지만 분명한 차이점도 보인다. 가장
큰 차이점은 역시 불타관의 차이, 그리고 출가와 재가를 바라보는 입장의
차이일 것이다.

　빨리어 경전은 대체적으로 부처님을 생신불生身佛, 즉 부모로부터
태어난 역사적 인간으로 바라보는 입장에 서 있고, 대승경전은 일반적으
로 법신·보신·화신의 삼신불三身佛을 설하면서도 법신法身을 중시하는
경향이 있다. 그것은 근본적으로 자재신自在神을 인정하지 않고 '진리
그 자체(Dharma)'를 중시하는 불교사상의 특성에서 연유한 것임은 말할
필요도 없다. 또한 그 차이는 빨리어 경전은 석가세존의 구체적인 생애와
직접적인 가르침에 근거하고 있는 데 반해, 대승경전은 붓다 입멸 후

상당한 시간이 지나서 성립하여 석존과의 시간적 간격이 컸던 사실에 기인한다고 볼 수도 있다.

출가와 재가 문제에 대해서는, 빨리어 경전은 출가 지향적인 성격이 강한 반면, 대승경전은 출가와 재가를 크게 문제시하지 않는 경향이 있다. 그것은 오늘날 테라와다불교 국가에서 스님은 반드시 독신이지만, 대승불교 국가에서는 결혼을 허용하기도 한다는 사실에서도 나타난다.

미즈노 코겐(水野弘元)은 일찍이 상좌부적上座部的 아비달마불교와 초기 대승불교의 특징적 차이를 다음 여섯 가지로 정리한 바 있다.

첫째, 전자는 아라한을 목적으로 하는 성문사상(聲聞乘) ↔ 후자는 성불을 목적으로 하는 보살사상(菩薩乘).

둘째, 전자는 업보윤회의 고통에서 벗어나고자 하는 타율주의(業報思想) ↔ 후자는 성불의 원행願行을 위해 스스로 악취惡趣에 나아가는 자율주의(願行思想).

셋째, 전자는 자기 한 사람의 완성을 위해 수양하고 노력하는 자리주의(小乘) ↔ 후자는 일체중생을 구제하고 사회 전체를 정화 향상시키는 이타주의(大乘).

넷째, 전자는 성전聖典의 언구에 얽매이고 사물에 구애 집착하는 유有의 태도(有思想) ↔ 후자는 모든 행동은 반야바라밀의 공무소득空無所得의 태도(空思想).

다섯째, 전자는 이론적·학문적 경향이 짙고 그 이론에는 실천과 관계없는 희론이 적지 않음(이론적) ↔ 이론과 학문보다도 실천 신앙을 중시(실천적).

여섯째, 전자는 출가적, 전문적이면서도 소승적·세속적인 낮은 입장(전문화, 출가불교) ↔ 재가적(在家的), 대중적이지만 그 경지는 제일의적第一義的인 높은 입장(일반화, 재가불교).[208]

위의 분석 비교는 대체적으로 무리가 없다고 본다. 하지만 여기서 우리가 주의하지 않으면 안 될 점이 있다. 그것은 아비달마불교와 초기 근본불교를 동일시해서는 안 된다는 점이다. 그러나 우리가 접하고 있는 초기경전에는 아비달마불교적 입장이 상당 부분 반영 또는 투영되어 있기 때문에 초기경전 속에서 아비달마불교와 초기 근본불교를 정확히 가려내는 일은 결코 쉽지 않다. 우리의 주의가 필요한 이유가 바로 여기에 있다. 이러한 관점에서 볼 때, 일례로, 아라한이 개인적인 자리自 利만을 추구한다는 주장은 비판적으로 수용하지 않으면 안 된다.

그 주장이 아비달마불교 시대의 아라한에 한정된 것이라면 몰라도 부처님 당시의 아라한에게까지 적용되는 것은 온당치 않다. 부처님 당시 석존의 제자인 아라한들은 그들 자신만의 깨달음을 추구하지는 않은 것으로 보인다. 그것은 "비구들이여, 이제 길을 떠나라. 많은 사람들의 이익과 행복을 위해서 세상을 불쌍히 여기고 인천人天의 이익과 행복을 위해서 두 사람이 함께 가지 마라."라는 붓다의 유명한 '전법선언'을 통해서도 잘 알 수 있다. 대부분의 제자들은 '전법선언'을 실천하였고, 그리하여 불교는 새로운 종교로서 당시 인도 사회에 확산될 수 있었다. 요컨대 석존 당시의 아라한들은 자리만을 추구한 것이 아니라 이타행까지도 추구했던 것이다.[209]

불교 승가는 결코 사회와 결별한 은둔자들의 집단이 아니었다. 월폴라 라훌라의 주장에 따르면 상가는 자신의 정신적·지적 발전뿐만 아니라 또한 타인에 대한 봉사에 일생을 기꺼이 바치고자 하는 사람들의 집단이다.[210] 탁발에 의한 생활 방식 때문에라도 그들은 은둔 생활을 할 수가

---

208  宮本正尊, 『大乘佛敎의 成立史的硏究』(東京: 三省堂, 1957), pp.262~267.

209  박경준, 「불교사상으로 본 사회적 실천」, 『한국불교학』제28집, 한국불교학회, p.421.

없었다.

또한 마쓰다니 후미오는 그의 『근본불교와 대승불교』에서 근본불교 와 대승불교를 다음 다섯 가지로 구분한다.

첫째, 전자는 상구보리上求菩提라는 의미에서 개인의 도道이고 후자는 하화중생下化衆生이라는 의미에서 대중의 도이다.

둘째, 전자는 법法을 논함에 있어 분석적 방법을 중시하고 후자는 직관적 방법을 중시한다.

셋째, 전자는 의식의 측면을 강조하고 후자는 무의식의 측면을 강조 한다.

넷째, 전자는 아라한지향적이고 후자는 보살지향적이다.

다섯째, 전자는 이성理性을 중시하고 후자는 감성感性을 중시한다.[211]

이에 대해 상세히 논의할 여유는 없다. 다만 여기에 '열반'의 문제에 대해 간략히 부연하고자 한다.

열반은 불교의 최고선이자 궁극적 목표이다. 따라서 열반을 어떻게 보느냐에 따라 불교의 방향과 성격도 달라진다. 근본불교는 대체적으로 '회신멸지灰身滅智'의 무여열반無餘涅槃을 궁극적 이상으로 삼는 경향이 있고, 대승불교는 법상종法相宗에서 말하는 '무주처열반無住處涅槃'을 최고선으로 삼는다. 무주처열반은 무여열반이 자칫 '허원적멸虛遠寂滅' 에 빠질 위험성이 있기 때문에 이를 극복하기 위해 창안된 개념이다. 무주처열반은 현법열반(현재열반, diṭṭha-dhamma-nibbāna)과 유여열반 有餘涅槃의 개념을 바탕으로, 더욱 역동적이고 대승적인 개념의 열반으 로 진일보한 것으로 평가할 만하다.

---

210 Walpola Rahula, *What the Buddha Taught* (London: Gordon Fraser, 1978), pp.77~78.

211 마쓰다니 후미오, 박경준 역, 『근본불교와 대승불교』(대원정사, 1988), pp.45~51.

## 맺음말

테라와다불교는 방대한 빨리어 경전에 그 사상적 기초를 두고 있고,
대승불교는 방대한 대승경전에 그 사상적 기반을 두고 있다.『숫따니빠
따』는 그 빨리어 경전 중의 한 작은 경전에 불과하고,『법화경』은 수많은
대승경전 중의 하나일 뿐이다. 하지만『숫따니빠따』는 테라와다불교의
원형을 잘 간직하고 있고『법화경』은 그 어떤 대승경전보다도 대승의
이념을 잘 드러내고 있다. 바로 이러한 이유로 우리는 이 두 경전을
선택하여 그 내용을 살피고 몇 가지 특징적인 차이점을 비교해 보았다.
하지만 이 두 경전은 모두 '불교경전'이기에 근본적인 공통분모를 지니고
있다.

그 공통분모는 깨달음, 업과 윤회, 해탈과 열반, 지혜와 자비 등으로
정리될 수 있을 것이다. 이러한 공통분모가 있기에 테라와다불교와
대승불교의 융화 또는 접목은 충분히 가능할 것으로 보인다. 역사적으로
테라와다불교와 대승불교는 갈등과 대립을 겪기도 하였지만, 불교의
근본정신 및 시대정신에 비추어 볼 때 이 두 가지 불교 전통은 어떤
방식으로든 공존하게 될 것이고 또한 공존하지 않으면 안 된다.

다행스럽게도 오늘의 세계는 '글로벌' 시대이고 '다양성'의 시대이다.
교통과 통신의 첨단화로 세계 각국의 교류는 더욱 활발해지고, 직·간접
적인 다양한 문화의 이해와 체험으로 사람들은 서로 친숙해지고 있다.
한마디로 '지구촌'의 시대요, '인간 가족'의 시대인 것이다. 이러한 시대의
흐름 속에서 테라와다불교와 대승불교는 자연스럽게 만나 어울리고
있는 것이다.

또한 테라와다불교와 한국의 대승불교 사이에는 유사성이 있다. 테라
와다불교에는 두 가지 측면이 있다. 하나는 주지주의적이고 자력적

구제를 추구하는 열반 지향적 측면이고, 다른 하나는 붓다와 불교 상가에 대해 보시하고 공양함으로써 현세와 내세의 공덕을 쌓으려는 공덕 지향적 측면이다.[212] 한국불교에도 간화선 수행과 같은 자력적 불교의 흐름과 각종의 불공과 기도를 통한 제불보살의 가피를 추구하는 기복적인 흐름이 병존한다. 이러한 기복적 특색은 테라와다불교와 한국불교를 쉽게 어울리게 하는 요인이 될 수 있을 것이다.

그러나 출가수행자의 생활 방식 등에는 적지 않은 간격이 있는 것도 사실이다. 예를 들어, 한국의 스님들은 이제 탁발에 의해 생활하지 않으며 탁발해서도 안 된다. 하지만 테라와다불교에서는 탁발은 아직 살아 있는 전통이다. 현재 한국의 테라와다불교 교단에서는 스님들이 직접 거리로 탁발하러 나서는 방식이 아닌, 신도들이 사찰로 공양물을 가지고 가서 스님들께 공양하는 방식을 취하고 있다.

그러나 테라와다불교가 더욱 확산되고 일반화된다면 스님들이 직접 탁발하러 거리로 나설 수도 있고, 그렇게 되지 못한다면 한국의 생활환경 특성상 언젠가는 스님들이 직접 공양을 마련해야 할지도 모른다. 문화는 하루아침에 인위적으로 바뀌지 않는다. 문화는 상당한 시간을 두고 생성되고 변화하기 때문에 탁발 문제는 열린 마음으로 좀 더 지켜보는 것이 좋을 것이다.

불교의 가르침은 흔히 뗏목에 비유되고 달을 가리키는 손가락에 비유된다. 이것은 가르침 자체가 절대적 진리가 될 수 없음을 의미한다. 불교적 가르침의 유연성으로 인하여, 전통적 테라와다불교와 한국 대승불교의 만남은 변증법적 진전을 이루어 새로운 차원의 불교를 만들어

212 이시이 요네오 편, 박경준 역, 『동남아시아의 불교 수용과 전개』(불교시대사, 2001), pp.48~52.

나갈 수도 있다. 그렇지만 테라와다불교가 개인적 수행만을 강조하거나 한국불교가 대승이라는 미명 하에 개인적 기복만을 추구한다면, 불교는 결국 사회와 역사로부터 소외되고 말 것이다. 이러한 맥락에서 우리는 오늘날 아시아 및 구미 여러 나라에서 새로운 흐름을 형성해 가고 있는 인간불교, 참여불교의 흐름을 예의주시할 필요가 있다.

# 제3장

## 재가자의 위상과 수행의 지향

# I. 재가자는 출가자에 비해 하열한가

이원론적 세계관을 바탕으로 한 서구문명은 진보와 성장의 기치 아래 인간의 끝없는 욕망을 부추김으로써, 안으로는 인간성을 황폐화시키고 밖으로는 자연환경 파괴와 사회적 갈등을 심화시키고 있다. 많은 지식인들은 이러한 문명사적 위기를 극복할 수 있는 대안을 불교에서 찾고자 이미 오래 전부터 노력해오고 있다. 오늘의 한국불교는 이러한 시대적 흐름을 깊이 인식하여 지구와 인류를 구할 수 있는 길을 제시하고 실천하는 데 앞장서 나가야 할 것이다.

그러기 위해서는 무엇보다도 불교 교단이 내용적으로나 외형적으로 여법하게 기능하고 정비되어야 한다. 특히 불교 교단은 이른바 사부대중四部大衆으로 구성되는 바, 비구와 비구니, 우바새와 우바이가 각각의 역할과 본분을 충실히 지켜나가는 것이 필요하다. 하지만 아직도 상당수 재가자들은 교단에 주체적으로 참여하지 못하고 교단의 주변인 또는 객체로서 겉도는 경우가 적지 않다.

이런 경우에 재가자들은 자신들을 출가자에 비해 열등한 존재로 폄하하여, 불교의 궁극적 목표를 향해 스스로 노력하기보다는 출가자에게

지나치게 의존하며 기복불교로 흐를 가능성이 높아진다. 이렇게 되면
출가자 또한 재가자를 바른 길로 이끌어야 한다는 책임감이 줄어들고
참다운 수행정진에 나태해질 수 있다. 그렇게 되면 부처님의 가르침에
따라 붓다가 되기 위해 노력하는 공동체인 '승가' 본연의 정체성이 퇴색되
고 변질될 우려가 있다.

이 글에서는 이와 같은 문제의식을 바탕으로, 재가자는 불교의 궁극적
목표인 깨달음의 길에 있어서 출가자에 비해 어떤 위상과 입장에 서
있는 것인지 살펴보고자 한다.

## 1. 출가와 재가의 이원구조

불교의 재가자는 일반적으로 우바새(upāsaka, 信男)와 우바이(upāsika,
信女)를 일컫는다. 그런데 우파사카(upāsaka)와 우파시카(upāsika)는 원
래 '가까이 앉다', '존경하다', '섬기다'라는 의미의 우파사티(upāsati)에서
파생된 말이다.

이것은 불교에서 재가자는 출가자를 가까이서 섬기고 존경해야 한다
는 기본입장을 잘 말해 준다. 한 초기경전에 따르면, 재가자는 출가자를
대함에 있어 첫째, 자애로운 행동으로 대하고, 둘째, 다정한 말로 대하고,
셋째, 자비로운 마음으로 대하고, 넷째, 자유롭게 출입할 수 있도록
하며, 다섯째, 생활에 필요한 물건을 제공해야 한다. 이것은 초기불교교
단에서 출가자에게는 일체의 노동과 생산활동이 금지되어 있었고, 따라
서 기본적인 의식주 생활은 대부분 재가신자나 일반인들의 보시에 의존
할 수밖에 없었던 사정에 연유한다고 생각된다. 반면에 출가자는 재가자
를 위해 첫째, 악惡을 행하지 않게 하고, 둘째, 선을 행하도록 타이르며,
셋째, 선심善心으로써 신자를 사랑하고, 넷째, 아직 듣지 못한 것은

들려주고, 다섯째, 이미 들은 것은 더욱 잘 이해할 수 있도록 하며,
여섯째, 생천生天의 도를 가르쳐 주어야 한다.[1]

한마디로 초기불교교단은 출가자와 재가자의 긴밀한 이원구조로 유
지되고 있었음을 알 수 있다. 이러한 관계에 대해 초기경전은 다음과
같이 더욱 구체적으로 설한다.

재가자와 출가자는 서로 의지하여 올바른 진리와 위없는 안락에 도달한다.
출가자는 재가자로부터 옷과 생활필수품과 침구, 약품을 얻는다. 또한
재가자는 깨달음에 도달한 성자들의 성스러운 지혜의 힘에 의해 이 세상에
서 법을 실행하며 하늘의 세계를 누리고 바라는 것을 얻어 기뻐한다.[2]

이러한 가르침의 내용을 잘 음미해 보면 출가자와 재가자의 궁극적
목표는 거의 동일하다는 것을 알 수 있다. 다만 그 역할이 나누어져
있을 뿐이다.

인간이 삶을 영위해 가는 데 있어 물질적 재화뿐만 아니라 정신적
양식도 필요하다는 것은 재론의 여지가 없다. 그것은 바라드바자 바라문
이 부처님에게 "사문이여, 나는 밭을 갈고 씨를 뿌린 후에 먹습니다.
당신도 밭을 갈고 씨를 뿌린 후에 먹으십시오" 라고 했을 때, "바라문이여,
나도 밭을 갈고 씨를 뿌립니다. 갈고 뿌린 다음에 먹습니다"라고 하면서
"믿음은 종자요, 고행은 비이며, 지혜는 내 멍에와 호미, 부끄러움은
괭이자루, 의지는 잡아매는 줄, 생각은 내 호미날과 작대기입니다"라고
한 부처님의 대답 속에도 잘 나타나 있다.

---

1 「siṅgālovāda-suttanta」(*D. N. Ⅲ*, pp.180~193), 『佛說尸迦羅越六方禮經』(大正藏 1,
   pp.250~252).

2 『Itivuttaka』(如是語經) 107.

바라드바자 바라문에게는 부처님이 일하지 않는 사람으로 보였을지 모르나, 부처님은 자신이 마음 밭을 경작하여 정신적 양식을 생산하는 농부와 다를 바 없다는 굳은 신념을 가지고 있었음을 알 수 있다. 그리하여 부처님은 출가자에게, 재가자로부터 물질적 식량을 얻는 대신 그들에게 정신적 양식을 제공하라고(法施) 가르치는 것이다. 반면에 본능과 욕망의 노예로 살아가기 쉽고 무반성적 일상에 함몰하기 쉬운 재가자들은 정신적 양식을 제공해 주는 출가수행자들에게 공양하고(財施) 존경의 마음을 가져야 한다고 가르친다.[3]

## 2. 재가자의 수행 경지

이런 관계에 비추어 본다면, 재가자들은 결국 현실생활을 위한 노동 생산과 자기 수행을 병행해야 한다. 초기경전에 보면 신심 깊은 재가자들은 육재일에 팔관재계를 지키고 집 근처의 수도원을 찾아 부처님이나 스님들께 법문을 들으며 수행하고 있었음을 알 수 있다. 그렇게 하여 수다원과(예류과: 성인의 세계의 첫 단계)를 성취하였다는 기록은 경전 여기저기에서 수없이 발견된다.

더 나아가 아나함과(불환과: 성인 세계의 세 번째 단계)를 성취한 범마梵摩에 관한 기록[4]이라든가 각카타, 니카타, 카알리카, 카알라카타, 리사바사로, 우바사로, 리색타(이하 생략) 등이 오하분결五下分結을 끊고 아나함이 되어 죽은 후에 천상에 태어났다는 등의 기록[5] 어렵지 않게 접할 수 있다. 또한 부처님은 『증일아함』에서 우바새들 가운데 지혜 제일인

---

3 박경준, 『불교사회경제사상』(동국대학교출판부, 2010), pp.133~134.

4 『中阿含經』 권41, 161 「梵摩經」.

5 『雜阿含』 권30, 854 「那梨迦經」.

질다 장자, 신묘한 덕이 뛰어난 건제아람, 외도를 항복받는 굴다 장자,
깊은 법을 잘 설명하는 우파굴 장자, 늘 앉아 참선하는 하타카 알라바카,
이론으로 이길 수 없는 비구(毘裘) 바라문, 게송을 잘 짓는 우팔리 장자
등을 거명하고 있음을 볼 수 있다.[6]

우바새뿐만 아니라 우바이의 경우도 성인의 경지에 오른 것을 알
수 있다. 부처님이 코삼비의 고시타 동산에 계실 때, 코삼비의 우전왕이
정원에 나와 있는 동안 내전이 불에 타 사마바티 왕비를 비롯한 5백
명의 여인이 숨졌다. 비구스님들은 부처님께 그 여인들의 사후에 관해
질문하였는데, 부처님은 "비구들이여, 이 세상에서 예류에 도달한 우바
이도 있고, 일래一來에 도달한 이도 있으며, 불환이었던 우바이도 있다"
라고 대답한다.[7] 부처님은 역시 『증일아함』에서 우바이들 가운데 처음으
로 도를 깨달은 난타바라, 지혜 제일의 구수다라, 언제나 좌선하기를
좋아하는 수비야, 설법을 잘하는 앙갈사, 외도를 항복받는 바수타,
여러 가지로 의논하는 바라타, 항상 욕됨을 참는 무우無憂, 남 가르치기를
좋아하는 시리尸利 부인 등의 우바이를 언급하고 있다.[8]

그리고 재가신자로서 이러한 성위聖位에 오른 사람들의 위덕은 출가자
의 그것과 별로 다를 바가 없다. 부처님은 『잡아함』에서 다음과 같이
설한다.

마하나마여, 만일 우바새로서 이런 열여섯 가지 법을 성취하면, 바라문
대중, 크샤트리야 대중, 장자 대중, 사문 대중들이 다 그에게 모일 것이요,
그 대중 가운데서 위엄과 덕이 환히 빛날 것이다. 마치 태양은 처음이나

6 『증일아함』 권3, 제6 清信士品.
7 『Udāna(感興語)』 제7장, 10 「Udāna」.
8 『증일아함』 권3, 제7 清信女品.

중간이나 마지막에도 그 위엄과 덕이 밝게 빛나는 것처럼, 우바새로서
열여섯 가지 법을 성취한 사람도 처음이나 중간이나 마지막에도 그 위엄과
덕이 밝게 빛날 것이다.[9]

그러나 우리는 초기경전을 통해 흥미있는 사실을 발견하게 된다.
즉 '우바새 수다원' '우바새 사다함' '우바새 아나함' 등의 표현은 볼
수 있는데, '우바새 아라한'이라는 표현은 찾아볼 수 없다는 사실이다.[10]
이것은 우바새는 수다원, 사다함, 아나함까지는 될 수 있지만, 소승불교
최고의 성자인 아라한은 될 수 없다는 것을 간접적으로 말해주고 있다.
이러한 점들에 의거하여 출가자는 아라한과를 얻을 수 있지만, 재가자는
불환과(아나함)까지만 가능하다고 보는 것이 일반적인 불교 교학의 전통
이다.[11]

이에 대해서는 두 가지 관점에서의 이해가 가능하다고 본다. 첫째,
그것은 아마도 모든 세속사世俗事를 버리고 수행에 전념하는 출가자에
비해, 재가자는 자신의 의식주 생활은 물론 가정을 챙기고 사회생활에
힘쓰다 보면 실제로 자신의 마음 밭(心田)을 경작하기가 어렵기 때문에
나타나는 결과적 현상이라고 할 수 있을 것이다.

둘째, 그것은 교단의 기강과 위계질서를 위해 의도적이고도 방편으로
마련한 제도적 규정에서 연유한 것이라 볼 수도 있을 것이다. 이 두
번째 관점에서 본다면, 재가자에게도 사실상 아라한과의 성취가 인정된
다고 할 수 있다. 그래서인지는 모르나 북도파北道派(Uttarpthaka) 같은
부파에서는 속인俗人도 아라한이 될 수 있다고 주장한다.[12]

---

9 『雜阿含』권33, 929「一切事經」.

10 위의 책, 928「沈妙功德經」.

11 木村泰賢·박경준 역, 『원시불교사상론』(경서원, 1992), p.289.

매우 드문 예이지만, 재가자가 아라한과를 성취한 경우도 『법구경』의
주석서에 소개되고 있다. 이것은 『법구경』 제142송 「산타티 장관 이야
기」에 나온다. 이에 의하면, 춤추고 노래하는 한 여인의 갑작스런 죽음에
큰 충격을 받은 산타티 장관이 부처님을 찾아가 부처님으로부터 "헤아릴
수 없는 세월을 두고 그대는 여인에 대해 집착해 왔으나 이제 그대는
마땅히 그 집착에서 벗어나야 한다. 그대는 미래에 다시는 그런 집착이
일어나지 않도록 하라. 그대가 그 무엇에도 집착하지 않으면 욕망과
색욕은 조용히 가라앉게 되고, 그러면 그대는 가만히 그대의 마음을
관찰하게 되어 마침내 열반을 얻게 될 것이다"라는 가르침을 듣는다.
이 설법을 들은 장관은 즉시 아라한과를 성취했다는 요지의 내용이다.[13]

## 3. 불교의 평등사상과 성위

출가수행자에게만 인정되던 아라한과의 성취가 위와 같이 재가신자에
게도 인정되는 데에는 여러 가지 배경이 있을 것이다. 이를테면 아라한의
개념이 좀 더 인간적인 성격으로 변하는(大天의 五事說에서 나타나는 것처
럼) 것도 그 한 원인이라고 할 수 있다. 그러나 무엇보다도 중요한
것은 불교의 평등사상이라고 해야 할 것이다.

부처님 당시의 인도사회는 철저한 계급사회였고 남성 중심의 사회였
다. 고타마Gautama 법전에 의하면, 노예계급인 수드라가 성스러운 베다
의 독송을 도청하다 발각되면 귀에 뜨거운 쇳물이나 나무의 진을 채워
넣는 벌을 받아야 했다. 만약 수드라가 베다를 독송하다 발각되면 그의

---

12 『Kathāvatthu』 Ⅳ, 1-1. 위의 책, p.289 참조.
13 거해스님 편역, 『법구경①』(고려원, 1996), pp.415~418.

혀는 잘려지고, 베다를 외우다 발각되면 그의 몸은 두 동강이가 나야 했다.

그 정도로 계급 차별이 심했던 것이다. 그러나 부처님은 "날 때부터 천한 사람이 되는 것은 아니요 태어나면서 바라문이 되는 것도 아니다. 그 행위에 의해서 천한 사람도 되고 바라문도 되는 것이다"라고 가르치면서 계급 차별의 부당함을 깨우쳐 주었다. 그리하여 불교교단에 들어오면 누구나 다 평등하다는 것을 바다의 비유를 들어 다음과 같이 설한다.

> 마치 갠지스강, 아수나강, 아치라바티강, 사라부강, 마히강과 같은 대하大河가 바다에 흘러들면 이전의 강 이름을 잃고 단지 바다라는 이름을 얻는 것과 같이 사성四姓(바라문, 크샤트리아, 바이샤, 수드라)도 여래가 가르친 법과 율을 따라 출가하면 이전의 종성種姓을 버리고 똑같이 석가세존의 아들, 즉 석자釋子라 불린다.[14]

이처럼 사성의 평등은 물론 여성의 출가를 허용하여 남녀평등을 지향하는 불교를 오노 신조大野信三는 '혁명적 평등주의'라고 규정한다.

또한 일천제(斷善根: 모든 선의 뿌리가 잘려나간 사악한 존재) 문제와 관련한 대승『열반경』의 입장 변화도 불교의 평등사상으로 말미암은 것이라 할 수 있다. 다시 말해『열반경』은 초반부에서는 일천제의 '무불성無佛性'을 주장하지만 후반부에서는 일천제의 '유불성有佛性'을 주장한다. 그리하여 일천제 성불成佛의 기치를 든『열반경』은 여래상주如來常住와 실유불성悉有佛性 사상의 기반을 더욱 확고히 함으로써 불교의 종교적 의의를 심화시키고 독특한 구제관을 확립시켜 나간다. 아무튼 연기법을 참다운 진리로 삼는 불교는 다르마(dharma, 法)의 보편성에

---

14 *A. N. Ⅳ*, p.202.

의거하여 사성평등과 남녀평등, 나아가 일체중생실유불성까지를 주장하는 것이다.

일체중생은 모두 불성佛性이 있으므로 그 인연이 성숙하면 언젠가는 성불할 수 있다는 가르침에 비추어 볼 때, 출가자와 재가자의 깨달음의 능력을 구분한다는 것은 근본적으로 무의미한 일이라고 해야 할 것이다.

## 4. 유마거사와 승만부인

다음으로 출가자와 재가자의 깨달음의 능력에 관한 문제를 논의할 때, 우리는 불타와 전륜성왕의 관계에 대해 생각해 볼 필요가 있다. 전륜성왕 (Cakravartin)은 다르마에 의한 통치를 통해 바로 이 세상에 이상국가를 실현한다는 범세계적 제왕(Universal Emperor)이다. 부처님 당시의 인도 사회에서 귀족 가문 출신의 젊은이에게는 두 가지 이상이 있었다. 하나는 전륜성왕이 되어 온 천하를 다스리는 것이고, 다른 하나는 출가수행자가 되어 위대한 성자가 되는 것이다. 부처님의 전기에서도 고타마 싯달타가 '출가하면 등정각等正覺을 이루어 불타가 될 것이고 출가하지 않으면 전륜왕이 될 것이다'는 예언의 내용이 나오고 있다.

이를 곰곰이 생각해 보면 결국 불타와 전륜성왕은 인간의 고통을 해결해 주는 구제자의 양면임을 알 수 있게 된다. 즉 불타는 정신적 구제자를 대변하고 전륜왕은 세간적 구제자를 대변한다. 이 두 구제자는 항상 수레의 두 바퀴처럼 불가분의 짝을 이루며 상호보완적인 역할을 담당한다. 전륜왕은 불타의 이상을 세속사회에 실현하는 불타의 대행자 라고 할 수 있다. 전륜성왕이 부처님처럼 32상相을 갖추고 있다는 사실이 이를 증명해 주고 있다. 이러한 사유방식을 출가자와 재가자의 문제에 적용시킨다면 출가자와 재가자의 능력을 그리 쉽게 차별지을 수는 없을 것이다. 이러한 사유방식과 사상적 전통은 마침내 『유마경』이나 『승만경』과 같은 대승경전 속에 계승된다.

『유마경』은 풍요롭고 활기찬 인도의 상업도시 바이샬리를 무대로 유마힐 거사가 주인공으로 등장하는 희곡적 형식의 대승경전이다. 주인공 유마힐은 특히 대부호로서 세속적 복락에 탐닉할 수도 있지만 부처님의 어떤 제자들보다도 수행력이 수승한 인물이다. 그의 법력은 사리불, 목건련, 가섭, 수보리, 부루나, 아나율 같은 뛰어난 제자들이 그의 문병問病마저 꺼려할 정도로 높았다.

그는 비록 재가자이지만 사문의 청정한 율행律行을 지키고, 가정을 갖고 살고 있으나 삼계三界에 집착하지 않고, 처자妻子가 있지만 항상 범행梵行을 닦고, 먹고 마시지만 그러한 즐거움보다는 선禪의 기쁨을 더 좋아하고, 노름판 같은 데를 가더라도 그곳의 사람들을 바른 길로 인도하는 등의 인물로 묘사되고 있다.

『승만경』역시 그 주인공이 우바이, 즉 재가여성이다. 승만 부인은 부처님 전에 열 가지 서원을 일으키고, 다시 세 가지 큰 원을 세우면서 그것을 충실히 지킬 것을 다짐한다. "몸과 생명과 재산을 던져서라도 바른 진리를 지키겠다."고 하는 승만부인의 염원은 출가자의 그것과 다를 바가 없다. 물론 이러한 경전들은 기존의 출가중심적·형식주의적·현학적 부파불교교단에 대한 안티테제의 성격이 짙기 때문에 이 경전의 내용을 일반화하거나 절대화해서는 안 될 것이다. 그러나 이들 경전은 출가와 재가를 계급화한다거나 불교를 초월주의 또는 출세간주의화하려는 데 대해 강력한 경고의 메시지를 던져주고 있다는 점에서 그 의의가 크다 하겠다.

요컨대 모든 대승경전이 보살의 인간상을 통해 출가와 재가의 벽을 허물고 있지만, 특히 『유마경』과 『승만경』은 재가자로서도 스스로가 근행정진한다면 깨달음의 세계에 능히 이를 수 있고 성자의 길을 갈 수도 있다는 것을 역설하고 있는 것이다.

결론적으로 말해서 출가자와 재가자는 깨달음의 길에 있어 빠르고 더딘 차이는 있지만, 근본적으로 재가자가 출가자에 비해 하열하다고 할 수는 없다고 본다.

끝으로 한 가지 첨언하자면, 불교의 발전은 불교 교단의 원형인 '출가-재가'의 이원구조를 적절하고도 창조적으로 살려나갈 때 지속적으로 이루어질 것이라는 점이다. 우리는 대승불교가 출가자와 재가자의 벽을 허물고, 출가주의와 형식주의를 극복하는 데 많은 기여를 했지만, 한편으로는 바로 그러한 점이 불교가 쇠퇴하고 멸망하는 한 요인이 되기도 했다는 주장에 귀 기울일 필요가 있다. 대승불교에는 엄격한 계율을 지키며 불법의 수행과 홍포에 전념하는 밀도 높은 출가교단이 없어서 결국은 불교의 쇠퇴를 초래했다는 주장이 바로 그것이다. 출가자와 재가자는 서로를 인정하고 존중하며 각자의 역할에 충실해야 한다. 동시에 수레의 두 바퀴처럼 긴밀한 관계의 유지를 통해 불교공동체를 발전시켜 가야 한다.

# II. 전륜성왕에 관한 몇 가지 문제

종교는 근본적으로 궁극적窮極的 실재實在(Ultimate Reality)를 지향志向하므로 그 관심의 초점이 차안此岸과 현세보다는 피안彼岸과 내세에 관한 일이라고 생각하는 사람들이 적지 않다. 특히 생사윤회의 속박을 벗어난, 해탈과 열반의 실현을 최고의 목표로 삼고 있는 불교는 현세부정적인 성격이 강한 종교로 이해되는 경향이 짙다. 그리하여 정치·사회·경제 등에 관계된 현실적인 문제들에 대해서 아예 관심을 갖지 않는 것이 불교 본래의 입장이라는 주장이 종종 제기되기도 한다.

그러나 여러 불전佛典에 나타난 내용들을 주의 깊게 살펴보면 불교가 오히려 현실문제에 대해 매우 적극적인 관심을 표명하고 있음을 발견할 수 있다. 그러한 사실은 무엇보다도 정법正法(dharma)에 의한 통치統治를 통해 바로 이 세상에 이상국가理想國家를 실현한다는, 범세계적汎世界的 제왕帝王(Universal Emperor) 전륜성왕轉輪聖王의 사상 속에 잘 나타나 있다. 현실적·정치적 지도자인 전륜성왕은 일반적으로 그 위대성에 있어서 정신적·종교적 지도자인 불타佛陀(Buddha)와 대등한 인물로 묘사되며, 붓다와 전륜성왕은 항상 수레의 두 바퀴처럼 불가분不可分의

짝(Counterpart)을 이루며 상호보완적인 역할을 담당한다. 이러한 성격을 지닌 전륜성왕에 관한 기사記事는 초기경전初期經典에서부터 후기성립 後期成立의 경經·율律·론論 삼장三藏에 이르기까지 수많은 문헌에서 나타나고 있는데, 그 점으로 미루어보더라도 불교에서 전륜성왕의 위상과 중요성을 짐작할 수가 있다.

이렇게 본다면, 우리가 불교의 정치사상에 대해 알아보고자 할 때, 전륜성왕에 대한 지식과 이해는 필수적이라고 할 수 있다 결국 전륜성왕에 대한 연구는 '불교 정치사상' 연구의 기초적이고 필수적인 작업으로서 큰 의의를 갖게 되는 것이다.

이러한 인식을 바탕으로 본 논문에서는 우선 전륜성왕에 관한 네 가지 문제에 대해 논구해보고자 한다.

먼저, 전륜성왕의 관념과 사상이 어느 시기에 비롯되는지에 대해 알아볼 것이다. 이 문제에 대해서는 아직까지 명확한 해답이 제시되지 못한 채 '석존시대 이전'설과 '아쇼카왕 이후'설이 대립되어 있는 실정이어서 다시 한 번 검토해 보고자 한다.

두 번째로 전륜성왕의 주요 특징인 32상相과 7보寶의 의미에 대해 살펴보고자 한다. 전륜성왕이 32상을 갖춘다는 것이 어떤 의미를 갖는지에 대한 명쾌한 설명이 아직 제시되어있지 않고, 7보에 대한 해석에도 차이점이 발견되고 있는 상황에서 이에 대한 고찰의 필요성을 느끼기 때문이다.

세 번째로, 전륜성왕의 Dharma 정치와 국방의 문제에 대해 살펴보고자 한다. 전륜성왕은 무력과 폭력에 의하지 않고 Dharma의 정치를 실현하는 이상적인 정치지도자로 알려져 있다 그 다르마의 구체적인 내용은 무엇이며, 다르마 정치의 이념 하에서 국방정책은 어떤 양상을 띠는지 알아보고자 한다.

마지막으로 전륜성왕과 불타의 공통점과 차이점을 비교해 보고자한다. 전륜성왕과 불타는 32상을 공유할 만큼 거의 동등한 인물로 묘사되고 있지만 불교의 종교적 특성상 양자 사이에 전혀 차이점이 없다고볼 수는 없기 때문이다

## 1. 전륜성왕 사상의 기원 문제

전륜성왕은 이름 그대로 바퀴를 굴리는(Cakkavattin: 梵語 Cakravartin)[15]성왕이라는 뜻이니, 수레바퀴가 굴러서 땅 끝까지 이르듯 정의와 자비의법치法治가 천하에 미치어 태평성세를 이루는 이상적인 제왕帝王이다.이러한 전륜성왕의 관념과 사상은 언제부터 나타나기 시작하였을까.이에 대한 해답은 크게 두 가지로 나뉘어져 있다. 하나는 그 시기가석존의 재세시 이전으로 거슬러 올라간다는 주장이고, 다른 하나는석존보다 100~200년 후대의 인물인 Aśoka 왕[16] 이후일 것이라는 주장이다. 현재 우리나라에서는 대개 전자의 견해를 취하고 있는 것으로 보인다. 그러면 이제 이 두 가지 주장의 내용과 그 근거에 대해 알아보고,거기에 내재되어 있는 문제점은 무엇인지 논의해 보기로 한다.

---

15 cakka는 '바퀴(wheel)'의 뜻이고, vattin은 梵語 vṛt에서 변화된 vat로부터 파생된형용사로서 '굴리는' '지배하는'의 뜻이다 흔히 cakka-vatti로 쓰이는 것은 語形變化(曲用, declension)에 依한 것이다.

16 南傳(島史, 大史)에서는 佛滅 200여년 후의 인물로, 北傳(阿育王傳, 阿育王經)에서는佛滅 100여년 후의 인물로 전하고 있다

## 1) '석존시대 이전'설과 그 문제점

먼저 전륜성왕 관념이 석존시대 이전에 이미 성립했다는 견해와 그 문제점에 대해 살펴보기로 한다. 김동화 박사는 「불교의 국가관」이라는 논문에서 다음과 같이 서술하고 있다

> 대개의 政治家들은 天下의 平和보다도 自國의 安全을 도모하기 위하여서는 弱肉强食하는 방법을 취하여 他國을 倂呑하거나, 그렇지 않으면 현명한 지혜와 위대한 威德을 겸비한 대정치가가 출현하여 그 智德으로써 천하를 통일하는 방법이 아니고서는 그 諸國間의 평화는 기대하기 어려울 것이다. 印度에서는 釋迦가 出世하기 이전부터 과연 後者型의 理想이 諸國의 帝王 사이에 流行하고 있었던 것이다. …… 즉 불교의 原始聖典에 의하면 소위 轉輪聖王의 사상에 관한 說이 다수 傳來하고 있다.[17]

이 내용은 불교의 원시성전原始聖典에 근거하여 석존 이전부터 전륜성왕의 관념이 전해 내려오고 있었다는 것을 분명히 밝히고 있다. 또한 홍정식 박사는 「불교의 정치사상」이라는 논문 속에서 다음과 같이 기술하고 있다.

> 전륜성왕은 하늘로부터 輪寶를 받아 天下를 정복하고 正義 正法으로 국토와 人民을 통치하는 國王의 理想像인데 이 전륜성왕의 이상이 佛敎經典에 서술되고 있음은 당시의 불교도들의 뇌리에 그려지는 이상적 國王像은 곧 전륜성왕이었고 또 불교도들은 이러한 전륜성왕의 出現을 간절한 마음으로 고대하고 있었음을 말하는 것이라 하겠다.[18]

---

17 金東華, 「佛敎의 國家觀」, 『佛敎學報』, 제10집(東國大學校 佛敎文化硏究所, 1973), pp33~34.

여기에서도 석존 당시에 이미 전륜성왕의 관념이 있었고 불교도들은
전륜성왕의 출현을 기다리고 있었음을 불교경전에 의거해서 밝히고
있다. 다음으로 목정배 교수는 '미륵신앙의 현대적 의의'라는 논문에서
"이러한 여러 가지 사정을 감안하여 보아도 고대 인도 석가족 사이에서는
이스라엘의 메시아사상처럼 불타사상이 전승되고 있었던 것 같다"[19]고
주장하고 있다. 여기에서는 전륜성왕에 대한 언급은 없다. 하지만 불타
의 관념이 석존 당시에 이미 형성되어 있었다는 점을 분명히 밝히고
있다. 그러므로 전륜성왕의 관념과 불타의 관념이 수레의 두 바퀴처럼
불가분不可分의 관계 속에 있다는 것을 감안한다면,[20] 이 주장은 결국
석존 시대에 불타의 관념과 함께 전륜성왕의 관념도 이미 성립되어
있었다는 주장으로 이해해도 별 문제는 없으리라고 생각한다.

외국인 학자 가운데서도 이와 같은 주장을 하는 사람이 적지 않다
Varma는 "Aśoka왕은 불교의 정치철학에서 영향을 받았고 그 스스로가
전륜성왕이 되고 싶어 했다"[21]고 말함으로써 적어도 아쇼카왕 이전에
전륜성왕의 관념이 성립했다는 입장을 분명히 하고 있다. 그는 전륜성왕
의 이상理想을 처음으로 공식화한 것은 Aitareya Brahmana이고, 붓다의
전법활동(missionary movement)이 전륜성왕의 개념 속에 더 많은 의미와

---

18 홍정식, 「佛敎의 政治思想」, 『佛敎學報』, 제10집(東國大學校 佛敎文化硏究所,
　　1973), p.83.

19 목정배, 「彌勒信仰의 現代的 意義」, 『韓國彌勒思想硏究』(佛敎文化硏究所, 1987),
　　p.338.

20 U.N Goshal, *History of Indian political Ideas* (London Oxford University Press,
　　1959), p.73.

21 Vishwanath Prasad Varma, *Early Buddhism and its Origins* (Munshiram Manoharlal
　　Publishers, 1973), p.350.

내용을 불어넣었다고 주장하고 있다. 뿐만 아니라 Zoroaster의 윤리
운동이 페르시아의 여러 왕들에게 정치적 열정을 자극했듯이 붓다의
적극적인 전법 활동이 당시의 왕들에게도 간접적으로나마 영향을 주었
다고 하고 있다.[22] 또한 Jan Gonda라든가 Charles Drekmeier, 그리고
John S. Strong같은 학자들도 전륜성왕의 관념이 석존 시대보다 훨씬
이전인, 적어도 서력기원전 10세기까지 거슬러 올라가 발생하였으며,
이러한 전륜성왕의 사상은 비록 불교에서 특히 중요하게 취급된 것은
사실이지만 비불교권에서도 역시 그대로 전승되었다고 보고 있다.[23]
심지어는 아리안족의 침입 이전인 기원전 3천 내지 4천년 경에 이미
우주적 군주(universal monarch) 관념이 발생했다는 주장도 제기되었다.[24]
『망월불교대사전望月佛教大辭典』과 『불광대사전佛光大辭典』에서도 모
두 전륜성왕의 설화가 이미 석존시대에 성행하고 있었다고 설명하고
있다.[25]

그러면 이제 이와 같은 주장의 근거는 무엇이며, 그 근거는 타당한
것인지 살펴보기로 한다. 위에서 소개한 주장들 가운데에는 특별한
근거가 제시되어 있지 않은 것도 있지만, 이들 주장의 주요 근거가
되고 있는 내용은 대략 다음의 네 가지로 요약해 볼 수 있을 것이다.

첫째, 전륜성왕에 대해 언급하고 있는 여러 경전들, 특히 초기 경전들
이 이 주장의 근거가 되고 있다. 가장 대표적인 경으로는 『장아함』

---

22 *Ibid*, pp.350~351.

23 John S Strong, *The Legend of King Asoka* (Delhi Motilal Banarsidass, 1989), p.48.

24 Heinrich Zimmer, *Philosophies of India* (New York·Meridian Books Inc, 1959),
   p.134. : "As we hav said, the ideal of the Universal Monarch goes back to
   pre-Āryan times in India(third and fo millenniums B.C)"

25 『望月佛教大辭典』 Vol4, p.3826 ; 『佛光大鋅典』 Vol7, p.6624

권6의 「전륜성왕수행경轉輪聖王修行經」을 들 수 있다 이 경에 나오는 "과거의 오랜 세상 때에 견고념堅固念이라는 왕이 있어 그는 머리에 물을 쏟는 찰제리 종족이었다. 그는 전륜성왕이 되어 사천하四天下를 차지하고 있었다. 때에 왕은 자재로이 법으로써 다스리고 교화하여 사람 중에서 뛰어나고 칠보七寶를 구족했다"[26]는 내용이 그 본보기가 될 것이다. 이 밖에 비중있는 것만 하더라도 『장아함』 권18 「세기경世記經」, 「전륜성왕품轉輪聖王品」을 비롯하여, 『장아함』 권15 「구라단두경究羅檀頭經」, 『중아함』 권11 「칠보경七寶經」·「삼십이계三十二繼」·「사주경四洲經」, 『중아함』 권41 『범마경梵摩經』 권27 제722경, 『증일아함』 권33 제8경, Pāli경전 중에서는 Dīgha-Nikāya의 제17경인 Mahā Sudass ana Suttanta, 제26경인 Cakkavatti-Sīhanāda Suttanta, 제30경인 Lakkh ana Suttanta와 Majjhima-Nikāya의 Bālapaṇḍita Sutta 등을 꼽을 수 있다.

둘째, 붓다의 전기에 관한 기록 중 관상가들의 예언 내용이 이 주장의 근거가 되고 있다. 이를테면 "이와 같은 상호相好(32상)의 몸을 가진 사람은 만약 그가 집에 머무른다면 29세에 전륜성왕이 될 것이오, 만약 출가를 한다면 일체종지一切種智를 이루어 천인天人을 널리 제도할 것입니다."[27]는 내용이 바로 그것이다.

이러한 내용은 이 밖에도 『태자서응본기경太子瑞應本起經』 권상, 『수행본기경修行本起經』 권상, 『방광대장엄경方廣大莊嚴經』 권3, 『불본행경佛本行經』 권1, 『불소행찬佛所行讚』 권1 외에 수많은 문헌에서 발견된다.[28]

셋째, 과거불過去佛에 관한 내용이 이 주장의 근거가 되고 있다. 불교나

---

26 大正藏 1, p.39中.

27 大正藏 3, 『過去現在因果經』 卷1, p.627中.

28 김동화, 앞의 논문, p.36.

자이나교 등에서는 석가모니나 바르다마나Vardhamana가 역사적으로
유일한 붓다Buddha나 지나Jina라고는 보지 않는다. 불교에서는 석가모니
를 일곱 번째의 붓다로 보고 있고 자이나교에서는 바르다마나를 제24조
로 취급하고 있기 때문이다. 또한 Nigali Sagar 소석주법칙小石柱法勅에는
과거 7불 중 다섯 번째 부처님인 구나함모니拘那含牟尼(Konagamana)불의
탑을 아쇼카왕이 2배로 증축하여 숭경崇敬했다는 기록을 석존 당시에
붓다의 관념이 있었다는 한 근거로 삼고 있기도 하다.

넷째, 기타 문헌의 기록이 그 전거로 인용되고 있다. 대표적인 것으로
는 *Suttanipata*의 제15장 「피안도품彼岸道品(parayamvagga)」의 "모든 베
다 가운데 서른두 가지 완전한 위인의 상이 전해져 있고 차례로 설명되어
있다.²⁹(1000) …… 만약 그가 집에 머문다면 이 대지를 정복하리라.
형벌에 의하거나 무기에 의존함이 없이 법으로써 통치한다.(1002)"는
내용과 *Maitrī Upaniṣad*에서 열거되고 있는 전륜성왕의 이름들을 들
수 있을 것이다.³⁰

이들 네 부류의 전거들은 적어도 외형상으로 볼 때는 전륜성왕의

---

29 이것은 法頂스님의 우리말 번역을 인용한 것인데 原文은 "Āgatāni hi mantesu
mahāpurisalakkhana dvattimsā ca vyākhyātā samattā anupubbaso" 이다. (P.T.S,
Suttanipata, p.193) 따라서 'mantesu는 manta(呪文, 眞言, 聖典, 베다)의 複數 處格
(locative)이므로 '모든 베다'라는 표현은 '여러 베다 전' 또는 '베다 성전들' 정도로
바꾸는 것이 더욱 정확한 번역이 될 것이다.

30 S.Radhakrishan, ed and tr. *The Principal Upanisads* (London: George Allen &
Unwin Ltd , 1968), p.797 ; (1)Sudyumna (2)Bhūridyumna (3)Indradyumna
(4)Kuvalayāśva (5)Yauvanāśva (6)Vadhryaśva (7)Aśvapati (8)Śaśabindu
(9)HariśHcandra (10)Ambarīṣa (11)Ananakta (12)Saryāti (13)Yayāti (14)Anaranya
(15)Uksasena. 이 모두를 전륜성왕으로 보는 견해와 이 중의 일부만을 전륜성왕으로
보는 견해가 있다.

관념과 사상이 석존시대 이전에 성립되었다는 사실을 주장하기에 별로 손색이 없어 보인다. 그러나 경전성립사에 대한 분석적 이해와 그에 따른 문헌 비평적 입장에서 이 자료들을 취급하고 해석할 때는 문제가 없지 않다.

잘 알려진 것처럼 인도에서 불교의 경전은 석존시대 이래 문자로 쓴 경전의 형태로써가 아니라 기억에 의해 구전되었다. 경전의 구전口傳이라는 전통은 불교에서 비롯된 것이 아니고 인도에서는 일찍부터 일반화되어 있었다. 불교보다도 약 1000년 정도 이전부터 성전을 가지고 있었던 정통바라문교는 여러 가지 이유에서 근대에 이르기까지 그것을 기억에 의해 전해 왔던 것이다.[31] 불교의 경전은 일반적으로 아쇼카왕의 지원으로 이루어진 제3회 결집結集(Saṃgīti) 때 비로소 문자화되었다고 하지만 이것도 확실한 것은 아니고, 현재로서는 서력기원전 1세기 무렵의 스리랑카에서 처음으로 서사되었다고 보는 것이 가장 타당하다고 생각한다.[32] 이와 같이 대부분의 인도 고대종교 문헌과 불교경전이 매우 오랫동안 구전되어 왔다는 것은 결코 부인할 수 없는 사실이다. 더욱이 불멸 후 100년경부터 시작된 교단의 분열로 불교경전은 부파에 따라 전승을 달리하였고, 그 과정에서 불가피하게 경전의 내용에도 조금씩 차이점이 발생하게 되었다. 따라서 오늘날 우리가 접하고 있는 경전의 내용은 그 전부가 순수한 붓다의 가르침 그대로라거나 석존 당시의 상황 그대로라고 보기 어렵다. 거기에는 어느 정도 부파적인(또는 개인적

---

31 水野弘元, 『經典-その成立と展開』(佼成出版社, 1990), p.109. 文字로 쓴 것은 도둑맞을 수도 있고, 물이나 불에 의해 亡失될 수도 있고. 베다를 학습해서는 안 되는 슈드라와 不可触賤民들이 볼 수도 있으며, 일반인들에 의해서 함부로 다루어질 수도 있기 때문이라고 한다.

32 위의 책, pp.111~112 참조.

인) 입장에 따른 가감이 있고, 석존 이후의 상황들이 은연중에 반영되어 있을 것이기 때문이다. 4아함 중에서도 그 성립이 가장 빠른 것으로 알려진 『잡아함』 권41 제1144경에는 석존 열반 이후의 교단 상황이 기록되어 있고,[33] 더 나아가 석존시대보다 한참 후대에 속하는 아쇼카에 관한 내용들이 『잡아함』 권25 제641경(「아육왕시반아마륵과인연경阿育王施半阿摩勒果因緣經」) 등에 설해지고 있는 것은[34] 그 대표적인 예라 할 것이다.

이렇게 본다면 첫 번째에 예거例擧한 「전륜성왕수행경」 등의 내용을 반드시 석존 당시에 설해진 것으로 보아 액면 그대로 이해하는 태도에는 재고의 여지가 있다고 본다. 두 번째 석존의 전기류傳記類의 경우는 더욱 주의하지 않으면 안 된다. 석존의 전기류는 다른 경전들보다도 대부분 그 성립이 늦고, 석존의 위대한 생애를 표현하기 위한 문학 작품으로서의 특성을 상당 부분 보유하고 있을 것이기 때문이다. 따라서 관상가의 예언 내용을 사실로 받아들이는 데는 세심한 주의가 요구된다. 세 번째 과거7불의 경우도 마찬가지다. 이 과거7불의 사상이 『장아함』 권1 『대본경』 등에 나타나고 있는 것은 분명하다. 따라서 실제로 석존 당시에 이미 과거불 관념이 있었을 수 있다. 하지만 석가모니불을 원형 (archetype)으로 삼아 석존 이후에 형성되었을 가능성도 결코 배제할 수 없다. 그러나 혼란과 변화의 소용돌이 속에 처해 있었던 석존 당시의 사회적 상황과 많은 출가수행자들이 뚜렷한 목적의식을 갖고 고행·정진 하고 있었던 사실을 상기해본다면, 과거7불 사상과 같이 정형화되어 있지는 않았더라도 붓다나 지나jina의 관념이 없었다고 보기도 어렵다. 더욱이 자이나교에서 마하위라 바로 이전의 지나인 제23조 Pārśva는

---

33 大正藏 2, pp.302下~303下.

34 위의 책, pp.180上~182上.

대략 기원전 8세기경에 생존했던 역사적 인물로 간주되고 있어서[35] 홍미
롭다. 끝으로 네 번째의 경우는 상당히 고무적이다. 『숫타니파타』는
초기경전 가운데서도 그 성립이 가장 오래된 경전에 속하는 것으로,
그 중에서도 특히 제4장 「의품義品(atthakavagga)」과 제5장 「피안도품彼
岸道品」은 다른 장보다 더 일찍 성립된 것으로 평가되고 있다.[36] 바로
이 「피안도품」에 전륜성왕의 관념이 나타나 있고(1002송), 더욱이 『숫타
니파타』보다도 성립이 빠를 수밖에 없는 '베다 성전들' 속에 32상에
관한 내용이 전해지고 있다는(1000송) 기록이 있는데, 이것은 석존 당시
에 이미 붓다와 전륜성왕의 사상이 확립되어 있었음을 말해주는 자료로
서 그 어떤 것보다도 신뢰성이 높고 자료적 가치가 크다고 생각된다.
아직까지는 이것이 확인되고 있지는 않지만,[37] Maitrī Upaniṣad[38]에
전륜성왕의 이름이 나오는 것을 위시해서, Mahā-bhārata의 삽화에서도
그 이름이 발견되고 Purāṇa에서 더욱 많이 발견되고 있으며, 자이나교
문헌 등에서도 언급되고 있는 것은[39] 어느 정도 「피안도품」의 기록을
뒷받침해주고 있다고 할 것이다.

35 吉熙星, 『印度哲學史』(民音社, 1984), p.50.

36 李載昌, 『佛教經典概說』(東國大學校附設 譯經院, 1982), p.103.

37 福原隆善 「佛典における白毫相」, 『印度學佛教學研究』 40-1, 1991.

38 B.C. 200년에서 A.D. 200년 사이에 성립된 것으로 추측된다.; 吉熙星, 위의 책,
   p.41.

39 中野義照, 「佛教と若干の政治思想」, 『佛教と政·經濟』(平樂寺書店, 1972), p.9.

## 2) '아쇼카왕 이후'설과 그 문제점

다음으로 전륜성왕의 관념과 사상이 아쇼카왕 이후에 성립되었다는 견해와 그 문제점에 대 해 살펴보기로 한다. 이 주장은 우리나라에서는 별로 제기되고 있지 않은 것으로 보이며, Rhys Davids와 Hunter를 위시해서 A.L.Basham과 나까무라 하지메(中村元)에 의해서 제기되고 있다.

먼저 Basham은 그의 유명한 저서 *The Wonder That was India*에서 다음과 같이 쓰고 있다.

> 후기 베다 시대에, 비록 광대한 인도 왕국이 실제로 존재했었다는 증거는 아무것도 없지만, 바다에까지 이르는 왕국의 가능성은 인지되었다. 그것은 아마도 인도인들이 바빌로니아라든가 페르시아에 대해 전해들었던 결과로서 가능했을 것이다. 마우리아 왕조와 함께 그 가능성은 실현되었고, 그 왕조는 곧 거의 잊혀지고 말았다. 그러나 그들은 인도사회에 전륜성왕의 관념을 남겨놓았다. 그 관념은 불교 전통 속에 흡수되었고 또한 후기 베다의 제국주의 사상과 융합되어 정통 힌두교에 의해 계승되었다.[40]

여기서 Basham은 전륜성왕의 관념이 마우리아 왕조(아쇼카왕을 의미함) 이후에 성립된 것임을 분명하게 주장하고 있다. 또한 나까무라 하지메는 다음과 같이 확언하고 있다.

> 불교도와 자이나교도 사이에서는 전륜성왕의 관념이 신비적이고 종교적인 색채를 띠고 있으며, 후에는 극히 중요한 의의를 갖는 신화적 인물로서

---

40 A.L. Basham, *The Wonder That was India* (Calcutta: Rupa, 1991), p.84.

일반적으로 인식되었다. 이 이상적인 제왕이 전인도를 통일한다는 신화는 분명히 마우리아왕조의 전인도 통일 이후에 성립한 것으로, 최초기의 불교 성전과 자이나교 성전 중에는 아직 나타나 있지 않다.[41]

그러면 이들 주장의 근거와 문제점에 대해 살펴보기로 한다.

Basham은 자기 주장의 근거로서 두 가지를 들고 있는데, 하나는 인용문에 나타나듯이 전륜성왕 관념의 핵심이라고 할 '광대한 영토'를 마우리아 왕조 이전에는 인도왕국이 소유해 본 적이 없다는 사실이다. 다른 하나는 『전륜성왕사자후경轉輪聖王獅子吼經(Cakkavatti sīhanāda Suttanta)』 후반부의 내용이다. 그러나 광활한 영토의 관념은 반드시 경험적 사실에만 의거하는 것은 아닐 것이다. 설혹 인도인들이 그러한 역사적 경험이 없다 할지라도 얼마든지 소망과 이상의 나라로서 그러한 광대한 영토를 꿈꿀 수 있기 때문이다. 그러므로 이것을 결정적인 근거라고 볼 수는 없다. 그리고 Basham 자신도 밝히고 있는 것처럼,[42] 이 아쇼카왕의 이미지가 전륜성왕 사자후경의 내용에 영향을 주었을 수도 있지만 전륜성왕 사자후경의 내용이 아쇼카왕에게 영감을 불어넣었을 수도 있는 것이다. Basham은 개인적으로 다만 전자의 가능성이 더 높다고 본 것뿐이다. 그러므로 Basham의 의견이 절대적일 수는 없는 것이다.

나까무라 하지메는 자신의 주장에 대한 주요 근거로서 다음의 두 가지를 들고 있다. 첫째, 위의 인용문에도 나타나 있는 것처럼 최초기의 불교성전과 자이나교 성전 중에는 전륜성왕의 관념이 보이지 않는다는 점이다. 둘째, 자이나교 문헌(Kalpasatra)에 나타난 전륜성왕의 관념이 바라문교에 대한 적대적 성격을 띠고 있는데,[43] 그것은 곧 바라문이었던

41 中村元, 『宗教と社會倫理』(岩波書店, 1969), pp.192~193.

42 A.L. Basham, 앞의 책, p.84.

Kautilya[44]가 주도권을 장악하고 있던 시대 이후, 즉 바라문의 패권이 쇠퇴한 시대 이후에야 비로소 전륜성왕 관념이 성립할 수 있었음을 반증하고 있다는 사실이다.[45] 하지만 첫 번째의 근거는 납득하기가 어렵다. 왜냐하면 불교의 대표적 초기경전의 하나인 『숫타니파타』만 보더라도 이미 전륜성왕의 사상이 나타나 있고,[46] 특히 그중에서도 성립이 빠른 제5장 「피안도품」에서는 이미 앞에서 인용한 "베다 성전들 가운데 서른두 가지 완전한 위인의 상이 전해져 있고, 차례로 설명되어 있다"는 놀라운 내용이 발견되고 있기 때문이다. 두 번째로 제시한 근거도 해석상의 문제가 남아있다고 본다. 바라문에 대한 적대적인 입장이 대두되고 바라문의 패권이 쇠퇴하기 시작한 것은 이미 석존 시대 또는 그 이전으로 거슬러 올라가기 때문에 자이나교의 Kalpasūtra 등에 나타난 내용은 나까무라 하지메처럼 카우틸랴 이후의 상황을 반영하는 것으로 볼 수도 있겠고, 또는 불타시대의 상황을 반영하는 것으로도 볼 수 있는 것이다. 그러므로 나까무라 하지메의 견해 역시 절대적일 수 없다고 본다.

## 3) 잠정적 소결

우리는 이상에서 전륜성왕 사상의 기원에 대하여 '석존시대 이전'설과 '아쇼카왕 이후'설을 중심으로 살펴보았다. 그 과정에서 '석존시대 이전'

---

43 Jaina Sūtras, *Sacred Books of the East* Vol.22(Clarendon Press, 1909), p.225 : "과거나 현재나 미래의 전륜성왕은 신분이 낮은 집이나 바라문의 집 등에 태어나지 않으며(17). 신분이 높은 집안이나 왕족과 귀족의 집에 태어난다(18)."
44 카우틸리야는 마우리야 왕조를 創建한 찬드라굽타왕 당시의 유능한 재상이었음
45 中村元, 앞의 책, p.194.
46 『숫타니파타』 제3장(大品) 제7절 서두, 548~553송.

설은 다시 ①석존 당시(또는 약간 이전) ②B.C.1000년 ③B.C.4000~
3000년 설 등으로 구분될 수 있다는 점도 알게 되었다. 따라서 '아쇼카왕
이후'설이 잘못된 것이고 '석존시대 이전'설이 옳은 것으로 판명난다
하더라도 해결해야 할 문제가 또 하나 남아있는 셈이다.

　앞의 논의 과정에서 어느 정도 시사한 것처럼, 필자는 '석존시대 이전'
설이 설득력이 더 있다고 본다. 조금 더 구체적으로 말한다면 '석존
당시(또는 약간 이전)'라는 입장에 서고 싶다. 그 중요한 이유는 첫째,
석존 당시의 시대 상황이다. 정치적으로는 부족국가에서 전제군주국가
로 넘어가는 시점에서 약육강식의 힘의 논리가 불안과 공포의 상황을
조성시켰고, 사상적·종교적으로도 갈등과 혼란이 심화되어 대다수 민
중들은 위대한 정치적 또는 종교적 지도자의 출현을 기다렸을 것이다.
둘째, 석존 당시에 이미 전통종교인 바라문교(Brahmanism)에 만족할
수 없었던 많은 사람들이 출가수도出家修道의 길을 걷고 있었던 이면에는
붓다나 지나와 같은 관념이 있었을 것으로 추측되며, 따라서 전륜성왕의
관념도 병존해 있었을 것이라는 점이다. 셋째, 성립이 매우 빠른『숫타니
파타』, 그중에서도 특히 최고층에 속하는 「피안도품」에 '베다성전들
속에 32대인상에 관한 언급이 있다'는 기록이 보인다는 점이다. 넷째,
*Maitri Upaniṣad* 등의 문헌에서 전륜왕이 언급되고 있다는 사실이다.

　그러나 '아쇼카왕 이후'설도 일정 부분은 수용·절충해야 한다고 생각
한다. '석존시대 이전' 설과 '아쇼카왕 이후'설은 배타적인 관계에 있다기
보다는 상호보완적인 관계에 있다고 보는 것이 더 좋겠다는 의견이다.
기무라 니찌기(木村日紀)는 아함의 교의와 Aśoka dharma의 관계에
대해 이야기하면서 "이들 경전 중에는 아쇼카다르마 교법의 배경이
된 고층의 교설도 있지만, 오히려 아쇼카왕의 종교운동이 기초가 되어
나타난 새로운 층의 교설도 있을 것이다"고 쓰고 있는데[47] 이것은 전륜성

왕 사상과 아쇼카왕의 관계에 대해서도 적용될 수 있다고 본다. 다시 말해서 전륜성왕의 관념은 석존 당시에 그 원형이 이미 형성되어 있어서 아쇼카왕에게 적지 않은 영향을 주었고, 또한 이번에는 역으로 그 관념을 현실정치에 실현하기 위해 많은 노력을 했던 아쇼카왕의 전범이 전륜성왕 사상을 한층 심화·발전시켜갔다고 보는 것이다. 이것은 성립이 늦은 경전일수록 전륜성왕의 관념과 사상도 점진적으로 구체화되어가고 있음을 미루어 보아도 알 수 있다. 필자는 이처럼 근본적으로 '석존시대 이전'설의 편에서 '아쇼카왕 이후'설을 일부 수용하는 절충론을 잠정적 결론으로 제시해두고자 한다.

앞으로 이 전륜성왕 문제의 보다 확실한 실체적 진실은 자료 및 문헌에 대한 적절한 취급과 합리적 해석, 이를 위한 다양한 학문적 접근이 축적될 때 밝혀질 수 있으리라 기대된다.


## 2. 32상과 7보의 의미

전륜성왕에 관한 기사는 수많은 불전에서 발견되고 있으며 그 내용에는 큰 차이가 없다. 특히 전륜성왕의 두드러진 특징으로 삼을 만한 주요 내용은 거의 정형화되어 있다고 할 수 있다. 그것은 대략 전륜성왕은 32상을 갖추고 있고, 7보를 지니고 있으며, 사신덕四神德을 성취하고, 사병四兵을 거느리고 사천하를 다스리며 일천 명의 아들을 두고 있다는 것 등이다. 우선 32상과 7보의 정치적 의미에 대해 살펴본다.

---

47 木村日紀, 『아쇼카왕과 인도 사상』(敎育出版 Center, 1985). p.63.

## 1) 32상의 내용

고대 인도에서는 위대한 인간은 보통 사람들과 달리 특별한 신체적 특징을 갖추고 있다고 생각되었다. 불교 교단에서도 부처님과 전륜성왕 등의 신체에는 32상相이 있다는 신앙이 형성되었다. 32상(dvattimsa maha-purisa-lakkhanani)은 32가지의 뛰어난 용모와 미묘한 형상을 가리키는 것으로 32대인상大人相, 32대장부상大丈夫相, 32대사상大士相, 대인大人32상이라고 하며, 줄여서 대인상, 사팔상四八相, 대사상, 대장부상 등으로도 부른다. 상相(lakkhana)이라고 말하는 이유를, 『대지도론』 제4권에서는 "알기 쉽기 때문에 상이라 한다. 마치 물이 불과 다른 것을 상으로써 (쉽게) 아는 것과 같다."[48]고 설하고 있다. 또한 대인상이 32가지인 이유는 32보다 적으면 단정하지 못하고 더 많으면 난잡하기 때문이라고 한다.[49]

이러한 32상의 모습에 대해서 『대지도론』은 다음과 같이 설명하고 있다.

(1) 족하안평입상足下安平立相(Su-pratiṣṭhita-pāda): 발바닥이 모두 땅에 닿아서 바늘 하나 들어갈 틈이 없다.

(2) 족하이륜상足下二輪相(Cakrāṅkita-hastaa-hasta-pāda-tala): 발바닥에는 법륜의 바퀴 모양이 있고, 바퀴에는 천 갈래의 바큇살이 있다.

(3) 장지상長指相(Dīrghāṅguli): 손가락과 발가락이 가늘고 길며, 단정하고

---

48 龍樹菩薩 造, 『大智度論』제4권, 「初品中菩薩釋論」 제8(大正藏 25, p.91上), "易知故名相. 如水異火以相故知."

49 위의 책, "若少者身不端正. 若多者佛身相亂. 是三十二相 端正不亂 不可益不可減." 이외에 다른 이유가 제시되기도 한다.: 福原隆善, 「佛典における白毫相」, 『印度學佛教學研究』79권(日本印度學佛教學會, 1991), pp.1~2 참조.

곧아서 정갈하고 통통하고 아름답고 마디가 늘어섰다.

⑷ 족근광평상足跟廣平相(Āyata-pāda-pārṣṇi)：발뒤꿈치 양쪽이 편편하고 원만하다.

⑸ 수족지만망상手足指縵網相(Jālāvanaaddha-hasta-pāda)：손가락과 발가락 사이에 물갈퀴와 같이 얇은 막이 있어 오므리면 나타나지 않고 펴면 나타난다.

⑹ 수족유연상手足柔軟相(Mṛdu-taruṇa-hasta-pāda-tala)：손과 발이 마치 겁파모劫波毛나 도라면兜羅綿과 같이 부드러운 모습이다 .

⑺ 족부고만상足趺高滿相(Ucchaṅkha-pāda)：발을 땅에 디디면, 넓지도 좁지도 않으며, 발밑의 빛이 붉은 연꽃 같고, 발가락 사이의 물갈퀴(만망縵網)와 발 옆의 빛이 진한 산호 빛 같으며, 발톱은 맑은 적동赤銅 같고 발꿈치 위의 털은 푸른 비유리毘琉璃 같으며, 발전체가 장엄하고 예쁘니, 마치 온갖 보배로 장식한 신발 같다.

⑻ 이니연천상伊泥延腨相(Aiṇeya-jaṅgha)：허벅지와 장딴지가 이니연 사슴과 같이 점차로 쭉 뻗은 모습이다.

⑼ 정립수마슬상正立手摩膝相(Sthitānanata-pralamba-bāhutā)：구부리지 않고 서서 손으로 무릎을 만지는 것이다.

⑽ 음장상陰藏相(Kośopagata-vasti-guhya)：남근이 말과 같이 숨겨져 있다.

⑾ 신광장등상身廣長等相(Nyagrodha-parimaṇḍala)：몸이 니구로다尼俱盧陀(nyagrodha) 나무와 같이 가로 세로 상하 좌우가 배꼽을 중심으로 그 길이가 같고 원만하다.

⑿ 모상향상毛上向相(Ūrdhvam-ga-roma)：몸의 모든 털이 위를 향해 누웠다.

⒀ 일일공일모생상——孔一毛生相(Ekaika-roma-pradakṣiṇāvarta)：낱낱의 털구멍에 털 하나씩만 나 있고 털이 어지럽지 않고 푸른 유리 빛이며, 털끝이 오른쪽으로 위를 향해 누웠다.

⒁ 금색상金色相(Suvarṇa-varṇa)：온 몸과 팔다리가 금색의 빛깔을 띠고 있다.

⑮ 장광상丈光相(Parimaṇḍala-anonama-jaṇṇuparimasanalakkhaṇāni): 부처님의 몸 사방으로 한 길의 광명이 뻗쳐 있다.

⑯ 세박피상細薄皮相(Sūkṣma-suvarṇa-cchavi): 피부가 아주 엷고 윤택해서 모든 흙이나 먼지에 묻지 않으니, 마치 연잎에 물방울이 묻지 않는 것과 같다.

⑰ 칠처융만상七處隆滿相(Saptotsada): 양 손바닥·두 발바닥·양 어깨·목덜미 등이 모두 풍만하고 단정하며 빛깔이 깨끗하다.

⑱ 양액하윤만상兩腋下隆滿相(Citāntarāṃsa): 양 겨드랑이가 높지도 않고 깊지도 않고 원만하다.

⑲ 상신여사자장上身如獅子相(Siṃha-pūrardha kāya): 몸의 상반신이 사자와 같다.

⑳ 대직신상大直身相(Rjuātratā): 모든 사람 가운데 부처님의 몸이 가장 크고 올바르다.

㉑ 견원만상肩圓滿相(Su-saṃvṛta-skandha): 어깨가 원반하고 풍만하여 모든 사람 가운데 가장 뛰어나다.

㉒ 사십치상四十齒相(Catvāriṃśad-danta): 부처님의 치아가 40인데 낱낱이 모두 가지런하고 눈처럼 하얗다.

㉓ 치제상齒齊相(Sama-danta): 모든 치아가 고르고 가지런해 적거나 큰 것이 없고 들쑥날쑥하지도 않고 털 끝 하나도 들어갈 틈이 없다.

㉔ 아백상牙白相(suśukla-danta): 치아의 빛깔이 설산의 눈보다도 하얗고, 선명하고 밝아서 깨끗하고 단단하기가 금강석과도 같다.

㉕ 사자협상獅子頰相(Siṃha-hanu): 양 빰이 원만하기가 백수의 왕인 사자와도 같아서 팽팽하고 넓다.

㉖ 미중득상미상味中得上味相(Rasa-rasāgra-tā): 부처님의 입안에 음식을 넣으면, 어떤 음식이든지 모두 최상의 맛을 이룬다.

㉗ 대설상大舌相(Prabūha-tanu-jihva): 혀가 입에서 나와서는 얼굴과 머리카락까지 뒤덮고 입으로 들어가서는 입안에도 차지 않을 만큼 넓고도 얇다.

㉘범성상梵聲相(Brahma-svara) : 범천왕의 음성과 같이 다섯 가지 소리가 나는데, 깊이가 우레와 같고, 맑고 높아서 멀리까지 들리며, 듣는 이 모두가 기뻐하고, 마음껏 공경하고 사랑스러우며, 분명해 알기 쉽고, 듣는 이가 싫어하지 않는다.

㉙진청안상眞靑眼相(Abhinīla-netra) : 부처님의 눈이 감청색으로 푸른 연꽃과 같다.

㉚우안첩상牛眼睫相(Go-pakṣmā) : 소의 눈썹과 같이 가지런하고 길어서 어지럽지 않다.

㉛정계상頂髻相(Uṣṇīṣa-śiraskatā) : 정수리 위가 마치 상투처럼 솟아올라 있다.

㉜백모상白毛相(Ūrṇā-keśa) : 눈썹 사이에 흰 털이 나있다. 부드럽기가 도라면과 같고 길이가 1 장 5 척이며 오른쪽으로 말아져 있는데 늘 빛을 내뿜고 있다.[50]

이 32상에 대한 기록은 80종호種好(anuvyañjana)의 부차적인 특징과 함께 위의 『대지도론』을 비롯한 수많은 경론에 나타나고 있다. 그러나 문헌에 따라서 32상 하나하나의 명칭이 약간씩 다르고 32상의 내용(선택), 배열순서, 그리고 각 상에 관한 설명에 있어서 상당한 차이점을 보이고 있다.

여기서는 우선 『삼십이상경三十二相經』, 『방광대장엄경』, 『대지도론』, 『십주비바사론』, 『대반야바라밀다경』, 『보녀소문경寶女所問經』[51]

---

50 大正藏 25, 『初品中菩薩釋論』 제8, 『大智度論』 제4권, pp.90上~91上 ; 내용 설명은 「王相應品」, 『中阿含經』 제11권 ; 「三十二相經」, 大正藏 1, pp.493下~494上과 「瑜伽處建立品」 제5의1, 『瑜伽師地論』 제49권, 大正藏 30, pp.566下~568中 등을 참조하여 보완하였다.

51 『三十二相經』, 大正藏 1, pp.493下~494上 ; 「誕生品」 제7, 『方廣大莊嚴經』 제3권, 大正藏 3, p.557上 ; 『初品中菩薩釋論』 제8, 『大智度論』 제4권, 大正藏 25, pp.90

등, 여섯 문헌의 내용을 다음과 같이 대조해봄으로써 이 방면의 본격적인 연구를 위한 초석을 놓아보고자 한다.[52]

〔표 1〕 32상의 비교

| | 『삼십이상경三十二相經』 | 『방광대장엄경方廣大莊嚴經』제3권, 「탄생품誕生品」제7 | 『대지도론』제4권, 「초품중보살석론初品中菩薩釋論」제8 | 『십주비바사론十住毘婆沙論』제8권, 「공행품共行品」제18 | 『대반야바라밀다경大般若波羅密多經』제381권, 「제공덕품諸功德品(제공덕상품)」 | 『보녀소문경寶女所問經』제4권, 「삼십이상품三十二相品」제9 |
|---|---|---|---|---|---|---|
| 1 | 족안평립足安平立(1) | 정유육계頂有肉髻(31) | 족하안평입상足下安平立相 | 수족륜상手足輪相(2) | 족하유평만상足下有平滿相(1) | 족안평립足安平立(1) |
| 2 | 족하생륜足下生輪(2) | 나발우선기생청감髮右旋其色青紺 | 족하이륜상足下二輪相 | 족안립상足安立相(1) | 족하천복륜문망곡중상足下千輻輪文輞轂衆相(2) | 수족이유법륜手足而有法輪(2) |
| 3 | 족지섬장足指纖長(3) | 액광평정額廣平正 | 장지상장指相 | 수족망상手足網相(5) | 수족개실유연手足皆悉柔軟(6) | 지섬장호指纖長好(3) |
| 4 | 족주정직足周正直(7) | 미간호상백여가설眉間毫相白如珂雪(32) | 족근광평상足跟廣平相 | 수족유연상手足柔軟相(6) | 수족일일지간유만망수足——指間有縵網(5) | 수족생망만리手足生網幔理(5) |
| 5 | 족근과후량평만足跟踝後兩邊平滿(4) | 첩여우왕睫如牛王(30) | 수족지만망상手足指縵網相 | 칠처만상七處滿相(17) | 수족섬장手足纖長(3) | 수족유연미묘手足柔軟微妙(6) |
| 6 | 족량과용足兩踝備 | 목감청색目紺青色(29) | 수족유연상手足柔軟相 | 장지상장指相(3) | 족근광장足跟廣長(4) | 유칠합충만有七合充滿(17) |
| 7 | 신모상향身毛上向(12) | 유사십치제이광결有四十齒齊而光潔(22) | 족부고만상足趺高滿相 | 족근광상足跟廣相(4) | 족부수고충만유연足趺偹高充滿柔軟(7) | 슬평정무절전장여녹膝平正無節蹲腸如鹿(8) |

---

上~91上 ; 「共行品」제18, 『十住毘婆沙論』제8권, 大正藏 26, pp.64下~65中 ; 「諸功德相品」, 『大般若波羅密多經』제381권, 大正藏 6, pp.967中~968上 ; 「三十二相品」제9, 『寶女所問經』제4권, 大正藏 13, pp.468下~469中.

52 岡田行弘, 「三十二大人相の系統(Ⅰ)」, 『印度學佛教學研究』75권(日本印度學佛教學會, 1989)에서 6가지 계통의 32상에 대해 논구하고 있는데, 필자는 이 여섯 계통 가운데서 임의로 하나씩의 문헌을 선정하여 대조해 보았다. 그러나 갖가지로 설해지는 32상을 여섯 계통으로 한정시킬 수 없음은 물론이다. 따라서 앞으로 보다 치밀한 연구가 이루어져야 할 것이다.

| | | | | | |
|---|---|---|---|---|---|
| 8 | 수족망만手足網縵(5) | 치밀이불소齒密而不疏(23) | 이니연천상伊泥延膊相(20) | 신직대상身直大相(20) | 쌍천점차섬원雙膞漸次纖圓(8) | 기음마장其陰馬藏(10) |
| 9 | 수족극묘유약연부手足極妙柔弱軟敷(6) | 치백여군도화白如軍圖花(24) | 정립수마슬상正立手摩膝相(7) | 족부고상足趺高相(7) | 쌍비수직용원雙臂脩直備圓(9) | 협거충만유여사자頰車充滿猶如師子(25) |
| 10 | 기피연세肌皮軟細(16) | 범음성梵音聲(28) | 음장상陰藏相 | 모상선상毛上旋相(12) | 음상세봉장밀勢峰藏密(10) | 흉전자연만자胸前自然卍字 |
| 11 | 신일공일모생身一孔一毛生(13) | 미중득상味中得上味(26) | 신광장등상身廣長等相 | 녹전상鹿腨相(8) | 모공각일모생毛孔各一毛生(13) | 지체구족성취肢體具足成就 |
| 12 | 녹전장鹿腨腸(8) | 설연박舌軟薄(27) | 모상향상毛上向相 | 장비상長臂相(9) | 발모단개상미발毛端皆上靡(12) | 수비장출어슬手臂長出於膝(9) |
| 13 | 음마장陰馬藏(10) | 협여사자頰如師子(25) | 일일공일모생상一一孔一毛生相 | 음장상陰藏相(10) | 신피세박윤골身皮細薄潤滑(16) | 신정이무하자身淨而無瑕疵 |
| 14 | 신형원호身形圓好(11) | 양견원만兩肩圓滿(21) | 금색상金色相 | 금색상金色相(14) | 신피개진금색身皮皆眞金色(14) | 뇌호충만홍비腦戶充滿弘備 |
| 15 | 신불아곡身不阿曲(20) | 신량칠주身量七肘(20) | 장광상丈光相 | 피박세밀상皮薄細密相(16) | 칠처충만七處充滿(17) | 사자보師子步 |
| 16 | 신황금색身黃金色(14) | 전분여사자왕억前分如師子王臆(19) | 세박피상細薄皮相 | 일일모상一一毛相(13) | 견항원만肩項圓滿(21) | 사십치백四十齒白(22) |
| 17 | 신칠처만身七處滿(17) | 사아교백四牙皎白(24) | 칠처륭만상七處隆滿相 | 백모상白毛相(32) | 박액실개충실髆腋悉皆充實(18) | 아치무유간소牙齒無有間疏(23) |
| 18 | 기상신대유여사자其上身大猶如師子(19) | 부체유연세골자마금색膚體柔軟細滑紫磨金色(14), (16) | 양액하륭만상兩腋下隆滿相 | 사자상신상師子上身相(19) | 용의원만단직容儀圓滿端直(20) | 함아頷牙(24) |
| 19 | 사자협거師子頰車(25) | 신체정직身體正直(20) | 상신여사자상上身如師子相 | 견원대상肩圓大相(21) | 신상수광단엄身相脩廣端嚴(20) | 청백미호발미淸白美好髮眉(30) |
| 20 | 척배평직脊背平直(23) | 수수과슬垂手過膝(9) | 대직신상大直身相 | 액하만상腋下滿相(18) | 체상종광량등體相縱廣量等(11) | 광장설廣長舌(27) |
| 21 | 양견상련兩肩上連(21) | 신분원여니구타수身分圓滿如尼拘陀樹(11) | 견원만상肩圓滿相 | 지미미상知味味相(26) | 신상반위용광대신上半威容廣大(19) | 혼혼豐豔(21) |
| 22 | 사십치아四十齒牙(22) | 일일모공개생일모一一毛孔皆生一毛(13) | 사십치상四十齒相 | 원신상圓身相(11) | 상광면각일심상光面各一尋(15) | 범성애난지음梵聲哀鸞之音(28) |
| 23 | 평치平齒(23) | 삼신모우선상미三身毛右旋上靡(12) | 치제상齒齊相 | 육계상肉髻相(31) | 치상사십제평齒相四十齊平(치상사십제평)(22), (23) | 동자감청색瞳子紺青色(29) |

| 24 | 불소치 不疏齒 (23) | 음장은밀 陰藏隱密(10) | 아백상牙白相 | 광장설상廣長舌相 (27) | 사아선백 봉리四牙 鮮白鋒利(24) | 안여월초생眼如 月初生 |
|---|---|---|---|---|---|---|
| 25 | 백치白齒(24) | 비용장髀傭長(8) | 사자협상師子頰相 | 범음상梵音相(28) | 상득미 중상미 常得 味中上味(26) | 미간백호眉間白毫(32) |
| 26 | 통미제일미通 味第一味(26) | 천여이니녹왕腨 如伊尼鹿王(8) | 미중득상미상味 中得上味相 | 사자협상師子頰相 (25) | 설상박정광장상相 薄淨廣長(27) | 정상육계자연頂 上肉髻自然(31) |
| 27 | 범음가애梵音 可愛(28) | 족근원정족지섬 장足跟圓正足指纖 長(3), (4) | 대설상大舌相 | 치백상齒白相(24) | 범음사운홍아梵音 詞韻弘雅(28) | 기체유연묘호肌 體柔軟妙好(16) |
| 28 | 광장설廣長舌 (27) | 족부용기足趺隆 起(7) | 범성상梵聲相 | 치제상齒齊相(23) | 안첩감청제眼睫紺青 齊(30) | 신형자마금색신 形紫磨金色(14) |
| 29 | 승누처만承淚 處滿 | 수족유연세골手 足柔軟細滑(6) | 진청안상眞青眼 相 | 구족치상具足齒相 (23) | 안정감청선백眼睛 紺青鮮白(29) | 체일일모생體一 一毛生(13) |
| 30 | 안색감청眼色 紺青(29) | 수족지개망만手 足指皆網鞔(5) | 우안첩상牛眼睫 相 | 사십치상四十齒相 (22) | 면륜기유만월面輪 其猶滿月 | 모상향우선毛上 向右旋(12) |
| 31 | 정유육계頂有 肉髻(31) | 수족장중각유륜 상手足掌中各有輪 相(2) | 정계상頂髻相 | 감청안상紺青眼相 (29) | 미간유백호상眉間 有白毫相(32) | 두발감청색頭髮 紺青色 |
| 32 | 미간생모眉間 生毛(32) | 족하평정주편안 지足下平正周遍案 地(1) | 백모상白毛相 | 우왕첩상牛王睫相 (30) | 정상오슬니사고현 주원頂上烏瑟膩沙高 顯周圓(31) | 신평정방원무유 아곡身平正方圓 無有阿曲(11), (20) |

(표에서 괄호 안에 있는 번호는 『大智度論』의 순서에 따라 비교된 번호임)

　　『대지도론』을 중심으로 볼 때 『삼십이상경』에는 『대지도론』의 제7, 9, 15, 18, 30상이 없으며, 반면에 제6상 족량과용足兩踝傭(발의 두 복사뼈가 꽉 참), 제20상 척배평직脊背平直(등이 평평하고 곧음), 제29상 승누처만承淚處滿(눈물 받는 곳이 꽉 참)은 『대지도론』에 없고, 제23, 24상은 『대지도론』의 제23상의 내용을 나누어 두 개의 상으로 서술하였다. 『방광대장엄경』에는 『대지도론』의 제15, 17, 18상이 없으며, 제2상 나발우선기색청감(소라 같은 머리카락이 오른편으로 꼬부라지고 그 빛깔은 검푸름), 제3상 액광평정(이마는 넓고 편편함)이 『대지도론』에는 없다. 한편 제18상에는 『대지도론』의 제14, 16상이 함께 서술되어 있고, 제27상에서는 『대지도론』의 제3, 제4상이 함께 서술되어 있다. 『십주비바사

론』에는『대지도론』의 제15상이 없고, 제28, 29상은『대지도론』제23상
을 나누어 서술하고 있다.『대반야바라밀다경』에는『대지도론』의 제25
상이 없고, 제30상 면륜기유만월(얼굴이 보름달 같음)이『대지도론』에
없다. 그리고 제18, 19상은『대지도론』의 제 20상을 나누어 서술하였고,
제23상은『대지도론』의 제22, 23상을 함께 서술하였다.『보녀소문
경』에는『대지도론』의 제4, 7, 15, 18, 19, 26상이 없고, 제32상은
『대지도론』의 제11, 20상을 함께 서술하고 있다. 그리고 제10상 흉전자
연만자(가슴 앞에 자연스럽게 만자가 나타남), 제11상 지체구족성취(온 몸이
구족하여 대인의 모습을 성취함), 제13상 신정이무하자(온 몸이 깨끗하여
결함이 없음), 제14상 뇌호충만홍비(뇌호가 충만하여 널리 대인의 모습을
갖춤), 제15상 사자보(걸음걸이가 사자와 같음), 제24상 안여월초생(눈이
초생달 같음), 제31상 두발감청색(머리털이 검푸른 빛깔임)은『대지도
론』에 없다.

　이러한 약간의 차이는 시대와 지역에 다른 불교사상적 특징을 반영하
는 측면도 있겠지만, 경전성립의 과정에 비추어 볼 때 불가피한 점도
있다고 생각된다. 이 32상에 대한 보다 깊이 있는 연구는 불상 연구에도
기여하는 바가 클 것이다.[53]


## 2) 32상의 의미

32상의 내용을 살펴보면, 기본적으로 원만상이 크게 강조되고 있음을
알 수 있다. 이것은 부처님의 원만한 지혜와 인격을 반영한 것으로

---

53 대부분의 불상의 광배는 아마도『大智度論』의 '장광상'과『대반야바라밀다경』의
　'상광면각일심상'에 연유하는 것으로 보이는데 다른 문헌에는 이것이 없다. 이런
　점들을 깊이 연구해 볼 필요가 있다.

생각된다. 적지 않은 불전[54]에서는 서른두 가지 각각의 상이 어떠한 선행과 공덕을 통해서 갖추어지게 되었는가 하는 내용이 설해져 있다. 이를테면 발바닥이 평평한 상을 얻게 된 것은 무량한 과거생에 '보시와 지계, 부동의 구도행'을 닦았기 때문이고[55] '손가락과 발가락 사이에 물갈퀴 같은 막이 있는 상'을 얻게 된 것은 '사섭법'으로써 어른들을 거둔 때문이다.[56] '금색신의 상과 부드럽고 섬세한 피부의 상'을 얻게 된 것은 '좋은 옷, 와구, 금은진보를 보시한' 공덕 때문이고,[57] '발바닥에 천 개의 바퀴살을 가진 수레바퀴가 있는 상'을 얻게 된 것은 '두려움과 공포를 제거해 주고, 양식과 물품을 제공하면서 많은 사람들의 안녕을 위해 애쓴' 공덕 때문이라고 한다.[58] 다른 상들에 대해서도 이런 방식으로 설명하고 있다.[59] 그러나 그것들을 일일이 대응시켜 밝히는 것은 별 의미가 없다고 본다. 그러므로 여기에서는 32상의 배경이 되고 있는 선행善行과 공덕功德의 전반적인 내용을 *Lakkaṇa-suttanta*, 『우바새계경優婆塞戒經』, 『유가사지론瑜伽師地論』을 중심으로 순서에 관계없이 발췌·정리해 보기로 한다.

---

54 중요한 것으로는 『Lakkana-suttanta』, 『方廣大莊嚴經』, 『優婆塞戒經』, 『菩薩善戒經』, 『大智度論』, 『瑜伽師地論』, 『寶女所問經』 등을 들 수 있다.

55 「修三十二相業品」, 『優婆塞戒경』 제1권, 大正藏 24, p.1039中.

56 『瑜伽師地論』 제49권, 大正藏 30, p.567.

57 『大智度論』 제11권, 大正藏 25, p.141中.

58 *D.N. Ⅲ*, 「Lakkaṇa-suttanta」, p.148.

59 이들 내용 역시 문헌에 다라 약간의 차이가 있다. 이에 대해서는 岡田行弘의 논문 「三十二大人相の系統(Ⅱ)」, 『印佛研』通卷79호(日本印度學佛教學會, 1991), pp.12~16을 참조할 것.

⑴ 모든 유정有情을 자신의 친자식처럼 여겨 사랑하고 보살핌.

⑵ 사람들에게 어떤 폭력도 사용하지 않고 따뜻하고 부드럽게 대함.

⑶ 사람들을 신뢰하고 절대 속이지 않으며 진실하고 정직함.

⑷ 사람들의 의衣·식食·주住 생활에 불편과 어려움이 없도록 해 줌.

⑸ 사람들을 불안과 공포에서 구해 주며 안정과 평화 속에서 살아가게 함.

⑹ 사람들에게 피해를 주지 않음은 물론 이익과 안락, 안전과 복지를 베풂.

⑺ 사문, 바라문 등의 지혜로운 자들과 가까이하며 선善과 악惡, 의義와 불의不義에 대해 배우고 자문을 구하며, 스승과 부모와 벗들의 이야기를 겸허하게 청취하며, 사람들로부터 비판적인 말을 들어도 화내거나 불쾌해 하지 않음.

⑻ 의지할 데 없는 사람들을 법과 정의로써 자비롭게 거두어 줌.

⑼ 부모와 스승과 현성賢聖을 존중하고 공경하며 따름.

⑽ 헤어져 있는 사람들을 다시 만나게 하고 갈라져 있는 사람들을 화해시킴.

⑾ 사람들의 시비是非, 선악善惡을 분명히 가리되, 원수나 친한 사람이나 차별 없이 평등하게 대함.

⑿ 사람들로 하여금 자신감 있고, 착하고, 바르고, 자비롭게 살아가도록 가르침.

⒀ 기술과 무역, 학문과 행동에 대해 열심히 배움.

⒁ 사람들의 선행善行과 공덕功德을 칭찬하고 널리 알림.

⒂ 모든 병자病者에게 양약良藥을 베풀어 질병을 치료해 줌.

⒃ 성품이 용맹하고 결단력이 있음.

⒄ 사람들의 개성과 특성을 잘 분별하여 앎.

⒅ 사섭법四攝法을 실천함.

⒆ 오계五戒와 십선법十善法을 스스로 닦고 다른 사람들로 하여금 닦게 함.[60]

---

60 「Lakkaṇa-suttanta」, *D.N.Ⅲ*, pp.145~176) ;『優婆塞戒經』, 大正藏 24, pp.1039 上~1040上 ;『瑜伽師地論』, 大正藏 30, pp.567中~568上 등을 참조함.

이 내용들은 그대로도 종교적 또는 정치적 의의를 잘 나타내 보여주고 있으므로 여기에 대한 자세한 설명은 생략하기로 한다. 다만 대비大悲, 보시布施, 정계淨戒로 요약될 수 있는[61] 이 내용들은 자비와 도덕의 삶을 지향하는 붓다의 Dharma 이념 및 전륜성왕의 Dharma 정치의 이념과 일치하고 있다는 점만을 밝혀두고자 한다.

여기서 전륜성왕의 경우는 한 가지 문제가 제기될 수 있다고 본다. 그것은 '비록 전륜성왕이 32상을 갖추고 있다 하더라도 그 배경이 되는 선행과 공덕을 전륜성왕에게까지 적용시킬 수 있겠는가' 하는 점이다. 그러나 이런 물음은 32상에 의거하여 만들어진 불상에 대해 우리가 일반적으로 가지고 있는 이미지에서 비롯된 선입견 때문에 제기된다고 본다. 붓다와 마찬가지로 전륜성왕이 32상을 얻게 된 데에는 그 원인과 배경이 없을 수 없다. 전륜성왕은 무력에 의해서가 아니라 Dharma에 의해 통치를 하는 '정의로운 법왕(dhammiko dharma-raja)'이다. 그리고 이 32상은 실제의 모습이 아니라 어디까지나 붓다와 전륜성왕의 내적 지혜와 자비와 덕을 상징하고 있음을 상기해야 할 것이다.[62] 더욱이 Lakkaṇa-suttanta에서는 붓다와 전륜성왕이 무수한 과거생에 수없이 닦은 동일한 선행과 공덕에 의해 32상을 얻고 그 32상 하나하나의 힘으로 각자 나름의 특별한 능력을 갖추게 된다고 밝히고 있어서[63] 위의 물음을

---

61 32상의 구족을 『優婆塞戒經』에서는 大悲의 과보(大正藏 24, pp.1039上), 『大智度論』에서는 布施의 과보(大正藏 25, p.141中), 『瑜伽師地論』에서는 淨戒의 과보(大正藏 30, p.568上)라고 각각 설하고 있다.

62 難陀와 提婆達多는 30相을 갖추고 있고 迦葉은 7相을 갖추고 있다는 점도 이러한 견해에 간접적인 근거를 제공한다고 하겠다.

63 예를 들어, '지극한 孝行과 사문·바라문에 대한 공경 등'의 공덕으로 '발바닥이 평평한 相을 얻어 轉輪聖王이 되면, 敵意를 품은 어떤 인간의 적으로부터도 방해를 받지 않고, 반면에 붓다가 되면 貪·嗔·癡의 적으로부터 또는 사문이나 바라문이나

굳이 문제 삼을 이유가 없다고 본다.

32상은 분명 그 외적인 모습이 아니라 내적·정신적 측면에 더 큰 의미가 있다. 그러나 그렇다고 32상 그 자체의 의미를 무시해서는 안 될 것이다. 왜냐하면 어떤 사람의 외모가 그 능력과 인격을 말해주는 척도가 될 수는 없겠지만, 정신적 또는 정치적 지도자가 대중적 영향력을 발휘하는 데는 외모도 무시할 수 없는 하나의 요인이 될 수 있기 때문이다.[64] 32상의 설화가 나타나게 된 배경에는 이러한 외적(대중적)·내적(정신적) 원인이 병존하고 있음을 감안할 때, 앞으로 이 32상의 문제는 종교심리적 도는 정치심리적 입장에서도 연구해 볼 가치가 있을 것이다.

### 3) 7보의 의미

이 7보(satta ratana)는 전륜성왕의 여러 특징 가운데서도 가장 중요하고 특별한 것이라 할 수 있다. 많은 경전에서는 대개 7보의 명칭만을 들고 있는데 한역 『장아함』의 「세기경」, 「전륜성왕품」과 『증일아함』 권48 「예삼보품」, Pāli 『중부경전』 중 「현우경(Bālapaṇḍita Sutta)」과 『장부경전』 중 「대선견왕경(Mahā Sudassana Suttanta)」에서 상당히 상세하게 설명하고 있으므로 이들 경전을 중심으로 그 내용과 의미에 대해서 하나하나 살펴보도록 하겠다.

---

天人이나 魔(mara)나 梵天(Brahmā)이나 이 세상의 어떤 존재로부터도 방해를 받지 않는다.(D.N. III, pp.145~146).

64 부처님의 威儀說法은 그 한 예가 될 수 있을 것이다.

### (1) 금륜보(cakka-ratanaṃ)

금 또는 금강으로 된 윤보라는 의미로, 줄여서 금륜, 윤보, 또는 윤輪이라
고도 이름한다. 7보 가운데서 금륜보는 가장 중요한 의의를 지니고
있으며[65] 그것은 전륜성왕이라는 이름이 바로 이 금륜보에서 유래하고
있다는 사실만으로도 짐작할 수 있다. 금륜보는 동쪽으로부터 오는데,
하늘의 장인이 하늘의 자마금으로 만든 것으로 빛나는 광색의 바퀴
테(nemi)와 바퀴통(nābhi), 그리고 천 개의 바퀴살(sahassāram)로 이루어
진, 지름 14척의 (수레)바퀴 모양이다. 바퀴테는 동쪽을, 바퀴통은
북쪽을 향한 채 7다라(독정수) 높이로 궁전 위에 떠있다고 한다.[66]

이 금륜보는 염부제 땅에 출현한 전륜성왕이 높은 궁전에 올라 여인(채
녀)들과 오락하고 있을 동안, 보름달이 꽉 차 오를 때 홀연히 왕 앞에
나타난다. 자신이 전륜성왕임을 알게 된 왕은 이 윤보를 시험해 본다.
왕은 곧 사병을 부르고 금륜보를 향해 오른 무릎을 꿇고 오른 손으로
금륜을 어루만지며 "너는 동방을 향하여 여법하게 구르되, 상칙(상도이자
정법임)을 어기지 말라"고 하자, 금륜은 동쪽으로 구르기 시작했다.
전륜왕의 무리가 금륜을 따라가는데, 동방의 모든 소국의 왕들이 나와
전륜왕에게 국토를 바치며 항복을 선언한다. 전륜왕은 이들과 함께
바닷가까지 도달함으로써 동방을 평정한다. 남방, 서방, 북방도 마찬가
지로 통일시킨다. 염부제의 좋은 땅에 금륜이 돌아다니며 구역을 정해
놓으면 밤중에 천신이 성곽을 쌓고 다시 궁전을 지어 마친다. 그러면

---

65 "전륜성왕에게 1천의 아들과 8만 4천의 小國과 다른 여섯 가지 보배(六寶)가 있다
하더라도 아직 전륜성왕이라 할 수 없고, 날아다니면서 四天下에 이를 수도 없으나,
금륜보를 얻으면 비로소 전륜성왕이라고 하게 된다." ; 大正藏 25, 『大智度論』
권82, p.636上.

66 大正藏 1, pp.119下~120上.

금륜보는 전륜성왕이 머무는 궁전 위의 허공중에 떠 있으며 움직이지
않는다.[67]

그렇다면 과연 이 금륜보는 무엇을 의미하는 것일까. 이것은 적어도
단순한 무기 이상의 어떤 의미를 상징한다고 보아야 할 것이다. 금륜보의
연원에 대해서는 아직 정설이 없지만 이것은 아무래도 본래 태양이
빛을 발하여 비추는 것을 신격화한 것으로 생각되는 비쉬누의 신화와
깊은 관련이 있는 것으로 보인다.[68] 리그베다에서는 태양(Sūrya)이 한
개의 바퀴를 가진 전차로 묘사되며, 이것은 훗날 비쉬누의 무기가 되고,
전륜왕의 금륜이 되며 붓다의 법륜이 되는 것이다.[69] 우리가 흔히 쓰는
태양을 뜻하는 일륜이라는 단어는 원래 불교에서 나온 말인데 이것은
태양을 바퀴의 이미지로 파악하는 것이 불교적 전통임을 말해준다.
한마디로 금륜은 지상을 내려다보며 지배하는 태양의 상징이라고 추측
된다.[70] 그리고 참으로 평등하게 이 세상의 모든 어둠을 몰아내고 모든
생명체를 키워내는 태양은 법(dharma)을 의미한다고 볼 수 있다. 따라서
결국 금륜은 법을 상징한다고 할 수 있다. 앞에서 본 것처럼 전륜성왕이
금륜을 향해 '상칙常則(정법)을 어기지 말라'고 한 것은 시사하는 바
크다고 하겠다. 또한 Pāli 증지부의 한 경전에는 다음과 같은 가르침이
발견된다.

한 비구가 세존에게 "그러나, 세존이시여, 왕의 왕, 정의로운 전륜轉輪의

---

67 大正藏 1, pp.119下~120上.

68 姉崎正治, 『現身佛と法身佛』(前川文榮閣, 1925), p.203.

69 T.B. Karunaratne, *The Buddhist Wheel Symbol* (Kandy Buddhist Publication Society,
1969), The Wheel Publication No.137/138, p.27.

70 피야세나 딧사나야케, 정승석 역, 『불교의 정치철학』(대원정사, 1987), p.183.

법왕法王은 누구입니까?"라고 물었다. 세존은 "비구여, 그것은 곧 법法
(dhamma)이니라. 전륜왕은 다만 법에 의지하고, 법을 존중하고 공경하며
숭배한다. 그는 법을 자신의 표준으로, 기치로, 또한 명령으로 삼으며,
그의 국토 안에 있는 모든 사람과 모든 동물을 위해 법의 파수꾼과 장벽과
요새를 세운다"라고 답하였다.[71]

이 내용은 법이 곧 전륜성왕의 본질임을 말해주는 것으로, 전륜성왕의
상징인 금륜보의 의미를 이해하는 데 결정적인 근거를 제공해주고 있다
하겠다. Zimmer가 "금륜(cakra)은 보편성 또는 보편적 진리(universality)
를 의미하며, 전륜왕 자신은 우주의 바퀴통(축)으로서 세상의 모든
것은 수레의 바퀴살처럼 그를 향하고 있다"고[72] 한 것도 같은 의미로
해석할 수 있을 것이다. 한마디로 금륜은 법치法治의 상징인 것이다.

## (2) 백상보(hatthi-ratanaṃ)

그냥 상보象寶라고도 한다. 전륜성왕이 이른 아침 정전에 앉아 있는데
홀연히 상보가 저절로 그 앞에 나타난다. 털은 회고, 칠처七處
(satta-ppatittho)가 견고하며[73] 힘은 능히 날아다닌다. 머리는 잡색雜色이
며 육아六牙는 가늘고 부드러우며 진금眞金으로 그 사이를 메웠다. 머리
에는 금관을 쓰고 영락瓔珞은 금으로 되었으며 진주로 그 몸을 얽고
좌우에는 금방울을 달았다. 전륜왕은 이른 아침에 이 코끼리를 타고

---

71 A. N. III, p.149.

72 Heinrich Zimner, *Philosophies of India* (New York Meridian Books Inc., 1959),
   p.130.

73 轉輪聖王品에서는 '七處平住'라고 했는데 의미가 불분명하여 P.T.S. 英譯本에 의거
   해 견고하다(firm)고 해석함. 七處는 네 다리, 두 개의 엄니, 몸통을 의미하는
   듯함 (Dialogues of the Buddha II), p.20.

성을 나가 사해를 두루 돌아다니다 식사 때까지 다시 돌아온다. 일설에 따르면 흰 코끼리는 아리안 시대 이전의 고대 인도 왕들이 이용한 탈것(mount)이고, 인도에 침입한 아리안족은 말을 탈것으로 또는 전차를 끄는 데 이용했다고 한다.[74] 신화나 설화의 의미를 단정적으로 정의할 수는 없겠지만 적어도 경전상의 내용으로 볼 때 이 상보와 다음에 설명할 마보馬寶는 모두 원활한 교통수단을 의미하는 보배라고 추측된다. 광활한 통일국가와 영토를 통치하는 데 있어 원활한 교통은 필수적인 요소일 것이기 때문이다.

### (3) 감마보(assa-ratanaṃ)

마보馬寶라고도 한다. 이른 아침 정전 위에 앉아 있는 전륜왕 앞에 홀연히 마보가 나타난다. 『세기경』「전륜성왕품」에 의하면, 이 말은 감청색으로 붉은 갈기와 꼬리를 가졌고, 머리와 목은 코끼리처럼 생겼으며 능히 날아다닐 정도로 힘이 세다. 그러나 Pāli본 *Mahā Sudassana Suttanta*에 따르면, 이 말은 흰 색이며, 머리는 까맣고(crow-black), 갈기는 가무잡잡(dark)하다. 『증일아함』「예삼보품」에 의하면, 마보는 앞의 상보와 거의 동일한 장식을 하고 있다. 전륜성왕은 아침 일찍 마보를 타고 성을 나가 사해를 두루 다니다가 식사 때에 돌아와 "이 감마보는 참으로 나의 상서다. 나는 이제 참으로 전륜성왕이 되었도다"고 말하며 기뻐한다. 이와 같이 경전상의 내용으로 보면 마보와 상보의 기능은 동일한 것으로 보이는데, 굳이 같은 기능의 것을 두 가지나 포함시킨 이유는 뭘까? 그 이유의 하나로 먼저 교통수단의 다양화라는 점을 생각해 볼 수 있겠다. 또 다른 이유를 든다면, Zimmer의 견해에 입각해서

---

74 Heinrich Zimmer, *ibid.*, pp.130~131.

생각해볼 때, 아리안족(마보)과 인도의 원주민(상보)에게 두루 영향력을
행사하고, 이들을 통합시키려는 의도 때문이라고 추정해 볼 수도 있을
것이다.

### (4) 신주보(mani-ratanaṃ)

주보珠寶 또는 마니주보摩尼珠寶라고도 한다. 바탕과 빛깔은 맑고 투명하
며(또는 검푸른 유리색) 티끌과 먼지가 묻지 않는, 길이 1척 6촌의 정교한
8면체 보석이다. 전륜왕은 이를 시험하고자 사병을 불러 이 신주를
높은 깃대 위에 안치한 후 그것을 들고 성 밖으로 나갔다. 그 신주의
광명이 1유순(또는 12유순) 떨어진 곳까지를 훤하게 비춰주자 성 안의
사람들은 낮인 줄 알고 일어나 일을 하였다. 주보는 이처럼 신비한
능력을 지니고 있는바, 모든 소원을 말하기만 하면 곧 성취시켜준다고
한다.[75] 이것은 물질적 재화로서의 가치보다는 왕에게는 통치에 필요한
수단과 방법을, 백성들에게는 생활의 편의를 제공하고 여러 가지 어려움
을 해결해 주는 의의를 지니는 것으로 생각된다. 물질적인 재화는 거사보
居士寶에 해당되기 때문이다.

### (5) 옥녀보(itthi-ratanaṃ)

여보女寶 또는 현옥녀보賢玉女寶라고도 한다. 모든 면에서 아름답고,
우아하고, 예절바르며, 어질고, 헌신적인 여인이다. 겨울에는 몸이 따뜻
하고 여름에는 몸이 서늘하며 몸에서는 전단의 향기가 나고 입에서는
우담바라꽃 향기가 난다고 한다. Zimmer는 옥녀보를 왕비(Queen, Wife)
의 의미로 설명하고 있는데 이것은 적절치 못한 것 같다. 옥녀의 원어인

---

75 Heinnch Zimmer, 앞의 책, p.131.

itthi는 '부인'의 의미보다는 '여인'의 의미로 더 일반적으로 쓰이고 있으며, 경전에 의하면 전륜왕은 이 옥녀에게 조금도 애착이 없으며 육체적으로도 가까이 하지 않는다고 하고 있기 때문이다. 이 옥녀는 전륜왕의 신하나 궁녀의 의미로, 오늘날로 말하면 비서(실) 정도의 개념으로 이해하면 좋을 것 같다. 왕의 마음을 항상 편안하게 해주고 잘 보필하는 사람들이 주변에 있으므로 해서 전륜성왕의 Dharma의 정치는 더욱 원만히 실현될 수 있을 것이다.

### (6) 거사보(gahapati-ratanaṃ)

장자보長者寶, 주장보主藏寶 또는 주장신보主藏臣寶라고도 한다. 거사보居士寶는 키와 몸무게가 적당하고 몸은 황금빛이며 털은 검푸르다고 한다. 거사의 원어 gahapati에는 가장 또는 가구주(housefather, house-holder)와 자산가의 뜻이 있는데, 여기서는 자산가(장자)의 뜻으로 보이며 따라서 거사보의 거사도 장자의 의미로 해석하는 것이 좋다.

Buddhaghosa는 이것을 'setthi-gahapati', 즉 재무관 정도의 의미로 설명하고 있는데, 이것은 창고 속의 재부를 관장하는 대신이라는 의미의 '주장신'과 거의 일치하고 있다. 경전에서도 "거사보가 나타나자 보배창고에는 저절로 재부가 가득했다. 거사는 땅 속의 보배를 환히 살펴, 주인이 있는 것은 잘 지켜주고 주인이 없는 것은 가져다 왕이 쓰도록 공급했다"는 등의 내용이 나오므로 거사보는 오늘날로 하면 출납관 또는 보물관리자(treasurer), 또는 재무장관(minister of finance) 정도의 의미로 이해하면 될 것이다. 전륜왕은 이 거사보에 힘입어 풍족한 재정과 그 효율적 관리의 바탕 위에서 민생을 다스리고 고아, 노인, 병자 등 소외되고 고통받는 사람들을 도울 수 있을 것이다.[76] 한마디로 이 거사보는 풍부한 재정과 그 효율적 관리자를 의미하는 것으로 보인다.

## (7) 주병보(parināyaka-ratanaṃ)

주병신보主兵臣寶, 전병典兵(將軍)보 또는 병장보兵將寶라고도 한다. 주병보主兵寶의 몸은 녹색이고, 털은 진주빛이며, 적당한 키와 몸무게를 지니고 군사를 부리는 계략은 뛰어나다고 한다. 주병보의 원어는 parināyaka[77]로서 이것은 지도자 또는 지휘관(leader), 안내자(guide), 조언자(adviser)의 의미이다. Pāli어 경전에 의하면 "그는 왕이 해야 할 일은 하도록 하고, 내버려 두어야 할 일은 내버려 두도록 이끌 자격이 있다"고 하여 왕에 대한 조언자 또는 인도자의 역할을 맡고 있는 것은 알 수 있지만 구체적으로 어떤 분야에 관한 것인지가 불분명하다. 그러나 한역 아함에서는 주병보가 나타나자 전륜왕이 곧 사병을 모으고 그에게 "너는 지금 이 군사를 지휘하라"고 명령하는 내용이 나오고 있어, 장군의 의미임을 분명히 하고 있다. 또한 석존의 전기를 기록하고 있는 *Lalita Vistara*에서도 parinayaka를 장군(general)으로 보고 있다. 그렇다면 Pāli어 경전에서의 인도자, 조언자의 역할은 구체적으로 군사에 관한 것이라고 보아도 무방할 것 같다. 결국 이 주병보는 전륜성왕이 국방 및 군사문제를 잘 다스려 가도록 돕는 군 지휘관 또는 장군의 의미라고 할 것이다.

이상에서 7보 하나하나의 개념과 의미에 대해 살펴보았는데, 7보는 결국 이상적인 정법 정치의 실현과 효율적인 국가경영에 필요한 여러 요소라고 할 것이다. 다시 말해서, 오늘날로 하면 금륜보는 정법에 의거한 정치·외교를, 백상보와 감마보는 교통·통신을, 신주보는 정법의 실현에 필요한 여러 수단과 방법을 제공하는 과학기술이나 건설을, 옥녀보는 비서진을, 거사보는 재정·후생복지를, 주병보는 국방과 치안

---

76 Heinnch Zimmer, 앞의 책, p.131.

77 Buddhaghosa는 이를 '왕의 長男'이라고 설명한다.(*Dialogues of the Buddha II*, p.208 각주 참조).

을 의미한다고 보아도 좋을 것이다.

## 3. 전륜성왕의 Dharma정치와 국방의 문제

전륜성왕은 정의에 의한 법치와 자비에 의한 덕치德治를 기본적인 정치이념으로 삼고 있다. 한마디로 전륜왕은 다르마의 정치를 실천하는 이상적인 제왕이라고 할 수 있는 것이다. 따라서 전륜왕은 무력과 폭력에 의지하지 않는 것으로 알려져 있다. 그렇다면 국가의 유지와 존립에 필수적인 치안과 국방의 문제에 대해 전륜왕은 과연 어떤 구체적 입장을 취하는 것일까 본 장에서는 이 문제에 대해 살펴보기로 한다.

### 1) Dharma 정치의 기본 이념

Dharma(빨리어 Dhamma)는 원래 지탱하다(hold), 지지하다(support), 유지하다(sustain) 등을 뜻하는 dhṛ에서 파생된 명사로서 진리, 질서, 의무, 규범, 교법, 덕, 존재와 현상, 도덕 등을 비롯한 매우 다양한 의미를 지니고 있다.[78] 여기에서는 이 dharma의 사전적 의미보다는 전륜성왕의 다르마 정치에 관한 경설의 내용을 구체적으로 살피는 것이 더 의미있고 필요하다고 판단되므로 이하에서 그 주요 내용을 소개해 본다.

먼저 『중아함』의 「전륜왕경」에는 '상계법'에 관한 다음의 내용이 눈에 띤다.

---

[78] 拙稿, 「原始佛教의 社會·經濟思想 研究」(東國大學校大學院 1992년도 博士學位請求論文), pp.117~118 참조.

천왕天王이여, 마땅히 아십시오. 옛날의 모든 전륜왕은 상계법相繼法을 배워 국토와 인민人民이 점점 번성하였는데 이제 천왕은 자신의 생각대로 (自出意) 나라를 다스립니다. 때문에 국토와 인민은 점점 쇠퇴하고 더 이상 늘지 않습니다. 그러므로 왕이여, 마땅히 상계법을 배우셔야 합니다.[79]

상계법이란 전륜왕의 dharma에 입각한 통치 원리로서 이것은 모든 전륜왕에 의해 계승된다는 의미에서 비롯된 말이다. 그러나 상계법은 유산을 상속 받듯 선왕으로부터 그냥 물려받는 것이 아니라, 어디까지나 왕 스스로가 노력하여 구하고 이어가야 할 법이기도 하다.[80] 이러한 상계법의 실행 여하에 따라 국가는 발전할 수도 퇴보할 수도 있다는 것이다. 그렇다면 전륜왕의 이 상계법의 구체적인 내용은 무엇일까. 경전의 설명을 인용해본다.

천왕이여, 마땅히 법法을 바르게(如法) 관찰하고 바르게 행하소서. 태자太子, 후비后妃, 채녀婇女 및 모든 백성, 사문, 바라문과 내지 곤충까지를 위하여 법재法齋를 받들어 가지고 매(반)월 8, 14, 15일에 보시를 행하되 모든 궁핍한 사문, 바라문, 빈궁자, 고독자, 멀리서 온 거지들에게 음식, 의복, 수레, 꽃, 향, 집, 침구, 등불 등을 보시하소서. 나라 안에 명예롭고 덕망있는 사문이나 바라문이 있거든 때때로 찾아가 法을 묻고 법을 배우소서. 어떤 것이 선악善·惡이고, '어떤 것이 죄복罪·福이며, 어떤 것이 흑黑이고 어떤 것이 백白인지 어떻게 행동하면 선善을 받고 악惡을 받지 않는지' 듣고 배운 뒤에는 그대로 행하소서. 만일 왕의 나라 안에 빈궁한 자가 있거든 재물을 주어 구제하소서. 천왕이여, 이것을 상계법이라고 합니다.[81]

79  大正藏 1, p.521下.

80  大正藏 2,『增一阿含』권48, p.808下.

81  大正藏 1, pp.521下~522上.

또한 전륜왕은 다음과 같이 당부한다.

마땅히 바른 법으로써 다스려 교화하여 치우치거나 굽게(또는 억울하게)
하지 말고 나라 안에는 법답지 않은 행이 없도록 하라. 스스로 십선업十善業
을 닦고 사람들에게도 십선업을 닦게 하라.[82]

『증일아함』의 한 경에서는 전륜성왕이 실천할 법으로서 "빈궁한 이에
게 보시하고, 양친께 효도하도록 백성을 가르치고, 때를 맞춰 제사
지내고, 인욕으로써 가르치고, 음욕과 질투와 어리석음(탐, 진, 치 삼독三
毒으로 이해해도 좋음)을 버리는 것"[83]을 제시하고 있다. 또한 다음의 내용도
보인다.

마땅히 법에 의해 법을 세우고 법을 갖추어 그것을 공경하고 존중하라.
법을 관찰하고 법으로써 우두머리를 삼고 바른 법을 보호하라. 또 나라에
외로운 이와 노인이 있거든 마땅히 물건을 주어 구제하고 곤궁困窮한 자가
와서 구하는 것이 있거든 부디 거절하지 말라. 또 나라에 옛 법이 있거든
너는 그것을 고치지 말라.[84]

이러한 전륜성왕의 다르마 정치의 기본이념은, 역사적으로 볼 때
다르마 정치의 기치를 높이 들었던 Aśoka왕의 정책을 통해서도 추적해
볼 수 있을 것이다.[85] 아쇼카왕의 정책의 중심이 '다르마에 의한 통치'에

---

82 大正藏 1, p.119下.
83 大正藏 2, p.809上.
84 大正藏 1, p.39下.
85 轉輪聖王의 관념이 아쇼카왕에게 영향을 주었든, 아쇼카왕의 모범이 轉輪聖王
   관념에 투영이 되었든 이 양자 사이에는 밀접한 관계가 있기 때문이다.

있었다는 것은 아쇼카왕 법칙에서 법이 여러 단어와 복합사의 형태로
나타나고 있음에 의해서도 잘 알 수 있다.

그 중의 몇 가지 예만 해도 dhamma-kāmatā(법의 애모愛慕), dhamma-
guṇa(법에 의한 공덕), dhamma-caraṇa(법의 실행), dhamma-niyama(법
의 규제), dhamma-yāttā(법의 순례), dhamma-vijaya(법에 의한 정복),
dhanma-vutta(법의 준수) 등을 들 수 있다.[86] 그리고 그러한 법에 의한
통치의 실천적 양상은 아쇼카 법칙을 통해 다음과 같은 형태로 나타난다.

> (1) 부모에 대한 순종順從, 장로長老에 대한 순종, 교사教師와 존자尊者에
> 대한 순종.
> (2) 교사에 대한 제자의 존경.
> (3) 바라문, 사문, 친족親族에 대한 예의, 노예 및 종복從僕에 대한 바른
> 취급, 빈자貧者·비인卑人·붕우朋友·지인知人·동료同僚에 대한 바른 취급.
> (4) 바라문, 사문, 붕우, 지인, 친족, 장로에 대한 보시.
> (5) 동물에 대한 불살생, 동물에 대한 깊은 연민.
> (6) 자민慈愍(dayā), 진제眞諦(sacca), 청정淸淨(socaya), 유화柔和(māddava,
> rabhasiya), 선량善良(sādhava), 자제自制(sayama), 보은報恩(kiṭranata), 견고
> 한 신앙(driḍhabhatita), 법法에 대한 애락愛樂(dhraṃ-marati).[87]

이 내용들은 앞에서 살펴본 전륜성왕의 다르마 정치 내용과 상당
부분 일치함을 알 수 있을 것이다. 특히 아쇼카왕은 마애 법칙 제XII장에
서, Kalinga와의 전쟁에서 빚어진 참혹한 결과에 회한의 정을 나타내며
무력에 의한 정복을 포기하고 법에 의한 정복(dhamma-vijaya)을 천명하

---

86 塚本啓祥, 『初期佛教教團史の研究』(東京: 山喜房佛書林, 1980), p.554.
87 塚本啓祥, 앞의 책, p.556.

고 있는데,[88] 이것은 전륜성왕이 무기를 쓰지 않고 법(dhamma)으로써 일체의 땅과 큰 바다까지 다스린다는[89] 내용과도 일치하고 있다.

　이러한 내용들을 종합해 볼 때 정의로운 법치와 자비로운 덕치는 전륜성왕의 기본적인 정치이념이라고 하겠다. 이러한 전륜성왕의 다르마 정치의 이념은 역사적으로 인도의 아쇼카, 중국 수나라의 문제, 신라의 진흥왕, 일본의 성덕태자, 태국의 Chakraphat왕 등의 국가 통치에 많은 영향을 끼친 것으로 전해지고 있다.[90]

## 2) Dharma정치와 국방정책

무기와 폭력에 의하지 않고 법과 덕으로써 국가를 통치하는 것이 전륜성왕의 기본정치이념임을 우리는 살펴보았다. 그렇다면 국방문제에 대한 전륜성왕의 입장은 어떤 것일까. 다시 말해서 전륜성왕은 군대 또는 경찰조직을 완전히 해체시키고 무장을 해제하는 것일까, 아니면 그대로 유지하는 것일까. 이러한 의문은 아마도 우리들 누구나가 품어봄직하다.

　이 문제에 대해 결론부터 먼저 말한다면, 전륜성왕은 그의 다르마 정치에도 불구하고 '군대 조직을 유지시킨다'고 보는 것이 더 타당하다는 것이다. 이하에서 그 이유에 대해 알아본다.

　첫째, 많은 경전을 잘 살펴보면 전륜성왕은 분명히 군대를 거느리고 있음을 알 수 있다. 전륜성왕은 고대 인도의 일반적 군대조직인 이른바

---

88　위의 책, p.562.

89　大正藏 1, 『中阿含』 권41, 「梵摩經」, p.685中.

90　金煥泰, 「佛敎的 治國의 史的 實際」, 『佛敎學報』 제10집, pp.135~172. ; 金子大榮, 고명석 역, 『불교학개론』(불교시대사, 1993), p.281.; 金剛秀友, 柳川啓一 監修, 『佛敎文化事典』(佼成出版 1989), p.834 등을 참조.

사병, 즉 상병象兵(hasti-kāya), 마병馬兵(aśva-kāya), 차병車兵(ratha-kāy
a), 보병步兵(patti-kāya)을 거느리고 있는 것이다. 그리하여 7보를 시험하
고자 할 때는 반드시 이 사병을 집결시킨다.[91]

둘째, 전륜왕에 대해 언급하고 있는 거의 대부분의 경전은 전륜성왕이
1천 명의 아들을 두고 있는 것으로 전한다. 이에 대해서는 여러 가지
해석이 가능하겠지만, 경전은 이들이 '용맹하고 건장하며 능히 원적을
항복 받는다'고 전하고 있다.[92] 문맥으로 보아 이들이 무기를 지니지는
않는 것으로 판단되지만, 경설의 내용을 음미해 보면, 이들은 아들로
구성되어 참으로 충성스럽고 단결된 일종의 친위대적 성격을 갖는 군대
조직이라고 보아도 무리는 없다고 본다.

셋째, 전륜성왕의 7보 중 마지막으로 획득하는 주병보는 앞에서 언급
한 것처럼, 군대를 통솔하는 지휘관 및 장군의 성격을 띠고 있다. 「기세
경」 등에 의하면 주병보는 전륜왕으로부터 사병四兵을 통솔하라는 임무
를 부여받기도 한다. 이에 대해 주병신主兵臣은 전륜왕의 뜻을 흔쾌히
받들고 무기를 갖추어 군대를 통솔한다.[93] 또한『숫타니파타』의 한 내용
에는 "당신은 전륜성왕이 되어 군대를 거느리고 사방을 정복하여 염부주
의 통치자가 되셔야 합니다."[94]는 구절도 눈에 띈다.

넷째, 전륜성왕은 곧 국가가 아니라, 어디까지나 이상적인 왕에 불과
하다. 고대인도의 정치 사상가들은 왕과 국가를 엄격하게 구분하고,

---

91 大正藏 1,『起世經』권2, pp.317中~319中.

92 大正藏 1, p.39中.

93 大正藏 1, p.319上.

94 『숫타니파타』제3장, 大品, no 552. 여기서는 해석에 주의해야 한다. 사방(四天下)을
　정복하는 것은 군대에 의해서가 아니라 金輪宝의 힘에 의해서다.『전륜성왕수행경』
　등에 의하면 四兵이 전륜왕과 함께 윤보를 뒤따르는 것으로 되어 있다

국가는 인간의 몸처럼 '유기적인 전체'로 간주하였다. 그리고 이상적인
국가는 왕, 대신(각료), 국토, 요새(fort), 자금(treasury), 군軍, 친구로
구성된다고 생각하였다.[95] 따라서 군대조직이 없는 이상적인 국가는
성립하기 어렵다고 보아야 한다. 방어의 입장에서는 더욱 그렇다. 그러
나 전륜왕은 공격의 입장에서 특히 dhamma를 강조한다. 그것은 '법에
의한 정복(dhamma-vijaya)'이라는 말을 통해서도 충분히 짐작할 수 있다.
'법에 의한 정복'은 전륜왕이 사천하를 합병시켜 하나의 통일국가를
건립함에 있어 무력에 호소하지 않고 법치와 덕치로써 한다는 의미이지,
군대를 해산한다거나 무장을 해제시킨다는 의미로 이해해서는 안 될
것이다.

　이렇게 본다면 밧지국(Vajji)이 7불쇠법[96]을 지켜서 마가다국(Magadha)
에 의해 쉽게 공략 당하지 않았다는 이야기도 밧지국에는 7불쇠법이
있어서 국방을 위한 최소한의 군대조직도 필요가 없었다는 식으로 이해
하면 곤란하다. 전륜왕의 국방정책에 관한 사항은 아마도 『대살차니건
자소설경大薩遮尼乾子所說經』의 가르침에 준해서 이해하면 될 것 같다.
『대살차니건자소설경』에서는 엄중한 수비에도 불구하고 국내에 반란자
나 국외에 침략자가 생겼을 때 국왕은 다음과 같이 대처하라고 하고
있다.

　국왕은 전쟁을 시작하기 전에 다음의 세 가지를 배려해야 한다. 첫째,
　적군이 아군과 대등한가 혹은 아군보다 강한가를 고려해야 한다. 만일
　적군이 아군과 대등한데 전투를 시작하면 양군이 모두 손해를 입고 이익이

---

95 R.C. Majumdar, *Ancient India* (Delhi: Motilal Banarsiclass, 1982), p.142.
96 ①집회를 자주 갖고 바른 일을 의논함, ②임금과 신하는 서로 和順하고 上下는
　서로 공경함 등의 국가번영의 7가지 법.

없다. 또 만일 적군이 아군보다 우세한 경우에는 '그는 살고 나는 죽는다'고 생각하고, 적군의 왕의 친우親友나 선지식善知識을 찾아서 화해하고 분쟁을 해소시킨다. 둘째, 적군이 아군과 대등하든가 뛰어난 경우에는 적국의 왕의 요구를 들어주고 분쟁을 없애도록 노력한다. 셋째, 적군의 인원이나 군세가 강하고 아군의 군세가 열세인 경우에는 술책을 써서 이쪽이 용감한 강적인 것처럼 보이고, 적군의 왕이 '경이로운 마음을 내게 해서' 분쟁을 없애도록 노력한다.

만일 이 세 가지의 수단(친우. 물건, 경외심)을 써서도 분쟁을 해결하지 못했을 경우에는 전쟁에 돌입할 수밖에 없다. 그러나 그 때에도 다음의 세 가지를 마음에 새겨두어야 한다. 첫째, 적군의 왕에겐 자비심이 없으므로 중생을 살육하게 되지만 가능한 한 사람들이 서로 죽이지 않도록 하리라고 생각한다. 즉 '많은 중생들을 보호'하리라는 생각을 가진다. 둘째, 무엇인가 방편을 써서 적군의 왕을 항복시키고, 군대가 서로 싸우지 않게끔 하리라고 염원한다. 셋째, 가능한 한 방편을 써서 적병을 생포하고 살해하지 않으리라고 결심한다.(전쟁시에 약을 준비했던 일도 전해오고 있다.)[97]

이상에서 살펴본 바와 같이 전륜성왕은 비록 정의에 입각한 법치와 자비에 입각한 덕치, 한마디로 말해 '다르마 정치'를 지향하지만, 그것이 곧 군대 조직의 해산이나 무장의 해제를 의미하지는 않는다고 생각된다. 공격을 위한 무력의 사용은 절대 안 되지만, 방어를 위한 최소한의 군대 조직과 그 효율적 운용은 필요하다. 그리고 가능한 한 전쟁의 틈이 생기지 않도록 항상 국방을 튼튼히 해야 하며 부득이한 상황에서는 인명의 피해를 줄이기 위한 최대한의 지혜와 배려가 있어야 한다. 이것이 전륜성왕의 국방정책에 대한 기본 입장이라고 할 수 있을 것이다.

---

97 大正藏 9, p.337下.

## 4. 전륜성왕과 불타의 비교

### 1) 공통점

전륜성왕의 관념과 사상은 본래 고대 인도에서의 이상적 제왕상을 나타내는 것이었지만, 특히 불교에서 이 사상을 중요하고 비중 있게 수용하였다. 그것은 전륜성왕과 붓다가 다음의 몇 가지 공통점을 지니고 있다는 사실에서도 잘 나타나고 있는데, 우리는 이것을 통해 전륜성왕이 붓다와 거의 동등한 인물로 묘사되고 있음을 알 수 있을 것이다.

첫째, 붓다와 전륜성왕은 다 같이 32대인상을 갖추고 있다. 이 점에 대해서는 더 이상의 설명이 필요하지 않을 것이다.

둘째, 붓다와 전륜성왕은 동일한 방식으로 장례를 치른다. 석존의 입멸이 멀지 않았음을 알았던 아난존자는 부처님의 입멸 뒤 장례의 법은 어떻게 해야 할 것인지를 부처님께 질문한다. 이에 대해 석존은 전륜성왕의 장례와 같은 방식으로 하라고 답하고, 전륜왕의 장례는 "먼저 향탕으로 몸을 씻고, 새 무명천으로 몸을 두루 감되 5백 겹을 감고, 몸을 황금관에 넣은 뒤에는 삼씨기름(마유)을 거기에 쏟아라. 다음에는 황금관을 들어 또 다른 대철곽에 넣고 전단향나무 곽으로 다시 그 겉을 겹쳐, 온갖 좋은 향을 쌓아 그 위를 옷으로 두텁게 덮고 다비를 하라"[98]고 이른다.

셋째, 전륜왕과 붓다를 기리는 탑을 똑같이 네거리에 세운다. 탑을 세운 후 향과 꽃과 비단 일산과 음악의 공양을 올려야 한다.[99]

---

98 大正藏 1, 「遊行經」, 「長阿含」, p.20上中.

99 위의 책, p.20中. 탑을 세울 만한 사람은 ①여래 ②벽지불 ③성문 ④전륜왕이라고 경은 설한다.

넷째, 전륜성왕과 붓다는 여인의 몸이 아니다. 모든 여인은 남자에 속해 있어 자유자재롭지 못하기 때문이다.[100]

전륜왕과 붓다는 이러한 공통점을 지니고 있을 뿐만 아니라, 다음의 예시처럼 그 특징이 대등하게 취급되고 있다.

> 만일 전륜성왕轉輪聖王이 세상에 출현할 때는 윤보輪寶, 상보象寶, 마보馬寶, 주보珠寶, 여보女寶, 거사보居士寶, 주병신보主兵臣寶 등 7보가 세상에 나올 것이다. 마찬가지로 여래如來가 이 세상에 출현할 때도 염각지念覺支, 택법각지擇法覺支, 정진각지精進覺支, 희각지喜覺支, 식각지息覺支, 정각지定覺支, 사각지捨覺支 등 7각지보覺支寶가 세상에 나올 것이다.[101]

전륜성왕의 7보와 붓다의 7각지가 이런 식으로 대비되고 있다는 것은 곧 전륜왕과 붓다가 대등한 관계에 있는 것으로 인식되고 있음을 말해준다. 또한 잡아함에서는 녹야원에서의 석존의 설법을 '법륜을 굴림(전법륜)'이라고 표현하고 있는데,[102] 이것은 전륜왕이 '윤보를 굴림(전륜보)'에 빗대어 말한 것으로 추측된다.[103] 어쨌든 이러한 내용들은 전륜성왕과 불타가 거의 동등하게 인식되고 있음을 보여주는 것으로, 초기불전에서는 대부분 이러한 경향이 나타나고 있다.

---

100 大正藏 25, 『大智度論』 권24, p.237上. 이것은 시대상을 반영하는 것으로 오늘날에 적용시키는 것은 문제가 있다고 본다.

101 大正藏 1, 『中阿含』, 「七宝經」, p.493上.

102 大正藏 2, p.104上.

103 望月信亨, 『淨土敎の起源及發達』(共立社, 1930), p.664.

## 2) 차이점

초기경전에 나타나고 있는 이러한 경향은 대승경전에서는 약간 다른 양상으로 바뀐다. 즉 붓다와 거의 대등하게 여겨지던 전륜왕은 시간이 흐름에 따라 붓다보다는 더 하열한 인물로 그려지고 있는 것이다. 그러면 전륜왕과 붓다의 차별성이 구체적으로 어떻게 나타나고 있는가 알아보자.

붓다와 전륜성왕에 대한 차별은 그 맹아가 이미 초기경전에서부터 나타나고 있음을 볼 수 있다.

먼저, 석존은 전생에 전륜성왕이었던 적이 있다는 기사가 눈에 띈다. 『중아함』「사주경」에서는 석존이 과거생에 정생왕이라는 전륜왕이었다고 하며, 「대선견왕경」에서는 석존이 과거생에 대선견왕이라는 전륜왕이었으며 그 이후에도 여섯 번이나 전륜왕이 되었다고 설하고 있다.[104] 또한 전륜왕이 말년에 가서 태자에게 나라를 주고 잘 가르쳐 당부한 뒤에 곧 수염과 머리를 깎고 가사를 입고 지극한 믿음으로 집을 버리고 도를 배웠다는 내용도 보인다.[105] 이러한 내용들은 결국 전륜왕이 붓다에 미치지 못하는 인물임을 암암리에 말해주고 있다 하겠다. 그리고 전륜성왕의 부족한 점을 다음과 같이 밝히고 있다.

그때에는 법을 설하여 완성하지 못하고, 범행梵行을 완성하지 못하였으며, 생生과 노老와 병病과 사死, 걱정과 슬픔을 떠나지 못하고, 또한 일체의 괴로움을 벗어날 수 없었느니라.[106]

---

104 大正藏 1, p.518中.
105 大正藏 1, p.521中.
106 大正藏 1, p.496上.

　이러한 입장은 대승불교 흥기 이후에 보살사상이 일반화되면서 더욱 심화된다. 다시 말해서 전륜성왕은 보살 정도의 지위를 갖는 인물로 인식되어 붓다와의 차별성이 더욱 분명해지고 있다.

　보살은 중생을 구제하기 위해 여러 모습으로 나타나는데, 어느 때는 대국왕이 되어 사등四等(사무량심)으로 중생을 보살피기도 하고,[107] 특히 대승의 정신에 투철한 보살은 전륜성왕이 되기도 한다고 한다.[108] 또한 『화엄경』은 다음과 같이 설한다.

> 이 보살마하살은 혹은 제왕帝王이 되어 대국大國에 군림하고 위덕을 널리 베풀어 은혜를 입히며 이름을 천하天下에 떨친다. …… 형벌을 가하지 않아도 덕에 감화되어 따르며 사섭법四攝法으로 모든 중생을 거두어들이고 전륜성왕轉輪聖王이 되어 일체에 미친다. 보살마하살은 이와 같이 자재한 공덕에 안주한다.[109]

　이와 같이 전륜성왕은 대승경전에서 보살의 개념으로 편입되어 가면서 보살의 한 화신의 성격을 띠게 된다.

　이러한 경향은 32상에 관한 입장에도 큰 변화를 가져온다. 즉 초기경전에서는 전륜왕과 붓다의 32상에 대한 구별을 찾아보기 힘들지만 후대에 갈수록 그 구별이 뚜렷해진다. 먼저 『구사론』에서는 "부처님의 32大人相은 그 자리마다 바르고 원만하고 밝은데 전륜왕의 상호는 그렇지 못하다"[110]라고 한다.

---

107 『六度集經』 권5(大正藏 3, p.26下).

108 『大宝積經』 권59(大正藏 11, p.41下).

109 『大方廣佛華嚴經(80권)』 권25(大正藏 10, p.135中).

110 『阿毘達磨倶舍論』 권12(大正藏 29, p.65中).

또한 『우바새계경』에서는 "전륜성왕도 비록 이 32상을 지니고 있지만 명료하게 구족하지는 못하고 있다"[111]고 설하고 있다. 『보행왕정론』에서는 그 차이가 더욱 크게 묘사되고 있으니, "비록 전륜왕들이 다 이 상호를 갖추었지만 맑음과 밝음, 그리고 사랑스러움은 여래에 결코 미치지 못합니다. …… 모든 부처님과 전륜왕의 모습 중 일부는 비슷하지만, 그것은 비유컨대 반딧불과 태양이 그 빛이 조금 비슷한 것과 같을 뿐입니다."[112]는 내용이 바로 그렇다. 그리하여 붓다는 32상과 그보다 더욱 미세하고 정밀한 80종호를 다 갖추고 있지만, 전륜왕은 80종호는 없고 32상만 있는 것으로 전해지고 있는 것이다. 그리고 『대지도론』에서는 그 32상의 차이점에 대해 더욱 자세하게 말하고 있다.

> 보살의 상호는[113] 이 일곱 가지 면에서 전륜왕의 상호보다 수승한 바가 있나니, 첫째는 맑고 예쁨이요(淨好), 둘째는 분명함이요, 셋째는 장소를 잃지 않음이요(不失處), 넷째는 구족具足함이요, 다섯째는 깊이 들어감이요 (深入), 여섯째는 지혜를 따라 행할지언정 세간을 따라 행하지 않음이요(隨 智慧行不隨世間), 일곱째는(탐, 진, 치 등을) 멀리 여의는 법을 따르는 것이다 (隨遠離).[114]

전륜왕의 개념은 후대에 가면서 세분화되고 있으니 윤보의 재질에 따라 금륜왕(suvarna cakravartin; 인수人壽 8만세 때 출현, 사주四洲를 통치), 은륜왕(rūpya cakravartin; 인수 6만세, 삼주를 통치), 동륜왕(tāmra cakravartin;

---

111 『優婆塞戒經』 권1(大正藏 24, p.1039上).

112 『寶行王正論』「雜品」(大正藏 32, p.497下).

113 여기서 보살은 어릴 적의 석존을 지칭하는 것으로 보이는데, 보살의 상호는 곧 붓다의 상호로 이해해도 무방할 것이다.

114 『大智度論』 권4(大正藏 25, p.91上).

인수 4만 세, 이주 통치), 철륜왕(ayaś cakravartin; 인수 만세, 일주 통치) 등으로 구분된다. 그리고 『인왕반야바라밀경』과 『보살영락본업경』 등에서는 이들을 붓다와 구분하여 철륜왕은 10신위에, 동륜왕은 10주위에, 은륜왕은 10행위에, 금륜왕은 10회향위에 각각 배대시키고 있다. 또한 『법원주림』에서는 윤왕을 법륜왕, 재륜왕財輪王, 군륜왕軍輪王 등으로 3분하여 여래는 법륜왕에, 금·은·동·철륜왕은 재륜왕에, 아육왕은[115] 군륜왕에 각각 배대시키고 있다.[116] 이러한 내용들은 모두 전륜성왕의 위상이 불타보다 격하되어 나름대로 정형화된 모습을 보여주고 있다 하겠다.

이상에서와 같이 초기불전에서는 대체적으로 전륜성왕과 불타는 거의 대등한 인물로 그려지고 있으며, 그러한 사실은 32상의 공유, 동일한 장례법, 탑의 건립, 비여인신非女人身, 7보와 7각지 배대 등의 내용을 통해 나타나고 있다. 그러나 후대에 갈수록 전륜성왕은 보살 정도의 지위로 격하되고, 32상도 붓다만큼 원만하고 완전하지 못하다는 내용 등을 통해 붓다보다 하위의 인물로 취급하고 있다. 그것은 불교가 비록 현세지향적·실천지향적 성격이 강한 종교라 할지라도, 해탈과 열반을 그 궁극적 목표로 삼고 있는 종교적 특성상 자연스런 귀결이라 생각된다.


맺음말

전륜성왕의 관념과 사상은 본래 고대 인도에서 이상적 제왕상을 나타내는 것이었지만, 특히 불교에서 이 사상을 중요하고 비중 있게 수용하였

---

115 『法華經玄贊』 제4에서는 이 아쇼카왕을 철륜왕으로 부르고 있다.
116 『法苑株林』 권43(大正藏 53, p.617中).

다. 그것은 불교가 현세지향적·실천지향적 성격이 강한 종교라는 특징
을 잘 반영하고 있다 할 것이다. 이처럼 그 사상적 의의가 큰 전륜성왕에
대한 연구는 불교의 정치사상 정립을 위한 기초적이고 필수적인 작업이
라 할 것이다. 이러한 인식 아래, 우리는 이상에서 전륜성왕에 관한
네 가지 문제에 대해 살펴보았다. 그 결과 다음과 같은 잠정적 결론에
도달할 수 있었다.

첫째, '전륜성왕 사상의 기원 문제'에 대해서는, '석존시대 이전'설과
'아쇼카왕 이후'설이 모두 그 나름의 논거와 문제점을 지니고 있어서
어느 주장이나 절대적일 수는 없음을 살펴보았다. 그러나 필자는 (1)석존
당시의 불안하고 혼란스러웠던 시대상황, (2)분명한 목표를 가진 출가사
문出家沙門들의 존재, (3)『숫타니파타』「피안도품彼岸道品」의 '베다 성전
들 속에 32상이 전해져 있다'는 기록, (4)*Maitrī Upaniśad* 등에서의
전륜성왕에 관한 언급 등을 근거로 근본적으로는 '석존시대 이전'설이
더 타당한 것으로 보았다. 그러나 아쇼카왕의 전범典範이 전륜성왕
사상을 심화·발전시켜 갔다는 점도 인정되므로 '아쇼카왕 이후'설도
일부 수용해야 한다는 절충론을 제시하였다.

둘째, '32상과 7보의 의미'에 관한 문제는, 32상의 배경이 되고 있는
과거생의 선행과 공덕을 살펴봄으로써 그것이 결국 전륜성왕의 Dharma
이념을 구성하는 보시布施, 대비大悲, 정계淨戒를 의미함을 알게 되었다.
또한 7보는 다르마 정치의 실현과 효율적인 국가경영에 필요한 여러
요소로서, 현대적 개념으로 말한다면, 금륜보는 정치·외교를, 백상보와
감마보는 교통·통신을, 신주보는 과학기술과 건설을, 옥녀보는 비서진
을, 거사보는 재정과 후생복지를, 주병보는 국방과 치안을 의미한다고
보았다.

셋째, '전륜성왕의 Dharma 정치와 국방의 문제'에 대해서는, 전륜성왕

은 비록 정의正義에 입각한 법치와 자비에 입각한 덕치, 다시 말해서 다르마 정치를 지향하지만 그것이 곧 군대조직의 해산이나 무장의 해제를 의미하지는 않는다고 보았다. 전륜성왕은 사병과 주병보를 거느린다는 기록이 있을 뿐만 아니라, 공격을 위한 무력의 사용은 안 되지만 국가의 방위와 질서유지를 위한 최소한의 군대조직과 그 효율적 운용은 필요할 것이기 때문이다.

넷째, '전륜성왕과 불타의 비교'에서는 초기불전에 주로 나타나는 32상의 공유, 동일한 장례, 법, 탑의 건립, 비여인신非女人身, 7보와 7각지의 배대 등의 내용을 통해 전륜성왕과 붓다는 거의 대등 한 관계를 유지하고 있음을 살펴보았다. 그러나 후대에 갈수록 전륜성왕은 보살 정도의 지위로 격하되고 32상도 붓다만큼 원만하고 완전하지 못하다는 내용 등을 통해 붓다보다 하위의 인물로 취급되고 있음을 알게 되었다. 그것은 불교가 비록 현세지향적·실천지향적 성격이 강한 종교라 할지라도 해탈과 열반을 그 궁극적 목표로 삼고 있는 종교적 특성상 자연스런 귀결이라 생각된다.

끝으로 본 논문에서 충분히 살피지 못한 다음 두 가지 문제는 앞으로 우리들이 계속해서 연구해야 할 과제로 남겨둔다.

첫째, 우리들이 전륜성왕의 기원에 관하여 '석존시대 이전'설을 취한다 하더라도 문제는 남는다. 본 논문에서는 전륜성왕 사상이 '석존 당시나 조금 이전'에 비롯되는 것으로 보았지만, 이 외에도 '기원전 1000년 설', '기원전 4000~3000년 설' 등이 제기되고 있기 때문이다

둘째, 본 논문에서는 전륜성왕과 붓다의 관념이 거의 동시에 성립된 것으로 보았지만, '전륜성왕의 관념이 먼저 성립되어 있었다'는 주장과 '붓다의 관념이 먼저 성립되어 있었다'는 주장도 제기되고 있어서 이 문제 역시 앞으로 조금 더 심도 있게 연구되어야 할 과제라고 본다.

# III. 『대지도론』에 나타난 대승의 염불과 선
## ―청화의 실상염불선과 관련하여―

청화(清華, 1923~2003)선사는 어떤 행복보다도 제일 큰 행복이 '열반제일락涅槃第一樂'이라고 설파하여 열반이 불교의 최고선이자 최종 목표임을 일관되게 강조한다. 이러한 영원한 행복이요 참다운 자유의 길인 열반을 성취하기 위해서는 본래 공空한 번뇌 망상을 여의고 참 자기를 찾는 마음공부를 게을리 해서는 안 된다고 가르친다.[117] 마음공부의 길은 불교의 긴 역사 속에서 실로 다양한 모습을 드러내 보였다. 이 다양한 마음공부의 방법 가운데서도 선과 염불은 특히 중국과 우리나라에서 가장 일반적인 수행의 전통을 형성하여 왔다. 청화선사는 은사인 금타화상의 「보리방편문」의 가르침에 의거하여, 선과 염불의 전통을 하나로 회통하는 수행 방법이 현대인들에게 보다 효과적일 것이라고 생각한 것 같다. 그리하여 제시한 수행법이 바로 염불선이다. 이 염불선은 더욱 구체적으로 표현하면 실상염불 또는 실상염불선이라고 할 수 있다.[118]

---

117 청화대종사, 『실상염불선』(광륜출판사, 2013), 서두 참조.

실상염불이란 실상 즉 진리를 비추어 관하면서 하는 염불이다. 실상이란 생生하지도 않고 멸滅하지도 않는 진공묘유眞空妙有의 생명 자체를 의미하며, 동시에 진여·여래·불·열반·도·실제·보리·주인공·일물·본래면목·제일의제와 거의 같은 의미이다. 선사는 실상염불은 우리가 진리를 아직 깨닫지 못했지만 부처님께서 밝히신 대로 진리를 생각하면서 하는 염불이라고 정의한다.[119] 실상염불선은 청화의 불교관 및 수행론을 특징짓는 키워드라 해도 과언이 아니다.

필자는 우선 청화의 실상염불선의 연원을 용수의 『대지도론』에 나타난 염불과 선사상의 내용 분석을 통해 규명해 보고자 한다. 『대지도론』은 대승불교사상의 기본 텍스트와 같은 논서로서 훗날 전개되는 거의 모든 대승불교사상의 원천인 동시에 '불교백과전서'라고 할 만한 다양한 내용을 포함하고 있는 매우 중요한 문헌이기 때문이다. 뿐만 아니라 청화선사가 여러 저술과 법문 속에서 『대지도론』의 가르침을 적지 않게 인용하고 있기 때문이다.[120]

---

118 청화선사는 "실상염불은 모든 상을 떠나서 부처님의 진리, 중도실상이라, 이른바 우주에 두루해 있는 부처님의 참다운 생명의 실상, 그 자리를 생각하고 있는 염불입니다. 따라서 실상염불이 되면 그때는 바로 염불참선이 됩니다. 실상염불은 염불선과 둘이 아닙니다."라고 설한다.

119 박경준, 「육조혜능의 선사상과 청화의 실상염불선」, 『불교연구』, 제39집, 2013, p.141.

120 청화대종사, 앞의 책, pp.147, 165, 177, 178, 191, 335, 436 등 참조.

## 1. 『대지도론』의 성립과 의의

### 1) 『대지도론』의 성립

『대지도론』은 본래 명칭이 『마하반야바라밀경석론摩詞般若波羅蜜經釋論』이다. 이름 그대로 『마하반야바라밀경(大品般若經)』에 대한 주석서라는 의미다. 『대지도론』은 『대혜도경집요大慧度經集要』, 『대지도경론大智度經論』, 『마하반야석론』, 『대지석론大智釋論』, 『대지론』, 『대론』, 『지론』, 『지도론』, 『석론』 등 다양한 이름으로 불리운다. 『대지도론』은 일반적으로 용수龍樹(Nāgārjuna, C.E. 약 150~250)의 저작으로 알려져 있으며, 후진後秦의 구마라집鳩摩羅什(344~413)이 한역한 것으로 전한다. 구마라집은[121] 홍시弘始 3년(401년)에 장안으로 들어와 승예僧叡, 승조僧肇, 승계僧契 등과 더불어 『대품반야경』을 홍시 6년 4월에 착수하여 이듬해(405년) 12월에 끝마쳤다. 구마라집은 34권(『대품반야』의 「초품」에 해당)까지만 원전 내용을 온전히 번역하고, 그 이후 내용은 번거로움을 피하기 위해 적절하게 발췌하고 압축하여 번역하였다. 그렇게 하여 완성된 것이 현존하는 『대지도론』 100권이다. 원전을 처음부터 끝까지 그대로 번역했다면 100권이 아니라 이보다 10배 정도 더 많은 분량이 되었을 것으로 추정된다.

하지만 『대지도론』의 저자를 용수로 확정한다든가 단지 용수 한 사람으로 한정하는 데는 무리가 있다. 용수는 남인도에서 출생하여 주로 남인도에서 활동하였는데 반해, 『대지도론』에서 인용하고 있는 본생담

---

121 구마라집에 대해서는, 鎌田茂雄 저, 정순일 역, 『중국불교사』(경서원, 1992) pp.68~72 참조.

本生譚 등이 거의 서북인도를 중심 무대로 하고 있고 서북인도의 지리가 상세하게 제시되고 있기 때문이다. 라모뜨가 『대지도론』의 저자를 서북인도 출신의 누군가로 주장하는 근거도 바로 이 점이다. 또한 『대지도론』 여기저기에서 발견되는 '진나라 말 운운(秦言云云)' 하는 구절은 아무래도 구마라집이 첨가한 것으로 보는 것이 합리적이라고 생각된다. 따라서 『대지도론』의 성립과정은 잠정적으로 다음과 같이 이해하는 것이 좋을 것 같다. 즉 『대지도론』의 핵심부분은 『중론』을 지은 용수가 저술하고, 그 후 제바(Ārya-deva)와 라후라(Rāhulabhadra), 그리고 익명의 누군가가 가필하고, 나아가 구마라집이 번역하는 과정에서 내용을 첨가한다. 『대지도론』은 이러한 과정을 거쳐서 성립한 것이다.[122]

## 2) 『대지도론』의 주요내용과 의의

『대지도론』은 형식적으로는 『대품반야경』에 대한 주석서이지만, 그 가운데 불교백과전서라고 해도 좋을 만큼 다양한 내용과 설명이 포함되어 있다. 이 논의 내용은 『대품반야경』에 대한 주해註解를 중심으로, 전설과 비유, 역사와 사상, 인물과 지리, 승가의 실천규정 등으로 이루어져 있다. 『대지도론』은 초기경전과 율전은 물론 부파불교의 여러 논서, 『반야경』을 비롯한 법화, 화엄, 보적, 정토 등의 대승경전, 나아가 인도 일반 사상까지를 망라하여 언급하고 있다. 아비달마의 교리도 소승이라 하여 획일적으로 배척하지는 않고 취할 것은 취한다. 예컨대 설일체유부가 주장하는 일체법의 '실유론實有論'과 같은 사상은 강하게 비판하지만,

---

122 武田浩學, 『大智度論の硏究』(東京, 山喜房佛書林, 2005) 참조 ; 한글대장경, 『대지도론』(1), p.12.

그 밖의 많은 교의는 반야바라밀의 입장에서 수용하고 나아가 반야바라밀을 천명하는 근거로 삼는다.[123]

『대지도론』은 근본적으로 '반야공般若空'의 선양을 궁극의 목표로 삼고 있는데, 그의 대표적 저술인『중론』이 그것을 파사破邪에 의한 부정적인 방식으로 밝히고 있는 데 반해, 『지도론』은 긍정적이고도 적극적으로 제법실상諸法實相의 진리를 역설한다. 또한 육바라밀을 비롯한 대승보살사상의 종교적 실천을 해명하고 강조한다. 요컨대『대지도론』은 그것이 성립하기 이전까지의 불교의 교리적·종교적 측면들을 비판적으로 수용·종합하고 유기적으로 재조직하여 대승학大乘學의 튼튼한 기초를 다지고 있다.[124]

이러한『대지도론』은 후대의 여러 대승불교사상에 큰 영향을 미치는 바, 용수를 '8종八宗의 조사祖師'라고 하는 것도 실로 이 논서에 연유한다고 할 수 있다. 무엇보다도 대지도론은 인도 유식사상의 형성에 큰 영향을 끼쳤고, 『대승기신론』의 진여사상도『대지도론』의 이론에 힘입은 바가 크다. 또한 이 논서의 불신관 특히 법신관法身觀은 밀교사상의 토대가 되고 진언다라니의 모태가 된다. 이 책의 여러 곳에서는 아미타불 국토를 찬탄하고 있는바, 이것은 정토사상의 홍기에 자양분이 된 것으로 보인다. 뿐만 아니라『대지도론』의 교의는 중국의 삼론학파는 물론 천태교학과 화엄학, 나아가 선종의 성립에도 큰 영향을 끼친 것으로 평가된다.[125]

---

123 한글대장경, 『대지도론』(1), p.26.

124 Ramanan, *Nāgārjuna's Philosophy* (Delli; Motilal Banarsidass, 1998) 참조 ; 정승석, 『불전해설사전』(민족사, 1989), p.91.

125 정승석, 위의 책, p.92 ; 『伽山佛教大辭林』(제4권), p.672.

## 2. 『대지도론』의 염불사상

### 1) 『대지도론』의 염불론

오늘날 우리 한국인이 흔히 사용하는 '염불'의 사전적 의미에는 크게
두 가지가 있다. 하나는 '부처의 상호·공덕을 염하면서, 입으로 불명佛名
을 부르는 일'이고, 다른 하나는 '아미타불의 명호를 외는 일'이다. 하지만
일반적으로 염불의 싼스끄리뜨 원어는 'Buddha-anusmṛti(빨리어: Bud-
dha-anussati)'로서 원래는 '선정 수행'의 개념이며 '붓다에 대한 간단間斷
없는 염염상속念念相續의 조견照見 상태'로 정의된다.[126] 『대지도론』에서
는 '염불'이 부처님을 입으로 부르고 외운다는 의미보다는 마음으로 억념憶
念한다는 의미로 훨씬 더 많이 사용된다. 그것은 『대지도론』에서는
'염불'이라는 용어보다 '염불삼매'라는 용어가 더 빈번하게 발견되고
있는 사실로도 미루어 짐작할 수가 있다. 요컨대 『대지도론』에서는
'염불'이 'Buddha-anusmṛti'라는 원어적 의미에 더 가깝게 사용되고
있다 할 수 있다. 우선 다음의 인용문은 염불이 칭명의 염불이 아니라
지속적인 마음의 염불임을 밝히고 있다.

> 이 사람은 항상 모든 부처님을 뵙고자 원하면서, 계신 곳을 듣거나 (어느)
> 국토 안에 부처님이 계시면, 뜻대로 그곳에 왕생하기를 원하며, 이와 같은
> 마음을 밤낮으로 항상 유지하나니, 이것이 이른바 부처님을 염하는 마음(念
> 佛心)이니라.[127]

---

126 조준호, 「선과 염불의 관계」, 『선문화연구』 제14집, 2013, pp.24~28 참조.
127 『大智度論』(大正藏 25, p.577中), "是人常願欲見諸佛, 聞在所處國土中有現在佛,
　　隨願往生 ; 如是心常晝夜行, 所謂念佛心."

여기에서는 구체적으로 '염불의 마음(念佛心)'이라고 표현하고 있기 때문에 입으로 칭도稱道하는 염불의 개념이 아니라는 것은 누구라도 분명히 알 수 있는 것이다. 이것은 『대지도론』「불토원佛土願」 석론釋論에 나오는 '염불삼매'의 다음 용례에서도 마찬가지다.

한량없는 불국토라 함은 시방의 모든 부처님의 국토를 말한다. 염불삼매란 시방삼세十方三世의 부처님들을 마치 눈앞에 현재 드러나 있는 것처럼 항상 마음의 눈(心眼)으로 바라보는 것을 이름한다.[128]

여기에서도 '심안心眼'이라는 구체적인 표현을 통해 염불의 선정禪定적 성격을 드러내 보여주고 있다. 『대지도론』은 위의 가르침에 계속하여 두 가지 염불삼매에 대해 설명한다. 첫째는 성문법聲聞法에서의 염불삼매이니, 이것은 일불신一佛身에 대해 마음의 눈으로 관하여 시방에 가득하심을 보는 것이다. 둘째는 보살도菩薩道에서의 염불삼매이니, 이것은 한량없는 불국토 가운데 시방삼세의 모든 부처님을 염念하는 것이다.[129] 대승의 관점에서 보면 일체 중생에게 불성이 내재하기 때문에, 부처님은 어떤 한 시간, 어떤 한 공간에 한정되지 않고 무한히 열려 있다. 그리하여 무한한 공간(十方)과 무한한 시간(三世) 속에서 얼마든지 많은 부처가 출현할 수 있다. 그래서 대승에서는 '시방삼세무량제불十方三世無量諸佛'이라는 표현을 즐겨 쓴다. 따라서 대승의 기본 텍스트인 『대지도론』이 지향하는 염불삼매는 보살도의 염불삼매로서 부처님의 외연을 끝없이 확장하고 있다. 대승의 종교적 상상력은 여기에서도 빛을 발하며 고통

---

128 『大智度論』(大正藏 25, p.108下), "無量佛土名十方諸佛土 念佛三昧名十方三世諸佛 常以心眼見如現在前."

129 『大智度論』(大正藏 25, pp.108下~109上). 참조.

속의 중생에게 성불成佛에의 희망을 안겨준다.

『대지도론』은 여기에서 그치지 않고 염불의 내용을 부처님(또는 부처
님의 몸)에서 부처님의 특성과 공덕으로 확장한다.

> (보살은) 또한 항상 인자한 마음(慈心)을 닦으면서 중생을 두루 생각하여
> 마음이 청정한 까닭에, 또한 항상 염불삼매를 닦으면서 모든 부처님의
> 광명과 신령스런 덕을 생각(念)하는 까닭에 몸에 광명을 얻는 것이다.[130]

여기서는 염불삼매를 닦을 때 부처님의 광명과 신덕神德을 염하고
있음을 알 수 있다. 『대지도론』「사리불인연장舍利佛因緣章」에서는 염불
시에 여래십호를 염한다 하고 있는데,[131] 여래십호를 염한다는 것도
결국은 부처님의 여러 공덕을 염하는 것이다. 「십력장十力章」의 석론에
서는 여기에서 한 걸음 더 나아가 염불 시에 법신法身도 염해야 한다고
설한다.

> 어떤 (성문이나)보살이 염불삼매를 닦을 때는 비단 부처님 몸만을 염할
> 것이 아니라 부처님의 갖가지 공덕과 법신도 염해야 하느니라.[132]

법신불사상은 대승의 매우 중요하고도 핵심적인 교의다. 염불삼매의
내용 속에 법신을 포함시킨다는 것은 염불이 단순히 종교적·신앙적

---

130 『大智度論』(大正藏 25, p.309上), "復次, 常修慈心, 遍念衆生, 心淸淨故. 又常修念佛
　　三昧, 念諸佛光明神德故, 得身光明."

131 『大智度論』(大正藏 25, p.138上), "念佛者 佛是 多陀阿伽陀 阿羅呵 三藐三佛陀
　　如是等 十號."

132 『大智度論』(大正藏 25, p.236上). 용수의 법신관에 대해서는 김잉석, 「인도중관학파
　　의 진리성과 역사성」, 『동국사상』 제2집(1963), p.28 참조.

차원만이 아니라 교리발달사적 차원까지를 포함함을 보여준다. 이 내용은 훗날 정립된 '4종 염불' 가운데 '실상염불實相念佛' 개념의 토대가 된다고 볼 수 있다.

이러한 염불삼매에는 여러 수승한 공덕이 따르게 된다. 『대지도론』은 염불삼매의 공덕을 다음과 같이 설한다.

> 염불삼매는 갖가지 번뇌와 전생(先世)의 죄를 제거하지만, 다른 삼매로는 능히 음욕을 제거하나 성냄을 제거하지 못한다. 또한 능히 성냄을 제거하나 음욕을 제거하지 못하고, 능히 우치를 제거하나 음욕과 분노를 제거하지 못하고, 능히 삼독三毒을 제거하나 전생의 죄를 제거하지는 못한다. 하지만 이 염불삼매는 능히 갖가지 번뇌와 갖가지 죄를 제거하는 것이다. 또한 염불삼매에는 큰 복덕이 있어서 능히 중생을 제도하나니, 이 보살들이 중생을 제도하려 함에 다른 삼매들 가운데 이 염불삼매만큼 무량한 복덕으로 모든 죄를 속히 없앨 수 있는 것은 없다.[133]

이 내용을 요약해 보면, 염불삼매에는 크게 세 가지 공덕이 있음을 알 수 있다. 첫 번째 공덕은 탐진치 삼독과 그로 인한 모든 번뇌를 없애는 것이요, 두 번째 공덕은 전생의 죄를 제거하는 것이며, 세 번째 공덕은 중생의 죄를 빨리 없애고 중생을 제도하는 것이다.

또한 "일심으로 부처님을 염하며 믿음이 청정하고 의심하지 않으면 반드시 부처님을 보게 된다"[134]라는 설명에서 보듯이 염불삼매를 통해 사람들은 부처님을 보게 된다. 금생만이 아니라 태어나는 곳마다 부처님을 만난다.

---

133 『大智度論』(大正藏 25, p.109上).

134 『大智度論』(大正藏 25, p.127上), "一心念佛, 信淨不疑, 必得見佛."

이 모든 보살은 부처님과 실상實相인 반야바라밀을 애경愛敬하고 염불삼매
의 업을 닦기 때문에 태어나는 곳마다 항상 모든 부처님을 만나게 된다.[135]

염불삼매의 공덕은 실로 끝이 없다. "염불삼매의 힘 때문에 색色에도
집착하지 않는다"[136]는 설명처럼 염불삼매는 부처님을 만나게 하기도
하지만 불색佛色에 집착케 하지도 않는다. 이 무집착의 염불수행은
『대지도론』「차제학품장」의 석론에서 더욱 상세하게 설명된다.

「차제학품」에서는 보살마하살의 차제행次第行과 차제학次第學과 차
제도次第道에 대해 설명하면서, 모든 보살은 반야바라밀다에 의지하여
모든 법의 있지 않은 성품(無所有性)을 믿고 이해하면서 육념六念[137]을
닦아야 한다고 설한다. 그 중 염불에 대해서는, 부처님을 염할 때 오온이
라든가 32상 80수형호隨形好로써 염하면 안 된다고 설한다. 부처님을
오분법신五分法身(계·정·혜·해탈·해탈지견신)이나 18불공법, 대자대비,
12인연법으로써 염해도 안 된다. 이 모든 법에는 제 성품이 없는(無自性)
바, 만일 법法에 자성이 없으면 곧 법이 아니어서 염할 바가 없어진다.
이것을 참다운 염불이라 한다.[138] 이 내용의 앞부분만을 소개한다.

수보리야, 어떻게 보살마하살이 '염불'을 닦느냐 하면, 보살마하살의 염불
은 색色으로써 염하지 않고, 수受·상想·행行·식識으로써도 염하지 않느니
라. 왜냐하면 이 색은 자성自性이 없고 수·상·행·식 또한 자성이 없기

---

135 『大智度論』(大正藏 25, p.333中), "是諸菩薩愛敬於佛, 及實相般若波羅蜜·及修念佛
    三昧業故, 所生處常値諸佛."

136 『大智度論』(大正藏 25, p.275中).

137 念佛, 念法, 念僧, 念戒, 念捨, 念天을 의미함.

138 『大智度論』(大正藏 25, p.667中).

때문이다. 만약 법에 자성이 없다면 이것은 곧 있는 것이 아니다(無所有). 왜냐하면 억념할 것이 없기 때문이다. 이것이 곧 (참다운) 염불이니라.[139]

『대지도론』의 설명에 의하면, 보살이 아직 깊은 선정의 단계에 이르지 않은 상태에서 세계의 산과 강, 그리고 초목을 보면 곧 마음이 산란해진 다. 그러므로 우선은 부처님만을 관하는 것이다. 그러나 선정의 힘을 얻고 나면 토지와 산하, 수목을 널리 관해도 된다.[140] 하지만 무자성과 반야공을 표방하는 『대지도론』이 언제까지나 부처님의 몸과 공덕을 관하라고 하지 않을 것임은 자명한 이치다. 이러한 입장이 결국 부처님의 원만상호를 관하는 관상觀像염불과 부처님의 공덕을 관하는 관상觀想염 불에서 중도실상의 진여불성을 관하는 실상實相염불로 나아가게 하는 이론적 전환점이 된다고 볼 수 있다.

이러한 맥락에서 지도론 「차제학품」에서는, 염불을 포함한 육념수행 을 '행하기도 쉽고 얻기도 쉬운 것'이라고 설한다.[141] 모든 법의 성품은 비록 있지 않다 하더라도 세속의 진리(世諦)에 따라 행하여 뒤바뀜(顚倒) 을 깨뜨리기 위해서는 '행하기 쉬운' 수행법이 필요한데, 그 수행법이 바로 염불수행이라고 본 것이다.[142] 하지만 『대지도론』에서는 어디까지 나 차제학의 맥락에서 이행易行을 말한 것이지, 아직 불법을 이른바 '난행도難行道'와 '이행도易行道'로 명확히 구분하고 있는 것으로는 보이 지 않는다. 아미타불의 본원력本願力에 의해, 아미타불을 칭명하고 억념 함으로써 불퇴전의 경지에 도달할 수 있다는 '이행도'는[143] 용수 보살의

139 『大智度論』(大正藏 25, p.667中).
140 『大智度論』(大正藏 25, p.306中).
141 『大智度論』(大正藏 25, p.670上).
142 『大智度論』(大正藏 25, p.670上).

또 다른 저술로 전해지는『십주비바사론』「이행품易行品」에서 분명하게
나타난다.

> 불법佛法에는 한량없는 문門이 있다. 마치 세간의 길에 가기 어려운 길이
> 있고 가기 쉬운 길이 있어서, 육로로 걸어서 가면 힘들고 수로로 배를
> 타고 가면 (쉽고도) 즐거운 것처럼, 보살의 길도 그러하여 혹은 부지런히
> 행하며 힘써 나아가는(勤行精進) 길이 있기도 하고, 혹은 믿음의 방편으로써
> 쉽게 나아가서 아유월치(不退轉地)에 빨리 이르는 길이 있기도 하다.[144]

그렇다고 해서『대지도론』에 아미타불에 대한 언급이 없는 것은 아니
다. 「견일체불세계의見一切佛世界義」에서는, 아미타불세계 안의 모든
보살들이 몸에서 항상 광명을 놓아 10만 유순由旬을 비춘다는 설명도
보이고,[145]『아미타불경』을 송독한 공덕으로 임종 시에 아미타불이 그
대중을 데리고 온다는 내용도 발견된다.[146] 하지만 아미타불신앙에 의한
본격적인 '이행도'의 정립은 이루어지지 않고 있다고 보여진다.

## 2)『대지도론』의 염불론과 실상염불

위에서 살펴본 바와 같이『대지도론』에 나타난 염불론의 내용은 다음
몇 가지로 요약 정리할 수 있을 것이다.

---

143 이에 대한 연구는, 石上善應, 「淨土教における龍樹の影響」, 壬生台舜 編,『龍樹教
學の硏究』(大藏出版株式會社, 1983), 283~304쪽을 참조.

144 『十住毘婆沙論』(大正藏 26, p.41中).

145 『大智度論』(大正藏 25, p.309上).

146 『大智度論』(大正藏 25, p.127上).

　첫째, 『대지도론』에서는 염불이 부처님을 입으로 부르고 왼다는 의미
보다는 마음으로 부처님을 생각하고 억념憶念한다는 의미로 더 많이
사용된다.

　둘째, 『대지도론』에서는 염불의 대상이 되는 부처님을 서방 정토의
아미타불에 한정하지 않고 시방삼세의 모든 부처님으로 확장하려는
경향이 있다.

　셋째, 『대지도론』에서 염불은 염불삼매를 지향하며 왕생극락을 목표
로 하기보다는 탐진치 3독과 죄업장을 소멸하고 중생을 제도함을 목표로
한다.

　넷째, 『대지도론』에서는 법신불을 염불의 대상에 포함시키고 있을
뿐만 아니라, 반야지혜의 입장에서 불신佛身과 불공덕佛功德의 무자성無
自性 공空을 관하는 것이 참다운 염불이라고 주장한다.

　이러한 『대지도론』의 염불관과 청화선사의 염불관은 상당한 유사성
이 있는 것으로 보인다. 먼저 청화선사가 칭명염불보다는 실상염불을
강조하고 있다는 사실은 위의 첫 번째 특징과 연관 지어 생각해 볼
수 있다. 두 번째의 특징은 선사의 다음 가르침과 입장을 같이 한다고
생각된다.

　관세음보살님을 염한다 하여 아미타불이나 지장보살 염불은 별로 공덕이
없고, 관세음보살을 염하는 것이 가장 수승하다고 생각한다면, 그것은
참다운 공덕이 못되고 부처님 법에 여법한 염불도 못 됩니다. 아미타불을
염할 때도 같은 도리입니다. 왜냐하면 부처님 법은 무장무애無障無礙하고
평등일미平等一味이기 때문입니다. 부처라는 평등일미 자리에는 높고 낮은
우열이 있을 수 없는 것입니다. 따라서 어느 명호나 다 좋은 것입니다.[147]

147 성륜불서간행회 편, 『원통불법의 요체』(성륜각, 1993), p.233.

또한 세 번째 특징도 자성미타·유심정토를 강조하며 왕생극락을 그리 중요시하지 않는 청화선사의 입장과 일맥상통한다고 생각된다. 『대지도론』의 네 번째 염불관 역시 청화선사가 역설하는 실상염불의 개념과 유사한 면이 많다. 선사는 실상염불에 대해 다음과 같이 설명한다.

'나라는 이 몸뚱이나 너라는 몸뚱이나 천지우주에 있는 모든 두두물물이 다 비어 있다'는 본래무일물本來無一物 자리를 먼저 생각해야 합니다. '그러나 다만 비어있는 것이 아니라 본래 비어 있는 무량무변한 자리에 무량공덕을 갖춘 청정적광淸淨寂光이 충만해 있구나' 이렇게 생각해서 마음을 매는 것이 실상관입니다.[148]

이것은 현상적인 가유假有나 허무에 집착하는 무無를 다 떠나서 중도실상의 진여불성 자리, 이른바 법신法身 자리를 생각하는 염불인 것입니다. 따라서 진여불성자리를 생각하는 실상염불이 참다운 본질적인 염불입니다.[149]

이와 같이 비록 개략적으로 살펴보았지만, 염불에 대한 『대지도론』의 입장과 청화선사의 입장은 매우 유사하다는 것을 확인할 수 있다.

## 3. 『대지도론』의 선사상

### 1) 『대지도론』의 선사상

『대지도론』에서 선禪에 관한 설명은 제17권 제28 「선바라밀장禪波羅蜜章」을 중심으로 이루어지고 있다. 대승보살의 실천 덕목인 육바라밀을

---

148 위의 책, p.262.
149 위의 책, p.232.

설명하는 가운데 선바라밀은 다섯 번째로 다루어진다. 기존의 초기·부파불교의 선을 대부분 수용하면서 4선禪과 4무색정無色定의 기본 틀을 중심으로, 대승적 이념을 반영하여 선의 체계를 재구성하고 있다. 이를 위해 기존의 내용을 약간 변형시키고 새로운 내용을 첨가하기도 하며 다양한 비유를 활용한다.[150]

「선바라밀장」은『반야경』가운데 매우 짧은 한 구절, 즉 "어지럽지 않고 맛들이지 않는 까닭에 선바라밀을 구족한다(不亂不味故 應具禪波羅蜜)"라는 가르침에 대한 장황한 석론釋論이다. 선정의 기본 개념은 바로 '어지러운 마음을 쉬는 것'이다.『대지도론』에서는 이 어지러운 마음을 쉬는 것이 매우 어렵다고 말한다. 어지러운 마음은 "가벼이 나부끼기는 기러기 털보다 더하고, 달리고 흩어짐이 멈추지 않기는 빨리 지나가는 바람과 같고, 제지하기 어렵기는 원숭이보다 더하고, 잠시 나타났다가 금방 사라지는 것은 번개보다 빠르기"[151] 때문이다. 어지러운 마음을 쉬고 선정을 성취하기 위한 전통적인 선정 체계는 이른바 4선 4무색정이다.『대지도론』에서는 각각의 선정에 대한 설명과 수행법을 상세히 설명하고 있지만, 여기에서는 가장 기초적인 초선정에 관한 내용만을 요약하여 소개하기로 한다.

『대지도론』은 다음과 같은 항목을 실천해야 초선을 성취할 수 있다고 설한다. 즉 5사事(5塵)를 물리치고 5법法(5蓋)을 제거하고, 5행行(5法)을 실천해야 한다.

5사를 물리친다는 것은 곧 5욕을 꾸짖는 것으로서, 5욕은 색色·성聲·향香·미味·촉觸에 대한 욕망이다. 이들 감각적 욕망의 대상을 제거하는

---

150 김홍미,「선바라밀의 예비단계」,『인도철학』제39집, 2013, pp.266~269.
151 『大智度論』(大正藏 25, p.180下).

것은 대체적으로 첫째, 그와 관련된 붓다의 말씀을 떠올리고, 둘째, 그 우환이나 속성을 관찰하며, 셋째, 그 위험을 감지한 다음 스스로 경책함으로써 각각의 욕망을 물리치는 방식으로 진행된다.[152] 일례로 이 중 첫 번째 '색'에 대한 욕망을 물리치는 가르침의 내용을 정리하면 다음과 같다.

첫째, (보살은) 색으로 인해 적국에 들어가 홀로 암바팔리 음녀淫女의 방에 있게 된 빔비사라의 일화, 혹은 색욕 때문에 500명의 손과 발을 자른 우전왕의 일화를 떠올린다. 둘째, 누구든지 색에 집착하면 불이 금과 은을 태우듯 번뇌의 불길이 그의 몸을 태우고, 또는 달구어져 끓는 꿀이 비록 모양과 맛은 있으나 그의 몸을 태우고 입을 데이는 등의 우환을 관찰한다. 셋째, 그것에 대한 욕망과 집착의 위험성을 감지한 다음 스스로 경책하고, 색과 그에 대한 나쁜 느낌들을 모두 일시에 제거해야 한다.[153]

선바라밀을 이루고자 하는 보살은 다섯 가지 대상들에 대한 욕망을 이와 같은 방식으로 물리친 다음, 단계적으로 5개蓋(마음을 덮는 다섯 가지의 번뇌)를 제거해야 한다. 5개란 욕欲개, 진에瞋恚개, 수면睡眠개, 도회掉悔개, 의疑개를 일컫는다. 『대지도론』은 우리로 하여금 5개의 속성과 우환을 깨닫게 하여 제거토록 이끈다. 이 가운데 특히 욕개, 즉 욕망의 덮개에 대한 비유는 매우 인상적이다.

욕락이란 악마의 그물에 걸린 것 같아 벗어나기 어렵고, 사방의 숲에서 불이 일어나는 것처럼 모든 즐거움을 태우고 만다. 욕락은 불구덩이

152 김홍미, 앞의 논문, p.283.
153 『大智度論』(大正藏 25, p.181中). 김홍미(2013), p.283 참조.

같고, 독사와 같고, 원수가 뽑아든 칼과 같고, 무서운 나찰과 같고, 독약과
같고, 구리 녹인 물을 삼킨 것 같고, 미친 코끼리 같고, 크고 깊은 구덩이에
빠진 것 같고, 사자가 앞을 막아선 것과 같고, 마갈어摩竭魚가 큰 입을
연 것과 같다.[154]

또한 이렇게 두렵고 무서운 욕락에 집착된 사람에 대한 비유도 여간
흥미롭지 않다.

욕락에 집착된 사람은 감옥에 갇힌 죄수와 같다. 우리 안의 사슴과 같고,
그물에 걸린 새와 같고, 낚시를 삼킨 고기와 같고, 이리에 붙잡힌 개와
같고, 솔개무리 속의 까마귀와 같고, 들 돼지를 만난 뱀과 같고, 고양이들
속에 갇힌 쥐와 같고, 구덩이 앞에 선 맹인 같고, 뜨거운 기름에 빠진
파리와 같고, 전쟁터에 있는 환자와 같고, 앉은뱅이가 불을 만난 것 같고,
끓는 소금강에 뛰어든 사람과도 같다. 또한 꿀 묻은 칼을 핥는 것 같고,
네거리에 놓인 저민 고기 같고, 얇은 천으로 칼숲을 가린 것 같고, 꽃으로
더러운 것을 덮은 것 같고, 꿀을 독 항아리에 바른 것 같고, 독사를 담은
광주리 같다. 꿈처럼 허망하고, 빌린 것을 다시 돌려주어야만 하는 것
같고, 허깨비가 아이들을 속이는 것 같고, 불꽃이 실제가 없는 것 같고,
큰 물에 빠진 것 같고, 마갈어의 입으로 들어간 배와 같고, 곡식을 해치는
우박과 같고, 사람에게 떨어지는 벼락과도 같다.[155]

---

154 『大智度論』(大正藏 25, p.185上).

155 『大智度論』(大正藏 25, p.185中), "著欲之人, 亦如獄囚, 如鹿在圍, 如鳥入網, 如魚吞
鉤, 如豻搏狗, 如烏在鴟群, 如蛇值野猪, 如鼠在猫中, 如群盲人臨坑, 如蠅著熱油,
如儜人在陣, 如躄人遭火, 如入沸醎河, 如舐蜜塗刀, 如四衢臠肉, 如薄覆刀林, 如華
覆不淨, 如蜜塗毒甕, 如毒蛇篋, 如夢虛誑, 如假借當歸, 如幻誑小兒, 如焰無實,
如沒大水, 如船入摩竭魚口, 如雹害穀, 如礔礰臨人."

모든 욕망과 욕락은 이처럼 두려움, 근심, 괴로움의 원인으로서 거짓되고 공허하며 즐거움은 적고 괴로움은 많다. 그렇기 때문에 욕망은 제거하지 않으면 안 된다. 지도론은 이 욕망을 제멸하는 방법으로 선정의 즐거움을 얻을 것, 부정관不淨觀을 닦을 것, 노병사老病死를 관할 것, 선법善法을 좋아할 것, 몸의 진실한 모습을 관찰할 것 등 다섯 가지를 제시한다.[156]

다음으로 성냄의 덮개(진에개)는 모든 선법을 잃는 근본이고 악도에 떨어지는 원수이며 선심의 큰 도적이라고 경계한다. 성냄의 덮개를 제거하기 위해서는 자애로운 마음(慈心)을 사유하며 홀로 청한淸閑하게 지내는 시간을 가져야 하고, 노병사를 두려워해야 한다고 한다.[157]

잠의 덮개(수면개)는 현세의 욕락과 이락利樂과 복덕은 물론, 현세와 후세의 궁극적 즐거움(究竟樂)을 파괴한다. 겨우 숨만 쉴 뿐, 죽은 사람과 다를 바 없는 사람으로 만들기 때문에 "잠은 큰 어둠이어서, 아무것도 안 보이게 하나니, 날마다 침입하여 사람의 밝음을 빼앗아 간다."라고 경계한다.[158]

들뜸과 후회의 덮개(도회개)에 대해서는, 들뜨고 산란한 사람은 마치 고삐 없는 술 취한 코끼리 같고 코 잘린 낙타와 같아서 어떻게 제지할 수가 없으며, 후회(悔)란 마치 큰 죄를 저지른 사람이 항상 두려워하는 생각을 품는 것 같아, 후회의 화살이 마음에 박히면 뽑을 수 없다고 경계한다.[159]

마지막으로 의심의 덮개(疑蓋)에 대해서는, 의심과 의혹이 마음을 뒤덮

---

156 『大智度論』(大正藏 25, p.184上).

157 『大智度論』(大正藏 25, p.184上中).

158 『大智度論』(大正藏 25, p.184中下), "眠爲大闇無所見, 日日侵誑奪人明."

159 『大智度論』(大正藏 25, p.184下).

어 모든 법에서 안정된 마음(定心)을 얻지 못하고 불법 가운데서 아무것도
얻는 바가 없다. 마치 어떤 사람이 보물산에 들어갔으나 손이 없으면
보물을 하나도 가져올 수 없는 것과 같다고 경계한다. 이러한 다섯 가지
덮개를 제거하면 마치 빚진 이가 빚을 갚듯이, 중환자가 쾌차하듯이
마음이 편안하고 청정하고 즐거워진다고『지도론』은 설한다.[160]

이와 같이 5욕을 꾸짖고, 5개를 제거하고 나면 이제 5법을 실천해야
한다. 이 5법을 행하면 초선初禪을 얻게 된다. 5법이란 곧 욕欲, 정진精進,
염념, 교혜巧慧, 일심一心이다. 욕은 긍정적인 의미의 의욕이다. 욕계에
서 벗어나 초선을 얻고자 하는 의욕이다. 정진이란 집을 떠나 계를
지키며 초저녁부터 새벽까지 오로지 정진하고 게으르지 않고 음식을
절제하며 마음을 다잡는 것이다. 염이란 초선(천)의 즐거움을 기억하되,
욕계는 더럽고 미친 듯 어지럽고 천박하나 초선천은 존중할 만하고
귀한 줄을 아는 것이다. 교묘한 지혜(巧慧)란 욕계의 즐거움과 초선천의
즐거움을 관찰하고 헤아려서 그 가볍고 무거움과 얻고 잃음을 아는
것이다. 일심이란 마음을 항상 대상(緣) 가운데 매어 두어 분산되지
않게 하는 것이다.[161]『지도론』은 이렇게 5욕을 꾸짖고, 5개를 제거하고,
5법을 실천하면 초선을 성취하게 된다고 거듭 강조한다.

『지도론』에 따르면, 이러한 선정 또는 선바라밀의 수행은 일반적으로
사람들과 멀리 떨어진 숲속이나 연못가에 한가히 앉거나 산 속에서
조용히 침묵하면서 행하는 것을 원칙으로 삼는다.[162] 하지만 이것은
어디까지나 중생을 제도하기 위한 것으로 마음은 항상 세상과 중생을

---

160 『大智度論』(大正藏 25, pp.184下~185上).
161 『大智度論』(大正藏 25, p.185上).
162 이것은 당시의 생활방식이나 생활환경에 따른 결과로 보인다. 오늘날의 재가보살은
   도회지의 법당이나 포교당을 활용해도 좋을 것이다.

버리지 않는다(心常不捨).

> 비유컨대 사람이 약을 먹음으로써 몸을 추스르고 잠시 일을 쉬었다가 기력이 회복되면 예전처럼 일을 하는 것처럼, 보살이 조용한 곳에 머무는 것도 그와 같아서 선정의 힘으로 지혜의 약을 먹고 신통력을 얻어 다시 중생 속으로 들어가서, 혹은 부모나 처자가 되기도 하고 스승과 어른이 되기도 하며, 혹은 천天이나 인간, 나아가서는 축생이 되어 갖가지 말과 방편으로 그들을 깨우쳐 인도한다.[163]

이와 같이 『대지도론』은 선바라밀을 닦는 목적이 자신만의 열반성취에 있는 것이 아니라 중생제도 혹은 중생회향에 있음을 분명히 밝히고 있다. 선정의 공능은 숲과 한정처閑靜處가 아니라 오히려 중생의 생활세계 속에서 역동적으로 발휘되어야 함을 역설하고 있는 것이다. 보살의 선禪은 대비심大悲心에 기초하며 중생을 버리지 않는다.[164] 또한 보살은 모든 법의 실상(諸法實相)을 알기 때문에 선정에 들면 마음이 안온해지고 맛(禪味)에도 집착하지 않는다. 하지만 외도들은 선정에 들더라도 제법의 실상을 알지 못하기 때문에 마음이 편안하지 않고 사견과 교만에 빠져 선미에 탐착한다. 반면에 아라한과 벽지불은 선미에 집착하지는 않지만 대비심이 없거나 회박하다. 그러므로 아라한과 벽지불 및 외도들의 선은 선바라밀이 되지 못하고 그냥 선일 뿐이다. 오직 보살의 선만을 선바라밀이라고 하는 것이다.[165] 나아가 선바라밀을 닦는 보살은 이제

---

163 『大智度論』(大正藏 25, p.180中), "譬如服藥將身, 權息家務, 氣力平健, 則修業如故; 菩薩宴寂亦復如是, 以禪定力故, 服智慧藥, 得神通力, 還在衆生, 或作父母妻子·或作師徒宗長, 或天·或人, 下至畜生, 種種語言, 方便開導."

164 『大智度論』(大正藏 25, p.188上).

165 『大智度論』(大正藏 25, p.188上).

어지러움과 선정을 분별하지도 않고, 따라서 어지러운 모습도 탐하지 않고 선정의 모습도 탐하지 않는다.

> 보살은 일체법의 어지러움과 안정된 모습이 모두가 둘 아닌 모습(不二相)으로 관찰하지만, 다른 사람들은 어지러움을 제거하고서 안정을 구하려 한다. 왜냐하면 어지러운 법에 대하여는 성냄의 생각을 일으키고, 안정된 법에 대하여는 애착하는 생각을 내기 때문이다.[166]

나아가 『대지도론』은 다음과 같이 설한다. "모든 부처님과 큰 보살은 지혜가 한량없고 그지없으며 항상 선정에 머물면서 세간과 열반에 대하여 분별하는 바가 없다. 제법실상은 실로 다르지 않고 다만 지혜의 우열이 있을 뿐이다."[167]

이렇게 볼 때, 『대지도론』은 형식적으로는 전통적인 소승선의 체계를 수용하고 있는 것처럼 보이지만, 선정의 내용에 있어서는 질적인 전환을 이루고 있다. 다음의 가르침은 그에 대한 충분한 근거가 될 것이다.

> 보살은 선바라밀에 들어가서 온갖 악하고 착하지 못한 법(諸惡不善法)을 제멸除滅하나니, 초선 내지 비유상비무상정非有想非無想定에 들어가고, 그 마음이 부드럽게 길들여져 각각의 선정에서 대자대비를 행하며, 자비의 인연으로써 한량없는 겁의 죄를 멸하여 모든 법의 실상 지혜(諸法實相智)를 얻는다.[168]

---

166 『大智度論』(大正藏 25, p.188下), "菩薩觀一切法, 若亂‧若定, 皆是不二相. 餘人除亂 求定. 何以故? 以亂法中起瞋想, 於定法中生著想."

167 『大智度論』(大正藏 25, p.299下).

168 『大智度論』(大正藏 25, p.189下), "菩薩入禪波羅蜜中, 除諸惡不善法入初禪, 乃至非 有想非無想定. 其心調柔, 一一禪中行大慈大悲; 以慈悲因緣, 拔無量劫中罪; 得諸

## 2) 『대지도론』의 선사상과 청화의 실상염불선

이상에서 살펴본 것처럼 『대지도론』에 나타난 선사상의 요점은 다음과 같이 정리할 수 있을 것이다.

첫째, 『대지도론』에서는 초기불교와 부파불교 시대의 선사상을 광범위하게 언급하며, 그 선사상 체계를 형식적으로는 대부분 수용한다. 하지만 보살의 선바라밀 내용과 부파불교의 선 사이에는 질적인 차이가 있다.

둘째, 『대지도론』에서는 선정의 수행은 사람들과 멀리 떨어진 산과 숲 등의 한적한 곳에서 행하는 것을 원칙으로 하며 기본적인 선정(초선)을 성취하기 위한 수행법으로 5욕에 대한 꾸짖음, 5개의 제거, 5법의 실천을 제시하고 있다.

셋째, 『대지도론』에서는 선을 외도선, 소승(아라한·벽지불)선, 보살선으로 구분하고 있으며, 기존의 선 체계를 대승적 이념에 의해 재구성하고 있다.

넷째, 『대지도론』은 보살은 선바라밀을 성취하기 위해 선미禪味에 탐착하는 것을 경계할 뿐 아니라, 선수행을 통한 선정과 지혜의 힘을 바탕으로 대비심大悲心에 의지하여 중생 제도를 위해 정진해야 할 것을 강조한다.

다섯째, 보살은 제법실상諸法實相의 진리를 깊이 이해하기에 산란(亂, 어지러움)과 선정(定, 안정됨), 나아가 세간과 열반을 서로 다르게 보지 않아(不二相) 산란함의 모습도 탐하지 않고 선정의 모습도 탐하지 않는다.

이 다섯 번째 특징에서 말하는 제법실상의 의미는 일반적으로는 '모든

---

法實相智."

사물과 존재(諸法)의 있는 그대로의 참모습(實相)'이지만 천태가에서는 '제법은 실상임'의 의미로도 사용한다. 이것은 근본적으로 인간사회의 고락을 포함한 모든 것은 절대자의 뜻(神意)이나 과거의 운명(宿命) 또는 우연(無因無緣)의 산물이 아니고 연기(또는 인과)의 소산이라는 불교적 세계관에 기인한다. 그리고 여기서의 제법실상이라는 개념은 이러한 연기론적 세계관에 바탕한 반야공 사상을 반영하고 있어서, '중도실상'의 의미로 읽힌다. 불교의 중도사상은 '비유비무非有非無'의 관점을 기본으로 유에도 무에도 집착하지 말 것을 강조하는바, 산란과 선정, 세간과 열반에 대한 무분별을 역설하는 대지도론도 중도사상을 반영하고 있기 때문이다. 산란함(亂)과 선정(定)이 불이(不二)라는 가르침은 훗날 발전한 화엄의 사사무애법계事事無碍法界, 천태의 공가중空假中 삼제三諦 사상의 맹아라고도 생각된다.

청화선사의 선사상도 『대지도론』의 선사상 체계와 상당히 유사한 방식으로 조직되어 있다.

선사는 선나禪那(dhyāna, 思惟修, 靜慮), 삼매三昧(三摩地, samādhi, 定, 等持), 삼마발저三摩鉢底(samāpatti, 等至, 至), 삼마희다三摩呬多(samāhita, 等引) 등, 선정의 원어들에 대한 설명으로부터[169] 시작하여 기존의 다양한 선과 선의 방법에 대해 소개한다. 예컨대 선사는 기존의 여러 선을 다음의 다섯 가지로 나누어 소개한다.

첫째, 외도선外道禪이다. 외도선은 인과를 불신不信하고 유루공덕有漏功德을 위하여 닦는 선이다.

둘째, 범부선凡夫禪이다. 인과를 믿고 유위공덕有爲功德을 위하여 닦는 선이다.

---

169 성륜불서간행회, 앞의 책, p.201, pp.264~268.

셋째, 소승선이다. 아공我空을 믿고 해탈을 위하여 닦는 선이다.
넷째, 대승선이다. 아공과 법공法空을 믿고 해탈을 위하여 닦는 선이다.
다섯째, 최상승선最上乘禪이다. 여래선如來禪 또는 조사선祖師禪이라
고도 하며, 본래 부처로서 일체무루공덕一切無漏功德이 원만히 구족함을
신해信解하고 닦는 선이다.

이 가운데서 선사는 최상승선을 닦아야 함을 다음과 같이 역설한다.

우리는 지금 최상승선만이 문제입니다. 이 가운데 다 들어 있으므로 그
외의 것은 문제시할 필요가 없습니다. 마땅히 출가사문은 최상승선만을
문제로 해야 합니다. …… 마땅히 우리는 최상승선 도리를 한 발도 헛디디면
안 될 것입니다.[170]

선사는 이러한 최상승선의 방법에는 공안선(화두선), 묵조선, 염불선
이 있다고 설명하며 특히 (실상)염불선을 강조한다.

자성미타, 유심정토라, 우리 본래면목이 바로 아미타불이요[171] 마음이 청정
하면 현실세계 그대로 극락세계이니 염불도 근본성품을 안 여의고 한다면
곧바로 참선이요, 참선과 염불이 다른 것이 하나도 없습니다. 이른바 진여나
실상이나 중도실상의 본래면목 자리는 상대적으로 분별하는 경지가 아닙니
다. 헤아릴 수 없는 부사의한 부처님 광명이 충만한 경계입니다. 그것은
바로 진여실상의 경계이기 때문에 우리들의 업장이 녹아짐에 따라서 점차
로 진여불성의 광명이 밝아오는 것입니다.[172]

170 위의 책, p.212.
171 후지요시 지카이 교수도 진여, 법성, 실제, 자성, 불성, 본래면목, 아미타불 등을
인간의 근원적 주체에 관련된 거의 동일한 개념으로 설명한다. 藤吉慈海 저·한보
광 옮김, 『禪淨雙修의 전개』(민족사, 1991), pp.296~297.

위에서 살펴본 것처럼,『대지도론』에서는 법신불을 염불의 대상에 포함시키고, 반야지혜의 입장에서 불신佛身과 불공덕의 무자성無自性 공空을 관하는 것이 참다운 염불이라고 설한다. 나아가 산란함과 선정, 세간과 열반을 서로 다르게 보지 않는 것이 선바라밀이라고 한다. 또한 청화선사는 불생불멸하고 불구부정하며 영생상주한 진공묘유의 생명 자체인 실상 즉 진리를 관조하면서 하는 '실상염불'을 강조한다.[173] 이렇게 보면『대지도론』의 염불 및 선사상과 청화선사의 실상염불선 사상은 상당 부분 일치하고 있음을 알 수가 있다.


## 맺음말

우리는 이상에서 대승불교사상의 기본텍스트라 할 수 있는『대지도론』의 염불사상과 선사상에 대해 살펴본바, 대략 다음과 같은 특징을 이끌어낼 수 있었다.

먼저『대지도론』의 염불사상의 특징은 다음과 같다.

첫째,『대지도론』에서는 염불이 부처님을 입으로 부르고 왼다는 의미보다는 마음으로 부처님을 생각하고 억념한다는 의미로 더 많이 사용된다.

둘째,『대지도론』에서는 염불의 대상이 되는 부처님을 서방정토의 아미타불에 한정하지 않고 시방삼세의 모든 부처님으로 확장하려는 경향이 있다.

셋째,『대지도론』에서 염불은 염불삼매를 지향하며 왕생극락을 목표

---

172 위의 책, p.599.

173 벽산문도회 편,『정통선의 향훈』(광륜출판사, 2008), pp.118~119.

로 하기보다는 탐진치 3독과 죄업장을 소멸하고 중생을 제도함을 목표로
한다.

넷째, 『대지도론』에서는 법신불을 염불의 대상에 포함시키고 있을
뿐만 아니라, 반야지혜의 입장에서 불신佛身과 불공덕佛功德의 무자성無
自性 공空을 관하는 것이 참다운 염불이라고 주장한다.

다음으로 『대지도론』의 선사상의 특징은 다음과 같다.

첫째, 『대지도론』에서는 초기불교와 부파불교 시대의 선사상을 광범
위하게 언급하며, 그 선사상 체계를 형식적으로는 대부분 수용한다.
하지만 보살의 선바라밀 내용과 부파불교의 선 사이에는 질적인 차이가
있다고 본다.

둘째, 『대지도론』에서는 선정의 수행은 사람들과 멀리 떨어진 산과
숲 등의 한적한 곳에서 행하는 것을 원칙으로 하며 기본적인 선정(초선)을
성취하기 위한 수행법으로 5욕欲에 대한 꾸짖음, 5개蓋의 제거, 5법法의
실천을 제시하고 있다.

셋째, 『대지도론』에서는 선을 외도선, 소승(아라한·벽지불)선, 보살선
으로 구분하고 있으며, 기존의 선 체계를 대승적 이념에 의해 재구성하고
있다.

넷째, 『대지도론』은 보살은 선바라밀을 성취하기 위해 선미禪味에
탐착하는 것을 경계할 뿐 아니라, 선수행을 통한 선정과 지혜의 힘을
바탕으로 대비심大悲心에 의지하여 중생 제도를 위해 정진해야 할 것을
강조한다.

다섯째, 보살은 제법실상諸法實相의 진리를 깊이 이해하기에 산란
(亂, 어지러움)과 선정(定, 안정됨), 나아가 세간과 열반을 서로 다르게
보지 않아(不二相) 산란함의 모습도 탐하지 않고 선정의 모습도 탐하지
않는다.

그리고 청화선사의 실상염불선은 중도실상의 진여불성 자리, 이른바 법신 자리를 생각하는 최상승선이다.

이와 같이 『대지도론』의 사상적 특징은 청화선사의 '실상염불선'의 내용과 직·간접적으로 상당한 연관성과 유사상이 있음을 알 수 있다. 결론적으로 말해 청화선사의 실상염불선은 상당 부분 그 사상적 뿌리를 『대지도론』의 사상에 두고 있는 것으로 추정된다.

# IV. 육조혜능의 선사상과 청화의
# 실상염불선

청화淸華선사는 현대 한국불교의 대표적인 수행승 가운데 한 분이다. 하루 한 끼만의 공양(一種食), 40여년의 장좌불와, 태안사에서의 묵언정진 3년 결사 등은 스님의 투철한 용맹정진의 생애를 웅변해 준다. 그러한 수행의 결과로 선사는 항상 온화한 미소와 따뜻한 말씨(和顏愛語)를 잃지 않았고, 신도들과 맞절을 할 정도로 한결같은 하심下心을 지켜나갔다. 이는 근본적으로 선사의 뭇 생명에 대한 깊은 자비심에 연유하는 것으로 생각된다.

선사의 자비심은 타고난 천성이기도 하지만, 일제 식민지 지배, 6·25 전쟁, 5·18광주민주항쟁 등, 우리 현대사의 아픈 질곡과 무관해 보이지 않는다. 선사는 이러한 시대의 아픔을 불법佛法으로 어루만져 달래고자 하였음직하다. 그것은 선사가 불교의 수많은 경전들 중에서 특히 『정토삼부경』(1980년)과 『약사경』(1981년)을 번역·출간한 사실, 그리고 불교를 안심법문安心法門이라고 정의하는데 주저하지 않은 사실에서도 잘 드러난다.

또한 청화선사의『원통불법의 요체』(1993년)를 통해서도 알 수 있듯이 선사의 불교관의 특징은 바로 '원통불법'이다. 붓다의 대기설법對機說法의 전통은 시간과 공간을 달리하면서, 사람들의 문제와 근기에 따라 다양한 불교의 모습으로 나타난다. 그 결과 소승불교와 대승불교, 남방불교와 북방불교, 교와 선, 중관과 유식, 화엄과 천태, 정토와 선, 돈오돈수와 돈오점수 등의 대립이 발생하게 된다. 청화선사는 이러한 대립과 혼란이 원통불법의 정신에 어긋나는 것으로 보고 '염불선', 즉 '실상염불선'을 통해 이를 극복·회통하고자 하였다. 근래 한국불교에는 '통불교通佛敎'라는 오랜 전통에도 불구하고 간화선만을 정통으로 여기고 절대시하는 풍토가 형성되어 있다.

하지만 청화선사는 간화선이 5가 7종으로 분파된 중국 후기에 나타난 전통으로 보고, 달마에서 혜능에 이르는 이른바 '순선시대純禪時代'에 주목한다. 순선시대에는 교와 선, 정토 등의 차별이 없이, 간경과 참선과 염불이 모두 같은 안심법문으로 받아들여졌다. 청화선사의 염불선은 이 같은 원통불법과 순선사상의 토대 위에서 주창된 것으로 보인다.[174]

순선시대 조사들의 사상 및 수행법에 나타난 실상염불선의 원형을 검토하는 작업의 일환으로 필자는 육조혜능의 선사상과 청화선사의 실상염불선을 비교 검토하고자 한다. 이 작업을 수행하기 위해 세 권의 단행본을 기본 텍스트로 삼고자 한다. 그 첫 번째는 2003년 4월, 광륜출판사에서 발간한 청화선사 역주譯註『육조단경』이다. 이 책의 서두에서 선사는 '회통법문' '귀의자성삼신불' 등의 다섯 가지 해제를 설명하고 있는데 여기에 선사의 실상염불선의 개념이 용해되어 있다. 그 두 번째는

---

174 이중표,「청화선사의 순선사상과 원통불법」,『청화선사의 사상과 수행법』(정통불법의 재천명 제3차 세미나 자료집, 2007), p.40.

1993년 11월에 성륜각에서 펴낸 『원통불법의 요체』이다. 이 책은 1993년 2월, 동리산 태안사 금강선원에서 제방의 수좌스님들의 청법으로 이루어진 7일간의 특별법회에서 청화선사가 설한 법어를 녹음 정리하여 펴낸 것이다. 선사의 체계적 불교 지식과 불교관을 이해하는데 필수불가결의 단행본이다. 그 세 번째는 2010년 광륜출판사에서 출간한 『안심법문』이다. 이 책은 1995년 1월 미국 카멜에 위치한 삼보사에서 선사가 7일간에 걸쳐 사부대중을 위해 개최한 〈순선안심탁마법회: Pure Zen Peace of Mind Cultivating Dharma Meeting〉에서 설법한 내용을 정리하여 펴낸 책이다. 물론 이 외에도 『금강심론』을 비롯한 청화 큰스님 법문집 『마음의 고향』 시리즈(6권) 등을 참고하여 고찰할 것이다.

## 1. 육조혜능의 선사상

### 1) 중국선종 성립시대와 순선純禪

김동화 박사는 『선종사상사』에서 중국 선종의 역사적 전개 과정을, ①선종성립시대, ②선사상 발달기, ③5가분립시대(853~960), ④계승시대(960~1280), ⑤쇠퇴시대(1280~1736)로 분류한다. 여기서 '선종성립시대'란 달마로부터 혜능과 신수 등에 이르는 시대를 말한다. 이 기간 동안에 중국의 선사상은 점차 그 지반이 굳어지고 특색이 나타나서 기존의 교종과 대비되는 고유하고 독특한 종풍이 확립된다. 김동화는 이 시기의 사상적 특징과 종풍을 다음과 같이 정리한다.

첫째, 달마는 1경1론에 치우치지 않고 대승경전 공통의 중심사상을 추리하여 그 신조로 삼았다.

둘째, 일체중생 실유불성一切衆生 悉有佛性의 대승 정신과 자성청정한 인간
의 본심을 현세에서 구현하고자 하였다.

셋째, 면벽관심하는 좌선의 방법을 취하며, 관의 대상을 일심으로 하되
간화나 묵조와 같은 형식적 틀(死型)에 떨어지지 않았다.

넷째, 제자들을 순수한 관심법觀心法으로써만 가르치고 후대에 일반화된
'불권방할拂拳棒喝'이라든가 '양미순목揚眉瞬目'과 같은 기이한 방법을 사용
하지 않았다.

다섯째, 선정을 실수實修함에 있어 염세적 또는 현실도피적 생활태도로써
신이神異를 나타내는 일 없이 평상적인 생활태도를 취하였다.[175]

김동화는 이 성립시대의 선은 자유스럽고 순수한 선정 사상으로서
자연스런 생활태도를 지향했다고 본다.[176] 청화선사는 이 시기의 선을
'순수한 참선'이라는 뜻으로 '순선'이라고 일컫는데 이것은 김동화 박사의
관점과 일치하는 것으로 생각된다. 선사는 순선에 대해 다음과 같이
설명한다.

중국의 초조 달마스님 때부터 육조 혜능스님까지의 시대를 순선시대純禪時
代라 하고 그때의 선을 순선이라 합니다. 육조 혜능스님 이후에 다섯 파로
참선이 갈라져 서로 반목하고 옥신각신해 왔습니다. 지금 우리는 그런
것을 주로 수용하고 있기 때문에 순선이라 하면 참선하는 사람들뿐만
아니라 그런 쪽으로 공부를 하지 않으신 분들도 다소 생소할 것입니다.
그러나 달마스님 때부터 육조 혜능 시대까지를 가장 순수한 참선으로
보고 이것을 순선 시대라 합니다. 다른 수행법으로서 화두선, 묵조선,
또 무슨 선 해서 복잡한 갈래가 있는 것이 아니라 바로 우리 마음 그대로

175 김동화, 『선종사상사』(뇌허불교학술원, 2001), p.96.
176 위의 책, pp.96~97.

닦아서 나아가는 참선을 말합니다.[177]

　청화선사의 실상염불선은 바로 이러한 순선시대의 선사상에 뿌리를 두고 있다. 순선시대를 처음 개창한 초조初祖는 남조南朝시대 양梁 무제武帝 때에 남천축에서 중국으로 건너온 보리달마菩提達磨이다. 달마는 숭산 소림사少林寺에 머물며 9년 동안 면벽 좌선하였다. 달마는 의발을 혜가慧可 대사에게 전하였으므로 혜가는 훗날 2조로 불린다. 혜가의 법명은 원래 신광神光이었으며 숭산 소림사에서 달마 대사를 참견하고 6년간 수행하였다. 2조 혜가의 법을 전해 받은 사람은 3조 승찬僧璨 대사이다. 승찬은 선법禪法을 공개적으로 널리 전파하지는 않았으나 그가 남긴 『신심명信心銘』은 훗날 선종 발전에 지대한 기여를 하였다.

　승찬을 이어 4조가 된 사람은 도신道信 대사이다. 도신은 여산 대림사大林寺와 기주 황매의 쌍봉산雙峰山에서 보리달마의 선법을 선양하며 500여 명의 문도를 지도했다. 도신이 활약하던 때에 선종은 비로소 조직적 종문宗門의 성격을 확립하게 된다. 4조의 법통을 이은 5조 홍인弘忍 대사는 기주 황매에서 선법을 선양했으며 그가 펼친 불법은 그가 머물던 산 이름을 따 흔히 '동산법문東山法門'이라 불린다. 홍인의 영향력으로 선종의 수행과 일상생활은 서로 융합하게 되고, 선종의 조직과 형식의 기본적인 토대가 확립되었다. 그리고 홍인은 의발을 6조 혜능에게 전한다.[178]

---

177　벽산문도회 편, 『안심법문』(광륜출판사, 2010), p.27.

178　혜능지음·단칭선사 풀어씀·김진무 옮김, 『혜능육조단경』(일빛, 2010), pp.31~32.

## 2) 혜능의 생애

혜능의 전기는 비사실적인 자료와 전설에 의거한 바가 커서 정확하게
그 생애를 밝히기 어렵다. 하지만 혜능의 생애에 관한 정보를 전해주는
기록과 자료들은 결코 적지 않다. 정유진鄭唯眞은 이러한 자료들에 근거
해서 혜능의 생애를 상당히 상세하게 재구성하고 있다.[179] 여기서는
편의상 단칭선사가 요약 정리한 혜능의 행적을 약간 수정 보완하여
인용하기로 한다.

혜능은 능대사能大師라고도 불리우며, '惠能'으로도 쓰이지만 일반적
으로는 '혜능慧能'으로 쓰인다.[180]

혜능은 638년 영남嶺南 신주新州(지금의 광동廣東 신흥현新興縣 동쪽)에서
태어났다. 속성은 노盧이며 아버지는 노행도盧行道이고 어머니는 이李씨
이다. 아버지는 원래 관직에 종사하였으나 신주에서 좌천을 당해 농사를
지었다. 혜능이 세 살 되던 641년 아버지가 돌아가시자 어머니와 함께
남해南海로 이사하여 살았다. 가정 형편이 어려워 땔나무를 팔아 생계를
꾸려갔다. 23살 때(661년), 어느 날 시장에서 땔나무를 옮기다 객점의
손님이 읽는 『금강경』의 한 구절(응무소주이생기심應無所住而生其心)을 듣고
깨달은 바 있어 출가를 결심하고, 다음 해에 황매의 홍인대사를 찾아가
스승으로 모시고 불법을 공부한다. 방앗간에서 8개월 동안 일하던 혜능
은 심게心偈(보리수게 또는 오도게)를 지어 홍인대사의 심법과 의발을
전수 받는다. 그 후 남쪽으로 피신하여 하층민 노동자들 틈에 섞여
15년간 생활하였다. 혜능은 남쪽으로 피난을 가던 중 대유령 고개에서

---

179 정유진, 『돈황본 육조단경 연구』(경서원, 2007), pp.32~69 참조.
180 위의 책, p.34.

혜순惠順의 추격을 받았으나 그를 위해 설법하여 그를 감복시켰다.

혜능의 어머니가 667년 타계하였으며, 혜능은 멀리 조계曹溪로 가서 시골 사람 지략志略을 알게 되어 의형제를 맺는다. 백천동白天洞에서 일하다가 저녁 늦게 지략의 고모 무진장無盡藏이 『열반경』 읽는 소리를 듣고 무진장을 위해 『열반경』을 강의해 주었다. 그 후 사람들의 존경을 받게 된 혜능은 시골 사람들을 불러 보림사寶林寺가 있던 자리에 절을 다시 지었다. 보림사에서 9개월 동안 머물다 악인惡人에게 쫓겨나 사회四會, 회집懷集 등을 전전하며 오랑캐 무리와 4년간 함께 살았다. 혜능은 676년, 광주廣州 법성사法性寺(지금의 광효사光孝寺)로 가서 인종印宗 법사를 만났으며 삭발한 후 인종법사로부터 계를 받았다. 후일 동산법문을 열어 나무 아래서 설법하였다. 혜능은 677년 봄, 조계로 돌아간다. 조계 보림사에서 30여 년 동안 법을 설하였으며 그를 추종하는 대중이 수없이 모여들었다. 당나라 중종中宗 신룡新龍 원년(705년), 혜능의 나이 67세 때 조정에서 관직을 내리고 초청했으나 사양했다. 75세 되던 해(713년) 7월, 신주로 돌아갔으며 8월 3일 국은사國恩寺에서 입적했다.[181]

## 3) 『육조단경』의 핵심 사상

인도문화를 뿌리로 하는 불교는 중국에 전래된 이후 중국문화와 갈등을 빚게 된다. 그 갈등은 근본적으로 충효를 중시하는 중국 유가의 전통과 해탈열반을 목표로 출가 수도를 장려하는 불교 전통의 충돌에 연유한다. 또한 인도불교는 경전과 교리체계가 복잡하고 수행 방법도 번잡하여 일반 대중이 접근하기에 어려운 점이 많았다.[182] 특히 혜능이 활동하던

---

181 혜능 지음, 앞의 책, p.153 참조.

때와 그 전후 시기의 중국불교는 걸출한 불교 사상가들로 가득하였다. 이를테면, 법상종法相宗의 교학체계를 견인한 현장(玄奘, 600~664)과 규기(窺基, 632~682), 화엄종의 지엄(智儼, 600~668)과 법장(法藏, 643~712), 천태종의 지의(智顗, 538~597)와 관정(灌頂, 551~632), 삼론종三論宗의 길장(吉藏, 549~623), 정토종의 도작(道綽, 562~645)과 선도(善導, 613~681), 진언종의 선무외(善無畏, 637~735)와 금강지(金剛智, 671~741), 남산율종南山律宗의 도선(道宣, 596~667) 등이 그들이다. 혜능은 이렇게 여러 종파로 나뉘고 번쇄한 불교 이론 속에서 그것을 극복하고자 현실과 인간을 중시하며, 단순하고 대중적인 중국적 선불교를 주창하였다고 볼 수 있다. 또한 권위주의와 봉건주의의 전통은 사회 계층간의 갈등과 반목을 심화시키며 불평등 사회를 조장하였고, 이러한 상황에서 일반 서민 대중들은 모든 인간이 존엄한 인간 평등과 자유사상을 희구하였으며, 이러한 대중의 시대적 요청에 부응하여 혜능의 선사상은 출현하게 된다.[183]

그렇다고 하여 혜능의 선사상이 불교전통과 단절된 독창적인 사상은 결코 아니다.

혜능 대사의 『육조단경』 속에는 『능가경』과 『금강경』을 비롯하여, 『반야심경』・『유마경』・『화엄경』・『열반경』・『보살계경』의 사상이 무르녹아 있다. 혜능은 『단경』 속에서 다양한 불교사상을 하나로 회통시켰고, 중국의 전통사상을 흡수하여 불교와 중국문화를 융합함으로써 중국적 불교사상을 창출해 낸 것이다.[184]

이제 이러한 혜능의 사상을 잘 집약하고 있는 『육조단경』의 주요

---

182 단칭선사, 『혜능육조단경』, p.44.
183 정유진, 앞의 책, p.115.
184 단칭선사, 앞의 책, pp.43~46.

내용에 대해 살펴보기로 한다.

청화선사는 돈황본『육조단경』의 내용을「서언序言」외에 10품으로 나누어 다음과 같이 품제品題를 정하고 있다.[185]

① 오법전의悟法傳衣

② 정혜일체定惠一体

③ 교수선정敎授禪定

④ 귀의자성삼신불歸依自性三身佛

⑤ 무상참회無相懺悔

⑥ 설마하반야바라밀說摩訶般若波羅蜜

⑦ 돈교설법頓敎說法

⑧ 석공덕정토釋功德淨土

⑨ 참청기연參請機緣

⑩ 부촉유통付囑流通

이들 품제에『단경』의 주요 내용과 사상이 어느 정도 드러나지만, 필자는 이 모든 내용에 대해 언급하지는 않을 것이다. 다만 직·간접적으로 선사의 '실상염불선'과 관련이 깊다고 생각되는 내용을 중심으로 간략하게 정리해 보기로 한다.

첫째,『단경』의 가장 중요한 사상적 특색은 '자기 자신이 부처요 자기 마음이 부처'라는 역동적 불타관에 있다. 다시 말해, 부처란 시간적으로 2600년 전에 살았던 역사적 실존인물도 아니고 공간적으로 저 먼 서쪽에 있는 이상적 존재도 아니다. 지금 여기에 있는 중생이 부처요, 자기 자신이 부처요, 자기 마음이 부처다. 과거의 부처나 저 먼 곳의

---

185 퇴옹 성철선사는「서언」을 포함하여 33가지 주제로 나누어 목차를 정하고 있다.

부처는 참다운 부처가 아니다. 지금 여기에서 살아 움직이는 역동적인 (내 마음의) 부처가 참다운 부처다. 「부촉유통품」에서 혜능은 "만약 뒷세상 사람들이 부처를 찾고자 한다면 오직 자기 마음의 중생을 알지니, 그러면 바로 능히 부처를 알게 되는 것이니, 곧 중생이 있음을 연유하기 때문이며(卽緣有衆生) 중생을 떠나서는 부처의 마음(佛心)이 없느니라" 고 설하며 다음 게송(견진불해탈송見眞佛解脫頌)을 읊는다.

미혹하면 부처가 중생이요
깨달으면 중생이 부처니라
어리석으면 부처가 중생이요
지혜로우면 중생이 부처니라
마음이 험악하면 부처가 중생이요
마음이 평정하면 중생이 부처니라.
한평생 마음이 험악하면 부처가 중생 속에 있도다.
한 생각 깨달아 마음 평정하면
바로 중생 스스로 부처며
내 마음에 스스로 부처가 있음이라.
자기 부처(自佛)가 참부처이니
만약 자기에게 부처의 마음이 없다면
어느 곳을 향하여 부처를 구하리오.[186]

부처는 나와 그리고 우리와 별도로 존재하는 고정불변의 정태적靜態 的·대상적 타자가 아니라 역동적 주체적 존재이다. 이러한 관점에서 혜능은 부처님이 따로 있는 것이 아니라 "부처님 행이 곧 부처님이니라(佛 行是佛)"[187]고 설하는 것이다.[188] 또한 '자성自性의 삼신불三身佛(법신, 보

---

186 청화 역주, 『육조단경』, pp.274~275.

신, 화신)에 귀의한다'[189]는 사상이나 '자성의 삼보三寶(불, 법, 승)에 귀의
한다'[190]는 사상도 결국은 『단경』의 역동적 불타관을 반영하고 있다고
여겨진다.

둘째, 『단경』에서는 위의 역동적 주체적 불타관에서 불성佛性과 진여
眞如 등의 개념을 통한 보편적·전일적全一的 불타관으로 진일보한다.
이것은 무엇보다도 제10 「부촉유통품」의 자성진불해탈송自性眞佛解脫
頌의 내용 중에 나오는 "진여의 깨끗한 성품이 참부처요眞如淨性是眞佛"[191]
라는 가르침에 잘 나타난다. 또한 5조 홍인 대사가 "그대는 영남 사람이요
또한 오랑캐 출신이니 어떻게 부처가 될 수 있단 말이냐?"라는 힐문에
대해 혜능이 "사람에게는 남북이 있으나 부처의 성품은 남북이 없습니다.
오랑캐의 몸은 스승님과 같지 않사오나 부처의 성품에 무슨 차별이
있겠습니까?"라고 한 답변도 바로 보편적 불타관을 반영한다고 볼 수
있다. 불성과 진여(성)은 종종 자성이라는 용어로도 쓰인다. 자성의
보편성 또는 평등성은 곧잘 허공에 비유된다.

> 허공은 능히 일월성신과 대지산하와 모든 초목과 악한 사람과 착한 사람과
> 악한 법과 착한 법과 천당과 지옥을 그 안에 다 포함하고 있으니 세상
> 사람의 자성(世人性)이 빈 것도 또한 이와 같으니라. 자성이 만법을 포함하
> 는 것이 바로 큰 것(마하)이며, 만법 모두가 다 자성인 것이다.[192]

---

187 위의 책, p.227.

188 위의 책, p.104. "善知識, 見自性自淨 自修自作 自性法身 自行佛行 自作自成佛道"
　　의 가르침도 참조.

189 위의 책, p.109.

190 위의 책, pp.128~129.

191 위의 책, p.276.

192 위의 책, pp.136~138.

'만법 모두가 다 자성이다'는 가르침은 분명 '자기 자신이 부처요, 자기 마음이 부처'라는 불타관보다 한 차원 더 앞으로 나아간다. 그리하여 '자성을 보아 불도를 이룬다(見性成佛道)'고 설한다.

나의 이 법문은 8만 4천의 지혜를 따르느니라. 무엇 때문인가? 세상에 8만 4천의 진로塵勞가 있기 때문이다. 만약 진로가 없으면 반야가 항상 있어서 자성을 떠나지 않느니라. 이 법을 깨달은 이는 곧 무념無念이며 기억과 집착이 없어서 거짓되고 허망함을 일으키지 않나니, 이것이 곧 진여의 성품(眞如性)이니라. 지혜로써 보고 비추어 모든 법을 취하지도 아니하고 버리지도 않나니, 곧 자성을 보아 불도를 이루느니라.[193]

이러한 자성, 진여(성), 불성은 이른바 중도실상中道實相과도 통한다. "자성의 본체는 남(生)도 없고 없어짐(滅)도 없으며 감(去)도 없고 옴(來)도 없느니라"[194]는 혜능의 가르침은 그것을 잘 말해준다.

셋째, 『단경』의 세 번째 중심사상은 극락정토가 서방 세계에 있지 않고 마음에 있다는 이른바 '유심정토唯心淨土'사상이다. 따라서 아미타불 또한 마음과 자성을 떠나서 별도로 존재할 수 없다. 이른바 '자성미타自性彌陀'사상이 그것이다. 『단경』「석공덕정토품釋功德淨土品」에서는 다음과 같이 설한다.

세존께서 사위국에 계시면서 서방정토에로 인도하여 교화하는 말씀을 하셨느니라. …… 사람에는 자연히 두 가지가 있으나 법은 그렇지 않나니, 미혹함과 깨달음이 달라서 견해에 더디고 빠름이 있을 뿐이니라. 미혹한

---

193 위의 책, p.144.
194 위의 책, p.255.

사람은 염불하여 저곳에 나려고 하지마는 깨달은 사람은 스스로 그 마음을
깨끗이 하느니라. 그러므로 부처님께서 '그 마음이 깨끗함을 따라서 부처의
땅도 깨끗하다'고 말씀하셨느니라.[195]

경은 계속해서 다음과 같이 설한다.

만약 생사生死를 여윈 돈법頓法을 깨달으면 서방정토를 찰나에 볼 것이요,
돈교의 큰 가르침을 깨닫지 못하면 염불을 하여도 왕생할 길이 멀거니,
어떻게 도달하겠는가.[196]

청화선사는 이러한 『단경』의 가르침에 근거하여 "아미타불은 바로
진여 불성의 생명적 표현이니 극락세계에 가서 태어난다(往生)는 것은
불성을 깨닫고 성불한다는 뜻과 동일하다"[197]고 설명한다.

넷째, 『단경』에서 역동적인 불타관은 역동적인 수행론으로 전개된다.
그것은 먼저 정定과 혜慧를 일체一體로 보는 입장에서 드러난다. "정과
혜는 몸이 하나여서 둘이 아니니라. 곧 정은 바로 혜의 몸이요 곧 혜는
바로 정의 작용이니, 혜가 나타날 때 정이 혜 안에 있고, 또한 정이
나타날 때 혜가 정 안에 있느니라."[198] 정과 혜를 일체로 보는 이러한
혜능의 입장은 '무념無念'에 대한 독특한 해석을 낳는다.

없다(無) 함은 무엇이 없다는 것이고 생각함(念)이란 무엇을 생각하는
것인가? 없다 함은 두 모양(二相)의 모든 번뇌를 떠난 것이요, 생각함이란

---

195 위의 책, pp.179~180.
196 위의 책, pp.182~183.
197 위의 책, p.183.
198 위의 책, p.79.

진여본성眞如本性을 생각하는 것으로서, 진여는 생각의 본체요 생각은 진여의 작용이니라. 그러므로 자기의 성품이 생각을 일으켜 비록 보고 듣고 느끼고 아는 것이나 일만 경계에 물들지 않아서 항상 자재하느니라.[199]

여기서의 무념은 우리가 일반적으로 쓰는 '무념무상無念無想'이라고 할 때의 무념과는 확연히 다른 의미로 쓰이고 있다. 여기서는 무념이 '염念'과 상대되는 개념이 아니라 무념이 바로 염이 되며 무념의 '무'는 '념'을 수식하는 수식어로 해석될 수도 있다.[200] 그리하여 '무념위종無念爲宗'이라는 『단경』의 종치宗致는 '염'도 역시 『단경』의 종치가 됨을 의미한다고 볼 수 있다. 염은 진여의 용用으로서의 염이기 때문이다.[201] 이러한 역동적인 수행법은 결국 다음의 무념행無念行으로 귀결된다.

무념이란 모든 법을 보되 모든 법에 집착하지 않으며, 모든 곳에 두루하되 모든 곳에 집착하지 않고 항상 자기의 성품을 깨끗이 하여 여섯 도적(색·성·향·미·촉·법)으로 하여금 여섯 문(안·이·비·설·신·의)으로 달려 나가게 하나 육진六塵 속을 떠나지 않고 물들지도 않아서 오고 감에 자유로운 것이니 이것이 곧 반야삼매이며 자재해탈自在解脫로서, 무념행이라고 이름하느니라.[202]

다섯째, 돈오돈수頓悟頓修의 가르침을 들 수 있다. 돈수라는 용어는 다음 가르침에서 볼 수 있다.

---

199 위의 책, pp.93~94.

200 물론 '무'와 '염'으로 해석할 수도 있다.

201 許庚九, 「돈황본 『육조단경』의 眞如考」, 『육조단경의 세계』(김지견 편, 민족사, 1989), p.437.

202 청화 역주, 앞의 책, pp.161~162.

법에는 단번에 깨달음과 점차로 깨달음이 없다. 그러나 사람에 따라 영리하고 우둔함이 있으니 미혹하면 점차로 계합하고 깨달은 이는 단번에 닦느니라(頓修). 자기의 본래 마음을 아는 것이 본래의 성품을 보는 것이니 깨달으면 원래 차별이 없으나, 깨닫지 못하면 오랜 세월을 윤회하느니라.[203]

자기의 성품(自性)은 그릇됨도 없고 어지러움도 없으며 어리석음도 없나니 생각생각마다 지혜로 관조하며 항상 법의 모양(法相)을 떠났는데, 무엇을 세우겠는가. 자기의 성품을 단번에 닦을지니(頓修), 세우면 점차가 있게 되므로 세우지 않느니라.[204]

위의 구절에서 '자기의 성품을 단번에 닦을지니'에 상응하는 내용이 돈황본 이외의 『단경』에서는 대부분 '자기의 성품을 스스로 깨쳐서 돈오돈수하여 또한 점차가 없느니라(自性自悟 頓悟頓修 亦無漸次)'고 하여 분명하게 돈오돈수라고 되어 있다. 하지만 돈황본 『단경』에는 "나의 이 법문은 옛부터 '단번에 깨침과 점차로 깨달음(頓漸)'을 모두 세우나니, 생각 없음을 종宗으로 삼으며, 모양 없음을 본체로 삼고 머무름 없음으로 근본을 삼느니라."[205]라는 가르침이 나오는데, 해석하기에 따라 논란의 여지가 있는 내용이다. 청화선사는 위의 '돈점'을 "단번에 깨침과 점차로 깨달음"으로 해석하는 반면, 성철선사는 "돈점 두 자는 군더더기임이 밝혀졌다"고 주장한다.[206] 이러한 해석의 차이로 말미암아 결국 성철은 '돈오돈수'를 철저하게 주장하게 되고 청화는 '선오후수先悟後修'를 통한 돈점의 회통을 주장하게 된 것이 아닌가 한다.

203 위의 책, p.87.
204 위의 책, p.215.
205 위의 책, pp.86~87.
206 퇴옹 성철 현토·편역, 『돈황본단경』(장경각, 1988), p.54.

## 2. 청화의 실상염불선

### 1) 선사의 생애와 사상

#### (1) 선사의 생애

선사의 사상을 바르게 이해하기 위해서는 선사의 생애에 대한 구체적인 이해가 필요하다고 생각되지만 여기서는 간략하게 살피기로 한다.

청화선사는 1923년 11월 6일 전남 무안군 운남면에서 아버지 강대봉姜大奉과 어머니 박양녀朴良女의 아들로 태어난다. 속명은 강호성姜虎成이다. 1937년 일본으로 건너가 고학苦學으로 동경대성중학을 졸업하고 귀국 후 무안 일로농업실습학교에 편입하여 졸업한 뒤, 무안 망운초등학교에서 교사 생활을 시작한다. 1942년에는 부모님의 뜻에 의해 청신녀 성삼녀成三女와 결혼하였으며, 1943년 형 강범룡姜凡龍의 죽음으로 생로병사의 괴로움을 절실히 느낀다. 1945년 일제에 의해 강제적으로 징병되어 진해에서 훈련을 받던 중, 8·15해방을 맞는다. 이후 광주사범학교에 편입하고 졸업과 동시에 교사생활을 시작한다.

1947년 백양사 운문암에서 금타화상을 은사로 출가한 후, 무안 혜운사, 두륜산 진불암, 지리산 백장암, 벽송사, 구례 사성암, 용문사 염불선원, 보리암 부소대, 부산 혜광사, 두륜산 상원암, 월출산 상견성암, 지리산 칠불사 등에서 철저한 수행 정진을 계속한다.

1968년 겨울, 누명을 쓰고 광주교도소에서 3개월간 영어의 몸이 되나, 끝까지 해명을 하지 않고 침묵을 지켰다. 진실이 밝혀졌지만 스님은 그 사람을 탓하지 않았다. 1979년에는 금타화상의 유고를 정리하여 『금강심론』을 간행하고, 1980년 5월에는 『정토삼부경』 번역을 마쳐 출간하였다. 1981년에는 『약사경』을 우리말로 번역하여 출간하였다.

1985년 전남 곡성군 동리산 태안사에서 3년 결사를 시작으로 회상을 이루고 대중교화의 인연을 지었다. 1986년 포교잡지『금륜』창간호를 펴내고 1992년 9월 설령산 성륜사를 낙성하다. 1993년『원통불법의 요체』를 출간하고, 1995년 미주 포교를 위해 카멜 삼보사, 팜스프링스 금강선원 등을 건립하여 3년 결사를 시작하였다. 2002년 5월 서울 도봉산 광륜사를 개원하고 2003년 1월『육조단경』을 우리말로 역주하여 출판하였다. 2003년 11월 속랍 80세, 법랍 56세에 성륜사 조선당에서 입적하였다.[207]

## (2) 선사의 불교관–안심법문과 원통불법

### 가. 안심법문

불교는 흔히 지知적으로는 전미개오轉迷開悟의 종교요, 정情적으로는 이고득락離苦得樂의 종교요, 의意적으로는 지악수선止惡修善의 종교라고 정의된다.[208] 이 세 가지 불교의 정의 가운데, 하나만을 선택하라면, 역시 두 번째 '이고득락의 종교'라는 정의를 선택해야 할 것 같다. 전미개오나 지악수선도 궁극적으로는 이고득락을 위한 것이기 때문이다.

불교는 한마디로 말해서, '고통의 자각을 통한 고통의 극복' 다시 말하면 안락과 행복의 성취를 가르치는 종교라고 할 수 있다. 불교의 가장 근본적인 진리인 사성제의 가르침과 12연기의 가르침이 그것을 말해준다. 사성제에서 고제와 집제는 '고통의 자각'에 관한 진리이고, 멸제와 도제는 '고통의 극복'에 관한 진리이며, 12연기에서 무명無明으로부터 노사우비고뇌老死憂悲苦惱에 이르는 과정인 유전流轉연기는 '고통

207 이상의 내용은 대주스님의 논문「청화 대종사 행장·연보」와 조계종 성륜사 편 『성자의 삶』을 참고하여 요약하였다.

208 김동화, 『불교학개론』(보련각, 1972), pp.4~11.

의 자각'에 관한 진리이고, 무명이 소멸함으로써 마지막으로 노사우비고
뇌가 소멸하게 되는 과정인 환멸還滅연기는 '고통의 극복'에 관한 진리이
기 때문이다.

이러한 불교의 근본 입장은 고타마 붓다의 탄생게 속에도 잘 나타나
있다. 즉 "천상천하에 오직 내가 존귀하나니, 삼계의 모든 고통을 내가
편안(안락)케 하리라(天上天下唯我獨尊 三界皆苦我當安之)"는 게송 속에는
고타마 붓다의 전 생애가 이 세상의 모든 고통을 없애고 이 세상을
편안케 하기 위한 것임이 분명하게 밝혀져 있는 것이다.

청화선사는 중생의 모든 고통을 극복하여 마음을 편안케 하고 세상을
편안케 하는 것을 '안심법문安心法門' 또는 '안락법문安樂法門'이라고 일컫
는다. 선사는『원통불법의 요체』와『안심법문』을 비롯한 많은 저술과
법어집의 여기저기에서 불교의 대의가 바로 이 안심법문임을 강조한다.

부처님 법문의 대요大要는 안심법문입니다. 마음을 편안하게 하는 법문입
니다. 바꾸어 말하면 안락법문이 되겠습니다.[209]

나아가 선사는 특히 불교는 팔만사천법문 전부가 다 마음을 편안하게
하는 안심법문이라고 강조한다.[210] 하지만 마음의 궁극적인 평안 또는
궁극적 행복은 우리 인간의 본성 자리에 가지 않으면 성취할 수 없다고
하면서 우리의 본성인 진여불성眞如佛性에 도달할 것을 독려한다.

인간에게 내재되어 있는 진여불성의 자리는 자비도 지혜도 혹은 능력도
행복도 본래로 다 갖추고 있는 것입니다. 우리 인간 본성은 본래 모든

---

209 청화,『원통불법의 요체』(성륜각, 1993), p.13.
210 벽산문도회 편,『안심법문』(광륜출판사, 2010), p.27.

것을 다 갖추고 있단 말입니다. 갖추고 있기 때문에 우리가 그 자리에
가야만 비로소 안심입명安心立命합니다. 자비도 지혜도 행복도 능력도
다 갖추고 있는 그 본성의 자리에 가기 전까지는 어떤 것도 우리한테
만족을 못 줍니다. 그렇기 때문에 행복이라는 그 파랑새를 찾기 위해
산으로 들로 그토록 헤매었지만 안 보였던 것입니다. 그런데 집에 돌아와서
보니까 집 안의 새장 안에 그 예쁜 파랑새가 있단 말입니다.[211]

이 인간의 본성자리에 이르고자 하는 절실함은 불법 중에서도 선불교
에 있어 더 두드러진다. 그렇기 때문에 청화선사는 선에 더욱 깊은
관심을 갖게 되며, 특히 순선시대의 선을 중시한다. 선사는 보리달마에
서 혜능까지의 시기를 순선시대라고 지칭하고 이 시기의 선사상을 안심
법문이라고 규정한다. 그리고 그 상징적인 예로서 혜가가 달마에게
안심을 구한 일화를 제시한다.

혜가스님이 달마스님한테 "제 마음이 괴롭습니다. 제 마음을 편안하게
해주십시오." 했습니다. 이것이 이른바 안심법문의 기연機緣이 아니겠습니
까. 선禪의 기본 문제가 여기에 있습니다. 따라서 안심법문이 확실히 자기
것이 못되면 참선이라고 할 수가 없습니다.[212]

혜가의 요청에 달마는 "괴롭고 불안한 마음을 가져 오너라. 그러면
내가 편안하게 해주리라."고 답한다. 혜가는 이 가르침을 통해 마침내
마음의 본성 자리에는 불안이 본래 없다는 것을 깨닫고 평안을 얻는다.
3조 승찬이 2조 혜가에게 죄를 씻어달라고 간청했을 때에도 혜가는

211 청화, 『가장 행복한 공부』(시공사, 2003), p.64.
212 청화, 『원통불법의 요체』, pp.21~22.

승찬에게 우리 마음의 본성에 원래 죄가 없음을 깨닫게 한다. 4조 도신이
승찬에게 자신을 해탈로 이끌어 달라고 청했을 때, 승찬은 우리 마음의
본성에는 본래 속박이 없다는 것을 깨닫게 하여 마음의 평온과 해탈을
얻도록 한다.[213] 안심법문의 전통은 이러한 방식으로 달마로부터 혜능에
게 계승되었던 것이다.

청화선사는 우리 중생들이 일체만유가 평등무차별의 진여법계인데도
망정妄情으로 잘못 보고 그릇되게 행동함으로써 마음의 평온을 얻지
못한다고 하면서 다음과 같이 설한다.

마음을 편안히 하는 것은, 우주의 도리대로 본래 내가 없는 무아無我이기
때문에 내가 없다고 분명히 생각해야 하고 내 집이나 내 소유물이나 내
절이나 내 종단이나 이런 것도 본래가 없다고 생각해 버리면 참 편합니다.
자기 문중이나 절 때문에 애쓰고 싸울 필요도 없는 것이니 말입니다.[214]

## 나. 원통불법

청화선사 불교사상의 꽃이라 할 수 있는 '실상염불선'은 안심법문, 순선
사상, 원통불법 등을 그 토대로 하고 있다. 여기서는 원통불법에 대해
살펴보기로 한다.

선사의 원통불법의 개념은 크게 세 차원으로 분류될 수 있다고 본다.
그 하나는 불교 내부적 차원의 원통불법이고, 둘은 여러 종교·사상계
차원의 원통불법이며, 셋은 우주적 차원의 원통불법이다.

먼저 불교(내부)적 차원의 원통불법에 대해 알아본다. 이것은 크게
선·교·염불의 회통, 돈점頓漸의 회통, 정혜균등定慧均等의 세 가지 측면

---

213 이중표, 「청화선사의 원통불법과 순선사상」, p.49.
214 청화, 앞의 책, p.24.

에서 생각해 볼 수가 있다.[215]

우선 선과 교와 염불을 원융무애하게 포용하는 선사의 입장은 다음의 인용문에서 확인할 수 있다.

> 대승경전은 『화엄경』이나 『법화경』이나 『열반경』이나 『관무량수경』이 나 『육조단경』이나 모두 한결같이 선禪과 교敎와 정토염불淨土念佛을 원 융무애하게 회통한 아뇩다라삼먁삼보리이다. 방편가설과 인연비유를 생략하고 오로지 생명의 실상實相인 진여자성眞如自性을 단번에 깨닫는 견성 오도見性悟道만을 역설함을 선이라 하고, 언어문자로써 성문, 연각, 보살 등 모든 근기根機들을 두루 살펴 극명하게 표현함은 교이며, 진여불성이 란 우주생명에 온전히 귀명하여 수희참구隨喜參究함이 정토염불의 법문 이다.[216]

모든 대승경전은 각기 선, 교, 정토염불의 경향성을 갖더라도 결국 아뇩다라삼먁삼보리를 지향한다는 점에서 원융하다는 설명이다. 그리고 선사는 원통불교 또는 회통불교가 불교의 역사적 전통임을 다음과 같이 밝힌다.

> 원효스님 계실 때도 여러 가지 종파로 『화엄경』 좋아하는 사람은 『화엄 경』이 옳다 하고, 각기 다르게 주장했던 것입니다. 그래서 십종십문화쟁론 十種十門和諍論이라, 모든 종파를 하나로 회통시킨 것입니다. 어떤 도인들이 나 그분들의 행적을 보면 당대 일어난 문화현상을 하나로 회통을 시킵니다. 보조국사도 역시 염불이나 참선, 교리 등을 하나로 회통시켰습니다. 태고스 님도 마찬가지고 위대한 도인들은 하나같이 다 회통불교를 지향했던 것입

215 월암, 「청화선사의 禪사상」 제2장 참조.
216 청화 역주, 『육조단경』, p.23.

니다. 중국 원나라 때 중봉 명본中峰明本스님, 그분은 고봉 원묘高峰 原妙의 제자인데 아주 훌륭한 선사입니다. 당대 원나라 임제종에서 나왔는데도 교와 선과 염불을 하나로 체계를 세웠습니다.[217]

청화선사는 '선은 부처님의 마음이요 교는 부처님의 말씀이다'는 종밀의 주장을 원용하면서, 부처님의 말씀과 부처님의 마음이 서로 다를 수 없듯이 교와 선도 근본적으로 둘이 아니라고 주장한다. 물론 근기에 따른 깊고 얕은 가르침의 차이는 부정하지 않는다.[218] 또한 선사는 수증론修證論의 측면에서도, 먼저 교리적 이론 체계를 확립한 이후에 실천행을 해야 한다고 주장한다. 이것은 이른바 '행해상응行解相應'의 주장으로서 행과 해를 융합해야 한다는 원통불법의 입장이다.

> 불교라는 것이 마음 닦아가는 공부라서 마음 닦지 않으면 교리를 많이 알아도 분간을 못합니다. …… 약간 닦았다 하더라도 부처님의 심수오묘深邃奧妙한 교리를 어느 정도 연구 안 하면 바른 길을 모르고 바른 닦음이 되기가 어렵습니다. 그렇기 때문에 부처님 교리를 바로 알고 바로 닦기 위해서는 '행해상응'이라, 닦아서 가는 '행'과 교리를 풀이하는 '해'가 나란히 상대해 가야만이 우리가 바로 나아갈 수 있다는 말씀입니다.[219]

그리고 선과 염불의 회통은 선사가 줄곧 강조하는 '염불선'이라는 용어를 통해서도 자명해진다.

다음으로, 돈점을 회통하는 청화선사의 선사상에 대해 알아보기로 한다. 선사의 기본 입장은 위에서 말한 '행해상응'의 원칙에 있는 것으로

217 『안심법문』, pp.323~324.
218 『원통불법의 요체』, p.52.
219 벽산문도회 편, 『정통선의 향훈』(광륜출판사, 2008), pp.111~112.

생각되며 그 원칙은 '먼저 깨닫고 뒤에 닦는다'는 선오후수先悟後修의
주장으로 이어진다.

> 법에는 본래 돈점이 없습니다. 다만 근기가 날카롭고 둔함으로 돈점이
> 생기는 것이며, 또한 닦고 증하는 수증修證에도 깊고 옅은 심천이 있는
> 것이니 돈오점수라 하여 그릇됨이 될 수가 없고, 점차나 차서나 고하를
> 논하지 않는 무염오수행無染汚修行을 역설하는 의미에서의 돈수이니 돈오
> 돈수가 그릇됨이 아니며, 다만 선오후수先悟後修의 수기隨機설법일 뿐입
> 니다.[220]

선사는 이처럼 돈오돈수와 돈오점수를 대립적으로 보지 않고 선오후
수, 그리고 무염오수행이라는 개념을 통해 회통하고 있다. 해오解悟이건
증오證悟이건 지극히 수승한 근기가 아닌 보통의 근기로는 깨달음이
바로 구경각인 묘각 성불의 자리에 이르지 못하기 때문에, 깨달음에도
심천이 있으며, 깨달은 뒤에도 습기를 착실히 닦아야 한다. 이것은
깨달음에 의해 닦는 바 없이 닦는 무념수無念修 또는 무염오수행이다.
그러므로 돈오점수는 그 정당성을 얻게 된다. 또한 돈오돈수도 그 돈수는
무염오수행이기에 돈오돈수라 해도 틀리지 않다. 청화선사는 보조국사
가 주장하는 '돈오점수'에서의 돈오나 『단경』에서 설하는 돈오는 내용적
으로 차별이 없다고 본다. 따라서 돈오돈수설이나 돈오점수설이나 표현
의 차이는 있지만, 그 취지는 동일하고, 중생 교화의 배경이나 시절인연
에 따라 설한 수기설법으로서 어떤 것도 그르다고 할 수 없다는 것이다.
단지 선오후수先悟後修가 되어야 닦음도 올바른 닦음이 되고 성불의
길에도 도움이 된다고 강조한다.[221] 하지만 같은 돈오돈수라 해도 성철선

---

220 『원통불법의 요체』, p.64.

사는 완전한 깨달음을 이루면 닦음도 원만해져서 더 이상 닦을 필요가 없다는 의미의 돈수를 주장한 것이고, 청화선사는 근본적으로 돈오점수의 입장에 서면서도 그 점수는 무염오수행이기 때문에 돈수라 명명해도 좋다는 주장이어서 두 선사의 입장 차이는 분명해 보인다.

마지막으로 정혜균등의 회통이다. 청화선사는 『단경』에서 주장하는 정과 혜의 일체 사상에 바탕하여 정혜균등을 주장함과 동시에, 순선시대를 관통하는 순선의 필수적인 조건이라 할 수 있는 일상삼매와 일행삼매의 겸수 개념을 통해 정과 혜를 회통한다. 일상삼매는 곧 혜에 상응하고 일행삼매는 곧 정에 상응하기 때문이다.

또한 청화선사는 불교 내부를 아우르는 원통불법을 넘어 이웃 종교와 제 사상을 아우르는 원통불법으로 그 외연을 확장하고자 한다. 다음의 언급은 그것을 증명하고도 남음이 있다.

꼭 필요한 것이 불교의 이른바 회통불교로서 불교의 경직된 분파적인 것을 지양하고, 세계종교의 비교종교학적 연구와, 교섭과 화해를 통한 융합의 문제입니다. 다종교는 대체로 어떻게 교섭해야 할 것인가? 다른 종교의 가르침을 어떻게 수용해야 할 것인가? 그런 문제들을 지금은 피할 수 없는 문제입니다. 아시는 바와 같이 지구촌이라고 하지 않습니까. 이런 가운데서 다른 종교, 다른 교리, 다른 주의 주장과 서로 화해를 못할 때에는 인류 문화적으로나 개인적인 생활에나 공헌을 할 수가 없습니다.[222]

선사는 모든 종교는 '진리는 하나'라는 입장에서 그 '궁극적인 하나의 도리'에 입각해 종교적·사상적 갈등과 대립을 극복해 나가야 하며 그러

---

221 위의 책, p.67.
222 『원통불법의 요체』, p.16.

기 위해 종교 간의 소통과 이해, 화해와 협력이 필요하다고 역설한다.

그리고 궁극적으로, 선사의 원통불법은 우주적 차원으로까지 나아간다. 선사는 불교는 사람만이 하나가 아니라 자연계라든가 일체만유를 하나의 생명으로 보는 일원주의 사상이라고 보며, 이 일원주의만이 세계를 하나로 평화스럽게 묶어갈 수 있다고 본다.[223] 선사는 다음과 같이 주장한다.

> 우주는 진여불성이라 하는 참다운 생명 자체로 이루어져 있습니다. 생명자체는 둘이 있는 것도 아니고 또 분열되어 있는 것도 아니고 우주 자체가 바로 한 덩어리 생명입니다. 이것은 물질이 아니기 때문에 나눌 수가 없습니다. 한계가 없는 우주가 하나의 부처님 덩어리, 하나님 덩어리입니다.[224]

## 2) 선사의 실상염불선

### (1) 염불과 염불선

염불에는 일반적으로 칭명稱名염불, 관상觀像염불, 관상觀想염불, 실상實相염불의 네 가지가 있다. 칭명염불이란 '나무아미타불'과 같은 부처님의 명호를 외우는 염불이요, 관상觀像염불이란 32상相 80종호種好를 갖춘 부처의 원만 상호를 직접 관하는 염불이며, 관상觀想염불이란 부처의 자비공덕이라든가 지혜광명 등 부처의 공덕을 상상하는 염불이요, 실상염불이란 현상적인 가유假有나 무無를 떠나 중도실상中道實相의 진여불성眞如佛性 자리, 즉 법신法身 자리를 생각하는 염불이다.[225] 따라

---

223 『안심법문』, p.25.

224 위의 책, p.9.

225 청화, 『생명의 고향 마음자리로 돌아가는 가르침』(상상예찬, 2007), pp.198~199.

서 일반적으로 칭명염불만을 염불이라고 생각하는 것은 편견이라고 할 수 있다. 선사는 다음과 같이 설한다.

염불이 고유하게 정해진 음정에 따라서만 해야 하는 것이 아닙니다. 소리를 내면서 해도 좋고, 안 내고 속으로만 해도 좋고 계행戒行을 지키면서 염불을 해도 좋고, 계행을 지키지 못하면 또 지키지 못한 대로 염불을 해도 좋습니다. 염불은 다 좋은 것입니다. 자나 깨나 앉으나 서나 소리를 내나 안 내나, 염불하는 것은 어느 때나 좋습니다. 염불이라는 것은 생각 염念자에 부처 불佛자, 부처를 생각하고 또 생각하는 것입니다.[226]

칭명염불에 국집하지 않는 청화선사의 염불관은 단순한 염불에서 염불과 선이 결합한 '염불선'의 차원으로 진전한다. 선사의 염불선은 흔히 '시방 세계에 두루한 자성불의 지혜광명을 관조하면서 닦는 선'으로 정의되는데, 여기서 '나무아미타불'은 소리내어 부르든 마음속으로 부르든 문제되지 않는다. 선사는 염불선에 대해 다음과 같이 언급한다.

염불선은 근원적인 문제, 즉 본체를 여의지 않고서 염불을 하는 것입니다. 어려운 것이 아닙니다. 여러 이치에 따라 천지와 내가 둘이 아니라는 것은 알겠지만 어려워서 이해가 되지 않는다고 해도 괜찮습니다. 이런 것들은 모른다고 하더라도, 천지우주는 본래 불생불멸不生不滅이고 참다운 진여불성의 자리가 바로 내 자성自性이라는 것을 기억하고 있으면 됩니다. 이것을 잊지 않고, 본체를 여의지 않고 염불을 하면 그것이 바로 염불선입니다. 부처님이 저 밖에 다른 어떤 곳에 따로 있다고 생각하면서 하는 염불은 염불선이 못 됩니다.[227]

---

226 위의 책, pp.31~32.
227 위의 책, pp.33~34.

위의 가르침에서 가장 중요한 요점은 진여불성인 자기 자성의 본체를 생각해야만 염불선이 될 수 있다는 것이다. 그것은 '근본 체성을 여의지 않으면 비단 화두 참구뿐만 아니라 관법이나 염불이나 주문이나 다 참선'이라는 선사의 선관禪觀에 비추어 볼 때 당연한 결과라고 할 것이다. 청화선사에게 있어 중요한 것은 참선의 방법이 아니라 참선이 지향하는 목표에 있는 것으로 판단된다.

염불선의 연원은 중국 송나라 때로 거슬러 올라간다. 원래 선과 염불은 실천적 성격이 강하다는 공통점이 있지만, 반면에 자력문自力門과 타력문他力門, 성도문聖道門과 정토문淨土門, 차토성불此土成佛과 피토왕생彼土往生 등으로 구분되는, 상반된 성격의 불교로 인식된다.[228] 그런데 이렇게 상반된 성격의 선과 염불이 송나라 때의 영명 연수에 의해 서로 접목되어 염불선이라는 새로운 수행 방식이 성립된다. 특히 명나라 때의 염불선에서는 일반적으로 칭명염불이 공안(화두)으로 사용되는 흥미로운 현상이 나타난다. 즉 아미타불을 부르면서 아미타불을 부르고 있는 나는 도대체 누구인가? 불리워지는 아미타불은 도대체 무엇인가? 라는 의문을 일으키는 것이다.[229] 명나라 때의 4대 고승인 운서주굉 (153~1615), 감산덕청(1546~1623), 자백진가(1542~1603), 우익지욱 (1599~1655)은 모두 이러한 염불선을 선양한 것으로 전해진다. 예컨대 지철智徹선사 정토현문淨土玄門은 다음과 같은 내용으로 이루어져 있다.

염불을 한 번 혹은 3, 5, 7편 하고, 묵묵히 반문하라. '저 염불소리가 어느 곳에서 일어나는가?' 또 생각하기를 '저 염불하는 것이 누구인가?'하여 의심이 있거든 다만 한결같이 의심해가며 만약 묻는 곳이 분명하지 아니하

---

228 藤吉慈海 저/한보광 옮김, 『禪淨雙修의 전개』(민족사, 1991), p.147.
229 위의 책, p.148.

고 의정이 간절하지 않거든, 다시 거듭 '필경에 저 염불하는 것이 누구인가?'
하라.[230]

하지만 청화선사의 염불선은 위와 같은 방식의 염불선과는 사뭇 내용
을 달리하고 있다. 청화선사의 염불선은 칭명염불과 화두선이 결합되어
있다기보다 '염불이 곧 선'인 회통적·관법적 선이기 때문이다.

그렇다면 선사는 왜 염불선을 권장하였을까? 선사는 화두선(공안선)
과 묵조선, 그리고 염불선을 모두 최상승선(본래부처로서 일체 무루공덕이
원만히 구족함을 신해信解하고 닦는 선)으로 간주하면서 그중에서 왜 염불선
을 택하였을까? 여기에는 크게 두 가지 이유가 있다고 생각된다.

첫째 이유는, 염불은 난행도가 아니라 이행도이기 때문이다. 그것은
"용수보살의 『십주비바사론』에 보면 난행문難行門, 이행문易行門이 나옵
니다. '나는 부처니까 내 힘만 믿고 가면 부처가 된다.' 자기 힘만 믿고
가는 것이 난행문이라, 아주 애쓰고 갑니다. 부처님의 공덕을 믿고
'나도 본래 부처다' 하고 그 공덕에 의지해서 가는 것을 이행문이라,
이렇게 두 문을 나누어서 말했습니다"[231]라고 한 선사의 가르침을 통해
알 수 있다.

둘째 이유는, 염불선은 부처를 생명으로 여겨 인간의 감성을 활용함으
로써 역동적인 믿음과 갈앙심을 증폭시킨다. 그것은 "인간의 감성은
마음을 비약시킵니다. 우리가 객지에 나가서 고향에 대한 향수에 젖어보
십시오. 부모님을 그리워하고 고향을 그리는 그 향수는 얼마나 맑고
순수합니까. 그렇듯이 우리 마음의 고향이 부처님인데, 부처님은 하나의
이치가 아니라 바로 생명이라, 내 생명의 고향이 바로 부처님입니다.

230 운서주굉 지음·광덕 역주, 『선관책진』(불광출판부, 1992), p.256.
231 『안심법문』, pp.267~268.

그 자리를 간절히 흠모하는 것이 바로 우리 마음을 비약시킵니다"라는 구절을 통해 알 수 있다.

## (2) 실상염불선

청화선사는 실상염불(선)을 다음과 같이 정의한다.

> 우주에 두루한 부처의 진리 곧 신비롭고 부사의한 진여광명을 관조하는 것. 환언하면 자성불自性佛을 비추어 보고 참구함을 말한다. 그리고 실상이란 일체만법의 실상을 말하므로 실상은 바로 자성불 또는 아미타불이다. 그래서 실상염불을 금강염불, 일상一相삼매, 일행一行삼매, 염불선, 수능엄삼매, 왕王삼매, 진여삼매, 화엄삼매, 법화삼매, 실상삼매, 또는 자성선自性禪이라고도 한다.

월암스님은 청화선사의 염불선사상이 여러 경론에 뿌리를 두고 있지만, 그중에서도 특히 『염불삼매경』, 『법화경』, 『관무량수경』 등의 가르침에 많은 영향을 받고 있고, 보조 지눌의 진여염불이라든가 『능가사자기』에 수록된 4조 도신 대사의 법문 및 도신의 『입도안심요방편법문』에서 특히 큰 영향을 받았다고 주장하면서 도신의 영향력에 대해 다음과 같이 평가를 한다.

> 도신은 일찍이 여산 대림사에서 10년 간 천태지관天台止觀을 수습하고 달마선종의 4조가 된 바 있다. 그래서 천태선과 달마선을 융합하고, 또한 선과 염불을 회통하는 최초의 조사이기도 하다. 따라서 회통적 염불선을 주창하는 청화스님은 도신의 사상에 많은 영향을 받을 수밖에 없다. 특히 염불선 사상과 안심법문, 일행삼매 등은 도신선사의 사상을 계승하고 있다고 볼 수 있다.[232]

필자는 월암스님의 주장에 공감하면서도, 그러나 가장 가깝게는 역시 청화선사의 은사인 금타화상의 영향을 간과해서는 안 된다고 생각한다. 특히 『보리방편문菩提方便門』의 다음 내용은 청화선사의 실상 염불선에 직접적이고도 결정적인 영향력을 끼쳤을 것으로 추정된다.

다시 저 한량없고 끝없는 맑은 마음세계와 청정하고 충만한 성품바다와, 물거품 같은 중생들을 공空과 성품性과 현상相이 다르지 않는 한결같다고 관찰하면서, 법신, 보신, 화신의 3신이 원래 한 부처인 아미타불을 항시 생각하면서 안팎으로 일어나고 없어지는 모든 현상과 헤아릴 수 없는 중생의 덧없는 행동들을 마음이 만 가지로 굴러가는 아미타불의 위대한 행동모습으로 생각하고 관찰할지니라.[233]

실상염불이란 실상 곧 진리를 관조하면서 하는 염불이다. 여기서 실상이란, 불생불멸하고 불구부정하며 영생상주한 진공묘유의 생명 자체를 의미하며, 또한 실상은 진여, 여래, 불, 열반, 도, 실제實際, 보리, 주인공, 일물一物, 본래면목, 제일의제第一義諦와 같은 의미이다. 선사는 실상염불은 우리가 진리를 미처 모르지만(아직 깨닫지 못했지만) 부처님께서 밝히신 대로 진리를 생각하면서 하는 염불이라고 정의한다.[234] 또한 실상염불은 부처님의 법신이 무량무변하고 만공덕을 갖춘 중도실상의 원리를 관조하는 염불로서 실상염불이 곧 염불선이라고 규정한다.

---

232  월암, 「청화선사의 禪사상」, pp.25~27.

233  청화, 『마음의 고향』(토방, 2005), p.339.

234 『정통선의 향훈』, pp.118~119.

실상염불은 모든 상을 떠나서 부처님의 진리, 중도실상이라, 이른바 우주에
두루해 있는 부처님의 참다운 생명의 실상, 그 자리를 생각하고 있는
염불입니다. 따라서 실상염불이 되면 그때는 바로 염불참선이 됩니다.
실상염불은 염불선과 둘이 아닙니다.[235]

청화선사의 실상염불선은 다음과 같은 몇 가지 특징을 갖는다.

첫째, 실상염불선에는 『법화경』과 천태가天台家에서 주장하는 '제법
실상諸法實相'의 사상이 짙게 무르녹아 있다고 판단된다. 『법화경』에
의하면 '제법실상'의 진리는 오직 부처님들만이 알 수 있는 난해한 진리이
다. 제법실상은 '제법의 실상' 또는 '제법은 실상이다'의 두 가지 의미를
갖는데, 실상의 구체적 내용은 '10여시如是'[236]이다. 제법실상론은 모든
사물과 존재를 단순히 피상적으로 인정하는 것이 아니다. 모든 사물과
존재(諸法)를 중도, 진공, 묘유의 관점에서 유기적이고 역동적으로 파악
한다. 천태종에서 공空·가假·중中 삼제가 원융하다는 '삼제원융'사상도
여기에서 비롯된 것이다. 또한 훗날 천태 지의는 이 십여시를 기초로
'일념삼천一念三千'의 세계관을 확립하게 된다.[237]

둘째, 실상염불선은 대체적으로 우리 모두가 '본래부처(本來是佛)'라
는 입장을 견지하며 본래 부처로서의 자성청정심을 강조한다. 그것은
"염불이란 본래시불이니 닦은 뒤에 부처가 되는 것이 아니라 사실은
본래 부처인데 부처인 줄을 모릅니다. …… 자성청정심을 염하는 우리

---

235 『안심법문』, p.340.

236 여시相, 여시性, 여시體, 여시力, 여시作, 여시因, 여시緣, 여시果, 여시報, 여시本末
究竟 등.

237 Michael Pye, *Skilful Means* (London: Routledge, 2003), p.21 ; 박경준, 「빨리어
경전과 대승경전의 사상적 차이」, 『불교평론』 제44집(2010), p.144.

마음이 본래는 청정심입니다"라는 가르침을 통해서도 알 수 있다.

셋째, 실상염불선은 중도실상, 진여불성, 본래면목, 제일의제 등에 생명성을 불어 넣는다. "부처님은 바로 우주의 생명입니다. 나의 생명인 동시에 동물이나 식물이나 자연계나 이 삼천대천세계 우주 전부의 근원적인 생명입니다. 생명이니까 '부처님'이라 하는 것입니다. ······ 우리 마음이 생명인데, 마음의 근본 고향인 동시에 일체 생명의 근본자리가 생명이 아니라고 할 때 우리 마음은 너무 건조해집니다. 우리 신앙의 대상이 생명이 아니라 무슨 논리나 이치, 지혜라고만 생각할 때는 신앙이 정말로 감성적으로 감격되기가 어렵습니다. ······ 부처님은 우주를 몸으로 하는 것입니다. 그래서 법계신法界身이라, 부처님 몸이 바로 우주입니다."[238] 청화선사는 온 우주의 생명현상은 '무無'로부터 나타날 수는 없고, 그 바탕에는 우주적 생명력(에너지)이 있을 수밖에 없다는 논리를 가졌다고 생각된다. 또한 대각大覺을 성취한 역사적 붓다가 있고 우리에게 생각하는 능력이 있다면, 깨닫고 생각하는 것과 같은 마음 현상에도 그 뿌리(佛性)가 있을 수밖에 없을 것이며, 그러한 불성도 결국 생명이라고 본 것이다. 그러나 그 생명은 공간과 시간, 그리고 인과율조차도 초월한 순수생명 자체로서의 생명이다.[239]

## 3) 혜능선과 실상염불선

이상에서 살핀 바와 같이 청화선사의 실상염불선에는 여러 갈래의 사상적 원류가 혼재되고 통합되어 있다. 그중에서도 『단경』의 사상은 실상염

238 『안심법문』, pp.32~33.
239 『가장 행복한 공부』, p.84.

불선 사상에 직접적인 영향을 끼친 것으로 생각된다. 이러한 관점에서 이제 실상염불선 사상을 『단경』에 의거해 조명해 보고자 한다.

먼저, 앞에서 『단경』의 가장 중요한 사상적 특색은 '자기 자신이 부처요 자기 마음이 부처'라는 주체적·역동적 불타관에 있다고 하였다. 이러한 입장은 실상염불선의 내용 속에서도 얼마든지 찾아볼 수 있다. 실상염불이란 실상을 관조하면서 하는 염불인데, 이 실상의 개념에는 자성불, 여래, 불, 주인공, 본래면목과 같은 것들이 포함되어 있기 때문이다. 더욱이 실상염불은 자성을 떠나고 본체를 떠나 부처님은 내 마음이 아닌 저 밖에 다른 어떤 곳에 따로 있다고 생각하면서 하는 염불을 경계한다. 단적으로 그러한 염불은 결코 염불선이 아니라고 분명하게 선을 긋는다. 그것은 "내 마음에 스스로 부처가 있음이라. 자기 부처가 참부처이니, 만약 자기에게 부처의 마음이 없다면 어느 곳을 향하여 부처를 구하리오"라고 하는 혜능의 가르침에 잘 조응하고 있다.

다음으로 『단경』에서는 위의 역동적·주체적 불타관으로부터 진일보하여 불성, 진여 등의 개념을 통한 보편적·전일적全一的 불타관을 주장한다고 하였다. 이 보편적 불타관은 '진여의 깨끗한 성품이 참부처'라든가 '만법 모두가 다 자성自性'이라는 가르침 속에 잘 드러나 있다. 이러한 사상은 실상염불(선)에 대한 청화선사의 정의에서도 분명하게 나타난다. "실상염불(선)이란 우주에 두루한 부처의 진리 곧 신비롭고 부사의한 진여광명을 관조하는 것, 환언하면 자성불을 비추어 보고 참구함을 말한다. 그리고 실상이란 일체만법의 실상을 말하므로 실상은 바로 자성불 또는 아미타불이다."라는 선사의 가르침이 그것이다. 이러한 가르침은 '우리 모두가 본래부처本來是佛'라는 사상으로 귀결되며 청화선사는 결국 '본래부처로서의 자성청정심'을 강조하게 된다.

그리고 『단경』에서는 극락정토가 서방세계에 있지 않고 마음에 있다는 '유심정토唯心淨土'와 아미타불이 자성을 떠나 존재하지 않는다는 '자성미타自性彌陀'를 설한다. 이러한 『단경』의 사상은 아미타불을 진여불성의 생명적 표현으로 보고 왕생극락往生極樂을 불성을 깨달아 성불한다는 의미로 설명하는 청화선사의 가르침으로 이어지며 이러한 사상적 입장은 실상염불선의 토대를 이룬다.

나아가 『단경』의 역동적인 불타관은 정定과 혜慧를 일체一體로 보는 역동적인 수행론으로 전개된다. 청화선사는 이러한 입장에 의거하여 정혜균등을 주장함과 동시에 일상삼매一相三昧와 일행삼매一行三昧의 겸수 개념을 통해 정과 혜를 회통한다. 일상삼매는 혜에 상응하고 일행삼매는 정에 상응하기 때문이다.

끝으로 실상염불선에서는 우주적 생명성이 강조된다. "부처님은 바로 우주의 생명입니다. 나의 생명인 동시에 동물이나 식물이나 자연계나 이 삼천대천세계 우주 전부의 근원적인 생명입니다."라는 선사의 가르침이 그것을 잘 말해준다. 실상염불선에 있어서 실상은 진리인 동시에 불생불멸하고 불구부정하며 영생상주永生常住한 진공묘유의 생명 자체를 의미하며, 진여, 여래, 불, 열반, 도, 실제, 보리, 주인공, 일물一物, 본래면목, 제일의제와 같은 의미이다. 이러한 실상염불선의 역동성은 『단경』의 역동적 불타관에 연유한다고 보아도 큰 무리가 없을 것이다.


## 맺음말

불교는 흔히 깨달은 자가 깨닫지 못한 자로 하여금 깨닫도록 하는 가르침으로 정의된다. 깨닫지 못한 자로 하여금 깨달음에 이르게 하는 데에는 전통적으로 크게 네 가지 방법이 제시되어 왔다. 참선, 간경, 염불, 주력이 그것이다. 그럼에도 불구하고 근래 우리나라 불교에는 간화선만을 정통으로 여기고 절대시하는 흐름이 형성되고 있다. 하지만 간화선은 일반 대중들이 접근하기가 쉽지 않은 측면이 있다. 청화선사는 간화선이 중국 후기에 확립된 전통으로 보고, 달마에서 혜능에 이르는 이른바 순선시대의 불교에 주목한다. 순선시대에는 교와 선, 그리고 정토 등의 차별이 없이 간경과 참선과 염불이 모두 동일한 안심법문으로 받아들여졌다. 청화선사의 염불선은 이러한 원통불법과 순선사상의 토대 위에서 주창된 것으로 생각된다.

청화선사는 불교가 대중을 진정으로 안락하게 해 줄 수 있기 위해서는 불교 수행법이 종교적 생명력을 회복해야 한다고 생각한 것 같다. 그 수행법이 바로 염불선이고 더 구체적으로 말하면 실상염불선이다. 실상염불선은 시방삼세에 두루한 자성불 즉 아미타불의 지혜광명을 관조하면서 닦는 최상승선이다. 실상염불선을 닦아 가는 데는 일상삼매와 일행삼매가 필수적이다. 일상삼매란 우주 전체가 하나의 생명의 실상인 바, 그 실상에 마음을 두는 것이고, 일행삼매란 우주가 하나의 생명의 실상이라는 생각을 염념상속하여 간단없이 유지시켜 가는 것이다.

이러한 청화선사의 실상염불선은 근본적으로 '자기 자신이 부처요 자기 마음이 부처'라는 『단경』의 역동적 불타관에 그 뿌리를 두고 있다. 또한 실상염불선은 『단경』의 유심정토 및 자성미타 사상에도 그 연원을 두고 있다고 추정된다. 그런데 실상염불선에는 수행방법으로서의 실상염불선과 궁극적 깨달음의 내용으로서의 실상염불선이라는 양면성이 있는 것으로 여겨진다. 앞으로 이 두 측면의 관계에 대한 연구가 보다 심도있게 이루어져야 할 것으로 생각한다.

제 4 장 ─ 불교에서 본 문화의 진보

# I. 문화의 진보에 대한 불교적 관점

성장의 신화에 길들여지고 물질문명의 이기에 마비된 이성은 우리의 문명 구조와 생활 패턴이 얼마만큼 잔혹한 불행과 희생을 담보로 하여 유지되고 있는지 알아보려 하지도 않는다. 예컨대 우리가 살아가기 위해 자동차의 속도를 빌릴 수밖에 없을 때, 지구촌에서는 연간 백만 단위가 넘는 교통사고 사망자가 발생하고, 천만 단위에 이르는 부상자가 발생하며, 그보다 훨씬 많은 가족들이 슬픔과 고통 속에 내던져지게 된다. 그리고 더 큰 문제는 이러한 물질주의 문명은 마침내 인류를 심각한 환경 위기 속에 빠뜨리게 되었다는 사실이다. "하느님이 그들 인간에게 복을 주시며 그들에게 이르시되 생육하고 번성하여 땅에 충만하라. 땅을 정복하라."고 한 창세기의 말씀을 우리는 지나치게 자의적으로 해석하고, 진보의 허상에 집착하여 욕망을 무절제하게 추구하며 자연을 정복해온 결과가 바로 오늘의 생태 환경 위기다. 이러한 위기와 더불어 공동체의식의 붕괴, 감각주의와 허무주의의 확산, 군중 속의 고독과 자아 상실감이 바로 이 시대 물질주의 문명의 일그러진 자화상인 것이다.

이와 같이 어두운 현대 문명의 이면을 날카롭게 꿰뚫어본 슈마허는 그의 저서 『작은 것이 아름답다』에서, "서구 물질주의(팽창주의)의 배경이 포기되고 그 자리에 불교의 가르침이 들어선다면, 어떠한 경제 법칙이 나타나며 '경제적' 또는 '비경제적'이라는 개념과 정의가 어떤 모습을 띠게 될 것인가?"[1]라는 질문을 던진 적이 있다. 우리는 이제 이것을 약간 바꾸어, "서구 물질주의의 배경이 포기되고 그 자리에 불교의 가르침이 들어선다면 미래의 '문화' 또는 '문명'은 어떤 모습을 띠게 될 것인가?"라고 묻고 동시에 그 해답을 탐색해보고자 한다. 다시 말해 우리의 미래가 결코 낙관적이지만은 않은 상황에서 21세기 인류 문명의 바람직한 방향을 모색하기 위해 불교적 관점에서 문화의 진보 문제에 대해 논의해보고자 하는 것이다.

본 논의에서는 문화와 문명의 개념과 의미를 엄격하게 구분하지 않을 것이다. 19세기 독일에서는 인간의 개발-발전의 정신적 측면을 문화, 물질적·기술적 측면을 문명으로 구분하여, 문화는 인간 내부의 정신 개발 양식으로서의 학문, 종교, 예술, 교육을 가리키고 문명은 인간 외부의 자연을 인간의 목적에 종속시키기 위해 형성한 산업, 기술, 경제, 법적 제도를 지칭하는 개념이었다. 그러나 이러한 구분의 불합리성에 대한 논의가 계속되고 있는 실정이고,[2] 특히 불교의 연기론적 근본 입장에 비추어볼 때 인간의 물질적 측면과 정신적 측면은 각기 독립성을 가지면서도 유기적인 상호 연관성을 갖는 것으로서, 양자를 이분법적으로 확연히 구분지어 생각하는 데는 적지 않은 문제가 있다고 생각된다.

---

1 E. F. Schumacher, *Small Is Beautiful* (New York: Harper & Row, Publishers, 1973), p.49.

2 박이문, 『문명의 위기와 문화의 전환』(민음사, 1996), pp.15~18.

　따라서 문화와 문명을 그 보편적 의미, 즉 '인간이 자연 상태에서 벗어나 일정한 목적 또는 생활의 이상을 실현하려는 활동의 과정 및 그 과정에서 이룩해 낸 물질적·정신적 소득의 총칭'이라는 일반적 개념 정의에 따른 '총체적 삶의 방식'³ 이라는 의미로 거의 동일하게 사용할 것이다. 또한 그러한 인간 활동의 궤적으로서의 문화 또는 문명이라는 개념으로도 쓰일 것이므로, 어떤 문맥에서는 문화나 문명이라는 용어를 역사 또는 사회와 거의 유사한 개념으로 이해해도 좋을 것이다.⁴

## 1. 불교의 문화관

연기법과 사성제는 우주와 인생의 궁극적 진리를 담고 있는 불교의 핵심적인 교의이자 매우 포괄적인 법문이다. 사성제가 포괄적인 법문인 만큼 거기에는 어떤 형태로든 붓다의 문화 이해 방식 또는 불교의 문화관이 반영되어 있다고 본다.

　우리는 앞에서 문화를 '총체적 삶의 방식' 혹은 '인간이 자연 상태에서 벗어나 일정한 목적 또는 생활의 이상을 실현하려는 활동 과정'으로 정의해보았다. 그런데 인간적인 삶과 활동의 근저에는 대개 욕망 또는 욕구의 추구라는 동기가 내재해 있기 마련이다. 다시 말해서 인류 문화는 안전함, 편리함, 만족스러움, 즐거움 등에 대한 욕구를 충족시키기

---

3 김도종, 「문화의 동질성 유지와 세계화」, 『문화철학』(한국철학회편, 철학과 현실사, 1996), pp.324~325.

4 "어떠한 문화도 사회(역사) 없이 존재할 수 없는 것과 마찬가지로 어떠한 사회(역사)도 문화 없이는 존재할 수 없다. 문화 없이 우리는 결코 인류가 될 수 없을 것이다(역사는 필자가 첨가한 것임)." 앤터니 기든스 지음, 김미숙 외 옮김, 『현대 사회학』(을유문화사, 1996), p.59.

위한 노력에서 비롯되었다고 할 수 있다. 소극적으로 표현하면, 문화는 불안함, 불편함, 불만족스러움, 괴로움 등으로부터─한마디로 말해 '고통'으로부터─벗어나기 위한 동기에서 연유되었다고 할 수 있다. 결국 진眞, 선善, 미美, 성聖 등의 제 가치를 실현하기 위한 창조 활동, 즉 문화 창조 활동의 본질은 '고통을 최소화하고 즐거움을 극대화하는 것'이라고 정의해봄직하다. 이러한 관점에서 문화에 접근해갈 때, '고의 자각을 통한 고의 극복'을 근본 내용으로 하는 사성제의 가르침을 하나의 문화 철학으로서 이해하고 해석해보는 것은 의미 있는 일이라고 여겨진다.

괴로움에 대한 석존의 인식은 매우 투철했다. 그것은 무엇보다도 석존이 승광왕勝光王에게 인간의 실존적 한계 상황을 깨우쳐주기 위해 설한 '정등井藤의 비유' 속에 잘 나타난다. 또한 그것은 탄생 시에 싯달타 태자가 읊었다고 하는 "하늘 위나 하늘 아래에 오직 내가 가장 존귀하나니, 삼계三界의 모든 괴로움을 내가 마땅히 평안케 하리라"[5]는 탄생게에 극명하게 드러난다. 이와 같은 고통에 대한 투철한 인식 때문에 석존은 세속의 부귀영화를 버리고 출가수도의 길로 나서 고통이 없는 열반의 삶을 추구했던 것이다.

그리하여 마침내 석존은 고통의 근본 원인이 인간 스스로의 무명과 탐욕이라는 것을 알았다. 무명과 탐욕에 바탕한 삶은 그것이 외형적으로 아무리 화려하고 풍요로울지라도 고통에서 벗어날 수 없다는 사실을 깨달았다. 다시 말해서 그 고통의 뿌리는 오직 무명과 탐욕의 극복, 즉 열반의 성취를 통해서만 단절 가능하다는 것을 몸소 체험하였던 것이다.

그런데 대표적인 초기경전인 『숫타니파타Suttanipāta』에서는 이러한

---

5 大正藏 3, p.463下 등 참조.

열반에의 삶이 경작에 비유되고 있어서 흥미롭다. "지혜는 내 멍에와 호미, 생각은 내 호미날과 작대기입니다. 노력은 내 황소이므로 나를 안온의 경지로 실어다 줍니다. 이 밭갈이는 이렇게 해서 이루어지고 단 이슬의 과보를 가져옵니다."[6] 이 말씀은 바라드바자 바라문이 석존에게 "사문이여, 나는 밭을 갈고 씨를 뿌린 후에 먹습니다. 당신도 밭을 갈고 씨를 뿌린 뒤에 먹으십시오"라고 한 비난 섞인 말에 대해 석존이 자신도 밭을 갈고 씨를 뿌린다고 응답하면서 설명한 내용이다. 이와 비슷한 가르침으로 『법구경』의 다음 내용을 들 수 있을 것이다. "물 대는 사람은 물을 끌어들이고, 활 만드는 사람은 화살을 다루며, 목수는 언제나 나무를 깎아 다듬네. 이처럼 지혜로운 이는 자기를 다룬다."[7]

이러한 내용 속에는 불교의 두 가지 입장이 잘 반영되어 있다고 본다. 한 가지는 인류가 완전한 자연 상태로 살아가는 것보다는 농사를 짓고, 활을 만들고, 목수 일을 하는 등의, 말하자면 문화적인 (경작)활동을 당연히 가치 있는 것으로 생각하고 있다는 점이다. 다른 한 가지는 그러면서도 은연중에 마음 밭을 경작하여 자기 자신을 잘 다스리는 것이 가장 가치 있는 문화(활동)라고 보고 있다는 점이다. 이것은 결국 '고통의 극복'을 문화의 본질로 보면서, 외적·물질적·신체적 고통과 함께 내적·심적·정신적 고통의 극복을 중요한 문화 활동으로 바라보는 불교의 입장을 잘 드러내 보여주고 있다 할 것이다.

---

6 法頂 역, 『숫타니파타』(샘터, 1991), pp.31~32. 여기에서 '안온의 경지'(79)와 '단 이슬의 과보'(80)는 결국 열반의 세계를 의미한다고 보아야 할 것임.

7 *Dhammapada* 80. "udakaṁ hi nayanti nettikā / usukārā namayanti tejanam / dāruṁ namayanti tacchakā / attānaṁ damayanti paṇḍitā"

## 2. 불교적 관점에서 본 진보

### 1) 불교의 역사관

불교가 제행무상諸行無常의 진리를 설한다 하여 불교의 사관을 결정론으로 본다거나, 인간의 생로병사·마음의 생주이멸生住異滅·세계의 성주괴공成住壞空을 주장한다 하여 불교의 사관을 순환 사관이라 단정 짓는 것은 성급하고 단순한 판단이다. 그것은 영원할 것 같은 별들도 나름의 일생이 있고 지구를 포함한 태양계가 약 70억 년 후면 파괴된다는 사실을 알고 또 그것을 믿는 사람을 무조건 순환론자라고 단정 짓는 것과 다를 바가 없다.

그러나 어떤 경전에는 일견 불교가 역사적 결정론이나 순환론의 입장을 취하는 것으로 생각하게 하는 내용이 눈에 띄기도 한다. 그 대표적인 것으로 우리는 팔리Pāli 경전인 *Aggañña-sutta*[8]를 들 수 있겠다. 이 경은 우주의 해체와 생성을 비롯하여 인간 존재의 변천 과정 그리고 가족제도, 사유재산, 왕 또는 국가, 계급 등의 발생과 전개에 대한 설명으로 이루어져 있다. 물론 이 경의 중심 내용은 '사회 또는 국가의 기원'에 관한 사항으로서 '사회계약설'이라고 할 만한 입장이 발견된다는 점에서 많은 주목을 받고 있고 매우 중요하게 평가되고 있다. 그러나 이 경을 주의 깊게 살펴보면 역사의 흐름에 대한 독특한 입장이 표명되고 있음을 알 수 있다. 그것은 전체적인 내용의 흐름으로 볼 때, 한마디로 일종의 퇴보사관이라고 할 만한 입장이다. 위 경전 속의 '스스로 빛나는

---

8 이와 비슷한 내용의 경전으로는 漢譯『長阿含』의『小緣經』과『世記經』, 別行本인 『起世經』과『起世因本經』등이 있다.

존재'⁹라는 말이 암시하듯 인간 존재는 처음에는 매우 자유롭고 행복한 존재였는데 탐욕과 욕망, 자만과 아집으로 인해 시간이 흐를수록 부자유스러워지며 고통 속에 휩싸이게 된다고 경전은 설하고 있기 때문이다. "여러 역사철학간의 기본적인 차이와 모순은 자유라는 가치에 대한 상이한 그리고 모순되는 해석에 기인한다"¹⁰는 언명에 입각하여 생각해 볼 때, 분명 자유의 감소 과정을 보여주고 있는 이 경전의 내용은 퇴보사관으로 보아도 좋을 것이다.

그러나 후반부의 내용이 역사적 상황을 상당히 사실적으로 묘사하고 있는 데 반해, 자유의 감소 과정을 보여주고 있는 전반부의 내용은 신화적인 성격이 강하고 상징성이 짙어 객관적 또는 역사적 사실로 받아들이기 어려운 점이 있다. 더욱이 후반부에는 폭력과 절도 등으로 인한 고통과 혼란을 겪던 사람들이 민주적인 방식으로 왕을 선출하여 질서를 유지시켜간다든가, 사람들의 나쁜 기질을 근절시키기 위해 출가하여 숲속에서 명상하는 '바라문'이 출현한다는 내용이 나온다. 이것은 본래 사성계급四姓階級의 발생을 설명하기 위한 내용임에 틀림없지만, 생각하기에 따라서는 퇴보하던 역사의 흐름이 반전되는 계기로 해석할 수 있는 여지도 없지 않다. 따라서 이 경전이 퇴보사관의 입장을 표명하고 있는 것처럼 보이는 것은 사실이지만, 우리는 이 경전의 내용을 근거로 하여 불교는 퇴보적 역사 결정론의 입장을 취한다고 단정 짓는 일은 삼가야 한다.

또한 불교를 역사적 결정론으로 곡해하게 하는 사상이 이 외에도 없지 않다. 이를테면 삼시설三時說과 오오백세설五五百歲說, 또는 수기授

---

9 漢譯 「小緣經」에서는 최초의 인간에 대해 '생각의 기쁨으로써 먹이를 삼고 광명은 스스로 비치고 神足으로써 허공을 날아다녔다'고 묘사하고 있다.
10 아그네스 헬러 저, 강성호 역, 『역사의 이론』(문예출판사, 1988), p.284.

記사상과 미륵불사상 등이 그것이다. 삼시설이란 석존의 입멸 후 불법佛
法의 유포 상태가 정법시正法時 ⇨ 상법시像法時 ⇨ 말법시末法時의 세
단계를 거치게 된다는 주장이다. 먼저 정법시란 불법의 수용 상태가
완전한 시기를 말한다. 좀 더 구체적으로 말한다면 붓다의 교법이 온전하
게 보존되고 그 교법에 따른 철저한 수행이 이루어지며, 그러한 수행에
의해 증과(證果: 깨달음의 결실, 곧 佛果)가 나타나는 500년의 기간이다.
상법시란 교법과 수행은 있는데 증과가 없는 1000년의 시기다. 마지막으
로 말법시란 교법은 있는데 수행이 없고 따라서 증과도 없는 1만 년의
시기를 지칭한다. 말법의 시대가 지나면 교법마저 완전히 쇠멸하는
법멸의 시대가 도래한다고 한다.[11]

다음으로, 오오백세설이란 불멸 후 불교의 성쇠 상태가 오백년을
단위로 제1오백년 ⇨ 제2오백년 ⇨ 제3오백년 ⇨ 제4오백년 ⇨ 제5오백년
의 다섯 단계를 밟아간다는 주장이다. 여기서 제1오백년은 해탈견고解脫
堅固의 시대다. 이것은 불교의 궁극 목표인 해탈과 열반을 성취하는
사람들이 많은 시대라는 의미로서 앞에서 설명한 정법시正法時에 해당된
다고 볼 수 있다. 제2오백년은 선정禪定 견고의 시대로서, 선정을 닦는
사람은 많지만 해탈을 성취하는 사람은 없는 시기다. 제3오백년은 다문
多聞 견고의 시대인데, 이때는 불법을 듣고 배우는 사람은 있지만 선정을

---

11 여기서 말한 기간은 어디까지나 일반적인 것이며 年數에 대한 기록은 문헌에
따라 상당히 다르다. 말법 1만 년은 대개 동일하나, 정법과 상법의 기간은 사뭇
다르다. 예를 들어 정법시만 하더라도 500년, 1000년, 1500년, 2000년, 2500년
내지 1만 2000년 설 등 매우 다양하다. 이 기간에 관한 문제를 비롯하여, 불교에서의
末法 사상 전반에 관한 문제는 李箕永 교수가 「正法隱沒說에 관한 종합적 비판」(『佛
教學報 제1집』, 동국대불교문화연구소, 1963, pp.231~270)이라는 논문에서 많은 자료
에 의거하여 상세하게 밝힌 바 있다.

닦는 사람은 없다. 제4오백년은 탑사塔寺 견고의 시대로서 불법의 이치를
제대로 배우는 사람은 없지만 절이나 탑을 세우는 사람들은 많은 시기다.
제5오백년은 투쟁鬪爭 견고의 시대로서, 이 시기에는 탑사를 건립하는
등의 불사佛事까지도 자취를 감추고 불교인끼리의 싸움이 많으며 불법이
쇠퇴하게 된다.

　하지만 이 삼시설과 오오백세설 등의 법멸法滅 또는 말법末法 사상을
석존이 직접 설한 예언적 사실로서 받아들이는 것은 온당하지 않다.
설령 이것이 석존의 직접적인 교설이라 하더라도 우리는 그 가르침이
의도하는 참뜻을 깊이 헤아려보는 일에 등한해서는 안 된다. 본래 이
법멸 사상은 불교 교단에 여인들의 출가가 허용되면서 보수적인 비구들
사이에서 싹트기 시작한 것으로 추정된다. 또한 이 사상은 매우 어렵고도
혼란스러운 교단 밖의 사회 상황이라든가 출가승들의 기강이 해이해지
고 상법(像法: 겉모습만 佛法)이 횡행하는 등, 교단 안의 위기 상황을
반영해온 것으로 보인다. 그리하여 이러한 사상들은 그 때 그 때 해이해진
불교 대중에게 일대 각성을 촉구하여 신행과 수행에 더욱 분발하게
하기도 하고 불교 지도자들에게는 불법을 흥성케 하기 위한 새로운
방법론을 모색하는 계기를 제공하기도 했던 것으로 생각된다. 그렇기
때문에 이러한 사상들을 드러난 내용 그대로 받아들여서는 안 될 것이다.

　제자들의 성불을 예언하는 수기 사상이나 56억 7000만 년 후에 이
사바세계에 출현한다는 미륵불의 사상도 여러 가지 관점에서 생각해보
아야 할 것이다. 특히 미륵불 사상과 관련하여 베트남의 틱낫한Thich
Nhat Hanh스님이 미륵불은 정해진 시간에 개인적인 남자나 여자의 모습
으로 화현하지 않고 공동체나 집단의 행동과 실천을 통해서 언제든
이 세상에 올 수 있다고 한 가르침은[12] 많은 것을 시사하는 내용으로,
불교적 역사관에 대한 결정론적 해석을 거부하고 있음은 재론의 여지가

없다.

또한 불교의 근본 교리나 사상에 비추어보더라도 불교가 퇴보적인 역사결정론의 입장을 취한다고 보는 것은 곤란하다. 불교의 기초적인 교리인 12처설과 업설 그리고 연기설 등의 내용은 역사의 원동력이 인간의 자유의지요, 그에 바탕한 인간의 노력과 행위임을 분명히 말하고 있기 때문이다. 이것은 석존의 삼종외도三種外道 비판에서 더욱 명쾌하게 드러난다. 삼종외도란 석존 당시 인도 사회의 그릇된 사상과 종교를, 인간의 행·불행 또는 기쁨·슬픔의 근본 원인에 대한 입장에 따라 크게 세 가지로 분류한 것으로,『중아함』「도경度經」에서는 존우화작인론尊祐 化作因論, 숙작인론宿作因論, 무인무연론無因無緣論으로 기록하고 있다.[13] 이것은 현대적인 표현으로 하자면, 각각 신의론神意論, 숙명론宿命論, 우연론偶然論이라고 할 수 있는 개념이다. 석존은 인간의 고락苦樂이나 운명의 원인을 신, 숙명, 우연으로 보는 삼종외도는 근본적으로 인간의 자유의지를 부인함으로써, 죄악의 문제에 적절히 대처할 수 없고 인간의 창조적인 의욕과 노력을 무의미하게 만들므로 사도邪道라고 비판한 것이다. 그러므로 석존은 "마음을 따라 온갖 법이 일어난다"(『장아함』) "마음은 모든 것을 만들어내는 근원이다. 사람이 선한 마음으로 행동하거나 말하면 마치 사람을 따르는 그림자처럼 그에게는 행복이 따른다"(Dhammapada)고 설하는 것이다.

이처럼 '인간의 마음과 자유의지'를 역사의 원동력으로서 중시하는 불교가, 진보사관이든 퇴보사관이든, 역사적 결정론의 입장을 취하지 않을 것으로 본다. 인간의 자유의지는 선만을 또는 악만을 지향하지는

---

12 『정각도량』통권 15호(동국대학교 정각원, 1995), p.6.

13 大正藏 1, pp.435上~436上.

않는다. 그것이야말로 선택의 문제다. 따라서 역사의 미래는 진보 또는
퇴보의 방향으로 미리 결정되어 있다고 볼 수 없는 것이다.

역사에 대한 불교의 이러한 비결정론적 관점은 '현재에의 충실'을
강조하는 불교의 근본 입장과 그 맥을 같이 한다. 불교적으로 보면
과거와 미래의 객체적 시간보다 주체적 시간인 현재가, 현재의 마음이,
그리고 그에 따른 실천이 더욱 중요하다.[14] 석존이 과거와 미래에 대해
질문한 사꿀루다이Sakuludāyi에게 "과거는 잠시 접어 두자. 미래도 잠시
접어두자"고 하면서 연기법을 설한 것이나, 원시경전에서 시간을 이야기
할 때 '과거 ⇨ 현재 ⇨ 미래'의 순서가 아니라 '과거 ⇨ 미래 ⇨ 현재'의
순서로 하고 있는 것[15] 등은 현재와 그 현재에의 충실을 중시하는 석존의
입장을 잘 나타내주고 있다 할 것이다.

## 2) 진보의 기준

그렇다면 불교에서는 문화 및 역사의 진보에 관하여 어떠한 기준을
제시하는 것일까. 이에 대한 해답은 아무래도 불교의 근본 목표로부터
이끌어낼 수밖에 없다고 본다. 사성제의 가르침에 따르면 불교의 궁극적
인 목표는 깨달음을 통한 열반의 성취다. 따라서 역사와 문화의 궁극적인

---

14 橋本哲夫,「原始佛教の時間」,『佛教における時機觀』(日本佛教學會편, 京都: 平樂寺
    書店, 1984), p.15.

15 두 가지 예만 인용해본다: "과거에 있었던 것(번뇌)을 말려버려라. 미래에는 그대에게
    아무것도 없게 하라. 현재에도 아무 일에나 집착하지 않는다면 그대는 평안해지리
    라."(『숫타니파타』, 949). "만일 그 물질에 과거나 미래나 현재에서 탐욕과 성냄과
    어리석음 및 그 밖의 여러 가지 큰 번뇌의 마음이 생기고, 수·상·행·식에 있어서도
    또한 그러하면 이것을 '오온의 집착된 모습'이라 한다."(『잡아함』 권2, 55경)

목표도 깨달음과 열반이라고 보아야 한다. 그런데 깨달음과 열반은
매우 높은 단계의 심리적 정신적 단계이다. 그러므로 결국 불교에서는
문화와 역사의 진보를 외적이고 양적인 기준보다는 질적인 기준에 비중
을 두어 판단한다는 말이다. 다시 말하면 어떤 문화의 총체적 내용이
고통이 없는 열반 쪽에 가까우면 진보된 문화라 할 수 있고, 열반에
반대되는 고통 쪽에 가까우면 미개한 문화라 할 수 있다. 고통은 무명과
탐욕에 의해서, 열반은 지혜와 자비에 의해서 이루어진다고 볼 때,
무명과 탐욕에 바탕한 문화는 미개한 문화요, 지혜와 자비에 바탕한
문화는 진보한 문화라고 말할 수도 있다. 좀 더 상세한 기준으로서
우리는 3계 6도를 제시할 수 있을 것이다. 3계와 6도의 관계는 〔도표
1〕에 정리한 대로다.

　　3계 6도는 통상 중생이나 세계의 개념으로 설명되지만 여기서는 우리
들의 의식 상태 또는 정신 상태로서 이해하기로 한다. 이렇게 이해할
때, 가장 고통이 심한 단계 또는 즐거움이 가장 적은 단계는 지옥이요,
고통이 가장 적은 단계 또는 즐거움이 가장 많은 단계가 비상비비상처천
이다. 열반은 위치상으로 비상비비상처천 다음이지만 6도윤회의 세계를
벗어난 경지이므로 여기에 포함시키지 않았다. 열반은 모든 고통이
완전히 사라진 상태 또는 세속적·상대적 즐거움의 개념을 넘어선 완전한
즐거움의 상태다. 따라서 〔도표 1〕의 아래쪽보다도 위쪽에 상응하는
문화가 상대적으로 더욱 진보된 문화라고 할 수 있는 것이다.

　　그러나 불교는 정신적 충족도만을 진보의 기준으로 삼지는 않는다.
물질적 충족도를 2차적인 또는 보조적인 기준으로 삼고 있기도 하다.
그러한 사실은 근본적으로 불교의 연기론이 우리에게 깨우쳐주고 있는
바다. 또한 그것은 석존이 극단적인 고행주의의 삶을 금하고, "먼저
기술을 익히고 난 후에 재물을 구하라"[16] 또는 "수입과 지출의 균형을

〔도표 1〕 삼계 육도

| 삼계三界 | 무색계無色界 4天 | | ④비상비비상처천非想非非想處天 | 천상天上 | 육도六道 |
|---|---|---|---|---|---|
| | | | ③무소유처천無所有處天 | | |
| | | | ②식무변처천識無邊處天 | | |
| | | | ①공무변처천空無邊處天 | | |
| | 색계色界 18天 | 4선천禪天 | ⑱색구경천色究竟天 | | |
| | | | ⑰선현천善現天 | | |
| | | | ⑯선견천善見天 | | |
| | | | ⑮무열천無熱天 | | |
| | | | ⑭무번천無煩天 | | |
| | | | ⑬응과천應果天 | | |
| | | | ⑫복생천福生天 | | |
| | | | ⑪무운천無雲天 | | |
| | | 3선천禪天 | ⑩변정천遍淨天 | | |
| | | | ⑨무량정천無量淨天 | | |
| | | | ⑧소정천小淨天 | | |
| | | 2선천禪天 | ⑦광음천光音天 | | |
| | | | ⑥무량광천無量光天 | | |
| | | | ⑤소광천小光天 | | |
| | | 초선천初禪天 | ④대범천大梵天 | | |
| | | | ③범보천梵輔天 | | |
| | | | ②범중천梵衆天 | | |
| | | | ①범종천梵種天 | | |
| | 욕계欲界 | 6천天 | ⑥타화자재천他化自在天 | | |
| | | | ⑤화락천化樂天 | | |
| | | | ④도솔천兜率天 | | |
| | | | ③야마천夜摩天 | | |
| | | | ②33천三十三天(忉利天) | | |
| | | | ①4왕천四王天(四天王天) | | |
| | | | 인간人間 | | |
| | | | 아수라阿修羅 | | |
| | | | 축생畜生 | | |
| | | | 아귀餓鬼 | | |
| | | | 지옥地獄 | | |

376 제4장 불교에서 본 문화의 진보

이루도록 생활하라"[17]고 가르치며, 경전에서 현실적·정치적 지도자인 전륜성왕이 붓다와 거의 대등한 이상적 인물로 묘사되고 있는 점 등을 통해서 알 수 있다. 그렇지만 적정 수준의 물질적 충족은 정신적 충족도를 높여줄 수 있겠으나, 필요 이상의 물질적 충족은 오히려 정신 상태를 해이하게 만들어 결국 정신적 충족도를 감소시키고 고통을 증가시킬 수 있다는 점에 주의하지 않으면 안 된다. 석존이 검소하고 절약하는 생활을 강조한 이유가 여기에 있다. 출가수행자들은 시주들의 공양에 의해 생활했던 관계로 삼의일발三衣一鉢에 의한 더욱 철저한 검약 생활을 하지 않으면 안 되었다.

요컨대 문화의 궁극적인 목표는 '삶의 질'을 높이고 '인간의 참다운 행복'을 실현하는 데 있기 때문에, 사성제의 교설에 의거하여 '총체적 삶의 질'의 개념이자 지표인 '고통—열반'을 '퇴보—진보'의 불교적 기준으로서 제시할 수 있는 것이다.

## 3. 불교적 대안으로서의 열반 문화

우리는 이미 2,500여 년 전에 붓다가 제시한 인간을 위한 참다운 문화에의 지름길을 놔두고 그동안 먼 우회로를 돌아왔는지도 모른다. 이제 문명적 대위기에 직면한 인류를 위한 미래 문명의 대안으로서, 불교적 이념을 담고 있는 '열반 문화' 혹은 '열반 지향의 문화'를 제시하면서 열반문화의 몇 가지 구체적 방향에 대해 생각해보고자 한다.

사성제의 가르침은 팔정도의 실천이 열반의 증득을 위한 필수적인 조건이며 구체적인 실천 방법임을 분명하게 알려준다. 따라서 팔정도에

---

17 *A. N. IV*, p.828.

대한 분석은 열반 문화의 큰 방향을 가늠하는 기초 작업이 될 것이다.

팔정도란 정견正見, 정사유正思惟, 정어正語, 정업正業, 정명正命, 정정 진正精進, 정념正念, 정정正定이다.[18] 『중아함』 「분별성제경分別聖諦經」 의 설명에 따르면, 정견은 사성제를 바로 보는 지혜요, 정사유는 번뇌 망상을 멀리하고 성냄과 원한이 없는 생각이요, 정어는 '거짓말·욕설·이 간질·아첨과 잡담'을 떠난 도리에 맞는 참된 말이요, 정업은 살생·도둑 질·음행을 하지 않고 올바른 계행을 지키는 일이다. 정명은 정당한 방법으로 의식衣食을 얻어 생활하는 것이요, 정정진은 아직 일어나지 않은 악惡은 영원히 일어나지 않게 하고 이미 일어난 악은 끊으며 아직 일어나지 않은 선善은 발생시키고 이미 일어난 선은 더욱 키워가도록 끊임없이 노력하는 것이다. 정념은 생각을 한곳에 집중하여 몸과 마음과 진리를 바로 관찰하고 탐욕에서 일어나는 번뇌를 없애는 것이며 정정은 모든 욕심과 산란한 생각을 가라앉혀 선정禪定에 들어가는 것이다.

팔정도는 근본적으로 중도의 이념이다. 중도는 향락과 고행의 양 극단을 떠난 바르고 균형 잡힌 역동적 삶의 길이다. 또한 팔정도는 계·정·혜戒定慧의 3학三學으로 분류되기도 한다. 즉 정어와 정업과 정명 은 계학戒學에 속하고, 정정진과 정념과 정정은 정학定學에 속하며 정견 과 정사유는 혜학慧學에 속한다.[19] 3학의 기능과 목적에 대해 석존은 "비구들아, 계율이 뒷받침된 선정은 많은 과보와 이익을 가져온다. 지혜

---

18 팔정도는 대승불교의 실천도인 6바라밀에 비해 自利的이고 小乘的인 개념으로 이해되고 있지만, 이들은 근본적으로 큰 차이가 없다고 본다. 왜냐하면 팔정도의 正見과 正思惟는 육바라밀의 지혜에 해당되고 正精進은 정진에 正念과 正定은 선정에 해당되며, 正語·正業·正命은 보시와 지계와 인욕을 떠나 생각할 수 없기 때문이다.

19 이 분류는 나가르쥬나(龍樹)의 『大智度論』 제19권에서도 발견된다.

가 뒷받침된 마음은 감각적 욕망의 도취로부터, 생존으로부터, 잘못된 견해와 무지로부터 완전히 자유롭게 된다"[20]고 설한다. 이 삼학은 고통의 원천인 탐, 진, 치 삼독심三毒心을 제거함으로써 사람들을 해탈과 열반의 경지로 이끈다. 계는 소극적 금지의 형식을 갖추고 있지만, 실질적으로는 사람들 사이의 화합과 조화, 올바른 관계를 유지시켜 인류의 복지와 행복을 위한다는 적극적 선의 이념을 내포하고 있다.[21] 계는 오계五戒, 십선계十善戒 등으로 정형화되고 있으며, 정명正命에서는 특히 ①무기와 흉기의 거래 ②도살을 위한 동물의 거래 ③사람의 거래 ④주류의 거래 ⑤독약의 거래 등과 같은 직업을 금하고 있다. 더 나아가 계는 한 마리의 벌레, 한 포기의 풀도 자비심으로 돌보아야 하고 인간의 끝없는 욕망 때문에 자연을 함부로 훼손하거나 파괴해서는 안 된다고 가르친다.[22]

계가 보편적인 이념인 데 반해서 정은 상당히 특수한 이념이라 할 것이다. 그러나 이 선정에 대해 우리는 좀 더 많은 관심과 주의를 기울일 필요가 있다. 선정의 상태에서 우리는 정신의 집중력을 높이고 들뜨고 혼탁한 마음을 가라앉혀 자기 객관화를 이루며 모든 미망과 고정 관념을 떨쳐냄으로써 심신의 평정을 유지하고, 그럼으로써 자아중심적인 욕망과 집착으로부터 벗어나 참다운 지혜의 눈을 뜰 수 있기 때문이다. 혜 또한 핵심적인 불교적 이념이다. 인간은 늘상 자기 방식대로, 자기 욕구에 따라 사물을 생각하고 판단하는 경향이 있다. 그러나 지혜는 사물을 있는 그대로 통찰하는(正見) 안목이자 능력이다. 이 지혜의 눈을

---

20 *D.N.* 16.

21 피야닷시 저, 한경수 역, 『붓다의 옛길』(시공사, 1996), p.96.

22 金煐泰, 「불타와 자연 애호」, 『새로운 정신 문화의 창조와 불교』(동국대불교문화연구원편, 우리출판사, 1994), pp.53~61.

뜻으로써 우리는 참다운 세계관과 인생관 및 가치관을 확립하게 되며 질서와 순리를 거스르지 않고 인간과 인간 사이의 화합과 연대, 나아가 자연과 인간의 조화를 이루어내게 된다. 그리하여 마침내 진정한 자아실현과 성취중생成就衆生·정불국토淨佛國土의 이상을 달성할 수 있게 되는 것이다.

요컨대 팔정도는 탐욕과 미혹으로 말미암은 향락주의와 고행주의의 치우친 삶을 극복한 중도적 인생관을 제시한다. 또한 5계를 기초로 하는 투철한 윤리 의식을 회복시켜 생명 윤리로까지 나아가고, 선정과 지혜에 의한 자기 정화를 통해 삶의 궁극적 가치를 실현할 것을 가르친다. 그러한 바탕 위에서 나대로 살되 더불어 살아가는, 다시 말해 자유와 평화, 정의와 연대의 이상 사회(淨土)를 이루어가야 하다고 팔정도는 주창하는 것이다.

이러한 팔정도의 기본 이념에 근거해서 열반 문화의 방향에 대해 좀 더 구체적으로 논의해보기로 한다.

먼저 열반 문화는 오늘의 대중문화 또는 대중소비문화의 본질과 속성, 그리고 그 영향에 대해서 진지하게 검토해보아야 한다.

한마디로 우리는 대중 소비문화의 홍수 속에서 살아간다. 텔레비전, 케이블TV, 영화, 비디오, 대중음악, 패션 잡지, 스포츠 신문, 전자오락, 광고 등에서 수없이 쏟아져 나오는 이미지와 소리를 떠난 현대 생활은 상상하기조차 어렵다. 이러한 이미지와 소리는 전자 기술의 메커니즘을 통해 생산되고 재생산되며 유통되기 때문에 엄청난 속도로 확산되고 있다.[23] 더욱이 이러한 소리와 이미지를 생산해 내는 문화 산업영역이 거대 자본 안으로 흡수·통합되어가는 추세다. 영화, 음악, 텔레비전,

---

23 강명구, 『소비 대중 문화와 포스트모더니즘』(민음사, 1995), p.161.

비디오, 컴퓨터 게임 등을 하나의 기업에서 모두 관할하는 이른바 멀티미디어 독점 자본이 형성되고 있는 것이다.[24] 따라서 이 대중문화의 영향력은 앞으로 더욱 강력해지고 거대해질 것으로 전망된다.

이러한 대중문화는 그 나름의 의의와 의미가 없지 않을 것이다. 취향문화론처럼 대중문화를 옹호하는 주장도 있을 수 있다. 그러나 불교적인 입장에서 보았을 때, 대중문화에는 많은 문제가 있다. 오늘의 대중문화는 분명 놀이이기보다는 오락이고, 창조이기보다는 생산이며, 형성과 축적이기보다는 소비다. 더욱이 안으로의 성찰이기보다는 밖으로의 분출이다.[25] 그것은 일반적으로 감각지향적이고 흥미지향적이며, 물질지향적이고 소비지향적이다. 대중문화는 우리의 심성을 정화시키기보다는 감각적이고 선정적인 이미지와 소리를 통해서 사람들의 욕망을 부풀리기도 하고(貪) 야수적 본성을 자극하기도 하며(瞋), 마음을 들뜨게 하여 맑은 이성과 지혜의 힘을 마비시키기도 한다(痴). 한마디로 말해서 오늘의 대중문화는 열반의 적인 탐진치 삼독심을 부추겨 결과적으로 우리를 고통과 번뇌 속으로 몰아가고 있는 것이다.

다음으로 열반문화는 오늘의 대량생산-대량소비의 경제 구조 및 우리들의 경제생활 전반에 대한 발상의 전환을 이루어내야 한다.

서구 물질주의 또는 팽창주의 경제의 도도한 흐름 속에서 '어떻게든' '더 빨리' '더 많이' 부富를 축적하기 위해 노력해왔지만, 공허하고도 고통스럽기만 한 우리들의 모습은 흡사 『무량수경無量壽經』의 다음 내용과도 같다.

24 이동연, 『문화 연구의 새로운 토픽들』(문화과학사, 1997), p.40.
25 강명구, 앞의 책, p.5.

그러나 세상 사람들은 마음이 저속하여, 한시바삐 닦아야 할 깨달음의 길은 뒤로 미루고, 하잘 것 없는 세상사에만 골몰하여 서로 다투느니라. 그들은 세상의 모진 죄악과 심난한 고통 속에서, 오로지 자신만을 위한 생활에 허덕이고 있느니라. 그래서 그 신분이 귀하거나 천하거나, 가난하거나 부자이거나 남녀노소를 막론하고, 모두 한결같이 재물에만 눈이 어두워 애를 쓰고 있다. 그 정경은 돈이 많은 이나 없는 이나 시름겹기는 마찬가지니라. 그리하여 항상 서둘고, 걱정하고 괴로워하며, 얽히고설킨 욕심과 근심으로 항상 허둥거리며 쫓기는 듯하니, 한시도 마음이 편할 사이가 없느니라.

불교는 근본적으로 재물에 대한 관심 자체를 부정하지는 않는다. 오히려, 출가자는 예외지만, 재가신자나 일반인에 대해서는 재물의 획득과 증식, 다시 말해 돈 버는 일에 적극적인 관심을 가지라고 설한다. 그러나 반드시 정당한 방법으로 벌어야 하며, 더 나아가 아무리 자신이 바르게 번 돈이라 하더라도 함부로 쓰면 안 되고 바르게 쓰기까지 해야 한다고 가르친다. 이 세 가지는 불교적 경제생활의 대원칙이라고 할 만한 것이다. 바르게 쓴다는 것은 자기 자신만을 위해서가 아니라 인간으로서의 도리를 다하고 어려운 이웃을 위해서 재물을 사용한다는 것이다. 그러기 위해서는 사치를 자제하고 검약한 생활을 해야 한다. 그러나 오늘의 우리들은 어떤가. 현대 경제는 광적인 탐욕으로 개발과 성장을 추진해왔고, 그 결과 지구촌은 심각한 환경 위기를 맞고 있다. 그럼에도 불구하고 고도로 발달한 과학 기술과 다양한 대중 매체에 의한 엄청난 선전 수단을 배경으로 대량 생산-대량 소비의 경제 구조는 고착화되어 과소비 풍조는 심화되고 인간의 정신은 황폐화되고 있다.

국가적 경제 위기를 겪고 있는 우리 국민 중에는 아직도 '건전한 소비'는 권장할 만하다고 생각하는 사람들이 있다. 그러나 대량 생산

체제를 그대로 유지 또는 확대시키면서 건전한 소비가 가능한 것인지, 그리고 현재의 환경 상황이 '건전한 소비'를 수용할 만큼 여유가 있는 것인지 묻지 않을 수 없다. 우리는 지금 우리의 경제 문제에 임시방편적이고 대증요법적인 처방만 하고 있다는 느낌이 든다. 보다 근본적인 접근과 처방이 있어야 할 줄 안다. 그러기 위해서는 무엇보다도 슈마허가 말한 대로 '영혼과 양심, 그리고 도덕적 목표와 인생의 의미에 대해서 기탄없이 토의할 수 있는 보다 차원 높은 경제학, 다시 말해서 단지 그들의 저급한 행위를 헤아리기 위한 목적에 그치지 않고 사람들을 교육하여 보다 높은 존재로 만들고자 하는 경제학'이 새롭게 개발되어야 한다.[26] 그리하여 대량 기계 생산 방식을 어느 정도 인간의 직접적인 노동을 필요로 하는 생산 방식으로 전환시킨다든가,[27] 대규모 국제 무역에 의존하는 경제 구조를 탈피하여 지역적 자원에 의한 생산을 통해 지역적 필요를 충족시키는, '지역 경제' 등의 개념을 진지하게 고려해보아야 할 것이다.[28]

한 걸음 더 나아가 열반 문화를 지향하는 사람들은 무엇보다도 "지혜로운 사람은 설령 재산을 잃는다 해도 계속해서 살아갈 수 있지만, 지혜가 없는 부자는 지금 한 순간도 진정으로 살아 있다고 할 수 없다"[29]는 가르침처럼 인생의 진정한 의미가 물질적 풍요에 있지 않다는 것을 깨달아야 한다. 우리는 아시아에서 국민 소득이 가장 높은 일본 국민은 아시아에서 가장 불행하다고 응답한 반면 경제난을 겪고 있는 필리핀은 행복도가 1위였다(홍콩의 한 기관이 실시한 여론조사 결과)는 사실을 깊이

---

26 E. F. Schumacher, *op. cit.*, p.9.

27 *Ibid*, pp.51~52.

28 *Ibid*, pp.55~56.

29 The wise man continues to live even if he should lose his wealth. But the rich man without wisdom is not alive even now(Theragāthā 499).

음미해볼 필요가 있다. 따라서 유엔개발계획(UNTIP)이 인간 개발 지수(Human development index)로 국가별 '삶의 질'을 측정할 때, 비교 대상으로 삼고 있는 10가지의 외적이고 객관적인 항목(국내총생산 교육 빈곤 실업 환경 국민 건강 등)에, 측정에 어려움은 있겠지만, 내적이고 주관적인 항목을 첨가해야 할 것이다.

다음으로, 열반 문명 시대의 이데올로기 문제에 대해 언급해보기로 한다.

몇 년 전, 프랜시스 후쿠야마는 『역사의 종말과 최후의 인간』이라는 자신의 저서에서 자유민주주의가 '인류의 이데올로기 진화의 종점'이나 '인류 최후의 정부 형태'가 될지 모르며, 따라서 자유민주주의는 '역사의 종말'이 된다고 주장했다.[30] 이것은 구소련과 동구 공산주의의 붕괴를 바라보면서 의기양양해진 우파들에게 자유민주주의와 자유 시장 경제 체제의 최종적 승리를 알리는 세기말의 한 복음으로 받아들여졌다.

그러나 프랑스의 해체주의 철학자 자크 데리다는 『마르크스의 유령들』이라는 자선의 저서를 통해 여기에 대해 즉각적인 반박을 가한다. 그것은 오늘의 자본주의 신세계 질서가 궤도를 벗어나 잘못 가고 있기(out of joint) 때문이라며, 그 증거로 대규모의 실업, 참여민주주의의 배제, 국가 간의 무자비한 경제 전쟁, 외채의 심화, 군수 산업과 핵무기의 확산, 민족 분쟁 마약 조직의 강화 등의 현실을 지적한다. 데리다는 계속해서 지금은 자유민주주의와 자본주의 시장의 이상 세계가 도래했다고 기뻐할 때가 아니라 과거 어느 때보다도 많은 사람들이 폭력, 불평등, 기근, 경제적 압박에 시달리고 있는 현실을 직시해야 할 때라고 경고한다.[31]

---

30 프랜시스 후쿠야마 저, 이상훈 역, 『역사의 종말』(한마음사, 1995), p.7

그렇다고 데리다가 자유민주주의나 시장경제 체제 그 자체를 근본적으로 거부하는 것으로는 생각되지 않는다. 공산주의 붕괴의 의미를 확대 해석하거나 자유민주주의를 절대시하여 현실의 참모습을 호도하지 말자는 경고를 하고 있는 것으로 보인다. 이러한 이해가 옳다면, 새로운 열반 문명은 당분간 데리다의 이야기에 귀를 기울여야 할 것으로 본다. 우리의 현실은 아직도 많은 문제와 모순으로 가득하기 때문이다.

불교는 본래 자유와 평등의 이념을 똑같이 중시한다. 그것은 석존의 여러 가르침은 물론 '출가공동체'의 이상과 운영 방식을 통해서도 쉽게 알 수 있다. 그러나 불교적 자유는 단순히 시장에서 돈을 모으는 자유가 아니고, 불교적 평등은 단순한 외적 소유의 평등이 아니다. 자본주의적 자유가 이기적 욕망만을 추구하는 일차원적 자유에서 이타적 자비를 동반하는 이차원적 자유로 전환하지 않을 때 반드시 평등의 도전을 받게 되고, 공산주의적 평등이 타율적·형식적 평등에서 자율적·본질적 평등으로 바뀌지 않을 때 반드시 자유의 도전을 받게 된다.[32] 인간의 본성을 꿰뚫어본 불교적 지혜가 우리에게 말해주는 영원한 진리이다. 그리하여 불교의 이념을, 굳이 말한다면 '동기론적 자유주의요 결과론적 사회주의'라고 이름 할 수 있을 것이다.[33] 미래의 열반 문명은 이처럼 동기론적·이차원적 자유에 바탕하여 결과론적·자율적 평등을 실현하는 사회를 목표로 끝없이 나아가야 한다. 이러한 목표는 우리들 개개인이 인간과 세계에 대한 연기론적 통찰로써 이룩하는 자아혁명과, 이로부터 비롯되는 욕망의 질적 전환에 의한 원력顚力 및 자비의 실천(보살행)을 통해서 성취될 수 있음은 두 말할 필요가 없다.

---

31 자크 데리다 저, 양운덕 역, 『마르크스의 유령들』(한뜻출판사, 1996), pp.143~150.
32 박경준, 『불교사회경제사상』(동국대학교출판부, 2010), p.286.
33 위의 책, p.287.

끝으로 열반 문명은 교육 문제에 특히 깊은 관심을 기울여야 한다. 사실 앞에서 제시한 열반 문화의 방향에 관한 몇 가지 내용들도 교육의 뒷받침이 없이는 이루어질 수가 없다.

우리의 교육은 그 기본 방향과 근본 목표를 잃고 표류하고 있다. 특히 우리는 교육의 본질은 '인간다운 인간'의 양성에 있다는 너무나도 평범한 진리를 망각한 채 교육을 국가적 경제 성장 또는 개인적 입신양명의 수단쯤으로 인식하고 있다. 그리하여 과정과 동기를 중시하는 인간교육, 윤리 교육은 실종되고 결과만이 문제가 되는 입시 교육, 취업 교육이 판을 치고 있다. 가정에서도 입시 문제보다도 자녀들의 인성 교육에 훨씬 더 신경을 써야 한다. 자기 자신밖에 모르는 이기적인 사람으로 키우는 것은 결국 그들을 불행 속에 빠뜨린다. "엄청난 부와 황금이 있고 먹을 것이 풍족한 사람이 다만 혼자서 누리고 먹는다면 그것은 파멸에의 길이다"[34]는 가르침을 교훈 삼아 항상 이웃과 함께 나누며 더불어 사는 사람으로 성장시켜야 한다. 최고의 학력과 최대의 지식을 지닌 사람들도 온갖 부정과 비리를 일삼고 심지어 부모를 버리고 살해하기까지 하는 세상이다. 인간 교육·도덕 교육의 기초가 탄탄하지 못한 상태에서의 모든 교육은 개인적으로나 사회적으로나 결국 사상누각이 된다는 것을 명심해야 한다. 불교가 지향하는 열반의 이상도 '서로 돕고 나누는 삶(正語 正業 正命)'에 의한 따뜻하고 원만한 인간관계의 토대 위에서 이루어진다. 인간관계가 원만하지 못한 사람이 마음의 평화를 누린다는 것은 거의 불가능할 것이기 때문이다. 그러한 견지에서 볼 때, 라트나팔라가 열반의 성취를 궁극적 사회화(final socialization)로 파악한 것은[35] 그 의의가 크다고 해야 할 것이다. 한마디로 교육의 목표는

---

**34** 『숫타니파타』102.

프롬의 주장처럼 '소유의 혁명'에서 '존재의 혁명'으로 획기적으로 바뀌어야 한다.

그리고 루이스 멈포드의 지적대로 오늘날의 거대한 도시는 열반과 같은 정신적 가치를 추구하는 사람들이 인간답게 살 수 있는 생활환경이 아니다. 적정한 인구의 소규모 도시화가 이루어져야 한다.[36] 또한 핵가족 제도의 근본적인 문제점을 극복하기 위한 다각적인 방안도 모색되어야 한다.

지금까지 우리는 우선 몇 가지 문제에 대해 논의해 보았지만, 열반 문명의 새 시대를 열어가기 위해서는 이밖에도 더 많은 문제들에 대해 진지한 성찰을 계속해가야 할 것이다.

35 Nandasena Ratnapala, *Buddhist Sociology* (Delhi: Sri Satguru Publications, 1993), p.35.
36 『대변혁』이라는 책에서는 장차 미국에서 뉴욕을 비롯한 대도시 및 그 교외로부터 쾌적한 환경을 갖춘 소도시로의 대이주, 이른바 제5차 인구 대이동이 예측되고 있어 흥미롭다. J.D.데이비드슨·W.리스모그, 김만기 역, 『대변혁』(동아출판사, 1993). pp.586~597.

# II. 불교적 관점에서 본 소비대중문화

고타마 붓다는 입멸入滅에 즈음하여 제자들에게 "제자들이여, 방일하지
말라. 나는 방일하지 않음으로써 무상정각無上正覺을 이루었느니라.
제행諸行은 무상無常하므로 그대들은 부디 근행정진勤行精進하라"는 마
지막 유훈을 전했다고 한다. 이 유훈은 탐욕과 아집, 타성과 안일에
바탕한 본능적이고도 관습적인 삶의 태도를 경계하고, 지혜와 자비를
향한 끝없는 자기성찰을 촉구하는 가르침으로 이해된다. 오정심관五停
心觀이나 사념처관四念處觀 등의 가르침도 그 내용을 잘 살펴보면 근본적
으로 철저한 자기성찰을 강조하고 있음을 알 수 있다.

고대 희랍의 위대한 철학자 소크라테스Socrates가 설파한 "성찰되지
않은 인생은 살 만한 가치가 없다"(The unexamined life is not worth living)는
가르침 또한 우리 인간이 가치있고 의미있는 삶을 영위해 나가는 데는
무엇보다도 자기성찰이 필요하다는 것을 일깨워준다 하겠다.[37]

하지만 이러한 가르침에도 불구하고 사람들은 여전히 무반성적인

---

37 고범서, 『가치관 연구』(나남, 1992), p.17.

삶을 살아가고 있는 것처럼 생각된다. 슈바이처Schweitzer는 물질과 정신
의 균형을 잃어버린 현대문명을, 마치 속도는 더욱 빨라지는데 조종장치
가 망가져서 조종력을 상실한 채 파국을 향해 치닫는 배에 비유한 바
있다.[38] 그럼에도 물질과 정신의 균형을 회복하려는 사람들의 노력은
좀처럼 찾아보기 힘들다. 빈부격차와 환경문제는 자꾸만 심각해져 가는
데도 인류는 곧 뜨거워 질 솥 안의 미지근한 물에 온 몸을 편안히 담그고
있는 개구리처럼 무신경하고 태연하다.

지혜와 자비에 바탕한 해탈과 열반을 삶의 궁극적 가치로 삼고 살아가
는 불교인들에 있어서도 이러한 양상은 마찬가지인 것 같다. 오늘을
살아가는 우리들은 너 나 할 것 없이 이른바 '소비대중문화'의 홍수
속에 휩쓸려가고 있다. 이 소비대중문화는 대체로 소비지향적이고 물질
지향적이며, 감각지향적이고 흥미지향적이어서, 조금만 생각해 보아도
불교적 가치와 상당 부분 상충됨을 알 수 있다. 그럼에도 불구하고
불교인들은 '소비대중문화'의 도도한 흐름을 크게 문제시하지 않았던
것으로 생각된다. 하지만 이것은 알게 모르게 우리들의 일상과 삶에
엄청난 영향력을 행사하고 있기 때문에 이제부터라도 이 문제에 대한
진지한 불교적 성찰이 요청된다 할 것이다.

'대중소비문화'에 대한 학문적 논의는 그 역사가 짧지 않으며 그 성과도
결코 적지 않다. 하지만 본 논의에서는 대중소비문화에 대한 사회과학
적·인문학적 분석에 연구의 초점을 맞추지는 않을 것이다. 다만 그동안
우리가 이 문제를 너무 무심히 지나쳐왔기 때문에 우선 이 문제에 대한
불교인의 관심과 경각심을 불러일으키는 데 이 글의 일차적인 목표를

---

38 Albert Schweitzer, trans. by C.T. Champion, *Civilization and Ethics* (London:
  Adams & Charles Black. 1929), p.2.

두고자 한다. 그리하여 대중소비문화의 개념과 성립 배경을 간단히 살피고 불교의 근본이념을 정리한 다음, 소비대중문화의 문제점을 불교사상적 관점에서 비판해 볼 것이다. 그리고 시론 삼아 불교적 대안을 모색해 보고자 한다.

## 1. 소비대중문화의 개념과 배경

먼저, 소비대중문화의 개념에 대해 알아보기로 하자.

일반적으로 '대중문화'라는 용어가 '소비대중문화'라는 용어보다 더 널리 사용된다. 이 대중문화의 원어는 mass culture, mass art, popular culture, popular art, mass mediated culture 등인데 이 원어의 의미와 개념은 약간씩 다르다. 따라서 우리가 말하는 '대중문화'도 입장의 차이에 따라 그 개념과 의미가 조금씩 달라질 수밖에 없다. mass culture로서의 대중문화는 유럽에서 근대사회가 성립된 이후의 문화현상을 지칭하고, popular culture로서의 대중문화는 그 역사적 기원이 이보다 훨씬 앞선다고 할 수 있다.[39] mass culture는 문화가 대중매체를 주된 통로로 하면서 기계화되고 표준된 양태로 생산·분배 된다는, 다분히 가치부정적인 의미라고 할 수 있다.[40] 따라서 대중문화에 대한 부정론자나 비판론자들은 이 매스 컬쳐를 대중문화의 원어로 삼고 있다고 할 수 있다. 또한 popular culture는 종종 민중문화라고 번역되기도 하는데, 이것은 사람들의 일상생활 속에 엄연히 자리해 왔었고 또 변혁의 잠재력의 원천이기도 하다는 측면에서 가치중립적 내지는 가치긍정적 의미를

---

39 강현두 편, 『대중문화론』(나남, 1989), pp.17~18.
40 Ben Agger. 김해식 옮김, 『비판이론으로서의 문화연구』(옥토, 1996), p.15.

갖는다. 따라서 가치중립론자들 또는 긍정론자들은 이 포퓰러 컬쳐를
대중문화의 원어로 삼고 있다고 볼 수 있으며, 이 중 긍정론자들의
경우는 취향문화(taste culture) 또는 대중매체문화(mass mediated culture)
라는 용어를 쓰기도 한다.

대략 1960년대 후반부터 논의되기 시작한 우리나라에서의 대중문화
론은 1970년대 중반까지는 대개 mass culture로서의 대중문화론이었다
고 할 수 있는데, 70년대 후반부터서는 popular culture로서의 대중문화
론도 언급하게 되었다. 매스컬쳐로서의 대중문화 비판론은 80년대에
와서는 비판이론적 대중문화론 그리고 문화 산업론적 대중문화론으로
심화·전개되었다고 볼 수 있다.[41]

본 논의에서 '소비대중문화'는 '소비지향적인 대중문화'의 의미로 사용
되고 있기도 하고 소비문화 또는 소비문화와 대중문화를 결합한 의미로
도 사용되고 있어서 다분히 대중문화 비판론 또는 부정론의 입장을
취하고 있다. 하지만 로스토우(W.W. Rostow)가 주장한 '경제성장단계설
'의 마지막 다섯 번째 단계인 '대중소비단계'에 의미의 연원을 두고 있다
한다면,[42] 본 논의에서 사용하는 대중소비문화라는 용어는 어느 정도
객관적이고 가치중립적인 의미라고도 볼 수 있겠다.

다음에는 소비대중문화의 성립 배경에 대해 간략히 살펴보기로 한다.
대중문화의 성립 배경은 대중문화에 대한 다양한 접근방법에 따라 그
이해와 관점이 상당히 달라질 수 있다. 다시 말해서 대중문화에 대한
부정론(비판론)과 긍정론(옹호론)의 입장, 나아가 프랑크푸르트학파의
문화산업론(비판론), 문화종속적 관점(문화제국주의론), 역사주의적 관

41 강현두 편, 앞의 책, p.18.
42 김수근, 『경제 성장 이야기』(한국경제신문사. 1990). pp.70~73.

점에 따라[43] 소비대중문화의 성립배경은 사뭇 달라질 수 있다는 말이다. 하지만 여기에서는 이 주제가 논의의 초점이 아니기 때문에 일반론적인 입장만을 정리해보기로 한다.

첫째, 소비대중문화는 무엇보다도 산업혁명의 산물이라고 할 수 있다. 산업혁명은 공업화, 기계화, 분업화, 도시화, 조직화를 촉진시켜 이른바 산업화 사회를 성립시켰는데, 산업화의 진전으로 다양한 재화의 생산 능력이 향상되고 지속적인 경제성장으로 개인의 소득이 늘어나 대중소 비가 가능해졌다. 또한 산업화에 따른 시장경제의 발달로 시장이 확대되 었다.

둘째로, 대중매체의 발달이 소비대중문화를 확산시켰다고 볼 수 있다. "대중매체는 소수의 지배계급에 의해 강력한 지배 수단으로 활용되며, 동시에 자본주의 사회를 통합시키고, 대중의식·대중의 욕구와 행위를 조종하는 수단이 된다"는 문화산업론의 주장을 굳이 빌지 않더라도[44] 우리는 대중매체가 광고 등을 통하여 '대량생산 ⇨ 대량소비' 체제를 유지·발전시키며 대중소비를 부추기고 있음을 알 수 있을 것이다.

셋째, 문화소비의 증가를 들 수 있겠다. 민주주의의 발전과 대중교육 의 확산은 구 상류층의 문화독점을 붕괴시켰다. 실즈Shils에 따르면 오늘을 사는 사람들은 육체노동이 줄어들어 여가가 많아졌으며, 저임금 과 오랜 노동시간으로 고통받던 계층이 경제적으로 상당히 풍요로워졌 으며. 또한 문맹률이 줄어들어 문자해독률이 높아졌고, 개개인의 개성이 신장되었다.[45] 이에 따라 쾌락의 추구가 커가고, 자유롭고 동등하게

---

43 이들 제 문화론에 대한 기본적인 이해와 평가는 다음을 참고할 것: 강명구, 『소비대중 문화와 포스트모더니즘』(민음사, 1995), pp.18~46.

44 강명구, 앞의 책, p.25.

45 강현두 편, 앞의 책, p.113.

사회생활을 하며, 자신의 존재를 과시하려는 사회적 욕구들이 증가한 것이다.[46]

넷째, 사람들의 의식과 가치관에 많은 변화가 있었다. 즉, 사회구조적 변화에 따라 일반 대중의 가치관은 가족주의에서 개인주의로, 지방주의에서 개방주의로, 권위주의에서 평등주의로, 특수주의에서 보편주의로 바뀌게 되었다.[47] 또한 개인주의·자유주의적인 사고방식과 실용주의·물질주의적인 사고방식이 사회 전반에 확산되었다. 개인주의·자유주의적인 사고방식은 인간을 종교나 국가의 속박으로부터 해방시켰으며, 이는 경제 소비생활에 있어서도 개성의 자유로운 표현과 선택을 가능하게 하였다.[48] 실용주의·물질주의적인 사고방식은 감성과 경험을 중시하게 되었고 나아가 물질적 욕구 충족을 인간의 모든 것으로 파악하는 물질만능주의 가치관을 낳았다. 그리하여 물질적 부의 경쟁적 축적과 과시적 소비가 급증하여 시민윤리는 실종되고 소비지향적·향락주의적 대중문화가 일반화되기에 이른 것이다.[49]

이와 같은 배경에서 소비대중문화는 오늘의 주류문화로 떠오르게 된 것이다.

46 김종구·박성용, 『소비문화에 관한 연구』(한국소비자 보호원, 1997), p.14.

47 임희섭, 『한국의 사회변동과 가치관』(나남, 1994). p.14.

48 김종구·박성용, 앞의 책, pp.39~40.

49 구범모, 「한국산업사회의 구조와 가치관의 제문제」, 『한국산업사화의 구조와 가치관의 제문제』(한국정신문화연구원, 1992), p.9.

## 2. 불교에서 본 소비대중문화

### 1) 불교의 근본이념

"하늘 위나 하늘 아래에서 오직 내가 가장 존귀하나니, 이 세계의 모든 괴로움을 내가 마땅히 평안케 하리라(天上天下唯我獨尊 三界皆苦吾當安之)"는 붓다의 탄생게 속에는 붓다가 이 세상에 온 큰 뜻과 목표가 잘 나타나 있다. 그것은 곧 '이 세계의 모든 괴로움을 평안케 함'이다. 불교의 양대 목표는 흔히 '자기 완성'과 '불국정토 건설'이라고 일컬어지는데, 이러한 근거가 탄생게의 내용 속에서 이미 발견된다. 모든 개인적·내적 괴로움을 평안케 함은 자기완성이라고 할 수 있고, 사회적·외적 괴로움을 평안케 함은 정토건설이라고 할 수 있기 때문이다. 붓다는 이처럼 이 세상의 모든 괴로움을 구제하기 위해서, 다시 말하자면 고통의 삶을 열반의 삶으로 변혁시키기 위해서 이 세상에 온 것이다.

불교의 핵심 교의인 사성제四聖諦를 미국의 사회심리학자 프롬(Erich Fromm)은 '변혁의 원리'로 이해하고 있어 흥미롭다. 그는 사성제의 내용을 이루고 있는 (1)고제苦諦 (2)집제集諦 (3)멸제滅諦 (4)도제道諦를 각각 다음과 같이 설명하고 있다.

(1) 우리는 고통받고 있으며, 그리고 그러한 사실을 알고 있다.
(2) 우리는 불행의 원인을 인식하고 있다.
(3) 우리는 불행을 극복하는 방법이 있음을 인정하고 있다.
(4) 우리는 불행을 극복하기 위해서는 어떤 생활규범을 따라야 하며, 현재의 생활습관을 바꾸어야 한다는 것을 용인하고 있다.[50]

---

50 Erich Fromm, 최혁순 역, 『소유냐 존재냐』(범우사, 1992), p.200. 프롬은 "사성제가

이러한 사성제의 진리는 '괴로움의 자각을 통한 괴로움의 극복'을 가르치는 변혁의 원리라고 할 수도 있을 것이다.

사성제와 근본적으로 동일한 진리인 연기법의 본래적인 의미도 사실은 "모든 괴로움(老死憂悲苦惱)은 연기한 것이므로 또한 그 극복(緣滅)도 가능하다"는 희망의 메시지에 다름 아니다. 모든 현실의 위기와 괴로움은 신의 뜻에 의한 것도 아니고, 숙명에 의한 것도 아니고, 우연에 의한 것도 아니다. 그것은 반드시 그럴 만한 원인과 조건에 의해서 일어나는 것이다. 그 근본원인을 12연기에서는 '무명', 즉 '진리에 대한 무지'라 설하고 사성제에서는 '탐욕'이라 설하고 있다.

이 무명과 탐욕은 결국 인간 스스로의 마음과 관련되어 있다. 그래서 불교를 '마음의 종교' 또는 '깨달음의 종교'라고 하는 것이며 칠불통계七佛通戒에서는 '스스로 그 마음을 맑고 깨끗이 하라(自淨其意)'고 한 것이다. 하지만 마음을 맑고 깨끗이 하는 일은 참으로 어렵다. 『보적경寶積經』의 「가섭품」에서 부처님은 마음에 대해 다음과 같이 설한다.

마음은 안에 있는 것도 아니고 밖에 있는 것도 아니며, 또한 다른 곳에 있는 것도 아니다. 마음은 형체가 없어 눈으로 볼 수도 없고 만질 수도 없고 나타나지도 않고 인식할 수 없고 이름을 붙일 수도 없다. 마음은 어떠한 여래도 일찍이 본 일이 없고 지금도 보지 못하고 장차도 볼 수 없을 것이다. 그와 같은 마음이라면 그 작용은 어떠한 것일까. 마음은 환상과 같아서 허망한 분별에 의해 여러 가지 형태로서 나타난다. 마음은 바람과 같아서 멀리 가고 붙잡지 않으며, 모양을 보이지도 않는다. 마음은 흐르는 강물과 같아서 멈추는 일이 없이 일어나자마자 곧 사라진다.

---

인간생존의 일반적인 조건만 다루고, 특정한 개인적 혹은 사회적 환경에 의한 인간적인 불행의 경우는 다루고 있지 않다"고 진술하고 있다.

또 마음은 등불의 불꽃과도 같아서 인因이 연緣에 닿으면 불이 붙어 비춘다. 마음은 번개와도 같아 잠시도 머물지 않고 순간에 소멸한다. 마음은 허공과 같아 뜻밖의 연기로 더럽혀진다. 마음은 원숭이와도 같아 잠시도 그대로 있지 못하고 자주 움직이고, 마음은 화가와 같아 여러 가지의 모양을 나타낸다. ……

마음은 존경에 의해서 혹은 분노에 의해서 흔들리면서 교만해지기도 하고 비굴해지기도 한다. 마음은 도둑과 같아 모든 선근을 훔쳐간다. 마음은 불에 뛰어든 불나방처럼 아름다운 빛깔을 좋아한다. 마음은 싸움터의 북처럼 소리를 좋아한다. 마음은 썩은 시체를 좋아하는 멧돼지처럼 타락의 냄새를 좋아한다. 마음은 음식을 보고 침을 흘리는 종처럼 맛을 좋아한다. 마음은 기름접시에 달라붙은 파리처럼 감촉을 좋아한다.[51]

그리고 부처님은 다음과 같이 당부한다.

사람이 바른 마음을 쓸 줄 알면 신들도 기뻐할 것이다. 마음을 조복 받아 부드럽고 순하게 가지라. 마음 가는 대로 따라가서는 안 된다. 마음이 하늘도 만들고 사람도 만들며 귀신이나 축생 그리고 지옥도 만든다. 그러니 마음에 따르지 말고 마음의 주인이 되라.[52]

또한 『상응부경전相應部經典』의 한 경에서는 안·이·비·설·신·의 육근六根을 여섯 동물에 비유하면서 마음을 다스릴 것을 가르치고 있다. 즉 뱀, 악어, 새, 개, 여우, 원숭이를 잡아다가 튼튼한 밧줄로 한 데 묶은 뒤 풀어놓는다면, 이들은 각기 습성에 따라 자신이 살던 곳으로 (뱀은 구멍을 찾아, 악어는 강으로, 새는 하늘로, 개는 마을로, 여우는

51 성전편찬회 편, 『불교성전』(동국역경원, 1980), pp.355~356.
52 『長阿含』「般泥垣經」.

들로, 원숭이는 숲으로) 돌아가려 할 것이며 그 때문에 서로 다투다가 마침내 힘이 센 놈 쪽으로 모두 끌려가게 될 것이다. 마찬가지로 사람들은 눈으로 본 것, 귀로 들은 소리, 코로 맡은 냄새, 혀로 맛본 맛, 몸으로 느낀 감촉, 마음으로 생각한 것에 의해 우왕좌왕하며 그 중에서 가장 유혹이 강한 것에 이끌려 그 지배를 받는다는 것이다. 또한 예를 들어 앞의 여섯 짐승들을 각각 밧줄로 묶어 튼튼한 기둥에 매어 놓았다고 해 보자. 처음에는 짐승들마다 자신이 살던 곳으로 되돌아가려고 발버둥을 치겠지만 결국 기둥 곁에 머물게 될 것이다. 만일 스스로 자신의 마음을 닦고 단련시킨다면 그 사람은 욕망에 이끌려 방황하지 않을 것이다. 마음을 제어하면 사람들은 현재에도 미래에도 행복을 얻게 된다고 한다.

불교에서는 육근六根을 끝없이 유혹하고 자극하는 이 육경六境을 육적六賊 또는 육진六塵이라고도 한다. 육적은, 육경이 육근을 매개로 중생으로부터 증과證果에 이를 수 있는 공덕을 빼앗고 번뇌를 일으키므로 도적에 비유하여 생긴 이름이다. 육진은 색色, 성聲, 향香, 미味, 촉觸, 법法[53]의 육경이 안眼, 이耳, 비鼻, 설舌, 신身, 의意의 육근을 통해 우리들 속에 들어와서 우리들의 깨끗한 마음(淨心)을 더럽히고 참다운 본성(眞性)을 덮어 흐리게 하므로 생긴 이름이다. 이 육진이 근본이 되어 세상은 괴롭고 번거롭고 속되고 지저분한 온갖 고통과 번뇌의 티끌더미로 뒤덮이게 되는 것이다.

신라의 원효元曉는 이에 대해 『기신론소起信論疏』에서 "뭇 생명 있는 자들의 육근은 일심一心에서 생겨난 것이지만, 그것들은 도리어 그 스스로의 근원을 배반하고 육진六塵을 향해 뿔뿔이 흩어져 치닫는다"[54]고

---

53 여기서 법은 "마음의 스크린 위에 나타나는 모든 관념의 영상"을 의미한다.

하고, 계속해서 "이제 목숨을 들어 육진으로 말미암아 일어난 번뇌의 마음을 모두 거두어 그 본래 일심一心의 원천으로 되돌아가는 까닭에 이것을 귀명歸命이라고 한다. 돌아가는 바 그 일심이 바로 삼보三寶이기 때문이다"[55]고 설한다.

이러한 가르침은 결국 무명과 탐욕을 제거하면 모든 괴로움과 번뇌가 사라진 열반을 성취할 수 있다는 연기법과 사성제의 진리에 합치한다고 할 수 있다. 또한 사성제의 가르침에 의하면 팔정도八正道의 실천이 열반의 증득을 위한 필수 조건이며 구체적인 실천방법이다.

## 2) 소비대중문화에 대한 불교적 관점

이와 같은 불교의 근본이념에 기초하여 이 시대의 주류문화인 소비대중문화의 성격과 문제점에 대해 비판적인 입장에서 고찰해 보기로 한다.

사회학자인 허버트 갠스(H. Gans) 자신은 대중문화를 옹호하는 입장인데,[56] 그의 저서 『대중문화와 고급문화』에서 자신이 살핀 '대중문화에 대한 비판론'의 특성을 다음의 네 가지 측면으로 나누어 정리하고 있다.

---

54 『韓佛全』 제1책, p.700上, "衆生六根, 從一心起, 而背自源, 馳散六塵."

55 위의 책, p.735中, "今擧命總攝六情, 還歸其本一心之原, 故曰歸命. 所歸一心, 卽是 三寶故也."

56 갠스는 "모든 인간은 심미적 충동을 갖고 있다"는 기본적인 전제에 입각해서 심미감의 다원주의 또는 문화적 다원주의를 주장하였다. 그는 이 이론에 입각해서 취향문화론(taste culture)과 취향공중론(taste public)을 전개하였다. 이강수 편, 『대중문화와 문화 산업론』(나남출판, 1998), p.118.

① 대중문화 창조의 부정적 측면

대중문화는 고급문화와는 달리 영리추구를 위하여 조직된 기업에 의하여 이루어지며, 이윤추구를 위해서 대중에게 영합하는 동질적이고 규격화된 제품을 생산해야 하고, 이러한 과정 속에서 창작자 자신의 고유한 가치나 기술적 표현을 포기하지 않을 수 없다.

② 고급문화에 미치는 부정적인 영향의 측면

대중문화는 고급문화를 차용함으로써 고급문화를 격하시키며 잠재적 고급문화 창작자들을 경제적 흡인력으로 유혹함으로써 고급문화의 질을 떨어뜨린다.

③ 수용자에게 미치는 부정적 영향의 측면

대중문화는 대중을 사이비적으로 만족시킴으로써 정서를 파괴시키고 폭력과 성性을 강조함으로써 대중을 저속화시키며 대중들로 하여금 현실을 주시하는 능력을 약화시켜 현실도피로 유도함으로써 그들을 나약하게 만든다.

④ 사회에 미치는 부정적 영향의 측면

대중문화가 사회적으로 광범위하게 파급되면 문화 또는 문명의 질을 떨어뜨릴 뿐만 아니라 수용자의 피동성을 조장하여 전체주의에 이르게 될 위험성을 가중시키며, 피동적인 수용자들로 하여금 독재자의 선동이나 설득기술에 쉽게 말려들게 만든다.[57]

물론 이와 같은 '대중문화 비판론'에 대한 반론도 있겠지만, 시간이 흐를수록 대중문화가 상업주의에 기생하는 대중매체의 영향을 더욱 심하게 받는다는데 문제의 심각성이 있다. 대중매체는 더 많은 소비를 창출하지 않으면 안 되며. 따라서 대중문화는 더욱 소비지향적이게 된다. 또한 소비지향적인 문화는 필연적으로 물질지향적이며 감각지향

---

57 위의 책, p.22.

적이고 유희(흥미) 본위로 흐른다. 더욱이 장 보드리야르에 따르면, 욕구의 끝없는 충족을 낳은 풍부한 사회는 이 충족에서 생기는 고뇌를 완화시키고자 전력을 다한다고 한다. 즉 사회는 집단을 대상으로 하는 역할·직무·서비스를 무수히 늘림으로써 이 고뇌를 흡수하고자 하고, 도처에서 미소를 흩뿌려 고통이나 죄의식을 완화시키려는 여러 수단이 강구되고 있으며, 고뇌를 다 먹어치우는 효소를 주입하는 것처럼 실제로 모든 종류의 진정제, 마약, 치료법이 팔리고 있다는 것이다.[58] 그리하여 소비대중사회의 구조는 더욱 견고해지고 그 구조적 문제점은 은폐되며 대중의 판단력은 더욱 흐려지게 되는 것이다.

## (1) 소비대중문화와 대번뇌지법

아비달마불교에서는 이른바 '대번뇌지법大煩惱地法'으로 치痴·방일放逸·해태懈怠·불신不信·혼침惛沈·도거悼擧 등의 6법을 들고 있다. '치'는 말 그대로 지혜가 없어 어리석은 것이요, '방일'은 인간으로서 해야 할 선善과 방지해야 할 악惡을 염두에 두지 않고 방탕하고 함부로 하는 정신 작용이다. '해태'는 좋은 일을 당하여도 용감하게 행하지 못하는 게으름이요, '불신'은 진리(또는 붓다의 教法)와 인생의 궁극적 가치를 믿지 않는 것이다. '혼침'은 혼미하고 침울한 마음이고, '도거'는 들뜬 마음이다. 오늘의 소비대중문화는 직·간접적으로 이 대번뇌지법을 심화시키고 증장시키는 것으로 생각된다.

이 중에서 먼저 치痴와 관련시켜 소비대중문화의 문제를 논의해 보자. 치(어리석음)는 불교 교리체계에 있어 매우 중요한 의미를 지니고 있다.

---

58 장 보드리야르, 이상률 옮김, 『소비의 사회: 그 신화와 구조』(문예출판사, 1993), pp.274~275.

이것을 극복하지 않고서는 결코 불교의 궁극 목표에 이를 수가 없기 때문이다. 이 어리석음은 지혜의 빛에 의해서만이 제거될 수가 있고 지혜는 앞에서 본 것처럼 선정의 실천을 통해서 얻을 수가 있다. 그런데 우리들은 어떠한가. 선정을 위한 시간적·공간적 여유를 거의 제공받지 못하고 있다. '자기만의 시간'을 갖기가 점점 어려워지면서 우리들은 겸허하게 반성하는 것도 잊게 되었고, 인내하며 기다리는 것도 잊게 되었다. 일례로 '휴대용 무선전화기'의 문제점을 생각해 보자. 휴대용 무선전화기는 불과 몇 년 사이에 무차별 판매 전략에 의해 우리 사회에 엄청난 속도로 보급되었다. 한 사람이 몇 개씩 갖고 있는 경우도 종종 눈에 띈다. 대중교통수단이나 공공장소에서는 물론, 길을 가면서도 전화를 걸고 전화를 받으며 수시로 수신메시지를 확인하고 점검한다. 또한 새로 나온 모델에 대해서도 자꾸 신경을 쓰게 된다. 그러니 항상 긴장하게 되어 마음의 여유와 평정을 유지하기 어렵고, 생각나면 바로바로 통화를 해야 직성이 풀리니 기다릴 줄도 인내할 줄도 모르게 된다. 그리하여 휴대폰의 노예가 되어가는 사람들은 정신적으로 점점 나약해지고 자신의 내면을 돌아볼 기회를 잃게 되며, 인간의 실존적 한계상황에 대해 진지하게 사유해 보는 시간도 빼앗기게 된다. 또한 창조를 위한 고독의 시간·공간과도 더욱 멀어지게 되는 것이다.

또한 우리는 정보의 홍수 속에서 살아가지만 어리석음을 없애고 불교적 지혜를 개발하는데 도움이 될 만한 가치있는 정보는 매우 드물다. 예를 들어 우리는 수많은 광고와 만나고, 그 광고가 전해주는 정보를 접하지만 실제로 가치 있는 정보는 거의 없다. 왜냐하면 광고는 "진위眞僞를 초월해 있으며, 광고는 무엇을 이해하게 하거나 배우게 하는 것이 아니라, 기대하게 한다는 점에서 예언적인 말이기"때문이다.[59] 광고가 하는 말은 미리 존재하는 사실(사물의 사용가치에 대한 사실)을 전제로 하는 것이 아니라 광고의 예언적 기호가 만들어내는 실재성에 의해 추인되는 것을 전제로 하고 있다.[59] 게다가 광고는 우리에게 숱한 환상을 쏟아부으며 우리의 욕망을 지능적으로 집요하게 자극함으로써 어리석음을 부풀린다고 볼 수 있다. 컴퓨터 게임도 지혜 개발에 별로 효능이 없는 것은 마찬가지다. 컴퓨터 게임에 몰두하는 시간은 사유하는 시간이 아니라 반응하는 시간이며, 게임의 조립에 의해 활발하게 되는 것은 지능의 움직임이 아니라 반사적 반응의 메커니즘일 뿐이기 때문이다.[61] 이렇게 볼 때 소비대중문화는 '치'라는 번뇌를 더욱 증장시키고 있다고 할 수 있을 것이다.

다음으로 '방일'과 '해태'에 대해 살펴보자. 얼핏 보기에 방일과 해태는 소비대중사회와 무관해 보인다. 그 이유는 "현대세계의 도구와 기계들이 그 자체는 시간을 절약하는 것들이지만, 새로운 삶의 방식이 전체적으로 시간을 빼앗아간다"[62]는 헬레나 노르베리-호지의 진술을 음미해 보면 곧 알 수 있다. 생산과 소비의 규모가 커지면 커질수록 그 생산과 소비를 감당하기 위해서 현대인은 더욱 바쁘게 움직일 수밖에 없을 것이다. 하지만 정작 사람의 도리를 다하고 가치 있고 의미 있는 일을 행하는 데에는 소극적이고 게으르다. 일요일에 하루 종일 원격제어장치로 채널을 바꿔가면서 텔레비전을 시청하는 것은 부지런함이 아니라 방일이요 게으름이다. 자유로부터 도피하여 짜여진 틀에 적응할 줄만 알고 주어진 것을 즐기기만 하는 것은 결코 부지런함이 아니다. 선善을 행하고 자유를

---

59  위의 책, p.187.

60  위의 책 , p.187.

61  위의 책, p.143.

62  헬레나 노르베리-호지 · 김동철/김태언 옮김, 『오래된 미래』(녹색평론사, 1998), p.113.

향유하며 창조하는 일에 용맹스럽게 임하는 것이 참다운 부지런함이요 정진인 것이다. 소비대중문화는 겉으로 보기와는 다르게 안으로는 은밀히 방일과 해태를 키워가고 있는 것이다.

다음에는 '불신不信'에 대해 생각해 보기로 하자. 불교는 깨달음을 통한 해탈과 열반을 최고선으로 삼는다. 그러나 깨달음과 열반은 저절로 성취되지는 않는다. 그것을 위한 끝없는 인내와 노력을 통해 이루어진다. 그리고 그러한 인내와 노력은 궁극적 가치에 대한 굳건한 믿음과 신념의 바탕 위에서만 가능하다. 불교에서, 믿음을 도道의 원천이요 공덕의 어머니라 하여 중요시하는 이유가 바로 여기에 있다. 따라서 깨달음을 향한 수행의 도정에 있어 불신은 커다란 장애가 되는 것이며 번뇌가 되는 것이다. 그런데 소비대중문화의 사회는 물질주의와 황금만능주의가 지배적이어서 삶의 궁극적 가치는 소홀하게 취급되고 믿음은 별 의미가 없게 된다. 역설적으로, 너무 풍요롭고 편리하고 흥분되어 있기 때문에 궁극적 가치와 깨달음에 대한 믿음이 불필요할지도 모른다. 또한 이익만을 추구하는 세상에서 사람들은 당연히 서로를 신뢰하기 힘들 것이며, 그리하여 불신의 벽은 자꾸 높아질 것이다.

마지막으로 '혼침'과 '도거'에 대해 알아보기로 하자.[63] 앞에서 설명한 것처럼 도거는 들떠 있는 마음의 상태를 일컫는다. 특별한 날을 앞둔 바로 그 전날 밤에 사람들은 대개 설레고 들뜨고 흥분되어 잠을 설치는 경우가 많다. 아마도 이런 이유로 '경안輕安'(마음이 가볍고 편안함)은 대선지법大善地法에 포함시키고 도거는 대번뇌지법大煩惱地法으로 분류하였을 것이다. 그런데 소비대중문화의 사회 속에서는 이 도거의 세력이

---

63 '혼침'에 반대되는 불교 술어는 '輕安'이라고 볼 수 있다. '경안'은 大地善法의 하나로서 긍정적인 개념이지만 '도거'는 부정적인 개념이다. 그렇지만 경안과 도거는 유사한 측면도 있기 때문에 여기서는 혼침과 도거를 함께 다루었다.

점점 강력해지는 경향이 있다. 예를 들어 우리가 운동 경기를 운동장에서 직접 구경하거나 텔레비전 중계를 시청할 때, 우리는 스릴도 느끼고 통쾌함도 느끼고 안타까워하기도 하면서 상당히 들뜬 기분이 된다. 또한 콘서트나 노래방에 가서도 우리는 대개 들뜬 마음의 상태를 경험하게 된다. 그것은 한 청소년과 한 회사원의 다음과 같은 이야기를 통해서도 잘 알 수 있다.

> "콘서트에 가면 나도 모르게 소리를 지르게 되요. 첨엔 절대로 소리 지르지 말아야지 생각하고 갔는데도 일단 분위기에 휩쓸리면 안 지를 수가 없어요. 그렇게 소리 지르고 나면 기분이 엄청 좋아져요."(여, A)[64]
> "회식을 하면서 술을 먹게 되고 술을 먹으면 노래 부르고 싶어진다. 그러면 대개 노래방에 가는데 동료들과 함께 노래 부르다 보면 스트레스가 해소되고 기분이 좋아진다."[65]

물론 모든 노래가 사람의 마음을 들뜨게 한다고 생각하지는 않는다. 그러나 그 많은 사랑의 연가戀歌들은 대부분 우리를 들뜬 기분이 되게 만든다. 좋은 노래는 때와 장소에 따라 우리를 위로해 주고 큰 감동으로 우리의 마음을 정화시켜 주기도 한다. 그러나 어떤 노래들은 우리들의 일차적인 거친 감정을 촉발시켜 감정에 대한 통제력을 잃게 만든다. 그것은 노래가 아니라 또 하나의 번뇌가 된다. 그리하여 노래는 깨달음을 향한 수행에 장애가 되기도 하는 것이다. 사미십계沙彌十戒나 팔관재계八關齋戒 등에 "노래하고 춤추며 풍류 잡히지 말고, 가서 구경하지도 말라"는 조항이 있는 것도 이러한 이유에서일 것이다. 노래방 문화는 우리의

---

64 김창남, 『대중문화와 문화실천』(한울아카데미, 1995), p.91.
65 위의 책, p.142.

삶을 윤택하게 해 주는 측면도 있지만, 노래를 소모품으로 만들고 우리의
자제력과 정결한 영혼을 훼손시키는 측면도 있다.

### (2) 과소비와 탐욕·아집

경제적으로 풍요롭지 못한 시대에는 개개인의 생존에 필요한 기본적인
소비가 일반적이지만, 물질이 풍족한 오늘날과 같은 시대에는 소비행태
도 상당히 다양하고 복합적인 양상을 띠고 있다. 특히 물질주의와 개인주
의의 사고방식이 확산되면서 각종 대중 매체의 엄청난 영향력과 함께
과소비 현상은 심화되어가고 있다. '과소비 풍조의 원인'에 관한 한
설문조사에 의하면, 현재 우리나라 국민의 24.8%는 과소비의 원인이
광고·매스컴 등의 허영심 조장과 '충동 소비'에 있다고 생각하고 있는
것으로 나타났다. 또한 국민의 21.4%는 고급 가구·의류·브랜드를 중시
하는 '과시적 소비'를, 국민의 20.5%는 지금 당장의 편안함과 안락함을
위해 우선 쓰고 보자는 식의 '현재 중시 소비'를, 17.8%는 남이 가지고
있는 것, 소비하는 것을 모방하는 '경제적 모방 소비'를, 그리고 15.5%는
소득에 상관없이 지나치게 많은 소비를 하는 '과잉 소비'를 지적하고
있다.[66]

특히 오늘날에는 소비가 사회적인 상징성을 갖게 되면서 남에게 뒤지
지 않으려는 소비행위, 다른 사람과 차별화를 시도하거나 남에게 과시하
려는 소비행위가 증가하고 있다. 보드리야르의 "세탁기는 도구로서
쓰여지는 것과 함께 행복, 위세 등의 요소로서의 역할도 한다."[67]는

---

66 김종구·박성용, 『소비문화에 관한 연구』(한국소비자보호원, 1997). pp.115~116.
67 장 보드리야르, 앞의 책, p.98. 보드리야는 더 나아가 소비를 다음과 같이 정의한다:
   ① 소비는 더 이상 사물의 기능적 사용 및 소유 등이 아니다. ② 소비는 더 이상
   개인이나 집단의 단순한 위세 과시의 기능이 아니다. ③ 소비는 커뮤니케이션

말은 바로 이러한 소비의 사회적 상징성을 우리에게 일깨워 주고 있다
할 것이다.

그런데 문제는 이러한 과소비 풍조가 우리 사회에 참으로 널리 퍼져
소위 '소비문화'의 현상으로 나타나고 있다는 데에 있다. 따라서 최근의
과소비적 소비문화는 90년대 초에 있었던 과소비와는 그 성격이 조금
다른 것으로 여겨진다. 다시 말해서 90년대 초의 과소비는 일부 부유
계층에 한정된 것이었으나, 최근에는 이러한 과소비적 소비문화가 사회
계층 전반으로 확산되고 있으며 특히 젊은 세대와 고소득층에 만연되어
있는 것이다.[68] 최근 한 일간신문의 보도에 의하면, 한 패션 상가에는
하루에 20여 켤레의 신발과 100여벌에 이르는 티셔츠와 청바지가 쓰레기
통에 버려진다고 한다. 가방과 패션 소품, 고급 샌들, 가죽점퍼 등
값비싼 물건들도 적지 않게 버려지며 심지어는 속옷까지도 버려진다고
한다.[69]

참으로 놀라운 현상이라고 할 만하다. 이러한 과소비 풍조에 편승하는
사람들의 심리는 불교적인 입장에서 다음과 같이 분석될 수 있을 것이다.
먼저 '충동 소비'와 '현재 중시 소비'는 육경六境(감각과 물질)에 대한
일차적 탐욕의 발로이다. 다음으로 '과시적 소비'나 '모방 소비'는 '아집'과
'아만'의 산물이라고 볼 수 있다. 따라서 불교에서 탐욕과 아집(또는
아견, 아상)을 매우 경계하고 있는 것을 생각해 본다면, 결과적으로
이러한 탐욕과 아집을 조장하는 '소비대중문화'는 불교적 가치관·인생
관에 배치된다는 것을 쉽게 알 수 있을 것이다.

---

및 교환의 체계로서, 끊임없이 보내고 받아들이고 재생되는 기호의 코드로서,
즉 언어활동으로서 정의된다.(위의 책, pp.125~126)

68 김종구·박성용, 앞의 책, pp.129~130.

69 조선일보 2000년 1월 20일자 신문 참조.

불교는 빈곤 그 자체를 미덕으로 보지는 않는다. 그것은 가난과 궁핍의 고통을 죽음의 고통과 동일시하는 부처님의 인식을 통해서도 잘 알 수 있다.[70] 하지만 불교는 근본적으로 재화의 소비를, 종교적 목표를 실현하는 수단으로 이해한다. 그런 만큼 합리적인 계획에 바탕한 정당하고 균형 잡힌 소비생활을 권장한다. 또한 욕망을 절제하라는 불타의 가르침에 따라 소비에 있어서 검소와 절약을 강조한다. 부처님 제자들이 얼마만큼 검소와 절약을 중시했는지는 다음과 같은 아난의 이야기 속에서도 여실히 드러난다.

"비구들이 입던 낡은 옷으로는 이불덮개를 만들겠습니다. 떨어진 이불덮개로는 베갯잇을 만들겠습니다. 헌 베갯잇으로는 방석을 만들겠습니다. 헌 방석은 발수건으로 쓰겠습니다. 헌 발수건으로는 걸레를 만들겠습니다. 떨어진 걸레는 가늘게 썰어 진흙과 섞어서 벽을 바르는 데 쓰겠습니다."

재화의 목표가 소비에 있음은 누구도 부인할 수 없다. 하지만 불교에서는 소비의 궁극적 의미를 '물질적 욕구 충족'에 두지 않고 '정신적 충족'에 둔다. 따라서 이기적·본능적 욕망의 제어를 통해 검소와 절약을 실천하고, 검소와 절약을 바탕으로 이웃과 사회에 대한 보시와 시여를 행하여 종교적 목표를 성취함으로써 재화의 최대 효용을 실현시키고자 하는 것이다.

### (3) 섹스·폭력·스포츠의 문제

끝으로, 섹스·폭력·스포츠를 상품화하고 소비의 대상으로 삼는 소비대중문화의 문제점에 대해 불교적으로 살펴보고자 한다. 우리는 텔레비전,

---

70 『金色王經』(大正藏 3. p.389下)

케이블TV, 영화, 비디오, 대중 음악, 패션, 잡지, 스포츠, 신문, 전자오락, 광고 등이 없이는 살아가기 힘들다. 이들 대부분의 매체들은 폭력적이고 선정적인 내용을 직접적으로 내보내기도 하고 간접적으로 그 이미지를 활용하여 제공하기도 한다. 사람들의 흥미를 끄는 데는 폭력과 섹스보다 더 효과적인 수단이 없기 때문일 것이다. 그것은 "소비대상의 파노플리 중에는 그 어떤 것보다도 아름답고 귀중하며 멋진 사물이 있다: 그것은 육체이다"[71]고 한 보드리야르의 말 속에도 잘 나타나 있다. 세상이 이렇게 폭력과 섹스의 이미지로 뒤덮여가는 것은 불교적으로 볼 때 매우 위험스럽고 부정적인 현상이다. 불교에서는 인간에게 치명적인 해악을 끼치는 세 가지 요소로 탐욕貪慾과 진에瞋恚와 우치愚痴의 삼독三毒(또는 三毒心)을 들고 있기 때문이다. 섹스는 탐욕의 상징이요 폭력은 진에의 발현이며, 섹스와 폭력이 인간에게 유해한 줄을 모르는 것은 우치의 결과이다. 그런데도 우리는 이것을 방치하고 더 나아가 즐기고 있는 것이다.

"욕망은 환유이다. 대상은 신기루처럼 잡는 순간 저만큼 물러난다. 대상은 욕망을 완전히 충족시킬 수 없기에 인간은 대상을 향해 가고 또 간다. 죽음만이 욕망을 충족시키는 유일한 대상이다."[72]는 라캉의 말처럼 욕망은 참으로 무한한 것이다. 욕망은 무한한 것이기에 허구적인 것일 수도 있다. 그렇기 때문에 부처님은 제자들에게 "사람이 애욕에 얽매이면 마음이 흐리고 어지러워 도道를 볼 수 없다. 깨끗이 가라앉은 물을 휘저어 놓으면 아무리 들여다보아도 그림자를 볼 수 없는 것과 같다."[73]고 훈계하였을 것이다. 또한 "사람들이 재물과 색色을 버리지

---

71 장 보드리야르, 앞의 책, p.189.

72 자크 라캉, 권택영 엮음, 『욕망 이론』(문예출판사. 1994), p.19.

73 『四十二章經』.

못하는 것은 마치 칼날에 묻은 꿀을 탐하는 것과 같다. 한 번 입에
댈 것도 못 되는데 어린애들은 그것을 핥다가 혀를 상한다."[74]고 설한다.
더 나아가 다음과 같이 가르치기도 한다.

"음욕보다 뜨거운 불길이 없고
성냄보다 빠른 바람이 없으며
無明보다 빽빽한 그물이 없다.
애정의 흐름은 물보다 빠르다."[75]

불교는 이처럼 애욕을 매우 유해하고 위험천만한 것으로 간주한다.
따라서 불교적으로 볼 때 性을 소비 상품화하여 섹스산업을 발전시켜
가는 오늘의 현실은 참으로 염려스럽고 개탄스러운 것이다.

또한 스포츠는 직접적 운동이라는 본래적 방식이 아니라 시청각적
이미지를 통해서 다양한 볼거리를 제공하는 상품 형식으로 대중에게
다가온다. 스포츠는 이제 개인의 건전한 육체적 활력을 도모하는 수단이
아니라 고부가가치를 창출하는 당당한 산업활동의 한 분야로 자리잡게
되었다. 이러한 추세를 반영하듯 세계인의 큰 관심과 집착의 대상이
되고 있는 올림픽과 월드컵도 '상호 이해와 우의 증진에 바탕한 평화
세계 건설'이라는 근본 취지를 상실한 채 거대한 상품 가치로 전락해가고
있다.[76] 올림픽은 세계인이 하나가 되는 축제라기보다는 민족과 인종,
이념과 경제를 둘러싼 갈등과 대립이 노출되는 각축장으로 변하기 일쑤
였다. 또한 월드컵에 대해 "대중의 다양한 삶의 결과 체험들을 하나로

74 위의 책.
75 『法句經』.
76 이동연, 앞의 책, pp.258~259.

묶어버리는 통합적인 담론을 생산하며, 그럼으로써 대중들은 축구 아닌 것을 축구로 환원시키며 축구 아닌 다른 삶을 스스로 소외시키는 집단적인 히스테리를 생산하고 재생산한다"고 한 보드리야르의 비판처럼, 부정적인 시각도 적지 않다.[77]

우리가 땀을 흘리며 사람들과 어울려 직접 하는 운동은 신체적 건강을 증대시키고 공동체의 규범을 익히게 하며, 정신적 안정과 활력을 회복시켜주는 등 유익한 점이 많다. 그러나 '보기만 하는 스포츠', 특히 자본의 논리 및 상업주의의 강력한 조종을 받고 있는 스포츠 열풍은 일상적인 삶으로부터 자기 소외를 일으키고, 지나친 승부에 얽매이게 하며 마음의 평정을 깨뜨리기 쉽고, 삶의 궁극적 가치에 대해 탐색할 시간적 여유를 빼앗아 가는 등 그 부정적 측면이 오히려 많다. 스포츠가 상품으로 전락해 가는 것은 불교적으로 볼 때 결코 바람직스럽지가 않다고 하겠다.

## 3. 새 문화를 향한 몇 가지 제언

우리는 위에서 치痴·방일放逸·해태懈怠·불신不信·혼침惛沈·도거悼擧의 여섯 가지 '대번뇌지법大煩惱地法을 시금석 삼아 불교와 소비대중문화의 관계에 대해서 살펴보았다. 한마디로 말해서 오늘의 문화는 원효의 일심一心을 배반하고 탐·진·치 삼독三毒을 강화시키며 고통과 번뇌를 증장시키는 문화이다. 이것이 번복할 수 없는 사실이라면 오늘의 소비대중문화는 참으로 비불교적이고 반불교적인 문화임에 틀림없다. 그렇다면 불교적 세계관과 가치관을 가지고 살아가는 진정한 불교인이라면 오늘의 대중문화에 대한 보다 진지한 성찰과 반성이 있어야 한다. 그리하

---

77 이동현, 위의 책, pp.251~254.

여 허황된 산업문명의 거품을 말끔히 거두어 내고 새로운 문화를 창조해 가는 데 앞장서야 할 것이다. 이러한 취지에서 불교적 이념에 부응하는 보다 건전한 새 문화의 흐름을 열어가기 위해 몇 가지 의견을 결론 삼아 제시해 보고자 한다.

첫째, 소비대중문화의 대안문화가 모색되어야 한다. 많은 문명 비평가들은 현대 산업 문명과 그 동반자인 소비대중문화가 결국에는 인간성을 황폐화하고 자연 환경을 파괴할 것이라고 우려한다. 현대문명은 근본적으로 인간의 이기적·본능적 욕망에 바탕한 대량생산 ⇨ 대량소비 체제를 강화시키기 때문일 것이다. 이러한 문명의 폐해를 극복하기 위해서는 "작은 것이 아름답다"고 한 슈마허의 주장이 구체적으로 현실화되어야 한다. 그리하여 내면적·정신적 가치가 더욱 중시되고 물질적 욕망은 절제되며 사랑과 자비가 뭇 생명체에까지 미치게 되는, 말하자면 '심성문화心性文化' 또는 '열반문화涅槃文化'가 오늘의 소비대중문화를 대신해야 한다. 그러기 위해서는 '명상 산업' 또는 '심성 산업'이라고 이름해도 좋을 새로운 차원의 문화산업을 적극 육성시켜가야 한다. 그런 산업을 통해, 이를테면 "극락세계의 음악은 모두가 진리를 나타내는 신묘한 소리로서, 한량없이 맑고 애절하며, 미묘하고 아늑하다"고 한 『무량수경無量壽經』의 가르침을 표준으로 삼아, 우리들의 들뜬 마음을 차분하게 가라앉히고 평안하게 해 줄 수 있는 불교 음악 또는 명상음악을 개발케 하고 힐링센터·선센터의 건립이나 선체조·선무술의 보급 등과 같은 다양한 사업을 펼쳐나가도록 해야 한다. 그리하여 심성(열반) 문화는 자극과 감각을 따라 마음대로 행동하는 것이 자유가 아니라, 마음을 다스려 마음의 주인이 되는 것이 진정한 자유임을 대중들에게 깨우쳐 주어야 할 것이다.

둘째, 가칭 '불교문화예술회관' 같은 건물을 규모 있고 장엄하게 건립하여 불교문화를 적극적으로 홍보하고 보급하며 새롭게 개발할 필요가 있다. '가장 한국적인 것이 가장 세계적인 것이다'는 말처럼 가장 불교적인 것이 가장 한국적이고도 세계적인 문화가 될 수 있다는 확신을 가져야 한다. 그렇지 않아도 오늘의 소비대중문화는 전통문화의 단절을 심화시키고 무국적화 또는 서구화되어가는 경향이 있다. 그렇기 때문에 전통문화를 살려가기 위해서라도, 예를 들면 범패·바라춤·나비춤 등과 같은 불교문화를 무대를 통해 직접 알리기도 하고, CD나 비디오 등을 통해서 간접적으로 보급해가야 한다. 오늘날 영화나 비디오는 엄청난 파급효과가 있으므로 불교계에서도 이윤 추구보다는 전법포교의 차원에서 본격적으로 이 분야에 관심을 갖고 투자하여야 한다. 또한 일본의 '달마축제'와 같은, 한국인의 정서에 맞는 새로운 불교 축제를 개발하고, 그 기간에는 불교적 상징성이 강한 캐릭터 상품이라든가 문화상품을 제작, 보급, 판매해도 좋을 것이다. '산사 음악회' 같은 이벤트 행사를 다양하게 개발해서 대중들이 불교문화와 친숙해지도록 하는 것도 필요하다. 그리고 불교 문화행사는 가급적 불교적 특색을 살려 행사나 의식을 여법하고 장중하게 진행해야 한다. 대중을 많이 모으기 위해서 대중적 인기 연예인들을 자주 초청하다 보면 그 행사의 성격이 훼손되고 의미가 반감될 수도 있다. 어쨌든 소비대중문화의 도도한 흐름을 약화시키고 차단시킬 수 있는 새로운 심성문화 또는 불교문화를 적극적으로 개발해가야 한다.

셋째, 대중매체 관리자들은 반성하고 자제해야 한다. 오늘날 퇴폐문화의 확산과 그에 따른 도덕적 가치관의 몰락은 위험 수위에 달해 있다. 이러한 상황이 초래 된 데에는 대중매체의 영향이 그 무엇보다도 크다고 생각된다. 유익한 프로그램의 개발을 위한 경비를 위해 상업주의 광고에 의존할 수밖에 없고, 소비자들의 시청률을 높이기 위해서는 자극적인 영상과 이미지를 내보낼 수밖에 없는 사정은 이해하지만, 각종 대중매체는 오늘의 향락·과소비 풍조를 증폭시킨 막중한 책임이 있다는 것을 기억해야 할 것이다. 특히 주로 황금시간대에 청소년을 겨냥하여 방영되는 '쇼'프로에는 아직도 필요 이상의 화려한 무대와 감각적이고 선정적인 장면들이 그득한데, 그 부정적 영향을 고려하여 적극적인 자제가 요청된다. 전통 문화와 종교문화에 관한 프로그램을 더 많이 방영하고 교양프로 등과 같은 유익한 프로를 황금시간대에 가급적 많이 배치하는 것도 적극적으로 검토되어야 한다. 방송에 관한 모든 문제에 대해 불교인과 불교시민운동 단체들의 적극적인 관심과 감시활동이 절실히 요청된다.

넷째, 불교종단협의회나 각 종단이 중심이 되어 오계五戒나 십선계十善戒보다도 훨씬 구체적인 생활윤리 또는 소비윤리의 지침을 마련하여 불교신도로 하여금 실천토록 한다. '성불도놀이'와 같은 전통적인 불교놀이를 발굴하여 보급하고 새로운 놀이 문화를 개발하며, '제2의 사원화 운동'을 전개하여 사찰이 청소년과 지역주민에게 활짝 열려 있는 문화공간으로 다시 거듭나야 한다.

# III. 인도불교 계율에 있어서의 노동문제

다국적 기업들이 전 세계적으로 하이테크 생산설비를 채용하면서 수백만의 노동자들이 노동의 현장에서 밀려나고 있다. 1994년도 '국제노동기구(ILO)'의 한 보도자료에 따르면, 실업자 및 잠재적 실업자는 전 세계적으로 8억을 넘고 있다 하는바, 이는 1930년대의 대공황 이후 최고 수준의 지구적 실업이라 할 것이다. 제레미 리프킨이 『노동의 종말』에서 밝히고 있듯이 우리는 지금 참으로 심각한 '노동의 위기'시대를 맞이하고 있는 것이다.

이러한 상황에서 불교는 경제문제일반에 대한 불교 본연의 입장에 대해 진지한 탐색과 연구를 등한히 해 왔다. 그리하여 출가자나 재가자나 할 것 없이 거의 모든 불교인은 나름의 분명한 경제윤리를 확립하지 못하고 시대의 흐름에 편승해 온 것이다.

특히 현재 우리나라 사찰의 재정구조에는 많은 문제점이 있다. 종단에 따라 사찰에 따라 차이는 있겠지만, 대부분의 경우 불전 수입과 불공 수입의 의존도가 높다. 조계종의 경우, 사찰운영위원회를 결성하여 사찰재정의 투명성과 합리성을 제고하려 하고 있지만 별다른 진전이 없어 보인다. 출가자들의 생산노동에 대한 어떤 규범이나 원칙도 없다. '생산불교'에 대한 필요성이 제기되기도 하지만, 그 타당성에 대한 이론적 검증작업도 이루어지지 않고 있고, 그 방향도 제시되지 못하고 있다.

이러한 인식을 바탕으로 여기에서는 우선 출가자의 생산과 노동에 대한 인도불교계율의 입장을 살펴보기로 한다. 인도불교계율은 물론 대승계율을 포함하지만, 대승계율보다는 소승계율 특히 사대율四大律[78]을 중심으로 관련 내용을 살피고 그에 대해 분석·검토한 후, 더 넓은 틀에서 불교의 노동관을 정리해 보고자 한다.

이 연구는 생산과 노동에 대한 불교의 미래지향적 입장을 정리하는 데 있어, 그 기초작업으로서의 의미를 갖게 될 것이다.

## 1. 노동에 대한 계율의 입장

부처님 당시, 출가수행자들에게는 땅을 파고 씨앗을 뿌리는 농사일이라든가 물건을 사고파는 장사일 등의 일체의 노동과 생산 활동이 금지되어 있었다. 하지만 율장律藏의 내용을 자세히 살펴보면, 농사나 장사일과 같은 직업적인 생산 노동을 직접적으로 금하고 있는 계율 조항은 찾아보기 어렵다.

먼저 우리들에게 잘 알려져 있는 '땅을 파지 말라'는 이른바 '굴지계掘地戒'의 내용을 살펴보자. 『마하승기율摩訶僧祇律』은 '굴지계'의 성립 배경과 내용을 다음과 같이 전하고 있다.

---

78 살바다부 所傳의 『十誦律』, 담무덕부 所傳의 『四分律』, 대중부 소전의 『摩訶僧祇律』, 미사색부 소전의 『五分律』을 지칭함.

그때 일을 하던 비구가 스스로 땅을 파서 터를 만들고 벽돌을 만들고 진흙을 만드니, 세상 사람들이 비난하여 말하였다.

"사문 구담은 한량없는 방편으로 살생하는 것을 꾸짖고 살생하지 않는 것을 찬탄하였다. 그런데도 이제 자기 손으로 땅을 파서 터를 닦고 벽돌을 만들고 진흙을 만들어서 벌레들의 목숨을 살상하여 파괴하니, 이는 타락한 사람이니 무슨 도가 있으리요."

여러 비구들이 이 인연을 세존께 가서 아뢰니, 부처님께서 말씀하셨다.

"일을 하던 비구를 불러오너라."

그가 오니, 부처님께서 물으셨다.

"비구야, 그대가 실제로 그런 짓을 하였느냐?"

"사실입니다."

"비구야, 이 가운데에 비록 목숨 가진 중생이 없다 하더라도 출가한 사람으로서 지어서는 아니 되는 것이니, 마땅히 일을 적게 하고 용무를 적게 하여 세상 사람들의 비난거리가 되어서 그들의 착한 복을 잃게 하여서는 아니 된다. 오늘부터는 자기 손으로 땅을 파는 것을 허락하지 아니한다."

그리고는 여러 비구들에게 말씀하셨다.

"광야성을 의지하여 사는 비구들을 다 모이게 하여라. 열 가지 이익 때문에 여러 비구들을 위하여 계율을 제정한다. 이미 들었던 자들도 다시 들어라. 비구가 만일 자기 손으로 땅을 파든지 남을 시켜 땅을 파게 하든지 땅을 파라고 말해 보이면 바야제(바일제)의 죄를 범하느니라."[79]

이것은 『사분율』에서는 90가지 바일제(單墮罪) 가운데 열 번째(『四分律』 제11권)에 설해지고 있는바, 그 내용을 간추리면 다음과 같다.

부처님께서 광야성曠野城에 계실 때, 육군비구六群比丘가 부처님을 위해 강당을 수리(修治)하다가 자신들이 손수 강당 주위의 땅을 팠다.

---

[79] 大正藏 22, p.384下.

그때 여러 장자長者들이 이것을 보고 "어찌하여 사문석자沙門釋子는 부끄러움도 모르고 남의 목숨을 끊는가. 겉으로는 정법正法을 안다고 말하지만 지금 손수 땅을 파 남의 목숨을 끊는 것을 보니 어찌 정법이 있겠는가?" 하고 비난하였다. 이러한 일을 전해들은 부처님은 6군비구들을 나무란 후, "만약 비구가 손수 땅을 파면 바일제니라"고[80] 제계制戒하였다. 그러자 그 비구들은 다른 사람들을 시켜 땅을 파도록 하여 강당 수리를 마무리하고자 하였다. 그러나 이것 역시 장자들의 비난의 대상이 된다. 그러자 부처님은 다시 "만약 어떤 비구가 손수 땅을 파거나 다른 사람을 시켜 땅을 파게 하면 바일제니라"고[81] 보충하여 제계하였다. 그리고 이에 덧붙여, 땅인 줄 알면서 땅 위에 불을 지르거나, 호미 또는 괭이를 쓰거나, 매로 때리거나, 낫과 칼로 찌르거나, 손톱으로 땅을 긁어서 상하게 하면 안 된다고 설한다.

따라서 이른바 '땅을 파지 말라'는 계율은 원래 농사일을 하지 말라는 의미가 아니라 땅 속의 생물을 함부로 죽이지 말라는, 이를테면 '불살생계不殺生戒'의 연장선상에 있는 계율이다. 그리하여 『선견율비바사善見律毘婆沙』 제15권에서는 모래, 돌, 기와, 자갈의 비율이 5분의 4가 넘는 땅은 참땅(眞地)의 범주에 넣지 않는다고 하였다.[82] 『근본살바다부율섭根本薩婆多部律攝』 제13권(괴생지학처壞生地學處 제73)에서는 '살아 있는 땅(生地)'이라는 표현을 쓰면서, 거기에는 '아직 파지 않은 땅'은 물론 '전에 팠다가 비가 와서 젖었거나 남은 물이 담겨있는 채로 석 달이 지난 땅'과 '비가 오지 않았는데 젖었거나 물에 잠겨 젖은 채로 여섯

---

80 大正藏 22, p.641上, "若比丘, 自手掘地, 波逸提."

81 大正藏 22, p.641中, "若比丘, 自手掘地, 若敎人掘地者, 波逸提."

82 大正藏 24, p.780中, "非眞地者, 多有沙石瓦礫沙土, 是名非眞地. …… 若四分石一分土, 可得掘."

달이 지난 땅'까지 포함시키고 있다.[83] 또한 경작지는 '살아 있는 땅'이 아닐 수도 있다는 뉘앙스의 표현을 하고 있어서 이채롭기도 하다.[84] 『사분율』에서는 "재목과 대를 끌고 가거나, 넘어진 울타리를 일으키거나, 벽돌을 뒤지거나, 쇠똥·무너진 언덕 흙·쥐가 파낸 흙을 제거하거나 사람이 다니는 길의 흙과 집안의 흙을 제거한다든가 땅을 쓸거나 지팡이로 땅을 짚거나 고의로 파지 않은 것은 (바일제를) 범하지 않은 것으로 본다"고[85] 부연설명하고 있다.

이러한 모든 내용들을 종합해 볼 때 '땅을 파지 말라'는 계율이 직접적인 농사일을 금하고 있지 않다는 것은 분명하다고 할 수 있겠다.

다음으로, '물건을 판매하지 말라'는 '판매계販賣戒'의 경우를 보자. 『오분율五分律』 제5권에서는 '판매계'의 성립연기를 다음과 같이 전한다.

그러자 그 외도外道는 발난타에게 말했다.

"대덕에게는 이미 완성된 옷이 많다고 들었습니다. 한 벌의 옷을 저에게 바꾸어 주시겠습니까?"

"당신들 모든 외도는 마음이 견고하거나 바르지 못해서 변덕과 후회가 죽 끓듯 한지라 얻은 뒤에는 곧 말하기를 '귀하고 천한 것이 공평하지 않다'고 하니, 만일 뒤에 말이 없다면 주겠습니다."

"다른 사람은 혹시 그렇기도 하겠지만 나는 끝내 후회하지 않습니다."

이에 발난타는 빨고 두드리고 톡톡하게 해 놓았던 흐린 염색 즙으로 물들인

---

83 大正藏 24, p.600下, "生地者, 謂未曾掘, 若曾經掘被天雨濕, 若餘水霑時經三月, 是名生地. 若無雨濕及水霑潤時, 經六月, 亦名生地."

84 大正藏 24, p.600下.

85 大正藏 22, p.641中, "不犯者, 若語言: '知是看是.' 若曳材木·曳竹, 若蘺倒地扶正, 若反博石取牛屎, 取崩岸土, 若取鼠壞土, 若除經行處土, 若除屋內土, 若來往經行, 若掃地, 若杖築地, 若不故掘, 一地不犯."

418 제4장 불교에서 본 문화의 진보

거친 겁패劫貝를 그에게 주었다,

그가 옷을 얻은 뒤에 외도의 대중에게로 돌아가자 외도가 물었다.

"완성된 옷을 얻었습니까?"

"바꿀 수 있었습니다."

"가지고 오십시오. 봅시다."

그가 곧 내서 보이자 모든 외도들이 보고 다 함께 말하였다.

"큰 값어치 있는 옷을 잃고 이런 몹쓸 옷을 얻었으니 멍청하구려. 이것의 다섯 배나 여섯 배로도 비교될 것이 아니니, 그것을 도로 가져오십시오. 다른 일을 제쳐놓고 당신을 위해 함께 만들어주겠소."

그는 곧 가지고 도로 가서 발난타에게 말하였다.

"그대 석종자釋種子여, 어찌하여 이 몹쓸 옷으로써 나를 속였소? 돌려주면 당신의 악惡을 퍼뜨리지는 않겠소."

발난타가 말하였다.

"나는 외도의 마음이 굳거나 바르지도 않고 변덕과 후회가 죽 끓듯 함을 알기에 당신에게 주지 않으려고 하였소. 그런데 당신이 '후회하지 않겠다'고 말하였기 때문에 따랐는데 어떻게 이제 와서 이런 말을 하는 것이오?"

그리고는 끝내 그것을 주지 않자, 그는 곧 큰 소리로 울었으므로 모든 거사들이 물었다.

"당신은 무엇 때문에 우시오?"

그 일을 자세히 말해주자 모든 거사들은 곧 비방하면서 꾸짖었다.

"속인도 팔고 사고 할 적에 7일까지는 오히려 도로 돌려주거늘, 어찌하여 사문으로서 잠시 동안인데 돌려주지 않는가? 모습과 의복은 속인과 다르면서도 사고팔고 하는 것은 속인보다 더하구나."

이와 같은 나쁜 명성이 주위에 널리 퍼졌으므로 모든 장로 비구들은 듣고 여러 방법으로 꾸짖고는 그 일을 부처님께 아뢰었다.[86]

---

86 大正藏 22, p.36下.

그리하여 부처님은 결국 "만일 비구가 갖가지로 판매하면서 이익을 구하면 니살기바일제니라(若比丘種種販賣求利 尼薩耆波逸提)"고 제계制戒한다. 그리고 바로 이어 "만들어진 것(作)을 만들어진 것(作)과 바꾸거나, 만들어진 것(作)을 아직 만들어지지 않은 것(未作)과 바꾸거나, 만들어진 것(作)을 만들어지고 동시에 만들어지지 않은 것(作未作)과 바꾸거나, 미작未作을 미작과 바꾸거나, 미작을 작作과 바꾸거나, 미작을 작미작作未作과 바꾸거나, 작미작을 작미작과 바꾸거나, 작미작을 작과 바꾸거나, 작미작을 미작과 바꾸면 모두 니살기바일제"라고 부연한다.[87] 이것은 『사분율』에서는 30 니살기바일제(捨墮罪) 가운데 스무 번째의 조항에 해당되는데 그 대강의 내용은 다음과 같다.

부처님께서 기수급고독원에 계실 때에, 발난타 석자釋子가 코살라국의 길을 가다가 가지고 있던 생강을 밥과 바꾸어 먹은 일이 있었다. 이 일은 사리불이 우연히 그 밥장수집에 걸식하러 갔다가 주인이 "밥값을 내라"고 하는 바람에 알게 된다. 또한 발난타는 어느 외도가 값비싼 옷을 다른 사람의 옷과 바꿔 입고자 함을 알고, 그 옷이 탐나 자신의 헌 옷을 밤새 빨고 두드리고 하여 새 옷처럼 손질한 후 그 비싼 옷과 바꿨다. 외도가 후에 속은 줄을 알고 다시 바꿔달라고 하였으나 발난타가 거절하였다. 이런 일로 인하여 부처님께서는 "만약 비구가 가지가지로 판매하면 니살기바일제니라"고[88] 가르친 것이다. 따라서 이것을 '여러 가지로 장사하지 말라'고 해석하는 것은 적절치 못하다고 생각된다. 또한 한글대장경(『사분율』제1권)에서 "사고팔고 하지 말라"고[89] 번역한 것도 오해의 여지가 있는 표현이다. 이것은 '(외도와 일반인과는) 물건을

---

87 大正藏 22, p.36下.
88 大正藏 22, p.621上, "若比丘, 種種販賣, 尼薩耆波逸提."
89 동국역경원, 한글대장경 『四分律』①, p.200下.

교환하지 말라' 정도로 번역하면 좋을 것이다. 그것은 "지금부터는 집을
떠난 다섯 무리[90]끼리 바꾸는 것을 허락하되 잘 살펴서 할 것이요, 장사하
는 사람처럼 값의 높고 낮음을 따지지 말라. 다른 사람과는 바꾸지
말 것이며 정인淨人[91]과는 바꾸되 뉘우치거든 돌려줄지니라"[92]고 하신
부처님의 가르침을 통해서도 알 수 있다. 『남전율장南傳律藏』에서는
제계制戒의 동기를 우파난타 장로가 어떤 외도와 옷을 바꾼 후, 그것을
다시 상점에 팔았기 때문이라고 설명하고 있지만[93] 이것 역시 '직업적인
장사'라고 할 수는 없는 것이다.

　다음으로, 『사분율』 90바일제 중 11번째 조항에는 "살아 있는 나무를
꺾지 말라"[94]는 내용이 나온다. 이것 역시 들에 사는 어떤 비구가 집을
짓기 위해 나무를 베었기 때문에 설해진 것으로, '나무일' 하는 그 자체를
금하는 것이 아니라 나무의 생명과 숲에 사는 생명들을 보호하라는
의미로 이해해야 한다. 그것은 "마른 초목을 끊거나, 산 초목 위로 재목과
대를 끌거나 …… 산 풀이 길에 덮인 것을 지팡이로 헤쳐서 열리게
하거나, 기왓장과 돌로 고여 주다가 초목을 다치거나 …… 지팡이로
땅을 짚다가 산 초목을 손상시키는 것은 범하지 않는 것이니라"고[95]

---

90 여기서 '다섯 무리'는 비구·비구니·식차마나·사미·사미니의 五部衆을 지칭하는
　것으로 생각된다.
91 淨人이란 출가는 하지 않았지만 절에 있으면서 스님들의 不相應의 物件을 보관하기
　도 하고 스님들의 식사 때에 일을 돕기도 하는 사람을 말한다.
92 大正藏 22, p.621上, "自今已去聽五衆出家人共貿易, 應自審定, 不應共相高下如市
　道法, 不得與餘人貿易, 應令淨人貿易, 若悔聽還."
93 이지관, 『南北傳六部律藏比較研究』(가산불교문화연구원, 1999), p.154.
94 이것은 원래 "만약 비구가 귀신의 마을을 파괴하면 바일제니라"(大正藏 22, p.641下,
　"若比丘壞鬼神村, 波逸提.")고 한 것을 의역한 것인데, 당시 인도인들은 草木 속에
　神들이 살고 있다고 생각했었음을 기억하면 쉽게 이해될 것이다.

한 『사분율』의 부연설명을 통해서도 충분히 알 수 있다.

다음으로 『사분율』「잡건도雜犍度」에는 "짐을 지고 다니지 말라"는[96] 가르침이 보인다. 이것은 어떤 비구들이 짐을 지고 다니는 것을 보고 거사들이 "사문석자沙門釋子가 속인들과 똑같이 짐을 지고 다니는구나" 라고 비웃었기 때문에 설해진 것이다. 하지만 "아무도 없는 곳에서는 지고 가다가 남이 보거든 땅에 내려놓거나 어깨 위로 옮기라"[97]고도 하였고, 절 안에서 벽돌과 재목을 모으는 비구들이 부처님의 가르침 때문에 감히 등에다 지지 못하고 당혹스러워하는 것을 보고 "절 안에서는 짐을 져도 좋다"[98]고도 말씀하셨다는 사실을 율전은 전하고 있는 것이다. 이것 역시 짐을 져 나르는 노동 자체를 금했다기보다 출가사문의 본분과 위의를 지켜 세인들에게 신뢰와 존경을 받을 수 있도록 하기 위한 배려였다고 생각된다.

그리고 비구니 178바일제 중의 114번째에는 "손수 길쌈하지 말라"(『사분율』 제27권)는 조항이 나온다. 이것은 부처님께서 기수급고독원에 계실 때, 육군비구니六群比丘尼들이 손수 길쌈을 하는 것을 보고 거사들이 "이 비구니들도 꼭 우리 아내처럼 길쌈을 하는구나"라고 비웃었던 데서 비롯된 것으로, 이를 전해들은 부처님은 "만약 비구니가 손수 길쌈을 하면 바일제니라"[99](『오분율』 제14권에는 '만약 비구니가 손수 길쌈을 하여 옷을 지으면 바일제니라'고 되어 있다)고 제계하신 것이다. 그러나

---

95 大正藏 22, p.642上, "若斷枯乾草木, 若於生草木上, 曳材曳竹正離障, … 若生草覆道, 以杖披遮令開, 若以瓦石柱之而斷傷草木, … 若以杖築地撥生草木斷, 無犯."
96 大正藏 22, p.956中, "佛言: 不應背負物行."
97 大正藏 22, p.956中, "佛言: 聽無人處擔, 若見白衣應下著地·若移肩上."
98 大正藏 22, p.956中~下, "佛言: 聽寺內背負."
99 大正藏 22, p.753中, "若比丘尼, 自手紡績者, 波逸提."

『오분율』에서 "허리끈이나 선대禪帶를 짜는 것은 (바일제를) 범하는 것이 아니다"는[100] 예외조항을 말하고 있는 것으로 미루어, 이 계율 역시 길쌈하는 일 그 자체를 문제시한다기보다 출가수행자의 본분을 망각하고 세속에서의 생활습관과 결별하지 못하는 것을 경계하고 있는 것이다.

끝으로 비구니 178바일제 가운데 169번째에는 "세속 기술로 살아가지 말라"(『사분율』 제30권)는[101] 조항이 설해져 있다. 이 계율은 육군비구니들이 세속의 여러 주술을 익혀 살아감으로 말미암아 정해진 것임을 미루어 볼 때, "세속 기술로 살아가지 말라"는 가르침에서의 세속 기술은 일반적인 (공업)기술의 의미로 보기보다 주술의 의미로 한정시켜 이해하는 것이 좋을 것이다.[102] 이것은 소승계율이 수범수제隨犯隨制의 원칙에 따라 제정되었음을 상기해 보면 쉽게 알 수 있다.

소승율전에 있어서 생산노동과 관련된 내용은 위에 예시한 몇 가지가 거의 전부라고도 할 수 있는데, 이상에서 살핀 것처럼 일반적인 개념의 생산노동을 원칙적으로 금하고 있는 조항은 찾아보기 어렵다.

그리고 위에서 살펴본 몇몇 예외조항이나 부연설명을 통해서도 드러나듯 소승율장에서는 직업적인 생산노동이 아닌 한, 출가자에게도 어느 정도의 불가피한 일과 노동을 허용하고 있음을 알 수 있다. 몇 가지 다른 예를 다음에 제시해 본다.

먼저 『십송율』에는, "하수구를 내고 사방에 도랑을 만들도록 하여라"[103]라는 가르침이 보인다. 이것은 부처님께서 아라비국에 계실 때,

---

100 大正藏 22, p.96中, "若作腰繩・禪帶・絡囊・縫衣褸, 不犯."

101 大正藏 22, p.775上, "學世俗技術以自活命, 波逸提."

102 大正藏 22, p.775上, "不犯者, 若學呪腹中虫病, 若治宿食不消・若學書學誦・若學世論・爲伏外道故若學呪毒爲自護不以爲活命, 無犯."

103 大正藏 23, p.280下, "應作水竇繞, 四邊應作塹."

새로 지은 한 방사가 있었는데 오랫동안 가물다가 큰비가 쏟아지자
울타리의 벽이 무너지곤 하였으므로 설해진 것이다.

다음으로, 『사분율』 제46권 「부장건도覆藏犍度」에 보면, 목욕물을
데우기 위해서 "나무를 해와야 하면 나무를 하고 나무를 패야 하면
나무를 패고 불을 때야 하면 불을 때라"[104]는 내용이 보인다. 나무를
하고 나무를 패는 등의 일상적인 노동을 인정하고 있는 것이다.

『사분율』 제50권 「방사건도房舍犍度」에는 다음과 같은 내용이 나온다.

그 때에 비구들이 방을 만들려 하니 부처님께서 '만들라' 하셨고, 땅을
고르려 하니 '고르라. 만일 돌·나무·뿌리·가시 넝쿨이 있거든 없애고,
움푹한 곳은 메우고, 물이 염려되거든 둑을 만들고 큰 나무 포기나 돌이
있거든 파내라.' …… 그들이 벽돌이 필요하니 '만들라. 스스로 만들든지
남을 시켜 만들게 하라'고 하셨다.[105]

여기서는 방사를 짓는 데 필요한 거의 모든 일과 작업을 허락하고
있는 것이다. 또한 「방사건도」에서는 계속해서 "낡은 방은 힘에 따라
고치라"[106], "(소와 염소가 못 들어오도록) 못을 파서 막으라"[107], "(늙고
병들은 상좌 비구들이 다닐 수 있도록) 다리를 놓으라"[108], "(제타 숲

---

104 大正藏 22, p.905上, "應取薪便取, 應破便破, 應然火便然火."
105 大正藏 22, p.940下, "時諸比丘欲作房, 佛言: '聽.' 彼欲平地, 佛言: '聽. 若作有石·樹
　　根·棘刺應却; 若有坑渠處低下處應塡平; 若慮水應設堤防; 若恐地有主或致餘言
　　者, 應決了分明; 若有大樹株若石應掘出. 若不能出, 燒去; …… 彼須墼,聽作, 若自
　　作若教人作."
106 大正藏 22, p.941中, "隨力多少應治."
107 大正藏 22, p.941下, "(時祇桓園牛羊來入無有禁限, 佛言:) '掘作塹障.'"
108 大正藏 22, p.941下, "(彼上座老病比丘行時不能度' 佛言:) '聽作橋.'"

동산에 물길이 머니) 개울을 파서 물을 끌어 들이라"[109], "물 데우는 집을 지으라. …… (나무를 저장할) 나무광을 지으라"[110]는 등의 가르침이 설해지고 있다.

『사분율』제51권 「잡건도」에는, 삭도·칼집·줄·손톱깎기·통 등을 만들어도 된다는 내용이 발견된다.[111] 나아가 「잡건도」에는 다음과 같은 파격적인 기록도 보인다.

> 이때에 쇠를 다루는 이가 출가하여 비구들을 위해 발우를 만들고자 하여 부처님께 사뢰니, 부처님께서 '만들라' 하셨고, 그들이 화로가 필요하니 '만들라' 하셨고, 망치가 필요하니 '만들라' 하셨고, 풀무가 필요하니 '만들라' 하셨다.[112]

이 내용을 어떻게 이해해야 하는지에 대해서는 좀더 다각적인 검토가 필요하다고 생각된다. 하지만 이 내용을 기정사실로 받아들인다면, 아마도 늘어나는 출가자들에게 발우 공급을 원활히 하기 위해서 쇠 다루는 기술이 있는 비구를 활용하였을 것으로 추측해 봄직하다.

또한 「잡건도」에는 부처님이 돈독한 신심을 지닌 재가 옹기장이에게 와발瓦鉢 만드는 방법에 대해 다음과 같은 상세한 조언을 하였다는 기록이 나오고 있어 흥미롭다.

---

109 大正藏 22, p.941下, "(時祇桓去水遠,) '聽作渠通水.'"

110 大正藏 22, p.942中, "(時諸比丘安薪露地, 天雨濕, 佛言:) '聽作安薪屋.'"

111 大正藏 22, p.945上~中 참고.

112 大正藏 22, p.952中, "時有鐵作者出家, 欲爲諸比丘作鉢白佛, 佛言: '聽作.' 彼須爐, 佛言: '聽作.' 彼須椎鉗, 佛言: '聽作.' 彼須韛囊, '聽作.'"

이곳의 흙을 파서 이러이러하게 치고, 이러이러하게 말리고, 이러이러하게 이기고, 이러이러하게 조절하여, 이러이러하게 발우를 만들고, 이러이러하게 긁어서, 이러이러하게 말린 뒤에 크고 견고한 화로를 만들어서, 발우를 그 안에 놓고 뚜껑을 그 위에 덮은 뒤에, 진흙으로 바르고서 카라타 나무나 대추나무나 시사바 나무나 아마륵 나무를 사방에 놓고 불을 때라.[113]

이 밖에도 「잡건도」에는 부처님께서 골무, 바늘, 바늘쌈, 바늘통, 일산 등을 만들도록 허락한 내용이 계속해서 발견되고 있다.[114]

이러한 내용을 종합해 보면, 직업적인 생산노동이 아닌, 출가 공동체 생활에 필요한 최소한의 일과 노동에 대해서는 부처님께서 상당 부분 허용하고 있다는 사실을 우리는 알 수 있을 것이다.


## 2. 노동에 대한 불교의 입장

이상에서는 노동에 관한 소승율장小乘律藏의 입장에 대해서 알아보았다. 이제 여기서는 노동에 대한 불교의 일반적 입장에 대해 살펴보기로 한다.

『유교경遺教經』은 출가하여 계戒를 받은 수행자는 물건을 사고팔거나 무역을 하지 말고, 집이나 논밭을 마련하지 말며 하인을 부리거나 짐승을 길러서는 안 된다고 가르친다. 초목을 베거나 땅을 개간해서도 안 되며 약을 만들거나 사람의 길흉을 점치는 일을 해서도 안 된다고 설한다.[115]

---

113 大正藏 22, p.952下, "時有信樂陶師, 世尊指授泥處語言: '取此處土, 作如是打, 如是曬燥, 如是作泥, 如是調. 作如是鉢, 如是揩摩. 如是曬乾已, 作大堅爐安鉢置中, 以蓋覆上泥塗. 若以佉羅陀木, 若以棗木, 若以尸賖婆木·阿摩勒木, 安四邊燒之.'"

114 大正藏 22, pp.953下~956中.

또한 『잡아함』 권18 「정구경淨口經」은 모든 출가수행자는 이른바 '사부정식四不淨食(사사명식四邪命食)'에 의해 생활해서는 안 되고 걸식乞食에 의해서만 살아가야 한다고 가르친다. 사부정식이란 ①논·밭을 갈고 나무를 심어 생활하는 것(하구식下口食), ②성수星宿, 일월日月, 풍우風雨 등을 관찰·연구함에 의해서 생활하는 것(앙구식仰口食), ③권세에 아첨하여 교언영색으로 그들로부터 재물을 얻어 사는 것(방구식方口食), ④점치고 관상 보는 것을 배워 사람의 길흉화복을 말하거나 의술로써 생활하는 것(유구식維口食)을 말한다. 다시 말해서, 일반적으로 바른 직업이든 바르지 못한 직업이든, 출가자는 일체의 세속적 직업을 가져서는 안 된다고 「정구경」은 분명하게 규정하고 있는 것이다.[116]

그런데도 삼의일발三衣一鉢을 비롯한 수많은 계조戒條를 통해서 청빈한 생활을 강조하고 있는 율장律藏에는 출가자에 대해 일반적인 생산노동과 세속적 직업을 금지하는 직접적인 규정이 없다. 그것은 왜일까.

이에 대해 우리는 크게 두 가지 이유를 생각해 볼 수 있을 것이다.

첫째, 소승계율은 이계理戒와 돈계頓戒가 아닌 사계事戒이자 점계漸戒로서 이른바 '수범수제隨犯隨制'의 원칙에 따라 성립되었다는 점이다. 그러므로 출가자들 가운데 일반적인 생산노동과 세속적 직업에 의해 살아간 예가 없었다면, 당연히 이에 대한 계조戒條도 있을 수 없게 되는 것이다. 물론 투라난타 비구니가 불쌍한 여자아이를 데려다 술을 팔게 하여 돈을 벌기도 하고 음녀淫女를 고용하여 윤락행위를 시켜 돈을 벌기도 해서 세인世人들로부터 비난을 받은 일이 있었다는 기록도 있다(『근본설일체유부비나야잡사』 권32).[117] 하지만 이것은 실로 특별한

115 성전편찬회편, 『불교성전』(동국역경원, 1980), pp.260~261.
116 大正藏 2, pp.131下~132上.
117 大正藏 24, p.365中~下.

경우에 속하는 일로서 대부분의 출가자는 세속적인 일에 관여하지 않았던 것이며 따라서 율전에는 생산노동에 대한 직접적인 언급이 없는 것이다.

둘째, 석존 당시 인도에서는 바라문이든 사문이든 출가수행자는 모두가 세속적인 생활 방식과 완전히 결별하는 것이 관례였다. 일반인들은 출가수행을 통해 뛰어난 지혜와 높은 덕을 갖춘 그들을 존경하고 경제적으로 지원하였다. 이러한 풍습은 아마도 인도 바라문 사회의 이른바 '사주기四住期'(asrama; 梵行期 또는 學生期, 家住期, 林棲期, 遊行期) 제도에 연유한 것으로 추측된다.[118] 일반인들은 그들에게 보시하면 그에 상응하는 공덕을 얻는다고 믿었고, 또한 기후 조건상 음식을 오래 저장할 수 없어서 그날그날 여분의 음식을 누구에게든 큰 부담 없이 베풀 수가 있었기 때문에 이러한 풍습은 보편화되고 오랫동안 지속될 수 있었다고 추측된다.[119] 어쨌든 이러한 사회적 배경 속에서 출가자가 세속적 생활 방식을 전면적으로 파기하는 것은 너무나도 당연한 일이었다.[120] 그렇기 때문에 굳이 이러한 사항을 계율 속에 포함시킬 필요가 없었을 것이다. 또한 율전에 의하면, 비구가 구족계를 받고 나면 사타법四墮法(4바라이를 범하면 비구 자격이 상실되고 지옥에 떨어짐)과 함께 분소의糞掃衣와 걸식乞食과 수하주樹下住와 진기약陳棄藥에 의지해야 한다는 소위 '사의四依(四依

---

118 四住期법이 제정되기 이전에 이미 출가유행의 풍습이 있었다는 주장도 있다. 이것은 너무 많은 사람들이 출가유행의 대열에 참여하여 사회문제화되어 가는 과정에서 이를 예방하기 위한 제도적 장치로서 창안된 것이 四住期법이라는 주장이다. 이는 定說은 아니지만 논의의 여지가 있다고 본다.

119 水野弘元, 『原始佛教』(京都: 平樂寺書店, 1981), p.22.

120 律典에서는 출가자의 세속적 생활 태도와 방식에 대한 일반인들의 엄중한 비난을 수없이 발견하게 된다.

止)'의 법을 설해야 한다고 되어 있다. 원래는 구족계를 주기 전에 먼저 사의법四依法을 지킬 수 있는지부터 물어보았는데 어떤 바라문이 사의법을 거부하고 돌아간 일이 있은 후부터 순서가 바뀌었다고 한다(『오분율五分律』 제16권). 그렇다면 사실상 모든 생산노동과 세속적인 직업과의 결별을 의미하는 사의법은 그 어떤 계율보다 상위에 있는 불문율이라고 할 수 있는 것이다. 따라서 이에 관한 규정을 계조戒條 속에 구태여 포함시킬 필요가 없었을 것이다.

이렇게 볼 때, 약간의 예외적인 경우는 있지만, 석존 당시에 출가자에게는 일체의 생산노동이 금지되어 있었던 것임을 알 수 있다. 그렇다면 열반을 궁극적 목표로 삼는 불교는 과연 일체의 생산노동을 부정하는 것일까? 한마디로 그렇지 않다. 그것은 재가자에 대한 부처님의 가르침에 분명히 나타나 있다.

『장아함』「선생경善生經」에서 부처님은 먼저 기예(기술)를 익히고, 재물을 얻었으면 잘 보호하라고 한다. 아울러 때맞추어 재물을 잘 관리하라고 역설한다.[121] 이것은 생산노동을 적극 강조하는 가르침에 틀림이 없다. 더 나아가 부처님은 다음과 같이 생업에 부지런히 전념하라고 당부하신다.

> 어떤 것이 정근精勤인가. 그 직업을 따라 가계를 세워 생활하는 것이다. 혹은 왕의 신하가 되거나 혹은 농부가 되거나 혹은 치생治生을 하거나 혹은 목자牧者가 되거나 그 업을 따라 괴로움을 싫어하지 않고 또 춥거나 덥거나 바람이 불거나 비가 오거나 배가 고프거나 목이 마르거나, 또 모기·깔다귀·파리·벌 때문에 괴로움이 있을지라도 그 업을 버리지 않고 그 업을 성취하기 위하여 애써 나아가는 것을 정근이라고 한다.[122]

---

121 大正藏 1, p.72上~中.

아무리 어렵고 힘들다 하더라도 자신의 일과 직업에 최선을 다해갈 것을 강조하고 있는 것이다. 우리는 불교가 생산노동을 얼마나 중시하고 그 가치를 얼마나 깊이 인식하고 있는가를 증명하기 위해서 더 이상의 예를 들지 않아도 좋을 것이다.

재가자뿐만 아니라 출가자들도 사실은 노동 그 자체를 경시한 것은 아니다. 그것은 석존 당시 석존과 그 제자들을 지칭했던 śramaṇa(沙門)이라는 단어의 의미 속에도 잘 나타난다. śramaṇa는 원래 '정려하다. 근로하다'는 의미의 동사 śram에서 파생된 명사로서 그 어원적 의미는 '정려자, 근로자'인 것이다. 당시의 사문들은 노동 자체를 외면하고 부정한 것이 아니라 어디까지나 정신적인 가치를 창출하기 위해 열심히 일하고 정진하는 사람들이었던 것이다.

또한 『자타카』에는 부처님께서 과거 전생에, 혹은 대상隊商의 주인으로, 혹은 상인으로, 혹은 석수로, 혹은 병 만드는 사람으로, 혹은 목수로서 생애를 보내면서 수행하신 얘기들이 나오는데,[123] 이를 통해 보더라도 불교가 결코 노동 그 자체를 부정시하지 않는다는 것을 알 수 있다.

더욱이 불교적인 입장에서 보면 노동에는 단순히 경제적 의미만이 아니라 사회적 의미와 종교적 의미까지도 포함되어 있음을 알 수 있다. 다시 말해서 불교에서는 노동이 사회질서의 유지 또는 공동체 사회 건설의 원동력이 되며, 동시에 사회적 신분 또는 지위의 향상과 명예를 고양시킴으로써 사회적 자아실현을 가능케 하는 동인이 된다고 본다. 또한 노동이 '종교적 수행을 위한 수단'이라는 기본적 성격을 지니며, 노동 자체가 수행의 과정이며, 노동 및 노동의 결과가 고통 받는 중생에게

---

122 大正藏 2, p.404下.

123 『쟈아타카』「2.모랫길의 전생이야기」, 「3.탐욕상인의 전생이야기」, 「137. 고양이의 전생이야기」, 「178.거북의 전생이야기」, 「466.海商의 전생이야기」 등 참조.

회향된다고 보는 것이다.[124] 그런데도 불교가 노동을 부정한다고 말하는 것은 어불성설이라고 하겠다.

그렇다면 출가자에게 생산노동을 금한 이유는 무엇일까.

첫째, 그것은 앞에서 이미 언급한 것처럼 석존 당시 인도 사회의 관행이자 종교 문화적 전통이었기 때문이다.

둘째, 그것은 출가수행자로 하여금 모든 세속적 생활방식에서 떠나 수행에 전념케 하기 위함이었다. 그리하여 그러한 수행의 상징과 이미지는 일반 대중에게 정신적 가치와 성스러움의 의미를 더욱 효과적으로 부각시켜 그들의 일상적이고 육체적인 삶을 한 차원 더 높이 승화시켜갈 수 있었을 것이기 때문이다. 부처님이 제자들의 수행을 얼마나 중시하였나 하는 것은 다비 후에 수습한 부처님의 사리를, 제자들이 수행하는데 장애가 될까봐 출가제자들이 아닌 재가신자들로 하여금 관리하도록 유언하셨던 사실[125]에서도 잘 드러난다.

셋째, 그것은 초기불교교단의 이원구조의 특성 때문에 가능했다. 교단의 이원구조는 『이티붓타카』107의 "재가자와 출가자는 서로 의지하여 올바른 진리와 위없는 안락에 도달한다. 출가자는 재가자로부터 옷과 생활필수품과 침구, 약품을 얻는다. 또한 재가자는 깨달음에 도달한 성자들의 성스러운 지혜의 힘에 의해 이 세상에서 법을 실행하며 하늘의 세계를 누리고 바라는 것을 얻어 기뻐한다"는 가르침에 잘 나타나 있다. 또한 『육방예경六方禮經』에서 상방上方에 해당되는 출가자와 재가자의 관계 및 역할에 대한 가르침에도 잘 나타나고 있다.[126] 불교 승원을

---

124 拙稿, 「佛敎의 勞動觀 小考」(『佛敎學報』제35집, 동국대불교문화연구원, 1998), pp.139
~145 참조.

125 "출가한 비구는 여래의 사리 공양을 해서는 안 된다. 여래의 사리는 찰제리,
바라문, 장자 등의 재가 신자가 공양하도록 하라." (D.N. Mahāparinibbāna-Suttanta)

'마을에서 멀지도 가깝지도 않은 곳'에 위치시킨 것도 탁발은 물론 재가자의 방문과 보시를 가능케 하고 그들에게 법을 설할 수 있도록 하기 위한 것이었다.[127] 이러한 사실 역시 초기교단의 이원구조를 잘 말해주고 있다 할 것이다. 이와 같이 초기교단의 '출가-재가'의 유기적이고도 분업적인 이원구조적 특성상 출가자에게는 생산노동이 금지되었던 것이지 불교가 노동 자체를 거부하고 노동의 가치를 부정한 것은 결코 아니었다.


## 3. 불교적 노동관 정립을 위하여

부처님 당시의 출가수행자들에게는 땅을 파고 씨앗을 뿌리는 농사일이라든가 물건을 사고파는 장사일 등의 일체의 노동과 생산 활동이 금지되어 있었다. 그리하여 수행자들은 탁발에 의한 일일일식一日一食의 식생활을 영위하였고, 이른바 삼의일발三衣一鉢로 참으로 검소한 생활을 꾸려나갔다.

그러나 이상에서 살펴본 것처럼, 인도불교의 소승율장小乘律藏에는 농사일과 장사일 등의 전반적인 생산노동을 직접적으로 금지하는 계조戒條는 없다. '땅을 파지 말라'라든가 '물건을 판매하지 말라'는 등의 조항이

---

126 「siṅgalovāda-suttanta」에는, 출가자는 재가자에게 "①惡을 행하지 않게 하고 ②善을 행하도록 타이르며 ③善心으로써 信者를 사랑하고 ④아직 듣지 못한 것은 들려주고 ⑤이미 들은 것은 바로잡아 주고 더욱 청정케하며 ⑥生天의 道를 開示하는 일을 해야 한다"고 설해져 있다. 또한 재가자는 출가자를 대함에 있어 "①자애로운 행동으로 대하고 ②다정한 말로 대하고 ③자비로운 마음으로 대하고 ④자유롭게 출입할 수 있도록 하며 ⑤생활에 필요한 물건을 제공해야 한다"고 설해져 있다.

127 나라 야스아키 著, 정호영 譯, 『인도불교』(민족사, 1990), p.249.

있기는 하지만, 이것은 농사짓는 일과 장사하는 일를 규제하는 것이 아니라 땅 속의 생명을 함부로 해치지 말고 사사로운 욕심으로 옷과 같은 물건들을 일반인들과 교환하여 사용하지 말라는 의미이다. 물론 '길쌈하여 옷을 짓지 말라'라든가 '짐을 지고 다니지 말라'는 등의 조항이 있지만 이것 역시 직업적인 생산 노동을 금하는 의미는 아니다.

소승율장에 생산노동에 대한 직접적인 규정이 없는 것은 소승계율이 수범수제隨犯隨制의 원칙에 따라 성립되었기 때문이며, 생산노동을 사실상 금하고 있는 사의법四依法이 여러 계율 조항에 우선하는 불문율의 성격을 띠고 있기 때문이다. 따라서 계율 조항에는 없지만, 출가자가 생산 노동을 금하는 것은 너무나 당연한 관행이자 상식적인 기정사실이었다.

하지만 율장에 의하면, 직업적인 생산 노동이 아닌, 출가공동체 생활에 필요한 최소한의 일과 노동은 출가자에게도 상당 부분 허용되고 있음을 알 수 있다. 사실상 출가자들도 노동을 부정한 것이 아니라 '나도 (마음의) 밭을 갈고 (열반의) 씨를 뿌린 후에 먹습니다'라는 석존의 말처럼 정신노동에 적극적으로 참여하고 있었다. 그것은 '출가-재가'로 이루어진 불교교단구조의 이원적二元的·유기적 성격상 불가피한 역할 분담의 필연적 귀결이었다고 할 수 있다.

재가자의 생산 노동에 대한 석존의 강조를 통해서도 알 수 있듯이 불교는 생산노동을 참으로 중시하는 종교다. 이러한 불교의 전통은 훗날, 시대 상황과의 상호작용을 통해 '자생산업즉시불법資生産業卽是佛法'이라는 『법화경』의 사상으로, '일일부작一日不作 일일불식一日不食'의 백장청규百丈淸規로, 백용성白龍城스님의 '선농일치禪農一致' 운동으로 이어져왔다고 할 수 있다.

이러한 전통 속에 담겨져 있는 불교의 근본정신은 더욱 창조적으로

계승되어가야 하겠지만, 동시에 우리는 '출가-재가'의 유기적 관계 틀에
입각한 초기 교단의 이원구조의 특성과 장점을 결코 가볍게 여기거나
잊어서는 안 될 것이다.

# IV. 태고보우의 사회적 갈등 인식

슈마허(E.F. Schumacher)는 현대 팽창주의 경제의 문제점을 통렬히 꼬집은 바 있다.[128] 경제적 진보란 종교 및 전통적 지혜가 일반적으로 거부하는 강력한 이기심이라는 인간의 추진력을 통해 성취된다. 현대 경제는 광적인 탐욕으로 그 추진력을 얻고 있으며, 부가 포화상태에 이를 때까지 무한성장을 계속할 것이라는 환상 속에 깊은 이기심의 심연에 빠져 있다. 이것은 우연한 현상이 아니라 팽창주의적 사고의 필연적인 결과이다. 이러한 팽창주의 경제의 폐해는 실로 심각하다.

　경제적으로 풍요롭지 못한 시대에는 개개인의 생존에 필요한 기본적인 소비가 일반적이지만, 물질이 풍족한 오늘날과 같은 시대에는 소비행태도 상당히 다양하고 복합적인 양상을 띤다. 특히 물질주의와 개인주의의 사고방식이 확산되면서 각종 대중매체의 엄청난 영향력과 함께 과소비 현상은 심화되어가고 있다.

　인간들은 성장과 진보라는 환상으로 부존자원을 한없이 사용해도

---

128 E.F. 슈마허, 김진욱 옮김, 『작은 것이 아름답다』(범우사, 1998), p.316.

무방한 것처럼 무절제하게 소비했고, 자원의 고갈문제는 우려할 사태에
이르렀다. 대량생산을 지향하고 있는 첨단 과학기술의 역기능에 따른
돌발적인 사태와 대형 재난의 가능성도 항상 우리들을 압박한다.

오늘날 지구촌의 복합적인 위기가 근본적으로 그릇된 경제적 관념과
활동에서 비롯된다는 것을 부인할 수 없을 것이다. 더욱이 신자유주의
사회가 가장 첨예하게 직면하고 있는 사회적 불평등 문제는 점점 더
심각해져가고 있다. 이러한 상황에서 일승원융一乘圓融에 바탕한 불교정
신에 의거해 14세기 고려 말엽의 사회적 갈등 해결을 고민하고 모색하였
던 태고 보우국사의 삶과 사상을 통해, 오늘날의 경제 문제와 사회적
불평등 문제를 조명해 보고자 한다.


## 1. 태고사상으로 본 경제문제

### 1) 태고보우의 경제인식

먼저 보우시대의 사회상을 개관해 보기로 한다. 보우가 살았던 고려시대
는 말 그대로 내우외환이 그치지 않았던 시대였다. 보우가 충렬왕 27년
(1301)에 태어나 우왕 8년(1382)에 입적할 때까지 충선왕·충숙왕·충혜
왕·충목왕·충정왕·공민왕 등 총 8대의 왕들을 거치면서 살아간 고려
후기는 정치·사회적 격동기이자 혼란기였다. 고려 후기에 몽고(원)는
30여 년 동안 6차례에 걸쳐 고려를 대대적으로 침공하였고, 그 폐해는
실로 컸으며, 최씨 무신정권은 몽고와의 항쟁 과정에 팔만대장경을
조조하기도 하였다. 삼별초의 난으로 나라가 혼란스럽기도 하였고 무신
정권이 끝나고 왕정이 이루어지면서는 원의 본격적인 간섭을 받게 된다.
공민왕은 즉위하면서부터 반원적反元的 개혁정치를 추진하였으나 원의

압박을 받지 않을 수 없었고, 두 차례에 걸친 홍건적의 침략을 견뎌야
했으며 덕흥왕德興王을 앞세운 원의 군사 1만 명의 침입도 겪어야 했다.
또한 신돈을 등용하여 농장의 확대로 다져진 권세가들의 경제적 기반을
허물고 왕권을 강화하려고도 하였으나 결국은 신돈을 죽이게 된다.

고려 후기에는 정치적 변동으로 인해 신분제가 동요하게 된다. 무신난
을 성공시킨 무신들이 종래의 문벌귀족들 대신에 지배세력이 되기도
하고, 원의 후원을 받는 세족世族·권문權門이 지배세력으로 부상하기도
하지만, 이들 역시 공민왕의 개혁정치로 타격을 받고 대신에 사대부
세력들이 큰 권력을 행사하게 된다. 권세가들에 의한 농장의 발달로
자영농들이 노비로 전락하기도 한다. 또한 생산력의 증대가 농민들로
하여금 근거지를 잃게 하였고, 지방관의 착취는 더욱 심해져 농민과
천민의 반항과 봉기가 자주 일어났다. 정치·경제 제도적 변화에 따른
신분이동이 확대되어 향리신분출신이 정계에 진출하여 중앙귀족이 되
기도 하고 신돈 이의민李義旼 같은 노비 출신이 정권을 장악하기까지
한다.[129]

그런 와중에서 불교계는 국가의 절대적인 비호와 국민의 깊은 신앙
속에서 물질적 풍요를 누리게 되었다. 승려들은 이에 만족하지 않고
비합법적인 방법으로 타인 소유의 전지田地까지 탈점하는가 하면, 각종
수공업과 상행위, 심지어 술 만드는 일에도 관여하면서 계율을 어겼다.
또한 불사佛事의 비용조달과 복지활동의 자금을 마련하기 위한 각종
보寶를 운영함에 있어서도 높은 이자를 취하여 국민들의 원성을 사기도
하였다.[130]

---

129 국사편찬위원회 편, 『한국사 20: 고려 후기의 사회와 대외관계』(국사편찬위원회,
    1994), pp.1~7.
130 이재창, 『한국불교사원경제연구』(불교시대사, 1993), pp.139~140.

태고보우의 「가음명歌吟銘」에 나오는 다음 노래는 이와 사뭇 다른 출가수행자의 두타행을 잘 보여준다.

어리석고 아둔한 주인공은
거꾸로 걷고 거슬려 법칙 없지만
청주의 해진 베장삼 입고
등넝쿨 그늘 속에 절벽에 기대었다.
눈앞에는 법도 없고 사람도 없어
아침저녁 부질없이 푸른 산 빛만 마주하다.[131]

다음 노래 역시 태고의 초속한 삶을 잘 드러내준다.

피곤하여 백운루白雲樓에 한가히 누우니
쓸쓸한 솔바람 그 소리 사륵사륵
그대 와서 남은 여생 여기서 보존하소.
배고프면 나물밥, 목마르면 샘물[132]

이러한 내용들만 놓고 본다면, 보우스님에게서 어떤 경제적 관념을 이끌어낸다는 것은 불가능해 보인다. 다시 말해서 보우스님에게는 아예 경제적 관념이 없었던 것으로도 여겨진다. 하지만 이러한 판단은 성급하다고 할 것이다.

보우국사의 탈속한 생활은 무위도식처럼 보일지 모르나 그것은 어디까지나 수행자로서의 엄격한 계행戒行의 일환임을 알아야 한다. 수행자로서의 투철한 본분 의식은 다음의 게송들에서 찾아볼 수 있다.

---

131 대륜불교문화연구원, 『太古普愚國師法語』(대한불교조계종 修禪會, 1997), p.128.
132 위의 책, p.144

다만 내 심성에 맞추어
덕을 닦아 왕의 은혜 갚으려 한다.[133]

산중에 무엇이 있는가
푸르고 푸르러 연기와 안개뿐이다.
나는 거기서 도를 닦아
이 나라에 법의 비를 내리고[134]

수행자는 직접 노동과 생산에 참여하여 물질적 재화를 창출하지 않는
대신 '덕을 닦고 도를 닦아' 정신적 가치와 마음의 양식을 창출해야
한다는 것이다. 이러한 입장은 "나도 밭을 갈고 씨를 뿌린 후에 먹습니다"
라고 한 부처님의 말씀과 본질적으로 다를 바가 없다.

이것은 달리 말하면 태고보우국사의 수행자로서의 투철한 직업의식
이요 동시에 분명한 경제인식이라고도 할 수 있을 것이다.

## 2) 경제문제에 대한 보우의 입장과 실천

불교에서는 육체적 노동이든 정신적 노동이든, 노동 그 자체를 매우
소중한 것으로 평가하고 있다. 권근權近이 지은 「미원현소설산암원증국
사사리탑명迷源縣小雪山菴圓證國師舍利塔銘」의 기록에 의하면, 보우국사
도 한때는 소설산암에서 직접 '밭을 갈며' 머물렀다고 한다.[135] 이것은
보우가 육체적 노동과 정신적 노동(수행)을 분업적인 개념으로 보았을

---

133  대륜불교문화연구원, 앞의 책, p.226.

134  위의 책, p 227.

135  위의 책, p.293.

뿐, 육체적 노동을 결코 금기시한 것이 아니었음을 증명해 보여주고 있다 하겠다.

초기 경전의 한 가르침에 따르면, 출가자가 아닌 재가자가 경제적인 문제에 무관심한 것은 바람직하지 못하며, 재가자는 마땅히 재산의 획득과 증식에 관심을 가져야 한다. 다시 말해 돈 버는 일에 관심을 가져야 한다. 다만 정당한 방법으로 돈을 벌어야 하며, 수단방법을 가리지 않고 부당하게 돈을 벌어서는 안 된다.[136]

그러나 불교의 가르침은 여기에서 그치지 않는다. 아무리 자신이 정당한 노력으로 번 돈이라 하더라도 자기 자신만을 위해 사용해서는 안 된다. 주위를 돌아보지 않고 자신만을 위해 돈을 쓰는 사람은 "엄청난 부와 황금이 있고 먹을 것이 많은 사람이 다만 혼자서 누리고 먹는다면 이것은 파멸의 문이다"[137]라는 가르침처럼, 결국 불행해지고 말기 때문이다.

요컨대 돈 버는 일에 관심을 가져야 하고, 올바른 방법으로 벌어야 하며, 바르게 쓰기까지 해야 한다는 것이 경제활동에 대한 불교의 기본원칙이라 할 수 있다. 여기에는 가난한 자에 대한 보시, 어려운 자에 대한 자비의 정신이 무르녹아 있다. 우리는 이러한 보시와 자비의 따뜻한 경제를 '불교경제' 또는 '보살경제'라고 불러도 좋을 것이다

보우국사가 보시와 자비의 따뜻한 경제를 역설하고 있다고 여겨지는 가르침은 여러 곳에서 발견된다. 먼저 「백운암가白雲庵歌」 중에 나오는 "나는 이제 무엇으로 지금 사람 위할까"[138]라는 구절에 주목할 필요가 있다. 몸은 비록 깊은 산중에 있지만 마음은 동시대를 살아가는 중생들을

136 『Anguttara Nikaya』 Ⅰ, pp.111~112.
137 『Suttanipata』 102.
138 대륜불교문화연구원, 앞의 책, p.143.

향하여 항상 따뜻하게 열려 있음을 알 수 있다. 왕궁에서 설한 "그 덕화가 백성들에게 미쳐 …… 때를 맞추어 비가 내리고 때를 맞추어 볕이 나 온갖 곡식은 잘 영글고 백성들은 즐거워하며 ……"[139]라는 내용의 설법 가운데도 스님의 자비로운 마음이 그대로 배어 있다.

스님의 자비심은 부모, 스승, 국왕, 중생의 은혜라고 하는 소위 불교적 '사은四恩' 사상과 결합하여 더욱 적극적인 성격을 띠게 된다. '사은'을 갚아야 한다는 말은 '의선인宜禪人에게 주는 글' '유선인乳禪人에게 주는 글' 등에서 발견된다.[140] 스님은 몸소 사은을 갚기 위하여 견성오도한 후 제일 먼저 고향으로 내려가 부모님을 극진히 봉양하였고 스승인 석옥 화상에게는 향을 피워 공양하면서 '법의 젖을 먹여 길러주신 은혜'[141]에 보답코자 하였으며, 국왕과 중생의 은혜를 갚기 위해서 왕사 및 국사의 직책을 통해 봉사하였다.[142]

여기서 우리는 특히 '중생의 은혜'에 주목해 보아야 한다. 우리의 일상생활에 필요한 옷, 음식, 집이 마련되는 데는 실로 수많은 사람들의 노력이 깃들어 있다. 우리는 그것들에 대한 대가로 흔히 돈을 지불하기만 하면 된다고 쉽게 생각하지만, 보이지 않는 수많은 사람들의 피와 땀이 없다면 아무리 돈이 많다 하더라도 그것들을 구할 수가 없게 된다.

예컨대, 양복 한 벌의 경우를 보자. 양복이 만들어지기까지는 양복재단사, 생산지의 장사꾼 직물업자, 염색업자, 양모수입업자, 생산지의 수출업자, 목축업자라고 하는 일련의 기술적·경제적인 많은 기업과, 이러한 과정에 개입하고 있는 운송, 금융, 보험, 창고, 포장, 중간상인

---

139  위의 책, p.73.
140  위의 책, p.111, p.120 참조.
141  위의 책, p.69.
142  장익, 「환경위기와 태고사상」, 『太古思想』 제2집, p 209.

등 기업 관계자의 다양한 노동과 급부가 직간접적으로 총동원되지 않으면 안 된다.[143] 이 점을 이해한다면 우리는 그 많은 중생들의 은혜에 깊이 감사하게 될 것이고, 결국 나와 내 가정만을 위해서가 아니라 우리 모두를 위해 자신의 재산을 사용하게 될 것이다. 다시 말해 '보살경제'를 실천하게 될 것이다.

이 보살경제의 이념은 근본적으로 국사의 '일승원융' 사상에 그 뿌리가 닿아 있다고 할 수 있다. 일승원융사상은 모든 분별의 세계를 뛰어넘고 융섭하여 실천적으로는 보살행을 지향하기 때문이다. 여기에서 일승원융사상에 대한 논의는 구태여 하지 않기로 한다. 다만 일승원융사상이 실천적으로 어떻게 구체화되고 있는지 조금 살펴보기로 한다.

보우국사는 수행과 정치를 별개의 것으로 보지 않았던 것 같다. 그것은 다음의 상당법어에 잘 나타나 있다.

도로써 마음을 삼으니 달이 허공에 밝고
어짊으로 정치하니 해는 한낮에 우뚝하다.[144]

불교적으로 보면 불타와 전륜성왕은 인간의 고통을 해결해 주는 구제자의 양면이지 서로 다른 길을 가는 사람들이 아니다. 국사는 불타를 달에 비유했고, 전륜성왕을 해에 비유했다고 볼 수 있다. 국사는 "여래의 몸은 범왕梵王의 몸이 되기도 하고 제왕의 몸이 되기도 한다"[145]고 하여 국왕을 여래의 화현으로 인식하기도 한다. 일승원융사상은 이렇게 출세간(또는 진제)과 세간(또는 속제)을 아우르고 있는바, 국사 스스로가 전

143 大野信三, 박경준·이영근 역, 『불교사회경제학』(불교시대사, 1992), p.122.
144 대륜불교문화연구원, 앞의 책, pp.70~71.
145 위의 책, p.60.

생애를 통해 진제와 속제를 계속 넘나들었던 것도 이런 맥락에서 보면 좋을 것이다.

국사의 원융사상은 "사해四海가 한 집이 되니 아무 일 없고"[146]라는 표현이라든가 "피곤하거든 발 뻗고 자고, 배고프면 입맛대로 먹어라. 누가 무슨 종파宗派냐고 묻거든 비가 쏟아지듯 방과 할을 하라"[147]는 「참선명參禪銘」의 한 구절 속에도 잘 나타난다.

결국 보우의 일승원융사상은 구체적 현실 속에서 '모든 중생을 똑같이 이롭게 한다(等利群生)'[148]는 실천원리로 표출되고 있으며, 이것은 경제적인 측면에서 보살경제의 원리로 기능하게 되는 것이다. 이러한 경제 원리는 이기利己의 벽이 높아지고 빈부격차가 더욱 늘어나 긴장이 고조되어가는 우리 사회에 매우 유용한 지침이 될 것으로 기대된다.

오늘날 우리의 물질적 번영과 경제 성장은 정신적 사회적 빈곤, 심리적 불안정과 문화적 생명력의 상실 등을 대가로 한 것이다.[149] 인간은 이제 자기 자신이 삶의 중심이 되는 위치를 잃었고 경제적 목적을 위한 도구가 되었으며, 동료인간과 자연으로부터 떨어져 나가 의미 있고 보람 있는 생활을 할 수 없게 되었다. 인간은 깊은 무력감 속에서 수동적이 되고, 시장정향적市場定向的이며 비생산적으로 변하였으며 자아의식을 상실하고 남이 인정해 주는 데 의존하게 되었다.[150]

한마디로 물질지상주의와 성장제일주의는 왜곡된 가치관으로 인간 소외를 가져오고 앞에서 언급한 노동의 위기를 불러왔다. 이는 주체와

146 위의 책, p.176.
147 위의 책, p.149.
148 위의 책, p.184.
149 헬레나 노르베르호지, 김종철外 역, 『오래된 미래』(녹색평론사, 1998), p.186.
150 에릭 프롬, 문상득外 역, 『건전한 사회』(박영사, 1978), p.294

객체를 엄격히 구분하는 그리스도교나 데카르트류의 이원론적 세계관에 기인한다. 그러나 불교적 세계관, 원융무애의 세계관으로 보면 주·객은 편의적인 구분일 뿐 근본적으로는 모든 것이 다 주체다. 이런 관점에서 보면 모든 인간은 수단이 아니라 목적이다. 심지어는 인간의 노동까지도 수단이 아니라 목적이 된다. 이러한 인식의 전환이 이루어지면, 기업의 경영방식도 달라지고, 노동환경이나 노동방식도 바뀌게 될 것이며, 궁극적으로는 노동의 위기도 해소될 수 있을 것이다.

슈마허는 현재의 대량생산체제를 범죄행위이고 악덕행위이며 인간생활의 가장 원시적인 측면에 탐착하는 영혼의 파괴행위라고 비판하면서 본질적으로 난폭하고 자기 파괴적이며 생태계를 해치고 인간을 바보로 만들며 대량실업을 유발시키는 '대량생산기술' 대신에 '인간의 얼굴을 한 기술', 즉 '중간기술'을 주창하고 있어 주목을 끈다.[151] 중간기술은 우리가 이상적인 꿈으로만 치부해 버릴 것이 아니라 진지하게 고려해 볼 만한 의미 있는 대안이라고 생각된다.

다음으로, 오늘날의 지나친 과소비 문제에 대한 태고보우의 입장에 대해 고찰해보기로 한다. 앞에서 일별한 것처럼 오늘의 과소비 풍조는 지나친 물질주의와 팽창주의에 기인한다. 이러한 조류에 떠밀려가는 우리에게 태고보우의 다음 노래는 신선한 영감으로 다가온다.

구슬 누각, 백옥 전각도 비길 바 아니고
소실(少室, 소림사)의 풍모도 본받지 않는다.
8만 4천의 문을 부수니
저쪽 구름밖에 청산이 푸르다.[152]

---

151 김세열, 『기독교경제학』(무실, 1993), p.222.
152 대륜불교문화연구원, 앞의 책, p.126.

태고보우를 공부했을 리 없지만『월든』의 작가 데이빗 소로우의 다음 명언은 보우의 노래와 일맥상통하는 바가 있다.

집이 무슨 소용이 있으랴.
그대가 집을 지을 수 있는 이 넉넉한 별의 품이 없다면[153]

작은 것 때문에 큰 것을 놓치고 마는, 전도된 가치관 속에서 살아가는 우리들에게 이 가르침들은 전혀 새로운 삶의 지혜를 제시해 준다. 주지하다시피, 보우가 살았던 고려 후기는 정치적·사회적으로 큰 혼란기이자 격동기였다. 그런 와중에서 불교계는 매우 사치스럽고 소비적인 면모를 보여준다. 국가의 비호와 국민의 깊은 신앙 속에서 풍요를 누리던 승려들은 호화로운 사원을 건립하고, 타인의 전지田地를 강제적으로 빼앗는가 하면, 각종 수공업과 상행위, 심지어 술 만드는 일에까지 손을 대면서 수행자의 본분을 잃고 말았다. 또한 각종 불사佛事 및 복지 활동의 비용을 마련하기 위한 갖가지 보寶를 운영하면서 지나친 이자를 받아 국민들의 지탄을 받기도 하였다.[154]

그러한 상황에서 국가와 불교계의 지도자로서 책임을 크게 느꼈던 보우국사는 공민왕에게 "만약 국가를 잘 다스리지 못한다면, 설혹 부처님을 지극히 받든다 한들 무슨 공덕이 있겠습니까?"[155]라고까지 상언한다. 그리고 수행자들을 향해서

"그대는 그러한 부모의 은혜를 알았거든 부지런히 정진하되 불난 것처럼

153 헨리 데이빗 소로우, 강은교 옮기고 엮음,『소로우의 노래』(이례, 1999), p.259.
154 이재창,『한국불교사원경제연구』(불교시대사, 1993), pp.139~140.
155『高麗史』卷38, 世家, 恭愍王 元年 五月 己丑條 .

다급히 해야 한다. 그대가 명리名利를 구해 도道를 소홀히 하면, 그것은
무간無間지옥의 업을 짓는 것이다."[156]

라고 하면서, 석존이 설산에서 6년간 수도할 때 거미가 눈썹에 거미줄을
치고, 새가 어깨에 둥지를 틀고, 갈대가 무릎 사이를 뚫고 나올 정도로
고행하였던 것처럼 용맹정진하라고 경책한다.[157] 더 나아가

"그러므로 집을 떠나 도를 닦는 이는 이름을 구하지 않고 이익을 구하지
않으니, 주지되기를 바라지 않고 의식衣食을 꾀하지 않아야 한다. 남의
공경이나 찬탄을 구하지 않고, 즐겨 절도를 지켜 나쁜 옷을 입고 나쁜
음식을 먹으며 바위틈에 몸을 감추고 출세하기를 꾀하지 않아야 비로소
집을 떠나 도를 배우는 이의 할 일이라 할 수 있을 것이다."[158]

라고 사자후한다. 보우국사의 이처럼 검소하고 청빈함을 추구하는 면모
는 '거칠어도 밥이요 고와도 밥이니'[159]라든가 '뼛속에 사무치고 사무친
청빈함이여'[160], 또는 '짚신이 다해지도록'[161] 등의 표현 속에 잘 나타난다.
  현대인의 사치와 소비수준은 심각할 지경에 이르렀고, 이런 무절제한
생활과 무분별한 개발 및 성장주의 정책은 결국 환경 위기를 더 심화
시켜갈 것이다. 이런 상황에서 보우국사의 청빈정신은 우리에게 큰
귀감이 된다 하겠다.

---

156 대륜불교문화연구원, 앞의 책, p.118.
157 위의 책, p.118.
158 위의 책, p.75
159 위의 책, p.127
160 위의 책, p.130.
161 위의 책, p.139.

한마디로 무명업풍無明業風에 휩싸여 오욕락五欲樂을 쫓는 삶은 사치와 과소비로 귀결될 것이고, 원융무애의 지혜와 깨달음에 바탕한 해탈과 열반을 추구하는 삶만이 전도된 가치관을 바로 세워 중도中道의 길로 이끌 것이다.


## 2. 태고사상으로 본 사회적 불평등 문제

### 1) 태고보우의 사회 인식

불타시대에 있어 출가자는 무위도식을 하는 자도 아니고 은둔자도 아니었다. 걸식에 의존해야 하는 생활규칙상 은둔생활이란 아예 불가능한 것이었다. 붓다 당시의 불교교단은 세속과의 교섭을 단절한 이른바 수도원적 생활을 영위하지 않았으며, 상당한 사회적 유대를 유지하고 있었다. 그럼에도 불교교단의 성격에 대해 곡해하고 있는 사람들이 적지 않은 것 같다.

그런데 태고보우의 가음명歌吟銘을 읽다 보면 여기저기에서 그의 은둔적 성향을 발견할 수가 있다. 먼저 「은계隱溪」의 내용을 보자.

영천潁川 물에 귀 씻지 말고
수양산首陽山 고사리도 먹지 말라
세상의 시비 전혀 관계하지 않고
날마다 맑은 물로 밝은 달을 씻는다.[162]

그야말로 세속과 절연한 수도자의 고고한 풍취가 드러나는 노래라고

---

162 대륜불교문화연구원, 『太古普愚國師法語』(대한불교조계종 修禪會, 1997), p.1 92.

할 것이다. 「산중자락가山中自樂歌」의 마지막 구절을 다시 살펴보자.

> 그대 보겠나 태고암의 이 즐거움
> 두타頭陀가 취해 춤추매 광풍이 온 골짜기에 일어나니
> 스스로 즐거워 계절이 가는 줄도 알지 못하고
> 다만 바위 꽃 피고 지는 것 볼 뿐이네.[163]

「운산雲山」이라는 제목의 다음 노래 또한 초속超俗한 태고의 내면을 잘 드러내 보여 준다.

> 흰 구름 구름 속 푸른 산 겹겹
> 푸른 산 산 속 흰 구름 많다
> 날마다 산과 구름길이 벗하니
> 편한 이 몸 어디인들 내 집 아니랴.[164]

이상 소개한 노래들만이 아니라 태고의 게송들은 대부분 세속과의 상당한 거리를 두고 있으며 세속을 외면하고 있는 듯하다. 그렇다고 해서 태고가 세상일에 무관심한 인물이었다고 단정 짓는 것은 곤란하다. 태고는 상당 기간을 왕사 또는 국사로서 나라 일에 깊은 관심을 기울였으며 많은 업적을 남기고 있다.

어떤 면에서 탈속한 태고의 시문들은 이와 같은 그의 행적에 대한 반작용의 결과물일 수도 있다고 본다. 더욱이 그것은 탐·진·치 삼독심三毒心을 씻어내어 번뇌와 고통이 사라진 열반을 성취하려는 철저한 자기

---

163 위의 책, p.141.
164 위의 책, p.195.

성찰의 시간들에 대한 문학적 표현이지 않은가. 따라서 그의 시문들을
겉으로 표현된 내용으로만 이해하는 것은 주의를 요한다. 또한 그의
탈속은 단순한 출세간出世間 지향의 탈속이 아니라, 말하자면 중도 中道
지향의 탈속이다. 그것은 이미 다음 노래 속에 잘 나타나 있다.

> 이 공空은 공이 아닌 공
> 이 도道는 도 아닌 도
> 적멸마저 모두 사라진 곳에
> 뚜렷이 밝아 언제나 분명하네.[165]

다음 노래도 주목할 만하다.

> 나는 본래 산중사람이니 산에 들어가 살아 마땅하나
> 푸른 산 나들이를 사랑하지도 않고
> 홍진에 달리기를 싫어하지도 않고
> 다만 내심성에 맞추어
> 덕을 닦아 왕의 은혜 갚으려 한다.[166]

그리고 그의 시문들을 잘 살펴보면 세상에 대한 따뜻한 관심이 엿보이
는 곳도 더러 눈에 띈다. 그것은 먼저 「백운암가白雲庵歌」의 다음 구절에
서 찾아볼 수 있다.

> 나는 이제 무엇으로 지금 사람 위할까

---

165 위의 책, p.202
166 위의 책, p.226.

봄 가을 겨울 여름, 이 좋은 계절에
더우면 시냇가, 추우면 화로 옆
한가로이 흰 구름 잘라다 한밤중에 잇네.[167]


문학성이 돋보이는 이 노래에서 "나는 이제 무엇으로 지금 사람 위할까
(我今將何爲今人)?"라는 구절은 우리 마음에 잔잔한 파장을 일으킨다.
이것은 분명 세상일에 초연하고 사회에 무관심한 태도는 아니다. 같은
시대를 살아가는 동시대인으로서의 강한 사회의식이 물씬 풍겨난다.
그러면서 지금 그가 다른 사람들을 위해 할 수 있는 일은 무욕無欲의
삶을 살아내는 출가수행자로서의 본분을 지키는 일임을 확인하고 마음
을 비워 깨달음을 향하고 있는 것이다. 재가자는 출가자에게 수행생활에
필요한 생활용품을 보시하며, "재가자는 깨달음에 도달한 성자들의
성스러운 지혜의 힘에 의해 이 세상에서 법을 실행하며 하늘의 세계를
누리고 바리는 것을 얻어 기뻐한다"[168]는 붓다의 가르침을 통해서도
알 수 있는 것처럼, 출가수행자의 수행은 이미 사회적 약속이라고도
할 수 있는 것으로서 수행을 독자적으로 이해하는 것은 문제가 있다.
　또한 「단암斷庵」이라는 제목의 다음 노래에서도 우리는 태고의 속마음
을 읽을 수 있다.


청산으로 막힌 길 세상 인연 끊었어
부처도 조사도 문 앞에 오지 않다.
꽃을 문 온갖 새도 오가지 않고
임금을 축수하는 향불만 타오르다.[169]

---

167 위의 책, p.143.

168 『Itivuttaka』 107.

이 글은 생각하기에 따라서 "임금을 축수하는 향불만 타오르다"라는 마지막 구절에 악센트가 있는 듯 보이기도 한다. 여기서 '임금'이란 임금뿐만 아니라 나라와 백성까지도 의미하는 것으로 보아 큰 무리가 없을 것이다. 그것은 다음의 설법을 통해서도 알 수 있다.

> 어질고 착한 이를 상주고 간사하고 아첨하는 이를 벌주면, 누가 충성하지 않고 누가 효도하지 않으며, 누가 도덕을 지키지 않고 누가 학문에 힘쓰지 않으며, 누가 자기의 덕을 닦지 않겠는가. …… 나라를 위해 몸을 버려 큰 공을 세운다면, 어찌 제후에 봉해질 뿐이겠는가. 그러나 그런 사람이 없으면 이 태고 노승은 한필의 말과 한 자루의 창으로 몸소 국경의 적을 치러 갈 것이다.[170]

보우국사가 세상일에 초연하지 않았다는 것은 이러한 몇 가지 인용문만이 아니라, 보우국사의 생애를 통해서도 직접 확인할 수 있다. 보우국사는 근본적으로 세간과 출세간을 둘로 보지 않고 원융무애한 것으로 여겼던 것으로 생각된다.

그는 38세 때, 견성오도한 후 제일 먼저 부모가 계시는 고향, 양근楊根으로 가 부모님을 극진히 효양하였다. 왕사·국사가 된 뒤에도 그 명예와 영광을 모두 부모와 향리에 돌려 부모는 모두 국가로부터 증직贈職되고 부모의 고향도 모두 승격되었다. 국사는 재가자 중에서도 찾아보기 어려운 효성심의 소유자요 효행의 실천자임을 알 수 있다.[171] 태고는

---

169 대륜불교문화연구원, 앞의 책, p.191.

170 위의 책, p.76.

171 이영무, 「太古普愚國師의 人物과 思想」, 『태고보우국사논총』(대륜불교문화연구원, 1997), pp.21~22.

왕사로서 16년 동안, 국사로서 12년 동안 봉직하면서 국정의 여러 문제들을 자문하였다. 특히 공민왕 5년에는 이자겸의 난 등으로 개경의 민심이 흉흉해지고 원의 지배가 계속되면서 사회적 혼란이 심화되어 한양 천도를 주장하였고 선견지명으로 홍건적이 침입할 것을 알아 국왕으로 하여금 대비케 함으로써 홍건적 침입으로 인한 피해를 최소화하는 데 크게 기여하였다.[172]

결국 보우는 진리의 세계에 대한 구도심뿐만 아니라 사회에 대한 관심도 매우 깊었다고 해야 할 것이다. 그렇다면 태고보우의 사회에 대한 인식은 어떠했을까.

현대의 사회학이론 중 대이론(grand theory)으로는 갈등이론(conflict theory), 구조기능이론(structural functionalism), 갈등기능이론, 교환이론, 구조교환이론, 상징교호이론, 종속이론, 그리고 좀 특별한 이론으로서 현상학 등이 있다.[173] 이 중에서 갈등이론과 구조기능이론이 가장 중요하고도 대조적인 이론이라 할 수 있다. Marx로 대표되는 갈등이론은 사회적 갈등(conflict)의 편재성을 강조하며, 사회가 분화와 긴장과 투쟁 때문에 고통 속에서 벗어나지 못하는 것으로 본다. 뒤르깽에서 비롯되어 Talcott Parsons에 의해 체계화된 구조기능이론은 인간 사회의 고유한 질서와 조화를 강조하며 연속성과 합의(consensus)를 사회의 가장 명백한 특징으로 간주한다.[174]

보우가 사회를 어떻게 바라보았나 하는 것은 결코 쉬운 문제가 아니지만, 그의 향상종승向上宗乘에 입각한 원융회통사상에 비추어 볼 때, 근본적으로 구조 기능이론의 입장에 서 있으면서 갈등이론도 동시에

---

172 위의 논문, p.23.

173 현승일, 『사회학』(박영사, 1995), p.23.

174 앤터니 기든스, 김미숙外 역, 『현대사회학』(을유문화사, 1996), p.652.

수용한 것으로 볼 수 있을 것 같다. 그것은 "사바세계는 물이 물이고 산이 산이지만, 화장세계에는 부동존不動尊, 위로 부모도 없고 아래로 손孫도 없다"[175]는 그의 노래를 통해서도 어느 정도 유추해 볼 수 있는 것이다.

그리고 불교의 연기론緣起論은 상의상관성相依相關性으로 해석하여 기능이론의 입장에 가까운 것으로 보려는 경향이 있지만, 초기불교의 12연기론을 음미해 보면 거기에는 갈등이론의 측면도 있다고 생각된다. 12연기설은 인간의 괴로움(노사우비고뇌)이 무명과 탐욕으로 말미암는다고 역설하고 있기 때문이다. 보우의 원융사상도 그 연원이 연기설에 있다고 본다면 사회에 대한 보우의 관점을 어느 정도 가늠해 볼 수 있을 것이다.


## 2) 사회적 불평등에 대한 보우의 입장과 실천

인간의 역사가 단순한 계급투쟁의 역사라 한다면 고려 봉건사회에 있어서 지배계급에 속한, 특히 왕과 가까이 한 태고보우는 사회적 불평등과 억압을 심화시킨 인물이라는 평가가 나올 수 있을 것이다. 보우를 권승權僧으로 평가하는 시각의 이면에는 일정 부분 유물사관이 자리하고 있지는 않은지 모르겠다. 하지만 이미 그 허구성이 드러난 유물사관의 그물로 태고보우의 실체를 건져 올릴 수는 없을 것이다.

이제 우리는 선입견을 버리고 사회적 불평등 문제에 대한 보우의 입장을 냉정하게 살펴보아야 한다. 보우가 사회적 불평등 문제를 직접적으로 거론한 내용은 찾기 어렵다. 하지만 보우시대의 사회상과 관련시켜

175 『태고보우국사법어』, p.136 참조.

관련 자료들의 의미들을 새롭게 해석해 봄으로써 불평등 문제에 대한 그의 입장을 간접적으로나마 유추해 볼 수는 있다.

태고보우가 활동하던 고려시대 풍요로워진 불교계의 폐단에 대해 이재창은 다음과 같이 전단한다.

사원건립의 경우를 보더라도 너무나 규모가 크고 호화로웠는데 그것은 그대로 접어둔다고 하더라도 부단하고 빈번한 창건불사 작흥作興의 결과는 국고의 탕진 고갈을 초래하였을 뿐만 아니라 노역동원으로 백성들을 크게 괴롭혔고, 노비의 경우에는 자비의 사상과 평등의 원리로 볼 때 노비제를 타파해야 할 사원이 오히려 노비의 법손상전法孫相傳을 놓고 쟁의를 벌이는가 하면 관에 그 해결을 제소하는 어처구니없는 사태마저 연출하게 되었다.[176]

이러한 불교계의 총체적 난맥상을 지켜보며 고통 받는 사람들에 대한 연민과 불교지도자로서의 책임을 통감했던 보우는 과연 어떤 입장을 취했던 것일까. 우리는 『고려사高麗史』의 다음 내용에서 그 해답을 얻을 수가 있다.

임금의 도道는 수명교화修明敎化에 있는 것이지, 반드시 부처님을 믿는데 있는 것은 아닙니다. 만약 국가를 잘 다스리지 못한다면, 설혹 부처님을 지극히 받든다 한들 무슨 공덕이 있겠습니까. 다만 태조太祖께서 건립한 사사寺社만을 수리하실 것이요, 새로이 창건하지는 마십시오.[177]

공민왕에 대한 보우의 이 상언上言은 우리로 하여금 많은 것을 생각게

176 이재창, 위의 책, p.139.
177 『高麗史』 卷38, 世家. 恭愍王 元年 5月 巳丑條

한다. 특히 "만약 국가를 잘 다스리지 못한다면, 설혹 부처님을 지극히 받든다 한들 무슨 공덕이 있겠습니까"라는 구절을 통해서, 우리는 순수하게 나라와 백성을 사랑하는 보우의 진실과 마주치게 된다. 더욱이 스스로가 승려의 신분인 보우국사가 사원 건립을 새로이 할 필요가 없다고 한 근본적인 이유는 무엇이었을까. 그것은 바로 고통 받는 백성들과 사치를 일삼는 부유층의 격차, 즉 사회적 불평등에 대한 인식에 말미암은 것이었다. 그것 말고는 다른 이유가 있을 수 없다고 본다. 이러한 맥락에서 다음 상당법어를 읽을 때, 비로소 우리는 이 법어의 이면 속에 살아 있는 보우의 투철한 사회의식과 평등의식을 깨닫게 되는 것이다.

> 그러므로 집을 떠나 도를 닦는 이는 이름을 구하지 않고 이익을 구하지 않으니 주지되기를 바라지 않고 의식衣食을 꾀하지 않아야 한다. 남의 공경이나 찬탄을 구하지 않고, 즐겨 절도를 지켜 나쁜 옷을 입고 나쁜 음식을 먹으며 바위틈에 몸을 감추고 출세하기를 꾀하지 않아야 비로소 집을 떠나 도를 배우는 이의 할 일이라 할 수 있을 것이다.[178]

보우의 이러한 풍모는 「태고암가太古魔歌」의 다음 구절에서도 유감없이 드러난다.

> 구슬누각, 백옥전각도 비길 바 아니고
> 소실(少室, 소림사)의 풍모도 본받지 않는다.
> 8만 4천의 문을 부수니
> 저쪽 구름밖에 청산이 푸르다.[179]

---

178 『태고보우국사법어』, p.75.
179 위의 책, p.126.

이렇게 본다면 태고의 여러 은둔적 성향의 시문에 대한 해석에 있어서 우리는 항상 드러난 내용뿐만 아니라 그 이면에 내재되어 있는 함의까지도 소홀히 해서는 안 될 것이다.

그렇다면 보우의 이러한 사회의식과 평등의식은 어디에서 비롯되고 있는 것일까. 그것은 물론 보우의 천부적인 따뜻한 인간적 감성과 자비심에서 비롯된다고 볼 수도 있다. 하지만 보우의 그러한 의식의 뿌리는 더 깊은 사상적·종교적 차원에 연결되어 있는 것으로 보인다. 그것은 다름 아닌 이른바 향상종승向上宗乘 또는 일승원융一乘圓融의 사상이다. 보우의 원융사상에 대한 체계적 고찰은 본 논의의 몫이 아니라고 생각되어 여기서는 몇 가지 관련 내용을 인용 소개하는 것으로 그칠까 한다.

먼저 「무내無奈」라는 게송을 살펴보자.

마음과 대상 모두 잊으면 이것이 무엇
갈대꽃 흰 눈빛 하나이되 하나 아니다.
오묘한 저쪽 길, 끝없이 오묘해
천강의 그림자 없는 달을 모두 밟다.[180]

이 문학적 상징성이 높은 게송은 아마도 나와 너 주관과 객관의 불일불이不一不異를 말해주는 보우 원융 사장의 인식론적 기초가 되는 명제라고 생각된다.

다음의 게송은 모든 분별의 세계를 뛰어넘고 융섭하는 원융의 세계를 잘 보여주고 있다.

하나도 얻을 것 없는 곳에서

---

[180] 위의 책, p.196

집 안의 돌을 밟아 깨뜨렸네.
돌아보면 깨뜨린 자취도 없고
보는 자도 이미 고요하여라.
분명하여 둥글둥글하며 현묘하여 빛이 찬란한데
불조佛祖와 산하까지도 입 없이도 모두 삼켜 버렸네.[181]

또 봉은선사奉恩禪寺에서 입원入院 설법을 할 때, 보우는 만수가사滿繡袈裟를 들고, 대중들에게 자신을 따라 머리에 이었다가 입으라고 하면서 대중과 함께 입고서는 그 한 자락을 들고 대중들에게 다음과 같이 설한다.

보는가. 대중스님과 나만이 입은 것이 아니다. 시방세계의 허공과 대지의 삼라만상과 성인과 범부, 유정·무정과 온갖 물건들이 한꺼번에 다 입었노라. 앗![182]

이러한 내용들은 보우가 체득한 원융세계의 진면목을 보여 주고 있다 할 것이다. 그렇다면 보우는 이렇게 당시 고려 후기 사회의 혼란 속에서 사회적 불평등을 깊이 인식하면서 이것을 어떤 방식으로 해결하려 했던 것일까. 아쉽게도 당시의 불평등사회를 적극적으로 개선하고자 한 노력과 행적을 현재로서는 구체적으로 알 수가 없다. 한양 천도의 주장이 있긴 하지만, 이것이 '불평등의 해결'을 위한 적극적인 방편이었는지 단순한 천도의 주장이었는지는 앞으로 더 연구해 보아야할 과제라고 생각된다. 그러나 다음 이야기는 불평등 문제의 해결에 대한 보우의 기본입장을 이해하는 데 많은 시사를 던져주고 있다고 생각된다.

---

181 위의 책, p.261.
182 위의 책, p.67.

국가에 일이 있을 때에는 불법의 힘을 의지해야 비로소 그 삿됨을 누를 수 있으니, 그러므로 먼저 불법의 일을 바로 해야 한다. 도가 있는 이를 상 주어 가람을 맡아 대중을 거느리고 부지런히 수행하여 국가를 복되고 이롭게 해야 하니, 이것이 바로 선왕께서 행한 법이자 왕도정치의 기본이다.[183]

보우는 기본적으로 자신이나 불교계의 직접적인 현실참여보다는 당시 봉건사회의 특성상 임금의 올바른 정치를 통해서 불교적 이상을 현실에 구현하려고 했던 것 같다. 불교가 가르치는 군주의 임무란, 첫째, 인민의 부모로서 인민을 돌보고 이들에게 행복을 주어 고뇌를 없애주며 인민을 자애롭게 돌보는 일. 둘째, 군주는 언제나 인민의 고락을 관찰하여 인민의 번영을 생각하고 해마다 수확의 많고 적음을 알고 인민의 기쁨과 근심을 알아야만 한다. 셋째, 군주는 또한 인민의 죄의 유무와 공적의 유무를 알아 상벌을 명확히 해야 한다. 넷째, 또한 인민의 실정을 알아서 위엄과 힘으로, 인민에게 보호하여 주어야 할 것은 때에 맞추어 보호해 주고 취해야 할 것은 잘 헤아려 취하며, 인민의 이익을 빼앗지 않도록 하고 가혹한 징세를 피하여 인민의 생활을 안정시켜야 한다.[184] 보우는 이러한 불교적 왕도를 임금이 여법하게 실천하면 사회적 불평등의 문제도 자연스럽게 해결될 수 있을 것이라는 소박한 인식을 하고 있었다고 추측된다. 임금이 불교적 왕도를 바르게 구현할 수 있도록 하기 위해서는 먼저 불교계를 정비해야 하는 것이 급선무라고 판단한 것 같다.

그리고 보우는 당시 사회적 문제에 대한 구조적·제도적 차원의 해법을 모색하기보다는 사람들이 붓다의 가르침에 따라 탐욕을 버리고 보시와

---

183 위의 책, p.75.
184 이상은 『대살차니건자소설경』의 가르침이다. 大野信三, 앞의 책. p .108 참조.

자비를 실천하면서 바르게 살아가게 함으로써 불교적 이상을 실현하려 했다고 볼 수 있다.

## 나오는 글

경제 문제에 대한 태고보우의 직접적인 언급을 접할 수 있는 자료가 거의 없다시피 한 상황에서 태고보우의 입장을 명확하게 밝힌다는 것은 한계가 있다. 하지만 보우관련 현존자료의 행간에 들어있는 의미들을 유추해 봄으로써 경제 문제에 대한 보우국사의 입장이 불교의 기본 입장과 거의 일치한다는 사실을 우리는 알 수 있었다.

그런데 고려시대 불교계의 본질적인 문제라고 할 수 있는 사원경제의 모순에 대한 보우국사의 인식이 미흡했다는 지적이 있다.[185] 이러한 지적에는 그럴 만한 사료적 근거가 있는 줄 안다. 또한 역사적 결과로 보더라도 이러한 평가는 타당성이 있다고 생각된다. 그러나 앞에서 살핀 것처럼 몇몇 자료에는 당시 사원경제에 대한 국사의 개인적인 고민과 청빈의 윤리가 나타나 있기도 하다. 그렇지만 시대 조류와 불교 사원경제의 전반적인 흐름을 역전시키는 것은 태고 보우에게도 힘든 일이 아닐 수 없었을 것으로 추측된다. 태고 보우의 경제 인식에 대한 평가는 앞으로 다양한 접근 방법에 의해 좀 더 다각적으로 논의되어야 할 것으로 본다.

보우는 사회와 국가에 깊은 관심을 가지고 있었고 나름대로 왕사 또는 국사의 역할을 통해 사회적 갈등과 불평등을 해결하고자 노력하였다. 물론 보우에 대한 부정적 시각이 없는 것은 아니다. 그렇지만 보우가

---

185 최병헌, 「太古和尚」, 『한국불교인물사상사』(민족사, 1990), p.250.

고려 말기의 부패하고 타락한 불교계를 대표하던 인물이라는 이유 때문에 부정적으로 평가하는 것은 설득력이 적다.[186] 보우는 누구보다도 불교계의 문제점을 잘 알고 있었고 그런 만큼 많은 고뇌를 한 것으로 보인다. 그래서 오히려 더욱 출가수행자의 청빈한 생활을 강조했고, 심지어는 공민왕에게 더 이상의 사찰을 새로 건립하지 못하도록 진언하기도 하였던 것이다. 보우는 사회적 불평등 문제를 해결하기 위한 교단적 차원의 적극적인 노력을 하지는 않았다. 사회적 불평등을 조장하고 있는 불교 교단 자체의 정화가 우선 더 중요하다고 보았기 때문에 개인적으로 청빈한 출가승의 모범을 보이면서 교단의 정비를 도모했을 것이다.

끝으로, 현재의 보우 관련 자료들이 그 성격상 보우의 변호나 찬양 일변도의 내용만을 담게 되어 있어서 이것에만 의거할 때 객관성이 결여된, 일방적인 이해를 벗어나기 어렵게 된다는 비판도 제기된 바 있는데[187] 이러한 비판을 겸허히 수용하면서 앞으로 객관적 자료에 의거하여 보우의 실체적 진실을 밝히는 더 큰 연구 성과가 나오기를 기대해 본다.

---

186 최병헌, 「태고보우의 佛敎史的 위치」, 『태고보우국사논총』(대륜불교문화연구원, 1997), pp.151~153 내용 참조.
187 위의 논문, p.154.

제 5 장 ─ 불교의 개혁과 사회참여

# I. 빔라오 람지 암베드까르의 불교관

## ―『붓다와 그의 가르침』을 중심으로―

불교는 13세기 초 무렵 인도에서 불교교단 내외의 여러 원인으로 쇠퇴한다. 그 후 거의 7백 년에 이르는 시간 동안 인도는 급속도로 이슬람화되고 힌두화되면서 인도 사회에서 불교는 거의 종적을 감추게 된다. 그러나 19세기에 들어 영국인의 영향으로 인도 고전 연구가 활발해지면서 인도 지식인 사이에서 불교에 대한 관심이 되살아나고 급기야 이웃 나라인 스리랑카의 다르마팔라(Anāgārika Dharmapāla, 1864~1933)는 대각회(Mahā Bodhi Society, 1891년 창설)를 중심으로 인도에서 불교 부흥을 꾀한다. 다르마팔라는 대각회의 사무실을 스리랑카 콜롬보에서 인도의 캘커타로 옮긴 후 기관지인 대각지(*The Mahā Bodhi Journal*)를 발행하고 불교 유적지의 복원운동과 함께 불교 부흥을 위한 다양한 활동을 전개한다. 인도에서 불교가 다시 그 존재감을 드러내기 시작함에 있어 다르마팔라와 대각회의 기여는 결코 과소평가될 수 없을 것이다.

하지만 20세기 들어 인도에서 본격적인 신불교 운동이 시작된 것은 빔라오 람지 암베드까르(Bhimrao Ramji Ambedkar, 1891~1956)에 의해서였다. '불가촉천민' 출신인 암베드까르는 인도 모우에서 아버지 사크팔과 어머니 비마바이의 14번째 아이로 태어나 지인의 도움으로 미국에 유학하여 박사학위를 취득한다. 얼마 후에는 런던대학에서 다시 박사학위를 취득한다. 이를 바탕으로 교수, 변호사 등을 거치면서 인도 중앙정부의 법무부장관에 오르기까지 한다. 하지만 그는 자신이 불가촉천민 신분이라는 이유로 인격적인 대접을 받지 못했다. 그가 어릴 때부터 겪은 갖은 수모와 학대는 평생 그를 괴롭히고 분노케 하였으며 힌두 카스트에 저항케 하였다. 그는 불평등한 카스트 제도 하에서 억압받고 착취당하는 불가촉천민을 구하는 데 일생을 바칠 각오를 한다. 그는 불교적 평등 이념을 통해 인도 사회의 폐습을 극복하고자 불교 부흥 운동을 펼쳤으며 마침내 1956년에는 나그푸르에서 수십만 명의 불가촉천민들을 불교로 개종시키는 의식(diksha)을 거행하였다. 그가 세상을 떠난 지 1년 후(1957년)에 그의 유작인 『붓다와 그의 가르침(The Buddha and His Dhamma)』이 출간되었다.

사회 참여를 지향하는 암베드까르의 불교 이념은 흔히 신승(新乘, Navayāna) 또는 신승불교 또는 신불교라고 불리고, 힌두교에서 신승불교로 개종한 새로운 불교신자들은 신불교도(Neo Buddhists)라고 불린다. 신불교도들에게 암베드까르는 비마(Bhima, 시바의 화신) 또는 보살(Bodhisattva)로 추앙되고 있을 정도로 경이로운 존재다. 하지만 암베드까르의 불교 이해 방식 또는 신승불교에 대한 비판적 평가도 적지 않다. 그러한 비판은 놀랍게도 암베드까르에게 불교개종을 권고해 온 대각회의 기관지인 『마하보디』(1959년 12월)에서 발견된다. 『붓다와 그의 가르침』에 대한 『마하보디』의 서평에는, 이 책의 제목은 '붓다와 그의 가르침'이 아니라 '암베드까르와 그의 가르침'으로 바꾸어야 한다는 지적이 나온다. 암베드까르의 불교는 자비가 아니라 미움에 기초하여, 정치적/사회적 개혁의 목적을 가지고 법法이 될 수 없는 것을 법으로 설하기

때문이라는 지적이다. 암베드까르의 불교는 강력한 주관적 해석 때문에
종종 암베드까르주의(Ambedkarism), 암베드까르승(Ambedkar-yāna), 빔
승(Bhim-yāna) 등, 다소 냉소적인 이름으로 일컬어지기도 한다.[1]

암베드까르에 대한 이와 같이 엇갈리는 평가를 접하면서 필자는 선입
견을 버리고 『붓다와 그의 가르침』에 대해 그 내용과 특징을 최대한
객관적으로 살핌으로써 암베드까르의 불교관을 밝히고 그에 관해 논의
해보고자 한다. *The Buddha and His Dhamma*는 국내에서 출간된
우리말 번역서들이 있기 때문에 본 논문에서는 기본적으로 이 번역서를
인용하되, 필요한 경우에는 원서의 내용을 번역하여 인용할 것이다.

## 1. 『붓다와 그의 가르침』의 출간과 구성

### 1) 『붓다와 그의 가르침』의 출간

암베드까르가 『붓다와 그의 가르침』을 집필하게 된 근본 계기는 1907년
그의 대학입학 자격시험 합격을 위한 축하 모임으로까지 거슬러 올라간
다. 그 모임에서 그는 켈루스카 교장 선생님으로부터 그가 직접 지은
『붓다의 생애』를 선물로 받는다. 그는 이 책을 읽고 붓다의 삶과 가르침에
큰 감동을 받았으며 훗날 불교를 좀 더 깊이 있게 공부해 보아야겠다고
마음먹는다.[2]

암베드까르는 성장하여 불가촉천민을 구하는 일에 전념하는데, 그들

---

1 山崎元一, 전재성·허우성 공역, 『인도사회와 신불교운동』(한길사, 1983) ; 박경준,
   「암베드까르와 분노 그리고 불교」, 『불교평론』 제67호(만해사상실천선양회, 2016)
   등 참조.
2 디완 찬드 아히르, 이명권 역, 『암베드카르』(에피스테메, 2005), pp.67~68.

을 구하기 위해서는 그들을 힌두교로부터 다른 종교로 개종시키는 길밖에 없다고 믿고 수많은 종교 관련 서적을 살피고 여러 종교인들과 교류하는 가운데 불교에 대한 지식도 넓혀간다. 그는 1948년 락슈미 나라수(P.Lakshmi Narasu)의 대표작인 『불교의 정수(The Essence of Buddhism)』를 재간행하면서 그 서문을 통해 "붓다를 반대하는 사람들이 붓다의 가르침에 대해 퍼붓고 있는 몇 가지 비난을 검토해 보기 위해" 자신이 붓다의 생애를 연구하겠다고 약속하였다.[3] 1950년에 발표한 소논문에서는 불교 전도를 위해 가장 시급한 일은 바이블과 같이 간편한 불교성전을 만드는 것이라고 주장하였다. 그 약속과 주장의 결과가 바로 『붓다와 그의 가르침』이다.

그가 이 책을 집필하는 데에는 약 3만 권에 달하는 그의 소장 도서가 큰 힘이 되었다. 이 책의 원래 제목은 『붓다의 복음(The Gospel of Buddha)』이었으며, 문장은 게송 형식으로 편집되어 있다. 『붓다와 그의 가르침』의 문체는 막스 밀러의 『동방성서(Sacred Books of the East)』와 리스 데이비스가 팔리경전을 영역할 때 쓴 문체를 활용하였다.[4] 이 책은 훗날 힌디어와 마라디어로도 번역된다.


## 2) 『붓다와 그의 가르침』의 구성과 내용

이 책은 크게 서문, 프롤로그, 본문, 에필로그의 네 부분으로 이루어져 있다. 본문은 총 8편(Book)으로 분류되어 있고 각 편은 장으로, 각 장은 절로, 각 절은 송(또는 구)으로 이루어져 있다. 성구를 인용할 때

---

3 크리스토퍼 퀸·샐리 킹 편저, 박경준 역, 『아시아의 참여 불교』(초록마을, 2003), p.93.
4 위의 책, p.64.

편의를 도모하기 위해 각 송 내용의 맨 앞에 일련번호를 붙여 놓았다. 이 책을 구성하는 여덟 편의 제목과 중심 내용은 각각 다음과 같다.

**제1편 고타마 싯다르타: 보살이 어떻게 붓다가 되었나**(Siddharth Gautama -How a Bodhisatta became the Buddha): 제1편은 7장으로 구성되어 있으며, 탄생에서 출가까지, 영원한 결별, 새로운 빛을 찾아서, 깨달음과 새 길의 비전, 붓다와 그의 선구자들(Predecessors), 붓다와 동시대인들, 비교와 대조가 그 중심 내용이다.

**제2편 전법교화 활동**(Campaign of Conversion): 제2편은 8장으로 구성되어 있으며, 붓다와 그의 위대한 생각(Vishad Yoga), 탁발수행자들(Parivrajakas) 의 귀의, 상류계층의 귀의, 귀향, 교화활동의 재개, 하층민들의 귀의, 여성들의 귀의, 타락한 자들과 죄인들의 귀의가 그 중심 내용이다.

**제3편 붓다의 가르침**(What the Buddha Taught): 제3편은 5장으로 되어 있는 데, 다르마에 있어서 붓다의 위치, 붓다의 다르마에 관한 견해들, 다르마란 무엇인가, 비법非法이란 무엇인가, 정법正法이란 무엇인가가 그 중심 내용 이다.

**제4편 종교와 다르마**(Religion and Dhamma): 제4편은 4장으로 이루어져 있다. 종교와 다르마, 용어의 유사성이 어떻게 근본적인 차이를 은폐하는 가, 불교적 삶의 길, 붓다의 설법이 그 중심 내용이다.

**제5편 상가**(The Sangha): 제5편은 5장으로 이루어져 있다. 승가, 붓다의 비구 개념, 비구의 의무, 비구와 재가신자, 재가자를 위한 계율이 그 중심 내용이다.

**제6편 붓다와 동시대인들**(He and His Contemporaries): 제6편은 4장으로 구성되어 있으며, 각 장의 제목은 각각 붓다의 후원자들, 붓다의 적대자들, 붓다의 교의에 대한 비판, 친구들과 숭배자들이다.

**제7편 유행자의 마지막 여행**(The Wonderer's Last Journey): 제7편은 3장으로 구성되어 있고, 사랑하는 사람들(Those Near and Dear)과의 만남, 바이샬리

를 떠나며, 붓다의 입멸이 그 중심 내용이다.

**제8편 인간 고타마 싯다르타**(The Man who was Siddharth Gautama)∶ 제8편은 3장으로 이루어져 있으며, 각 장의 제목은 붓다의 인격, 붓다의 인간성, 붓다가 좋아하는 것과 싫어하는 것이다.[5]

각 장은 다시 절로 나뉘는데 예를 들어 제1편 제1장 '탄생에서 출가까지' 는 제1절 '붓다의 혈통'에서 제21절 '비탄에 잠긴 가족들'까지 총 21절로 이루어져 있다. 그리고 제1절 '붓다의 혈통(His Kula)'은 12송(구)으로 구분된다. 하나의 송은 대개 한 문장으로 되어 있다(여러 문장으로 구성된 예외적인 경우도 가끔 눈에 띔). 한두 가지 예를 들면 다음과 같다.

1. 기원전 6세기로 돌아가 보았을 때, 북인도 지역에는 아직 통일 군주 국가가 형성되어 있지 않았다.(Going back to the sixth century B.C., Northern India did not form a single sovereign state.)

......

9. 고타마 싯다르타가 태어났을 때에는 숫도다나가 왕이 될 차례였다.(At the time of the birth of siddharth Gautama it was the turn of Suddhodana to be the Raja.)

이처럼 거의 모든 문장 앞에 일련번호를[절(§) 단위로] 붙여두고 있는 것은 암베드까르가 이웃종교의 성전 형식을 모방한 것으로 보이며, 이 책이 독송용으로 이용되기를 의도했던 것으로 추측된다.

---

5 B.R.Ambedkar, *The Buddha and His Dhamma* (Nagpur: Buddha Bhoomi Publication, 1997) 참조. Text(우리말 번역본 포함)에 따라 목차 내용에 아주 미세한 차이가 발견되기도 하지만(예: 제6편이 5장으로 편집되어 있으나 내용상으로는 차이가 없음) 별다른 문제를 야기하지는 않는 것으로 생각된다.

## 3) 인용 경전의 전거典據

암베드까르는 『붓다와 그의 가르침』을 성서 형식으로 집필했기 때문에
경전을 인용한 내용이 책의 절반 이상이 되지만 각주 등의 방식을 통해
경전 인용의 전거를 밝히지 않았다. 간혹 본문 속에서 전거를 직접
밝히는 경우도 발견되지만 매우 제한적이다.[6] 하지만 저명한 학자 카우살
리야얀(Bhadant Anand Kausalyayan)은 이 『붓다와 그의 가르침』을 힌디어
로 번역하는 과정에서 책에 인용된 경전 내용을 빨리 경전 속에서 조사하
여 찾아낸 바 있다. 최근에는 라토르(Aakash Singh Rathore)와 베르마(Ajay
Verma)가 함께 암베드까르의 『붓다와 그의 가르침』을 새롭게 편집하여
펴냈다. 그들은 기존의 책에서 일련번호를 삭제하여 일반적인 책의
형식으로 다시 편집하고, 서문을 첨가하고, 더욱이 인용문에 대한 전거
를 찾아 일일이 상세한 각주를 달아 놓았다. 이들이 각주에서 밝힌
인용 경전에는 *Digha Nikaya*, *Majjhima Nikaya*, *Samyutta Nikaya*[7],
*Anguttara Nikaya*, *Khuddaka Nikaya* 등 5부部 니까야, 그리고 *Khud-
daka Nikaya* 중에서는 *Dhammapada*와 *Sutta Nipata*가 주로 포함되어
있다. 율장(Vinaya Pitaka) 가운데서는 *Mahavagga*의 내용이 많이 인용되
고, 불전佛傳 가운데서는 *Buddhacharita*와 *Lalita Vistara* 등의 내용이
주로 인용되고 있다. 이외에도 *Dhammapada-atthakatha*, *Theragatha
-atthakatha*, *Jataka-atthakatha* 등의 주석서 및 *Milinda-panha*와 *Yoga-
chara Bhumi* 그리고 *Buddhavamsa* 등의 내용이 인용되고 있다[8].

---

6 *Ibid.*, p.238. "In the Dhammapada the Buddha says." ; *Ibid.*, p.302. "The story
 is told in the Assalayana-Sutta ……."
7 다른 니까야에 비해 *Samyutta Nikaya* 내용의 인용은 매우 드문 편임.
8 Aakash Singh Rathore and Ajay Verma, *B.R. AMBEDKAR the buddha and his*

암베드까르는 불가촉천민들을 카스트의 억압과 고통에서 해방시키고 힌두교의 그릇된 이념에 빠져 있는 인도인들을 깨우치기 위해서는 무엇보다도 불법의 홍포가 필요하다고 생각했다. 그리고 효율적인 불법의 홍포와 전도를 위해서는 단계적으로 첫째, 불교 성전을 만들고, 둘째, 불교교단의 구성과 목적을 수정하며, 셋째, 세계적인 불교포교원을 설립해야 한다고 주장한다.[9]

그 중 우선 불교성전을 만드는데 있어 암베드까르는 특히 네 가지 사항에 유의하였다. 그는 절대자를 인정하지 않는 종교의 창시자인 붓다의 생애와 가르침을 특히 비불교인들에게 명쾌하게 설명하기 위해서 이 네 가지 문제에 대한 입장 정리가 필요하다고 본 것 같다. 그는 그의 책 서문에서 그 네 가지 문제에 대해서 언급하고 있다. 그것을 요약하면 다음과 같다.

첫째는, 붓다의 출가문제이다. 붓다의 결정적 출가 이유는 과연 무엇이었을까? 단지 모든 사람들이 겪는 생로병사의 실존적 괴로움을 해결하기 위해서 출가한 것일까?

둘째는, 사성제四聖諦에 관한 문제이다. 태어나는 것도 괴로움이고 죽는 것도 괴로움이라는 사성제의 진리는 결국 인간에게 희망을 부정하는 염세주의라고 할 수 있는데, 이러한 사성제는 과연 붓다가 직접 설한 것인가 혹은 후세의 제자들이 첨가한 것인가.

셋째는, 영혼 또는 자아, 까르마(업)와 윤회에 관한 문제이다. 붓다는 영혼의 존재를 부정했지만 까르마와 윤회는 긍정했다. 이것은 분명 모순처럼 보인다. 그렇다면 까르마와 윤회의 정확한 개념과 의미는

_dhamma: A CRITICAL EDITION_ (New Delhi: Oxford University Press, 2011) 참조.
9 山崎元一, 앞의 책, p.157.

무엇일까? 영혼의 부정과 윤회의 긍정은 과연 모순관계일까, 아니면 양립할 수 있는 것일까?

넷째는, 출가자와 출가교단에 관한 문제이다. 붓다가 출가자 교단을 만든 것은 출가자들을 완전한 인간으로 만들기 위함인가, 혹은 고통받는 인류에게 봉사하도록 하기 위함인가?[10]

암베드까르는 위의 네 가지 문제를 유념하면서 주로 빨리어 성전 중에서 적합한 가르침들을 발췌·인용하고 필요할 경우에는 스스로 주관적인 해석을 덧붙여 전체적으로 통일성 있는 불교성전을 만들어 보려고 하였다.[11]

본 논문에서는 암베드까르의 의도를 존중하는 의미에서 그가 제시한 네 가지 문제를 중심으로 그의 불교관을 검토할 것이다. 다만 첫 번째와 네 번째 문제는 서로 겹치는 면이 있어서 하나의 주제로 묶어서 논의하기로 한다. 그리고 일반인들에게는 붓다가 신인지 아니면 우리와 똑같은 인간인지, 그 정체성에 관해서도 궁금해 할 것으로 생각되어 맨 앞에 '암베드까르의 붓다관'을 첨가하여 검토하기로 한다.


## 2. 암베드까르의 불교관 검토

### 1) 암베드까르의 붓다관

암베드까르의 붓다관은 기본적으로 '인간 붓다'였던 것으로 보인다. 그가 불가촉천민으로서 어린 시절부터 겪은 고통과 수모는 그에게서

---

10 B.R.Ambedkar, *op. cit.*, Introduction.

11 山崎元一, 앞의 책, p.160.

신을 밖으로 밀어낸 원인이 되었다. 미국과 영국에서 유학생활을 하며
익힌 '과학적 사고'는 그의 세계관과 인생관, 그리고 종교관에 상당한
영향을 미쳤을 것이다. 암베드까르는 붓다가 당시 인도인들이 빠져
있던 잘못된 신앙을 여덟 가지로 정리하였는데, 그 가운데 다섯 번째가
'우주 창조자인 이슈와라와 우주 탄생 원리인 브라흐만 신앙'이라고
설명한다.[12] 이것은 한마디로 '신'에 대한 신앙이라고 할 수 있는데,
그는 결국 붓다가 '신'에 대한 신앙을 반대했다고 본 것이다. 암베드까르
는 초기경전의 붓다의 가르침에 근거하여 자신의 생각을 덧붙여 다음과
같이 주장한다.

아무도 신을 본 사람이 없다. 사람들은 신에 대하여 말만 할 뿐이다. 신을
알지도 못하고 보지도 못했다. 신이 세계를 창조했다는 것을 증명할 수
있는 사람은 아무도 없다. 세계는 발전해 온 것이지 창조된 것이 아니다.[13]

그는 끈질기게 '신의 부재不在'를 주장하며 그것을 논증하려 한다.
신이 세상을 창조했다면 거기에는 두 가지 경우가 있을 것이다. 하나는
무에서 창조한 경우이고, 다른 하나는 유에서 창조한 경우이다. 그러나
이 두 가지 경우는 모두 가능하지 않다고 한다. 왜냐하면 무에서 유를
창조한다는 것은 형식 논리상 타당하지 않고, 유에서 유를 창조했다면
기존의 유는 또 누군가가 있어서 만들었을 것이니, 이렇게 되면 신은

12 암베드카르, 이상근 옮김, 『인도로 간 붓다: 그의 삶과 가르침』(청미래, 2005),
   p.89: "붓다가 자신의 사상체계를 확립할 당시에 많은 사람들은 다음과 같은 사상에
   크게 매료되어 있었다. (1) 베다의 무오류성 신앙 …… (5) 우주 창조자인 이슈와라와
   우주 탄생 원리인 브라흐만 신앙 …… (8) 과거의 행위가 현재의 생활을 결정한다는
   카르마(業) 신앙"
13 위의 책, p.182.

'창조자' 또는 '최초의 원인'이 아니게 된다. '창조자'나 '최초의 원인'이 아닌 신은 신이라고 할 수 없을 것이므로 결국 신은 없다는 것이다.[14] 신이 본래 없기 때문에 붓다는 예언자가 될 수 없고, 메신저도 아니며, 구원자도 아니다. 굳이 말한다면 붓다는 오직 구도자였을 뿐이다. 따라서 구원은 각자가 자신의 노력으로 이루어야 한다는 것이다.[15]

암베드까르는 이러한 가르침과 논리에 의거하여 '인간 붓다'를 주장한 것이다. 붓다는 아버지 숫도다나와 어머니 마하마야의 외아들로 태어났다. 그렇기 때문에 암베드까르는 '싯다르타의 가계'와 '싯다르타의 조상'에 대해 언급하는 것으로부터 붓다의 생애에 대한 설명을 시작한다.[16]

암베드까르는 붓다 전기 속에서 붓다에 관한 초자연적이고 신화적인 내용은 일절 인용하지 않았다. 따라서 "태어나자마자 동서남북으로 일곱 걸음을 걸으면서 '하늘 위와 하늘 아래 오직 내가 홀로 존귀하나니, 삼계三界의 모든 괴로움을 내가 마땅히 평안케 하리라'고 사자후하였다"와 같은 내용은 그의 책에서 찾아 볼 수 없다. 그런데 『붓다와 그의 가르침』 제1편 제1장 제4절 '아시타 선인의 내방(Visit by Asita)' 가운데는 다음과 같은 내용이 나온다.

아시타는 아기를 관찰하고는 위대한 사람만이 몸에 지니고 태어난다는 상서로운 32가지 특징과 80가지 부차적 특징(minor marks)이 있는 것을 발견하고는 ……[17]

---

14 위의 책, p.185.
15 위의 책, p.161.
16 위의 책, pp.15~16.
17 위의 책, p.20.

여기에는 이른바 32상相 80종호種好에 대한 언급이 발견된다. 32상 80종호는 붓다와 전륜성왕 같은 위대한 인물들에게 나타나는 특별한 상호라고 전해져 온다. 붓다가 32상을 지니고 있었다는 것은 실제 사실과는 다를 것이다. 그것은 인도 민간전승의 설화로서 위대하고 신성한 인물들의 위대성을 부각시키기 위한 상징이다. 초기 경전과 『대지도론大智度論』 등의 여러 문헌을 살펴보면 32상은 각각 과거생의 선행과 공덕에 의해 나타난다. 예컨대 '손가락과 발가락 사이에 물갈퀴 같은 막이 있는 상相'을 얻게 된 것은 사섭법四攝法으로써 어른들을 섭수했기 때문이고,[18] '발바닥에 천 개의 바퀴살을 가진 수레바퀴가 있는 상'을 얻게 된 것은 두려움과 공포를 제거해 주고 양식과 물품을 제공하면서 만인의 안녕을 위해 노력한 공덕 때문이다.[19] 그러므로 32상 80종호가 말하려 하는 것은 결국 붓다의 특별한 신체적 특징이 아니라 붓다의 내적인 지혜와 덕이라고 할 수 있다. 암베드까르는 아마도 이러한 입장에서 아시타 선인의 예언과 32상 80종호를 인용했을 것이다.

암베드까르는 그의 책 곳곳에서 붓다의 인간적인 면모를 부각시키고 있음을 볼 수 있다. 특히 제7편 제2장 제3절 '쿠시나라에 도착' 가운데 나오는 "아난아, 내가 누울 수 있도록 이 옷을 바닥에 펴다오. 피곤하여 잠시 쉬어야겠다."라든가 "아난아, 목이 마르니 물 좀 다오."라는 내용 등을[20] 소개함으로써 그런 점을 강조하고 있다. 그런 점들로 미루어 볼 때, 암베드까르의 붓다관은 신으로서의 붓다가 아니라 인간으로서의 붓다였음을 알 수 있다.

---

18 『瑜伽師地論』 卷49(大正藏 30, p.567).

19 D.N. Ⅲ, 「Lakkhana suttanta」 p.148.

20 B.R.Ambedkar, op.cit., pp.543~544.

## 2) 사성제에 대한 입장

사성제의 가르침은 붓다의 모든 교설 속에서 가장 중요하고 포괄적인
것이라 할 수 있다. 그것은 흔히 코끼리의 발자국이 다른 동물들의
발자국을 모두 포섭하는 것에 비유된다.[21] 이러한 사성제의 중요성과
포괄성으로 인해 사성제는 붓다가 깨달은 가장 근본적인 진리로 이해된
다. 물론 학계에서는 붓다의 가장 근본적인 깨달음을 '연기법緣起法'이라
고 주장하는 흐름도 강력해서 이 두 입장은 종종 갈등 관계를 노출하기도
한다.

그러나 사성제와 연기법은 결코 대립하는 교의가 아니며 내용적으로
는 거의 동일한 법문이라고 생각된다. 사성제 가운데 고성제苦聖諦와
집성제集聖諦는 연기법의 유전流轉연기에 상응하고 멸滅성제와 도道성
제는 환멸還滅연기에 상응한다. 사성제와 연기법은 모두 '고苦의 자각을
통한 고의 소멸'을 설하는 가르침인 것이다.[22]

그런데 놀랍게도 암베드까르는 이렇게 근본적인 붓다의 깨달음에
기초한 사성제의 교리를 부정하고 있다. 그는 다음과 같이 말한다.

> 두 번째 문제는 네 가지 거룩한 진리(四聖諦)에 의해 야기된다. 사성제는
> 과연 붓다의 원래 가르침의 일부분인가? 사성제가 붓다의 근본 가르침의
> 일부라는 판에 박힌 신조는 불교의 뿌리를 해친다. …… 사성제는 붓다의
> 가르침을 염세주의의 진리로 만든다.
> 사성제는 붓다의 원래 가르침의 일부인가 아니면 훗날 승려들이 끼워

---

21 『中阿含經』 卷30, 「象跡喩經」(大正藏 1, p.464), "謂四聖諦, 於一切法, 最爲第一,
　…… 猶如諸畜之跡, 象跡爲第一."

22 박경준, 『불교사회경제사상』(동국대출판부, 2010), pp.90~93.

넣은 것(accretion)인가?[23]

마지막 문장은 의문문 형식으로 되어 있지만 앞의 '판에 박힌 신조'라는 표현 등에 비추어 볼 때, 암베드까르는 사성제가 붓다의 입멸 이후에 비구들이 첨가해 놓은 내용이라고 주장하고 있음에 틀림이 없다. 경전성립사적으로 볼 때 불교 경전 내용 중에는 붓다의 직접적인 가르침만이 아니라 후대에 제자들이 첨가한 내용도 포함되어 있다는 것은 잘 알려진 사실이다. 그러나 불교의 가장 핵심적인 근본교리 가운데 하나인 사성제가 후대의 삽입이라고 하는 주장은 이해가 되지 않는다. 그렇다면 암베드까르는 무슨 이유로 사성제의 가르침을 붓다의 직설直說이 아니라고 본 것일까?

먼저, 암베드까르는 붓다의 사성제가 인간에게서 희망을 앗아가는 비관론이자 염세주의라고 보았기 때문이다. 그는 이것을 그의 책 서문에서 분명하게 밝히고 있다.

> 만약 삶이 괴로움이고 죽음이 괴로움이고 재생(rebirth)이 괴로움이라면 모든 것은 끝이다. 어떤 종교 어떤 철학도 인간이 이 세상에서 행복을 성취하는 것을 도와줄 수 없다. 만약 슬픔으로부터의 탈출구가 없다면, 종교가 할 수 있는 일은 무엇이며, 붓다는 인간을 탄생 자체 속에 늘 함께 자리하는 슬픔으로부터 구하기 위해 무엇을 해줄 수 있겠는가? 사성제는 비불교인들이 불교의 진리를 받아들이는 데에 큰 장애물이 된다. 사성제는 인간에게 희망을 거부한다.[24]

이것은 아마도 고성제苦聖諦의 내용을 사고四苦 또는 팔고八苦로 이해

---

23 B.R.Ambedkar, *op. cit.*, Introduction.

24 *Ibid.*

하고 있는데서 기인한 것으로 보인다. 사고란 생로병사生老病死의 네 가지이며 팔고란 이 사고에 애별리고愛別離苦, 원증회고怨憎會苦, 구부득 고求不得苦, 오취온고五取蘊苦의 네 가지를 더한 것이다. 암베드까르는 무엇보다도 사성제의 교의가 생生을 괴로움으로 규정하고 있는 점을 비판적으로 보고 있는 듯하다.

다음으로 암베드까르는 사람들의 고통은 각자 개인적인 욕망과 탐애 때문에 일어난다고 설하는 전통적인 사성제의 가르침을 받아들이기 어려웠다. 그는 불가촉천민에 대한 연민을 한시도 잊지 않았다. 그들의 고통과 슬픔은 그들 스스로의 잘못이 아니라 힌두 사회의 카스트 제도 때문에 발생한 것이라고 보았기 때문이다. 암베드까르는 사성제가 붓다 의 직접적인 가르침이 아니라 훗날 제자들이 삽입한 교리일 것이라고 주장하였다. 아시아의 참여불교에 대해 많은 연구 성과를 내고 있는 크리스토퍼 퀸(Christopher S. Queen)은 다음과 같이 말한다.

암베드까르는 고통을 스스로의 탓으로 돌리는 전통적인 사성제의 교설이 다른 사람들의 학대와 매정한 사회제도로 말미암아 고통 받는 사람들에게 거부감을 주어 받아들여질 수 없다는 것을 알고 있었다. 그는 업과 윤회의 형이상학은 현재 고통 받는 사람들이 전생에서 악행을 저질렀기 때문에 고통을 받는다고 주장하여 이러한 자책을 더욱 가중시킨다고 생각하였다.[25]

암베드까르는 불법佛法의 기초는 고통의 존재를 인식하고 그것을 제거하는 방법을 제시하는 것이라고 보았다.[26] 그는 붓다의 설법을 빌려

---

25 크리스토퍼 퀸·샐리 킹 편저, 박경준 역, 앞의 책, p.101.
26 암베드카르, 이상근 옮김, 앞의 책, p.98. "그의 두 번째 명제는 인간은 슬픔과 비참과 빈곤 속에서 살아가고 있고 세상은 고통에 차 있기 때문에 이 고통을

서 불교가 희망의 종교임을 다음과 같이 전한다.

> 나(붓다)의 다르마가 고통의 존재를 강조하기 때문에 염세적이라고 생각할
> 수도 있습니다. 그러나 그렇게 생각하는 것은 잘못입니다. 나의 다르마는
> 고통의 극복도 강조하고 있습니다. 희망과 목적을 동시에 가지고 있는
> 것입니다.[27]

암베드까르는 이처럼 불교는 희망의 진리이고, 그런 만큼 불가촉천민
들에게도 희망을 줄 수 있는 종교로 생각하였기 때문에, 염세주의를
말하는 사성제의 가르침을 붓다의 교설로서 인정할 수 없었던 것이다.
그러나 서문에 나타난 사성제에 대한 오해는 그의 책 본문에서는 발견할
수 없다. 오히려 위의 인용문에서처럼 결국 '고통의 자각을 통한 고통의
극복'이라는 사성제의 근본 가르침을 정확하게 이해한 것으로 판단된다.
전체 내용을 읽어보면 서문의 내용만을 가지고 암베드까르가 불교를
곡해하고 있다고 속단해서는 안 될 것 같다.[28]

## 3) 영혼과 윤회에 대한 견해

일반적으로 불교는 인과응보를 주장하는 종교로 알려져 있다. 여기서
인과응보는 업보윤회를 의미한다. 더 구체적으로는 과거세, 현재세,
미래세의 삼세에 걸친 업보윤회를 의미한다. 불교의 삼세업보윤회설은
초기경전에서 설하고 있는 "만일 일부러 짓는 업이 있으면, 나는 그것은

---

세상에서 어떻게 제거하느냐 하는 것이었다."

27 위의 책, p.105.

28 서문을 쓸 때의 생각이 본문을 쓸 때 바뀔 수 있는 가능성도 있을 것임.

반드시 과보를 받되, 현세現世에서 혹은 후세後世에서 받는다고 말한
다."[29]는 구절을 가장 기본적인 근거로 삼는다. 여기서 문제가 발생한다.
현세에 지은 업의 과보가 후세(來世)에 나타나려면 업을 지은 자가
죽었을 때 그 과보를 받을 동일한 주체(또는 인물)가 있어야 한다. 다시
말해서 업보윤회가 성립하려면 죽어도 사라지지 않는 어떤 영원불멸의
영혼(나)을 전제로 해야 한다. 그러나 불교에서는 우파니샤드에서 설하
는 영원불멸의 아트만atman과 같은 존재를 인정하지 않는다. 이것이
바로 가장 특징적인 불교 사상의 하나인 '무아無我'사상이다. 결국 업보를
긍정하지만 업을 짓는 주체(作者)나 과보를 받는 주체(受者)는 인정하지
않는 것이다.[30] 따라서 불교의 업보윤회설에서는 윤회의 주체 문제가
난문難問으로 대두될 수밖에 없다. 부파불교시대에 제기된 뿌드갈라
(pudgala), 식(識, vijñāna), 상속(samtati), 그리고 유식학파에서 주장하는
알라야식(Ālayavijñāna)은 모두 윤회의 주체 문제를 해결하기 위해 창안
된 개념들이라고 할 수 있다[31]. 근래에도 무아설無我說과 윤회설輪廻說의
모순을 해결하기 위한 연구와 논의는 계속되고 있다. 예컨대 한자경은
가아假我 개념을 통해 그 모순의 해결을 시도하고 있다.[32] 하지만 아직도
무아설과 윤회설은 평행선을 긋고 있는 것으로 보인다. 그래서 정세근은
아예 윤회설을 부정한다.

29 『中阿含』, 「思經」(大正藏 1, p.437中).

30 『雜阿含』, 「第一義空經」(大正藏 2, p.92), "有業報而無作者."

31 호진, 『무아·윤회 문제의 연구』(불광출판사, 2015), pp.148~156.

32 한자경, 「무아와 윤회 그리고 해탈」, 『오늘의 동양사상』 7(예문동양사상연구원,
    2002), p.23. "무아윤회는 가능하다. 가아(오온)는 존재하고, 하나의 가아가 지은
    업이 남긴 업력이 다음 가아를 형성하면, 그 가아들 간의 연속성을 윤회라고 하는
    것이기 때문이다. 이처럼 윤회는 오온(가아)과 업만으로도 충분히 설명될 수 있다."

윤회를 부정하라. 윤회는 힌두교의, 자이나교의 것이다. 윤회가 설명하는
것이 계급질서이고 태생의 한계이고 불가항력적인 것이라면, 그런 관념은
일찍 버릴수록 좋다.[33]

정세근에 훨씬 앞서 암베드까르는 일찍이 무아설에 배치되는 윤회설
을 폐기해야 한다고 주장하였다. 과거의 카르마 이론은 순전히 브라흐만
(Brahminic) 교리일 뿐이다. 과거의 카르마가 현세의 삶에 영향을 미친다
는 주장은 바라문의 영혼설(doctrine of soul)과 전적으로 일치하는 반면에
붓다의 비영혼설(무아설)과는 전혀 일치하지 않는다. 그것은 불교를
힌두교와 유사하게 만들기 원하거나 불교교리를 잘 모르는 누군가가
불교에 송두리째 이식해 놓은 것이다.[34]

이처럼 암베드까르는 업보윤회설이 불교의 고유한 교리가 아니고
힌두교에서 건너온 교리라고 분명하게 밝히고 있는 것이다. 더 나아가
그는 과거의 카르마가 미래의 삶을 좌우한다는 힌두교 교리의 논거(basis)
는 매우 사악하다(iniquitous)고 비판한다. 그는 힌두교의 업보윤회설이
국가나 사회로 하여금 가난하고 비천한 사람들의 비참함에 대한 책임을
회피하게 하는 지배 이데올로기일 뿐이라고 주장한다. 그것은 참으로
비인간적이고 몰상식한 교리라고 힐난한다.[35]

그런데 흥미로운 사실은 암베드까르가 윤회(transmigration)는 부정하
면서도 재생(rebirth)은 긍정한다는 점이다. 그가 윤회를 부정하면서도
재생을 긍정하는 것은 아마도 붓다의 중도中道의 가르침 때문이 아닌가
생각된다. 붓다는 인간이 죽으면 그것으로 모든 것이 끝이라는 단멸론斷

33 정세근, 『윤회와 반윤회』(개신, 2008), pp.361~362.
34 B.R.Ambedkar, op.cit., p.343.
35 Ibid., p.344.

滅論(annihilationism)과 죽어도 그 영혼은 영원히 존재한다는 상주론常住論(eternalism)을 똑같이 비판하고 부정했기 때문이다. 암베드까르는 상주론과 단멸론에서 벗어나게 하기 위한 개념으로서 재생(또는 환생)을 생각한 것 같다. 그는 재생에 대해 다음과 같이 설명한다.

> 인간이 죽으면 흙, 물, 불, 바람의 4요소는 공간에 부유하는 동일한 요소의 집합체와 결합한다. 그런 다음 이 부유하는 집합체에서 떨어져 나온 네 요소가 다시 결합할 때 새로운 환생이 일어난다. 이것이 붓다의 환생이다. …… 신체는 죽어 소멸하지만 그것을 구성하는 요소들은 항상 살아 있다는 점이 중요하다.[36]

암베드까르는 영혼에 관한 한 붓다는 단멸론자였지만, 물질에 관한 한 단멸론자가 아니었다고 주장한다. 다시 말해 붓다는 영혼의 재생을 믿지 않았고 물질의 재생은 믿었다는 것이다. 그러면서 그는 붓다의 가르침이 '에너지 불변의 법칙'과 일치한다고 말한다. 결국 암베드까르는 '동일 인물의 재생'이 아니라 '물질적(또는 에너지의) 재생'만을 인정한다.[37] 하지만 이러한 재생 또는 환생의 개념은 일반인들이 생각하는 통념과는 거리가 있는 것 같다. 물질적 재생에는 주체적 동일성이 결여되어 업보설에 있어서 가장 중요한 선善과 악惡, 고苦와 낙樂에 바탕한 윤리적 응보應報 개념이 설 자리가 없어 보이기 때문이다. 그는 영혼과 윤회를 부정함으로써 불교의 무아사상을 더욱 확고히 하고 불교 업설(카르마 이론)이 지배이데올로기로 악용되는 근거를 제거하고자 한 것이다.

---

36 암베드카르, 이상근 옮김, 앞의 책, p.233.
37 위의 책, p.235.

### 4) 붓다의 출가와 승가의 목적

암베드까르는 『붓다와 그의 가르침』 서문에서 네 가지 큰 문제를 제시하였다. 첫 번째 문제는 '붓다의 출가 이유', 네 번째 문제는 '상가의 목적'에 관한 내용이다. 여기서는 이 두 가지 주제를 하나로 묶어서 다루고자 한다. 주제에 담겨있는 문제의식이 동일하다고 생각되기 때문이다. 또한 붓다의 출가 이유는 상가의 목적과도 직결되는 문제이기 때문이다.

붓다가 출가한 가장 큰 이유는 전통적으로 생로병사의 고통 때문이었다. 불전佛典에는 붓다의 출가 이유에 관한 내용이 곳곳에 설해져 있다.

> 내가 출가한 것은 병듦이 없고, 늙음이 없고, 죽음이 없고, 근심 걱정 번뇌가 없고, 지저분함이 없는 가장 안온한 행복의 삶(열반)을 얻기 위해서였다.[38]

붓다는 늙고 병들고 죽는 고통을 여의고 가장 안온한 행복(열반)의 삶을 얻기 위해서 출가했노라고 분명하게 밝힌다. 이 세상에 만약 늙고 병들고 죽는 이 세 가지가 없었다면 여래는 세상에 출현하지 않았을 것이라고도 설한다.[39] 불교의 궁극적 목적이 열반이라는 점을 감안해 볼 때, 붓다의 출가이유를 노병사老病死 문제의 해결이라고 보는 데에는 별 문제가 없어 보인다. 물론 붓다가 출가한 것은 단순히 생로병사의 문제 때문만은 아닐 것이다. 붓다의 출가 배경에는 생모生母의 죽음, 섬세한 성격, 궁전에서의 안일한 생활, 아들 라훌라의 출생, 당시 인도사회의 혼란 등 여러 가지 복합적인 이유가 있었을 것이다. 그럼에도

---

38 『中阿含』 권56, 「羅摩經」(大正藏 1).

39 『雜阿含經』 권14, 「第346經」(大正藏 2).

생로병사 문제는 출가의 가장 중요한 원인으로 오랫동안 이해되어 왔다.

그러나 암베드까르는 출가의 뜻을 일으키게 한 사문유관四門遊觀의 이야기는 사실이 아니라고 본다. 싯다르타가 29살이 되어서야 노병사老病死를 목격했다는 것은 거짓이라고 판단했기 때문이다. 그는 붓다 출가의 직접적인 원인을 샤캬족과 콜리야족의 전쟁 때문이라고 주장한다. 이 두 종족의 국경 지대에는 로히니강이 흐르고 있었는데 이 강물을 농업용수로 끌어다 쓰는 과정에서 크고 작은 분쟁이 자주 일어났다. 물싸움은 두 나라간의 큰 전쟁으로 비화할 위기에 처했고, 싯다르타는 전쟁에 반대하였다. 이것이 계기가 되어 싯다르타는 결과적으로 출가의 길을 가게 되었다고 그는 강하게 주장한다. 암베드까르는 싯다르타가 샤카족과 콜리야족의 분쟁만이 아니라 일반적인 사회적 대립과 갈등 문제에 깊은 관심을 가졌다고 보았다.

> 국가 간의 대립은 때때로 발생한다. 그러나 계층 간의 대립은 영원히 발생한다. 바로 이런 대립이 이 세상의 모든 번뇌와 괴로움의 근원이다. 분명히 붓다는 전쟁 때문에 집을 떠났다. 그러나 샤캬족과 콜리야족 사이의 전쟁 위험이 사라졌다고 해도 그는 집에 돌아갈 수 없었다. 이제 그의 문제는 더 한층 확대되었다. 그는 이런 사회적 대립의 문제에 대한 해결책을 찾아야만 했다. 종래의 기존 사상이 이런 문제의 해결책을 얼마나 적절하게 제시하고 있는지 궁금해졌다. 그는 이런 문제와 관련된 모든 사상을 자신이 직접 조사해보기로 결심했다.[40]

암베드까르는 위 인용문의 마지막 부분의 언급을 통해 알 수 있는 것처럼, 단순히 선정을 닦고 호흡법을 배우는 것이 아니라 세상의 갈등과

---

40 암베드카르, 이상근 옮김, 앞의 책, p.62.

대립을 해결할 수 있는 길을 묻고자 싯다르타는 여러 스승들을 찾아다닐 생각을 한 것이라고 보았다. 그러나 알라라 칼라마라든가 웃다카 라마푸타 등의 스승을 만나 나눈 대화 속에 사회적 갈등 문제에 관한 내용은 거의 소개되지 않고 있다. 하지만 암베드까르는 싯다르타가 출가하여 수행하고 고행하는 과정 속에서 개인적인 깨달음만을 추구하지 않고 계급 차별 등의 사회적 갈등문제를 어떻게 하면 해결할 수 있는지에 대한 문제의식도 꾸준히 유지했다고 보았다. 그의 이런 관점은 붓다가 출가 교단을 조직한 이유에 대한 그의 인식 속에 그대로 반영된다. 그는 비구는 자기수행뿐만 아니라 동시에 중생에게 봉사하고 중생을 제도해야 한다고 강조한다.

> 비구는 집을 떠난다. 그러나 세상을 아주 등지는 것은 아니다. 그는 힘든 사람들에게 봉사할 수 있는 자유와 기회를 갖기 위해 출가한다. 인간의 고통에 냉담한 비구는 자기 수행이 완벽하더라도 결코 비구라고 할 수 없다.[41]

그는 비구가 개인적인 완성만을 추구한다면 불교의 미래는 있을 수 없다고 말한다. 이기적인 비구는 불교의 홍포와 전도에 힘쓰지 않을 것이기 때문이다. 그러나 비구가 사회의 봉사자라면, 그리고 불교 교단이 그러한 목표를 지닌다면 불교의 미래는 희망적이라고 그는 언급한다. 이와 관련하여 스리랑카의 월폴라 라훌라도 같은 견해를 피력한다.

> 승단을 조직한 이유는 자신의 정신적·지적 발전뿐만 아니라 또한 타인에 대한 봉사에 일생을 기꺼이 바치고자 하는 사람들에게 기회를 제공하기

---

41 위의 책, pp.275~276.

위해서다. 가족이 딸린 재가신자가 타인을 위한 봉사에 자신의 전 생애를 바치기를 기대할 수는 없을 것이며, 반면에 가족 부양의 의무나 여타의 세속적 유대관계에 얽매이지 않아도 되는 승려라면 보다 많은 사람의 행복과 깨달음을 위해 자신의 생애를 던질 수 있을 것이다. 이것이 바로 붓다가 승단을 조직한 이유이다.[42]

라훌라가 여기에서 말하는 '정신적·지적 발전'이라고 하는 것은 불교 경전 등을 공부하여 학식과 지식을 쌓고, 선정을 닦아 마음의 평화와 직관적 지혜를 증장시켜가는 것을 의미할 것이다. 요컨대 안심입명을 위한 개인적 수행이라고 할 수 있다. 이러한 개인적 수행에만 함몰되어 전법활동이나 봉사활동 등의 사회적 실천에 소홀하다면 이것은 참다운 승단이라고 할 수 없다는 말이다. 라훌라에 의하면, 출가자는 전통적으로 '세간에 봉사하려고 윤회에서 벗어나지 않기로 결심한' 사람들이며, 사회 정치적인 참여는 '비구의 유산'이자 불교의 핵심이다.[43] 암베드까르는 더 나아가 비구는 단순히 사회에 봉사하는 것에 만족해서는 안 된다고 주장한다. 비구는 근본적인 사회 개혁을 지향하는 적극적인 역사의 참여자요, 창조자이기 때문이다.[44]

앞에서 밝힌 바와 같이 제2장에서는 암베드까르가 『붓다와 그의 가르침』 서문에서 제기한 네 가지 문제를 중심으로 그의 불교관에 대한 구체적인 내용을 살펴보았다. 다음 제3장에서는 위에서 살핀 암베드까르의 불교관을 관통하고 있는 특징적 관점들을 추출해 보고, 동시에

---

[42] Walpola Rahula, *What the Buddha Taught* (London: Gordon Fraser,1978), p.77.

[43] Walpola Rahula, *The Heritage of the Bhikkhu* (New York: Grove Press, 1974), p.3.

[44] Dr. Rajkumar Mhaske, *Reconstructing the World: B.R. Ambedkar and Buddhism in India* (Kanpur: Chandralok Prakashan, 2012), p.18.

암베드까르 불교관이 지니고 있는 문제점을 드러내 보고자 한다. 따라서 부득이한 경우를 제외하고는 앞에서 인용하여 살핀 내용은 중복 인용하지 않고 요점만을 정리하여 서술하기로 한다.

## 3. 암베드까르 불교관의 특징과 문제점

### 1) 암베드까르 불교관의 특징

#### (1) 열린 경전관

암베드까르의 불교관을 이해하는 데 있어 이 '열린 경전관'은 중요한 전제 조건이 된다. '열린 경전관'이란 붓다의 가르침을 전하고 있는 불교경전이 붓다의 가르침에 한정되지 않는다는 관점이다. 경전 성립사에 대한 연구 성과에 의하면, 불교 경전은 붓다 한 개인에 의해 일시에 완성된 것이 아니다. 그것은 넓은 지역에 전파되면서 오랜 시간에 걸쳐 그 내용이 점점 첨가되어 성립된 것이다(加上說). 암베드까르도 이러한 사실을 잘 알고 있었기에 필요한 경우 주관적인 해석을 자유롭게 할 수 있었을 것이다. 불교경전에는 붓다와 붓다의 직제자는 물론 후대의 불교인들이 첨가한 내용도 있고 다른 종교 사상이 자연스럽게 또는 의도적으로 유입된 내용도 있다고 그는 보았다. 예컨대 그는 사성제 교리는 훗날 붓다의 제자들이 삽입한 것이고, 윤회설은 힌두교의 교리가 유입된 것이라고 생각하였다.

#### (2) 과학적 접근

『붓다와 그의 가르침』의 프롤로그에는 제임스 헤이스팅스James Hastings 의 『종교윤리백과사전(Encyclopedia of Religion and Ethics, 1908)』에 나오는 한 구절이 인용문으로 실려 있다. 이 프롤로그의 내용은 이 책의 성격과 방향을 암시하는 매우 의미 있는 것이라 생각된다. 그 인용문에 의하면, 오늘날에는 과학적인 지식과 사고방식이 급속하게 퍼지면서, 보다 '이성적'이고 '과학적'이거나 '덜 미신적인' 사상으로 종교를 개혁 또는 교체하려는 경향이 세계적으로 확산되고 있다. 따라서 사람들은 때때로 현재와 과거의 여러 신념(신앙)과 사상을 재검토해야(reconsider) 하고, 현재와 과거의 경험 사이에서 조화를 찾아야 한다. 요컨대 여기에는 도도한 과학의 시대인 현대에는 최대한 과학적이고 합리적인 방식으로 종교를 재구축하라는 메시지가 담겨 있다.[45] 암베드까르는 이러한 메시지의 영향을 적지 않게 받았을 것으로 추정된다. 그는 '신(God)'을 철저하게 부정했고, 그 자리를 '법(Dharma)'으로 대체했다. 그는 신비주의와 초월주의를 배격하고 종교적 이상은 '피안'이 아닌 '차안'의 현실에서 실현되어야 한다고 주장했다. 암베드까르는 열반을 초월적인 피안, 신비의 영역으로 이해하지 않고 '올바른 생활(의 궁극적 상태)'로 파악했다. 그는 말한다. "사후에 영혼이 구원을 받는다는 윤회사상은 붓다의 열반 사상과는 완전히 이질적인 것이다."[46]

## (3) 사회적 정의 지향

암베드까르는 사회와 개인의 고통이 개인적인 요인보다는 사회적 요인에 의해서 더 큰 영향을 받는다고 보았다. 그래서 무엇보다도 사회정의를 중시한다. 그에 의하면, 인간의 비참함은 인간의 인간에 대한 불공정함에서 생겨나는 것으로, 오직 정의만이 이 불공정함과 비참함을 제거할

---

45 B. R. Ambedkar, *Dr. Babasaheb Ambedkar: Writings and Speeches* Vol. Ⅱ(New Delhi: Dr. Ambedkar Foundation, 2014), 〈Prologue〉.

46 암베드카르, 이상근 옮김, 앞의 책, p.172.

수 있다.[47] 그는 "다르마는 사회적이다. 다르마가 추구하는 올바름이란 생활의 모든 분야에서 인간들 사이의 올바른 관계를 의미한다."[48]라고 하면서 인간과 인간 사이의 차별은 반드시 타파되어야 한다고 주장한다. 그에게 있어서 정법(Saddharma)은 마음을 깨끗하게 함과 더불어 세상을 정의롭게 만드는 것이다.

사회적 정의 실현을 위한 '거룩한 불만(분노)'를 인정하는 까닭으로 암베드까르는 자비롭지 못하다는 오해를 받기도 하지만 그는 원칙적으로 폭력을 부정한다. 그는 1956년에 개최된 한 회의에서 불교와 공산주의는 사회 변혁을 추구한다는 점에서는 유사하지만 그것을 구현하는 수단과 방법에 있어서는 근본적으로 다르다고 역설한다. 공산주의자는 사회 변혁을 위해 '폭력'을 옹호하지만 붓다는 폭력을 부인하는 대신 사랑과 도덕적 가르침을 통한 설득(persuasion)을 강조하기 때문이라는 것이다.[49]

## 2) 암베드까르 불교관의 문제점

### (1) 자의적恣意的 해석

암베드까르는 앞에서 살핀 것처럼 '열린 경전관'의 소유자였다. 그래서 그는 불가촉천민의 해방을 지향하면서 경전에 대한 실천적 해석을 시도한다. 하지만 사성제 해석의 경우처럼 가끔 지나치게 자의적인 해석을 가함으로써 경전의 본래 의미를 훼손하는 경우가 있다. 나아가 의도적으로 경전을 왜곡하거나 내용을 창작하는 경우도 발견된다.

---

47 위의 책, p.203.

48 위의 책, p.224.

49 D. C. Ahir, *Buddhism and Ambedkar* (Delhi: B. R. Publishing Corporation, 1990), p.150.

그런 이유로『마하보디』(1959. 12)에는, 그가 지은『붓다와 그의 가르침』은 붓다의 불교가 아니라 암베드까르의 불교를 전하고 있을 뿐이라는 가혹한 서평이 실리기도 하였다. 하지만 이것은 지나친 혹평이라고 생각된다. 암베드까르의 책은 전체적으로 볼 때 불교의 요점과 핵심을 감동적이고 효과적으로 전하고 있기 때문이다. 카우살리야얀(Bhadant Anand Kausalyayan)은『붓다와 그의 가르침』을 힌디어로 번역하면서 이 책에 인용된 모든 빨리 경전을 조사하였다. 그리고 "암베드까르의 저술은 불교에 대한 '새로운 하나의 태도일 뿐이지 왜곡이 아니며' 전통적인 모든 교리들이 담겨있다."라고 결론지었다.[50] 암베드까르의 불교도 온전한 불교라는 주장이다.

### (2) 원전의 왜곡

암베드까르는 불교의 사회적 메시지를 강조하기 위해, 그리고 불가촉천민에 대한 불교 개종 운동을 활성화하기 위하여 원전을 왜곡하고 허구에 가까운 내용을 첨가하기도 한다. 붓다의 결정적 출가동기를 노병사의 문제로 보지 않고 샤카족과 콜리야족의 분쟁문제라고 한 예, 그리고 불가촉천민을 원래 불교를 믿었던 일부 부족민의 자손이라고 한 예 등은 그 대표적인 것이다.[51] 원전의 내용을 왜곡하는 것은 바람직하지 않다고 생각한다. 원전은 원전대로 놔두고 자신의 해석을 새롭게 붙이는 편이 낫다. 물론 불교성전 형식으로 책을 꾸미는 과정에서 부득이한 사정은 있었을 것이다.

---

50 크리스토퍼 퀸·샐리 킹 편저, 박경준 역, 앞의 책, p.96.
51 이지은,「인도 불교부흥운동의 현실과 한계」,『불교평론』제10호(불교평론사, 2002), p.326.

## (3) 사성제의 편협한 해석

암베드까르가 사성제를 붓다의 직설直說이 아니라고 규정한 데는 크게
두 가지 이유가 있다고 생각된다. 첫째 이유는, 앞에서 말한 것처럼
사성제는 염세주의라고 착각한 때문이요, 둘째 이유는 집성제集聖諦를
개인적인 탐욕(taṇha)이라는 의미로만 파악했기 때문이다. 암베드까르
는 고성제苦聖諦의 개념을 개인적인 실존(老死)과 개인적인 심리(憂悲苦
惱)의 의미로 본 것 같다. 또한 그 원인인 집성제의 진리도 자연스럽게
개인적인 탐욕(탐애)으로 본 것이다. 그러나 우비고뇌 가운데 많은 부분
은 개인적인 차원보다는 사회적 차원에서 발생하고, 애별리고愛別離苦,
원증회고怨憎會苦, 구부득고求不得苦는 인간관계 및 사회제도와 긴밀히
연관된 괴로움이다. 따라서 그 괴로움의 원인은 개인적인 탐욕과 더불어
사회적 탐욕도 포함한다고 보아야 한다. 사실 '개인 없는 사회'라든가
'사회 없는 개인'은 의미 없는 허사일 뿐이다. 근본적으로는 개인과
사회는 불일불이不—不異의 관계다. 개인적인 탐욕만이 아니라 사회적인
탐욕도 엄연히 존재한다. 오늘날 사회적 탐욕은 신자유체제의 여러
병폐를 낳고 있지 않은가? 사회적 탐욕이란 달리 말하면, '개인적 탐욕을
촉발시키는 사회시스템'의 의미로도 해석할 수 있을 것이다. 일찍이
스리랑카의 아리야네트는 '퇴락한 마을'을 고제苦諦로 보고 '이기주의,
경쟁, 탐욕, 질시' 등을 집제集諦로 해석한 예도 있다.[52]

## (4) 종교적 구원론의 결여

카탐Kadam의 주장처럼, 암베드까르에게 있어서 불교는 전통적인 개념
의 종교(religion)가 아니라 사회개혁의 도구로서의 법(dhamma)이었다.[53]

---

52 박경준, 앞의 책, p.369.

암베드까르의 불교는 불가촉천민을 힌두 카스트의 굴레에서 해방시킬
뿐 아니라 궁극적으로 사회를 개조하고자(reconstruct) 하는 실천적인
목적을 갖는다. 따라서 태생적으로 정치지향성이 강하다. 그런 만큼
전통적인 종교성은 상대적으로 부족할 수밖에 없다. 일찍이 틸리히는
종교를 '궁극적 관심[54]에 의해 파악되는 존재의 상태(the state of being
grasped by an ultimate concern)'라고 정의하였다.[55] 궁극적 관심이란 생활
과정에서 생멸하는 여러 세속적 관심을 넘어 죽음 앞에서 갖게 되는
우주와 인생의 궁극적 의미에 대한 물음과 관심이라고 풀이할 수 있다.
우리 인간은 모두 이러한 궁극적 관심 또는 종교적 관심을 지니고 살아간
다. 그것은 빈부귀천, 남녀노소를 막론한 모든 사람들의 보편적인 관심
이라고 할 수 있다. 불교적으로 보면 궁극적 관심에 상응하는 응답은
해탈과 열반이라고 할 수 있다. 해탈과 열반을 불교의 최고선 또는
궁극적 목적이라고 하는 이유가 여기에 있다. 암베드까르는 지나치게
사회정의에 몰입하다 보니 모든 사람에게 내재되어 있는 이 '궁극적
관심'에 소홀한 면이 있다. 아마도 암베드까르 불교에 있어서 가장 문제가
되는 것은 바로 이 점일 것이다. 모든 사람은 '죽음에로의 존재(Sein
zum Tode)'이기에 종교는 만인을 포용해야 한다. 암베드까르 불교는
불가촉천민만이 아니라 인도의 상류층과 일반 대중, 그리고 모든 인류에

---

53 K.N. Kadam, "Dr. Ambedkar and Buddhism as an Instrument of Social Change",
in *Dr. Ambedkar, Buddhism and Social Change*, ed. A.K.Narain and D.C.Ahir
(Delhi: Buddhist World Press, 2010), p.34.

54 다른 모든 관심을 예비단계로 보고 그 자체가 우리 삶의 의미에 관한 질문에
대한 대답을 함유하는 관심(폴 틸리히의 정의)

55 Paul Tillich, *Christianity and the Encounter of the World Religions* (New York:
Columbia University Press, 1964), p.4.

게 '궁극적 관심'에 대한 해답을 제시할 수 있어야 한다.

## 맺음말

빔라오 람지 암베드까르는 현대 인도 헌법의 기초를 다지고 불가촉천민의 권익 향상 등을 위해 크게 기여하였다. 그런 공로로 그는 그의 서거일이 인도 공휴일로 지정될 정도로 신불교도들은 물론 인도 국민의 존경을 받는 인물이다.

암베드까르는 인도 사회에 불교를 홍포하고 불교의 새로운 방향 정립을 위해 불교입문서 『붓다와 그의 가르침(The Buddha and His Dhamma)』을 집필했다. 이 책은 그의 서거 다음 해인 1957년에 출간되었다. 그의 불교관은 이 책 속에 잘 나타나 있다. 그러나 그가 이 책에서 말하는 불교는 붓다의 불교가 아니라 암베드까르의 불교일 뿐이라는 혹평을 받기도 한다.

필자 역시 앞에서 암베드까르 불교에는 지나친 자의적 해석, 원전의 왜곡, 사성제 및 윤회의 부정, 종교적 구원론 결여 등의 적지 않은 문제점들이 존재한다는 점을 지적하였다. 그런 점에서 보면 암베드까르 불교가 암베드까르주의(Ambedkarism)라든가 암베드까르승(Ambedkar-yāna) 등의 이름으로 폄하되는 것도 당연하다고 생각된다.

하지만 필자는 암베드까르 불교를 이 시대의 새로운 불교, 즉 신승(Navayāna) 또는 신대승으로 인정하고 수용해야 한다고 생각한다. 형식적으로 보면 암베드까르는 사성제를 부정하고 있지만, 내용적으로 보면 사성제를 부정하는 것이 아니라 사성제를 개인적 차원으로만 이해하고 해석하는 것을 비판하고 있는 것이다. 암베드까르가 우려한 것은 사성제나 윤회사상이 지배층의 지배이데올로기로 악용되는 것이었다.

암베드까르의 진실한 의도는 '개인'에 갇혀 있는 불교를 '사회'로 이끌어내는 데 있었다. 자비정신으로 부조리한 사회를 개혁하고 사회정의를 실현함으로써 고통 받는 민중과 중생을 구제하는 것이 불교 본연의 책무라고 생각하였다. 그리하여 암베드까르는 인간의 고통에 냉담한 비구는 자기 수행이 완벽하더라도 결코 비구라고 할 수 없다고 역설한다. 불교 승가는 불법을 홍포하고 사회에 봉사하며 사회를 개혁하는 집단이 되어야 한다고 주장하는 것이다.

암베드까르는 인도의 불가촉천민들을 불교로 개종시킴으로써 그들을 카스트의 굴레에서 해방시키고, 동시에 불교중흥의 초석을 마련하여 인도 민중 사이에서 보살로 추앙받고 있다. 그의 불교는 신승(Navayāna)이라 불리는 실천지향의 불교로서 붓다의 가르침을 과학적·사회적으로 접근하고 실천적으로 재해석하여 현대불교의 큰 흐름인 참여불교(Engaged Buddhism) 확산에 큰 영향을 미치고 있다.

# II. 암베드까르와 분노 그리고 불교

요즈음의 한국사회는 가히 '분노사회'라 할 만하다. 사람들은 개인적인 분노를 적절하게 조절하거나 억제하지 못하고 다른 사람들을 폭행하거나 심지어 살해까지 한다.

얼마 전 수원에서는 길을 가던 70대 노인이 30대 여성으로부터 무차별 폭행을 당한 사건이 발생했다. 그 노인이 자신을 째려보는 것 같았다는 것이 폭행의 이유였다. 그 여성은 자신을 제지하던 다른 여인에게도 폭력을 행사하였다고 한다. 지난 5월에는 서울 강남역 근처에 있는 한 건물의 화장실에서 끔찍한 살인 사건이 발생하여 우리 모두를 충격 속에 빠뜨린 바 있다. 개인적인 원한 관계도 없이 일어난 이 사건을 한편에서는 '여성 혐오' 범죄라고 보기도 하고, 다른 한편에서는 조현병(정신분열증) 환자의 범행이라고 진단하기도 하였다. 사실이 무엇이든 이 사건은 크게 보면 개인적인 분노에서 비롯된 '묻지마 범죄'에 해당한다고 볼 수 있으며 이 묻지마 범죄는 한국사회뿐 아니라 지구촌 곳곳에서 끊임없이 일어나고 있어 더욱 우려스러운 상황이다.

또한 지난 5월 28일에는 서울 지하철 구의역에서 19세 노동자가 승강장 안전문 정비 작업을 하다 전동차에 치여 죽는 사고가 발생하여 국민의 공분을 샀다. 국민의 생명을 보호하기 위한 국가 및 사회 안전 시스템은 2014년 4월 세월호 참사 이후에도 별로 개선되지 않은 것이다. 뿐만 아니라 얼마 전에는 여러 방송과 신문에서 서울의 한 사립 법학전문대학원(로스쿨)이 입학전형 과정에서 출신 대학과 나이에 따라 지원자를 차별하고 있다는 내용을 보도하였다. 이 보도 역시 많은 국민을 분노케 하였음은 물론이다. 그것이 사실이라면 그 사립 로스쿨은 우리 사회에 학벌 카스트 제도를 확산시킴으로써 자유민주주의의 근간을 뒤흔드는 패악을 저지르고 있음에 틀림이 없다. 우리를 실망케 하고 분노케 하는 일들은 이 밖에도 수없이 많지만, 특히 '부익부 빈익빈'의 양극화 현상은 이 시대의 가장 큰 문제 가운데 하나라고 생각된다.

그렇다면 이러한 시점에서 한국불교는 무엇을 어떻게 해야 하는 것일까. 동서양을 막론하고 불교는 오랫동안 일반적으로 초세간적 가치를 지향하는 자각적 실천 또는 내적 성찰의 종교로 이해되어 왔다.[56] 전통적으로 유가는 불교를 '허원적멸'의 현실도피적 종교, 나아가 '무부무군無父無君'의 반인륜적 종교라고 비판해 왔으며, 서구에서는 불교를 개인적인 안심입명을 추구하는 비사회적인 종교쯤으로 치부해 왔다.[57] 그러나 최근에는 동양에서든 서양에서든 참여불교(Engaged Buddhism) 또는 인간불교(또는 인생불교)가 대세다. 우리나라 불교를 대표하는 조계종에서도 불교의 사회적 실천을 중요시하는 큰 흐름이 형성되고 있다.

이와 같은 상황에서 필자는 인도의 암베드까르에 주목하고자 한다. 암베드까르는 카스트 제도의 인도사회에서 계급차별에 분노하면서 불

---

56 졸고, 「불교사상으로 본 사회적 실천」, 『한국불교학』 28, 한국불교학회, 2001. p.402

57 졸저, 『불교사회경제사상』, 동국대학교출판부, 2010, p.6.

교개종운동을 통해 그것을 극복하고자 노력한바, 인도의 신불교도 사이에서는 보살로 추앙받고 있는 인물이기 때문이다. 암베드까르 불교는 인도의 오래된 '분노 시스템', 곧 '카스트 제도'의 토양에서 자라난 역사적 종교이기 때문에 그의 가르침은 오늘의 한국사회에 구체적인 메시지를 전하고 한국불교가 나아갈 방향성을 정립하는 데 실질적인 도움을 줄 수 있으리라 기대한다.

## 1. 암베드까르와 분노

### 1) 암베드까르의 생애

빔라오 람지 암베드까르는 1891년 4월 14일 인도 모우에서 태어났다. 어린 나이에 어머니를 여의고 아버지의 보살핌 속에서 성장했다. 1904년 암베드까르의 가족들은 사타라에서 봄베이로 이사했으며 그는 엘핀스톤 고등학교에서 공부했다. 1908년 어린 나이에 라마바이와 결혼하고 엘핀스톤대학에 입학했다. 1913년 아버지를 여의고 바로다 주州 한 토후의 경제적 지원으로 미국 컬럼비아대학에서 석·박사 과정을 마쳤으며, 1917년에는 「인도에 지불해야 할 국가 배상금—역사적·분석적 연구」라는 논문으로 박사학위를 취득했다. 2년 후, 봄베이 시데남 대학의 정치경제학 교수로 임용되지만 얼마 안 있어 교수직을 그만두고 런던으로 건너가 학업을 계속했다. 1923년에는 변호사 자격을 취득하고 또한 런던대학에서 정치학 박사학위를 취득하며 변호사 일을 시작했다.

암베드까르는 이러한 경력을 바탕으로 정치, 사회, 교육 등 여러 분야에서 활발한 활동을 펼쳐나갔다. 봄베이 국립법과대학 교수로 학생들을 가르치고, 동 대학의 학장 소임을 맡기도 한 그는, 인도 정부

국방자문위원과 행정위원회 노동문제 담당관 그리고 법무부장관을 역임하면서도 피압박계층인 불가촉천민들의 권익을 위해 각종 집회를 이끌고 국내외의 여러 회의에 참석하여 강연했다. 1952년에는 봄베이 하원입법회의에서 의회 상원위원에 선출되었다. 더욱이 그는 「민중의 지도자」, 「소외된 인도」, 「평등」, 「인민」 등의 격주간지를 발간하고, 『카스트의 박멸』을 비롯한 많은 책을 저술하여 출간하기도 했다. 암베드까르는 그의 생애 말엽에는 불교 관련 국제모임에 적극 참여하였으며 1956년 10월 14일에는 나그푸르에서 역사적인 '불교 개종식'을 거행함으로써 '힌두교도로서 죽지 않겠다'던 생전의 약속을 지켰다. 그는 같은 해 12월 6일 델리에서 불교인으로서 죽음을 맞이하고 저 세상에서 사랑하는 아들과 부인 곁에 영원히 머물게 되었다. 그의 타계 1년 후인 1957년에는 그의 유명한 저술인 『붓다와 그의 가르침(The Buddha and His Dhamma)』이 출간되었다.

## 2) 암베드까르와 분노

암베드까르는 피나는 노력과 뛰어난 능력으로 인도사회의 엘리트로서 남부럽지 않은 삶을 살았지만, 그가 '불가촉천민' 신분으로서 어릴 때부터 겪은 갖은 수모와 학대는 평생 동안 그를 괴롭히고 분노케 하였으며 동시에 그것은 그로 하여금 힌두 카스트에 저항하게 하는 추동력이 되었다.

고대 인도의 힌두 성전인 『리그베다』에 따르면, 태초에 거대한 신 푸루샤가 자신을 희생하여 인류를 창조했는데, 푸루샤의 입은 사제 계급인 브라만이 되었고, 팔은 무사 계급인 크샤트리아가 되었다. 허벅지에서는 상인 계급인 바이샤가, 두 발에서는 노예 계급인 수드라가 탄생하였다.[58] 불가촉천민은 이 네 계급에도 들지 못하는, 다시 말해서 수드라보다도 더 낮은 인도사회의 최하층민이다. 불가촉천민은 전생에 지은 죄로 천하게 태어나므로 사람들과 접촉하면 그 사람들이 오염된다. 그들의 그림자만 드리워져도 오염되기 때문에 그들은 사원에 들어갈 수도 없다. 그래서 '불가촉'이라는 이름이 생겨난 것이다.[59] 따라서 불가촉천민 신분의 소년, 빔라오 암베드까르는 인간 이하의 대접을 견뎌야만 했다.

초등학교 시절에 암베드까르와 그의 형은 교실 뒤쪽에 마대 돗자리 한 장을 깔아놓고 얌전히 앉아 지내야 했다. 어떤 선생님들은 자신들이 오염될까봐 그의 공책을 만지는 것조차 꺼리곤 했다. 공동 우물을 함께 사용할 수 없어 물을 먹지 못하고 지내는 날이 부지기수였다. 훗날 바로다 주에서 고위 관리로 지낼 때도 비인간적인 대접을 받아야 했다. 그는 사무실에서 물을 마실 수 없었고 그의 부하직원들은 그와 거리를 두고 앉았으며 심지어는 사환들조차 파일이나 종이를 멀찌감치 떨어진 곳에서 그의 책상을 향해 던져주곤 하였다. 그가 봄베이에서 교수로 있을 때도 마찬가지였다. 힌두교도 교수들은 그를 천민 취급을 하고 교수 휴게실의 물 주전자에서 물을 따라 먹지 못하게 하였다. 1923년 봄베이고등법원에서 변호사 업무를 시작할 때에 법무사들은 그가 불가촉천민이라는 이유로 그와 일하기를 꺼렸고, 심지어는 매점의 점원도 그에게 차를 주지 않으려고 했다. 고등학력의 소유자에다 봄베이 같은 대도시에서 사는 암베드까르가 이러한 대접을 받았다면 시골에 사는 가난하고 불행한 불가촉천민들의 경우는 어떠했겠는가. 그들이 겪은

---

58 나렌드라 자다브, 강수정 역, 『신도 버린 사람들』(김영사, 2007), pp.9~10.

59 A.K.Naraim, D.C. Ahir edited, *Dr. Ambedkar, Buddhism and Social Change*, Buddhist World Press, 2010, p.1.

수모는 상상을 초월하고도 남을 것이다.[60] 암베드까르 자신은 물론 학대받는 다른 달리트들의 인권이 유린당하는 비참한 현실을 목격하면서 그는 무슨 생각을 하였을까.

20세기의 지식인 버트런드 러셀은 자신의 생애를 지배한 압도적으로 강렬한 세 가지 열정에 대해 고백한 바 있다. 그중의 하나는 '인류가 겪는 고통에 대한 참을 수 없는 연민'이었다. 이에 관해 러셀은 다음과 같이 토로했다.

> 고통에 찬 사람들의 비명이 내 가슴 속에 메아리치고 있다. 굶주리는 아이들, 압제자들에게 고문당하는 희생자들, 자식들에게 혐오스러운 짐이 되어버린 의지할 곳 없는 노인들, 그리고 고독과 빈곤과 고통으로 가득한 전 세계는 인간의 삶이 마땅히 지향해야 할 이상을 비웃고 있다.[61]

암베드까르 역시 '인류가 겪는 고통에 대한 참을 수 없는 연민'을 항상 마음속에 품고 살았다. 더욱이 카스트 사회에서 단지 불가촉천민으로 태어났다는 이유 하나만으로 갖은 모멸과 굴욕 속에서 인간 이하의 삶을 살아가는 비참한 달리트들에 대한 연민은 격렬했다. 불가촉천민들의 정치집회에서 행한 그의 연설은 그것을 잘 말해준다.

> 여러분의 얼굴에 담겨 있는 비참한 표정을 볼 때마다, 그리고 여러분의 슬픈 목소리를 들을 때마다 나의 가슴은 찢어집니다. …… 여러분은 어째서 비참하고 비열하고 비굴하게 살면서, 슬프고 가난하고 세상에 대한 의무만

60 *Ibid.*, p.2.
61 버트런드 러셀, 최혁순 옮김, 『나는 무엇을 위해 살아왔는가』(문예출판사, 2013), p.12.

이 있는 노예 신세를 더욱 악화시키고 더욱 슬프게 하는 것입니까?[62]

그의 연민은 연민에 그치지 않고 분노로 나아갔다. 그는 인도의 사회질
서를 도저히 용납할 수 없었다. 그는 카스트 제도에 정면으로 맞섰다.
불평등한 카스트 사회에서 학대받고 착취당하는 불가촉천민을 구하는
일에 자신의 생애를 바치겠다고 다짐했다.[63] 그리고 마침내 그 일을
행동에 옮겼다.

1927년 3월 19일, 암베드까르는 마하드시 초다르 저수지에서 달리트
들이 급수시설을 이용할 수 있어야 한다고 주장하는 제1차 '마하드
대회'를 개최했다. 봄베이 입법회의가 1923년 달리트들의 급수시설,
우물, 학교, 병원 등의 공공시설 이용 허용 법안을 통과시킴에 따라
진보적인 성향의 마하드 시 당국자들은 그 이듬해 '초다르 저수지'의
식수 사용을 달리트들에게 개방하였다. 그러나 상위 카스트 주민들은
그것을 용납하지 않았다. 이에 암베드까르는 대중집회를 열기로 결정하
였고 마침내 3월 19일, 1만여 명의 군중이 선두에 선 암베드까르를
따라 초다르 저수지까지 행진하여 '금지된 저수지'에서 물을 떠 마심으로
써 달리트들의 동등한 권리와 자유를 만천하에 천명하였다. 그러자
상위 카스트 주민들은 해산하는 집회 참가자들을 급습하여 잔혹하게
폭행하였다. 하지만 암베드까르는 자신을 따르는 추종자들에게 보복은
금물이라고 타일렀다. 그 후 정통파 힌두교도들의 압박에 굴복하여

---

62 크리스토퍼 퀸·샐리 킹 편저, 박경준 역, 『아시아의 참여불교』(초록마을, 2003),
   p.87.
63 암베드까르는 이렇게 선언했다. "만약에 불가촉천민들을 이 끔찍한 비인간적인
   차별대우의 족쇄에서 해방시킬 수 없다면, 나의 삶을 총알 한 방으로 끝내버리고
   말리라."

마하드 시 당국자들은 달리트들에게 초다르 저수지를 개방키로 한 결정
을 그해 8월 24일에 철회하였다. 그러자 불가촉천민들은 더욱 격분하여
12월 25일 제2차 '마하드 대회'를 개최하며 이에 항의했다. 더 나아가
참가자들은 이 집회에서 계급차별을 정당화하는 힌두교 법전인『마누
법전』사본을 불태워 땅속에 폐기해 버렸다. 달리트들의 인권을 회복하
고자 불평등의 상징인『마누 법전』화형식을 거행한 것이다.[64]

암베드까르의 다음 목표는 고다바리 강변의 도시 나시크에 있는 '칼라
람 사원'이었다. 이 힌두사원에 달리트들이 자유롭게 출입할 수 있는
자유와 권리를 쟁취하기 위한 집회가 1930년 3월 2일 개최되었다. 1만
5천여 명의 군중이 행진하여 사원에 도착했으나 경찰들의 경계 속에서
칼라람 사원의 모든 문은 굳게 닫혀 있었다. 암베드까르는 3월 3일
집회에 참석하여 비폭력적인 시위를 주도하였다. 이 시위는 한 달 이상
산발적으로 계속되었으며 나시크 주민들의 폭력 공세에 암베드까르를
비롯한 수많은 사람이 부상을 당하기도 하였다. 이 운동은 온갖 고난과
시련 속에서 그 후로도 약 5년간 꾸준히 계속되었지만, 정통파 힌두교인
들은 더욱 완강하게 달리트들의 사원 출입을 저지하였다. 암베드까르는
결국 1935년 10월 13일 인근 마을 욜라에서 군중집회를 열고 힌두교와의
결별을 선언하고 다른 종교로 개종해야 할 필요성에 대해 역설했다.[65]
그는 그 집회에 모인 1천여 명의 피억압계급 지도자들에게 종교는 운명적
인 것이 아니라 어디까지나 선택적인 것이라며 개종을 호소하였다.

자존심을 얻고 싶다면 개종하십시오.
협동할 수 있는 사회를 만들고 싶다면 개종하십시오.

---

64 디완 찬드 아히르, 이명권 옮김,『암베드카르』(에피스테메, 2005), pp.77~82.
65 위의 책, pp.86~88.

힘을 원한다면 개종하십시오.
평등을 원한다면 개종하십시오.
독립을 원한다면 개종하십시오.
행복하게 살 수 있는 세상을 만들고 싶다면 개종하십시오.[66]

이와 같이 힌두교의 카스트 제도에 대한 암베드까르의 반대 입장은 단호하였다. 이렇게 단호한 태도가 근대 인도의 위대한 지도자 마하트마 간디와 갈등을 빚게 된 가장 큰 원인이었다. 간디는 불가촉천민을 하리잔('신의 자식들'이라는 의미)이라고 부르며 보호하려 했고, 그들의 권익을 위한 여러 가지 방안을 제시했다. 하지만 그것은 어디까지나 힌두교와 카스트 제도라는 울타리를 전제로 한 것이었다.[67] 간디는 카스트 제도와 불가촉제는 상관없는 제도라고 주장한 반면, 암베드까르는 카스트 제도는 불가촉제의 온상이라고 주장했다. 간디는 달리트를 힌두의 틀 안으로 끌어들이려고 목숨을 걸었고, 암베드까르는 달리트를 힌두의 틀에서 끌어내려고 안간힘을 썼다.[68]

## 2. 암베드까르와 불교

### 1) 암베드까르와 불교 개종

힌두교의 카스트 관습과 이념 속에서 불가촉천민의 권익을 찾는다는 것이 거의 불가능하다고 판단한 암베드까르는, 달리트들이 개종할 만한

---

66 크리스토퍼 퀸, 앞의 책, pp.88~89.

67 위의 책, p.107.

68 게일 옴베트, 이상수 옮김, 『암베드카르 평전』(필맥, 2005), p.21.

다른 종교들에 대해 다각도로 모색했다. 결국은 불교로 개종하기로
결심하고 그것을 실천에 옮겼다.

암베드까르는 자신의 사상 형성에 가장 큰 영향을 끼친 것은 카비르[69]와
마하트마 풀레,[70] 그리고 붓다의 생애였다고 고백한 바 있다. 그가 처음으
로 붓다의 생애와 가르침을 접한 것은 고등학교를 졸업하고 대학에
입학하기 바로 전이었던 것 같다. 1907년 암베드까르는 대학입학 자격시
험에 합격했는데, 이는 그의 집안에서는 큰 경사였으므로 그의 일가친척
과 지역 유지들이 모여 합격을 축하하는 자리를 마련하였다. 이 축하
모임에서 고등학교 교장이며 사회사업가였던 크리슈나지 아르준 켈루
스카가 축사를 해 주었다. 또한 켈루스카는 축하 선물로 그가 그 무렵
집필한 책 한 권을 암베드까르에게 주었다. 그것은 바로 마라티어로
쓰인 『붓다의 생애』였다. 암베드까르는 이 책을 통해 붓다의 삶과 가르침
에 큰 감동을 받았으며 훗날 좀 더 깊이 있게 불교 공부를 해보아야겠다고
마음먹었다.[71] 이것이 훗날 그가 불교로 개종하게 된 계기가 되었다고
할 수 있다.

앞에서 살펴본 바와 같이 암베드까르는 욜라 집회 이후 개종 문제에
대해 더욱 적극적인 관심을 갖고, 수많은 종교 관련 서적을 살피고
여러 종교사상가 및 성직자들과 연락하며, 국내외의 여러 종교 모임에
참석하기 위해 여행을 떠나기도 하였다. 암베드까르의 힌두교 포기와
개종 선포 이후에는 이슬람교, 기독교, 시크교, 그리고 불교계 인사들로

69 힌두 안의 한 분파 운동인 박티 운동의 창시자 라마난다의 열두 제자 가운데
　　가장 존경을 받은 인물. 우상 숭배와 경전 추종을 비판. 암베드까르의 아버지는
　　카비르의 추종자였음.
70 암베드까르 아버지의 친구로서 인도에 최초로 불가촉천민을 위한 학교를 세움.
71 디완 챤드 아히르, 앞의 책, pp.67~68.

부터 각각 자신들의 종교가 불가촉천민들에게 어울리는 종교임을 주장
하는 편지와 전보가 쇄도하였다. 그는 한때 시크교로의 개종을 진지하게
생각하였던 것 같다.

이슬람교나 기독교로 개종한다면 피억압 계급인들의 국적이 박탈될 것이
다. 만일 그들이 이슬람교로 개종한다면 무슬림의 수는 두 배가 되어
무슬림 지배의 위험 또한 현실화될 것이다. 만일 그들이 기독교로 개종한다
면 기독교인의 인구는 5,000만 명에서 6,000만 명이 될 것이다. 그런
일이 벌어진다면 이 나라에 대한 영국의 지배를 강화하는 데 도움이 될
것이다. …… 그러므로 피억압 계급인들이 종교를 바꾸려고 한다면 시크교
로 하는 것이 이 나라의 이익에 부합하는 일이다.[72]

여기에서는 이슬람교나 기독교로 개종했을 경우 정치적, 사회적 문제
에 대한 우려가 엿보인다. 암베드까르는 한 걸음 더 나아가, 이슬람교는
꾸란Quran의 평등 정신에도 불구하고 현실적으로 계급차별의 폐습이
남아 있고, 일부다처제, 축첩의 관습 등을 허용하여 여성을 억압하며
배타적 폭력성 때문에 문제가 있다고 보았다. 기독교의 경우는, 영국의
지배를 강화할 수 있다는 정치적 이유 외에 "기독교 개종자들은 기독교인
이 되어 출세하기만 하면 과거에 같은 계급에 속했던 사람들이 어떻게
되는가에 대해 전혀 관심을 갖지 않는다."면서 인도의 기독교인들이
복음에 의지하여 살아가지 않는다는 점을 꼬집었다.[73] 자이나교는 아힘
사를 극단적으로 고집하는 점이 문제였다. 시크교는 힌두교의 한 종파이
지만 카스트 제도에 반대하고 사회 개혁적 사상을 포함하고 있는 종교라

---

72 『아시아의 참여불교』, 〈인디아 타임즈〉(1936년 7월 24일자), p.91.
73 『아시아의 참여불교』, pp.91~92.

는 점에서 암베드까르의 마음이 움직이기도 하였다. 하지만 시크교도 그 가르침과 달리 실제로는 개종 전의 카스트에 따라 교단 내에서의 신분이 규정됨으로써 현실적으로는 결국 카스트를 인정하고 있음을 깨닫고는 배제하게 되었다.[74]

이제 암베드까르의 마음은 점점 더 불교 쪽으로 기울었다. 그는 이미 1940년, 불가촉천민의 기원에 대해 독특한 주장을 한 바 있다. 즉, 기원후 4세기경 불교와 브라만교 사이에는 치열한 분쟁이 있었고 결국 주도권을 브라만교가 장악했는데, 일부 부족민은 끝까지 불교 신앙을 포기하지 않았다. 그러자 브라만들은 이들에게 사제의 권위로 천한 직업을 강제하게 되었고 이로 말미암아 훗날 불가촉천민이 생기게 되었다는 것이다. 그렇기 때문에 엄밀히 말하자면 불가촉천민의 개종은 '개종'이 아니라 본래 종교인 불교의 '회복'이고 '중흥'이라고 강변하는 불교개종자들도 많다.[75]

또한 1948년 락슈미 나라수 교수의 역저『불교의 정수(The Essence of Buddhism)』를 재간행할 때 암베드까르가 서문을 쓰게 되었는데, 이러한 과정에서 그는 나라수 교수에게서 많은 불교적 영향을 받게 되었다. 그리고 이것이 계기가 되어 그의 유작『붓다와 그의 가르침』이 출간되기에 이르렀다. 1950년 암베드까르는 스리랑카에서 처음 열린 세계불교도우의회(WFB)에 부인과 함께 참석하여 불교적 정서를 익혔다. 인도에 돌아온 후 그는 여생을 불교를 부흥시키고 확산시키는 데 바치겠다고 선언했다. 1951년 공직에서 은퇴한 암베드까르는 불교 부흥을 위해 여기저기에 기고하고 연설을 하며 회의에 참석했다. 1954년 양곤에서

74 이지은,「인도 불교부흥운동의 현실과 한계」『불교평론』, 제10호, 2002, p.325.
75 위의 논문, p.326.

열린 세계불교도대회에 참석해서 인도불교에 대한 지원을 요청하기도
했다.

마침내 암베드까르는 붓다 열반 2500년인 1956년 10월 14일, 나그푸르
의 야외에서 불교 개종 의식(diksha)을 치렀다. 약 38만 명의 불가촉천민
이 개종식에 참여했다. 그와 그의 부인은 찬드라마니 대장로의 지도로
삼보에 귀의하고 오계의 수지를 서약하였으며, 암베드까르가 만든 22가
지 서약을 외우면서 힌두교와 결별하였다. 그 다음 날에는 암베드까르의
지도로 그의 추종자 약 50만 명(혹은 100만 명)이 서약하고 불교에 귀의하
였다.


## 2) 암베드까르의 불교 이해

암베드까르가 불교를 어떻게 이해했느냐 하는 것은 무엇보다도 그의
유작 『붓다와 그의 가르침(The Buddha and His Dhamma)』에 잘 나타나
있다. 암베드까르는 이 책을 크게 보아 세 가지 목적에서 집필한 것으로
생각된다.

첫째, 붓다를 반대하는 사람들이 붓다의 가르침에 대해 잘못 이해하여
비난하는 것을 바로잡기 위한 목적이다.

둘째, 불교가 현대사회에 깊게 뿌리 내리지 못하는 이유 중의 하나는
불교 경전이 너무 방대하여 사람들이 쉽게 불교의 핵심을 파악하기
어렵기 때문이라고 생각한 그는 불교를 가급적 간단명료하게 서술할
필요성을 느꼈기 때문이다.

셋째, 힌두교에서 불교로 개종한 신불교도들에게 불교의 정체성과
방향성을 제시할 필요가 있었을 것이다.

암베드까르는 불교를 시종일관 합리적, 과학적, 근대적 관점에서

바라보았다. 이것은 그의 미국(및 영국) 유학 생활과 무관해 보이지 않는다. 그는 특히 존 듀이John Dewey의 영향을 많이 받은 것으로 생각된다. 그의 삶은 이성과 경험에 바탕한 대중적인 교육을 중시하는 계몽주의 이념에서 크게 벗어나지 않은 것으로 보이기 때문이다. 또한 그는 해방신학자 발터 라우셴부쉬 등의 복음의 사회화 운동 이념에도 많은 공감을 했을 것으로 여겨진다. "종교는 개별적인 인간의 구원에 대한 문제가 아니라 사회적 유기체 전체의 구원에 대한 문제이다. 개인을 천국에 가게 하는 문제가 아니라 지금 현세에서의 삶을 천국의 조화로움으로 바꾸는 문제이다." 이것은 라우셴부쉬의 핵심적인 주장이다.[76]

암베드까르에 따르면, 전통적인 불교 경전에 실려 있는 내용이 모두 다 붓다의 직접적인 가르침은 아니다. 거기에는 구전에 의한 경전 전승 과정에서 제자들에 의해 잘못 전해진 내용들도 섞여 있다고 본다. 그는 특히 전생의 업(까르마)과 윤회(환생)에 관련된 내용 가운데에 와전된 사례가 많다고 보았다. 또한 사성제의 가르침도 결집 과정에서 잘못 삽입된 것이라고 주장했다. 암베드까르는 붓다의 친설親說과 와전된 가르침을 구분할 수 있는 기준으로 다음 세 가지를 제시했다.

붓다는 무엇보다도 합리적이고 논리적이었다. 그렇기 때문에 다른 조건이 동일하다면 합리적이고 논리적인 것은 붓다의 말이라고 인정해도 좋다. 둘째, 붓다는 사람의 행복에 도움이 되지 않는 일에 결코 논란을 벌이지 않았다. 그렇기 때문에 사람의 행복과 무관한 말을 붓다가 한 말로 받아들이기는 어렵다. 셋째, 붓다는 모든 사항을 두 가지로 나누었다. 그가 확실하다고 생각하는 것과 그렇지 않은 것의 둘이다. 붓다는 전자에 대해서는 명확하게 의견을 말했지만, 후자에 대해서는 잠정적 의견으로서 말했을

---

76 『아시아의 참여불교』, pp.108~109.

뿐이다.[77]

암베드까르는 위의 합리성, 공익성, 확신성의 기준에 의거해서 업과
윤회, 사성제 등의 가르침을 붓다의 가르침이 아니라고 본 것이다.
업과 윤회의 형이상학은 현재 고통 받는 사람들이 전생에서 악업을
쌓았기 때문에 고통을 받는 것이라고 하여 오히려 자책감을 가중시킬
뿐이라고 생각하였다.[78] 그의 생각에 불가촉천민들의 고통은 그들 전생
의 악업 결과가 아니라 힌두 사회의 카스트 제도가 낳은 산물이었다.
그렇기 때문에 현재의 계급적 고통을 전생의 개인적 업 탓으로 돌리는
것은 불합리하다고 본 것이다.

그러나 역설적으로 암베드까르의 실수(?)는 불교인으로 하여금 인간
의 고통을 사회적(구조적 또는 제도적) 차원에서 바라보게 함으로써 '사회
정의'의 중요성을 부각시키고 있다. 암베드까르는 붓다의 정법(正法,
삿다르마)이 첫째, 사람들의 마음을 청정하게 하고 둘째, 세상을 정의롭
게 하는 데 의의가 있다고 보았다.[79] 사회적 '정의'는 그의 불교관을
이해하는 데 키워드라고 할 만하다.

어쨌든 전통 불교교단에서는 대부분 암베드까르의 불교 이해 방식에
대해 비판적인 입장을 취했다. 마하보디 소사이어티의 기관지인 『마하
보디』(1959년 12월)에 실린 다음 서평은 그러한 정황을 잘 대변한다.

불교는 자비의 종교인데 암베드까르의 불교는 미움에 기초를 두고 있다.
암베드까르는 정치적·사회적 개혁의 목적을 가지고, 법이 될 수 없는

---

77 암베드카르, 박희준·김기은 역, 『붓다와 다르마』(민족사, 1991), pp.224~225.
78 『아시아의 참여불교』, p.101.
79 암베드카르, 앞의 책, pp.183~185.

것을 법으로 설하고 있으므로 이 책의 표제는 '붓다와 그의 법'이 아니라
'암베드까르와 그의 법'으로 바꾸어야 할 것이며 위험한 내용을 담고 있는
것이다.[80]

하지만 암베드까르는 종교의 상징 체계는 과거에 충실하다고 해서
정당화되지 않으며, 현재의 요구를 충족시키고 함께 할 수 있어야 한다는
신념을 견지하고 있었다. 그의 유작은 이러한 신념에 바탕하여 합리성,
공익성, 확신성이라는 세 가지 기준을 중심으로 재구성된 것이므로
그의 책을 섣불리 평가해서는 안 된다고 본다. 바단트 아난드 카우살리야
얀Bhadant Anand Kausalyayan은 이 책에 인용된 모든 팔리 경전을 조사한
결과 『붓다와 그의 가르침』은 불교에 대한 새로운 하나의 태도일 뿐이지
왜곡이 아니라고 진단한 바 있다.[81] 우리는 그가 왜 이러한 결론을 내렸는
지 좀 더 진지하게 고민해 볼 필요가 있다.

## 3. 분노와 불교

### 1) 암베드까르와 아힘사

암베드까르의 궁극적 목표는 불가촉천민을 온갖 차별과 학대로부터
해방시켜 자유, 평등, 우애에 기초한 평등사회의 일원이 되게 하는
것이었다. 그러나 이 목표는 개인적인 회개와 참회, 기도와 발원만으로
는 성취할 수 없는 것이다. 차별하고 학대하는 구체적인 카스트 상위층과
싸워야 하고 뿌리 깊은 계급 구조를 깨뜨려야 하기 때문이다. 여기에

---

80 山崎元一, 전재성·허우성 역, 『인도사회와 신불교운동』(한길사, 1983), p.169.
81 『아시아의 참여불교』, p.96.

따르는 문제가 바로 분노와 폭력의 문제이다.

암베드까르는 오랫동안 힌두교의 아힘사 정신을 몸소 익혀왔고, 당시 마하트마 간디의 아힘사 운동 등의 영향을 받아 카스트 제도에 대한 저항과 투쟁 방식에 대해 상당히 조심스러웠다. 그가 이 문제에 대해 얼마나 고민하고 조심스러워했는지는 다음의 진술 속에 잘 나타난다.

불살생(ahimsa)에 관하여 붓다는 희생제를 위한 살생에 반대하고 모든 생물을 사랑하라고 가르치는 한편, 비구들에게 조건을 붙여 육식을 인정했다. 이들 전승으로 판단해 보면 붓다는 '살생을 위한 살생'과 '필요상의 살생'을 구별해서 전자는 금했으나 후자는 인정했다고 생각된다. 따라서 붓다의 불살생은 원칙적인 것(principle)이었지 절대적인 것(rule)은 아니었다. 붓다는 악에는 선으로 대하라고 가르쳤으나 선을 악에다 종속시키라고 가르치지는 않았다. 선을 지키는 최후의 수단으로 '살생'을 사용하고 있는 것까지도 부정한 것은 아니다. 불살생의 가르침과 처형과는 모순되지 않는다. 범죄인은 자기의 행위(업, Karma)의 결과로서 형벌을 받는 것이지 판사의 증오로써 처형되는 것이 아니기 때문이다.[82]

이에 대한 그의 고민은 "스리랑카의 승려들은 침략한 외적에 대항하여 싸울 것을 국민에게 호소했다. 한편 미얀마의 승려들은 외적과 싸우기를 거부했고 국민에게도 싸우지 말라고 호소했다. 최근 독일불교도협회는 아힘사를 제외한 5계를 받아들이기로 결의했다. 이것이 아힘사 교의가 처해 있는 상황이다."라는 그의 주장 속에서도 드러나 있다. 이런 고민의 결과는 상당히 흥미로운 결과로 나타난다. 그는 불교 개종식 때 낭송하기 위한 22조항으로 된 '불교입문서약'을 작성하였는데, 여기에는 다음과

---

82 山崎元一, 앞의 책, pp.166~167.

같은 5계의 내용도 포함되어 있다.

⒀ 나는 모든 생물을 자비롭게 보호한다.

⒁ 나는 도둑질을 하지 않는다.

⒂ 나는 거짓말을 하지 않는다.

⒃ 나는 사음을 하지 않는다.

⒄ 나는 술을 마시지 않는다.[83]

이 다섯 가지 서약의 내용을 살펴보면 5계 가운데 첫 번째인 "살생하지 말라"는 내용이 "나는 모든 생물을 자비롭게 보호한다"로 바뀌어 있다. 이것은 부득이한 경우 살생을 할 수도 있다는 의미로 해석할 수 있을 것이다. 나아가 부득이하게 살생하더라도 내적으로는 자비심을 잃지 말아야 한다는 뜻도 내포되어 있다고 할 수 있다. 따라서 불가촉천민들의 해방을 위한 투쟁 방식으로 암베드까르는 집회, 행진 등을 포함한 시위 외에 폭력 행사까지도 생각하고 있었을 것으로 조심스럽게 추측해 본다.

## 2) 분노와 불교

분노와 폭력에 대해서 불교는 기본적으로 매우 부정적인 입장을 취한다. 그것은 무엇보다도 분노를 3독심(탐, 진, 치)의 하나로 인식하는 태도를 통해서 알 수 있다. 불교가 분노와 폭력을 거부하는 생명지향, 평화지향 의 종교라는 사실은 『법구경』의 잘 알려진 다음 가르침 속에 드러난다.

모든 생명은 채찍을 두려워한다.

---

83 위의 책, pp.154~155.

모든 생명은 죽음을 두려워한다.

자기 생명에 이 일을 견주어 남을 때리거나 죽이지 마라.

불교에는 5계를 비롯해서 8재계, 10선계, 구족계, 보살계 등 다양한
계율이 있다. 이러한 계율들 조항 가운데서 가장 근본적인 조항은 역시
'불살생'이다. 대승 『범망경』에서 부처님은 다음과 같이 설한다.

불자들아! 직접 죽이거나 남을 시켜 죽이거나 방편을 써서 죽이거나 칭찬을
해서 죽게 하거나 죽이는 것을 보고 기뻐하거나 주문을 외서 죽이는 따위이
니, 죽이는 인因이나 죽이는 연緣이나 죽이는 방법이나 죽이는 업을 지어서
온갖 생명 있는 것을 짐짓 죽이지 말아야 하느니라.

이러한 '불살생의 대원칙'에 비추어 보면 암베드까르의 입장에 대해서
우리는 약간 비판적인 생각을 가질 수 있다. 그러나 이 문제는 그렇게
간단하지가 않다. 초기 경전인 『증일아함』 권31에는 분노, 시위, 폭력
문제와 관련된 내용이 발견된다.

대과왕에게 청정태자가 있었다. 단정하고 총명했으나 결혼을 거부하여
왕의 걱정이 컸다. 왕은 한 음녀로 하여금 태자를 유혹케 하여 그 뜻을
돌리려 했다. 태자는 돌변하여 성안의 모든 처녀가 결혼하기 전에 먼저
그와 함께 잠자리를 하도록 부왕이 허락해 준다면, 결혼하겠노라고 제안하
여 허락을 받는다. 사람들은 태자가 원망스러웠지만 어쩔 수 없이 관망할
수밖에 없었다. 그때 성안의 한 여인이 일부러 발가벗고 대중 앞으로
나아가 태자의 잘못을 폭로하고 군중을 선동한다. 이에 성난 군중은 궁중으
로 몰려가 청정태자를 처형한다(청정태자는 전생의 앙굴리 말라).[84]

---

84 大正藏 2, pp.721下~722下.

이것은 비록 전생담이기는 하지만, 여기에는 폭정에 항거하는 사람들의 행동을 용인하는 붓다의 입장이 은연중에 반영되어 있는 것으로 읽힌다. 오늘날 민주주의에서 말하는, 기본적 인권을 침해하는 국가권력에 대하여 저항할 수 있는 시민의 '저항권'을 인정하고 있는 것으로 해석할 수도 있다.

이 외에도 『열반경』에서는 "법을 수호하는 사람은 칼이나 병장기를 들고 법사를 호위해야 한다"는 가르침이 나오고, 『대살차니건자소설경』의 가르침에 따르면, 정법을 지키고 있는 군주가 부득이한 경우, 즉 국내에서 반역이 일어난다든가 국외로부터 침략을 받는다든가 할 경우에는 무력을 사용하여 인민을 고통에서 구할 수 있다.

이러한 경전의 내용들은 특별한 경우에 저항과 시위, 폭력과 무력행사를 어느 정도 허용하고 있다고 보인다. 이러한 경전의 입장은 암베드까르의 입장과 크게 달라 보이지 않는다.

## 4. 암베드까르의 메시지

암베드까르는 인간 해방을 위해 마하트마 간디 못지않게 치열한 투쟁의 삶을 살다 간 인물이다. 그는 인도인들로 하여금 인도의 카스트 체제로 인한 불평등과 불의의 현실을 직시하게 하였다. '인도 헌법의 아버지'라고 불릴 만큼 근대적인 인도 헌법의 제정에 지대한 기여를 하기도 하였다.

그는 불가촉천민 신분으로 온갖 어려움을 극복하고 인도의 영향력 있는 지도자가 되었지만, 불가촉천민을 향한 그의 연민은 한결같았다. 그는 불가촉천민들의 고통은 그들 개인적인 잘못이 아니라 소외·불평등·착취 구조에 갇힌 힌두 사회 자체에 있다고 보았다. 불가촉천민들의 고통은 힌두 카스트 제도가 사라지고 새로운 사회적 민주주의가 실현될 때 근본적으로 극복될 수 있다는 그의 신념은 견고했다. 자유·평등·박애를 지향하는 사회적 민주주의를 실현하는 데 가장 큰 도움을 줄 수 있는 종교는 불교임을 깨닫고 그는 생애 후반에 불교부흥운동과 더불어 불교개종운동에 진력하였다. 그 결과 1956년 10월 14일 나그푸르에서 개최된 불교개종법회를 통해 그를 포함한 50만여 명의 불가촉천민들이 불교로 개종했다. 1951년의 인도 불교 인구는 18만 명에 그쳤지만 불교개종법회 5년 후인 1961년에는 320만 명으로 급격하게 증가하였다. 암베드까르를 추종하는 마하라슈트라 주의 불교 개종자들 때문이었다.

암베드까르는 불가촉천민들이, 그들이 겪는 고통과 불행의 원인이 인간의 인간에 대한 차별을 당연시하는 힌두 카스트 제도에 있다는 것을 깨닫고 먼저 카스트 제도에 불만과 분노를 느껴야 한다고 생각했다. 그는 그것을 '거룩한 불만'이라고 표현하고 이 거룩한 불만 또는 분노야말로 모든 도약의 출발점이라고 하였다. 또한 그러한 거룩한 분노를 행동에 옮길 수 있는 '용기'를 강조하였다. 자유를 쟁취할 수 있는 비결은 용기인 바, 이 용기는 많은 사람이 힘을 합칠 때 큰 힘을 발휘할 수 있다고 하였다.

하지만 그가 폭력에 호소한 것은 아니었다. 그것은 '초다르 저수지' 식수 사용 권리를 쟁취하기 위한 집회 때에 많은 참가자들이 상위 카스트 주민들에게 극심한 폭행을 당했지만 암베드까르는 그들에게 보복은 금물이라며 폭력을 자제토록 한 것을 통해서도 알 수 있다. 우리는 그가 만든 '불교입신서약' 22조항 가운데 13번째 조항에 주목할 필요가 있다. 그는 13번째 조항을 "나는 살생을 하지 않는다"라고 하지 않고 대신에 "나는 모든 생물을 자비롭게 보호한다"로 표현했다. 여기에 감춰진 의미는 무엇일까. 그것은 아마도 첫째, 어쩔 수 없는 상황에서의 폭력 행사는 허용될 수 있고, 둘째, 그런 경우에도 자비의 마음을 지니고 폭력을 최소화해야 한다는 의미일 것이다. 이것은 대승불교의 입장과 크게 다를 바 없다고 생각된다.

우리는 일반적으로 불교라고 하면 조용한 산사에서 기도하고 수행하는 아주 '부드럽고 평화로운' 이미지를 떠올린다. 하지만 암베드까르의 불교는 불의不義와 싸울 수밖에 없기 때문에 조금 '거칠고 소란스러운' 이미지를 풍긴다. 하지만 대승의 보살은 고통의 현장을 외면하지 않고 천 개의 손과 천 개의 눈으로 중생의 아픔을, 약자의 고통을 적극적으로 찾아 나서야 하지 않을까. 그리고 중생의 아픔과 고통은 사회정의가 실현될 때 비로소 근본적으로 치유되며 모두가 함께 행복을 누리는 불국정토를 이룰 수 있을 것이다. 요컨대 사회정의의 실현이 불교의 핵심이다. 이것이 아마도 암베드까르가 오늘을 사는 불교인에게 전하는 한결같은 메시지일 것이다.

# III. 퇴옹 성철의 현실참여 문제

오늘날 구미에서는 참여불교(Engaged Buddhism)가 대세다. 중국과 대만에서도 인간불교 또는 인생불교가 주류를 이루고 있다. 참여불교나 인간불교는 표현은 다르지만 지향하고 추구하는바 목표는 거의 비슷하다. 그들 불교는 한마디로 내생이 아닌 현생에서 행복한 삶을 실현하고, 사회의 정의와 세상의 평회를 구현하고자 한다. 특히 서구 식민주의가 붕괴되면서 아시아의 여러 나라는 진정한 민족해방의 문제, 민주화 문제, 성장과 번영의 문제, 평화와 안전의 문제 등에 직면하게 되며, 이러한 문제의식을 바탕으로 다양한 불교의 사회참여 운동이 태동하게 된다.[85]

우리나라의 경우도 80년대 민중불교운동의 영향으로 불교의 현실 참여 활동이 시작되었다. 민중불교는 불교의 자주화, 반독재민주화, 반외세민족통일, 민중해방을 목표로 하는 참여의 불교라 할 수 있다.[86]

---

85 여익구, 『민중불교입문』(풀빛, 1985), pp.267~268.
86 법성 외, 『민중불교의 탐구』(민족사, 1989), p.134.

이처럼 현실 참여를 지향하는 민중불교가 불교의 새로운 흐름으로 자리 매김하던 시대에, 퇴옹의 행보는 어떠했는지를 알아보고 그와 관련된 문제에 대해 살피는 것이 본 논문의 중심 과제이다. 혹자는 80년대, 그 갈등과 혼돈의 시기에 백련암을 고집하며 삶의 현장, 역사의 현장에 동참하지 않은 퇴옹을 사회의식과 역사의식이 없는 지도자로 비판하기 도 한다. 필자는 80년대의 고난과 시련을 경험한 동시대인으로서 이러한 비판에 상당 부분 공감하기도 한다. 하지만 이 문제는 그렇게 단순하게 판단할 문제만은 아닌 것 같다. 불교라는 종교의 사상적 특성과 역사적 전통, 퇴옹의 불교관과 개인적 삶의 배경 등을 종합적으로 고려하면서 접근해야 할 줄 안다.

## 1. 퇴옹의 불교관

### 1) 중도中道와 돈오돈수頓悟頓修

이병욱은 그의 논문 「합리성과 엄격성으로 바라본 성철 사상」에서 성철 사상의 중심 개념으로 '중도'와 '돈오돈수'를 들고 있다.[87] 필자는 이 교수의 관점에 크게 공감한다. 『백일법문』의 "불교의 근본은 중도에 있습니다. 혹 표현이 다르다 해도 중도를 제외하고서는 불법이 따로 없습니다."[88]라는 법문을 통해서도 알 수 있듯이, 중도를 모든 불교사상 을 관통하는 키워드로 보고 있다. 차차석은 퇴옹의 중도론을 세 가지로 정리하고 있다.

---

87 이병욱, 「합리성과 엄격성으로 바라본 성철 사상」, 조성택 편, 『퇴옹 성철의 깨달음과 수행』(예문서원, 2006), pp.277~284.

88 퇴옹 성철, 『백일법문』(장경각, 2014. 개정증보판), p.42.

연기론에 입각한 중도의 이해가 그 출발점이라면, 중관과 유식의 삼제설에 입각한 중도의 이해는 쌍차쌍조雙遮雙照의 중도론에 귀결하기 위한 교량적 의미를 지닌다. 논리적으로는 연기 중도론의 사상적 외연을 확장한 것이기도 하다. 결국 중국 종파불교에서 완성된 중도론은 초기불교와 대승불교의 토대 위에서 완성된 것이다. 그것이 쌍차쌍조라는 단어에 집약되어 있으며 성철스님의 중도론은 여기에 총결되어 있다.[89]

나아가 차차석은 퇴옹 성철이 이 쌍차쌍조론을 통해 갈등과 모순, 대립과 투쟁으로 점철된 현실을 통섭 내지 원융시키고자 했던 것이며, 그것은 극단적인 흑백논리를 초월해 모든 것을 포용하고 화해시키고자 했던 일종의 구원론이었다고 주장한다. 퇴옹의 다음 법문은 차차석의 주장을 잘 뒷받침하고 있다고 본다.

불교의 근본은 불생불멸에 있는데 그것이 중도다. …… 보통 피상적으로 볼 때 이 세간世間이라는 것은 전부가 자꾸 났다가 없어지고, 났다가 없어지고 하는 것이지만 그 실상 즉 참모습은 상주불멸, 불생불멸인 것입니다. …… 일체만법이 불생불멸인 것을 확실히 알고 이것을 바로 깨치고 이대로만 알아서 나갈 것 같으면 천당도 극락도 필요 없고, 앉은 자리 선 자리 이대로가 절대의 세계입니다.[90]

퇴옹은 이 절대의 세계를 본래면목本來面目이라고도 하고 본지풍광本地風光이라고도 한다. 퇴옹에게 있어 중도는 부처님이고, 중도실상中道

---

89 차차석, 「대립과 갈등의 근대사와 중도법문의 의미」, 『한국 근대불교 100년과 퇴옹성철』〈성철스님 탄신 100주년 기념 제 2차 학술포럼(2011.5.26.)〉 발표자료집 (백련불교문화재단, 2011), p.57.

90 퇴옹 성철, 『자기를 바로 봅시다.』(장경각, 2014, 재개정판), pp.90~92.

實相의 세계는 곧 부처님의 세계요 우주의 본 모습인 것이다.

퇴옹의 중도론은 돈오돈수론에 직결된다. 퇴옹에게 있어 돈오돈수는 곧 견성見性이며 견성은 곧 중도를 깨친 것이기 때문이다. 퇴옹은 다음과 같이 설한다.

견성이 곧 성불이고, 성불이 곧 견성입니다. 견성이란 자성을 깨쳤다는 말입니다. 자성을 깨쳤다는 것은 불성을 깨쳤으며, 진여본성을 깨쳤다는 말인데, 불성이니 진여니 하는 것은 모두 중도를 말합니다. 쌍차쌍조인 진여를 자성이라 하며 불성이라 하고 법성이라 합니다. 결국 견성이란 중도를 바로 깨친 것입니다.[91]

자성을 스스로 깨쳐서 참으로 깨쳤다면, 한 번 깨칠 때 근본무명을 완전히 끊고 구경각을 성취합니다. 이것이 선종에서 말하는 돈오頓悟입니다. 따라서 돈오하면 돈수頓修한 것이니, 그 이후에는 닦을 필요가 없습니다. …… 육조스님이 주장하는 돈오도 구경각이 견성입니다. 그렇기 때문에 견성하고 나서 다시 점수를 통해 성불한다는 주장은 성립할 수 없습니다. 『육조단경』 전체가 돈오돈수라는 돈교에 입각해 있지, 절대로 점차를 세우는 일이 없습니다.[92]

이상에서 살펴본 바와 같이 퇴옹은 중도를 해석함에 있어 '불일불이不一不二'가 아니라 '불이不二'에 초점을 맞추고 있다. 그것은 돈오돈수 주장을 위한 정초定礎일 수도 있다고 본다. 퇴옹의 이러한 불교관은 결국 퇴옹으로 하여금 현실 참여 문제를 크게 강조하지 않아도 되게 한 것으로 생각된다. 또한 퇴옹의 실재론적 윤회관은 개인적인 인과응보

91 퇴옹 성철, 『백일법문』 하(장경각, 2014. 개정증보판), pp.387~388.
92 위의 책, pp.303~304.

에 비중을 두고 있는바, 공동의 실천을 필수 요건으로 하는 현실참여와는 일정한 거리가 있을 수밖에 없었을 것으로 추정된다.


## 2) 순수불교의 지향

퇴옹의 보편적 진리관은 매우 관대하고 개방적이지만, 반면에 구체적 실천관은 매우 폐쇄적이고 보수적인 것으로 생각된다. 이병욱은 이러한 퇴옹의 입장을 '엄격성'이라고 표현하기도 하였지만, 퇴옹 스스로는 '순수불교'라고 주장한다. 예컨대 만해는 승려의 결혼을 허용하자고 주장한 반면, 퇴옹은 "결혼하여 가정을 가진 사람을 승려라고 한다면 그건 불법이 아닙니다. 아무리 수십 년을 두고 청정한 수도생활을 했다 하더라도 일단 결혼을 하면 그는 신도이지 승려라 할 수 없습니다"라고 하면서 승려의 결혼을 결코 용인하지 않는다.[93] 전통적인 계율을 중시하는 이러한 태도는 퇴옹이 제자들에게 제시한 수도팔계修道八戒(절속絶俗, 금욕禁慾, 천대, 하심, 정진, 고행, 예참, 이타利他)의 내용에도 나타나고 '세속을 불교화시켜야지 불교가 세속화하면 불교는 죽는다'는 주장[94] 속에도 반영되며, 수박을 먹는 일상 속에서까지도 여지없이 드러난다. 퇴옹은 또 전통의 계승을 중시하고 자의적인 혁신을 거부하며 다음과 같이 주장한다.

  불교의 모든 것은 팔만대장경 속에 갖추어져 있으니, 불교를 혁신한다 하여 팔만대장경 밖으로 나가면 이는 불교가 아닙니다. 불교도의 갈 길은 아무리 탁월한 의견을 가졌어도 각자의 주장은 버리고 오직 부처님 말씀을

---

93 퇴옹 성철, 『자기를 바로 봅시다』, p.324.

94 위의 책, p.305.

생명으로 하여 부처님 법을 따르는 것뿐입니다. 교조의 유훈을 준수하지 않으면 교도가 될 수 없는 것 아닙니까.[95]

이것은 불교의 정체성과 정통성을 강조하는 법문으로 여겨지지만, 생각하기에 따라서는 불교를 교조주의로 오해하게 할 소지가 있고, 스님을 불교근본주의자로 생각하게 할 여지도 있다고 본다. 또한 이 법문은 부처님이 강조한 '법등명'의 가르침엔 부합하지만, '자등명'의 가르침과는 다소 거리가 있게 느껴진다. 또한 "나의 제자들은 심지어는 여래까지도 잘 관찰하여, 여래가 참으로 완전한 자각을 성취했는지 못했는지 살펴보아야 한다"라는[96] 초기 경전의 가르침과도 잘 어울리지 않는 것으로 생각된다. 하지만 순수불교를 지향하는 퇴옹의 불교정신이 없었다면 다음과 같은 서원문(청담스님과 성철스님이 공동으로 작성한 것임)도 작성될 수 없었을 것이다.

불조佛祖의 대도를 중흥하고 말세정법을 부양하기 위하여 삼가 삼보 전에 천배 하옵고 아래에 적은 서원을 앙품하오니 만약 이 서원을 위배할 때에는 생함지옥生陷地獄 하겠습니다.
오직 삼보께옵서는 특히 가호를 주옵소서. 이 서원을 원만 성취케 하여 주시옵소서.
1. 항상 산간벽지의 가람과 난야蘭若에 지주止住하고 도시 촌락의 사원과 속가에 주석하지 아니 하겠습니다.
2. 항상 고불고조古佛古祖의 유법과 청규를 시범 역행力行하고 일체의 공직과 일체의 집회와 회의에 참여하지 아니하겠습니다.
3. 항상 불조佛祖 유훈의 앙양에 전력하며 기타 여하한 일에도 발언 또는

95 위의 책, pp.297~298.
96 Middle Length Sayings Ⅰ, p.379.

간여하지 아니하겠습니다.

갑진년 9월 12일 삼각산 도선사 청정도량에서

서원불자 청담, 서원불자 성철[97]

이 서원문은 그야말로 퇴옹의 순수불교정신의 결정체라 여겨지며, 이 서원은 훗날 퇴옹의 운신과 행보에 많은 영향을 미친 것으로 판단된다. 특히 그 혼란했던 시대상황에서 정치적인 문제에 대해 침묵으로 일관했던 스님을 이해하는데 큰 도움이 되는 문건이라 생각된다.

## 2. 퇴옹의 현실참여 문제

### 1) 퇴옹의 사회 인식

조선 시대의 함허 득통(1376~1433)은 그의 『현정론』에서 불교에 대한 유가儒家의 비판을 다음과 같이 소개한다.

> 남자는 아내가 있고 여자는 남편이 있다. 가업을 이어 그 제사를 끊지 않아야 효도라 말할 수 있다. 지금 불도佛徒는 혼인을 끊고 인륜을 버려 깊이 산 속으로 가 영원히 후사를 끊는다. 어찌 효도라 말하겠는가. …… 불경佛經을 상고해 보았더니, 그것은 허원함을 힘쓰고 적멸을 숭상하였다. 소학小學보다 곱절이나 공을 들여도 쓸모가 없고 대학大學보다 고상하나 실리가 없다. 그로써 자신을 닦고 남을 다스리는 방법이 될 수는 없으리라.[98]

---

97 퇴옹 성철, 『해탈의 길』(장경각, 2004), pp.112~113.

98 함허 저, 김달진 역, 『현정론·호법론』(동국역경원, 1988), pp.15~52.

유가는 해탈과 열반을 최고선으로 삼아 출가수도를 장려하는 불교를 '허원적멸'의 도피적 종교, 또는 '무부무군無父無君'의 반인륜적 종교라고 비판하기 일쑤였다. 막스 베버는 불교를 이웃의 행복이 아니라 개인적인 안심입명을 중시하는 개인 구제의 종교라고 규정하였다. 나아가 불교는 사회적 운동과는 아무런 관계가 없고 어떠한 사회적·정치적 목표도 내세우지 않는다고 보았다.[99] 올덴베르그는 "국가나 사회가 어떤 상태에 있건 일단 출가하여 이 세상을 버린 사람은 다시 이 세상의 일에 간여할 필요가 없다는 것이 불교의 기본입장이다"라고[100] 주장한다.

퇴옹의 삶은 일견 불교가 사회적 실천과는 무관하다는 위의 주장들에 부합하는 것처럼 여겨진다. 퇴옹은 그 어떤 수행자보다도 출가수행자의 본분에 충실하였다. 장좌불와와 동구불출洞口不出의 실천은 가장 상징적인 예라 할 것이다. 음식은 소금기가 없는 무염식으로 최소한의 적은 분량을 취했고 광목과 마포 이외의 것으로 만든 옷은 입지 않았으며 자신이 머무는 건물에는 단청을 하지 못하게 했다.[101]

얼핏 보기에 이러한 출가자의 삶은 비사회적인 것으로 여겨진다. 하지만 조금만 더 깊이 생각해 보면, 역설적이게도 이렇게 검박한 수행인의 삶은 고도의 사회의식을 반영한다고 할 수 있다. 시주의 보시와 사회적 도움에 의지해 살아가는 수행자라는 사실을 의식하면 할수록 결코 사치스럽거나 나태한 삶을 살 수 없을 것이다. 따라서 청빈한 생활은 진정한 출가자의 사회적 의무와 책임이라고도 할 수 있다. 『중아함』「목적유경」에는 특기할 만한 내용이 발견된다. 부처님은 제자들에

99 박경준, 『불교사회경제사상』(동국대출판부, 2010), p.6.

100 Herman Oldenberg, *Buddha* (Varanasi: Indological Book House, 1971), pp.153~154.

101 일타 저, 지관 편, 「陜川 海印寺 退翁堂 性徹大宗師碑文」, 『韓國高僧牌文總集』 조선조·근현대(가산불교문화연구원, 2000), p.1322.

게 출가자의 자세에 대해 설한다.

> 시주에게서 의복, 음식, 평상과 요, 탕약 따위의 보시를 받는 것은 모두
> 그들로 하여금 큰 복을 얻게 하기 위함인데, 출가자가 어리석게도 계율을
> 범하고 정진하지 않고 착하지 않은 법을 일으키며 범행이 아닌 것을 범행이
> 라고 하면, 그는 오랫동안 나쁜 과보를 받게 되고 목숨이 다하면 지옥에
> 떨어질 것이다.[102]

이 설법을 들은 120명의 비구 가운데 60명은 번뇌가 다하고 모든
의심이 풀렸지만, 60명은 퇴보심을 일으켜 계를 버리고 환속하고 만다.
부처님의 설법 내용 속에는 출가자에게는 일종의 사회적 의무와 책임이
있다는 메시지가 담겨있음을 알 수 있다. 60명의 비구가 환속한 것은
이러한 의무감이 심히 부담스러웠기 때문이리라.[103] 따라서 이 일화가
말해주듯이, 퇴옹이 계율을 철저히 지키고 출가자로서 혹독한 수행
정진을 한 것은 현실 사회를 경시해서가 아니라 오히려 사회적 관계를
중시했기 때문이라고 할 수 있다.

또한 최원섭의 연구[104]에 따르면, 퇴옹이 〈뉴스위크〉〈타임〉지는 물론
해외 신간을 탐독하고 물리학과 심리학 등, 현대학문을 섭렵한 것은
자신의 수행을 통해 체득한 불교의 핵심을 대중에게 효과적으로 전달하
기 위함이었다. 스님은 대중과의 소통을 중시하여, 출가자들을 대상으로

---

102 大正藏 1, p.426.
103 박경준, 앞의 책, p.127.
104 최원섭, 「불교의 현대화에 담긴 퇴옹 성철의 의도」, 『현대 한국 사회와 퇴옹
    성철』〈성철스님 탄신 100주년 기념 제 3차 학술포럼(2011.9.23.)〉 발표자료집(백
    련불교문화재단, 2011), pp.55~65.

하는 법문은 한문투의 상당법어 형식으로 하였지만 일반대중에게 발표하는 법어는 순 우리말을 사용하였다. 최원섭은 성철스님이 세상 물정에 관심이 없었던 것이 아니라 오히려 늘 세간에 관심을 가지고 예의주시하였다고 주장하면서 다음의 법문을 그 근거로 인용한다.

> 아무리 산중에 앉았다 해도 귀와 눈은 온 세계에 통해 있어야 되지. 그렇지 않고는 실제에 있어서 완전한 낙오자가 돼버려 골동품밖에, 결국 박물관에 가게 된다 그 말이야. 그래 〈라이프〉나 딴 유명한 권위 있는 잡지 같은 거 말이지, 세계에서 유명한 그런 것은 유명한 학설이라든가 무슨 발견이라든가 이런 거에 대해서 자세한 보도가 제일 빠르거든. 그래서 그런 것을 우리가 안 보려야 안 볼 수가 없다 이것이라.[105]

이렇게 볼 때 겉으로 나타난 퇴옹의 이미지는 은둔적이고 비사회적일지라도 내면적으로는 늘 사회에 관심을 갖고 대중과의 소통을 위해 대비하는 등, 높은 사회의식을 견지하고 있었다고 할 수 있다.

## 2) 퇴옹의 현실참여

1980년대는 실로 격동의 시기였고 갈등의 시기였다. 1972년 10월 유신 이후 유신체제에 반대하는 민주화운동은 요원의 불길처럼 전국으로 번져갔고, 이 불길은 결국 박정희 대통령의 피살로 이어졌으며, 이 혼란을 틈타 전두환이 정권을 탈취하는 과정에서 80년 5.18 광주민주항쟁이 발발한다. 1980년 10월 27일 계엄사령부는 불교계 정화를 이유로

---

105 제6회 "불교의 현대적 고찰: 불생불멸의 물질적 증명 4"(같은 글, p.65에서 재인용), (BTN 특별기획, 산은 산, 물은 물)(2011. 5. 30).

조계종 총무원 및 전국 주요 사찰에 계엄군을 투입하여 송월주, 윤월하 등 승속 포함 153명을 연행하였고 30일에는 18개 종파 3000여 사찰을 수색하였다(이 과정에서 이기만 분신, 원철스님 사망).[106]

1980년대는 종단 외적으로만이 아니라, 종단 내적으로도 갈등과 대립이 격심했던 시기이다. 그것은 80년대에서 86년 사이에, 총무원장이 월하, 월주, 탄성, 성수, 초우, 법전, 진경, 서운, 석주, 녹원, 의현 스님 등으로 11번이나 바뀌고 있는 사실에서도 잘 드러난다. 그런 가운데 83년 신흥사승려 살인사건을 비롯한 폭력사태가 빈번히 발생하기도 하였다.[107] 사회적으로 더욱 거세어진 민주화 운동의 불길은 불교계에도 옮겨 붙게 되며 1985년 5월 4일 '민중불교운동연합(민불련)'이 출범하게 된다. 그리하여 80년대의 한국불교는 이른바 '민중불교'라는 이름으로 특징 지워지기도 한다.

### (1) 현실참여에 대한 부정적 입장

허우성은 이와 같은 격동의 시대에 퇴옹이 민중의 고통에 무관심한 것으로 판단하고 그가 정치적 혼란 상황에서도 침묵으로 일관한 태도에 대해 상당히 비판적이다.

> 견성성불에 대한 일방적 강조, 그리고 탈세속과 탈정치의 불교는 깨달음에 대한 주술적 신비주의를 낳고 사회 제현상에 대해 비판적 언어를 사용치 못하게 함으로써, 결국 구복불교를 양산하지 않을까?[108]

---

106  원택 편저, 『성철스님 행장』(글씨미디어, 2012), p.157.

107  위의 책, p.177.

108  허우성, 「간디와 성철」, 『퇴옹 성철의 깨달음과 수행』(조성택 편, 앞의 책), p.211.

차차석은 퇴옹이 '근본불교로의 회귀'를 주장했지만, 근본불교의 중도 사상이 퇴옹의 경직되고 주관적인 태도 때문에 왜곡되었다고 비판한다.

스님은 무소유, 근본(원칙), 수행이라는 시각에서 원시불교를 바라보고 있었을 뿐이며, 원시불교가 지니고 있는 진취적이고 적극적인 인본주의적 사상 내지는 사회 개혁적 성향을 수용하고 있는 것은 아니었다고 느껴진다. 그 이유는 성철스님의 잠재의식 속에 선불교적인 수행문화에 대한 강한 자아의식이 내재되어 있었기 때문이 아닌가 판단된다. 결국 입세入世보다 는 출세간 중심이며, 사회적 대중적이기보다는 산중불교 중심의 사고를 보여 준다. …… 시대적 상황변화를 정확하게 인식하는데 실패했거나 아니면 읽었다고 하더라도 능동적으로 대처하지 못했음을 의미하는 것이기 도 하다.[109]

허우성이 지적한 '견성성불에 대한 일방적 강조'나 차차석이 지적한 '선불교적인 수행문화에 대한 강한 자아의식'은 표현은 다르지만 의미하 는 바는 비슷하다고 본다. 그것은 결국 돈오돈수론에 대한 비판으로 읽혀진다. 김종인도 돈오돈수에 대해 "이제는 성철의 근본주의와는 다른 불교 해석이 필요한 때인 것 같다. 성철은 모든 방편을 부정하고 영원불변의 절대 진리의 수행 이론으로 돈오돈수론을 내세웠지만, 그의 돈오돈수론 역시 시대적 상황에서 제시된 하나의 방편으로 보이며 시대 적 상황의 변화와 더불어 그 절대적 가치를 잃는 것이 아닌가 한다"라며 비판적 입장을 취하고 있다.[110]

---

109 차차석, 「대립과 갈등의 근대사와 중도법문의 의미」, 『한국 근대불교 100년과 퇴옹성철』〈성철스님 탄신 100주년 기념 제2차 학술포럼(2011.5.26.)〉 발표자료집 (백련불교문화재단, 2011), pp.67~68.
110 김종인, 「한국불교 현실에 대한 성철의 대응과 돈오돈수」(조성택 편, 앞의 책),

퇴옹의 중도론과 돈오돈수론에는 왠지 시간과 역사가 배제된 관념주의의 그림자가 드리워져 있는 것 같다. 그것은 "헤겔(F.Hegel)의 변증법에서는 모순의 대립이 시간적 간격을 두고서 발전해가는 과정을 말하지만 불교에서는 모순의 대립이 직접 상통합니다. 즉 모든 것이 상대를 떠나서 융합됩니다"[111]라고 하는 법문 등을 통해 알 수 있다. 중도실상의 세계에는 Being의 세계와 Becoming의 세계가 공존할 터인데 퇴옹의 중도에서는 Becoming의 세계가 사라진 것이 아닐까? Becoming의 세계가 사라지면 현실참여도 무의미해지고 말 것이다. 또한 돈오돈수를 이루었다고 해서 이 세상이 바로 극락으로 변하지는 않는다. 돈오돈수를 성취한 개인은 이 세계를 새로운 안목으로 볼 수야 있겠지만, 그렇다고 객관적인 세계(Becoming의 세계)를 마음대로 변화시킬 수는 없다. 따라서 객관적인 사회역사를 변혁시키려는 노력 내지 현실 참여는 또 다른 차원에서 이루어져야 한다.[112] 역사가 빠진 관념의 세계에서는 참여가 자리할 곳이 없게 된다. 퇴옹의 입장이 비참여적이라고 한다면 그 사상적 원인은 바로 여기에 있지 않을까 생각한다.

## (2) 현실참여에 대한 긍정적 입장

앞에서 본 허우성의 비판에 대해 김성철은 '은둔적 참여' 또는 '역설적 참여'라는 표현으로써 허우성의 비판이 온당하지 않음을 주장한다.

성철스님이 열반에 들고 얼마 지난 후, 국내 모 기관에서 '해방 이후 우리 사회에 가장 큰 영향을 끼친 인물이 누구인지'를 묻는 여론조사를 했다.

---

p.336.

111 퇴옹 성철, 『자기를 바로 봅시다』, p.91.

112 박경준, 『불교사회경제사상』(동국대출판부, 2010), p.105.

그런데 그 결과 성철스님이 1위를 했다. 근현대 스님들 가운데, 성철스님만큼 일반인에게 널리 알려진 인물이 없을 것이다. 그의 봄은 철저히 은둔한 듯 보였어도, 그의 삶과 가르침은 어느 누구보다 우리 사회에 강력한 영향을 끼쳤던 것이다. 역설적 삶이다. 성철스님은 철저하게 은둔함으로써 적극적으로 참여하는 역설의 삶을 살았던 것이다.[113]

김성철이 주장한 '은둔적 참여'는 소극적 의미의 사회운동에 포함된다고 볼 수 있다. 터너와 킬리언(Ralph Turner and Lewis M. Killian)은 일찍이 사회운동을 다음 네 가지로 분류한 바 있다.[114]

(1) 권력지향형(정치운동)
(2) 가치지향형(사회운동)
(3) 개인(적)표현지향형(신앙운동)
(4) 저항지향형(반동反動운동)

사회운동을 이렇게 정의한다면, 퇴옹의 경우는 사회운동과 무관한 것이 아니라 위의 세 번째 '개인표현지향형' 사회운동에 속한다고 할 수 있다. 이것은 사회체제를 변화시키기보다는 운동에 참여하는 구성원들의 개인적 또는 내부적 생활을 변화시키고자 하는 사회운동이다.

더욱이 퇴옹은 1983년 종정법어를 통해, 법당의 부처님께 불공하는 것보다 부모님을 잘 모시는 것, 가난하고 약한 사람들을 잘 받드는 것, 보잘 것 없어 보이는 벌레들을 잘 보살피는 것이 참 불공이라고 하면서, 우주의 모든 것이 다 부처님이므로 수없이 많은 이 부처님들께

---

113 김성철, 「간디와 성철을 읽고」(조성택 편, 앞의 책), p.407.
114 볼드릿지 저, 이효재 외 역, 『사회학』(경문사, 1983), pp.424~426.

정성을 다하여 섬겨야 한다고 가르쳤다.[115] 스님은 실제로 천도재 등의
불공을 올리려고 오는 사람들에게 그 불공에 소요되는 비용을 어려운
사람들을 직접 돕는 데 쓰라고 가르치며 돌려보냈다고 한다.[116] 스님은
항상 제자들과 불자들에게 적극적인 이타의 삶을 강조했다. 필자는
퇴옹의 이러한 가르침과 행동을 '간접참여'라고 이름하고자 한다. 퇴옹이
참여의 현장에 직접 나타나지는 않았지만 결과적으로는 간접적·우회적
인 방법으로 참여한 것이 되기 때문이다.

　이런 맥락에서 본다면 '산은 산이요 물은 물이로다'라는 법어는 불교의
심오한 진리를 말함과 동시에, 당시 전두환 정권을 향해 '진실은 속일
수 없는 법이니 참회하고 반성하라'는 메시지를 전하고 있었다고 볼
수도 있을 것이다.


## 맺음말

퇴옹은 출가수행자로서 그 청빈한 삶과 투철한 수행 때문에 개인적으로
는 불교인뿐만 아니라 대한민국 국민의 존경을 받은 인물이다. 하지만
13년간 대한불교조계종 종정이라는 불교계 최고의 공적 위치에서 있으
면서 민중의 고통과 정치적 현실을 외면한, 역사의식이 결핍된 인물로
비판 받기도 한다. 앞에서 살펴본 바와 같이 퇴옹은 국가적으로나 교단적
으로 참으로 혼란스런 갈등의 시대를 살았다. 국가적으로는 5·18광주민
주항쟁과 쿠데타로 인한 고난이 있었고, 불교적으로는 10·27법난의
시련이 있었으며, 특히 1980년대에는 민중불교라는 새로운 불교운동이

---

전국적으로 확산되었다. 이러한 격동의 시대상황에도 불구하고 퇴옹은 오히려 출가자로서의 본분을 지키는 것이 최선이라는 신념과 수행자의 참모습을 구현하여 추락한 불교계의 위상을 높이려는 사명감을 견지했던 것으로 생각된다.

겉으로 드러난 은둔적인 삶의 모습과는 달리, 퇴옹은 늘상 대중과의 소통을 위해 노력했고 수행과 기도불공의 사회적 회향을 중시했다. 그가 출가자로서 계율을 철저히 지키고 불자들에게 내적인 수행을 강조하여 가르쳤던 것은 사회의식의 발로 때문으로 판단되며, 그의 행적은 은둔과 회피라기보다는 오히려 간접적 참여였고 소극적(개인표현지향형) 사회운동에 속한다고 생각된다. "산은 산이요, 물은 물이로다"라는 법어도 불교적 또는 선적 진리만이 아니라 정치적 메시지를 담고 있는 중의적 重意的 표현의 산물이라고 볼 수도 있을 것이다. 결과론이기는 하지만, 해방 이후 우리 사회에 가장 큰 영향을 끼친 인물을 묻는 한 여론조사에서 성철스님이 1위를 했다는 것은 깊이 음미해볼 만한 점이다. 이것을 퇴옹의 간접참여 또는 개인표현지향형 사회운동의 결과로 해석하는 것은 지나친 억측일까.

불교는 관념의 종교가 아니라 실천지향적 종교다. 불교는 종교사상만이 아니라 정치·경제·문화사상까지를 포함한, 유기적이고 역동적이며 총체적인 인생의 지혜 또는 삶의 예술이다. 불교는 열린 종교로서 단수가 아니라 복수다. 복수의 불교 가운데서 퇴옹이 택한 방식은 혼돈의 시대상황에서 충분한 의미가 있었다고 생각되지만 오늘의 시점에서는 우리가 그 방식에 얽매일 필요는 없다고 본다. 아무튼 용수龍樹의 주장처럼, 생사와 열반이 둘이 아니고 진제와 속제가 걸림이 없다면 불교는 이제 세속의 정치현실까지도 껴안고 갈 수밖에 없다. 불교의 사회참여가 요청되는 소이가 바로 여기에 있다. 부처님은 로히니 강을 사이에 둔

사꺄족과 꼴리야족이 서로 물을 끌어 오려고 싸움을 할 때 그 현장에 나가 "이 강물과 사람 가운데 어느 쪽이 더 소중한가?"라는 감동적인 지혜의 가르침으로 분쟁을 종식시켰다. 이것은 분명 일종의 정치적 행동임이 분명하다. 삶의 지혜, 삶의 예술로서의 불교에 있어서 현실참여는 필요조건이다.

# IV. 휴암의 한국불교 개혁론

일본의 불교학자 마스다니 후미오(增谷文雄)는 "불교는 붓다를 떠나서 존재할 수 없지만 동시에 불교는 붓다에서 끝날 수 없다"고 피력한 바 있다. 그러면서 그는 불교의 역사를 기독교와 마찬가지로 '이단 (heresy)의 역사'라고 규정하는 데 주저하지 않는다. 하지만 기독교는 이단을 문초하고 추방해 온 반면, 불교는 그들을 추방하지 않았고 오히려 이단을 통해 불교의 새로운 생명이 샘솟아났다고 주장한다.[117] 이러한 마스다니 후미오의 주장을 종합하여 조금 완곡하게 해석한다면 불교의 역사는 '개혁의 역사'라고 할 수 있을 것 같다. 불교 교단의 근본분열을 초래한 대중부大衆部도 결국은 불교의 교단적 또는 교리적 문제점을 개혁하고자 출현하였고, 대승불교 또한 아비달마 불교의 문제점을 극복하고자 대두한 것이다.

이러한 개혁의 전통은 중국은 물론 우리나라 불교의 오랜 역사 속에서도 면면히 이어져 왔다. 근현대 한국불교의 경우도 예외는 아니다.

---

117 마스다니 후미오, 박경준 옮김, 『근본불교와 대승불교』(대원정사, 1988), pp. 20~23.

개항 이후, 급격한 사회변동의 소용돌이 속에서 한국불교는 새로운 시대적 요청을 피할 수 없게 된다. 하지만 힘들고 뒤틀린 역사의 질곡을 빠져나오며 불교는 시대를 이끌 동력을 상실한 상태였다. 이러한 상황에서 많은 불교인들은 불교가 달라져야 한다고 주장하며 다양한 의견과 방안을 제시하였다. 특히 20세기 후반을 살다간 휴암休庵은 한국불교가 호국불교, 기복불교로 흐르면서 종교로서 불교의 정체성과 생명력을 잃었다고 개탄한다. 동시에 불교는 그 책임을 외부에 전가해서는 안 되며 뼈아픈 자기반성과 성찰을 통해 위기의 시대를 '불교적으로' 구해야 한다고 주장한다. 스님의 신랄한 비판과 직설은 거센 반발을 사기도 했지만 불교계에 자극제가 되어 신선한 반향을 불러일으키곤 하였다. 이 글에서는 휴암의 생애와 핵심 사상을 간략하게 알아보고, 그가 개혁을 부르짖은 시대적·불교적 배경과 그 개혁론의 내용에 대해 살펴보고자 한다. 또한 그의 몇 가지 주장을 비판적으로 검토하고 그가 현대 한국불교에 끼친 영향에 대해서도 개괄적으로 평가해 보고자 한다.

## 1. 휴암의 생애와 사상

휴암(休庵, 1941~1997)은 속명이 성경섭으로 1941년 경남 마산에서 태어났다. 실제 나이는 이보다 2, 3년 많은 것으로 전한다. 또래들과 크게 다르지 않은 어린 시절을 보내지만 공부를 잘하여 마산고를 역대 최고의 성적으로 졸업하고 서울대 법대에 입학하였다. 기독교 집안에서 자란 휴암은 재학 중 법대 기독교학생회를 창립하여 초대 회장을 지냈으나, 친구 김규칠(전 대한불교진흥원이사장)의 인도로 신소천스님 등으로부터 불교를 공부했으며 어느 날 청담스님의 법문을 듣고 출가를 결심했다고 한다. 대학을 졸업한 후 그는 본격적으로 인간의 실존적(존재론적) 한계

상황을 타파하고자 해인사의 성철스님, 용화사의 전강스님 등을 모시고 공부한다. 마침내 1967년 계룡산 갑사에 출가하여 1968년 혜원스님을 은사로 득도한 후 동화사 금당선원 안거를 시작으로 제방 선원에서 선 수행에 매진한다. 스님은 주로 무자無字 화두를 들고 참구하였다 한다. 1980년부터 경북 영천의 기기암 선원에 주석하면서 한국불교의 미래를 걱정하며, 여러 글과 강연 등을 통해 자신의 사상과 신념을 피력한다. 스님은『대중불교』를 비롯하여『신행불교』,『수다라』,『동학』등의 여러 잡지에 기고하기도 하고, 선우도량의 수행 결사라든가 대학생불교연합회 수련대회 등에서 설법과 강연을 하기도 하였다. 스님은 1986년『한국불교의 새 얼굴』(대원정사)에 이어 1989년에는『승가의 양심과 불교탄압』이라는 소책자를, 1994년에는『장군죽비』(명상) 등을 펴냈다. 스님은 1997년 8월 23일 조계종 기초선원 운영위원회를 마치고 강원도 화천의 무자산방에 들렀다. 그 무자산방 앞 파로호에서 입적하였는데, 그가 평소 주장하던 대로 길에서 죽어간 것이다. 그의 세수 56세, 법랍 29년 되던 해의 일이다.[118]

스님이 수행 생활 29년을 통해 일관되게 추구한 것은 생사의 사바세계로부터의 인간 구제였다. 스님은 생사해탈이야말로 불교의 영원한 핵심 주제라고 갈파하고, 그것은 선禪의 정신과 온전한 깨달음을 통해 성취될 수 있음을 강조하였다. 따라서 궁색한 여러 '방편'을 강하게 비판하고 배척하였다. 그러한 방편은 타성과 미혹의 일상을 조장하여 사람들을 생사윤회에 더욱 깊이 함몰시킴으로써, 결과적으로 반불교적인 역기능을 하게 되기 때문이다. 스님은 이러한 인간 구제의 순수하고 궁극적인

---

118『불교와 문화』(2008년 8월호), p.75 참조: 스님의 행장에 관한 일부 내용은 현재 강원도 화천 무자산방에서 정진하는 혜명스님으로부터 2012년 2월에 전해들은 것임.

불교 정신이야말로 오히려 현대 사회의 문명병을 근본적으로 치유할 수 있다고 진단한다. 불교적 세계관에 바탕한 불교적 가치관과 인생관을 지향하는 승가 정신이 바로 설 때, 비로소 불교는 인류 사회에 산 종교로서 역할을 다하게 될 것으로 전망한다.

## 2. 휴암 개혁론의 배경

휴암은 참으로 격동의 시대를 살다 갔다. 일제강점 말기에 태어난 그는 일제 치하에서 어린 시절을 보냈다. 스님의 나이 5~6세 때인 1945년은 광복의 해였다. 1950년에는 6·25전쟁이 발발하였고 우리나라는 전쟁의 참화 속에 빠지게 된다. 1954년 5월 이승만 대통령의 불교정화 유시가 발표된 이후, 비구-대처 분쟁은 끊일 줄 몰랐고 마침내 1960년 11월에는 대법원 마당에서 6명의 비구스님이 할복을 시도한 충격적인 사건이 발생했다. 그해 4월 19일에는 3·15부정선거를 규탄하고 참다운 민주주의를 실현하기 위한 4·19혁명이 일어났고, 1961년에는 5·16쿠데타가 발발했다. 박정희 대통령은 1972년 10월 유신헌법을 제정하여 유신체제를 구축한바, 이를 반대하는 민주화 운동은 요원의 불길처럼 번져갔고, 끝내 그는 측근에게 피살되기에 이른다. 이러한 혼란의 와중에서 전두환은 정권을 탈취하고자 하였으며, 광주 시민이 이에 저항하면서 5·18민주항쟁이 일어난다. 1980년 10월 27일 계엄사령부는 조계종 총무원 및 전국 주요 사찰에 계엄군을 투입하였으며, 승속 포함 153명을 연행하였다.

　휴암이 살았던 이러한 격동의 시대에 불교 교단도 내적으로 격심한 갈등과 대립에 휩싸였다. 단적인 예로, 조계종의 총무원장은 휴암이 출가한 해인 1967년에서 1990년까지 23년 동안 대략 23번 바뀐다.

총무원장 재임 기간이 평균 1년이 채 못 되는 것이다. 1983년에는 신흥사 사태가 발생하였고, 크고 작은 폭력 사태도 끊이지 않았다. 이러한 와중에 전국적으로 번진 민주화운동은 불교계에도 유입되어 1985년 5월 4일 '민중불교운동연합(민불련)'이 결성된다. 민중불교는 불교의 자주화, 반독재 민주화, 반외세 민족통일, 민중해방의 기치를 내걸고 현실참여를 지향하였다.

이처럼 불교 교단은 불안정하기 짝이 없었다. 휴암은 이것이 교단 외적인 원인보다도 교단 내적인 원인에 더 크게 기인한다고 보았다. 스님의 눈에는 출가자들이 진정한 출가수행자이기보다는 세속적 명리를 좇는 속한들로 비쳤다. 그는 한마디로 한국불교는 종교로서의 불교 본연의 방향을 잃고 정체성을 상실했다고 질타했다.

돌이켜 보건대 한국불교는 조선조 500년간의 박해와 일제의 핍박을 겪으면서 피폐해졌고, 광복 이후 서구 물질문명의 거센 도전에 직면하게 된다. 특히 6·25전쟁으로 말미암은 절대 빈곤은 경제적 가치를 최우선시하는 사회 풍조를 형성시켜 문화적 전통을 파괴하고 공동체 의식을 붕괴시킨다. 불교계 역시 이러한 물질지향적 가치관에 오염된다. 이러한 사회적 흐름의 영향을 직간접적으로 받은 20세기 후반의 한국불교는 대략 다음 몇 가지 경향성을 띠고 있었다.

첫째, 산중불교 또는 은둔불교의 경향성이다. 숭유억불의 역사적 질곡을 빠져나오면서 한국불교가 입은 트라우마는 쉽게 치유되지가 않았고, 그것은 은연중에 사회와 역사에 은둔적이고 소극적인 불교로 남게 하였다.

둘째, 기복적이고 미신적인 성향의 불교이다. 많은 불교인들은 불교를 개인적인 복락의 성취 수단으로 생각하고, 인과업보설을 곡해하여 숙명론으로 받아들이면서 사주 보고 관상 보는 데 열중하였다. 예컨대 입시철

이 되면 입시기도 현수막을 내걸지 않는 사찰이 별로 없을 정도로 기복불교적 경향이 농후하였다. 이러한 경향은 21세기에 접어들어서도 크게 달라지지 않은 것 같다. 스님들은 신도들을 불교의 궁극적 목표로 향하게 해야 하는데 불교의 근본을 소홀히 하고 '방편불교'에 치중하여 방편을 남발하였다.

셋째, 관제불교 또는 호국불교의 경향이다. 한국불교는 '호국불교'라는 명분으로 정부 편들기에 급급하였고 권력의 하수인처럼 처신하였다. 조선시대 정치권력으로부터 받은 핍박과 수모로 인한 콤플렉스 때문인지, 권력에 약하고 권력지향적인 면모가 강하였다. 전두환이 백담사에 머물고 있을 때 불교계의 많은 지도층 인사들이 백담사를 참배한 것은 이를 잘 증명해주었다. 휴암스님은 그러한 불교인들을 갈가마귀 떼에 비유하며 질타한 바 있다.

넷째, 개인주의 또는 파벌주의의 경향이다. 불교 승가는 화합과 유대가 생명이다. 출가자는 현전승가에서 사방승가로까지 나아가야 한다. 그럼에도 한국불교는 출가공동체 모델에서 많이 벗어나, 승가 구성원들은 상호유대감이나 일체감이 결여되어 있었다. 개인적으로 상좌를 만들기 일쑤였고 일불제자—佛弟子라는 의식보다는 파벌적 문중의식이 더 강했다. 이러한 개인주의 또는 문중의식이 팽배하게 되면 불교는 더 넓은 세계와 역사에 소홀하게 되며 미래지향적인 안목과 통찰력을 상실하게 되기 쉽다.

다섯째, 민중불교의 새로운 흐름이다. 1989년대 민중불교에 관해서는 후반부에 다시 간략하게 서술할 것이다.

## 3. 휴암 불교개혁론의 내용

유승무에 따르면, 한국불교계의 개혁과 관련한 쟁점은 크게 두 가지로 분류될 수 있다. 하나는 의식개혁이나 수행풍토 개혁을 포함한 정신적 차원의 개혁이고, 다른 하나는 제도적 차원의 개혁이다.[119] 휴암스님은 이 두 가지 가운데 전자에 해당되는 정신적 차원의 개혁에 대해 주로 언급하고 있다. 먼저 스님의 불교 개혁 사상을 총론적인 입장에서 개괄하고, 다음으로 각론에 해당되는 내용에 대해 살펴보기로 한다.

### 1) 불교의 근본 및 정체성 회복(기복불교 비판)

휴암이 그의 저술과 기고문, 그리고 강연 등을 통해서 시종일관 가장 강하게 비판하고 있는 것은 '불교가 불교답지 못하다'는 점이다. 불교가 불교답지 못하다는 것은 결국 불교가 그 근본적인 또는 궁극적인 가치의 실현을 외면하고 세속적인 가치 추구에 매몰되어 있다는 말이다. 휴암은 지나치게 세속적 복락을 추구하는 한국의 불교인들을 다음과 같이 통렬하게 꾸짖는다.

복에 환장이 된 한국의 불교인들아! 너희 스승은 너희들이 구하는 왕궁을 버렸는데 너희는 그 스승에게 오늘도 무엇을 구하고 있는가? 복은 실로 구한다고 오는 것이 아니며, 복은 끝내 복이 되는 것도 아니다. 인생은 고뇌다. 천금의 보화, 만금의 재산도 그것이 곧 행복이 되는 것은 아니다. …… 인생이 그렇게 어려운 것이다. 인생이 그만큼 깊은 것이다. 그런데도

119 유승무, 「현대 한국불교 개혁운동의 흐름과 특징」, 『불교평론』(통권 4호, 2000), p.182.

종교인들이, 걸핏하면 소유나 외양이나 사주 같은 것으로 신도에게 복
운운하고, 그런 것으로 근기니 방편이니 하고 있으니, 이 어찌 가공할
무지가 아니랴. 더구나 거기에 덩달아 같이 춤추는 신도란, 유무식을 가릴
것 없이 얼마나 희극적인 어릿광대이더냐?[120]

석가세존은 세속적인 부귀영화가 우리 인간을 진정으로 행복하게
해 줄 수 없음을 알았다. 인간은 늙고 병들어 죽어가는 존재, 더 엄밀하게
말하면 실존적 한계상황에 처해 있는 '죽음에로의 존재(Sein zum Tode)'인
것이다. 경전에서 이 세상을 불난 집(三界火宅)에 비유한다든가 고통의
바다(苦海)에 비유하는 것은 바로 이 때문이다. 불교경전 가운데 인간의
실존적 한계상황을 가장 치열하게 보여주는 것은 이른바 '우물가 등나무
(井藤)의 비유'이다. 잘 알려진 가르침이지만 휴암의 근본사상을 명확하
게 이해하는 데 매우 중요한 내용이기에 여기에 다시 소개한다.

아주 먼 옛날, 어떤 사람이 광야를 거닐고 있었는데 갑자기 사나운 코끼리가
나타나 그를 쫓았다. 그는 혼신의 힘을 다해 도망치다가 마른 우물 속에
간신히 몸을 피했다. 우물 곁의 큰 등나무 뿌리를 타고 밑으로 내려가는데
바닥을 보니 독룡毒龍이 입을 벌리고 있지 않은가. 깜짝 놀라 나무뿌리에
매달려 우물 주위를 살펴보니 사방에서 네 마리의 독사가 혀를 날름대며
노려보고 있었다. 하얗게 질린 그가 위를 쳐다보니 자기가 매달려 있는
가느다란 나무뿌리를 흰 쥐와 검은 쥐가 번갈아가면서 갉아먹고 있고
먹이를 놓친 코끼리는 더욱 성을 내고 있었다. 벌판을 휩쓰는 맹렬한
들불은 등나무를 태우고 나무가 흔들릴 때마다 벌들이 흩어져 내려와
그의 온몸을 쏘아댔다. 그런데 그때 나무에서 뭔가가 떨어져 그의 입속으로
흘러들었다. 맛을 보니 달콤한 꿀이었다. 그는 이제 자신이 처한 극한

120 휴암 『한국불교의 새 얼굴』(대원정사, 1987), pp.10~11.

상황도 잊어버린 채 다섯 방울씩 떨어져 내리는 꿀을 받아먹는 데 정신을
팔고 있었다.[121]

휴암은 우리로 하여금 이러한 한계상황에서 벗어나 안전한 곳으로
피하게 하는 것이 불교의 궁극적 가치요 존재 이유라고 본 것이다.
이것은 불교적인 용어로 말하면 깨달음이요 해탈이요 열반에 다름 아니
다. 스님은 이 깨달음 또는 해탈 또는 열반을 '존재론적 구제', '존재의
근원적인 실현', '존재의 근원적인 해방' 등으로 표현한다.[122] 스님은
존재의 근원적인 해방에 대해 다음과 같이 설명한다.

칠흑 같은 어두운 방에서 윗목과 아랫목을 구별하는 것은 지극히 우습다.
더구나 윗목은 박복이라 하고, 아랫목은 복이라고 하는 것은 더욱 우스꽝스
럽다. 어디가 윗목인지 아랫목인지, 네가 그 칠흑 속에서 알기나 하였더냐.
너는 자기를 근원적으로 직참적直參的으로 부정하여, 즉시 궁극적인 존재에
있어서 환원된 빛을 받을(실현) 생각은 안 하고 그런 상대적인 긍정과
상대적인 부정 속에서 한량限量을 기약하려 하는가? 칠흑같이 어둡고
꽁꽁 얼어붙은 방에서는 불을 켜고 온기를 불어넣는 일 말고는 그 어떤
것도 무의미하다. 그 아무것도 긍정될 건덕지가 없다. 그 세계, 존재에의
세계, 소위 견성見性의 세계는 직선의 연장선상의 세계가 아니다. 질적인
전환인 것이다(百尺竿頭進一步). 불이 켜지면 문득 윗목 아랫목이 전면적으

121 이것은 本緣部의 『佛說譬喩經』에 나오는 이야기로서, 이 비유에서 광야는 생사윤
회의 無明의 長夜를, 어떤 사람은 어리석은 중생을, 코끼리는 無常을, 우물은
生死를, 나무뿌리는 수명 또는 명줄을, 독룡은 죽음을, 네 마리의 독사는 地·水·火·
風 四大를, 흰 쥐와 검은 쥐는 낮과 밤(즉 세월)을, 들불은 老와 病을, 벌은 그릇된
생각(邪思)을, 그리고 다섯 방울의 꿀은 五欲樂을 각각 의미한다고 경은 설한다.
122 휴암, 「깨달음의 문제: 제3회 수련결사(깨달음) 기조강연」, 『선우도량』 제2호,
1992, p.11 ; 『장군죽비(상권)』(명상, 1994), p.50참조.

로 본래의 가치를 회복한다.[123]

휴암이 추구한 세계는 망념이 사라진 세계, 다시 말해 비교급의 세계가 사라진 '온전한 존재'의 절대세계였다. 그리하여 그는 '99.9점인데 이 정도면 됐지'하는 태도는 꿈속의 잠꼬대요 사바세계의 논리라고 비판한다.[124] 휴암의 눈에는 높은 나뭇가지 위에 앉아 있는 도림선사가 위험한 것이 아니라 땅 위에 서 있지만 번뇌망상과 허랑虛浪한 식識으로 마음의 평정을 잃고 있는 백낙천이 더 위험하다. 그는 경전을 읽고 깨달음을 얻는다는 데 대해 부정적이다. 경전을 통한 이해(解悟)는 해탈적 노력의 방향과 자각의 계기는 마련해 줄 수 있으나, 그 본질은 번뇌와 생사와 윤회의 범주일 뿐이라고 생각했기 때문이다.[125]

이러한 인식의 연장선상에서 휴암은 남방불교의 위빠사나 역시 욕망을 줄이고 마음을 평정하게 하는 데는 효과적인 방법이지만, '근원적인 깨달음' 또는 '존재의 근원적 해방'으로까지 나아가게 하는 데는 별로 도움이 안 된다고 말한다. 그는 인도나 남방불교에서보다도 중국불교에서 근원적인 수행자가 훨씬 더 많았다고 주장한다. 그것은 많은 조사들이 일상성의 타성을 깨뜨리기 위해 방과 할 같은 독특한 수단과 방법을 구사했기 때문이라고 본다. 그러나 그 수단과 방법들의 구조 속에는 보편적인 특징이 있는데. 그것이 바로 '화두'이다. 스님은 "화두는 조사들의 이 예측 불허의 극적인 방법들에 일관된 내용적 특징들의 최대공약성에 착안하여, 그 예측 불허의 방법을 종합하고 응축시켜 그것을 만인

---

123 휴암, 앞의 책, pp.56~57.

124 휴암, 『장군죽비(상권)』, p.40.

125 휴암, 「'간화선의 방법론적 구조'와는 상관없이: 제6회 수련결사/논평2」, 『선우도량』 제6호, 1994, p.308.

보편의 수행의 길로서 정형화시켜 주었다는 점에 그 특징적 의의가 있는 것이다."고 말한다.[126] 스님은 결국 '존재의 근원적 실현'을 위해서는 궁극적 전통의 간화선에 의한 참선 수행의 길을 갈 수밖에 없다고 주장하고 있다. 불교의 존재 이유는 이러한 간화선의 수행을 통한 근원적인 깨달음의 성취에 있다는 것이다. 그가 무자화두를 들고 참선한 것도 바로 이런 이유에서일 것이다. 따라서 한국불교가 불교답기 위해서는 이러한 간화선의 정신을 되살려야 한다는 것이 스님의 핵심적인 사상이요 주장이다.

## 2) 숙명론적·개인주의적 인과사상의 혁파

많은 사람들이 인과응보와 윤회 사상을 불교의 특징적인 사상으로 이해한다. 불교의 인과업보윤회설에 의하면 의도적인 선이나 의도적인 악의 행위에는 반드시 그에 상응하는 과보가 따른다. 인간으로 태어나거나 축생으로 태어나는 것도 전생의 업 때문이다. 나아가 사람이 장수하거나 단명한 것, 건강하거나 병이 많은 것, 외모가 수려하거나 못 생긴 것, 부유하거나 가난한 것 등의 차별도 모두 과거생에 지은 선업과 악업 때문이라고 설명한다. 『분별업보약경』에 의하면, 벙어리와 소경의 장애는 전생에 성자聖者를 보고도 기뻐하지 않은 악업의 결과요, 가난한 사람의 가난은 전생에 잘 살면서도 어려운 사람에게 베풀지 않은 악업의 과보이다.[127] 이러한 인과응보 사상은 지극히 단순한 개인주의적 인과 사상이라 할 수 있다.

---

126 휴암, 위의 글, p.310.

127 박경준, 『불교사회경제제사상』(동국대학교출판부, 2010), p.295 참조.

휴암은 이러한 식의 인과업보 사상을 가차 없이 비판하고 부정한다. 이러한 숙명론적 인과 교리가 한국불교의 발전에 큰 걸림돌이 되고 있다는 기본적인 인식을 일관되게 견지한다. 그는 인과화복의 원리가 미신의 온상이 되고, 불교의 궁극적 가치를 상실케 하며, 사바세계를 권장하는 역기능을 하고 있다고 보았다. "오늘날 한국불교의 인과교리는 비굴의 상징이다. 또한 비리의 상징이요 미신의 샘터요 현실 영합과 현실 회피의 통로이며, 세속주의·물질주의의 기수요 돈과 명예와 권력이라는 복 사상의 시녀인 것이다."[128]라고 강한 어조로 비판한다. 그는 숙명론적 개인주의적 인과업보설의 폐해에 대해 더욱 구체적으로 언급한다.

운명적, 기계적으로 소화된 인과정신이 팔자八字 사상을 심어 주고, 우리에게서 진취적인 기상을 고갈시켜 우리를 애매모호한 신비적 풍토에 빠뜨렸다면, 개인주의적으로 소화된 인과정신은 책임을 각자의 개인으로만 떠밀어 버리게 하여 우리를 개개로 분산시키고 고립화시키는 경향으로 이끌어 필경 우리의 업사상도 상호 불가분의 관련성 속에 책임을 함께 나누는 연대감을 고취시켜 주지 못하고, 도리어 인과사상이 모든 책임을 각자의 자기 탓에만 돌려버리게 함으로써 나는 얼마든지 상대방으로부터 손 털고 책임을 외면해 버릴 수도 있게끔 만드는 상호 무책임주의와 방관주의를 유발시키고 만 듯하다. 이와 같은 방식으로 수용된 인과정신은 불교인에게 전체정신이란 것을 가르쳐 주지 못하고 불교인을 대단히 일차원적인, 평면적·개인적 인간상으로 만든 감이 없지 않다.[129]

매우 파격적이고 날카로운 지적이다. 불교의 왜곡된 인과사상이 한국

---

128 휴암, 『한국불교의 새 얼굴』, p.50.
129 위의 책, pp.160~161.

의 불교도들을 은연중에 숙명론적 신비주의적 인생관으로 이끌고, 동시에 개인주의적 인생관으로 이끌어 사회의식과 역사의식, 연대의식과 공동체의식(휴암의 표현으로는 전체정신)으로부터 멀어지게 했다는 것이다. 아비달마 불교에서도 개인주의적 인과설의 이러한 문제점 때문에 공업共業이라는 개념이 제시되고 있다. 휴암이 '공업'이라는 용어를 사용했는지 안 했는지는 불분명하지만, 어쨌든 휴암은 공업의 개념을 상정하고 있었던 것으로 추정된다. 여하튼 이러한 개인주의적 인과업보 사상은 한시바삐 폐기되어야 하며, 한국불교 침체의 원인을 사상의 빈곤과 타락에서 찾아야 한다고 강조한다. 그러한 자각이 일어나지 않을 때 불교는 영원히 고립된 개인주의적 수렁에서 헤어날 수 없고 마침내 한국 땅에서 소수 종교로 전락하고 말 것이라고 경고한다.

더 나아가 휴암은 숙명론적 인과사상이 불교의 평등사상 실현에도 걸림돌이 되고 있다고 보았다. 불교의 근본정신으로 보면 모든 인간은 조건 없이 지금 있는 그대로 절대 평등한 구경가치의 존재이다. 그러나 오늘의 승가는 현실의 인간을 늘 과보적 존재로 보아, 외모가 빼어나거나 사회적 지위가 높은 사람들은 전생의 복 때문이라고 하여 우대하고, 가난하고 열악한 처지에 있는 사람들은 전생의 악업 때문이라고 하여 은연중에 차별하고 경시하는 경향이 있다는 것이다.[130] 그러한 태도는 또한 역사를 반성적으로 돌아보게 하지도 못하고, 잘못된 사회 구조를 비판적으로 통찰하게 하지도 못하며 결국은 현실과 운명을 창조적으로 극복케 하지 못하게 된다.[131] 가장 치명적인 문제점은 인간을 인과화복적인 관점에서만 바라보려고 함으로써, 인간 존재의 근원적이고도 존재론

130 휴암 『한국불교의 새 얼굴』, p.112.
131 위의 책, p.113.

적인 가치를 간과하고 끝내 지금 여기에서 '존재의 근원적 해방'을 실현할 수 없게 만든다는 것이다.[132]

### 3) 호국불교 비판

흔히 호국불교는 한국불교 전통의 큰 특징 가운데 하나로 규정된다.[133] 한반도에 불교가 전래된 이래 불교와 왕권은 대체적으로 매우 긴밀한 관계를 유지해 왔다. 황룡사 9층탑이나 사천왕사의 건립, 그리고 고려대장경 조조雕造 불사는 호국불교의 산물이라고 할 수 있다. 특히 국가로부터 억압받던 조선시대에도 임진왜란 등의 국가적 위기 상황에서 스님들이 승병을 일으켜 왜적의 퇴치에 앞장섰던 것은 호국불교의 대표적 사례로 손꼽힌다.[134]

그러나 1970년대 들어 민주화운동이 확산되면서 호국불교에 대한 비판이 서서히 일기 시작한다. 호국불교가 '국가와 국민을 위한 불교'라는 본래적 의미를 상실하고 잘못된 정부를 옹호하는 어용불교로 전락했기 때문이다. 호국불교에 대한 비판적인 인식은 박노자 교수에 와서 그 절정에 이른다. 박노자는 "한국의 불자들이 기본적으로 갖고 있는 '호국불교'는 자발적으로 일어난 현상이 아니라 필요에 의해 어쩔 수 없이 일어났으며, 일제시대 친일승들이 스님들을 동원하기 위해 조작된 산물"이라고까지 주장한다.[135]

휴암스님은 이 호국불교라는 말에 심한 알레르기 반응을 나타낸다.

132 위의 책, pp.113~114.
133 정승석, 『불교의 이해』(대원정사, 1989), pp.216~217.
134 같은 책,
135 『주간불교』 제714호, 2002년 6월 20일자.

호국불교는 곧 망국불교라는 표현도 서슴지 않고 사용한다.[136] 스님은
이른바 호국불교가 아무런 내용도 없는 구호일 뿐 아니라, 사회와 인류를
평화롭게 하지도 못하고 불교의 발전을 저해하며 백성의 간절한 기대를
저버렸다고 비판한다. 스님은 호국불교에 대해 다음과 같이 개탄해
마지않는다.

> 우리가 '호국불교'라고 했을 때, 우리는 이미 고등한 종교로서 인류나 세계를
> 넘겨다 볼 기백과 사상적 자각을 스스로 짓밟고, 국가라는 낮은 울타리
> 안에 갇히자는 생각으로 주저앉은 것임을 천만 번 깨달아야 할 것이다.
> 그런 식으로 해서 국가나마 제대로 위했느냐 하면 그것도 아니다. 오늘날
> 우리의 불교가 세상의 불신을 받게 된 결정적인 이유가 소위 '호국불교'
> 때문이었고 불교가 자기 본래의 정신적 기백이 꺾이고 자기 모습을 상실하
> 고 침체의 수렁에 빠지게 된 것도 자력종교임을 내세우는 불교가 도리어
> 제 집안일을 자력으로 해결하지 못하고, 사상성 없는 빈 구호뿐인 소위
> '호국불교'와 결탁하여 사사건건 해결을 권력에 기대려 했던 탓으로 우리의
> 불교가 오늘날 이 모양으로 되었으며, 스님들끼리 사분오열되어 서로
> 존경심이 사라지게 된 원인도 바로 그와 같은 이유 때문이다. 슬프고도
> 원통한 일이다.[137]

이 내용은 크게 두 가지로 요약될 수 있다. 먼저 세계종교로서 불교는
인류의 보편적 가치 실현을 위해 민중과 인류생명, 그리고 세계로 나가야
하는데 호국불교는 국가의 개념을 왕실이나 특정 정권으로 한정시켜
불교의 원대한 목표와 이상을 실추시켰다. 다음으로, 호국불교는 불교
교단을 권력과 결탁하거나 권력에 의존하게 함으로써 불교의 자립과

136 휴암, 『한국불교의 새 얼굴』, p.181.
137 위의 책, p.183.

자주화를 방해하고 결과적으로 교단의 생명인 화합을 깨뜨리고 말았다. 이러한 이유로 휴암은 '호국불교'에 반기를 든 것이다. 스님은 한국불교가 '호국불교'의 기치를 내던져버리고 권력의 편이 아니라 민중과 가난한 백성의 편에 서야 하며, 권력과 부호의 그늘에서 벗어나 독자적인 길을 개척하여 국가를 감시하고 백성을 돌봐야 한다고 역설한다. 스님은 "불교의 진정한 호국이란 불교적인 것이 세속 국가와 사회에 침투하여 세속적인 현상이 불교적인 것으로 변혁되어 그것이 인간과 사회에 보다 바람직한 결과를 가져왔을 때 비로소 불교가 호민, 호생, 호국했다는 말이 성립될 것이다."[138]라고 주장한다. 결과적으로 불교적 인생관과 가치관을 정치, 경제, 사회, 문화를 비롯한 국민 생활 전체에 뿌리내리도록 해야 한다는 것이다.

### 4) 민중불교 비판

민중불교운동은 1980년대 위기의 한국 사회에서 민중이 겪었던 사회적 고통에 대한 불교적 성찰이며 민중의 삶을 구제하고 계도하기 위한 불교적 참여 운동이었다. 그것은 사회정의를 실현하기 위한 '불교의 사회화' 운동이었고, '민중·민족 해방' 운동이었으며, 정치권력의 억압으로부터 자유로운 불교 교단을 확립하고자 한 불교의 자주화 운동이기도 하였다. 민중불교운동은 호국불교라는 미명하에 타성과 안일에 빠져 있던 보수적 교단에 신선한 자극제가 되었고, 민주화 투쟁에 동참함으로써 한국 사회의 민주화에 크게 이바지하여 불교의 사회적 이미지를 제고하였다.[139]

---

138 위의 책, p.186.

이러한 민중불교운동의 기본 정신은 휴암이 주장하는 불교 개혁의 이념과 크게 다르지 않은 것으로 생각된다. 휴암은 다음과 같이 말한다.

> 참 철학이라면 관념의 유희를 위한 지식철학을 철폐하고, 돈이나 물질과 인간에 대한 우리의 태도에 실질적 변화를 강요하는 행동철학으로 돌아갈 것이다. 그러기 위해서 불교철학이라면 이젠 반드시 백성들의 생활을 일체적으로 취급하는 사회정의의 문제에 대한 불교적 태도부터 밝혀야 한다. 불교이론이 단순히 실존의 심화에만 이바지하고, 현대인들이 갈 길을 밝히고 선도하는 산 철학을 목말라하고 있는 점은 도외시하면서 묘유를 논하고 보살행을 들먹거린다면, 이는 불교가 현실과의 연관성이 박약한 절름발이 진리가 되고 말 것이다.[140]

이 이야기는 앞에서 살펴본 바와 같이 '존재의 근원적인 해방'을 강조하는 휴암의 입장과 사뭇 다르게 생각된다. 하지만 이 발언은 민중불교를 옹호하기 위한 것은 아니었던 것 같다. 사실상 휴암은 여러 차례 민중불교를 정면으로 비판한 바 있다. 그가 민중불교를 비판한 것은 그 개혁 정신이 아니라, 민중불교의 태동 배경과 행동 방식이나 실천 방법 또는 일부 불교 교리의 마르크스주의적 해석이었던 것 같다. 스님은 '불교의 내적 동기와 원칙에 근거한 사회참여'라는 점에서 민중불교에 문제가 있다고 보았다. 스님은 "민중불교의 연원과 순수성에 대해 의구심이 간다. 즉 기성정치권에 대한 '호국'불교의 관계와 같은 또 하나의 (재야정치적 신종 제도권) 정치에의 종속 형태"라고 꼬집는다.

---

139 박경준, 「민중불교 운동의 홍기와 이념 및 평가」, 『한국불교학』, 30(한국불교학회, 2001), pp.394~395.

140 휴암, 앞의 책, p.190.

민중불교운동에 불교적 색깔보다도 재야권의 정치적 색깔이 더 짙다는 지적이었다. 이러한 휴암의 발언은 많은 논쟁을 불러일으켰다. 특히 일문스님, 노부호 교수, 현기스님, 소암스님, 효림스님 등이 휴암의 발언을 둘러싸고 『대승불교』를 통해 약 6개월간에 걸쳐 각자의 의견을 개진하고 토론하였다.[141]

스님은 민중불교가 그 내용보다는 '민중'이라는 이름을 내세우는 데 주력한 구호주의, 간편주의 위주의 불교였다고 비판한다. 민중불교라는 말 자체에 거부감을 표시한 것이다. 스님은 민중불교가 처음부터 정의, 자유, 평등, 민주, 분배 등의 설득력 있고 호소력 있고 그야말로 일반 민중들에게 쉽고 낮익은 '법法'을 제창해 주는 내용 면에서 절실성과 진실성, 성실성을 보여주었어야 했다고 지적한다.[142] 또한 깨달음을 향한 기본자세가 없는 현실참여는 총칼 없이 전장에 나서는 것이나 다름없는 일로, 당장 현실에 몸담는 것만이 참여가 아니라 내가 이룬 깨달음의 향기로 전 사부대중을 바른 길로 이끄는 것이 더 큰 참여라고 경책한다.

## 5) 몇 가지 불교 발전 방안의 제안

휴암은 기본적으로 제도 개혁이 아니라 의식 개혁 또는 정신 개혁을 주창하였다. 하지만 제도적 측면에서 몇 가지 발전 방안에 대해서도 언급하고 있다. 불교발전을 위한 스님의 제안은 크게 다음 다섯 가지 정도로 요약될 수 있을 것이다.

---

141 권오문, 『말 말 말』(삼진기획, 2004), pp.271~272.
142 휴암, 『장군죽비(상권)』, pp.433~435 참조.

첫째, 교육의 개혁이다. 한국 스님들의 학력 수준을 끌어올려야 하고 재래의 서당식 교육방법도 개선되어야 한다. 불교사상에 대한 논리적 체계, 역사적 체계를 확립하여 통일적, 체계적 이해가 가능하도록 해야 한다. '화엄' '법화' '열반' '반야' '미타' 제논서諸論書 및 선서禪書 등에 산재돼 있는 방대한 불교사상을 하나의 맥락 속에 통일시키고 하나의 초점을 향하여 집중시켜야 한다. 또한 그것이 현실적 활동과 사회적 실천에 접목될 수 있도록 해야 하고 지도자가 실천적 모범을 통해 교육해야 한다.[143] 또한 모든 승려가 대학 수준의 교육을 받고서야 선원이나 강원에 나갈 수 있도록 하고, 산중의 절과 도시의 교당은 수행과 포교 면에서 긴밀한 연관성을 갖도록 해야 한다.[144]

둘째, 승려의 출가제도를 개선해야 한다. 개인이 사적으로 승려를 만드는 전통을 철폐하고 전국의 모든 행자를 공동으로 교육하고 수련시켜야 한다. 그렇지 않으면 승려의 교육을 소홀히 하게 되어 승려의 질적 향상이 어려워진다.[145]

셋째, 문중 개념을 타파해야 한다. 인간은 불공정하고 부당한 것을 싫어하고 절대공정, 절대무사의 정신으로 천지에 자기 사람이라고는 따로 없는 범인류적인 동포형제애의 정신으로 살아야 한다. 하물며 출가수행자가 문중이나 찾고 사형사제니 형님이니 사숙님이니 하는 것은 결코 바람직하지 않다.[146] 출가자는 모두가 일불제자이니 정법으로 문중을 삼고 전 인류적 자비와 우애로써 범종단적 화합을 이루어야 한다.[147]

---

143 휴암, 「한국불교를 변명한다」, 『씨알의 소리』, 1979년 1월호, p.91.

144 휴암, 『한국불교의 새 얼굴』, p.194.

145 위의 책, p.194.

146 휴암, 『장국죽비(상권)』, pp.174~175.

넷째, 법회 중심으로 사찰 운영 형태를 전환해야 한다. 모든 교당은 법회 중심으로 운영하고 불공은 부차적인 것이 되도록 하며 법회는 일요일 중심으로 해야 한다. 하지만 산중 사찰은 음력 날짜를 중심으로 하는 전통을 지키는 것이 바람직할 것이다. 법회 중심의 운영을 위해서는 스님들이 균등하게 대학 수준의 교육을 받도록 해야 하고 설법의 방향도 통일성이 있어야 한다.[148]

다섯째, 사찰 수입을 공금화하여 사적으로 사용하지 못하게 해야 한다. 어떤 어려움이 있더라도 모든 사찰 재정을 투명하고 합리적으로 운용하도록 해야 한다.

## 4. 휴암의 개혁론 평가

서두에서 간략하게 살핀 것처럼 휴암스님은 격동의 시대를 살다 갔다. 불교에 대한 신념과 사랑이 뜨거웠던 그는 혼돈의 시대에 불교가 어떻게 하면 산 종교로서 역할을 할 수 있을까 깊이 고민했음직하다. 그러나 답은 의외로 간단했다. 불교는 불교다워야 한다는 것이었다. 석가세존이 왕궁을 버리고 출가수도의 길을 간 것은 한마디로 '생로병사'의 문제, 즉 죽음의 문제를 해결하기 위함이었다. 석존은 깨달음과 열반을 성취함으로써 결국 그 문제를 해결하였다. 휴암은 이것이 바로 불교의 근본이고 핵심임을 간파했다. 스님은 그것을 '존재의 근원적 해방'이라고도 하고 '존재론적 구제'라고도 했다. 현대인이 아무리 풍요로운 물질과 문명의 이기를 누린다 하여도 인간이 자신의 존재론적 정체성을 깨달아 실현하지 못한다면 공허할 뿐이다. 그래서 스님은 기복불교나 호국불교 등을

---

147 휴암, 「한국불교를 변명한다」, 『씨알의 소리』, 1979년 1월호, p.92.
148 같은 책.

비판하고, 간화선의 수행을 통해 존재의 근원적 해방을 성취하고자
하였으며, 따라서 공덕행과 사회참여보다는 항상 수행을 최우선시하였
다. 물론 사회참여를 부정한 것은 아니다. 자기완성이 이루어지면 사회
참여의 올바른 방향이 드러날 것으로 믿었을 뿐이다. 불교적으로 말해서
스님은 상구보리 없는 하화중생은 무의미하다고 생각했던 것 같다.

　그러나 이 부분은 대승불교 정신에 비춰볼 때 많은 논란의 여지가
있다고 여겨진다. 스님의 입장은 인간의 조건을 지나치게 단순화시킨
데서 비롯된 것이 아닌가 한다. 인간의 삶은 정신적 차원, 사회·역사적
차원, 생물학적 차원을 갖는다. 이들은 유기적이고 역동적인 관계 속에
서 상호작용한다. 따라서 인간을 바라보는 관점도 어느 한 차원에 고착되
어서는 안 된다고 본다. 그러기에 인간을 총체적으로 또는 대승적으로
보면 자신의 무상정각無上正覺을 미루고 지옥 중생을 구하는 지장보살이
대두될 수도 있는 것이다. 스님은 혹시 '삶을 위한 깨달음'이 아니라
'깨달음을 위한 삶'을 추구한 것이 아니었을까. 그렇기 때문에 불교학자
들이 '불교의 국가관'이나 '불교의 경제관' 등에 관심을 갖고 연구하는
것에 대해 냉소적이었던 것이 아닐까. 어쨌든 오늘날 지구촌의 불교는
참여불교, 인간불교의 방향으로 나아가고 있다. 어쩌면 휴암은 오히려
이것을 미리 꿰뚫어 보았는지도 모른다. 그리하여 참여불교 또는 인간불
교가 참답게 작동할 수 있게 하려고 불교 가치의 원형을 유지하도록
그토록 역설했는지도 모른다.

　휴암은 솔직하고 질박한 성품을 타고났지만, 타협을 모르는 강직한
성격의 소유자이기도 하였다. 그리하여 가끔은 파격적인 독설을 서슴지
않고 쏟아내기도 하였다. 특히 『승가의 양심과 불교탄압의 문제』[149]라는

---

149 휴암, 『승가의 양심과 불교탄압의 문제』, 1989년 10월 20일.

소책자에서는 1980년 10·27법난과 동국대 총장 구속 사태와 관련하여, 그것이 국가 기관의 불교 탄압이라고만 매도하는 것은 승가의 비양심적 태도라고 비판하여 큰 파장을 불러일으키기도 하였다. 문중을 타파해야 한다든가, 민중불교라는 이름은 온당치 않다는 주장 등에 대해서도 많은 반발과 항의가 있었지만 스님은 뜻을 굽히지 않았다. 그만큼 굳건한 소신이 있었고 용기가 있었기 때문에 가능한 일이었다.

휴암이 한국불교의 발전을 위해 비판하고 주장한 내용들이 구체적으로 오늘날 한국불교에 어떠한 영향을 끼쳤는지에 대해 객관적으로 평가한다는 것은 그렇게 쉬운 일이 아니다. 하지만 다음 몇 가지 점에서는 일정 정도 휴암스님의 영향력을 부인할 수 없다고 본다.

이를테면 대한불교조계종이 최근 종단의 정체성 확립을 위해 간화선을 체계화하고 강조하는 점, 승가 교육의 현대화와 체계화를 위한 교육개혁 불사를 일관되게 추진하고 있는 점, 파벌 혁파를 위해 출가 제도를 '단일 계단'으로 통일하고 있는 점, '자정과 쇄신' 등으로 승가 내부를 먼저 성찰하는 운동을 펼치고 있는 점 등이 그것이다.

물론 현재 한국불교계가 추진하고 있는 이 같은 개혁과 변화는 휴암의 주장에 의한 것이라고 결론 내리기에는 인과관계의 검증이 어려운 점이 있다. 다만 이런 문제에 대한 휴암 같은 스님들의 개혁적 주장이 하나의 대세를 이루어 반영된 것이라고 한다면 굳이 평가에 인색할 필요는 없을 것이다.

마지막으로 첨언하고자 하는 것은, 휴암에 대한 불교계의 평가가 상당히 크게 엇갈리고 있다는 점이다. 한편에서는 그가 한국불교의 문제점을 날카롭고 심도 있게 짚어냈다고 하고, 다른 한편에서는 그가 매사에 너무 비판적이어서 비판을 위한 비판, 대안 없는 비판을 일삼았다고 평가하고 있다.

# V. 문수·정원의 소신공양 고찰

## 1. 두 스님의 행장

### 1) 정원스님의 행장

2017년 1월 7일 오후 10시 30분, 정원스님은 세월호 사건 1천일 추모 촛불집회 참석 후 서울 광화문 열린시민광장에서 소신공양하였다. 이 장면을 직접 목격한 한 촛불시민은 활활 타오르는 불길 속에서도 스님은 '박근혜 구속'을 외치고 가부좌를 한 채 염송을 했다고 증언했다. 스님의 소신은 민중을 위한 것이었으며 고통 받는 민중을 향한 스님의 사랑은 지극하고 철저했다. 그것은 "일체 민중들이 행복한 그 날까지 나의 발원은 끝이 없사오며 세세생생 보살도를 떠나지 않게 하옵소서." "나의 죽음이 헛되지 않기를, 나의 죽음이 어떤 집단의 이익이 아닌 민중의 승리가 되어야 한다."라는 스님의 유언 속에 그대로 드러난다.[150]

---

150 정원 비구, 『일체 민중이 행복한 그날까지』(말, 2017), p.11.

정원스님은 1953년 서울에서 4형제 중 둘째로 태어난다. 1977년 해인 사로 출가하여, 1978년 범어사에서 사미계를 수지하고 법주사 강원에서 수학하였다. 1980년에는 광주학살과 10·27법난에 저항하는 '불교탄압 공동대책위원회'의 위원으로 활동한다. 1981년 범어사에서 비구계를 수지한 후, 통도사 창원 포교당 구룡사 주지 등을 역임한다. 2006년에는 평택 대추리 미군기지 이전 반대 투쟁에 참여하고 2007년에는 한나라당 이명박 대통령 후보 의정부시 거리 유세에서 계란을 던지며 "부패하고 정직하지 못한 이명박 후보는 즉각 사퇴하고, 검찰은 BBK사건의 전모를 밝혀야 한다."고 주장하여 징역 2년을 선고 받는다. 2014년 세월호 사건 진상규명 집회에 참여하고 2016년 1월에는 한일 위안부 합의에 반발, 베트남에서 귀국하여 외교통상부 정문 앞에 화염병을 투척한다. 이 때문에 징역 2년, 집행유예 3년 선고, 보호관찰을 선고 받는다. 2016년에는 최순실 게이트 규탄 및 박근혜 퇴진운동 촛불집회에 적극적 으로 참여하였으며 2017년 1월 소신공양을 결행하였다. 스님은 이 외에 도 6월 항쟁을 비롯한 여러 집회에 참여한 것으로 전한다.[151]

이러한 정원스님의 삶은 일견 수행자의 그것이 아니라 거리에서 투쟁 하는 운동가의 그것처럼 생각된다. 그러나 스님의 심성은 여리고 감성은 풍부했다. 그가 등단시인이었다는 사실이 그것을 증명한다. 그리고 그에게 있어서 시위 참여와 투쟁은 곧 수행의 일환이었다. 스님은 근본적 으로 1700년의 역사를 가진 한국불교는 왜 모든 백성의 삶 속에 역사적 실천으로서의 불교를 심지 못했는가 하는 큰 의문이 있었다. 또한 오늘날 불교는 왜 민중의 삶을 온통 견인해 내지 못하는 것인지 자책한다.[152]

---

151 위의 책 참조.
152 위의 책, p.44.

그러한 물음과 성찰은 500만 노동자를 대표하는 한상균 위원장을 보호하려는 애틋한 마음속에 반영되며,[153] 〈불교의 존재이유〉를 밝히는 다음의 주장 속에도 잘 드러난다.

불교와 승려들이 민중에게 외면당하는 것은 당연한 귀결입니다. …… 고통의 현장에 승려들이 보이지 않네요. …… 깨달음의 프레임에 갇히지 말고 보살도를 실천해야 합니다.[154]

정원스님이 말하는 보살도는 물론 '상구보리 하화중생'을 일컫는다. 하지만 스님은 하화중생이 단순한 불교 포교와 사회복지에 그쳐서는 안 되며 '정의 실현'에까지 나아가야 한다고 역설한다.

저는 부처님께 '정의를 바로 세우는 것이 수행이다'라는 수기를 받았습니다.[155]

스님의 이러한 신념과 불교관은 매우 투철하였다. 스님은 국민에게 폭력적 고통을 주는 정부에 수수방관하는 불교계 지도부를 인정하지 않았으며, 2008년에는 불교 종단의 부패를 묵인할 수 없다며 소속 종단인 조계종에 승적을 반납할 정도였다.[156]

스님은 민중과 함께 하지 않고 불의를 방치하는 불교는 진정한 불교가 아니라고 굳게 믿었다. 민중에 대한 스님의 지극한 사랑은 단순한 학습과

153 위의 책, p.80.
154 위의 책, p.67.
155 위의 책, pp.80~81.
156 위의 책, p.17.

사유의 결과라기보다 나름의 깨달음 또는 종교적 신비체험이 그 계기가
된 것 같다.[157] 이러한 체험은 스님의 '민중'이라는 시 속에도 은근히
드러나 있다.

> 나는 너를 몰랐다.
> 너는 나의 사랑인 것을
> 내 안에 갇혀 산 수많은 세월
>
> 하늘과 땅은 나를 잠에서 깨웠다.
> 그리고 나를 너에게
> 짝지어 주었다. (이하 생략)[158]

이렇게 운명처럼 민중을 사랑하게 되면서 스님은 민중의 고통과 슬픔
이 그 뿌리를 구조적 모순에 두고 있음을 깨닫는다. 그리하여 개인보다도
사회 시스템을 바꿔야 한다는 생각으로 시민사회운동에 적극적으로
참여한다. 그리고 스님은 마침내 국민을 고통과 위기로 내모는 박근혜
정부와 국정농단 세력을 응징하고 박근혜 탄핵과 퇴진을 외치는 촛불시
민에게 힘을 실어주기 위해, 매국노 집단이 일어나는 기회를 끊기 위하여
소신공양을 올린다. "하나의 꽃이 떨어져 수만의 열매를 맺는다면 떨어진
꽃은 하나가 아니리"라고 노래하며.[159]

---

157 위의 책. p.134.
158 위의 책. p.106.
159 위의 책, p.113.

## 2) 문수스님의 행장

2010년 5월 31일 오후 3시경, 경상북도 군위군 군위읍 사직리의 한 낙동강 지천 제방에서 문수스님은 분신을 결행하였다. 스님의 분신 소식은 불자들은 물론 많은 국민에게 큰 충격과 안타까움을 안겨주었다. 그러나 스님의 죽음에 관한 정황과 유서가 밝혀지면서 스님의 죽음은 단순한 분신자살이 아님이 드러났다. 그것은 '소신공양'이라 해도 좋을 종교적 죽음이었다. 그 죽음의 성격을 밝히기 위해 우선 간략하게나마 스님의 삶과 수행을 돌아보고 죽음의 전후 상황을 알아보기로 한다.

　문수스님은 1963년 8월 18일, 전북 완주군 봉동읍 구미리 중리마을에서 4남 5녀의 여덟째로 태어난다. 봉동초등학교, 완주중학교, 전주공업고등학교를 졸업한 후 1986년 월정사에서 시현스님을 은사로 출가한다. 86년에 사미계를, 90년에 구족계를 수지하였다. 1998년에는 중앙승가대 학생회가 전두환·노태우 두 전직 대통령의 사면을 촉구하는 탄원서명서 제출 파동으로 곤경에 처해 있을 때, 리더십을 인정받아 새로운 학생회장으로 추대된다.

　중앙승가대학교를 졸업한 후, 스님은 통도사·두방사·해인사·묘관음사 등의 제방선원에서 수행 정진하였으며, 2006년부터 2007년까지 동화사 말사인 경북 청도군 소재 대산사의 주지 소임을 맡기도 하였다. 하지만 천도재를 지내는 일을 비롯해 번거로운 주지 소임이 자신에게 어울리지 않다고 생각한 스님은 1년여 만에 주지직을 버리고 경북 군위의 지보사에 머물며 용맹 정진한다. 거기에서 스님은 1000일 동안, 하루 한 끼만 먹는 일종식을 하였고 두문불출하며 면벽수행에 전념하였다. 마지막 1년 동안은 발우도 방 밖으로 내놓지 않았다 한다. 1000일이 되는 날인 5월 30일, 스님은 문을 열고 나와 방에 쌓여 있던 발우 300여

개를 공양간으로 옮겨 손수 깨끗이 닦아 정리하였다. 그동안 이발도 하지 않아 산발이 된 머리도 깔끔히 깎았다. 그리고 다음날인 5월 31일 고통 받는 사람들과 뭇 생명들을 위해 기름을 마시고 온몸에 끼얹은 후 소신공양을 결행한다. 스님이 쓴 유서와 가사에는 다음과 같은 내용이 적혀 있었다.

> 이명박 정권은 4대강 사업을 즉각 중지 폐기하라.
> 이명박 정권은 부정부패를 척결하라.
> 이명박 정권은 재벌과 부자가 아닌 서민과 가난하고 소외된 사람을 위해 최선을 다하라.

유서 말미에는 "원범스님, 각운스님, 죄송합니다. 후일을 기약합시다. 文殊(윤국환)"라는 내용이 첨가되어 있었다. 스님은 평소에도 도반들과 함께 종단 개혁과 불교의 사회적 역할에 대해 고민하고 많은 대화를 나누며 출가자로서 여법한 길을 가자고 다짐했다 한다. 스님은 수행 정진 중에도 몇몇 일간지와 월간지를 보면서 사회문제에 대한 걱정과 관심의 끈을 놓지 않았다. 그러면서 4대강 사업으로 죽어가는 수억의 생명에 대해 동체대비심同體大悲心을 갖고 이를 위해 뭔가 해야 하는 것이 아니냐고 반문하곤 하였다고 한다. 운하반대전국교수모임, 대한하천학회, 환경운동연합, 불교환경연대, 에코붓다를 비롯한 여러 시민사회단체들과 전문가들, 그리고 야당의 적극적인 반대에도 MB정부는 4대강 사업을 빠른 속도로 밀어 붙였다. 무조건 반대가 아닌 완곡한 권고[160]에도 아예 귀를 닫고, '여강선원'을 연 수경스님을 비롯한 많은

---

160 예컨대, 불교환경연대와 에코붓다가 2010년 3월 4일 주최한 ≪4대강 개발, 다른 대안은 없는가?≫라는 제목의 심포지엄에서는 전문가들이 다섯 가지 사항을 권고

종교인들의 줄기찬 반대에도 아랑곳하지 않았다. 이러한 상황을 목도하면서 문수스님은 4대강 사업을 막고 뭇 생명을 살리기 위해서는 더욱 강도 높은 특단의 행동이 필요하다고 판단하였을 것이다. 더욱이 스님은 1000일간의 용맹정진으로 생사가 일여함을 체득하고 있었음직하다. 또한 스님은 강직하고 선이 굵은 성품으로 중앙승가대 학생회장 때도 늘 대의를 따랐고 불의와 타협하지 않았다고 중앙승가대의 류승무 교수는 회고한다. 그리고 무엇보다도 소신공양은 오랜 불교적 전통이기도 하다. 이러한 정황을 종합적으로 고려해 볼 때 문수스님의 죽음은 단순한 자살이 아니라 종교적 '소신공양'이었다고 판단되는 것이다.[161]

## 2. 소신공양의 경전적 근거와 역사적 실례

정원스님과 문수스님의 소신공양은 근본적으로 오랜 불교적 전통에 의거한 것이다. 소신공양의 경전적 근거와 몇 가지 역사적 사례에 대해 살펴본다.

---

했다. 즉 (1)충분한 시간을 두고 국민들과 합의와 동의의 과정을 거쳐야 한다. (2)본류가 아니라 지천 살리기를 우선으로 해야 한다. (3)충분하고 다양한 조사 이후 진행되어야 한다. (4)서두르지 말고 속도를 조절하여 실시되어야 한다. (5)시범지역을 선정하여 실시한 뒤 검토 후에 전국적으로 시행되어야 한다.

161 이상의 행장 내용은 「문수스님 소신공양의 사회적 의미」(박희택, 「문수스님 소신공양 어떻게 볼 것인가」, 『참여불교재가연대 세미나 자료집』(참여불교재가연대, 2017), pp.9~11)와 '4대강 생명 살림 불교연대' 상황실에서 제공한 자료에 의거한 것이다.

## 1) 경전적 근거

소신공양은 일견 불교의 다비 전통에 연유한 것으로 보이지만, 보다 직접적으로는 여러 불전의 내용에 의거하는 것으로 추정된다. 몇 가지 불전의 내용을 소개한다.

먼저 빨리어 불전인 『인연 이야기(Nidāna-kathā)』 중의 「소신공양」이라는 제목의 내용이다.

이 맘가라 부처님에게는 또 한 가지 과거세의 선행이 있었다. 전하는 바에 의하면 그가 아직 보살이었을 때 어느 부처님의 탑묘를 바라보면서 "나는 이 부처님을 위해 목숨을 바치리라"고 말한 뒤, 등잔 심지를 싸듯이 자신의 전신을 감싸고 보석 손잡이가 달린 10만 금에 달하는 황금용기에 녹인 버터를 붓고 거기에 천 개의 등잔 심지를 심어서 자신의 머리 위에 얹고, 온 몸에 불을 붙여 탑묘를 오른쪽으로 돌면서 밤이 다 지나도록 멈추지 않았다.[162]

하지만 이 이야기의 뒷부분 내용에 의하면 이 보살은 마치 연꽃 속에 들어가 있는 것처럼 조금도 타지 않았다고 한다. 그렇더라도 이 이야기는 분명 우리에게 '소신공양'이라는 하나의 공양 방식이 존재했다는 사실을 알려주고 있다.

다음으로, 우리에게 친숙한 『법화경』의 내용을 들 수 있다. 『법화경』 제23 「약왕보살본사품藥王菩薩本事品」에는 '일체중생희견보살一切衆生喜見菩薩'의 소신공양에 관한 내용이 나온다. 약왕보살의 전신前身인 일체중생희견보살은 일월정명덕불日月淨明德佛의 가르침을 따라 1만

---

162 사쿠라베 하지메 편, 이미령 역, 『붓다의 과거세 이야기』(민족사, 1991), p.76.

2천 년 동안을 수행 정진하여 현일체색신삼매現一切色身三昧를 얻었는
데, 그 때 보살은 크게 기뻐하며 '내가 이 삼매를 얻은 것은 다 『법화경』
덕분이라. 나는 이제 일월정명덕불과 『법화경』에 마땅히 공양하리라'고
생각하였다. 그리고는 이 삼매에 들어 허공 가득 만다라화 구름과 전단향
비 등으로 부처님께 공양하였다. 하지만 이 공양을 마치고 삼매에서
일어나와 보살은 '내가 비록 신통력으로 부처님께 공양하였으나 몸으로
써 공양하는 것만 같지 못하니라'고 생각하였다. 그리고는 여러 가지
전단, 훈륙, 도루바의 향과 필력가, 침수, 교향들을 먹고, 또 1천 2백
년 동안 첨복 등의 꽃 향유香油를 마시며, 또 몸에 바르고 일월정명덕불
앞에서 하늘 보배 옷으로 스스로 몸을 감고, 거기에 향유를 부어 적신
뒤 신통력의 서원으로써 1천 2백 년에 걸쳐 스스로 몸을 태우니, 그
광명이 80억 항하의 모래 같은 세계를 두루 비추었다고 한다.[163] 이러한
소신공양의 공덕에 대해 『법화경』은 다음과 같이 설한다.

> 훌륭하고 훌륭하다. 선남자야. 이것이 참된 정진이니라. 또한 이것이 여래
> 께 올리는 참된 법공양이니라. …… 이와 같은 여러 가지 물건을 공양하더라
> 도 능히 이에 미치지 못할 것이며 혹은 국성國城이나 처자를 보시하더라도
> 또한 이에 미치지 못하느니라. 선남자야, 이것을 제1의 보시라 하나니,
> 여러 가지 보시 중에서 가장 존귀하고 가장 높은 보시가 되는 것은 법으로써
> 모든 여래를 공양하기 때문이니라.[164]

또한 『대승범망경大乘梵網經(菩薩戒本)』에는 직접적인 소신공양에 관
한 내용은 아니지만 위법망구의 자세로 대승을 구하라는 취지에서 소신

---

163 大正藏 9, p.53上中.
164 같은 책.

燒身·소비燒臂·소지燒指 공양에 관한 언급이 나온다. 즉

> 불자들아, 너희는 마땅히 좋아하는 마음으로 대승의 위의威儀와 경과 율을
> 먼저 배우고, 그 뜻을 이해하여 널리 열어 보이라. 뒤에 새로 발심한 보살이
> 백 리, 천 리를 와서 대승의 경과 율을 구함을 보거든 몸, 팔, 손가락을
> 태워 모든 부처님께 공양할 수 없다면 출가 보살이 아니라고 하라.[165]

그리고 소신공양은 아니더라도 중생을 위해 끝없는 보시행을 강조하
는 가르침은 여러 불전에서 얼마든지 찾아볼 수 있다. 예컨대 샨티
데바의 『입보리행론』에는 다음과 같은 내용이 나온다.

> 모든 중생들의 행복을 위해 저는 아낌없이 바칩니다.
> 삼세三世에 걸쳐 제가 얻게 될 모든 저의 몸과 즐거움, 공덕을.(3-11)
> 모든 걸 바쳐야 열반에 도달하고, 열반이 저의 목표이니,
> 모든 걸 바쳐야 한다면 저는 모든 중생들에게 바치겠습니다.(3-12)
> 보시바라밀이 의미하는 것은 자기가 갖고 있는 것을 모두 중생들에게
> 주고
> 아울러 거기서 나오는 과보도 주겠다는 마음의 태도입니다.(5-10)
> 부처님께서 말씀하셨습니다.
> 먼저 음식과 같은 작은 보시로 시작하여 차츰 익숙해지게 되면 나중에는
> 우리의 몸까지도 보시할 수 있다고.(7-25)[166]

몸을 비롯한 자신의 모든 것을 베푸는 보시바라밀은 자신의 몸마저도
불태워 공양하는 소신공양의 정신과 다를 바 없다고 할 것이다.

---

165 『梵網經盧舍那佛說菩薩心地戒品 第十』卷下(大正藏 24, p.1006).
166 김영로 옮김, 『샨티데바의 행복수업〔입보리행론〕』(불광출판부, 2008) 참조.

## 2) 역사적 실례

『고승전高僧傳』에는 혜익慧益, 승경僧慶, 법광法光, 담홍曇弘 스님 등이 소신공양한 것으로 기록되어 있다.[167] 『속고승전續高僧傳』에도 소신공양한 스님으로서, 명은明隱[168], 승애僧崖[169], 주력住力[170] 등이 거명되고 있으며, 『비구니전比丘尼傳』에서는 선묘善妙스님[171]과 혜요慧耀스님[172]이 소신공양한 기록이 보이고, 『홍찬법화전弘贊法花傳』에는 이름을 알 수 없지만 형주荊州에 머물던 두 자매 비구니스님이 소신공양하였다는 기록이 나온다.[173]

근래 실제로 소신공양을 행한 대표적인 예는 베트남의 틱쾅둑Thich Quang Duc스님에게서 찾을 수 있다. 1963년 사이공 거리에서 73세의 틱쾅둑스님은 베트남 불교 교단 차원에서 용의주도하게 계획된 분신을 결행한다. 제럴드 섹터Jerrold Schecter는 당시의 상황을 다음과 같이 묘사하고 있다.

어느 무더운 여름날 저녁, 사이공의 판딘풍Phan Dinh Phung 거리를 오렌지 빛 법의의 비구와 회색 법의의 비구니가 조용한 저항의 표정을 지으면서 천천히 행진하고 있었다. 승려를 가득 채운 자동차가 그 행진을 선도하고 있었다. 판딘풍과 레반두옛Le Van Duyet 거리의 교차지점에서 승려들은

167 大正藏 50, pp.405~406.
168 위의 책, p.665.
169 위의 책, pp.678~680.
170 위의 책, p.695.
171 위의 책, p.939.
172 의의 책, p.941.
173 大正藏 p.51, 26.

차에서 내려 보닛을 열었다. 엔진 고장이 있는 것 같았다. 행진은 멈추어졌
고 승려들은 차를 밀듯 하더니 일곱 여덟 겹으로 차를 둘러싸기 시작했다.
천천히 그들은 깊고 흐느끼듯이 울려 퍼지는 리듬으로 염불하기 시작했다.
차에서 내린 73세의 '틱쾅둑' 스님이 원의 중심으로 걸어가서 아스팔트
위에 앉아 무릎 위에 느슨히 손을 올려놓고 禪의 자세를 취했다. 비구니들
은 울기 시작했고 그들의 흐느낌은 영창의 억양을 깼다. 한 승려가 차에서
5갤론짜리 휘발유통을 꺼내어 그것을 쾅둑의 머리에 부었다. 쾅둑은 휘발유
가 그의 머리를 적시고 아스팔트에 흐를 때까지 조용히 앉아 있었다.
그 때 쾅둑 스님은 염주를 잡은 오른손으로 성냥을 꺼내어 불을 댕겼다.
갑자기 그는 이글거리는 불꽃과 검은 연기에 휩싸였다. 영창은 중단되었다.
강렬한 불꽃이 일어났을 때 쾅둑의 얼굴과 삭발한 머리와 법의가 회색이
되었다가 시꺼멓게 변해갔다. 이글거리는 불꽃 가운데서도 그는 좌선의
자세를 견지했다. …… 쾅둑 스님은 거의 십 분 동안 타다가 숯덩이 같은
몸이 뒤로 넘어갔고 그의 법의는 아직도 연기에 휩싸여 있었으며, 이미
그의 성스러운 얼굴은 사면死面이 되었다. 염주를 꽉 잡은 오른손은 하늘을
가리키고 있었다.[174]

이 죽음의 의식은 네 명의 승려가 불기佛旗를 펼쳐 시신 위에 덮고
만세를 부르는 것으로 끝났다. 그들은 베트남어와 영어로 "이것이 불기
다. 그는 이 기를 위해서 죽었다. 틱쾅둑스님은 이 기를 위해서 그
자신을 불태웠고, 그는 다섯 가지 요구 조건을 위해서 죽었다"라고
소리쳤다. 그 다섯 가지 요구는 명확하게 알 수 없지만, 정부군이 데모
주동자를 검거했을 때, 불교도 대표가 '고딘 디엠(Ngô Đinh Diệm)' 대통령
에게 제출한 다음 5개 항의 요구조건을 통해 주요 사항을 추측해 볼
수 있다.

---

174 정승석 外, 『민중불교의 탐구』(민족사, 1989), pp.211~212.

첫째, 불기 게양을 불법不法이라고 한 대통령 령슈의 취소.

둘째, 불교도와 가톨릭교도의 법적 평등.

셋째, 불교도 체포의 중지.

넷째, 불교신앙의 의식 수행과 전도의 자유.

다섯째, 대량학살된 희생자 가족에 대한 배상금 지불과 책임자의 처벌 등이다.[175]

이후 틱쾅둑스님의 뒤를 이어 36명의 승려들과 한 명의 여성불자가 분신하였는바, 베트남전에 대한 그들의 고통과 저항의 메시지가 세계인의 가슴 속에 각인되었다. 억압적인 디엠 정권을 붕괴시키는데 기여한 불교운동의 젊은 지도자 틱낫한Thich Nhat Hanh은 후에 마틴 루터 킹(Martin Luther King, Jr.) 목사에게 다음과 같은 내용의 편지를 보냈다.[176]

1963년에 있었던 베트남 승려들의 분신 사건은 서구 기독교인들의 선악 관념으로는 다소 이해하기 힘들 것입니다. 당시 언론은 자살이라고 했지만 본질적으로는 그렇지 않습니다. 그것은 항거도 아닙니다. 그들이 분신하기 전에 남긴 편지를 보면 그들의 목적은 단지 압제자들에게 경고를 가함으로써 그들의 마음을 움직이게 하고, 당시 베트남 사람들이 겪고 있던 고통에 대해 세계인의 관심을 불러 모으기 위한 것이었습니다.

틱쾅둑스님의 죽음은 궁극적으로 베트남 민중의 해방과 법륜상전法輪常轉을 위한 소신공양이었다.

우리나라에서는 태고종 승정 충담 원상대종사가 1998년 6월 27일

---

175 위의 책, pp.212~213 참조.

176 크리스토퍼 퀸·샐리 킹 편저, 박경준 역, 『아시아의 참여불교』(초록마을, 2003), pp.21~22.

새벽, 경기도 청평 감로사에서 장작더미 위에서 소신공양한 일이 있다. 원상대종사는 분단된 조국이 하나로 통일되고, 사회가 안녕하며 헐벗음과 괴로움이 사라져 종단이 화합하여 불국토가 속히 이루어지기를 기원한다는 내용의 열반송을 남겼다.[177]

우리 불교 역사를 거슬러 올라가 보면, 『삼국사기』나 『삼국유사』가 전하는 것처럼 신라 법흥왕 14년(527), 이차돈은 불법 홍포를 위해 자신의 몸을 바친 바 있다. 이차돈의 순교는 비록 소신공양은 아니지만 죽음을 통해 자신의 비원悲願을 이루고자 한 것은 소신공양의 정신과 다를 바 없다고 생각된다.

또한 한국전쟁 당시 소신공양의 각오로 상원사를 지킨 방한암스님의 일화도 유명하다. 남으로 후퇴하던 국군은 오대산 일대의 사찰이 적군의 근거지가 될 수 있다는 이유로 모두 불태우기로 결정했다. 먼저 월정사를 불태운 다음, 상원사에 올라가 보니 방한암스님이 혼자 남아 '만일 절에 불을 지르면 같이 소신공양하겠다'고 꿈쩍도 하지 않았다. 노스님의 결연한 태도에 군인들은 법당 문짝만 뜯어 불태워서 절을 불태운 것처럼 보이게 했다는 것이다. 이처럼 소신공양의 관념은 오랜 불교사 속에서 면면히 이어져 왔음을 알 수 있고, 정원스님과 문수스님은 이러한 소신공양의 전통을 계승했다고 볼 수 있다.

---

177 문수스님 소신공양 추모위원회, 「문수스님 소신공양 추모자료집」, 2010, p.11.

## 3. 소신공양의 의미와 평가

### 1) 마지막 법공양

불교는 중생들을 생사윤회의 고통으로부터 해탈과 열반으로 이끌어
주는 것을 궁극의 목표로 삼는다. 다시 말해서 불교는 중생들에게 기쁨과
행복을 안겨 주는 것이다. 그래서 우리는 그러한 가르침을 베풀어준
붓다(佛)와 그 가르침(法)의 은혜에 보답하는 마음으로 예배하고 공양하
는 것이다. 『법화경』은 붓다의 가르침이 우리에게 안겨주는 기쁨과
행복이 얼마나 크고 소중한지, 다음의 여러 비유로써 설명한다.

> 맑고 시원한 못이 모든 목마른 사람의 갈증을 해소해 주듯이, 추워 떨던
> 사람이 불을 얻은 듯이, 벌거벗은 이가 옷을 얻은 듯이, 상인이 물건의
> 주인을 얻은 듯이, 아들이 어머니를 만난 듯이, 나루에서 배를 얻은 듯이,
> 병든 이가 의사를 만난 듯이, 어둔 밤에 등불을 만난 듯이, 가난한 사람이
> 보배를 얻은 듯이, 백성이 현명한 임금을 만난 듯이, 해상 무역인이 바다를
> 얻은 듯이, 횃불이 어둠을 몰아내듯이……[178]

그러므로 일월정명덕불日月淨明德佛의 가르침에 따라 수행하여 현일
체색신삼매現一切色身三昧를 얻은 일체중생희견보살一切衆生喜見菩薩은
감사의 마음으로 소신공양을 통해 그 은혜에 보답하고자 한 것이다.
그 소신공양은 물질적인 공양이 아니라 법공양의 하나이다. 『화엄경』
「보현행원품」에 의하면, 법공양에는 부처님 말씀대로 수행하는 공양,
중생들을 이롭게 하는 공양, 중생들을 거두어 주는 공양, 중생들의

---

[178] 大正藏 9, p.54中.

고통을 대신 받는 공양, 착한 일 하는 공양, 보살의 할 일을 버리지
않는 공양, 보리심에서 떠나지 않는 공양 등이 있다고 한다. 그리고
이러한 법공양의 공덕은 물질적인 공양의 공덕에 비해 비교할 수 없을
정도로 크다.[179]

두 스님의 소신공양 역시 부처님과 법과 뭇 생명에 대한 법공양이었다.
일체중생희견보살의 경우처럼 소신공양이라는 형식 그 자체로서 이미
법공양이었고 동시에 그것은 '마지막 법공양'이었다.

## 2) 생사해탈의 자기검증

석가세존은 생로병사의 문제를 해결하기 위해 태자의 지위를 버리고
출가 수도하여, 마침내 무상정등정각無上正等正覺을 이루고 생사일대사
生死一大事를 해결하였다. 출가자와 재가자를 막론하고 모든 불교인은
궁극적으로 생사해탈을 지향한다. 정원스님과 문수스님 역시 출가자로
서 예외일 수가 없다. 문수스님은 특히 출가자의 본분에 철저하였던
것 같다. 이미 스님의 행장에서도 살펴보았듯이 스님은 중앙승가대학을
졸업한 후 통도사, 해인사 등의 제방선원에서 용맹정진하였으며, 20안거
이상을 난 선방에서도 열심히 정진하지 않는 스님을 호되게 꾸짖는
악역을 맡아가며 솔선수범한 것으로 전해진다.

문수스님은 3년 동안 두문불출하며 무문관 생활로 매순간 죽음을
눈앞에 두고 치열하게 생사일여生死一如를 참구한 납자였다. 스님이
소신공양한 날은 바로 이 3년간의 용맹 정진을 마친 바로 다음 날이었다.
눈 푸른 납자에게는 그 어느 때보다도 생사일여의 깨달음이 성성하였을

---

179 불교성전편찬회, 『불교성전』(동국역경원, 1980), pp.523~524.

것이다.

선가禪家의 전통에 의하면, 죽음은 이미 죽음이 아니고 또 다른 형식의 삶이다. 그러기에 선가에는 죽음에 임한 선사들의 기이한 일화가 무수히 전해져온다. 한두 가지 예만 소개한다.

임제종 황룡파의 화산덕보(火山德普 1025~1091)는 살아 있을 때 제자들에게 자신의 제사를 지내도록 하고 자리에 앉아 문인들로부터 죽은 자에게 올리는 절과 음식을 모두 받고 난 다음 '내일 맑은 하늘에 눈이 내리면 가겠다' 하고는 때가 되자 편히 앉아 향을 사르고 입적했다. …… 석상경저 (石霜慶諸 807~888) 문하에는 앉아서 입적하는 좌탈坐脫과 서서 입적하는 입탈立脫이 성행했다.[180]

이른바 좌탈입망坐脫立亡 외에도 마조도일(馬祖道一 709~788)의 제자 인 등은봉鄧隱峰은 물구나무를 선 채로 입적했다고 전한다.[181] 더 이상 과거 선사들의 열반 이야기를 늘어놓을 필요는 없다고 본다. 여기서 말하고 싶은 것은 이러한 선사들의 죽음을 선가 전통에서는 결코 자살로 생각하지 않는다는 점이다. 이것은 자살이 아니라 '생사해탈의 자기검증' 이라고 여겨진다. 정원스님과 문수스님의 소신공양 역시 이러한 선가 전통의 연장선상에서 이해한다면 자살이 아니라 '생사일여의 자기확인 또는 자기검증'이라고 볼 수 있을 것이다.

---

180 김영욱, 「선사들의 죽음과 열반」, 『불교평론』 제7권 제4호(불교평론사, 2006), p.54.

181 위의 책, p.55 참조.

## 3) 생산적인 사회적 저항

두 스님의 소신공양은 개인적, 종교적 의미보다도 사회적 의미가 더 커 보인다. 다시 말해서 '법공양'과 '생사해탈의 자기 검증'이라는 의미보다도 '생산적인 사회적 또는 정치적 저항'의 의미가 더 커 보인다는 말이다. 그것은 "불교는 민중을 진정으로 사랑하라. 민중, 중생을 사랑하지 않는 불교는 가짜다. 수행자는 민중 속에서 붓다를 실현하라. …… 박근혜와 그 일당들을 반드시 몰아내야 합니다!", "이명박 정권은 4대강 사업을 즉각 중지·폐기하라. 부정부패를 척결하라. 재벌과 부자가 아닌 서민과 가난하고 소외된 사람을 위해 최선을 다하라"라는 스님들의 유서를 통해 확인할 수 있다. 수많은 전문가들과 종교인, 시민사회 단체가 4대강 사업을 반대하는 성명을 발표하고, 기도하고, 시위를 해도 꿈쩍 않는 상황에서 문수스님은 더 적극적인 저항 수단으로 소신공양의 방법을 선택한 것이다. 그것은 무엇보다도 4대강 사업으로 죽어가는 뭇 생명을 구하기 위해서임은 두말할 나위가 없다. 따라서 스님의 소신공양은 '온 생명을 위한 한 생명의 (저항의) 노래'라고 함직하다.

혹자는 '저항'이라는 것이 비불교적이지 않느냐고 반문할지 모른다. 비폭력 저항도 없지는 않지만 일반적으로 '저항'이라는 말은 평화적 뉘앙스보다는 폭력적 뉘앙스가 강하기 때문이다.

불교는 물론 무력과 폭력을 배제하는 평화주의의 종교이다. 자신의 나라를 계속적으로 침공해 들어오는 이웃나라 왕을 능히 물리칠 수 있는 힘이 있었지만, 더 이상 병사들의 희생이 있어서는 안 되겠다고 생각하여 자기 나라를 양보했다는 장수왕의 이야기는 극단적이지만 불교의 평화주의를 보여주는 상징적 이야기다. 하지만 이것은 그렇게 간단한 문제가 아니다. 부득이한 경우, 평화를 지키기 위한 저항은 일견 형식적으로는 폭력이지만 내용적으로는 결국 평화이기 때문이다.

2009년 6월 6일, 범민련 초대 의장이었던 강희남 목사는 자신의 집에서 목을 매 자결하였다. 1990년대 범민련을 창설하여 통일운동을 주도했던 강희남 목사는 남북한 간의 관계가 악화되고 경색되는 것을 우려하여 6월 1일부터 단식해 오다 자결한 것이다. 이 죽음도 '생산적인 사회적 저항'임에 틀림이 없다. 이러한 관점에서 본다면 목사님의 죽음도 넓은 의미의 소신공양이라고 할 수 있지 않을까? 마찬가지로 1971년 아름다운 청년, 전태일의 분신이나 80년대 학생 운동가들의 분신도 '생산적인 사회적 저항'이라는 의미에서 일반적인 자살과는 사뭇 다르다고 할 것이다.

## 4) 소신공양과 자살

'불살생'은 불교의 가장 엄중한 계율조항이다. 『숫따니빠따』는 재가자가 꼭 지켜야 할 사항이라며 "산 것을 몸소 죽여서는 안 된다. 또 남을 시켜 죽여서도 안 된다. 그리고 죽이는 것을 보고 묵인해도 안 된다. 난폭한 짓을 두려워하는 모든 생물에 대해서 폭력을 거두어야 한다"[182]라고 설한다. 『사분율四分律』 등에 의하면, 스스로 남을 죽여서도 안 되고, 제3자를 시켜서 남을 죽여도 안 되고, 자살해도 안 되고, 누군가에게 시켜서 자신을 죽이게 하는 것도 안 된다.[183]

이러한 계율에 의거해 본다면, 두 스님의 죽음은 적어도 형식적으로는 자살이라고 할 수 있고, 따라서 그것은 결국 살생의 죄악이라고 할

182 『숫따니빠따』 394송.
183 사토 미츠오 저, 최법혜 역, 『律藏』(동국역경원, 1994), pp.78~79.

수도 있다. 하지만 이 세상에는 예외 없는 규칙이 없듯이, 불교 계율에도
개차법開遮法이 있어서 금계禁戒의 문을 열어도 되는 특별한 예외조항을
두고 있다. 『잡아함경』 제994 「바기사멸진경」, 『잡아함경』 제1091 「구
지가경」, 『잡아함경』 제1266 「천타경」 등의 내용을 살펴보면, 붓다는
치명적인 질병과 같은 부득이한 경우, 아라한의 자살은 비난하지 않는다.
「천타경闡陀經」의 다음 내용을 그 한 예로 인용한다.

천타가 말하였다.
"존자 마하 구치라여, 나는 오늘 질병의 고통을 견디기에 너무도 어렵습니
다. 그저 칼로 자살하고 싶은 마음뿐입니다. 괴로운 삶을 더 이상 바라지
않습니다."
그리고 존자 천타는 곧 나라마을의 호의암라 숲 속에서 자살하였다. ……
부처님께서 사리불에게 말씀하셨다.
"사리불아, 나는 그(천타)에게 큰 허물이 있다고 말하지 않는다. 만일 그
몸을 버리고 다른 몸을 받아 계속한다면 나는 그들에게는 허물이 있다고
말하리라. 만일 이 몸을 버린 뒤에 다른 몸이 계속하지 않으면 나는 그에게
큰 허물이 있다고 말하지 않으리라. 큰 허물이 없기 때문에 나라마을의
호의암라 숲 속에서 칼로 자살한 것이다."[184]

또한 『법화경』에서 보았듯이, 일체중생희견보살의 소신공양은 법공
양으로서 그 공덕이 오히려 지대한 것으로 보지 '자살'의 죄악으로 여기지
않는다. 따라서 두 스님의 죽음도 앞에서 살핀 여러 정황으로 볼 때,
결코 이기적 '자살'의 죄업으로 규정할 수 없으며 오히려 법공양으로
보아야 한다고 생각한다.

---

184 大正藏 2, p.348上.

석존은 일찍이 『중아함경』에서 "만일 스스로도 요익하고 남도 요익케 하며 많은 사람을 요익하게 하고 세간을 가엾이 여기며 하늘을 위하고 사람을 위해 이치와 요익을 구하며 안온과 즐거움을 구하는 사람이면, 이 사람은 모든 사람 중에서 제일이고 위대하고 높고 우두머리이고 뛰어나고 존귀하고 미묘하다"라고 설하신 바 있다.[185] 요컨대 나도 이롭게 하고 남도 이롭게 하는 삶이 가장 값진 삶이라는 가르침이다. 그렇다면 틱쾅둑스님이나 전태일, 강희남 목사나 문수스님, 그리고 정원스님의 경우 그들은 남을 이롭게는 하였지만 자신을 이롭게 하지는 못했지 않았느냐는 물음이 제기될 수 있다. 이러한 물음은 그들의 죽음을 이른바 '자기희생'이라고 보는 관점에서 비롯된 것이다. 그러나 이러한 관점은 삶의 가치를 수명이라는 시간의 척도로 재려고 하는 통속적 고정관념의 산물일 수도 있다. 삶의 목적을 '자기실현'이라고 본다면, 우리의 인생은 '얼마나 오래 사느냐'보다 '어떻게 사느냐'가 더 중요하다. 다시 말하자면 '짧고 굵게' 질적으로 충실하고 값지게 사는 것이 최선일 수도 있다. 자기실현(self-realization)이란 자신의 잠재적 능력을 현실화하는 것이며, 잠재적 능력은 근본적으로 가치 창조의 능력이다. 아름다운 청년 전태일의 분신은 '수많은 노동자의 인간다운 삶'이라는 엄청난 가치를 창출하였고, 그러한 큰 가치를 창조한 그의 분신은 결국 '자기희생'이 아닌 '자기실현'이라고 볼 수도 있는 것이다.

문수스님과 정원스님의 죽음 또한 그것이 급박한 상황에서 온 생명을 위해 대자비를 실천하기 위한, 그보다 더 지혜로운 방편이 없고 그보다 더 효과적인 방법이 없는, 최선의 선택이었다고 한다면 그것은 도피적 자기파괴가 아니라 적극적 자기실현으로서 삶의 가치를 극대화시키는

---

185 大正藏 1, p.422上.

생산적 삶이라고 할 수 있을 것이다. 스님들은 그 방법이 최선이라고 생각하였음직하며, 따라서 두 스님의 죽음을 우리는 '소신공양' 또는 '대자대비의 보살행'이라고 평가하고자 하는 것이다.

## 4. 불교의 사회적 실천

곰브리치Gombrich는 "붓다의 관심은 개인을 개혁시켜 그들이 사회를 영원히 떠나도록 돕는 것이지 세상을 개혁하는 것이 아니었다"고 하면서 불교의 사회성을 부인하였다.[186] 하지만 스리랑카 최초의 승려학교 가운데 하나인 '위디얄랑까라 삐리웨나Vidyalankara Pirivena' 학교는 "비구가 사람들의 행복에 기여하는 활동에 참여하는 것은 그 활동이 정치라는 딱지를 붙이고 있든 붙이고 있지 않든 관계없이 비구의 종교적 삶에 방해가 되지 않는 한, 가장 훌륭한 일이다"라는 내용의 「비구와 정치」에 관한 선언을 발표하였다. 뒤를 이어 월폴라 라훌라Walpola Rahula스님은 불교는 다른 사람에 대한 봉사를 기본으로 한다고 하면서 "사회·정치적인 참여는 비구의 유산이며 불교의 핵심이다"라는 역사적 입장을 밝힌 바 있다. 월폴라스님의 주장에 따르면 비구는 '세간에 봉사하려고 윤회에서 벗어나지 않기로 결심한' 사람들이며 붓다를 본받고 그의 가르침을 따라 '이 마을 저 마을로 다니며 사람들에게 그들의 이익과 행복을 위해 설법하기로 서원한' 사람들이다.[187] 또한 미국의 네빌Neville은 불교는 본래 (사회)개혁운동으로서 출발했다고 주장하기도 하였다.

그렇다면 과연 불교란 무엇인가? 불교가 진실로 추구하고 지향하는

---

186 크리스토퍼 퀸·샐리 킹, 앞의 책, p.50.
187 위의 책, pp.43~44쪽.

바는 무엇일까?

불교는 무상정각無上正覺을 통해 해탈과 열반을 성취한 고타마 붓다로 부터 출발한다. 그리고 일체 중생이 붓다가 성취한 바와 똑같은 깨달음을 이루고 모두 고통과 번뇌의 속박에서 벗어나 안심입명安心立命을 얻기를 가르친다. 그 안심입명을 성취하기 위해서 불교인은 8정도를 비롯한 이른바 37조도품, 계정혜 3학 등을 닦아야 한다. 그러므로 불교는 한마디 로 개인적인 수행의 종교라고 할 수 있다.

하지만 '보살의 길'을 역설하는 대승불교는 사회적 실천을 강조한다. 보시, 지계, 인욕, 정진, 선정, 지혜의 6바라밀은 보살의 중요한 실천덕목 이다. 8정도에서는 정견이 첫 번째 덕목인데 반해 6바라밀에서는 보시가 첫 번째 실천 덕목이다. 이 점은 시사하는 바가 많다고 할 것이다.

보살은 미혹한 중생을 깨달음의 세계로 이끌어 제도하는 것이 본래의 사명이다. 하지만 보살은 중생의 여러 아픔을 위무해 주고 현실적인 괴로움을 해결해 주려고 노력하기도 한다. 예컨대, 승만부인의 10가지 서원 가운데 제6은 "저 자신을 위해서는 재산을 모으지 않고, 가난하고 외로운 중생들을 구제하기 위해서만 모으겠습니다"이고, 제8은 "외로워 의지할 데가 없고 구금을 당했거나 질병을 앓거나 온갖 고난과 역경에 처한 중생을 만나게 되면, 그들을 도와 평안케 하고 고통에서 벗어나게 한 다음에야 떠나겠습니다"이다.[188] 약사여래의 12대원 가운데에는, 신 체적 장애인을 돕겠다는 '제근구족원諸根具足願', 굶주린 사람들에게 음식을 베풀어 즐겁게 하겠다는 '포식안락원飽食安樂願', 춥고 가난한 사람들에게 따뜻한 옷을 보시하겠다는 '미의만족원美衣滿足願' 등의 내용 이 포함되어 있다.[189]

---

188 『승만사자후일승대방편방광경』 권1(大正藏 12, pp.216中~218上).

대승불교는 이렇게 불교 본연의 종교적 생명력을 회복하여 사회대중과 소통하며, 그들을 고통과 미혹에서 구제하려는 적극적인 실천불교 또는 사회적 참여불교의 성격을 띠고 있다.[190]

## 맺음말

이상에서 살핀 바와 같이 정원스님과 문수스님의 분신은 일반적인 자살과는 그 성격이 사뭇 다르다. 그것은 자신의 육신을 던져 더 많은 생명을 구하고자 한 대자비의 실천이었다. 따라서 그것은 '소신공양'이라는 오랜 불교적 전통의 연장선상에 있는 것으로 평가된다.

물론 죽음이라는 극단적인 방법을 택하지 않고 살아서 투쟁하는 방법은 없었을까 하는 안타까운 마음이 없는 것은 아니다. 필자는 지금도 누군가가 두 스님과 같이 분신하겠다고 나선다면 반대할 것이다. 하지만 소신燒身을 결행하지 않으면 안 되었던 두 스님의 고뇌에 대해서도 우리는 유의하지 않으면 안 된다. 그리고 더욱 중요한 것은 스님들의 유지를 살려가는 일이다. 종단을 비롯한 여러 불교단체와 기관들은 스님들의 뜻을 오래도록 선양해 가기 위한 사업을 계획하고 기구를 마련해야 할 것이다.

정원스님은 박근혜 대통령의 탄핵이 가결된다 하더라도 그것은 시작에 불과하다고 주장한다. 계급차별, 소유차별을 타파하여 온전하고 정의로운 나라를 이루기까지 해야 한다는 것이다. 또한 정원스님은 불교계의 미래를 위해 다음 몇 가지 사항을 강조한다.

---

189 『약사유리광여래본원공덕경』 권1(大正藏 14, p.405上中).
190 위의 책, p.336.

첫째, 수행자가 돈을 만지는 구조는 혁파되어야 하고 승려의 경제적 양극화 현상도 극복되어야 한다.

둘째, 우매한 불교신도들을 깨우쳐 모든 것을 다 '자신의 업' 탓으로 돌리는 풍토를 개선하고 사회 구조와 시스템 혁신을 위해 함께 참여하고 실천하도록 해야 한다.

셋째, 승려교육에 있어서 과학적 접목과 쌍방향 토론문화를 도입하고, 세상을 좀 더 깊이 있게 이해하고 경험하도록 한다.

두 스님의 소신공양을 계기로, 스님들의 유서가 사자후하듯이, 이제 우리 불교는 암베드까르의 '신대승新大乘'의 정신으로 고통 받는 민중에게 더 깊은 관심을 갖고 그들을 사랑해야 한다. 각종 개발로 몸살을 앓고 있는 지구와 죽어가는 뭇 생명을 살리고 환경오염과 생태계 파괴를 막아야 한다. 절망과 고통에 내몰리고 소외된 이웃들에게 따뜻한 관심을 가져야 한다. 고통과 갈등을 확대 재생산하고 한반도의 분단을 고착화시키는, 정치·사회·경제의 여러 구조적 모순과 병폐를 혁파하기 위한 실천적 지혜를 탐색하고 공동의 노력을 경주해야 한다.

두 스님의 소신공양은 우리에게 경각심을 불러 일으켜 준 것만으로도 큰 의미가 있지만, 살아남은 우리의 행동과 실천이 뒤따를 때 그 의미는 더 밝은 빛을 발할 것이다.

제6장

전법과 교화

# I. 전법교화학 정립의 방향과 과제

석존이 제자들에게 "많은 사람의 이익과 안락과 행복을 위하여 길을 떠나라"는 전법의 선언을 한 지 거의 2,600년에 육박하고 있다. 석존은 특히 "두 사람이 한 길을 가지 말라"고 할 정도로 적극적이고도 효율적인 전법을 강조하였다. 그렇다면 오늘의 불교계는 과연 이 '전법의 선언'의 정신을 어느 정도나 유념하고 실천하고 있는 것일까?

이 물음에 대한 답은 여러 관점에서 접근해 보아야 하겠지만, 우선 오늘날 지구상의 종교인 중에서 불교인의 비중이 얼마나 되는지를 살펴보는 것도 한 가지 방법이 될 수 있다고 본다. 오늘의 세계종교인구분포는 대략 그리스도교인이 약 20억 명(33%), 무슬림이 약 13억 명(22%), 힌두교인이 약 9억 명(15%), 불교인이 약 3억 6천만 명(6%)인 것으로 집계되고 있다.[1] 66억의 세계인구 중에서 불교인은 채 4억 명이 안되는 것이다. 이러한 결과에는 역사적 요인, 불교 외부적 요인을 비롯한

---

[1] 최근 위키피디아의 보고에 따르면, 중국의 불교인구는 중국 인구의 50~80%에 달하는 것으로 추정된다고 하여 주목을 끈다. 그럴 경우 불교인구는 최대 15억에 이른다. 하지만 이 숫자는 실수라기보다 잠재적 불교인구로 보는 것이 좋을 듯하다.

실로 다양한 원인이 있겠지만, 불교 내부적 요인도 적지 않게 작용하고 있다. 불교 내부적 요인으로는 무엇보다도 전법교화에 대한 불교인의 의지와 실천의 결핍, 그리고 이를 뒷받침할 체계적인 이론 작업의 제자리 걸음 등을 들 수 있다.

이웃종교인 그리스도교의 경우, 실천신학(Practical Theology: Praktische Theologie)이라는 용어가 19세기 독일의 신학자 슐라이어마허에 의해 처음으로 사용된다. 그 후 실천신학은 조직신학, 역사신학과 함께 신학의 중요한 분야를 구성해 오고 있다.[2] 기독교 실천신학의 주요 내용에는 설교학, 예배학, 교리문답학(기독교교육학), 목회학, 전도학, 자선사업론 등이 포함되어 있다. 그러나 불교학의 학문 분야는, 동국대학교의 경우, 해방 이후 상당기간 동안 인도불교, 중국불교, 한국불교로 나뉘어 있었다. 이것은 한국의 불교학이 사상(교리)과 역사 연구에 치중하였음을 반증한다. 그러던 것이 1997년경이 되어서 불교학 체계는 불교교학, 불교사학, 응용불교학의 셋으로 나뉜다. 여기에서 응용불교학은 기독교의 실천신학에 해당되는 실천불교학을 포함한다. 하지만 엄밀하게 말한다면, 실천불교학과 응용불교학의 개념은 다르기 때문에 앞으로 응용불교학은 '응용실천불교학'의 이름으로 통합·수정되어야 할 것이다. 기독교 실천신학의 내용에 비추어 볼 때, 실천불교학에는 전법학(포교학), 불교교육학(교리문답학), 설법학, 수행론(신행론), 신도관리학, 불교상담학 등이 포함될 수 있으며, 이러한 내용은 모두 '전법교화학'이라는 개념과 명칭 속에 포함시킬 수 있다. 이렇게 본다면 결국 '전법교화학'은

---

2 슐라이어마허는 그의 유고작 『복음적 교회에 기초한 실천신학』에서 실천신학이라는 용어를 처음 사용하였다. 그는 실천신학을 신학연구의 면류관으로 묘사했고, 그 과제는 교회를 유지하고 완전케 하는 방법으로 설정했다: Don S. Browning, 이기춘 역, 『실천신학』(대한기독교출판사, 1991). p.239 참조.

'실천불교학'에 다름아닌 것이며, 이 실천불교학으로서의 전법교화학 정립을 통해서 불교는 불교인구를 양적으로 늘려가는 동시에 불교인의 삶을 질적으로 높여갈 수 있을 것으로 기대된다.

본고에서는 전법교화학의 명칭 문제를 비롯하여 전법교화학 정립의 필요성, 전법교화학의 연구분야, 전법교화학의 선결과제 등에 대해 논의해 보기로 한다.

## 1. 전법교화학 명칭의 문제

불교가 역사 속의 세계종교로 발전하게 된 것은 석존의 '초전법륜初轉法輪'과 '전법의 선언'에 연유한다. 불교는 붓다의 가르침을 통해 고통과 미혹에 빠진 중생을 구제함을 그 구경의 목표로 삼기에 구제 중생을 위해서 불법 홍포는 필수적이다. 오래전부터 이러한 불교의 홍포는 흔히 '포교布敎'라고 불리어 왔다. 따라서 이 포교에 관한 이론을 '포교론'이라고 부르며, 특히 포교 방법에 관한 이론을 '포교방법론'이라고 이름한다. 불교계에서는 이 '포교방법론'이라는 명칭이 일반적으로 많이 사용되어 왔고, 그 외에 '불교포교론' 또는 '전법교화론'이라는 명칭도 사용되며, 최근에는 '포교이해론'[3]이라는 명칭도 사용된다. 필자는 오래 전부터 '포교방법론'이라는 명칭보다는 '전법교화론'이라는 명칭을 사용하는 편이 낫다고 주장해 왔다. '전법교화학'은 전법교화의 이론에 관한 학문임은 두 말할 필요가 없다. '전법교화론' 또는 '전법교화학'이라는 명칭이 '포교방법론'보다 바람직한 이유는 다음 두 가지로 정리할 수

---

3 대한불교조계종 편, 『포교이해론』(조계종출판사, 2009) 참조. '포교이해론'이라는 명칭은 의미상으로도 적절치 않다. '포교의 이해' 정도로 바꾸는 것이 좋을 듯하다.

있다.

첫째, 우리나라와 같은 다종교사회에서는 종교 간의 화해를 도모할 수 있는 용어의 선택과 사용이 바람직하기 때문이다. '포교'라는 단어의 '포布'에는 약간 공격적인 뉘앙스가 담겨 있다. 그것은 '선전포고宣戰布告'라든가 '포진布陣'과 같은 단어의 의미를 생각해 보면 쉽게 알 수 있다. 또한 '포교'라는 단어의 사전적 의미인 '종교를 널리 폄'이라는 의미를 생각해 보면, 불교 포교는 단순히 붓다의 가르침을 널리 편다는 의미에서 한 걸음 더 나아가 불교라는 종교의 교세를 확장한다는 뉘앙스를 풍긴다.

석존은 일찍이 제자들에게, "만일 갖가지 방법으로 여래와 법과 중승衆僧을 헐뜯는 무리가 있더라도 너희들은 분노에 맺힌 마음을 품어 저들을 해칠 뜻을 가져서는 안 된다"[4]라고 설한 바 있다. 석존이 지향하는 불교는 '큰 종교'이다. 그러므로 불교교단이 불이익을 당하고 교단의 발전에 방해가 되는 일이 있더라도 사회적 안정과 화합을 위해서는 관용의 미덕을 실천해야 한다고 가르친다. 이러한 관용의 정신은 우팔리 장자가 개종하는 과정에서 보여준 석존의 태도에서 더욱 분명하게 드러난다.

본래 자이나교 신자인 우팔리 장자는 붓다의 설법을 듣고 그 가르침에 감화되어 개종 의사를 밝힌다. 그러나 석존은 당시 상당한 사회적 영향력을 행사하고 있던 우팔리 장자의 개종은 개인적인 피해를 초래할 수도 있고, 또 인도 사회에 적지 않은 충격과 물의를 야기할 수도 있다고 염려하여 우팔리에게 개종 문제를 좀 더 신중하게 고려할 것을 주문한다. 이러한 석존의 태도에 더욱 감명을 받은 장자는 개종의 뜻을 더욱 강하게 밝힌다. 석존은 결국 "앞으로도 계속해서 자이나교 교단과 수행자들에게 보시하고 공양한다"는 조건으로 개종을 허락한다. 여기에서도 불교의

---

4 大正藏 1, 『장아함』 권14, p.88下.

교세 확장보다는 사회적 안정과 질서를 우선시하는 석존의 입장이 잘 드러난다. 이러한 석존의 입장을 생각해 본다면 약간의 공격적인 의미를 지닌 '포교'보다는 '교법을 전하여줌'을 뜻하는 '전법'이라는 용어가 더 불교적이라고 할 수 있다.

둘째, '전법'은 형식적으로 불법을 전하는 데 그칠 우려가 있다. 하지만 진정한 전법은 붓다의 가르침을 통해 실제로 상대방의 마음을 감화시켜 그 삶을 지혜롭고 자비롭게 변화시키는 것이다. 이러한 전법의 궁극적 의미를 분명히 명시하기 위해서는 '전법교화'라는 용어가 더 바람직하다. '전법교화'는 사람들로 하여금 불교와 인연을 맺게 할 뿐만 아니라 궁극적 으로는 깨닫도록 돕는 일이다. 따라서 '전법교화학'은 다종교사회의 사람들에게 불교를 지혜롭게 널리 전함과 동시에 불법을 단계적으로 더 깊이 지도·교육하는 문제도 주요 연구 주제로 삼게 된다.

## 2. 전법교화학 정립의 필요성

전법교화학을 정립해야 할 필요성은 다음 네 가지로 정리할 수 있다.

### 1) 불법의 수호 전승과 정토 건설

불교의 존재 이유는 결국 이고득락離苦得樂이다. 끝없는 고통 속에서 살아가는 사람들로 하여금 모든 고통을 여의고 안락을 얻게 하는 것이 불교다. 그러기 위해서는 우주와 인생에 대한 그릇된 인식과 미혹을 없애고 바른 깨달음을 이루어야 하며(轉迷開悟), 모든 악을 그치고 선을 행하게 해야 한다(止惡修善). 이 거룩한 불법의 등불은 수많은 선지식과 불교인들의 노력으로 오랜 세월 동안 꺼지지 않고 전승되어 뭇 중생을 진리와 행복으로 이끌어 왔다. 따라서 붓다의 유훈처럼 정법은 앞으로도 오래도록 이 세상에 머물면서 사람들을 구제하도록 해야 한다. 그러기 위해서는 불법이 한 개인에게 갇혀 있어서는 안 되며 많은 사람들에게 오래도록 널리 퍼져나가야 한다. 마침내 이 사바고해에 불국정토를 이룰 때까지 불법이 사라지지 않도록 해야 한다. 이것이 전법교화학을 정립해야 하는 첫 번째 이유다.

## 2) 불교학의 발전

### (1) 불교학의 조화와 균형을 이루게 함

이미 언급했듯이 오늘의 불교학 연구는 사상(교리)과 역사에 편중되어 있다. 이러한 구도는 사상과 역사에 대한 활발한 연구를 위해서도 바람직하지 않다. 실천불교학의 핵심인 전법교화학 연구가 활성화되면 불교교학과 불교사학도 탄력을 받게 된다. 전법교화학의 정립은 근본적으로 불교교학과 불교사학의 도움 없이는 어렵기 때문이다. 결국 전법교화학의 발전은 불교학의 조화와 균형을 이루게 하며, 이러한 조화와 균형은 역동적인 상호 작용을 일으켜 시너지 효과를 낳게 한다.

### (2) 실사구시의 불교학 진작

지금까지 한국의 불교학은 교단(종단)과 긴밀한 유대관계를 맺어오지 못했다. 최근 들어 조금씩 나아지고는 있지만, 아직도 유대의 끈은 약하기 그지없다. 거기에는 여러 가지 원인이 있겠지만, 기존의 불교학 연구가 관념과 사변으로 흐르면서 현실과의 괴리가 커 교단의 실질적인 욕구를 충족시켜 주지 못한 점이 가장 큰 원인이라고 할 수 있다. 불교 교단에서는 모든 일을 체계적인 이론과 장기적인 비전 및 계획에 의거하지 않고, 사람 중심, 그리고 주먹구구식으로 업무를 추진함으로써 불교학계의 연구 및 성과를 평가절하한 점 역시 큰 원인이라고 할 수 있다. 그리고 불교학계의 인적 자원을 교단에서 흡수하지 못함으로써 불교학 연구자들의 의욕 상실과 사기 저하가 심화된다. 이것은 한마디로 교단과 학계의 악순환 구조로서 결코 불교 발전을 위한 생산적인 관계라고 할 수 없다. 이러한 상황에서 실사구시에 바탕한 전법교화학 연구가 활성화되면 교단과 학계는 긴밀한 유대관계를 회복하게 되어 선순환 구조를 형성하게 된다.

### 3) 불교 신행의 질적 제고

전법교화학은 사람들에게 단지 불교를 전하고 소개하는 데 만족하지 않고, 다시 말해 형식적인 불교신도를 만드는 데 만족하지 않고, 실제로 참다운 불교인을 만드는 것을 궁극적 목표로 한다. 지금까지 불교계는 불자들에게 체계적이고 단계적인 업그레이드 교육을 제공하지 못하였다. 그리하여 불교에 입문한 지 10년이 지나고 20년이 지나도 불교의 이해 내지 실천의 수준이 항상 답보 상태에 있는 불자들이 매우 많다. 불교신도의 숫자를 늘리는 일도 중요하지만, 더 중요한 것은 불교인이 '참다운 불자', '불자다운 불자'가 될 수 있도록 교육하고 교화하는 일이다. 이것을 위해 전법교화학이 정립되어야 하는 것이다.

## 3. 전법교화학의 연구분야

전법교화학의 연구분야에 관한 내용은 1996년 출간된 한정섭의『불교포교론』과 2009년 조계종출판사에서 출간된『포교이해론』속에 상세하게 제시되어 있다.[5] 본고에서는 이 내용을 중심으로 필자 나름대로 보완하고 재정리하여 다음 20가지 주제를 제시해 본다. 크게 '전법교화학 기초론' 과 '전법교화학 일반론' 및 '전법교화학 응용론'으로 나누어 살피기로 한다.

### 1) 전법교화학 기초론

#### (1) 전법교화의 개념 정의

전법교화의 개념과 의미, 의의와 목적을 불교사상의 기본이념에 비추어 정의하고, 이와 관련된 내용들을 여러 경론 속에서 수집하고 정리하여 체계화한다. 붓다의 '전법의 선언'의 근본 의미에 대해 분석한다.

#### (2) 전법교화의 역사

근본적으로 고따마 붓다와 10대 제자를 비롯한 여러 직제자들의 전법 사례에 대해 연구한다. 아쇼카왕과 카니시카왕 등, 호불왕들의 불교 치적 중 전법교화와 관련된 내용들을 검토하고 용수, 세친, 마명 등과 같은 인도의 위대한 불교인들에 대해서도 조사한다. 구마라집, 현장, 혜능, 천태를 비롯한 중국의 불교인들, 원효, 의상, 의천, 만해 등 한국의

---

5 이 장의 내용은 주로 대한불교조계종 편,『포교이해론』(조계종출판사, 2009)과 한정섭의『불교포교론』(상락향수도원, 1996)을 참고하였으며 상세한 각주는 생략하였음을 밝힌다.

불교인들, 그리고 일본 및 동남아 국가의 불교인들의 전법활동도 연구
검토한다.[6] 최근 세계적으로 활발하게 활동하였거나 활동 중인 불교인
들, 예를 들면 다르마빨라, 암베드까르, 광덕, 숭산, 달라이 라마, 틱낫
한, 증엄, 성운 등과 같은 여러 불교인들의 전법활동과 업적에 대해서도
연구한다.

　나아가 전법교화의 역사 속에서 특기할 만한 사항들에 대해 고찰한다.
일례로 중국 당대唐代에 성행한 '속강俗講'을 들 수 있을 것이다. 속강은
전문적인 불교인이 아니라 일반 대중을 상대로 한 강설로서, 불교 경전의
내용을 흥미 있고 알기 쉬운 고사故事 등을 중심으로 평이하고 통속적으
로 해설한 것이다.[7] 뿐만 아니라, 이러한 위대한 불교인들의 전법교화
활동이 각 시대의 대중과 사회에 어떤 영향을 끼쳤는지에 대해서도
고찰할 필요가 있다.

### (3) 전법교화방법의 분류체계 작업

붓다의 설법은 무엇보다도 '대기설법'을 큰 특징으로 한다. 이것은 교화
대상자의 이해 능력과 그들이 당면하고 있는 문제 등을 고려하여 가장
효율적으로 대응하기 위한 것이다. 따라서 대기설법의 이념은 전법자가
일방적으로 또는 획일적으로 불교를 강요하고 주입시키는 것을 경계한
다. 다양한 방법론을 필요로 함은 바로 이 때문이다.

　불교포교를 그 포교대상을 기준으로 하여 구분하면, 개인포교와 집단
포교, 계층포교와 영역(직업)포교, 국내포교와 국제포교 등으로 나눌
수 있고, 포교방법을 기준으로 구분하면 직접포교와 간접포교, 광의의

---

6 한정섭, 위의 책, pp.286~404 참조.

7 조명화, 『불교와 돈황의 강창문학』(이회, 2003), pp.91~102.

포교와 협의의 포교로 나눌 수 있다. 여기서 직접포교란 설법, 강의, 상담 등을 통한 직접적인 포교를 의미하며 간접포교란 언론이나 서적 등의 간접 매체를 통한 포교를 의미한다. 광의의 포교란 '불교'라는 이름과 형식을 통하지 않고서도 사람들을 실질적으로 교화하는 것을 뜻하며, 협의의 포교는 불교라는 이름과 형식을 통해 이루어지는 포교이다. 이제 불교계는 광의의 포교에 대해서도 진지하게 고민해 보아야 할 것으로 생각된다.

또한 포교의 매개 수단을 기준으로 포교를 분류한다면, 언어를 통한 언어포교, 문서를 통한 문서포교, 의식(의례)을 통한 의식포교, 예술을 통한 예술포교 등으로 구분해 볼 수 있다. 이 외에도 다양한 방식으로 전법교화 방법을 분류할 수 있으며,[8] 이러한 전법교화의 분류체계 개발 작업 자체가 전법교화학의 지평을 확장한다.

### (4) 전법환경분석론

전법교화는 진공眞空 상태에서 행해지는 것이 아니라, 구체적인 시간과 공간 속에서 살아가는 사람들에게 행해진다. 따라서 효과적인 전법 활동을 위해서는 그 사람들이 처해 있는 정치적 환경, 경제적 환경, 사회적 환경, 문화적 환경, 종교적 환경에 대해 그 특징과 성격을 정확하게 파악하여 분석할 필요가 있다. 주변 환경 여건이 전법활동에 큰

---

8 불교에서 개인 또는 집단에 대한 섭수攝受 방법은 흔히 '4섭법'으로 불린다. 이 4섭법을 포교의 한 방식으로 택한다면, 포교체계는 첫째, 보시포교, 둘째, 애어포교, 셋째, 이행포교, 넷째, 동사섭포교 등으로 분류할 수 있다. 동사섭은 구체적인 자비실천행이기도 하지만 포교의 수단으로도 매우 효과적일 것으로 생각된다. 따라서 전법교화의 현장에서 이 '동사섭'의 이념을 어떻게 실천할 것인가에 대한 프로그램 개발이 요청된다.

영향을 미치기 때문이다.

### (5) 불교인구통계론

과학적·체계적 전법이 되기 위해서는 평가 및 검증 시스템이 확립되어야
한다. 전법포교의 결과는 일단 형식적으로는 불교인구, 즉 불교신도
수로 나타난다. 따라서 국내 불교인구의 동향을 수시로 파악할 수 있는
시스템과 기관이 확보되어야 한다. 그 원인을 규명할 수 있으면 금상첨화
다. 나아가 세계불교 인구뿐만 아니라 이웃종교 인구분포도 파악할
수 있어야 한다. 미국에서는 해외선교연구센터(OMSC)에 전문 선교통계
학자를 배치하여 종교인구 및 기독교인구의 동향과 추이를 수시로 조사
하여 선교에 활용하고 있을 정도다.

### (6) 외국의 전법교화

일본, 대만, 태국을 비롯한 아시아의 여러 나라, 그리고 유럽과 아메리카,
호주 등지에서의 불교 전법교화가 어떻게 이루어지고 있는지, 그 실태와
문제점을 중심으로 연구한다. 가급적 직접 현지 방문하여 조사 연구하도
록 한다.

### (7) 이웃종교의 선교 정책

가톨릭, 개신교를 비롯한 여러 종교의 선교 방법과 조직, 전략 등에
대해 조사 연구하여, 불교의 전법교화에 활용하도록 한다.

## 2) 전법교화학 일반론

### (1) 설법론

때와 장소, 대상과 청중에 따른 설법내용의 선택, 어투와 목소리의 높낮이 조절, 그리고 비유법, 반어법, 문답법 등 다양한 표현 방법의 구사 등에 대한 연구로서 전법교화의 가장 기본적인 조건이다.

### (2) 법사론

전법의 선언 서두에는, "비구들이여, 나는 이 세상의 모든 속박에서 풀려났다. 그대들 또한 모든 속박으로부터 자유로워졌다"라는 가르침이 나온다. 이것은 어떻게 보면 전법자나 설법사의 자격을 모든 번뇌를 끊은 '아라한'으로 한정하고 있는 것으로 해석할 수도 있다. 하지만 대승경전을 비롯한 다른 경전에서는 아라한이 아니라도 전법할 수 있다고 해석할 수 있는 내용의 가르침들이 발견된다. 이러한 문제점들을 포함한 법사의 종교적 조건, 인격, 자세, 태도, 그리고 특히 상담 기법 등에 관한 심도 있는 연구가 필요하다.

### (3) 법회 및 불교의례론

법회는 일반적으로 정기법회와 특별법회로 나눌 수 있다. 정기법회는 정해진 날짜에 정기적으로 열리는 설법법회이며, 특별법회는 가정법회, 기도법회, 방생법회, 천도법회, 철야정진법회 등의 특별한 법회를 말한다. 이 밖에도 더 다양한 특별법회를 개발할 수 있음은 물론이다. 이러한 여러 법회의 개발과 식순진행방법에 관한 제반사항을 검토·연구한다. 불교의례에는 세시풍속의례, 일상신앙의례, 천도의례, 소재신앙의례, 통과의례 등이 있다.

## (4) 불교상담론

개인을 대상으로 하든, 집단을 대상으로 하든, 대화와 상담은 전법교화에 있어서 매우 주요한 과정이요, 수단이다. 대화와 상담에 관한 체계적인 지식과 기법을 연구 제공한다.

## (5) 교육론(교리문답)

불교에 입문한 사람들에게 무엇을 어떻게, 단계적 또는 체계적으로 가르칠지에 대한 연구가 필요하다. 전문적 지식보다도 불교 이해에 반드시 필요하고 중요한 상식적인 항목들을 일목요연하게 정리하여 교리문답 형식으로 해설할 수 있도록 준비한다.

## (6) 수행론

불교와 인연을 맺은 사람들에게 불교의 가르침을 바르게 이해시키고 수행해 나가게 할 수 있도록 해야 한다. 간경, 염불, 주력, 참선, 절 등의 수행 방법에 대해서 일관성 있게 유기적으로 연구한다. 불교를 만난 이후의 삶이 어떻게 변화하고 있는지를 점검할 수 있는 시스템이 마련되어야 한다. 송월주 총무원장 재임 기간에 만들어진 '일일신행점검표'를 새롭게 수정 보완하여 적극적으로 활용하도록 한다. '일일신행점검표'에는 불자가 평생 동안에 걸쳐 실천해야 할 사항, 연간, 월간, 주간, 그리고 매일 실천해야 할 사항들이 제시되어 있다. 이와 같이 불자들을 점진적으로 업그레이드시킬 수 있는 다양한 교육 프로그램과 수행 프로그램이 개발되어야 한다.

## 3) 전법교화학 응용론

### (1) 전법교화의 조직론

전법 기관(기구)과 전법 단체들의 조직화에 관한 연구도 중요하다. 특히
다양한 네트워크를 구성하여 활용하는 것은 전법 효과를 배가할 것이다.
전법포교사들의 네트워크, 국내외를 망라한 포교기관 및 단체의 네트워
크, 나아가 '종단, 대학, 연구기관, 전법 단체들의 네트워크' 활용이
필요하다. 인적 교류는 물론 다양한 정보를 교환하고 신심을 재충전하며,
대화하고 토론하는 가운데 새로운 아이디어들이 나와 전법의 확대재생
산 구조가 창출된다. 이러한 네트워크 조직과 운영에 관한 사항도 앞으로
의 주요 연구 분야다.

### (2) 신도관리론

불교에 귀의한 불자들에게 기본적인 교육을 제공하고 수행을 지도함은
물론, 종교적·심리적·사회적·문화적 욕구 등을 충족시켜줄 수 있도록
해야 한다. 특히 신도의 조직화는 필수적이다. 신도들을 지역별, 직업별,
계층별 등 다양한 방식으로 조직하여 그 조직 활동을 통해 흥미와 보람을
증대시키면서 신행에 매진해 갈 수 있는 방안들을 탐색한다.

### (3) 특수전법론

특수전법은 말 그대로 일반적인 전법이 아닌 특별한 성격의 전법을
말한다. 넓게 보면 계층포교와 영역(직업)포교를 모두 포함한다고 볼
수 있지만, 특별한 직업군에 대한 전법에 한정시켜 주로 불린다. 특수한
환경과 상황에서의 전법포교를 특수전법이라고 할 수 있다. 예를 들어,
도심포교와 농어촌포교는 물론 경찰, 군인, 재소자, 장애인 등에 대한

전법이라든가 지하철, 공원, 식당에서의 전법 등이 특수전법에 속한다. '풍경소리'는 현재 지하철 전법의 모범사례라 할 수 있다. 다양한 프로그램이 연구 개발되어야 한다.

### (4) 복지포교

사회복지를 통한 포교에 관한 연구의 중요성은 더 말할 나위가 없다.

### (5) 문화(체육)포교

최근 들어 불교계에서 자주 열리는 '산사음악회'가 대표적인 문화포교다. 음악, 미술, 무용, 서예 등을 매개로 해서 이루어지는 포교로서 특히 현대인들에게 매우 효과적인 전법교화의 하나라고 할 수 있다. 앞으로는 등산, 체육활동 등을 통한 포교 프로그램도 개발해 봄직하다.

### (6) 미디어전법

각종 매스 미디어를 통한 전법이다. 방송, TV, 신문, 인터넷 등을 활용한 전법의 중요성은 두말할 나위가 없다. 최근에는 SNS가 일반화되어 있는데, 달라이 라마가 SNS를 활용하고 있는 점은 주목할 만하다. 현재 달라이 라마의 팔로어가 약 90만 명에 육박하고 있는 것으로 볼 때 그 파급효과를 짐작할 만하다.[9] 우리나라에서도 총무원장스님이라든가 유명한 대덕스님이 직접 SNS 전법을 시도할 필요가 있다. 이에 대한 적극적인 검토와 계획이 있어야 한다.

---

9 참고로 틱낫한스님의 팔로어는 1만 5천여 명, 오바마 대통령의 팔로어는 564만 명임.(2010년 10월 초 기준).

## (7) 사찰의 지역사회 개방론

1980년대에 '사원화 운동'이 시작되었지만 아직도 불교 사찰은 지역 주민에게 활짝 개방되지 못하고, 지역민과 삶을 함께 하지 못하고 있다. 지역의 특수성을 감안하여 지역민을 위한 다양한 사찰 활용 방안을 강구해야 한다. 대만 불광산사와 산하의 모든 불광산사 포교당에는 크고 작은 갤러리가 마련되어 있어 그 지역 유명 화가의 그림은 물론 학생, 유치원 아동들의 그림까지도 전시되어 개방된다. 지역의 가정주부들을 대상으로 대만의 전통악기를 가르치는 포교당도 있다. 이를 매개로 주민들은 자연스럽게 불교와 친숙해진다.

최근 우리나라 서울 송파구 불광사에서는 월간『불광』과 별도로 일반 지역주민들과 함께 호흡할 수 있는『공감』이라는 잡지를 발간하고 있다. 전문포교지는 아니지만 자연스럽게 사찰과 주민들이 소통할 수 있는 공간을 마련해 주고 있는데, 그 지역의 포교 효과가 기대된다. 지역 청소년들에게 불교영어나 불교한문을 가르쳐 주는 사찰도 더러 있는데 지역주민과 소통할 수 있는 좋은 방법이라고 생각한다. 이외에도 회의실, 공연장 제공 등 지역주민과 소통할 수 있는 다양한 방법과 방안을 모색할 필요가 있다.

## 4. 전법교화의 선결 과제

첫째,『통일불교성전』을 발간하고 지속적으로 활용해야 한다. 불법의 바다는 너무 광활하여, 불교가 단수가 아니라 복수로 느껴질 때가 있다. 각 나라의 다양한 불교는 물론, 우리나라만 해도 수십 개의 불교 종단이 난립해 있는 실정이다. 이런 상황에서는 불교인으로서의 일체감과 동질성을 지니기 힘들며, 따라서 불교 본연의 사명과 역할을 충실히 수행하기 어렵다. 불교인을 하나로 묶을 수 있는 가장 효과적인 방책은 동일한 『통일불교성전』을 함께 이용하는 것이다.

그러기 위해 종단협의회와 사부대중의 전문가를 중심으로 범종단적 편찬기구를 구성하고 우리나라의 불교역량을 총동원하여, 불교신행의 구심점이 될 수 있는, 권위 있고 편리하며 알찬 성전을 발간해야 한다. 이것은 언젠가 이루어져야 할『국제통일불교성전』의 기초가 될 수 있을 것이다. 물론 현재도 『통일불교성전』이 나와 있다. 그러나 아직 이에 대한 대중적 인식도 낮고 활용도도 낮다. 이를 극복하기 위해서는 시간이 걸리더라도 충분한 의견 수렴과 합리적인 절차를 밟아 기존의『통일불교성전』을 중심으로 범종단과 불교단체가 참여하는 협의체를 구성하여 새로운 성전을 발간하면 된다.

둘째, 빨리어, 산스끄리뜨어, 한문, 티베트어 등, 불교원전어의 우리말 표기법을 통일해야 한다. 그렇지 않으면 많은 혼란과 불편이 계속되고 전법교화에도 걸림돌이 된다. 2010년 2회째 치러진 불교교리 경시대회의 경우, 표기법의 혼란이 학생들에게 끼친 불편함이 매우 크다. 최근에는 '한국불교학회'가 정한 우리말 표기안을 따르는 추세지만, 교단과 학계, 각 종단의 공식적인 합의는 없는 것으로 안다. 전법교화의 백년대계를 위해서라도 공식적인 불교 원전어의 우리말표기법 통일안이 확정되고, 또 그것이 실제로 쓰여야 한다.

셋째, 각 종단과 불자들이 찬불가 문제에 더 깊은 관심을 가져야 한다. 좋은 찬불가 보급에 대한 지원이 지속적으로 이루어져야 하고 공식적인 찬불가 심의기구도 마련되어 더 좋은, 더 감동적인, 더 불교적인 찬불가로 거듭나야 한다. 찬불가의 전법효과는 실로 크기 때문이다.

넷째, 전법교화에 있어서 출가자와 재가자의 합리적이고 효율적인 역할분담이 이루어져야 한다. 출가자 수가 줄어드는 추세를 감안한다면 이 문제에 대한 장기적인 대책 마련이 이루어져야 한다고 본다.

다섯째, 전법교화를 위한 지속가능한 재정 확충 방안이 마련되어야 한다. 전법교화를 위한 재정은 사찰 재정과 불가분의 관계에 있기 때문에, 무엇보다도 사찰 재정이 안정되어야 한다. 사찰 재정의 확충방안은 물론, 합리적이고 투명한 관리 방안 등에 대한 종합적인 대책이 시급하다.

여섯째, 국제포교에 대해 더 적극적인 관심을 가져야 한다. 기독교 바이블은 이미 2,000개가 넘는 언어로 번역되어 오지를 포함한 세계 각지에 보급되고 있다. 부처님의 가르침은 과연 몇 개 정도의 언어로 번역되어 있을까? 현실을 돌아보면 참으로 민망할 정도다. 한국불교의 위상이나 경제적 능력으로 보아 국제포교에서 한국불교가 담당해야 할 비중이 크다. 해외포교를 위한 인재양성 등의 장기적인 대책을 수립함에 있어, 불자 외교관들의 협력을 얻어낼 수 있는 여러 가지 방안을 강구해야 한다.

인도에서 대승불교가 멸망한 데는 여러 원인이 있겠지만, 불교가 대중들의 생활 속에 파고들지 못했던 것도 한 원인이다. 힌두교는 통과의례 등에 깊숙이 스며들어 대중들의 일상과 함께 호흡한 반면, 불교는 대승의 초심을 잃고 현학과 사변으로 흐르는 경향이 있었다. 이를 교훈 삼아 보더라도 불교의 생활화는 아무리 강조해도 지나치지 않다. 의식주 생활은 물론 잠자고 청소하는 등의 모든 일상과 통과의례에 대한 불교적 지침이 마련되어야 한다. 불교가 생활화될 때 전법교화는 더 큰 탄력을 받게 된다.

또한 앞으로의 전법교화학은 학문을 위한 학문에 안주하면 안 된다. 보다 실천적이고 구체적인 프로그램과 이벤트 행사 등을 개발하고 보급해 가야 한다. 그럴 때 전법교화학의 자생력이 커지고, 교단 및 여러 불교단체와의 유대관계가 강화된다.

종단 차원에서도 전법교화를 위한 기반 조성을 위해 여러 가지 획기적인 방안을 제시해야 한다. 예컨대, 국내사찰끼리 자매사찰 맺기, 나아가 국내사찰과 외국사찰의 자매사찰 맺기 사업을 펼친다면, 불자들끼리의 교류가 확대되고 공동의 문화, 체육활동 등을 통해 신심이 고양되며 지역민들의 관심을 유발시킬 수 있을 것으로 기대된다. 또한 종단은 불교시민사회운동 단체들에 대한 지속적인 지원을 아끼지 말아야 하고, 전법교화학을 중심으로 응용실천불교학이 확실히 뿌리 내리게 하여, 궁극적으로 균형 잡힌 불교학이 양적으로나 질적으로 발전해 나갈 수 있도록 지원해야 한다.

# II. 현대사회와 불교의 효사상

낳-실 제 괴로움 다 잊으시고
기르실 제 밤낮으로 애쓰는 마음
진자리 마른자리 갈아 뉘시며
손발이 다 닳도록 고생하시네
하늘 아래 그 무엇이 넓다 하리요
어머님의 희생은 가이없어라!

어려선 안고 업고 얼러 주시고
자라선 문 기대어 기다리는 맘
잘못될사 그릇될사 자식 생각에
고우시던 이마 위에 주름이 가득
땅 위에 그 무엇이 높다 하리요
어머님의 정성은 그지없어라!

사람의 마음속에 온 가지 소원

어머님의 마음속에 오직 한 가지
아낌없이 일생을 자녀 위하여
살과 뼈를 깎아서 바치는 마음
인간의 그 무엇이 거룩하리오
어머님의 사랑은 지극하여라!

이것은 조상과 어버이에 대한 은혜를 헤아리고 어른과 노인에 대한
존경을 되새기게 하기 위하여 제정된 '어버이 날'에 우리가 흔히 부르는
노래이다. '어머니의 마음'이라는 제목의 이 노랫말은 양주동이 지은
것으로, 여기에는 불교의 효사상이 짙게 배어 있는 것으로[10] 알려져
있다. 하지만 오늘의 우리들은 평소 어머니의 마음을 그렇게 깊이 새기면
서 살아가지 못하고 있다. 더 정확하게 말해서 우리들의 삶은 '효심孝心'으
로부터 점점 멀어져 가고 있다. 이따금씩 신문과 방송에 보도되어 우리를
충격에 떨게 하는, 천륜과 인륜을 저버린 존속 살해 사건 때문에 이렇게
말하는 것은 아니다. 이런 일들은 부처님 당시에도 없지 않았다. 마가다
국의 아사세왕은 부왕인 빔비사라를 감옥에 가두어 죽게 했고, 소나와
바다마타는 나이가 들어 늙게 되자 자식들로부터 버림을 받고 불교
교단에 출가하였다는[11] 기록도 있다.

오늘의 '불효不孝' 문제는 개인적인 윤리의 문제가 아니라, 사회구조
적·역사적 차원의 문제라는 데 그 심각성이 있다. 많은 사람들이 오늘
우리가 살고 있는 이 시대를 '인간성 상실'의 시대, 혹은 '도덕적 위기'의
시대라고 부르는 것은 근본적으로 '효윤리의 붕괴'라는 현상에서 연유한

---

10 『부모은중경』의 내용 중, 특히 '어머니의 열 가지 은혜'를 떠올려보면 쉽게 알
　 수 있다.
11 中村元 외 저, 김지견 역, 『불타의 세계』(김영사, 1990), p.221.

것이라고 할 수 있다.

본고에서는 먼저 이러한 '효심의 퇴색'이 어떤 사회적 배경에서 나타나고 있는지 살펴볼 것이다. 그리고 효에 대한 불교의 근본 입장이 무엇인지, 또한 현대인의 사회생활에 불교의 효사상이 어떠한 의미를 지니는지 살펴보고, 나아가 불교 효사상의 구체적 실천 방안을 몇 가지 제시해보고자 한다.

## 1. 효윤리 붕괴의 사회적 배경

지금 우리 사회는 심한 도덕 불감증에 걸려 있다. 모든 행위의 준거가 되어야 할 최소한의 도덕과 윤리를 팽개친 채 대부분의 사람들이 감각과 물질, 명예와 권력을 얻기 위해 수단·방법을 가리지 않고 있기 때문이다. 날로 흉포화해 가는 살인강도 등의 강력범죄, 늘어만 가는 각종 향락업소, 심각한 지경에 이른 학교폭력과 교실붕괴, 타종교의 성상과 상징물에 대한 훼손·파괴·방화를 일삼는 일부 몰지각한 광신자들, 알코올 및 마약 중독자의 증가, 부모 모시기를 기피하고 살해하기까지 하는 천륜의 추락 …… 아무리 열거해도 끝이 없을 정도로 우리 사회의 도덕성은 참으로 큰 위기에 처해 있다. 이러한 총체적인 도덕적 위기 상황을 몰고 온 사회적 배경과 원인은 무엇일까. 여기에서는 가장 중요한 원인이라고 할 수 있는 '산업화'의 문제를 개괄적으로 알아본다.

현대 산업 문명은 한편으로는 우리에게 생활의 편의와 물질적 풍요를 가져다주었지만, 또 한편으로는 인간성의 황폐화와 상실을 부추겨 왔다. 산업문명은 필연적으로 공업화, 기계화, 분업화, 도시화, 조직화를 확산시켰고, 그러한 과정에서 '만든 자가 만들어진 자에 의해 다시 만들어지는', 이른바 소외 현상이 나타난다. 곧 상품과 기계와 조직을 만든 인간이 그것들을 마음대로 통제하지 못하고 오히려 그것들에 의해 조종당함으로써 인간은 소외되고 급기야는 자기 자신으로부터도 소외를 당하며 깊은 무력감과 고독감에 빠지게 된다. 그리하여 에릭 프롬의 지적처럼, 사람들은 자유에서 도피하려 하고 개인적 선善의 가치에 대한 신념을 상실하여 높은 윤리 의식과 창조 의지를 잃어가게 된다. 그리고 마르쿠제의 지적처럼 현대 사회의 일반 대중은 물질문명의 안락과 편의에 빠져 반성적·비판적 사유의 힘을 잃고 일차원적 인간[12]으로 전락하게 된다. 또한 산업문명은 우리로 하여금 전통문화와 전통윤리로부터 멀어지게 하고, 그 빠른 변화 속도와 복잡성으로 인하여 정체성의 위기(Identity Crisis)를 확산시킨다. 거대한 도시화는 익명 사회를 만들어 사회적 일탈을 조장하기도 하고 윤리의식을 둔화시키기도 한다. 요컨대 현대 산업문명은 우리 사회에 물질만능주의와 과학만능주의, 인간소외와 비인간화, 경쟁의식과 이기주의를 확산시켜 결국에는 도덕성의 위기상황을 초래했다고 볼 수 있다.

그렇다면 이러한 도덕성 위기의 근본이라고 할 수 있는 '효의 붕괴'는 특히 어떤 원인에서 비롯된 것일까.

첫째, 핵가족의 확산을 들 수 있다. 산업사회에서는 주로 공장이나 사무실 등에서 일하며 거기서 얻는 임금으로 생활하는데 직장의 이동이 잦은 편이다. 따라서 잦은 직장의 이동은 대가족들을 동반할 수 없게 한다. 또한 임금에 의한 소득으로는 대가족을 부양하기 어려우며, 도시의 주거비가 비싸기 때문에 대가족을 수용할 수 있는 주거지 마련이 힘들다. 이러한 이유로 도시에서 직장을 얻은 사람들은 다른 가족을

---

12 Herbert Marcuse, *One-Dimensional Man: Studies in the Ideology of Advanced Industrial Society* (London: Routledge & Kegan Paul Ltd. 1964), pp.1~18.

농촌에 남겨둔 채 자기의 배우자와 직계자녀만을 데리고 생활하기 시작
하였다. 산업화의 진전과 함께 도시취업인구가 늘어나면서 핵가족의
수는 계속 증가하여, 마침내 핵가족의 형태는 제도적인 요소로서 보편화
되기에 이르렀다.[13]

핵가족 제도에는 일반적으로 다음과 같은 몇 가지 특징이 있다. ①가정
의 기능이 축소된다. 과거 농경사회의 확대가족제에서는 가정이 일터이
고, 교육의 장이었으며 종교적인 의식을 치루는 공간이었다. 그러나
이제 일은 직장에서 하고 아이들의 교육은 학교가 맡고, 종교적 기능은
사찰과 교회에서 떠맡는다. 가족에 대한 보호와 감독의 기능도 경찰로
넘어가게 되었다. ②가족 구성원 각자의 개성과 주장이 강하다. 산업사
회에서는 작업이 분업화·전문화되어 있어 개인의 능력과 기능이 중요시
된다. 또한 개인주의가 발달하게 되면 전문성과 개성이 중요시된다.
이것은 학교교육에도 반영되어 개인의 소질과 취향이 존중되면, 이러한
사회적 조건들은 가족 구성원들의 주장과 개성을 강하게 만드는 것이다.
③남녀의 지위가 동등해진다. 산업사회는 체력보다 기능과 지식을 더
필요로 하므로, 평등하게 교육을 받게 된 여성의 사회적 인식과 자생력이
높아지기 때문이다. ④적은 수의 자녀를 갖는다. 농경사회에서는 많은
가족이 풍부한 노동력을 의미하였지만 산업사회에서는 자녀에 대한
장기간의 교육이 필요하고 그 비용이 많이 소요되기 때문이다.[14]

둘째, 순위구조(또는 위계질서)의 결핍을 들 수 있다. 나이든 사람은
옛날에는 가족의 순위구조 때문에 존경받아 왔다. 다섯 살의 아이는
마흔 살 된 아버지의 우월성을 직접 인정할 수 없을지라도 열 살 난

---

13 현승일, 『사회학』(박영사, 1995), pp.147~148.
14 상게서, pp.148~150.

형의 힘에 경외심을 가졌고, 그 열 살 난 아이는 열다섯 살의 형에 대한 존경심을 가질 수 있었기 때문이다. 또한 오늘날의 아이들은 대부분 직장에서 일하고 있는 아버지의 모습을 보지 못하고, 아버지를 돕는 기회가 없으며, 따라서 아버지의 힘과 능력을 인상 깊게 체험하는 기회가 없어졌다.[15]

셋째, 이기주의의 팽배 현상을 들 수 있다. 산업사회는 물질적 부를 중시하는데, 물질적 부는 한정되어 있고 인간의 욕망은 무한하므로 치열한 경쟁이 뒤따른다. 따라서 공동체 의식과 연대의식은 약해지고 이기주의는 강해진다. 강한 이기주의의 소유자가 부모에 대해 깊은 효심을 갖기란 그렇게 쉽지가 않을 것이다.

넷째, 전통문화의 단절을 들 수 있다. 우리는 근대화·산업화를 민족적인 과제로 인식했으며, 그러한 과정에서 필연적으로 서양의 문물과 제도를 받아들일 수밖에 없었다.[16] 그런데 그것은 무비판적인 수용과 무분별한 모방으로 흘러 마침내 전통문화의 단절로 이어졌다. 물론 극복되어야 할 부정적인 전통문화도 있을 것이다. 그러나 끝없이 이어가고 더욱 발전시켜 가야 할 우리 민족 고유의 훌륭한 전통문화도 있는 것이다. 우리는 문화적 사대주의에 함몰되어 훌륭한 전통문화마저 단절시켜 왔으며, 그 가운데는 특히 '효의 문화'가 포함되어 있다.

다섯째, 바쁜 생활을 들 수 있을 것이다.[17] 치열한 생존경쟁에서 살아남기 위해, 또한 향락과 감각, 재물과 권력을 추구하기 위해 우리는 바쁘게 움직일 수밖에 없으며, 따라서 마음의 여유를 지니지 못한다. 마음의 여유가 없는 상태에서 부모님에 대한 효심이 일어나기 어려운 것은

---

15 Konrad Lorenz 저, 김종호 역, 『현대의 大罪』(삼성문화재단, 1974), p.94.
16 김태길, 『철학 그리고 현실』(문음사, 1999), pp.162~163.
17 오만석 외 저, 『한국인의 윤리의식 연구』(한국정신문화연구원, 1992), p.171.

당연하다 할 것이다.

이러한 여러 원인에 의해 효윤리가 무너지게 된 것이다. 우리는 이제 불교의 효사상에 대한 고찰을 통해 효의 윤리를 재조명하고자 하며, 그러기 위해 먼저 불교의 근본 교의와 불교의 윤리적 특질에 대해서 알아보기로 한다.

## 2. 불교의 근본 교의와 윤리

### 1) 불교의 근본 교의

부처님은 자신이 깨달은 것은 다름 아닌 연기의 진리(緣起法)임을 선언하신 바 있다. 그리고 이 연기법은 여래가 이 세상에 출현하건 출현하지 않건 법계에 항상하는 것으로서, 자신이 만든 것도 아니고 다른 사람이나 절대자가 만든 것도 아니라고 설한다. 다시 말해서 부처님이 깨달은 진리는 주관이 개입된 인위적인 것이 아니라, 객관성과 타당성, 세계성과 영원성을 지닌, 본래 그러하고 자연스러운(法爾自然) 보편적 진리 그 자체라는 말이다. 부처님은 다만 이 진리를 자각하고 그것을 미혹한 중생들에게 가르친 것이다. 연기의 진리는 이처럼 자연스러운 진리이지만 그것은 또한 궁극적인 진리이기 때문에 우리가 그 깊고 넓은 의미를 바르게 이해하기란 쉽지 않다. 그리하여 부처님은 이것을 많은 사람들이 이해하기 쉽게 좀 더 조직적이고 체계적으로, 실천적인 방법론까지를 제시하여 다시 설하였던 것이니, 이것이 바로 사성제四聖諦다.

사성제의 가르침 속에는 실제로, 고통 속에 있으면서도 결코 좌절하거나 절망하지 않고 일단 고통의 실상을 깨달아(苦聖諦), 그 고통의 조건과 원인을 진지하게 규명하고(苦集聖諦), 팔정도八正道의 실천에 의해(苦滅

道聖諦) 고를 극복하려는, 다시 말해서 열반涅槃을 증득하려는(苦滅聖諦)
적극적이고도 긍정적인 정신과 의지가 용해되어 있다. 그렇기 때문에
부처님은 자신이 중생의 병을 치료하는 대의왕大醫王과 같고, 양의가
사법四法에 의해 사람들의 병을 치료하듯 자신은 사성제에 의해 중생의
고통을 다스린다고 설하는 것이다.[18] 따라서 고성제와 집성제는 무명無明
으로부터 노사우비고뇌老死憂悲苦惱의 현실고現實苦가 전개되는 과정을
보여주는 유전연기流轉緣起에 해당되고, 멸성제와 도성제는 무명을 단진
斷盡함으로써 마침내 노사우비고뇌가 없는 열반에 이르는 과정을 보여주
는 환멸연기還滅緣起에 해당된다.[19]

이 연기법과 사성제를 잘 음미해 보면, 우리가 겪는 현실의 고통은
운명적인 것이거나 절대적인 것이 아니라 나름의 조건과 원인에 의해
나타난다는 것을 알 수 있다. 그 근본조건으로서 사성제에서는 탐욕
(taṇhā)이, 12연기에서는 무명(avijjā)이 각각 제시되고 있다. 그러므로
이들 가르침은 우리에게 "모든 고통은 절대적인 것이 아니고 연기되어
있으므로, 그 원인인 무명과 탐욕을 제거하여 고통을 극복하도록 노력하
라"는 메시지를 전해 주고 있는 것이다. 결국 연기법과 사성제는 '괴로움
의 자각을 통한 괴로움의 극복'을 설하고 있는 것이다.

## 2) 근본 교의를 통해 본 불교윤리의 특질

앞에서 살펴본 것처럼, 연기법과 사성제는 불교의 가장 근본적이고도
핵심적인 교리이다. 이것은 다르마(dharma: 팔리어는 dhamma)라고 불리

---

18 大正藏 2, p.105上中. 여기서 말하는 四法이란 ①善知病 ②善知病源 ③善知病對治
④善知治病已當來更不動發을 말함.
19 水野弘元, 『原始佛敎』(京都: 平樂寺書店, 1981), p.135.

는 보편적이고도 궁극적인 진리의 관념에 기초한 것으로, 무명(진리에 대한 근본무지)과 탐욕(본능적이고도 맹목적인 욕망)이 다르마를 가로막고 있다고 설한다. 이와 같이 다르마를 중시하는 불교사상은 불교윤리에도 그대로 적용되고 있다. 그것은 무엇보다도 불교윤리의 기본 원리라고 할 수 있는 칠불통계에 잘 나타나 있다.

칠불통계란 비바시불, 시기불, 비사부불, 구류손불, 구나함모니불, 가섭불, 석가모니불 등, 이른바 과거칠불過去七佛의 공통적인 가르침이라는 뜻이다. 따라서 이것은 시대와 지역을 초월한, 불교에 대한 가장 보편적인 정의라고도 할 수 있다.

"모든 악은 저지르지 말고, 모든 선은 받들어 행하며, 스스로의 마음을 맑고 깨끗이 하라. 이것이 곧 여러 부처님의 가르침이다(諸惡莫作 衆善奉行 自淨其意 是諸佛敎)." 이것이 바로 칠불통계의 내용이다. 얼핏 보면 지극히 평범하지만 여기에는 불교의 독특한 입장이 잘 나타나 있다. 선을 권장하고 악을 금지하는 것이야 다른 종교나 일반 윤리에서도 마찬가지인데 특별한 점이 뭐냐고 반문할지도 모르겠다. 그러나 우리는 '자정기의自淨其意'라는 내용을 주의 깊게 살펴보아야 한다.

일반윤리에서의 선이 인간의 번뇌와 미망을 인정하고 있음에 반하여 불교에서의 선은 인간의 번뇌와 미망을 배제하며 마음의 정화淨化를 요구한다. 번뇌가 없는 맑고 깨끗한 마음만이 우주적 질서와 궁극적 진리에 대면할 수 있기 때문이다. 다시 말해서 불교에서의 선이란 우주적 진리를 전제로 하는 선인 것이다. 그러기에 『대승의장大乘義章』에서는 "진리에 수순함을 선이라 하고, 진리에 어긋남을 악이라 한다"고 말한다. 궁극적 진리는 자기중심적인 아집을 추호도 용납하지 않기 때문에, 맑고 깨끗한 마음의 소유자만이 진리에 따를 수 있고, 따라서 진정한 선을 행할 수 있다는 말일 것이다. 불교윤리의 본질은 결국 진리에

수순하는 청정한 마음에 있는 것이다.[20]

또한 사성제의 가르침은 팔정도八正道의 실천이 깨달음과 열반의 증득을 위한 필수적인 조건임을 분명하게 알려준다. 따라서 깨달음의 윤리인 불교윤리의 특질은 팔정도의 내용을 분석해 보면 어느 정도 드러나게 될 것이다.

팔정도란 정견正見, 정사유正思惟, 정어正語, 정업正業, 정명正命, 정정진正精進, 정념正念, 정정正定이다. 『중아함』「분별성제경分別聖諦經」의 설명에 따르면, 정견은 사성제를 바로 보는 지혜요, 정사유는 번뇌 망상을 멀리하고 성냄과 원한이 없는 생각이요, 정어는 '거짓말·욕설·이간질·아첨과 잡담'을 떠난 도리에 맞는 참된 말이요, 정업은 살생·도둑질·음행을 하지 않고 올바른 계행을 지키는 일이다. 정명은 정당한 방법으로 의식衣食을 얻어 생활하는 것이요, 정정진은 아직 일어나지 않은 악惡은 영원히 일어나지 않게 하고 이미 일어난 악은 끊으며 아직 일어나지 않은 선善은 발생시키고 이미 일어난 선은 더욱 키워가도록 끊임없이 노력하는 것이다. 정념은 생각을 한 곳에 집중하여 몸과 마음과 진리를 바로 관찰하고 탐욕에서 일어나는 번뇌를 없애는 것이며, 정정은 모든 욕심과 산란한 생각을 가라앉혀 선정禪定에 들어가는 것이다.

이와 같은 팔정도의 내용을 음미해 볼 때, 깨달음의 윤리는 '모든 사물과 존재의 있는 그대로의 참모습'을 밝혀주는 지혜를 바탕으로 자유와 평화, 정의와 연대의 이상사회를 지향하고 있다 할 것이다.

---

20 홍정식, 「佛敎倫理의 本質」, 『韓國佛敎學 제3집』(한국불교학회, 1977), p.418.

## 3. 효에 대한 불교의 가르침

### 1) 은혜(恩)에 대한 불교의 입장

부처님은 모든 어리석음과 미혹을 떨쳐내고 깨달음의 눈으로 인간과
세계의 참모습(諸法實相)을 바라보았을 때, 그 모든 것들이 제각기 독립
적으로 존재하지 않고 끝없는 관계의 그물망 속에 공존하고 있음을
알게 되었다. 그러한 깨달음의 연장선상에서 부처님은 일찍이 '자신과
남의 행복을 함께 도모하는 사람'이 이 세상에서 가장 훌륭한 사람이라고
설하였다.[21] 엄청나게 많은 재산과 귀금속과 먹을 것이 풍족한 사람이
자기 혼자서만 독식하는 것은 파멸의 문이라고 경계하기도 하였다.[22]
모든 사람들과 더불어 살아가려는 이러한 불교의 공동체의식은 마침내
"고통 받는 육도六道의 모든 중생을 해탈케 한 후에야 비로소 내 자신이
불도를 이루겠다"[23]는 지장보살의 대서원으로 이어지고 있다. 뿐만 아니
라 어느 날 아난阿難 존자가 "좋은 벗을 갖고 좋은 친구와 함께 있다는
것은 이미 성스러운 도道의 절반을 성취한 것과 같습니다"라고 하며
자신의 생각을 부처님께 고했을 때, 부처님은 그 생각이 옳지 않다고
하면서 "우리들이 좋은 벗을 갖고 좋은 벗과 함께 있다는 것은 성스러운
도의 절반에 해당되는 것이 아니라, 그 전부다"고 아난의 말을 정정해
주었다고 한다.[24] 부처님의 이 말씀 역시 공동체생활의 중요성과 공동체
의식을 강조하는 가르침으로 이해해도 좋을 것이다.

---

21 Anguttara-Nikaya Ⅱ. p.95.
22 법정 역, 『숫타니파타』(샘터, 1991), p.39.
23 『地藏經』 제1장 「利天宮神通品」
24 정승석, 『다섯 가지 주제』(대원정사, 1996), p.39.

사실, 우리들의 일상생활은 수많은 자연적·사회적 은덕에 의존하고
있다. 예컨대 한 장의 종이에는 자연과 인간의 무량한 은혜가 담겨
있다. 한 채의 집을 지으려면 목재상, 목수, 미장이, 유리가게, 석공,
전기공사, 기와공사, 하수도공사 등 엄청난 사람들의 협력을 필요로
한다.[25]

불교에서는 우리가 입고 있는 이러한 많은 은혜를 흔히 부모의 은혜(父
母恩), 중생의 은혜(衆生恩), 국왕의 은혜(國王恩), 삼보의 은혜(三寶恩)
의 사은四恩으로 종합한다.[26] 그리하여 이러한 은혜를 여실하게 바로
알아(知恩), 그 은혜에 보답할(報恩) 것을 강조한다. 부모님에 대한 효도
의 윤리는 바로 이 지은·보은의 이념에서 연원하는 것이다. "부모님께서
우리들의 어린 시절을 꾸며 주셨으니 우리는 부모님의 말년을 아름답게
꾸며드려야 한다"는 생떽쥐뻬리의 명언은 바로 이 지은·보은 사상의
또 다른 표현이라고 할 것이다.

## 2) 부모의 은혜에 대한 불교의 입장

유가儒家에서는 『효경孝經』 등을 통하여 부모에 대한 효를 매우 강조한
다. 부모로부터 받은 자신의 몸과 머리털과 피부 등을 손상시키지 않는
것이 효도의 시작이며, 몸을 세워 도를 행하고 이름을 후세에 날려서
부모를 빛나게 하는 것이 효도의 끝이라고 한다. 또한 효자가 부모를
섬기는데, "보통 거처할 때에는 공경하는 마음을 다하고, 봉양할 때는
부모가 즐거워하도록 하고, 부모가 병이 있으면 몹시 근심하고, 또

25 大野信三 저, 박경준외 역, 『불교사회경제학』(불교시대사, 1992), p.239.
26 『大乘本生心地觀經』 권2, 「報恩品」(大正藏 3, p.297上).

돌아가시면 슬픔을 다하고, 제사지내는 일에는 엄숙한 마음을 다하라"고 가르친다.[27] 나아가 유교에서는 가족제도를 유지하기 위해서 후손을 낳아 대를 이어가는 것을 매우 중요시했다. 이에 비추어 볼 때 출가하여 삭발을 하고, 부모를 봉양하지 않으며, 후사를 끊는 불교의 전통은 그들의 눈에는 분명 불효不孝의 종교임에 틀림이 없었을 것이다. 바로 이 불효의 종교라는 이유로 그들은 오랫동안 불교를 거부하고 배척했던 것이다.[28]

그러나 유교의 인생관과 세계관이 효의 절대적 기준이 될 수는 없을 것이다. 우리는 앞에서 불교윤리의 특징이 '깨달음의 윤리'임을 살펴보았다. 불교는 깨달음을 통해서 생로병사의 괴로움을 여의고 해탈과 열반을 성취하는 것을 삶의 궁극적 목표로 삼는다. 그래서 부모님으로 하여금 불법佛法에 귀의케 하여 깨달음을 얻어 해탈과 열반을 성취하게 하는 것이 다른 어떤 효도보다도 가치 있는 효라고 설한다. 요컨대 불교에서는 죽음의 문제를 삶의 중요한 한 문제로 받아들인다. 하지만 유교에서는 삶과 죽음을 전혀 별개의 문제로 인식한다. 죽음에 대한 이러한 시각 때문에 불교는 유교와 상이한 효도방법을 제시할 뿐이지, 불교가 효 그 자체를 부정하거나 소홀히 하는 것은 아니다.

불교가 효를 부정하는 종교가 아니라는 것은 부처님의 직접적인 여러 가르침을 통해 알 수 있다. 먼저 『부모은중경』에서는 다음과 같은 어머니의 열 가지 은혜를 열거하면서 부모에 대한 효도를 강조하고 있다.

첫째, 어머니 뱃속에 잉태하여 지켜주신 은혜.
둘째, 해산에 임하여 큰 고통을 감수하신 은혜.

---

27 道端良秀 저, 목정배 역, 『불교의 효, 유교의 효』(불교시대사, 1994), pp.26~28.
28 위의 책, pp.41~56.

셋째, 자식을 낳고서 모든 근심을 잊으신 은혜.

넷째, 쓴 것은 삼키고 단 것은 뱉어 먹이신 은혜.

다섯째, 마른자리는 자식에게 내어 주고 진자리에 어머니가 누우신 은혜.

여섯째, 젖을 먹여 길러주신 은혜.

일곱째, 더러운 것을 깨끗이 씻어주신 은혜.

여덟째, 먼 길 떠난 자식을 걱정해 주신 은혜.

아홉째, 자식을 위해서라면 나쁜 일(惡業)도 마다 않으신 은혜.

열째, 끝까지 불쌍히 여기고 사랑해 주시는 은혜.

『열반경』에서도 이와 비슷한 내용이 나온다.

"예사 아니셨어라! 부모님께서 큰 고통을 받으사 열 달이 차도록 내 태를 품으시며, 태어난 다음에도 마른자리로 옮겨 눕히사 습기를 제거하시며, 더러운 똥·오줌을 치우시며, 젖 먹이고 씹어 먹여 길이 기르사 내 몸을 보호하시도다."[29]

이러한 어머님의 은혜는 수미산보다도 높고 대지大地보다도 무거운 것이다. 그래서 그 어머니의 은혜를 갚는 일은 참으로 어렵다. 『대승본생심지관경大乘本生心地觀經』은 이에 대해, 만일 선남자 선여인이 어머니의 은혜를 갚기 위하여 일겁一劫을 지내는 동안, 매일 세 끼니마다 자기의 몸을 베어 부모님께 공양한다 할지라도 능히 단 하루의 은혜를 갚지 못한다고 설한다. 『불설효자경佛說孝子經』에서는 자식이 어버이를 봉양함에 감로처럼 맛있는 온갖 음식을 그 입에 공급하며, 하늘 음악(天樂)의 여러 소리로 그 귀를 즐겁게 해 드리며, 최상의 아름다운 의복으로

---

29 한용운 편찬, 이원섭 역주, 『불교대전』(현암사, 1997), p.794.

그 몸을 빛내고, 다시 죽는 날까지 양 어깨에 부모를 업고 두루 사해四海에 다닌다 하더라도 부모의 은혜를 다 갚을 수는 없다고 설한다.[30]

그렇다면 불교에서는 어떠한 구체적 효도의 방법을 설하는 것일까. 여기서는 출가자와 재가자의 효를 구별하지 않고 살펴보고자 한다. 각자의 상황에 따라 진실한 마음으로 최선을 다하는 데에 효도의 참뜻이 있다고 생각되기 때문이다. 그러나 아무래도 출가자는 정신적 차원의 효를 행하게 될 것이고, 재가자는 물질적·신체적 차원의 효도를 행하기가 쉬울 것이다. 여기서는 『육방예경六方禮經』·『선생경善生經』·『아속달경阿遫達經』·『의경醫經』 등의 내용을 종합하여 소개하기로 한다.

먼저, 온갖 고통과 어려움을 이겨내고 자신을 낳아주고 길러주신 부모님께 항상 감사하는 마음을 가져야 한다. 감사의 마음을 갖는다면 자신의 몸과 마음을 함부로 다루어 건강을 해쳐서는 안 될 것이다. 경전에는 건강 유지를 위해 규칙적인 목욕 및 양치질, 의복과 침구 및 그릇 등의 청결 유지, 적당한 운동, 과식과 과로를 않는 등의 절제 있는 생활,[31] 사고를 당하지 않도록 매사에 조심하고 신중할 것 등을 가르치고 있다.

둘째, 부모님을 잘 봉양해야 한다. 음식과 의복의 제공은 물론 부모님께 필요한 것이 무엇인지 항상 관심을 갖고 살펴 불편함이 없도록 해드려야 한다. 또한 병환이 나면 정성을 다해 간호하고 곧 치료를 해드려야 한다.

셋째, 부모님에 대한 존경의 마음을 가져야 하고, 부모님의 뜻을

---

30 大正藏 16, p.780中.

31 『의경』에서는 병의 원인으로 다음 열 가지를 들고 있다 : ①오래 앉아 눕지 않음 ②먹는데 절제가 없음 ③근심하는 일 ④몹시 지침 ⑤애욕에 빠짐 ⑥성내는 일 ⑦대변을 참음 ⑧소변을 참음 ⑨상풍上風을 억제함 ⑩하풍(下風, 방귀)을 억제함.

잘 받들어야 한다. 모든 일은 반드시 먼저 부모님께 알리고 상의드리며 부모님의 말씀에 순종해야 한다. 또한 부모님의 바른 직업과 생활방법(正命)을 잘 이어가야 하며 부모님의 바른 행동(正業)도 본받아야 한다. 다시 말해서 부모님께서 쌓은 훌륭한 업적과 덕행을 창조적으로 계승하고 발전시켜야 한다. 그리고 돌아가시면 장례를 정성스럽게 치루고 부모님의 은혜와 남기신 뜻을 기리며 제사를 모셔야 한다.

마지막으로, 부모님을 정법正法으로 인도하여 도덕적으로 성숙시키고, 나아가 깨달음을 통해 궁극적으로 생사生死의 괴로움에서 벗어나 열반의 삶을 사실 수 있도록 해야 한다.[32]

이러한 불교의 효의 가르침을 살펴볼 때, 앞의 세 번째 내용까지는 유교의 그것과 별로 다른 점이 없음을 알 수 있다. 다른 점이 있다면 마지막 네 번째 내용이다. 불교는 앞에서 잠시 언급하였듯이 부모님을 실존적 한계상황, 즉 죽음으로부터 구제하는 것이 궁극적 효임을 설하고 있다. 이것을 실현해 가는 불교적 과정과 방법이 유교적 상식과 다르다. 하지만 부모님을 죽음으로부터 구하겠다는 불교적 효의 이념은 유교의 효사상이 필적할 수 없는 매우 종교적이고 치열한 것이다.

---

32 "만약 부모가 信心이 없거든 신심을 일으키게 해야 한다. 만약 戒를 안 지키거든 계에 머물게 해야 한다. 만약 성품이 인색하거든 보시를 행하게 해야 한다. 만약 지혜가 없거든 지혜를 일으키게 해야 한다. 자식이 이렇게 하면, 비로소 報恩이라 할 수 있다."『毘那耶律』

## 4. 불교 효사상의 현대적 실천

### 1) 불교 효사상의 현대적 의의

가정은 지금까지 사회의 '거대한 완충지대'라고 불리어 왔다. 가정은 세상과 싸우고 있는 사람이 부상을 입고 피로에 지쳐 돌아오는 장소였던 것이며, 날마다 아찔해져 가는 환경 속에서 유일한 안식처였다.[33] 그러나 전통적인 가족의 개념은 점점 파괴되어 가고 있다. 럿셀은 과거로부터 현재까지 내려오는 모든 제도 가운데서 가족만큼 심하게 해체된 것은 없다고 말한 바 있다. 그리하여 오늘날 부모와 자식의 관계는 10중 9가 양쪽에 대해 서로 불행의 원천이며, 100중 99가 적어도 어느 한쪽에 대해 불행의 원천이 되고 있다고 주장한다.[34]

과학의 발달로 수정란의 인공 삽입, 시험관 아기 등은 이미 현실화되었다. 이러한 것들이 미래의 가족 형태에 상당한 변화를 몰고 올 것이라는 점은 누구나 어렵지 않게 추측할 수 있을 것이다. 미래학자 앨빈 토플러는 앞으로는 아마도 '낳아준 부모'와 '양육전문의 부모'가 병존하게 될 것이고, 젊은 부부를 대상으로 하는 능력 있고 비용이 저렴한 '양육전문 부모'를 선전하는 광고[35]가 쉽게 눈에 띌 것이라고 예측한다.

---

33 앨빈 토플러 저, 윤종혁 역, 『미래의 충격』(한마음사, 1981), p.251.

34 Bertrand Russell, *The Conquest of Happiness* (Bantam Books, 1968), p.133.

35 "부모의 의무에 속박 될 것은 없습니다. 당신의 어린이를 책임감이 강한 훌륭한 어른으로 길러냅니다. 저희는 A급의 전문 양육가정, 부친 39세, 모친 36세, 조모 67세, 파아트 타임의 일을 가진 동거의 숙부 숙모 양자가 공히 30세, 양육 중인 네 아이의 그룹에 한 아이의 자리가 비어 있음. 6세에서 8세까지의 어린이를 희망함. 식사는 정부 규정식을 상회한 질이 좋은 식사를 제공함. 이쪽 어른 전원이 육아법 및 양육가정운영면허장 소유. 낳은 어버이의 면회 방문을 허락함. 전화

어쨌든 전통적인 가정과 가족의 개념은 많이 변했고 그 변화는 앞으로
도 계속될 전망이다. 이러한 상황에서 봉건적이고 일방적이며 수직적인
효윤리는 설득력이 약해질 것이고, 반면에 자유와 평등에 바탕한 민주적
이고 수평적인 효윤리는 그 영향력이 확대될 것이다. 요컨대 미래사회에
서는 규범적이고 강제적인 성격의 효윤리는 설 자리를 잃게 되고 자발적
이고 합리적인 효윤리가 그 자리를 메우게 될 것이다. 우리는 불교사상
속에서 그러한 자발적이고도 합리적인 효윤리를 발견하게 된다. 지은·
보은의 논리는 자발적 효윤리를 낳고 불교의 평등사상은 합리적인 효를
가능케 하기 때문이다.

앞에서 살펴본 바와 같이, 불교는 보편적이고 궁극적인 진리(dharma)
에 대한 깨달음을 중시하는 사상이다. 그러한 보편적 다르마를 중시하는
사상적 전통은 마침내 "일체의 모든 중생은 다 부처가 될 수 있는 가능성
또는 성품이 있다(一切衆生悉有佛性)"는 『열반경』의 종교사상으로 승화
된다. 그리하여 불교의 전통 속에는, 남녀노소 빈부귀천을 막론하고,
모든 사람 모든 중생이 다 부처라는 인식이 뿌리 깊게 자리하고 있다.
부모와 자식도 근본적으로 그 본성이 부처라는 점에서 평등하다고 본다.
따라서 부모와 자식 간의 윤리도 봉건적인 상하종속의 관계가 아니라,
민주적인 호혜평등互惠平等의 관계 위에서 성립된다.

오늘의 부모와 자식 간의 관계는 더 이상 봉건적 관계가 아니며 점점
더 민주적인 상호평등의 관계로 나아가고 있다. 불교적 효윤리는 이러한
현대적인 상황에 부응하는 새로운 효윤리를 모색하는 데 큰 기여를
할 수 있을 것으로 전망된다.

---

연락 가. 여름휴가는 낳아준 부모와 같이 지낼 수도 있음. 종교, 예술, 음악의
교육에 대해서는 특별 상담에 응함. 최저 5년의 계약. 상세한 내용에 대해서는
직접 연락해 주기 바람." 엘빈 토플러, 앞의 책, p.258.

또한 불교 효윤리의 이론적 근거가 되고 있는 지은知恩·보은報恩의 사상은 그 실천 대상을 무한히 확장해 갈 수 있다고 본다. 지은·보은의 이념에 바탕한 불교의 효사상은 가족이기주의를 뛰어넘어 사회, 인류, 중생에까지 나아갈 수 있어서 필경에는 인류공동체 실현을 위한 교두보 역할을 할 수가 있을 것이다.


## 2) 불교 효사상의 현대적 실천

이처럼 그 사상적 의의가 큰 불교의 효사상을 현대 사회 속에서 직접 또는 간접적으로 실천해 갈 수 있는 몇 가지 방안을 제시해 보기로 한다.

첫째, 불교적 효사상을 더욱 적극적으로 홍보하고, 효행을 장려해 갈 수 있는 프로그램을 개발하며 효 실천 운동을 꾸준히 전개해 나가야 한다. 그러기 위해서는 효 관련 경전들을 널리 보급하고, 효를 주제로 한 음악·비디오·연극·영화 등을 제작하여 보급해야 한다. 또한 각 사찰에서 '어버이날 기념 법회'를 개최하고, 이때에는 효행이 뛰어난 불자에게 종단 또는 단위 사찰에서 제정한 효행상을 주어 표창하는 것도 생각해 봄직하다. 그리고 효를 구현할 수 있는 '부모님께 전화하기', '부모님께 편지쓰기' 등의 크고 작은 여러 가지 효 실천 운동을 실정에 맞게 펴 나가는 것도 효윤리를 진작시켜 나가는 좋은 방법이 될 수 있을 것이다.

둘째, 윤리 교육을 강화시켜 나가야 한다. 우리 정부는 그동안 교육이야말로 국가 백년지대계라는 인식 아래 교육발전을 위해 정책적·재정적 지원을 아끼지 않았다. 높은 교육열을 지닌 우리 국민들 또한 어려운 여건 속에서도 자녀 교육에 최선을 다해 왔다. 그러나 우리의 교육은 그 기본 방향과 목표를 잃고 입시제도를 비롯한 교육정책을 수도 없이 바꾸며 표류하고 있는 실정이다. 특히 우리는 교육의 본질은 '인간다운 인간'의 양성에 있다는 너무도 평범한 진리를 망각한 채, 교육을 국가적 부의 증식 또는 개인적 입신양명의 수단쯤으로 인식하고 있다. 그리하여 과정과 동기를 중시하는 인간교육·윤리교육은 실종되고 결과만이 문제가 되는 입시교육·취업교육이 판을 치는 가운데 사교육비는 천문학적인 숫자에 이르고 있다. 그동안 우리는 전통윤리가 그 봉건성으로 말미암아 국가발전에 걸림돌이 된다고 생각하여 윤리교육에 소홀했는지도 모른다. 하지만 전통윤리에 그런 측면이 있다 하더라도 우리는 전통윤리의 장단점을 취사선택하여 새로운 현대적 윤리를 재정립해 나가야 한다. 특히 전통윤리의 근본이라고 할 수 있는 효윤리의 효과적인 교육방법에 대해 더욱 진지하게 검토해 보아야 한다.

셋째, 오늘의 매장문화는 화장문화로 바뀌어야 한다.

고려시대 말엽에서 조선조 초엽까지 활약했던 함허당 기화涵虛堂 己和의 『현정론顯正論』에는 화장火葬을 비판하는 유가儒家의 입장과 화장을 옹호하는 기화의 주장이 함께 기록되어 있어 흥미를 끈다. "상사喪事는 인간사의 대사大事로서 부모가 죽으면 장지葬地를 잘 골라 후하게 장례를 치러야 하는 것이니, 이것은 뿌리 깊은 나무에 열매가 많이 열리듯 자손으로 하여금 번성케 하기 위함인데, 불교도들은 이러한 이치를 모르고 망령되이 화장법을 행하여 후사後嗣를 끊게 하고 있으니 어찌 큰 잘못을 저지르고 있는 것이 아니겠는가"라고 유학자들은 비판한다. 이에 대해 함허당은 "사람의 육체는 집과 같고 정신은 그 집의 주인과 같아서 집이 무너지면 주인이 머물 수 없듯이 몸이 무너지면 정신도 떠나는 것인데, 사람들은 나무와 흙으로 지어지고 온갖 더러운 것으로 꾸며진 집에 대해 애착을 갖기 때문에 그 집의 더러움을 알지 못하고 집이 무너지더라도 홀연히 떠나지 못한다"라고 하면서, 화장으로 죽은 후에나마 이러한 미혹에서 벗어나게 해주어야 할 터인데 매장함으로써 망령된 생각을 그대로 보존케 하는 것은 옳지 않다고 반박한다. 또한 화장하는 것은 사람들로 하여금 더러움을 버리고 깨끗한 데로 나아가게 하고 정신을 맑게 하여 승천昇天케 하며, 극락왕생을 돕는 도道로서 훌륭한 것이라고 역설한다.[36] 매장하는 것은 효도이고 화장하는 것은 불효라는 생각은 어디까지나 하나의 선입견이요 편견이다. 매장한다고 해서 그 시신이 썩지 않고 영원히 보존된다는 보장도 없는 것이고, 얼마 안 가서 썩게 되는 것은 정한 이치인데, 부모의 시신이 썩어가는 과정을 상상해 보라. 시신을 살아생전의 부모와 동일시하는 것이 효도라 한다면 이러한 불효가 또 어디에 있겠는가. 더욱이 우리나라는 국토의 묘지화 현상이 심각하다. 화장의 장례 문화가 하루빨리 정착되어야 한다.

마지막으로, 서구 물질문명에 대한 대안문명을 적극적으로 모색해가야 한다. 앞에서 살핀 것처럼, 효윤리의 붕괴는 한마디로 서구 물질문명, 다시 말해서 현대 산업문명으로 인한 부작용의 결과라고 할 수 있다. 따라서 효윤리를 회복하기 위해서는 현대 산업사회의 특징인 공동체의 붕괴·지나친 경쟁·정체성의 위기·익명성의 심화 등을 극복할 수 있는 대안문명이 창출되어야 한다. 많은 문명 비평가들은 현대 산업문명이 결국에는 인간성과 자연환경을 파괴시킬 것이라고 우려한다. 산업문명은 근본적으로 인간의 이기적·본능적 욕망에 바탕한 대량생산 ⇨ 대량소비 체제를 강화시키기 때문일 것이다. 이러한 산업문명의 폐해를 극복하기 위해서는 내면적·정신적 가치가 중시되고 물질적 탐욕이 절제

---

36 함허·장상영, 김달진·현명곤 역, 『顯正論·護法論』(동국대학교부설 역경원, 1988), pp.39~41.

되며 사랑과 자비가 인간을 넘어 자연에까지 미치게 되는 '정신문화' 또는 '심성문화'[37]의 새로운 흐름을 만들어가야 한다.

## 맺음말

오늘의 핵가족제도에서는 전통적인 대가족제도나 확대가족제도에서 볼 수 없었던 가족 파괴가 심화되고 있다. 그것은 곧 효윤리의 붕괴로 이어진다. 효윤리 붕괴 현상은 개인적 차원의 문제가 아니라 사회적·역사적 차원의 문제라는 데 그 심각성이 있다. 한마디로 그것은 산업화 과정에서 이루어진 폐해이기 때문이다.

따라서 효 문제에 대한 접근은 전통적인 방법론이 아니라 새로운 패러다임을 통해서 이루어져야 한다. 우리는 불교의 효사상에 의거해서 효윤리 회복을 위한 새로운 방법론을 계속해서 탐색해 나가야 한다.

불교의 효윤리는 은혜를 알고 은혜에 보답한다는 보편적 지은知恩·보은報恩의 사상에서 출발한다. 따라서 그것은 봉건적인 상하종속의 수직적 윤리가 아니라 민주적인 호혜평등의 수평적 윤리이다. 또한 규범적이고 강제적인 윤리가 아니라 자발적이고 합리적인 윤리이다. 이러한 불교의 효윤리는 가부장적 권위를 거부하는 오늘의 민주적인 핵가족제에서 그 사상적 의의가 크다 할 것이다.

---

37 필자는 불교적인 '열반문화'를 대안문명으로 제시한 바 있지만, 열반문화라는 말이 아직 오해의 소지가 있어 여기서는 '정신문화'·'심성문화'라는 표현을 썼음. 拙稿 「문화의 진보에 대한 불교적 관점」 참조.

# III. 불교적 가족개념과 가족포교

## 1. 한국불교의 현주소

지난 2016년에 통계청이 발표한 '2015 인구주택총조사' 종교부문 자료에 따르면, 불교신자가 역사상 처음으로 개신교신자보다 적은 것으로 나타났다. 더욱 충격적인 것은 불교인구가 2005년 1058만 8천 명에서 2015년 761만 9천 명으로 10년 사이에 약 3백만 명이나 감소했다는 사실이다. 반면 개신교 인구는 2005년 844만 6천 명에서 2015년 967만 6천 명으로 120만 명 정도 늘어났다. 여기에 2015년 천주교 인구 389만 명을 더하면 그리스도교인은 1360만 명에 육박한다. 불교인구보다 약 600만 명이 더 많은 숫자다. 이러한 조사 결과는 불교계에 큰 충격과 위기의식을 불러일으킨 바 있다.

2015년 1월 '한국갤럽'에 의해 출간된 연구 보고서 『한국인의 종교』에 따르면, 2004년에서 2014년 사이에 우리나라 종교인 비율은 54%에서 50%로 감소 추이를 보여주었다. 그것은 무엇보다도 청년층의 탈종교 현상 때문인 것으로 추정된다. 청년층의 탈종교 현상은 치열한 입시

경쟁, 심각한 취업난에 연유한다. 청년층은 날로 새로워지는 과학 지식과 쉽게 접합으로써 종교적 세계관보다는 과학적 세계관에 더 의지하려는 경향이 있음도 무시할 수 없는 탈종교의 한 원인이라 할 수 있다. 더욱이 19~29세, 30대의 개신교인 비율은 각각 18%, 20%를 점유하는데 반해, 불교인 비율은 각각 10%, 11%에 그치고 있어 젊은 층의 불교인이 개신교인에 비해 상당한 수적 열세임을 알 수 있다.[38]

불교계에 위기감이 확산되고 있는 것은 겉으로 드러난 신도 숫자 때문만은 아니다. 불교인의 종교적 열성도 또는 불교신행의 질 문제는 어쩌면 신도 숫자보다도 더 중요한 문제라고 본다. 『한국인의 종교』에 의하면, '개인 생활 속 종교의 중요성'을 묻는 질문에 개신교인은 90%, 천주교인은 81%, 불교인은 59%가 중요하다고 응답하였다. 전반적으로 보면 지난 30년 동안 각 개인의 생활 속 종교의 중요성 인식은 지속적으로 줄어드는 추세이지만(개신교: 1984년 97% ⇨ 2014년 90%, 천주교: 97% ⇨ 81%, 불교: 88% ⇨ 59%), 특히 불교인의 하락폭이 컸다. 이것은 한마디로 이웃 종교인에 비해 불교인의 종교적 신념이 낮다는 것을 보여 준다. 이러한 '종교의 중요성 인식도'는 곧바로 구체적인 종교 생활로 연결된다. 즉, 주 1회 이상 종교의례 참여율이 개신교인은 80%, 천주교인은 59%인데 비해 불교인은 6%에 그치고 있다. 또한 윤승용의 분석에 따르면, 기독교인의 십일조 이행률은 1980년대에 38%였으나 2014년에는 61%로 역대 최고치를 기록하였다. 이에 반해 불교인의 2014년 한 해 동안 시주 빈도는 1~2번이 45%, 3~4번이 15%, 5~6번 10%, 7~10번 5%, 11번 이상 12%, 그리고 1년 동안 한 번도 시주하지 않았다고

---

38 윤승용, 「한국인의 종교관 변화 추이 분석」, 『전법학연구』제8호(불광연구원, 2015), pp.15~66 참조.

답한 사람이 무려 13%에 육박하였다. 뿐만 아니라 불교인 중 48%가 전혀 불경 등을 읽지 않고, 1주일에 1번 이상 읽은 사람은 고작 11%에 그치고 있는 것으로 나타났다.[39]

3백만 명의 신도가 빠져나간 한국 불교는 현재 교단 내적으로도 큰 진통을 겪고 있다. 이러한 상황에서 불법 포교의 가장 기초적인 장이라 할 수 있는 가족의 개념과 형태, 가족 관계가 급속도로 변화하고 있어서 '가족 포교'는 실로 어려운 국면에 처해 있다고 할 수 있다.

그런 점에서 제3회 혜원시민포럼의 대주제를 「가족 포교, 우야꼬?」로 정한 것은 시의적절하다고 생각된다. 필자에게 주어진 소주제는 '가족포교'를 향한 기초적인 문제인 '가족의 초기불교적 이해'이다. 가급적 시민 포럼 주최 측의 의도와 주문에 따라 논의하기로 한다.

## 2. 현대 가족의 변화와 위기

### 1) 가족의 정의와 유형

가족현상에 대해 과학적으로 연구하는 학문을 가족학 또는 가족사회학 이라고 한다. 시대의 변천에 따라 변화를 계속하고 있는 가족현상은 인간생활의 거의 모든 측면, 즉 생리적·심리적·사회적·경제적·도덕 적·법적 측면 등을 함축하고 있다. 따라서 가족사회학에 있어서 가족연 구의 관점은 다양할 수밖에 없다. 가족연구의 관점은 크게 일곱 가지 이론으로 구분된다. 구조기능론, 갈등론, 상징적 상호작용론, 교환론, 발달론, 체계론, 페미니즘이 그 일곱이다.

---

[39] 앞의 논문 참조.

따라서 상식적으로 생각하는 가족의 개념과는 달리 학문적으로 가족에 대한 정의를 내리는 것은 쉬운 일이 아니다. 가족에 대한 전통적 정의로는 문화인류학자 머독Murdock이 내린 "가족은 공동거주, 경제적 협동 및 출산을 특징으로 하는 사회집단이며, 이 집단은 양성의 성인들을 포함하고 적어도 그들 중 두 사람은 사회적으로 허용되는 성관계를 유지하며, 그리고 한 명 또는 그 이상의 친자녀 혹은 입양된 자녀들로 구성된다"라는 정의가 유명하다. 버제스와 로크(Burgess and Locke)는 가족을 "혼인, 혈연 또는 입양의 유대로 맺어진 사람들의 집단이며, 단일가구를 형성하고 그 안에서 남편과 아내, 어머니와 아버지, 아들과 딸, 형제와 자매라는 각자의 사회적 역할을 수행해 나감으로써 상호작용하고 공통의 문화를 만들고 유지해 가는 집단"으로 규정한다. 이 밖에도 수많은 학자들의 가족에 대한 정의가 있음은 물론이다. 하지만 가족에 대한 전통적인 관점은 일반적으로 가족을 아버지, 어머니, 자녀 또는 그와 유사한 지위로 구성되며 자녀양육, 공동거주, 경제적 협동, 그리고 배타적인 부부관계 등을 특징으로 하며 강한 일체감을 지닌 집단으로 규정하고 있다.[40]

그러나 가족에 대한 현대적 정의는 전통적 정의와 사뭇 다르다. 올순과 드프레인(Olson & DeFrain)은 가족을 "둘 또는 그 이상의 가족원들이 서로 돕고 몰입되어 있으며 애정과 친밀감, 가치관과 의사결정, 그리고 자원을 서로 나누는 집단"으로 정의한다. 현대 미국의 센서스(2000)에서는 "가족은 한 집에 거주하는 서로 관련된 두 명 이상의 사람들로 구성된다"라고 규정한다. 이처럼 가족의 정의가 간단해진 것은 현존하는 다양한 형태의 가족을 최대한 포함시키려고 했기 때문이다. 대체적으로 가족의

---

40 조정문·장상희, 『가족사회학』(아카넷, 2002), pp.18~20.

현대적 정의는 결혼이나 혈연에 근거하기보다는 현재 누구와 어떤 관계로 상호작용을 하느냐에 초점을 맞추고 있다.[41]

가족의 유형은 그 구성 기준에 따라 분류된다. 가장 기본적인 유형으로는 '가족구성원의 수와 범위'에 따라 구분한 '핵가족'과 '확대가족'이 있다. 핵가족은 부부와 미혼자녀로만 구성된 가족을 의미하며 확대가족은 직계가족, 방계가족(결혼한 모든 자녀들이 부모와 함께 거주), 복합가족으로 세분된다. 가족을 '배우자의 수'를 기준으로 구분하면 '단혼제(일부일처제)'와 '복혼제(일부다처제, 일처다부제)'로 나뉜다. '가장권의 소재'에 따라 '부권제'와 '모권제' 그리고 '동권제(가장권이 부계와 모계에 공동으로 속함)'로 나누기도 한다. 또한 '가계계승의 방법'에 따라 '부계제'와 '모계제' 그리고 '양계제'로 나뉜다. '시가살이'와 '처가살이'와 '단가살이(신거제, 신혼부부가 새로운 거주지에서 생활)'는 '거주방식'에 따른 구분이다.[42]

## 2) 가족의 변화와 위기

현대 사회에서 핵가족의 확산은 획기적인 가족의 변화를 불러왔다. 현재 우리나라는 크게 세 가지 가족적 위기에 직면해 있다. 첫 번째 위기는 저출산의 위기이다. 통계청 자료에 따르면 2016년 우리나라 합계출산율은 1.17명으로 경제협력개개발기구(OECD) 회원 36개국의 평균인 1.68명을 훨씬 밑도는 수치이다. 합계출산율 1위는 이스라엘로서 3.11명, 2위는 멕시코 2.18명, 35위는 이탈리아로 1.34명을 기록하였다. 2017년 우리나라 합계출산율은 1.05명으로 더욱 하락하였다. 1970

---

41 한국가족상담교육연구소, 『변화하는 사회의 가족학』(교문사, 2016), pp.36~37.
42 위의 책, pp.37~40.

년의 4.53명에 비하면 큰 차이가 난다. 2018년의 합계출산율은 1.0명 미만으로 떨어질 전망이어서 큰 충격을 안겨주고 있다. 1.0명 이하의 출산율은 현재의 인구 수준을 유지하는 데 필요한 2.1명의 절반에도 미치지 못하는 수치이다. 이와 같은 저출산 문제는 우리 사회 전반에 걸쳐 많은 문제를 야기할 것으로 보이며 불교계에 미칠 파장도 상당할 것이다.

두 번째 위기는 가족 관계의 변화이다. 여러 가지 통계 자료가 이를 뒷받침해 주고 있다. 2018년 취업포털사이트에 따르면 '소소하지만 확실한 행복', 이른바 소확행의 구체적 내용을 묻는 질문에 젊은 층의 50%가 '혼술'(혼자 먹는 술)이라고 답하고 있다. '가족관계'는 2.4%에 불과했다. 전통적인 가족 간의 '따뜻한 유대' 관계는 점점 더 줄어들고 있으며 가족 구성원은 모바일 등 생활환경의 영향으로 개인주의적 성향으로 치닫고 있다.

세 번째 위기는 다양한 가족 형태의 확산이다. '부모와 자식'으로 구성되는 기본적인 가족 단위의 개념마저 빠른 속도로 파괴되고 있다. 이미 우리 사회에 만연한 이혼 등의 폐해로 한 쪽 부모가 없거나 한 쪽 부모 역할을 할 수 없는 편부 또는 편모와 자녀로 구성된 한부모가족, 조부모와 손자녀로 구성된 조손가족이 지속적으로 늘어나고 있으며 소년소녀가장도 증가하고 있다. 또한 여성들의 학력 수준이 높아지고 젊은 세대에서 개인주의적 인생관이 확산되면서 '자발적인 무자녀 가족'도 늘고 있다. 이혼에 따른 재혼 가족도 확산되고 있는바, 재혼가족은 복잡한 구조를 가지며 구성원들의 역할이 모호하고 혼란스럽다. 뿐만 아니라 교통과 통신의 발달, 세계화의 확산, 직장 우선주의, 자녀의 학업 등으로 가족이 한 지붕 아래 거주하지 않는 비동거가족, 즉 '분거가족'이 늘고 있다.

　다문화가족도 빼놓을 수 없는 우리나라의 새로운 가족 형태다. 한국의
국제적 지위 향상, 인터넷 통신의 발달, 외국과의 다양한 교류, 농촌
총각의 결혼문제 등의 원인으로 국제결혼이 늘어나고 있다. 국적을
달리하는 남녀가 결혼함으로써 형성되는 다문화가족은 특히 농촌지역(3
쌍 중 1쌍이 국제결혼)을 중심으로 확산되고 있다. 하지만 문화적 차이,
언어소통의 문제점 등으로 이혼에 이르게 되는 경우도 적지 않다.[43]

　나아가 최근에는 보편적인 가족 개념을 깨는 동성 결혼 가족도 등장하
였다. 남아프리카공화국은 2006년에 아프리카 최초이자 세계에서 다섯
번째로 동성 결혼을 허용한 나라가 되었다. 성소수자의 인권 보호 등의
이유로 동성 결혼을 허용하는 국가들은 더욱 늘어날 전망이다. 가족의
미래에 영향을 미칠 수 있는 또 다른 변수는 유전공학과 대리모 계약의
결합이 가져올 파장이다. 자식이 없는 사람도 이제 대리모를 고용해서
자신의 아이를 가질 수 있게 되었기 때문이다.[44]

## 3. 초기경전의 가족개념과 가족윤리

### 1) 가족개념

그렇다면 불교에서는 가족을 어떤 관점에서 바라보는 것일까. 초기경전
에서는 가족의 개념에 대한 직접적인 언급은 찾아보기 어렵다. 하지만
『디가 니까야』 가운데 「악간냐 숫따Aggañña-sutta」에서는 가족의 기원에
관한 기술이 있어서 흥미롭다. 그 내용이 길기 때문에 가족의 기원과

---

43 한국가족상담교육연구소, 앞의 책, p.200~201.
44 매리 조 메이너스 외, 윤영미 역, 『가족의 역사』(다른세상, 2018), p.196~197.

관련된 부분만 발췌해서 인용해 보기로 한다.

음식의 변화로 신체적 외모가 더욱 다양해짐에 따라 그들의 독단과 자만은
갈수록 심해졌다. 하여 덩굴식물은 사라지고 쌀이 나타났다. 그들이 매일
아침과 저녁으로 초원에서 쌀을 모아 그것을 섭취한 결과, 그들의 신체는
더욱 형체화되어 남자와 여자의 모습을 갖게 되었다. 인간 존재가 등장한
것이다. 이후 남자와 여자는 사랑을 하게 되어 성적 교섭에 빠졌다. 다른
사람들이 그들의 행위에 눈살을 찌푸리자 그들은 집을 짓고 그 속에서
남편과 아내로서 살기 시작했으며, 초원에서 가져온 쌀을 계속 음식으로
취했다. 이리하여 가족이라는 제도가 생기게 되었다. 어느날 한 게으른
사람이 매일 음식을 구하러 가는 일이 귀찮아 한 번에 많은 쌀을 가져오는
방법을 생각해냈다. 다른 사람들도 그를 본받아 한 번에 8일간의 음식을
모으기 시작했다. 나중에 사람들은 자기들끼리 초원을 분할하여, 각자의
구역을 정했다. 따라서 이제까지 공동으로 소유했던 토지가 개인의 소유로
되었으며, 이리하여 사유재산이라는 관념이 발생했다.[45]

위 내용을 살펴보면 다음과 같은 몇 가지 사실을 유추해 볼 수 있다.
첫째, 가족은 한 남자와 한 여자를 중심으로 이루어진다. 따라서
일부일처제가 근본이라고 할 수 있다. 「악간냐 숫따」의 후반부에는
'바이샤' 계급 남성이 '아내와 자식을 거느리고' 살았다는 내용이 나오는
바, 결국 한 가족은 기본적으로 '부부와 그 자녀'로 구성된다고 할 수
있다.
둘째, 가족은 수치심에 바탕한 도덕관념을 기반으로 한다. 바꾸어
말하면 가족제도가 성적 혼란과 무질서를 차단하는 제도적 장치라고
할 수 있다.

---

45 *D.N. III*, pp.77~94.

셋째, 한 남자와 한 여자의 결혼생활은 '성적 교섭'을 바탕으로 하며, 그것에 의해 자녀를 출산하고 나아가 종족번식을 이어간다.

넷째, 성적 교섭의 배타성은 결과적으로 가족 단위의 사유재산제도를 출현시킨다.

이러한 초기불교의 가족개념은 가족사회학에서 말하는 가족의 전통적 정의와 유사하다.

## 2) 가족윤리

인간의 몸과 마음을 지속적으로 건강하고 행복하게 하는 것은 '부와 명예'가 아니라 원만하고 좋은 인간관계, 따뜻한 인간관계라는 사실이 여러 연구진에 의해 밝혀지고 있다.

사람이 사회생활을 영위하는 데 있어서는 다양한 인간관계를 맺기 마련이다. 그 최소단위는 무엇보다도 가족으로서 남편과 아내와의 관계, 부모와 자식과의 관계, 형제와 자매 사이의 관계가 원만하게 형성되어야만 그 가정은 평화와 행복을 누릴 수 있다. 나아가 스승과 제자의 관계, 친구간의 관계, 성직자와 신자의 관계, 사용자와 고용인의 관계 등 모든 인간관계가 바르고 따뜻하게 정립될 때 사회 전체는 평화와 질서를 유지할 수 있다.[46]

초기경전 가운데 하나인 「싱갈로와다 숫딴따」 및 이와 유사한 내용의 몇몇 경전들에는 중요한 인간관계에 관한 가르침이 설해지고 있어 이채롭다. 여기서는 부모와 자식, 그리고 남편과 아내의 관계에 관한 가르침에 대해서만 살펴보기로 한다.

---

46 박경준, 『불교사회경제사상』(동국대출판부, 2013), p.152.

먼저 부모와 자식의 바람직한 관계에 관한 내용이다. 붓다 당시 인도사회는 가부장 사회였지만 붓다는 부모와 자식의 관계를 수직적인 의무와 복종의 관계가 아니라 사랑과 믿음에 바탕한 호혜적이고 합리적인 관계로 가르친다.

그리하여 자식은 부모에 대해 다음 다섯 가지를 지켜야 한다.

첫째, 옛날에는 부모가 나를 길러주었으므로 이제는 내가 부모를 부양하겠다.
둘째, 부모의 일을 내가 이어서 하겠다.
셋째, 혈통을 이어가겠다.
넷째, 가문의 명예와 전통을 계승하겠다.
다섯째, 부모의 유산을 물려받는 데 부족함이 없도록 준비하겠다.

자신을 낳아주고 길러준 부모에 대해 그 은혜를 갚고 효순하며 가문의 전통과 명예를 이어가야 한다는 것이다.

이에 대해 부모는 자식에 대해 다음 다섯 가지를 지켜야 한다.

첫째, 나쁜 행동(惡行)을 하지 않도록 한다.
둘째, 착한 행동(善行)을 하도록 간곡히 타이른다.
셋째, 기술을 익혀 직업을 갖게 한다.
넷째, 적합한 여자와 결혼을 시킨다.
다섯째, 적당한 때에 가산家産을 상속한다.[47]

다음으로 남편과 아내, 즉 부부 관계에 대한 가르침을 살펴본다.

---

47 위의 책, pp.153~154.

올바른 결혼생활을 영위하기 위해서는 남편과 아내는 서로를 사랑하고 아껴야 한다. 먼저 남편은 아내에 대하여 다음 다섯 가지를 지켜야 한다.

첫째, 아내를 존경한다.
둘째, 아내를 예의로써 공손히 대한다.
셋째, 아내에게 충실해야 한다.
넷째, 집안 살림의 권한을 부여한다.
다섯째, 장식품을 제공한다.

이 가운데 셋째 "아내에게 충실해야 한다"는 것은 아내 이외의 다른 여자와 관계를 갖지 말라는 의미이다. 『숫따니빠따』는 "슬기로운 사람은 음행을 회피하라. 타오르는 불구덩이를 피하듯. 혹여 정행淨行을 닦을 수가 없더라도 남의 아내를 범해서는 안 된다"고 설한다.

그리고 다섯째 "장식품을 제공한다"는 사치스런 생활을 하도록 하라는 의미가 아니다. 그것은 아내에 대한 남편의 사랑의 징표이며, 아내가 경제적으로 어려운 상황에 처했을 때를 대비하는 보험 또는 저축의 의미가 담겨 있다고 생각된다.

다음으로 아내는 남편에게 다음 다섯 가지 사항을 지켜야 한다.

첫째, 주어진 임무를 잘 수행한다.
둘째, 남편의 일가 친족을 잘 받든다.
셋째, 정조를 지킨다.
넷째, 남편이 모은 재산을 잘 지키고 관리한다.
다섯째, 무슨 일에나 능란하고 부지런해야 한다.[48]

대체적으로 보아 아내는 남편을 내조하여 집안 살림을 잘해야 한다는 의미라고 할 수 있다.

이상의 내용을 종합해 보면 가족관계, 즉 부모와 자식, 남편과 아내의 관계는 기본적으로 '사랑과 존중'에 바탕해야 함을 알 수 있다.

### 3) 가족포교

위에서 살핀 것처럼 모든 가족 구성원이 사랑과 존중을 바탕으로 서로 화합하고 각자 맡은 바 역할에 충실하다면 그 가정은 훌륭하다고 할 것이다.

그렇다면 가족의 종교 문제에 대해서 고타마 붓다는 어떤 입장을 취했을까. 이에 대해서는 두 가지 관점을 생각해 볼 수 있다고 본다.

첫째, 붓다는 가족 구성원들의 종교에 대해 관용적이었을 것이라는 관점이다. 다시 말해 식구들의 종교가 꼭 불교여야 할 필요는 없다는 입장이다. 이러한 관점은 원래 자이나교 신자였던 우빨리 장자와 시하 장군의 불교 개종 과정에서 고타마 붓다가 취한 태도를 통해 드러난다. 우빨리 장자와 시하 장군은 붓다의 설법을 듣고 자이나교를 버리고 불교에 귀의하고 싶다는 뜻을 밝힌다. 붓다는 이에 대해 사회적 영향력이 큰 그들의 개종이 사회적 물의를 야기할 것을 염려하여 반대한다. 그러나 그들이 뜻을 굽히지 않자 결국은 그들의 개종을 허락한다. 하지만 붓다는 '앞으로도 계속해서 자이나교 승려들에게 공양해야 한다'는 조건을 그들에게 제시하였다. 이러한 예를 보더라도 붓다는 종교 문제에 대해 상당히 관대했다고 생각된다. 이런 관점에서 가족들의 종교에 대해서도 관대한

---

48 위의 책, p.155.

입장을 취했을 거라는 추측이다.

하지만 또 다른 관점에서 생각해 볼 수도 있다. 즉 붓다는 모든 가족 구성원은 하나의 종교를 가져야 한다고 가르쳤을 수도 있다는 입장이다.

이에 대한 경전적 전거는 『잡아함』 제47권 1241경 「급고독경」의 다음 내용이다.

급고독 장자가 어느 날 부처님을 찾아와 "어떤 사람이라도 우리 집에 있으면 그는 깨끗한 믿음을 얻고 목숨을 마치면 천상에 태어날 것입니다" 라고 말한다. 부처님은 그 말의 상세한 뜻을 다시 물었다. 그러자 급고독 장자는 "부처님, 저는 우리 집에서 어떤 사람이 임신을 하면 이렇게 가르칩니다. '그 아이를 위해 부처님과 가르침과 승단에 귀의하라. 그리고 아이가 태어나면 그 아이를 삼보에 귀의케 하고, 그 아이가 철이 들면 청정한 계를 가지도록 하라'고. 우리 집 가족은 물론이고 우리 집에서 일하는 하인들까지도 그렇게 하도록 가르칩니다. 저는 또 손님을 재우거나 일꾼을 쓸 때도 반드시 3귀5계를 받은 사람을 채용하며 그들이 깨끗한 마음으로 삼보를 공양하도록 권합니다. 그러므로 어떤 사람이라도 우리 집에 있으면 깨끗한 믿음을 얻게 되고 목숨을 마치면 천상에 태어난다고 하는 것입니다."

장자의 말이 끝나자 부처님은 최고의 찬사로 급고독 장자를 칭찬하고 '당신의 말대로 모든 것이 뜻대로 이루어질 것'을 인정했다.[49]

또한 『잡아함』 제42권 1158경 「바사타경」에는 아내 다닌자니가 남편 집안에서 대대로 믿어온 종교를 버리고 불교로 개종한다는 이야기가 나온다. 남편도 결국 부처님의 도움으로 불교에 귀의하게 된다.[50]

---

49 박경준, 앞의 책, pp.99~101.
50 홍사성, 『한 권으로 읽는 아함경』(불교시대사, 2009), pp.98~99.

　이러한 내용을 접하면 붓다는 모든 가족 구성원이 불교에 귀의하는 것을 권장했다고 볼 수 있다. 가족포교의 당위성은 바로 이러한 내용들을 근거로 한다.

## 4. 출가와 효

효는 중국이라는 나라와 사회에 있어서 절대 도덕이자 만덕萬德의 근본이었다. 효의 이념은 유교를 배경으로 예부터 오늘에 이르기까지 3천 년이 넘도록 불변의 도덕이었다. 그런 만큼 불효는 대역죄로 간주되었다. 예컨대 청조清朝 동치제同治帝 때, 호북성의 한 지식인이 자기 부인과 함께 어머니를 채찍으로 때린 사건이 발생했다. 천자는 칙령으로 불효자 부부에게 대형벌을 내렸다. 참수나 교수형보다 훨씬 잔혹한 박피형(산 채로 전신의 피부 가죽을 벗겨 죽이는 형)에 처했다. 또한 그 부부의 양친에게도 그런 불효자식으로 키운 책임을 물어 교수형 이하의 중형을 내렸다. 이웃들에게는 이 사건을 바로 고발하지 않았다는 이유로 귀양의 벌을 내렸으며, 그 지방 장관은 적절한 지도를 하지 않았다는 죄로 파면하였다.[51]

　이렇게 효를 절대시하는 유가儒家로부터 불교는 오랫동안 부모에 대한 효도와 국가에 대한 충성을 무시하는 무부무군無父無君의 반인륜적 종교라고 비판받아 왔다. 불교에는 해탈과 열반을 궁극의 목표로 하는 출가수행의 제도가 있어서 자식이 부모를 곁에서 봉양하지 않고 출가한다는 점을 지적한 비판이다. 그러나 불교는 결코 반인륜적 불효의 종교가 아니다. 『부모은중경』을 비롯한 여러 경전 속에는 효를 강조하는 수많은 가르침이 설해지고 있으며, 지대한 부모의 은혜를 매우 감동적으로

---

51 미치하타 료슈, 목정배 옮김, 『불교의 효 유교의 효』(불교시대사, 1994), pp.15~16.

강조하고 있다. 유가의 비판은 불교의 출가수행에 대한 오해, 또는 깨달음의 윤리에 대한 무지에서 비롯되고 있다. 출가는 부모를 버리는 행위가 아니라, 부모를 생로병사의 고통에서 구제하려는 지극하고 치열한 효행의 시작임을 그들은 망각한 것이다. 경전에서는 부모로 하여금 불법佛法에 귀의케 하여 깨달음을 얻어 해탈과 열반을 성취하도록 하는 것이 최상의 효라고 설한다.

우리는 부처님의 행적 속에서 직접적인 효행을 발견할 수 있다. 『불승도리천위모설법경』에 의하면, 부처님은 자신을 낳은 지 7일 만에 돌아가신 어머니 마야 부인을 제도하기 위해 여름 안거 기간을 이용하여 도리천에 올라가 설법하였다고 한다.[52] 또한 『불설정반왕반열반경』에 따르면, 부처님은 아버지 정반왕이 돌아가셨을 때, 친히 아버지의 관을 메려고 하였지만 사천왕四天王의 간청으로 직접 관을 메지는 않고, 향로를 손수 든 채 관 앞에 서서 장지까지 걸어갔다고 한다.[53] 이러한 행적은 그 사실 여부를 떠나 오랜 불교 전통 속에서 부처님이 효도를 거부하고 배척한 분이 아니라, 적극적인 효도의 실천자로 인식되어 왔음을 말해주고 있는 것이다.[54]

## 맺음말

이상에서 살핀 바와 같이 오늘의 한국불교는 큰 위기에 처해 있다고 할 수 있다. 도도한 탈종교화의 시대조류는 물론 3백만 명의 신도 감소, 젊은 층 불교신자의 열세, 불교신행의 질적인 열악함 등, 참으로 총체적

---

52 大正藏 17, p.787中.

53 大正藏 14, p.782下.

54 월운스님 外, 『부처님이 들려주는 孝 이야기』(조계종출판사, 1995), pp.94~95.

위기에 직면해 있는 것이다. 또한 한국의 가족 상황 역시 급속한 산업화에 따른 핵가족의 확산으로 위기에 봉착해 있다. 가정의 기능이 축소되면서 가족관계의 따뜻한 유대가 약화되고 저출산율도 심각한 수준에 이르고 있기 때문이다. 더욱이 가족의 형태가 다양해지면서 전통적인 가족의 개념이 몹시 흔들리고 있다.

이러한 상황에서 가족포교의 중요성과 필요성은 그 어느 때보다도 크다고 할 수 있다. 가족포교의 구체적인 방안을 제시하는 것은 다른 발표자의 몫이다. 하지만 발표자의 한 사람으로서 한 가지 의견만을 제안해 보고자 한다. 그것은 직접적인 포교 이전에 '가족이 함께 할 수 있는 시간'을 먼저 자주 갖도록 하자는 것이다. 가족상담, 가족 단위 수련회(또는 템플스테이), 가족 단위 운동회 또는 소풍 등의 시간을 마련한다면 가족 간의 소통과 대화에 많은 도움을 줄 것이라고 본다. 그에 대한 구체적인 방법과 상세한 프로그램의 개발이 필요함은 두말할 필요가 없다.

끝으로 우리 스스로가 불자로서의 바른 삶을 실천하는 모범을 보일 때 가족포교도 가능하다는 사실을 강조해 두고자 한다.

# IV. '풍경소리' 글의 성격과 내용 분석

불교는 깨달음의 종교이다. 스스로의 깨달음뿐만 아니라 다른 사람을 깨닫게 하는 일도 중요시하는 자각각타自覺覺他의 종교이다. 불교인은 붓다의 설법을 통해 스스로의 깨달음을 추구하며 자신의 설법을 통해 타인의 깨달음을 돕는다. 이처럼 설법은 불교에서 매우 중요한 의미를 갖는다. 불교에서 설법은 흔히 '대기설법對機說法'이라고 일컬어진다. 대기설법이란 원래 '듣는 사람의 이해 능력에 걸맞은 눈높이 설법'이라는 의미이지만, 나아가 '때와 장소에 어울리는 효과적인 설법'이라는 함의도 갖는다. 대기설법의 원칙은 석가세존의 가르침을 다양한 나라, 다양한 지역의 언어로 번역하게 하였고, 다양한 방법으로 전파하게 하였다. 이러한 대기설법의 대표적인 역사적 산물은 바로 중국 당대唐代에 성행한 '속강俗講'이라 할 수 있다. 속강은 전문적인 불교인이 아니라 일반 대중을 상대로 한 강설로서, 불교 경전의 내용을 흥미 있고 알기 쉬운 고사故事 등을 중심으로 평이하고 통속적으로 해설한 것이다.

이러한 대기설법의 오랜 전통이 21세기 한국 사회에 독특하게 표출되고 있는 것이 바로 '풍경소리'를 통한 포교이다. 현대사회의 주요 특징이라 할 수 있는 도시화는 필연적으로 교통난을 초래하였고, 이 도시의 교통난을 해결하기 위해 창안된 것이 지하철이다. 지하철은 이제 현대 도시를 유지시키는 데 필수불가결한 교통수단으로 자리매김하고 있다. 이렇게 본다면 지하철의 법음法音, '풍경소리'는 결코 특별한 것이 아니라 현대사회의 대중들을 포교하기 위한 필연적인 방법론이라고도 할 수 있으며, 따라서 현대포교의 시금석이라고도 할 수 있다.

'풍경소리'는 1999년 4월 28일 서울소재 '가람기획' 사무실에서 이용성, 임현규, 이주영, 서동석 등 4인이 모인 가운데 발의하였다. 1999년 8월 24일에는 지하철 2호선 종합운동장역 구내 서울 지하철공사 법우회 법당에서 40여 명이 참석한 가운데 '자비의 말씀' 게시판 설치를 부처님께 고하는 고불법회가 열렸고, 9월 15일에는 서울지하철공사 소속 115개 역사에 460개 게시판이 설치 완료되었다. 같은 해 9월 28일에는 마침내 (사)한국불교종단협의회 회의실에서 제6차 발기인 모임 및 창립 운영이사회가 열려, 정관을 확정하고 초대 대표이사로 성운스님을 선출, 대표이사를 포함한 운영이사 13인을 확정함으로써 〈(사)한국불교종단협의회부설 법음을 전하는 사람들의 모임 '풍경소리'〉가 정식으로 출범하였다.

'풍경소리'는 포교위원회, 편집위원회, 후원회 등의 기구를 조직하여 그 활동을 강화시키고 각종 사업을 펼쳐왔다. 그 결과 '풍경소리'는 이제 서울을 비롯한, 대구, 부산, 인천, 광주, 대전의 모든 지하철 역사와 지상의 대부분의 철도역, 그리고 사찰, 대학, 군부대 등 많은 사람들이 모이는 공공장소에 설치될 수 있게 되었다. 460개의 게시판으로부터 출발한 '풍경소리'의 게시판은 이제 2,300개를 넘어섰다. 그 과정에서 2002년 6월에는 '풍경소리' 포스터에 게시되었던 정진권의 '한 생각 바꿨더니'라는 글이 초등학교 5학년 2학기 말하기·듣기 국정 교과서에 채택되어 실리는 쾌거가 있었고, 『풍경소리』 모음집 단행본이 이미 5권(개정판 포함) 출간되었으며 6권째 단행본이 곧 출간될 예정으로 있다. 그리고 「지하철 이용시민 종교의식 보고서」는 '풍경소리'를 읽는 사람이 불교인보다 개신교 및 천주교 신자, 그리고 무교無敎인 사람들이 훨씬 더 많다는 사실을 알려준다. '풍경소리'가 이웃종교인들과 일반인들에게도 널리 울려 퍼지고 있다는 반증이다.

이러한 '풍경소리'의 울림을 바탕으로 '풍경소리'는 이제 '문학'과 '사회학' 등의 학문영역에서도 그 연구 대상이 되고 있다. 강석근은 2005년, '제1회 동아 우언 연구 국제회의'에서 '풍경소리'를 중심으로 「불교우언문학의 범주와 탐색」이라는 논문을 발표하였고, 윤승준은 2005년, 『국문학논집』 제20집에 '풍경소리'를 통해 본 「불교우언의 현대적 소통」이라는 논문을 게재하였다. 또한 2009년, 박형신은 『불교학연구』 제24호에 「'풍경소리'를 통해 본 불교문화운동─평가와 제언」이라는 논문을 게재한 바 있다.

'풍경소리'는 무엇보다도 치열한 경쟁과 속도, 끝없는 욕망에 지친 시민들에게 열차를 기다리는 1~2분을 통해 절간의 풍경소리와 같은 휴식과 평화, 진지한 자기 성찰의 시간을 제공해 왔다. 그러나 여기서 만족할 수는 없다. '풍경소리'는 이제 또 다른 10년, 20년, 아니 100년을 향하여 나아가야 한다.

그러기 위해서는 그동안의 '풍경소리' 글에 대한 분석과 검토 작업이 이루어져야 한다고 본다. 이러한 의도에서 이 글에서는 그 동안 '풍경소리'에 어떤 분들이 글을 써주었고, 그 글의 내용과 성격은 어떠하였는지 살펴보고자 한다. 또한 '풍경소리'가 극복해 나가야 할 문제점은 무엇이고 발전방향은 무엇인지도 살피기로 한다. '풍경소리'의 글에 담기는 내용이 앞으로 '풍경소리' 포교의 성패를 좌우할 것이기 때문이다.

## 1. '풍경소리' 참여 작가 분석

한 지하철 역사에는 내용이 다른 두 편의 '풍경소리' 글이 게시되고, 대략 3주에 한 번씩 교체된다. 그러므로 적어도 두 달에 6편 정도의 작품이 필요하고 이 글을 준비하는 데는 많은 필진이 요청된다.

필자는 지금까지 발간된『풍경소리』모음집 다섯 권과 곧 발간될 여섯 번째『풍경소리』원고 등을 토대로 필진을 조사하였다.

필자가 조사한 바에 의하면, 지금까지 '풍경소리' 글을 쓴 작가는 2009년 7월 기준, 총 67명으로 집계되었다. 필진 가운데 스님과 시인, 그리고 수필가와 소설가가 대다수를 차지하는 것은 '풍경소리' 글의 특성상 부득이하겠지만 직업의 종류가 그렇게 다양하지는 않은 것 같다. 이제 그 직업별 필진들을 구체적으로 알아본다.

〔표 3〕'풍경소리' 직업별 필진

| 직업(계) | 집필진 |
|---|---|
| 스님(21人) | 관후, 도수, 묘원, 법정, 법현, 성운, 성타, 오현, 우학, 원철, 월서, 은산, 인환, 정현, 지운, 진옥, 천룡, 혜자, 혜총, 달라이라마(티베트), 아짠 차(태국) |
| 시인(15人) | 강현미, 고규태, 구상, 김동하, 김영희, 김원각, 김재진, 김춘성, 안도현, 윤소암, 이병철, 이상희, 임솔내, 장용철, 황다연 |
| 수필가(10人) | 강호형, 김시헌, 김용복, 맹난자, 문윤정, 서동석, 손광성, 이명선, 이영일, 정진권 |
| 소설가(5人) | 김성동, 이용범, 이우상, 이재운, 정찬주 |
| 방송작가(2人) | 방귀희, 오세경 |
| 교사(1人) | 김남선 |
| 교수(3人) | 박경준, 임준성, 정민 |
| 기업인(1人) | 배관성 |

| 컨설턴트(1人) | 손기원 |
|---|---|
| 재가불자(2人) | 관심거사, 라도현 |
| 무용가(1人) | 홍신자 |
| 언론인(1人) | 최정희 |
| 군법사(1人) | 이정우 |
| 숲해설가(1人) | 문영자 |
| 문화운동가(1人) | 김재일 |
| 아동문학가(1人) | 박민호 |

위의 필진 중에서 가장 많은 글을 쓴 작가는 김원각으로서 23편에 이른다. 다음으로 10편 이상을 쓴 작가는 문윤정(14), 맹난자(12), 장용철(12)이고, 5편 이상을 쓴 작가는 박경준(9), 강호형(6), 정진권(6), 이정우(6), 묘원(5) 순이다. 위의 필진 중에는 유명하고 능력 있는 분들이 많은데 이분들의 적극적인 참여가 이루어진다면 '풍경소리' 발전에 큰 도움이 될 것이다.

## 2. '풍경소리'의 형식과 내용 검토

### 1) '풍경소리'의 성격

그동안 '풍경소리'에 게시된 글들은 총 238여 편에 이르고 있는데, 크게 두 부류로 구분된다. 하나는 작가들의 작품이고, 다른 하나는 여러 불교 전적 또는 단행본 가운데서 적절한 내용을 발췌한 것이다. 작가들이 직접 쓴 글은 183편이고, 전적에서 발췌한 글은 55편이다.

그리고 작가들이 쓴 글은 또 두 부류로 나눌 수 있다. 하나는 작가들의 순수한 창작이고, 또 하나는 불교경전 등에 나오는 내용을 각색하고 윤색한 것이다. 183편의 글 중에서 순수한 창작물은 대략 85편이고 각색한 작품은 대략 98편이다. 먼저 순수한 창작이라고 할 수 있는 '풍경소리' 글로 정진권의 '한 생각 바꿨더니'를 들 수 있겠다.

소나무가 진달래에게 말했습니다.
"가지만 앙상한 가을날의 네 모습, 딱도 해라."
진달래가 콧방귀를 뀌며 말했습니다.
"눈에도 안 띄는 봄날의 네 꽃은 어떻고?"
소나무는 기분이 나빴습니다.
이런 저런 생각에 밤에는 잠도 자지 못했습니다.

이튿날입니다. 소나무가 진달래에게 말했습니다.
"네가 봄에 피우는 그 연분홍 꽃은 정말이지 그렇게 아름다울 수가 없어."
진달래가 환히 웃으며 말했습니다.
"아름답긴 뭐, 눈서리에도 지지 않는 너의 그 푸른 잎새야말로 그렇게 미더울 수가 없지."
소나무는 기분이 좋았습니다.
어제는 왜 그렇게 기분이 나빴는지
오늘은 왜 이렇게 기분이 좋은지
소나무는 잘 알게 되었습니다.[55]

다음으로, 불전佛典의 내용을 각색한 것으로는 '강을 건너는 그대에게'(박경준)를 들 수 있을 것이다.

강물이 앞에 놓여 있습니다.

---

55 『풍경소리』(2007 : 47).

토끼는 물위를 그냥 헤엄쳐 갑니다.

말은 강바닥에 발이 닿는 둥 마는 둥 건넙니다.

코끼리는 바닥에 발을 확실하게 디디면서(徹底) 건너갑니다.

갑자기 물살이 세차집니다.

토끼는 금방 떠내려가고

말은 허둥대다가 힘이 빠집니다.

코끼리만 무사하게 강을 건넜습니다.

당신은 지금 인생의 강을 어떻게 건너고 계십니까?[56]

이 글은 필자의 순수한 창작물이 아니라 불전佛典에 나오는 이야기를 필자가 조금 각색한 것이다. 이것은 세상을 살아가는 데 있어 철저하고 신중한 자세가 왜 필요한가를 전함과 동시에 독자들에게 '철저'라는 낱말이 코끼리가 강바닥에 발을 확실하게 딛고 강을 건너는 데서 유래했음을 알려주려는 목적으로 쓴 것이다.

그리고 48편의 발췌(또는 轉載)한 글들은 『숫따니빠따』, 『잡아함경』, 『법구경』, 『송고승전宋高僧傳』, 『백유경百喩經』 등을 비롯한 33종에 이르는 경전과 문헌에서 직접 발췌한 것이다. 여기에는 불교경전의 구절, 고승의 법어나 일화, 기타 다른 저술의 내용이 소개되고 있다. 한두 가지 예만 들어보기로 한다. 먼저, 다음의 '부모를 잘 모셔야'는 아마도 '풍경소리' 가운데서 가장 짧은 글에 해당될 것이다.

자기 자신은 즐겁고 풍족하게 살면서

늙은 부모를 모시지 않는 사람이 있다.

---

56 『풍경소리』(2009b : 134).

이것은 파멸에의 문이다.(『숫타니파타』)[57]

그리고 다음의 '초대'는 『대지도론』에서 발췌한 것이다.

어떤 큰 부잣집에 생일잔치가 벌어졌습니다.
옷차림이 허름한 선비가 그 집에 들어가려 하자
문지기가 가로막았습니다.
선비는 자신의 신분을 밝혔으나 결국 쫓겨나고 말았습니다.
선비는 돌아가 좋은 옷을 빌려 입고 왔습니다.
그러자 문지기는 허리를 굽신거리며 들여보냈습니다.
모두들 즐겁게 음식을 먹고 있는데
선비는 자리에 앉아 음식을 옷에다 문지르고 있었습니다.
옆 사람이 왜 그러느냐고 묻자
선비는 대답했습니다.
옷을 초대했으니 음식도 옷이 먹어야 하지 않겠소.[58]

## 2) '풍경소리'의 문학적 형식

'풍경소리'는 원칙적으로 200자 원고지 2.5매를 넘지 않도록 되어 있는
짧은 글들이기에 그 문학적 형식을 논한다는 것은 어쩌면 적절한 일이
아닐 수도 있다. 하지만 대략적으로 볼 때 '풍경소리'의 문학적 형식은
시, 수필, 우언(寓言＝寓話), 잠언 등으로 구분해 볼 수 있다고 생각된다.
필자의 주관적 관점으로 보면, 시로 분류될 수 있는 글은 약 37편,
우언으로 분류될 수 있는 글은 약 75편, 수필은 38편, 잠언은 88편으로

---

57 『풍경소리』(2009b : 133).

58 『풍경소리』(2007 : 85).

대략 집계된다. 먼저 시로 분류할 수 있는 작품으로는 '세상살이'(김춘성)
를 들 수 있지 않을까 싶다.

어느 때 가장 가까운 것이
어느 땐 가장 먼 것이 되고
어느 때 충만했던 것이
어느 땐 빈 그릇이었다.

어느 때 가장 슬펐던 순간이
어느 땐 가장 행복한 순간으로 오고
어느 때 미워하는 사람이
어느 땐 사랑하는 사람이 되었다.
오늘은
어느 때 무엇으로 내게 올까.[59]

'꽃자리'(이병철)라는 제목의 다음 글도 시로 분류될 수 있을 것이다.

좋은 사람 나쁜 사람 따로 있는 게 아니다.
좋은 마음으로 대하면 좋은 사람.

내 옳다는 그 생각 벗어날 수 있다면
나 먼저 내세우지 않는다면
시방 그대 머문 그 자리
극락정토
꽃자리일세.[60]

---

59 『풍경소리』(2007 : 121).

다음으로, 수필 형식에 해당되는 작품으로는 '우리 집의 주인은 누구인
가?'(이재운)를 들 수 있겠다. 그 내용이 조금 길지만 생략하지 않고
인용한다. 이 글은 지금까지 '풍경소리' 글 중에서 가장 긴 작품이라는
또 다른 의미가 있어서다.

우리 집은 너른 대지에 양옥 한 채, 창고 한 동,
그리고 오백 년생 은행나무 한 그루, 백 년생 느티나무 한 그루,
한 오십 년쯤 된 잣나무와 벗나무와 목련,
이십 년생 이하의 단풍나무, 전나무, 불두화나무, 뽕나무, 개나리들이
저마다 자리를 잡고 있습니다.

물론 사람도 살지요. 나하고 아내하고 딸이 있습니다.
그리고 도자 돌림인 우리 집 강아지 여덟 마리가
문 밖을 내다보면서 엄중 감시하고 있습니다.

개미는 아마 수만 마리가 살 것입니다.
텃밭에 둥지를 튼 대형 개미굴만 세 군데가 있습니다.
또 왕벌집도 하나 있습니다.
내가 가까이 다가가면 저희 집 근처에는
얼씬거리지도 말라며 성을 냅니다.
지렁이는 평당 열 마리씩만 잡아도 대략 오천 마리쯤 사는 셈인데 실제는
그보다 훨씬 많을 것입니다.
그밖에 까치, 모기, 나방, 등에, 벼룩 따위까지 따지면,
천문학적인 숫자가 될 것입니다.
참, 텃밭도 있습니다.

---

60 『풍경소리』(2009b : 122).

거기 옥수수, 들깨, 상추, 쑥, 명아주, 고추, 배추,
무, 씀바귀, 호박, 꽈리 등이 있습니다.
요즘 햇빛이 좋다 보니 이놈들 자라는 게
여간 요란한 것이 아닙니다.

그러다 보니 이 집의 주인이 누구인지 모르겠습니다.
나보다 이 집에 오래 살아 온 나무들인지,
대대로 새끼를 치며 살아가는 벌인지, 아니면 지렁이인지,
또는 왕국을 건설하고 살아가는 개미들인지 모르겠습니다.
하여튼 난 그들 앞에서 주인이라고 감히 말하지 못하겠습니다.[61]

그 다음으로, 우언에 해당되는 대표적인 작품으로는 '꼬리와 머리'(맹
난자)를 들 수 있다.

화가 난 뱀의 꼬리가 머리에게 따졌습니다.
"나는 왜 항상 앞서가는 너를 따라가야만 하니?
이번에 내가 먼저 갈 테다."
앞에 놓여 있는 불을 보고 머리가 한사코 말렸지만
성급한 꼬리는 벌써 돌진한 뒤였습니다.[62]

도수스님의 다음 작품 '바쁘게 할 일'도 우언에 해당된다고 할 수
있다.

어떤 수행자가 세속의 친구를 찾아와 말했습니다.
"여보게, 자네도 이젠 마음을 내어 수행하는 것이 어떻겠는가?

---

61 『풍경소리』(2007 : 118~119).
62 『풍경소리』(2007 : 37).

영혼도 가꾸면서 살아야지."
"그렇지 않아도 그렇게 할 셈이네.
중요한 일 세 가지만 끝내놓고 말일세."
"그래 그 세 가지 일이라는 게 무엇인가?"
"첫째는 빨리 돈을 벌어서 부자가 되는 것이고,
둘째는 자식들 좋은데 혼인 시키는 것이고,
셋째는 자식들이 출세하는 것을 보는 것이라네."
그러나 그 친구는 세 가지를 이루기도 전에 생을 마치고 말았습니다.

매일 바쁘게만 살아가는 우리들, 정작 할 일을 하지 못한 채
환상만을 쫓다가 인생을 마감하는 것은 아닐까요?[63]


불교우언에 관해서는 이미 강석근의 논문[64]에서, 또한 윤승준의 논문[65]
에서 상당히 상세하고 깊이 있게 다루어진 바 있다. 특히 윤승준은
'풍경소리'가 현대를 살아가는 대중과 소통하는 데 성공한 것은 우언
형식의 글 때문임을 강조하고 있다. 확실히 우언은 종교적 거부감을
없애고 많은 사람들의 관심을 끄는 데는 매우 효과적인 형식이다. 이것은
실제로 「지하철 이용시민 종교의식 조사 보고서」를 통해서도 드러난다
고 볼 수 있다. 이 보고서에 의하면, 전체응답자(408명) 가운데 '풍경소리'
를 읽은 경험이 있다고 답한 사람은 35.5%인 반면, 이웃종교의 '사랑의
편지'를 읽은 경험이 있다고 답한 사람은 31.9%에 그쳤다.[66] 또한 '풍경소
리'를 읽는 사람들의 비율은 불교인 9%, 개신교인 39.3%, 천주교인

---

63 『풍경소리』(2009a : 118).

64 강석근(2005).

65 윤승준(2005).

66 한국리서치(2009 : 13).

13.1%, 기타 2.1%, 무교(종교가 없는 사람) 36.6%로 나타나고 있는데,[67] 이것을 보면 다른 종교인들이 오히려 불교인보다도 '풍경소리'를 더 열심히 읽고 있음을 알 수 있다. 또한 '풍경소리' 이용자 중 '풍경소리'가 불교와 연관 있다고 생각하는 사람이 65.5%인데 반해, 종교와의 연관성을 모른다고 답한 사람이 24.1%, 개신교와 연관 있다고 보는 사람도 9%에 이르고 있는데,[68] 이것을 유추해 보더라도 불교우언의 형식이 대중과의 소통을 원활하게 하는 데 일정 부분 기여하고 있음을 알 수 있을 것이다.

끝으로, 잠언에 해당하는 대표적인 작품으로는 '내부의 적을 제거하라'를 들 수 있을 것이다.

외부의 적은 영원하지 않다.
적에게 존경심을 보여주면
금세 친구가 된다.
하지만 내면의 적은 영원하다.
내면의 적과는 타협할 수가 없다.
이 적은 마음속에
둥지를 틀고 산다.
때문에 이 모든 나쁜 생각들과
당당히 맞서서
그것들을 제거해야 한다.
(달라이 라마의 『마음을 비우면 세상이 보인다』에서)[69]

---

67 한국리서치(2009 : 14) 응답자중 개신교인 비율이 불교인보다 2배 이상 된다는 점을 감안하더라도 이것은 흥미로운 통계임. 참고로 천주교는 불교와 비슷하고 무교는 불교보다 3.5배 정도임.
68 한국리서치(2009 : 22).

하지만 어떻게 보면 '풍경소리'의 모든 글들은 그 내용과 성격상 모두 잠언이라고 할 수 있는 측면이 있다고 생각된다. 그러나 글의 형식을 기준으로 삼다 보니 238편의 글 가운데 88편이 잠언으로 분류된 것이다.

### 3) '풍경소리'의 내용

'풍경소리'의 글들이 지향하는 바는 무엇보다도 『풍경소리』의 '머리말' 또는 '작가의 말' 속에 잘 드러나 있다고 생각된다. 먼저 이 글들의 내용을 인용해 본다.

> 이 책은 바쁜 현대인들에게 여유와 휴식을 줍니다. 산사의 풍경소리가 그러하듯이 소리치며 강요하지 않는 언어, 소박하지만 영혼을 밝혀주는 언어, 침묵의 공간에서 자신을 되돌아보게 하는 언어이기 때문입니다. …… 이 책이 산사에 울리는 맑은 풍경소리처럼 우리의 지친 영혼과 삶에 생기를 불어넣어 주고 그늘진 곳에 스며드는 햇살과 같이 사람들 가슴 속에 생각의 뜰을 가꾸어 주길 바랍니다.(『풍경소리』 작가 일동 / 글·김원각)[70]

> 저마다 무거운 등짐을 짊어지고 그저 앞만 보고 달려가는 우리들 …… 어느 날인가는 문득 걸음을 멈추고 자신을 돌아보게 됩니다. 시방 나는 잘 가고 있는 것일까. 너무 멀리 와 있는 것은 아닌가? …… '풍경소리' 한 구절이 여러분에게 위안이 되었으면 하는 바람을 가져봅니다. 어떻게 하면 자신의 마음을 해방시키는 일에 기여할 수 있을까. 닫힌 그 마음의 빗장을 열게 하는 한마디를 찾기 위해 오늘도 '풍경소리' 작가들은 고심苦心의 노력을 그만두지 않을 것입니다.(『풍경소리』 작가 일동 / 글·맹난자)[71]

---

69 『풍경소리』(2009a : 129).

70 『풍경소리』(2001 : 7).

　한마디로 '풍경소리' 작가들은 '풍경소리'를 통해 법음法音을 전하고자한다. 풍경소리는 곧 법음이며, 법음은 곧 불음佛音이다. 이 법음은시공을 초월한 인생과 우주의 참 진리이며 궁극적 진리이기에 일음一音이라고도 하고, 일체만유 삼라만상을 두루 포섭하기에 원음圓音이라고도 한다. 그러기에 이 일음이며 원음인 법음은 그 내포와 외연이 무궁무진하다 해야 할 것이다. 『유마경』에는 "부처님은 일음으로써 법을 연설하시지만 중생은 부류에 따라 나름대로 알아듣는다(이해를 얻는다)"[72]라는가르침이 설해져 있다. 이러한 『유마경』의 가르침은 가없는 중생을모두 구제한다는 대승불교정신의 발현이라고도 할 수 있겠다. 그렇기때문에 '풍경소리'는 '소리치며 강요하지 않는 언어' '닫힌 마음의 빗장을열게 하는 한마디'를 지향하는 것이다.

　이러한 특성을 갖는 '풍경소리'이기에, '풍경소리'는 부처님의 가르침을 직접적으로 전하는 방식보다도, 다양한 형식과 내용을 통해 함축적이고 산뜻한 언어로 보다 친숙하고 감동적으로 대중 속에 스며든다.

　윤승준은 『풍경소리』에 실린 글 가운데 불교우언에 해당되는 것들을가려 뽑아, 그것을 크게 '자아의 성찰과 일상의 재발견'을 주제로 한것과 '종교적 메시지의 전달'을 주제로 한 것으로 이분二分한 바 있다.[73]이것은 불교우언에 해당되는 글에 한정되지 않고 모든 글에 적용시킬수도 있다고 본다. 필자는 윤승준의 분류에 근거하여, '풍경소리'의내용을 좀 더 자세하게 다섯 가지로 분류하고 그에 해당되는 글을 인용해보고자 한다.

　첫째, '생활의 지혜'에 관련된 내용이다. 힘들고 번거로운 일상생활을

---

71 『풍경소리』(2004 : 8~9).

72 『維摩語所說經』「佛國品」(『大正藏』14, p.538上), "佛以一音演說法 衆生隨類各得解".

73 윤승준(2005 : 9).

어떻게 하면 덜 힘들게, 아니 즐겁게 꾸려 나갈 수 있는지에 대한 해답을 비롯해, 부처님 제자의 예화를 통해 물건을 함부로 낭비하지 말고 절약해야 된다는 강력한 메시지 등의 내용 등이 이에 해당된다. '물건에 대한 대접'(박경준), '작고 하찮은 일도 지금부터'(이정우) 등이 여기에 해당된다. 여기서는 '설거지를 하면서'(김남선)를 살펴본다.

설거지 할 그릇들이 잔뜩 쌓여 있습니다.
싱크대 앞에 서서 일단 마음을 들여다보니
힘들어 하는 마음이 생깁니다.
힘들어 하는 마음은 내보내고 대신 자애로움을 생각합니다.
설거지를 하다 보니 문득 딸아이가 떠오릅니다.
잡은 그릇을 딸아이라 생각하고 정성껏 닦습니다.
또 아들을 향한 기도의 마음을 담아 아들의 몸과 맘을 씻듯이
그렇게 설거지를 합니다.
그러자 제자들과 친구들도 생각이 납니다.
그들이 행복하기를 바라며 정성을 다해 그릇을 닦습니다.[74]

둘째, '마음의 위안과 여유'를 주는 내용이다. 반쪽 남은 사과를 보고, '반 밖에 안 남았다'고 생각하기보다 '아직도 반이나 남았다'고 생각한다면 마음이 흐뭇해지는 것과 같이, 이른바 '발상의 전환' 또는 '인식의 전환'을 통해서 불평과 불만, 슬픔과 분노로 고통 받는 사람들을 여유롭고 평화롭게 해주는 내용이다. '풍경소리'의 대다수 글들이 여기에 해당된다고 할 수 있는데 여기서는 '인생의 일기'(장용철)를 소개한다.

---

74 『풍경소리』(2009b : 114).

삼일은 춥고 사일은 따스한 삼한사온의 겨울 날씨처럼 우리들 인생도
그와 같이 행복과 불행한 날들이 번갈아 듭니다.
두 가닥 새끼줄이 같은 굵기로 꼬여야 튼실한 것처럼 인생살이도 고통과
기쁨이 엮여서 더욱 건강하고 알차게 됩니다.
땅에서 넘어진 사람들 땅을 짚고 일어서야 합니다.[75]

셋째, '자기 성찰'에 관한 주제의 내용이다. 많은 사람들은 잘못된
습관, 잘못된 확신이나 편견, 고정관념, 안일과 타성 등에 빠져 있으면서
도 그걸 깨닫지 못하는 경우가 많다. 이러한 어리석음을 깨고 자기를
돌아보게 하는 가히 '인생의 지혜'라고 할 만한 내용들이다. 이것을
맹난자 작가는 "급체를 뚫는 바늘처럼 둔탁하지 않게 찔러 정신 나게
하는 언어"라고 표현한다.[76] 이에 해당되는 대표적인 글로는 법정스님의
'깨어 있는 시간'을 들 수 있을 것이다.

잠자는 시간을 줄이라.
우리에게 주어진 시간은 그렇게 많지 않다.
시간의 잔고는 아무도 모른다.
'쇠털 같이 많은 날' 어쩌고 하는 것은
귀중한 시간에 대한 모독이요, 망언이다.
시간은 오는 것이 아니라 가는 것.
한 번 지나가면 다시 되돌릴 수 없다.
잠자는 시간은 휴식이요, 망각이지만
그 한도를 넘으면 죽어 있는 시간이다.
깨어 있는 시간을 많이 갖는 것은

75 『풍경소리』(2007 : 29).
76 『풍경소리』(2009a : 7).

그의 인생이 그만큼 많은 삶을 누릴 수 있다.
자다가 깨면 다시 잠들려고 하지 말라.
깨어 있는 그 상태를 즐기라.
보다 값있는 시간을 활용하라.[77]

넷째, '인간관계'에 관한 주제를 다룬 내용이다. 우리는 부모와 자식, 남편과 아내, 스승과 제자, 고용인과 피고용인, 친구와 친지 등 거미줄처럼 얽히고설킨 복잡한 인간관계를 맺고 살아간다. 인간관계가 원만하지 못하면 그 자체로 괴로울 뿐만 아니라 깨달음을 향한 수행에도 장애가 된다. 여기서는 '아름다운 관계'(장용철)를 인용해 본다.

벌은 꽃의 꿀을 따지만 꽃에게 상처를 남기지 않습니다.
오히려 열매를 맺을 수 있도록 꽃을 도와줍니다.
사람들도 남으로부터 자기가 필요한 것을 취하면서 상처를
남기지 않으면 얼마나 좋을까요.
내 것만 취하기 급급하여 남에게 상처를 내면 그 상처가 썩어 결국 내가
취할 근원조차 잃어버리고 맙니다.
사람과 사람 사이에도
꽃과 벌 같은 관계가 이루어진다면
이 세상엔 삶의 향기가 가득하지 않을까요.[78]

다섯째, '본래의 참나를 돌아보게 하는 종교적 주제'를 다룬 내용이다. 불교는 깨달음을 통한 해탈과 열반의 성취를 그 궁극적 목표로 삼는다. 열반에는 흔히 네 가지 공덕, 즉 영원한 생명, 평화, 자유, 순수(常樂我淨)

---

77 『풍경소리』(2009a : 105).
78 『풍경소리』(2007 : 82).

가 있다고 하는바, 불교인은 결국 깨달음을 통한 대생명인, 대평화인,
대자유인을 꿈꾸는 것이다. 그 깨달음은 다양한 불교 사상과 교리에
의해서 혹은 화두話頭 참구를 통해서 성취될 수 있다. 이처럼 '풍경소리'에
는 깨달음을 향한 종교적 메시지가 담겨 있는 내용들이 여기저기 발견된
다. 예컨대 '병속의 새'(김성동)는 그 자체가 곧 화두이다.

> 여기 입구는 좁지만 안으로 들어갈수록
> 점점 깊고 넓어지는 병이 있습니다.
> 조그만 새 한 마리를 집어넣고 키웠습니다.
> 이제 그만 새를 꺼내야겠는데
> 그동안 커서 나오지를 않습니다.
> 병을 깨뜨려서도 새를 다치게 해서도 안 됩니다.
> 자 어떻게 하면 새를 꺼낼 수 있을까요?[79]

또한 '나는 누구인가'(문윤정)는 물고기를 빗대어 우리가 왜 '참나'를
찾아야 하는지를 설득력 있게 깨닫게 해준다.

> 물속에 사는 물고기는
> 물을 알 수 없듯이
> 눈을 통해 세상을 보지만
> 정작 자신의 눈은 볼 수 없습니다.
> 자기를 부리는 것은 자신이지만
> 우리는 그 주인공을 볼 수는 없습니다.
> 세상을 다 안다 하더라도 자신이 누구인지
> 모른다면 아무 소용이 없습니다.[80]

---

79 『풍경소리』(2007 : 43).

그리고 '극락이 있습니까'(김원각)는 종교인들이 빠지기 쉬운 무의미한 종교적 사유 또는 질문에 대해 조용하게 일갈한다.

한 고승에게 어떤 남자가 찾아와서 질문을 했습니다.
"저는 불교공부를 열심히 하고 있습니다만,
극락이 있는지에 대해서는 지금까지 아무리
궁리를 해봐도 해답을 얻지 못했습니다."
고승이 조용히 물었습니다.
"극락이라 했소? 그래 극락에 대해 지금까지
궁리한 결과 당신은 무슨 이익이 있었소?"
남자는 한참 머뭇거리다가 말했습니다.
"그건 생각해 보지 않았습니다."
"그럼 집에 가서 그걸 깊이 생각해 보시게."[81]

이렇게 '풍경소리'의 내용을 편의상 다섯 가지로 분류해 보았지만, 앞에서 언급한 것처럼 부처님의 '일음'과 '원음'을 닮은 '풍경소리'의 글들은 한 가지 의미로만 한정될 수 없고 다양하게 해석될 수 있을 것이다.

불교는 믿음의 종교이면서 동시에 깨달음의 종교이다. 또한 깨달음은 마음과 생각의 문제이기 때문에, 바꾸어 말하면 불교는 '생각'의 종교요 '마음'의 종교이다. 따라서 불교의 법음을 전하는 '풍경소리'는 결국 이 '마음'을 대주제로 삼을 수밖에 없다. 그것은 '마음을 바꾸면'(강현미) '마음먹기'(김영희) '마음이 만들어 내는 것'(김용복) '한 생각 바꿨더니'(정진권) 등의 제목을 통해서도 드러난다. '풍경소리' 작가들은 마치 화가처

<hr />

80 『풍경소리』(2009b : 26).
81 『풍경소리』(2009a : 19).

럼 마음의 세계를 참으로 다양하게 그려내고 있는 것이다. 그리하여 그것은 생활의 지혜가 되기도 하고, 마음의 위안과 평화가 되기도 하고, 자기성찰의 계기가 되기도 하고, 원만한 인간관계를 위한 충고가 되기도 하며, 마침내는 '참나'를 돌아보게 하는 궁극적 메시지가 되기도 하는 것이다.

## 3. '풍경소리'의 몇 가지 문제점과 발전 방향

이상에서 살핀 바와 같이, '풍경소리'에 게시된 글들은 총 238편으로, 그중에서 183편은 작가들이 직접 쓴 작품이고 55편은 불전佛典 등에서 발췌한 것이다. 그 글들의 문학적 형식은 대략 시, 수필, 우언寓言, 잠언 등으로 분류할 수 있는데, 시에 해당되는 글은 약 37편, 수필에 해당되는 글은 약 38편, 우언은 75편, 잠언은 88편으로 대략 집계되었다. 여기서 잠언으로 분류되는 작품이 가장 많은 것은 불전에서 발췌한 55편의 글이 거의 대부분 잠언 형식이기 때문이다. 하지만 잠언 형식의 글들은 아무래도 대중에게 부담을 주고 흥미를 유발시키기 어렵기 때문에 가능한 한 잠언 형식의 글은 발췌하지 않는 것이 좋을 것 같다. 뿐만 아니라 수필의 형식은 열차를 기다리는 1~2분의 짧은 시간에 적합하지 않고 적극적인 메시지를 전하는 데도 효과적이지 않다. 따라서 앞으로 '풍경소리' 글의 형식은 가급적 시 또는 우언으로 압축되는 것이 바람직하다고 생각된다.

또한 '풍경소리' 글은 대체적으로 생활의 지혜, 마음의 위안과 여유, 자기 성찰, 인간관계, 종교적 주제의 다섯 가지와 관련된 내용으로 이루어져 있다. 하지만 '생활의 지혜'에 관한 내용은 별로 눈에 띄지 않는다. 그러한 문제점은 앞의 〈보고서〉에서도 나타나는데, 일부 시민들이 '생활의 지혜'에 관한 내용들을 좀 더 보완해 줄 것을 요청하고 있기 때문이다.[82] 불교는 관념의 종교가 아니라 실천 지향적인 종교임을 기억한다면, 앞으로 '생활의 지혜'에 관한 내용의 글이 크게 보강되어야 할 줄 안다.

그리고 지금까지 '풍경소리' 글의 작가는 67명으로 집계 되었다. 필진 가운데 대부분은 스님과 시인, 수필가와 소설가로서 작가들의 직업이 제한적이다. 하지만 앞으로는 더욱 다양한 직업의 필진을 찾아야 한다. 다양한 직업의 현장에서 경험한 생생한 느낌이 전달될 수 있기 때문이다. 특정한 사람들만 계속 글을 쓰는 것이 아니라 다양한 사람들이 참여할 수 있는 시스템을 만들어가는 것도 필요하다. 동시에 기존의 필진 가운데 능력 있는 작가들의 참여도 적극적으로 유도해야 할 것이다.

'풍경소리'는 지난 10년 동안 불교의 법음을 전하는 데 적지 않은 성과를 이루어 왔다. 대체적으로 볼 때 대중들로부터 따뜻한 관심과 사랑도 받고 있다. 하지만 여기에 만족해서는 안 될 줄 안다. '풍경소리'가 헤쳐 나갈 미래는 결코 순탄하지만은 않다. 새로운 각오와 정진, 끝없는 성찰과 변화가 필요한 소이이다. 이러한 의미에서 '풍경소리'의 발전을 위한 몇 가지 사항을 덧붙이고자 한다.

첫째, '풍경소리'의 정체성을 지켜나가야 한다. '풍경소리'는 불교의 '법음'을 전하는 소리이어야 한다. 그렇다고 '불교', '부처님' 내지는 불교의 전문용어만을 사용하자는 이야기는 아니다. 다양한 소재를 가지고 이야기하더라도 그것을 통해 궁극적으로는 불교적 세계관, 인생관, 가치관을 드러낼 수 있어야 한다. 그동안 대부분의 작품들이 이에 부응하지만 시간이 가면서 약간 흐트러지는 느낌도 드는 것이 사실이다. 심사위

---

82 한국리서치(2009 : 24).

원들은 이러한 점에 유의하여 항상 긴장의 끈을 놓지 말아야 할 일이다. 또한 심사위원들이 온라인상으로 기계적인 채점만 하는 것보다 직접 만나 충분한 토론을 거치는 것이 좋다고 본다.

둘째, 불교의 오랜 역사만큼이나 불교교리와 불교사상은 광활하고 심오하다. 지금까지의 '풍경소리' 내용은 이 점에 있어 선禪에 치우친 감이 없지 않다. 대승불교의 다양한 사상, 즉 중관, 유식을 비롯한 천태, 화엄, 정토, 밀교, 계율 등의 사상을 쉽게 풀어낼 수 있도록, 특별한 '의도'와 '기획'에 의해 만들어지는 작품도 있어야 할 줄 안다. 예를 들면, 중관사상의 전문가를 초빙하여 작가들에게 중관사상에 대해 특강을 하게 하고, 이를 바탕으로 작가들이 창작을 하는 것이다. '풍경소리연구위원회'를 구성하는 것도 하나의 방법이 될 수 있을 것이다.

셋째, 작품인지 발췌한 것인지 잘 구분이 안 되는 글이 제법 있는데, 이에 대해서는 명확한 원칙이 있어야 할 줄 안다. '풍경소리'는 각주를 달지 않기 때문에 자칫하면 표절시비에 휘말릴 수 있기 때문이다. 작품은 약간의 각색과 더불어 반드시 화룡점정이 될 수 있는, 작가의 독창적인 함축적 한마디가 곁들여져야 한다. 또한 작품이 아닐 경우에는 반드시 '발췌자 ○○○' 등으로 발췌했음을 밝혀야 한다.

넷째, '풍경소리'가 성공적일 수 있었던 데는 그림(삽화)의 역할도 컸다고 본다. 지금까지 그랬던 것처럼 삽화 작가의 선정도 위원회의 충분한 검토 과정과 시민들의 의견 수렴을 거쳐 여법하게 이루어져야 한다.

끝으로, 언젠가는 '풍경소리'가 외국어로 번역되어 나라 밖으로까지 울려 나갈 수 있기를 바란다. 그리하여 '풍경소리'가 불법홍포를 위한 선교방편의 현대적 상징으로서 그 지위를 더욱 향상시켜 가기를 기대한다.

# V. 종교인 과세에 대한 불교적 관점

우리나라에서 종교인에 대한 비과세는 1948년 건국 이래 오랫동안 당연한 것으로 여겨졌다. 1968년 국세청장이 종교인에게 각종 근로소득세를 부과하겠다고 한 발표는 해프닝으로 끝나고 말았다. 그러나 1983년 천주교 사제들은 전국 관리국장 회의에서 사제들보다 더 낮은 생활수준의 국민들도 세금을 내고 있다는 현실을 직시하고, '사제들도 갑근세를 납부해야 하는 것 아니냐'는 논의를 처음 시작하였다.

그것이 계기가 되어 1993년 총대리 회의에서는 갑근세 납부 문제를 주교회의에 상정한 바, 약 1년 동안의 검토를 거쳐 1994년 열린 주교회의에서는 전체 교구 가운데 4개 교구를 제외한 모든 교구에서 근로소득세를 원천징수하도록 결정하였다.[83] 개신교계에서도 1992년에 목회자의 과세를 반대하는 한명수 목사와 찬성하는 손봉호 교수가 『월간 목회』를 통해 논쟁한 적이 있었다. 그러나 이 논쟁은 사회적 조명을 받지 못하고

---

83 조욱종, 「스스로 가난한 삶을 살고자 하는 노력」, 『종교인 과세와 사회적 공공성의 실현』(종교인 과세 워크숍 자료집, 2012), p.45.

수면 아래로 가라앉고 말았다.[84]

한동안 잠복해 있던 이 종교인 과세 문제는 지난 2006년 종교비판자유실현시민연대(이하 종비련)에 의해 다시 제기되었다. 종비련은 종교인 과세를 위한 인터넷 서명운동과 함께 조계사, 한기총, 명동성당, 국세청 앞 등에서 길거리 서명운동도 전개하였다. 또한 종교인에게 과세하지 않은 국세청장을 검찰에 직무유기로 고발한 바, 국세청은 기획재정부에 유권 해석 요청을 하였다. 하지만 기획재정부는 지금까지 6년 동안 계속 검토 중이라는 답변만을 내놓고 있다.[85]

2007년 6월에는 '종교법인법제정추진시민연대'가 만해NGO교육센터에서 '종교법인법 왜 필요한가'라는 주제로 종교인 과세를 이끌어내기 위한 세미나를 개최하였다. 2012년 6월에는 '개혁을 위한 종교인네트워크'가 주최하고 '종교자유정책연구원'이 주관한 종교인 과세 워크숍이 '종교인 과세와 사회적 공공성의 실현'이라는 주제로 역시 만해 NGO교육센터에서 열렸다. 기획재정부도 지난해부터 종교인 과세 원칙을 천명하였다. 하지만 아직까지 소득세법 시행령 개정안에 대한 구체적인 결정 사항은 없다고 밝히는 등, 불명확한 태도로 시간을 끌고 있는 실정이다.

종교인 과세는 이처럼 최근 우리 사회의 이슈가 되어 있다. 조계종 총무원도 지난해 3월 열린 제189차 임시중앙종회에서 "정부의 종교인 과세 추진 입장에 대해 긍정적으로 검토하고 있다"면서 긍정적인 입장을 밝힌 바 있다. 하지만 아직까지 분명한 원칙은 정해지지 않은 것으로 안다.[86]

---

84 김상구, 「종교인 과세의 필요성과 실태」, 『종교인 과세와 사회적 공공성의 실현』(종교인 과세 워크숍 자료집, 2012), p.5.

85 위의 논문, p.5.

86 「법보신문」, 2013년 1월 11일자.

이제 불교계도 종교인 과세에 대한 분명한 입장을 천명할 시점에 와 있다고 생각한다. 본고에서는 주로 초기경전에 설해진 내용 및 그동안 세미나와 워크숍 등에서 발표된 주장들을 바탕으로, 불교의 경제윤리사상, 불교의 노동관 등을 종교인 과세문제에 접목하여 재해석해 봄으로써 '종교인 과세에 대한 불교적 관점'을 밝히고자 한다.

## 1. 종교인 과세 현황

### 1) 우리나라의 경우

손석희의 100분토론 대본(2007. 7. 13. 종교인 과세편)에 의하면, 우리나라 국세청은 현재 성직자의 과세에 대해 강제적으로 징수하지 않고 성직자의 자율에 맡기고 있는바, 일부 개신교 교회와 대다수의 천주교 성직자, 그리고 불교계의 일부 종단 등에서 자발적으로 납세에 참여하고 있는 것으로 전한다. 개신교의 경우, 여의도 순복음교회 등 '기독교대한하나님의 성회' 소속 교회는 목회자 사례비 지급 단계에서 원천징수 형태로 세금을 낸다. 사랑의 교회, 지구촌 교회, 영락교회, 새문안교회, 연동교회, 주님의 교회, 경동교회, 높은뜻연합선교회 소속 교회 등 많은 중대형 교회도 마찬가지다.[87] 개신교 성공회도 2012년 6월 교단 차원에서 납세를 결의한 바 있다.

천주교에서는 1994년 이후 16개 교구 가운데 4개 교구를 제외한 12개 교구에서 세금을 내고 있다. 4개 교구 중 1개 교구는 군종교구라서 군인월급에서 이미 소득세를 내고 있고, 나머지 3개 교구는 규모가

---

87 「조선일보」, 2013년 1월 9일자.

작아서 신부들의 생활비와 활동비가 워낙 적게 지급되기 때문에 근로소
득세의 과표 미달로 내지 않고 있다.[88]

불교에서도 군승단 소속 군승법사는 군인월급에서 자동적으로 소득
세를 내고 있지만, 스님들은 월급 개념이 아직 일반화되어 있지 않기
때문에(있다 하여도 적은 액수), 소득세를 낼 필요가 없는 실정이다. 손석희
백분토론 진행자는 불교계 일부 종단에서도 자발적으로 납세에 참여하
고 있다고 언급하였지만, 이것은 아직 공식적인 것은 아니고 다만 개별법
인 차원에서 이루어진 사례로 생각된다.

## 2) 외국의 사례

일반적으로 여러 선진국에서는 국민개세주의에 입각하여 종교인에 대
해 조세를 부과하고 있다. 미국의 경우는 조세를 부과하는 목적이 세수의
증대가 아니라 성직자를 보호하기 위한 사회보장기금의 조달방식으로
운영되며, 독일의 경우는 '교회세' 제도를 통해 조성된 재원을 바탕으로
성직자는 국가로부터 급여를 받는다. 독일의 '교회세'는 종교단체에
나가는 성도가 소득세의 약 8~10%가량을 다시 납부하는 세금이다.
교회세는 십일조가 폐지된 이후 이를 대체하기 위해 마련된 세금으로서
징수된 교회세는 교인의 수만큼 각각의 종교단체에 분배된다.[89]

캐나다와 일본의 경우도 성직자들은 그들의 보수에 따라 일정한 비율
로 조세가 부과된다. 캐나다에서 성직자는 종교단체에서 지급받는 보수
와 사례금 등을 수입금액으로 하여 일반 개인소득자와 똑같이 소득세

---

88 이상의 내용은 류덕현 신부의 진술에 의거함.

89 한명로, 「사찰과 스님의 과세방안에 대한 고찰」, 〔대한불교조계종 종회의원 및
총무원재직스님 연수회 발제문〕(2013. 1. 6), pp.3~5.

신고 납부를 하고 있으며, 소득이 없는 경우에도 보조금 수령 등을
위해 무조건 신고하도록 되어 있다. 일본에서 성직자는 일반적인 소득세
신고를 하지만 대부분이 면세점 이하로 신고하고 있어서 실제로 과세되
는 경우는 드물다. 이처럼 외국에서의 종교인 과세는 조금씩 서로 다른
양상을 나타내고 있지만, 성직자들이 모두 일정한 보수에 대해 세금을
내고 있다는 점만은 공통이다.[90]

## 2. 종교인 과세에 대한 불교적 관점[91]

### 1) 출가자의 경제윤리

석존 당시의 출가수행자들에게는 땅을 파고 씨앗을 뿌리는 농사일이라
든가 물건을 사고파는 장사일 등, 일체의 노동과 생산활동이 금지되어
있었다. 그리하여 수행자들은 탁발에 의한 일일일식一日一食의 식생활을
영위하였고, 이른바 삼의일발三衣一鉢로 실로 검소한 생활을 꾸려나갔
다. 이것은 『잡아함』 이라든가 『유교경』 등의 가르침, 그리고 사의지四
依止의 원칙 등을 통해 알 수 있다.

『잡아함』 권18 「정구경淨口經」에 의하면, 모든 출가수행자는 이른바
'사부정식四不淨食(四邪命食)'에 의해 생활해서는 안 되며 걸식乞食에
의해서만 살아가야 한다고 가르친다. 사부정식이란 ①논밭을 갈고 나무
를 심어 생활하는 것, ②성수, 일월, 풍우 등을 관찰하고 연구함에

---

90 한명로, 앞의 글, pp.3~7.

91 이 장의 내용은 졸저 『불교사회경제사상』 및 여타 논문들의 내용과 중복되는
부분이 적지 않다. 하지만 '종교인도 세금을 내야 한다'는 논지 전개상 반드시
필요하다고 판단되어 부득이하게 중복 인용하거나 서술하였음을 밝힌다.

의해 생활하는 것, ③권세 있는 사람들에 아첨하여 교언영색으로 그들로
부터 재물을 얻어 사는 것, ④점치고 관상 보는 것을 배워 사람의 길흉화
복을 말하거나 의술로써 생활하는 것을 말한다.[92] 『유교경』 또한 출가하
여 계를 받은 수행자는 물건을 사고팔거나 무역을 하지 말고, 집이나
논밭을 마련하지 말며, 하인을 부리거나 짐승을 길러서는 안 된다고
가르친다. 초목을 베거나 땅을 개간해서는 안 되며, 약을 만들거나
사람의 길흉을 점치는 일을 해서도 안 된다고 설한다.[93]

사의지(또는 四依)의 원칙은 고대 인도 출가생활의 기본 원칙으로서
출가수행자의 간결한 생활방식을 극명하게 보여준다. 즉, 음식 섭취는
걸식으로, 옷은 분소의(버려진 더러운 천이나 옷을 깨끗이 빨아 기워 만든
옷), 거주는 나무 밑에서, 약은 진기약(부뇨약이라고도 함: 소 오줌에 하리다
키 열매를 넣어 이것을 흙 속에 묻어 발효시킨 것)으로 해결하는 생활방식이다.

하지만 소승율장에는 농사일 및 장사일 등의 일반적인 생산노동을
직접적으로 금지하는 계율 조항은 없다. 소승율장에 생산 노동에 대한
직접적인 규정이 없는 것은 소승 계율이 수범수제隨犯隨制의 원칙에
따라 성립되었기 때문이며, 생산 노동을 사실상 금하고 있는 사의법四
依法이 여러 계율 조항에 우선하는 불문율의 성격을 띠고 있었기 때문
이다.[94]

어쨌든 이러한 가르침과 원칙에 의거해 볼 때, 출가수행자는 누구든
일체의 세속적 직업을 가져서는 안 된다. 다시 말해 출가자는 어떠한
종류의 경제활동에도 참여해서는 안 되는 것이다.

---

92 『雜阿含』 권18, 大正藏 2, pp.131下~132上.

93 성전편찬회 편, 『불교성전』(동국역경원, 1980), pp.260~261.

94 박경준, 「인도불교계율에 있어서의 노동문제」, 『대각사상』2집(대각사상 연구원,
   1999), p.169.

이러한 점에 비추어 본다면, 불교는 기본적으로 세속을 떠난 종교인에 대한 과세를 부정하는 것으로 볼 수 있는 측면이 있음도 사실이다. 하지만 이것은 그렇게 단순하게 피상적으로 판단할 일이 아니다. 불교 교단의 구조적 특징과 불교적 노동관의 성격에 대해 깊이 생각해 본다면 전혀 다른 결론을 도출해 낼 수도 있기 때문이다.

## 2) 노동에 대한 불교적 입장

불교 교단은 형식적으로는 비구 및 비구니의 출가 이부중二部衆이 중심이 되어 구성되지만, 내용적으로 보면 '출가-재가'의 유기적이고도 분업적인 이원구조二元構造의 틀에 의해 구성되어 있음을 알 수 있다. 그것은 석존의 다음 가르침을 통해서도 짐작해 볼 수 있다.

재가자와 출가자는 서로 의지하여 올바른 진리와 위없는 안락에 도달한다. 출가자는 재가자로부터 옷과 생활필수품과 침구, 약품을 얻는다. 또한 재가자는 깨달음에 도달한 성자들의 성스러운 지혜의 힘에 의해 이 세상에서 법을 실행하며 하늘의 세계를 누리고 바라는 것을 얻어 기뻐한다.[95]

이 가르침은 출가자와 재가자가 독립적이지 않고 상호보완적 관계에 있음을 분명하게 알려준다. 다시 말하자면 불교 교단은 출가자에 대한 재가자의 재시財施와 재가자에 대한 출가자의 법시法施에 의해 유기적으로 묶여 있다.

그렇기 때문에 특히 경제 문제에 대한 불교적 입장은 출가자의 일방적 입장에서가 아니라 '출가-재가'의 이원구조의 관점에서 규명되어야 한

---

95 *Itivuttaka* 107.

다. 초기불교 교단에서 출가자에게 모든 생산활동이 금지되고 '무소유'가 강조될 수 있었던 것은 재가자가 출가자에 대한 경제적 지원을 담당하고 있었기 때문이다. 재가자의 경제적 지원이 전혀 없다면 출가자는 어떻게 될 것인가 하는 문제를 필자는 다음과 같은 극단적인 가정을 통해서 논의한 바 있다.

> 만약에 이 세상의 모든 사람들이 한 사람도 빠짐없이 열반을 성취하기 위하여 세속적 욕망을 버리고 출가하여 수행한다고 하면 어떨까. 수행자도 먹지 않고 살 수는 없다. 그러므로 수행자 중 일부는 농사를 지어야 할 것이다. 수행자도 입지 않고 살 수는 없다. 그러므로 그들 중 일부는 옷 만드는 일을 해야 할 것이다. 수행자도 기거할 공간이 필요할 것이므로 그중 일부는 집 짓는 일을 해야 한다. 또 의식주 생활에 필요한 자원이 모든 지역에 다 골고루 갖춰져 있지는 않을 것이므로 운송 무역의 일과 거기에 필요한 수단이나 도구를 만드는 일을 해야 할 수행자도 필요하게 될 것이다.[96]

이 가정은 결국 경제문제에 대한 불교의 근본입장이라는 것이 출가자의 입장에서만 규정되어서는 안 된다는 점을 보여주고자 한 것이다. 출가자는 재가자와의 관계를 떠나서 존재할 수 없으며, 재가자의 경제활동은 출가자의 삶의 기반이 된다.

초기경전에 의하면, 석존은 재가자 및 일반인들에게는 재산의 획득과 증식을 적극적으로 추구할 것을 강조하고 있다. 한마디로 '돈 버는 일에 적극적인 관심을 갖고 노력하라'고 설한다. 그러나 그 재화의 획득과

---

96 박경준, 「불교의 노동관 小考」, 『불교학보』 35집(동국대 불교문화연구원, 1998), p.143.

증식은 다른 사람에게 해악을 끼치지 않는 정당한 수단과 방법에 의한 것이어야 한다. 다시 말해서 석존은 '올바른 방법과 수단으로 돈을 벌라'고 가르친다.[97] 나아가 스스로 정당하게 번 돈이라 하더라도 그것을 제 마음대로 쓰면 안 된다. 즉 '바르게 번 돈을 바르게 쓰기까지 해야 한다.'[98] 바르게 쓴다는 것은 나도 이롭고 주변과 이웃도 이롭도록(自利利他) 쓰는 것을 말함은 물론이다.

결국 출가자는 '출가-재가'의 이원구조의 틀 속에 있는 한, 경제 문제로부터 자유롭거나 초연할 수가 없으며, 넓은 의미에서 경제활동을 하는 경제인이라고도 할 수 있다. 그것은 다음 『숫따니빠따』의 가르침에서 더욱 분명하게 드러난다.

어느 때, 석존은 음식을 얻기 위해 바라문 바라드바자 농부가 있는 곳으로 갔다. 바라드바자는 석존을 보고 말했다. "사문이여, 나는 밭을 갈고 씨를 뿌립니다. 밭을 갈고 씨를 뿌린 후에 먹습니다. 당신도 밭을 가십시오. 그리고 씨를 뿌리십시오. 갈고 뿌린 다음에 드십시오." 석존은 "바라문이여, 나도 밭을 갈고 씨를 뿌립니다. 갈고 뿌린 다음에 먹습니다"라고 답했다.

> 믿음은 종자요, 고행은 비이며, 지혜는 내 멍에와 호미, 부끄러움은 괭이자루, 의지는 잡아매는 줄, 생각은 내 호미날과 작대기입니다.(77)
> 이 밭갈이는 이렇게 해서 이루어지고 감로의 과보를 가져옵니다. 이런 농사를 지으면 온갖 고뇌에서 풀려나게 됩니다.(80)[99]

---

97 *A. N. I*, pp.111~112 참조.
98 박경준, 『불교사회경제사상』(동국대출판부, 2010), p.221.
99 『숫따니빠따』 pp.77~80.

이상의 내용을 음미해 보면, 석존은 수행이 밭 갈고 씨 뿌리는 농부의 육체노동과 다르지 않다는 것을 강조하고 있는 것으로 보인다. 다시 말해 수행을 일종의 정신노동으로 간주하고 있는 것이다. 또한 농부의 육체노동도 출가자의 수행정진처럼 신성하고 고귀하게 인식하고 있음을 알 수 있다.

출가 사문들은 직접 경제활동에 종사하지는 않았지만 노동과 생산을 소중히 여겼다. 비록 당시 인도 사회가 용인했던 걸식에 의한 최저생활은 그것 자체가 수행으로서 의미 있는 일이지만, 그들이 생산 노동에 직접적으로 참여하지 않은 데 대한 도덕적 의무감도 반영된 것으로 여겨진다. 석존은 수행정진을 경작활동과 관련지음으로써, 수행 자체가 사회적 생산활동의 한 분야임을 강조하여 출가승단이 비생산적 소비 집단이라는 비난에 대해 그 도덕적 정당성을 밝히고 있는 것이다.[100] 이것은 결국 출가자도 경제활동과 무관하지 않으며, 어떤 면에서는 정신노동에 종사하는 경제인이라는 인식을 보여주는 것으로 해석할 수도 있다.

## 3) 세금에 대한 불교적 관점

초기경전의 하나인 「악간냐 숫따」[101]에는 다음과 같은 흥미 있는 내용이 눈에 띈다.

> 그 후 사람들은 모임을 갖고 그들 사이에 나쁜 기질이 증대하고 있음에 주목하여, 그들 사이의 어떤 도덕적 기준을 세울 필요가 있음을 깨달았다. 그래서 도덕의 보호자로서 활동할 사람을 선출하기로 결정하고, 정의의

---

100 박경준, 앞의 책, pp.177~178.
101 *D.N. III*, pp.77~94.

수호에 적임자를 선출하였다. 사람들은 선출된 그에게 처벌 받을 만한 사람을 비난하고 벌하도록 요구하였으며, 그에게는 그 대가로서 사람들이 생산한 것 중에서 일정량을 주기로 약속하였다. 그는 모든 사람에 의해 선출되었으므로 '위대한 피선출자(mahā-sammata)'라고 불렸으며, 초원의 왕이었으므로 '끄샤뜨리아'라고 불렸으며, 정의를 베풂으로써 모든 이들에게 환대를 받았으므로 '라자(즐거워하는 자, 왕)'라고 불렸다. 이리하여 통치라는 관념이 이 세계에 발생하였다.

원래 이 경은 브라흐만이 최상이라는 관념을 깨뜨리고 끄샤뜨리아가 가장 수승하다는 사실을 말하기 위해 설해진 것으로 생각된다. 하지만 여기에는 주목할 만한 두 가지 개념이 내포되어 있다. 그 하나는 사회계약에 의한 국가(왕)의 개념이고, 다른 하나는 국가 유지를 위한 세금(생산한 것 중에서 일정량)의 개념이다. 사람들은 나쁜 기질의 범죄자로부터 자신들의 생명과 재산을 보호받기 위해 왕(국가)을 선출하고 그에게 통치의 권한을 위임한다. 그리고 그 통치를 위해 필요한 경비를 세금으로 충당하는 것이다. 여기에는 이미 세금은 국가(질서, 안정) 유지를 위한 필수 조건이라는 인식이 반영되어 있다고 생각된다.

세금에 관한 보다 직접적인 언급은 『대살차니건자소설경』, 『우바새계경』, 『정법염처경』, 『사십화엄경』, 『보행왕정론』 등의 여러 경론에 나타나고 있다. 이들 경론에서는 대체적으로 세금은 법에 따라 공정하게 부과하고, 지나친 세금으로 국민에게 고통을 주지 말며, 재해를 입거나 어려움에 처한 사람들에게는 세금을 감하거나 면제할 것을 주문하고 있다.[102] 세금을 내야 할 사람이 세금을 내지 않는 것은 범죄 행위라는 가르침도 발견된다.[103]

---

102 조수동, 「대승불교의 경제사상」, 『철학논총』 32집(새한철학회, 2003), pp.118~120.

경전은 여기에서 한 걸음 더 나아가, 원칙에 따라 적절하게 징수된 세금은 올바른 대상에게 재분배되어야 한다는 것을 암시한다. 『꾸타단따 숫따』에는 다음과 같은 내용이 설해져 있다.

그러므로 이러한 무질서를 철저히 없앨 방법은 단 한 가지밖에 없습니다. 왕의 국토에서 목축과 농업에 종사하는 사람에게는 누구에게나 식량과 종자를 제공하십시오. 왕의 국토에서 상업에 종사하는 사람이면 누구에게나 자금을 제공하십시오. 왕의 국토에서 관직에 종사하는 사람이면 누구에게나 식량과 임금을 제공하십시오. 그렇게 되면 백성은 자기 일에 전념하게 되어 국토를 유린하는 일이 없어지고 왕의 권위는 날로 강해질 것입니다. 그래서 국가는 조용하고 평화로우며 국민은 서로 즐거워 아이들을 팔에 끼고 춤추며 행복해 할 것이고 대문을 활짝 열고 살아갈 것입니다.[104]

다시 말해, 국가는 가난한 농부에게 생산기반을, 상인에게는 자본을, 공무원에게는 임금을 지불함으로써 재화의 균등 분배가 적절하게 이루어지도록 해야 한다. 그렇게 되면 사회정의가 실현되고 복지국가가 완성될 수 있다는 것이 이 경전의 설명이다. 특히 『꾸타단따 숫따』에서 국가의 분배정책은 일시적인 빈민 구제의 차원에서가 아니라 가난한 사람들이 지속적으로 생계수단을 가지고 생산활동에 종사함으로써 자립의 기반을 구축하여 원천적으로 궁핍에서 벗어나도록 도와주고 있다는 데 그 의의가 크다.[105]

국가가 이렇게 중요한 분배정책을 추진할 수 있으려면 재정이 뒷받침

103 『우바새계경』(大正藏 24, p.1050上).

104 D.N. I, p.134.

105 정승석, 「분배문제에 대한 불교의 기본인식」, 『성담 김태우교수 회갑기념논문집』(1992), p.388.

되어야 하며, 그 재원은 결국 대부분이 세금이기 때문에, 경전에서는 "국민은 반드시 세금을 내야 하고, 국가는 공정하고 신중하게 세금을 거둬야 한다"고 역설하는 것이다. 『꾸타단따 숫따』의 내용을 적극적으로 해석해 보면, 경은 결국 납세가 국민의 의무임을 강조하고 있음을 알 수 있다.

## 3. 종교인 과세의 필요성

### 1) 종교인 과세에 대한 반대 논리

1948년 정부 수립 이래 계속되어 온 종교인 비과세 관행에는 나름의 논리가 없을 수 없다. 최근 '종교인 과세' 문제라든가 '종교 법인법 제정' 문제 등을 주제로 한 세미나에서 제기된 종교인 과세에 대한 반대 논리는 대략 다음 몇 가지로 정리될 수 있다.

첫째, 성직자(수행자)는 일반인과 다르다는 논리다. 성직자는 신성한 종교적 가치를 추구하는 신의 대행자 또는 구도자로서 세속적 가치를 추구하는 일반인과는 근본적으로 다른 특별계층이므로 과세 대상에서 제외되는 것이 옳다는 생각이다.

둘째, 성직자(수행자)는 근로자가 아니라는 논리다. 성직자의 종교 활동은 신성한 '봉사'활동 내지 '수행'으로서 임금을 목적으로 하는 세속적 '노동'이 아니기 때문에 이로 인하여 발생하는 소득에 과세하는 것은 온당치 못하다는 주장이다.

셋째, 종교인에 대한 과세는 이중과세라는 논리다. 신도들이 종교 단체 및 종교인에게 베푸는 보시금과 헌금 등은 이미 과세된 것으로, 이러한 기부금을 통한 종교인의 소득에 대한 과세는 이중과세라는 것이다.

넷째, 종교인에게 과세해도 세수에 크게 영향을 못 준다는 논리다. 즉 현재 우리나라 성직자(약 15만)의 80% 이상이 면세점 이하의 소득으로 생활하기 때문에 나머지 20% 정도의 성직자들에게 과세해 보아야 거기에서 걷히는 세금의 규모가 세수에 별로 영향을 못 준다는 것이다.

다섯째, 종교인에 대한 과세는 종교의 자유를 침해할 수 있다는 논리다.

## 2) 종교인 과세의 당위성과 필요성

종교인 과세에 대한 이상의 몇 가지 반대 논리에도 불구하고 여론은 '종교인 과세' 쪽으로 기울고 있다. 2012년 2월 종교자유정책연구소가 조사한 바에 따르면, 성직자 과세에 대한 찬성이 65%(전적으로 찬성 47.3%, 대체로 찬성 17.6%)에 육박하고 있다. 뿐만 아니라 이 반대 논리에는 수긍할 수 없는 많은 문제점이 내재해 있다. 이하에서 불교적 입장을 중심으로 종교인 과세에 대한 반대 논리의 문제점 및 종교인 과세의 당위성과 필요성에 대해 살펴보기로 한다.

첫째, 성직자는 일반인과 다르다는 논리(또는 선입견)에 대한 반론이다. 우리가 앞에서 불교 교단의 이원구조를 통해 알아본 것처럼, 출가자와 재가자는 호혜평등의 수평적, 상호보완적, 분업적(역할 분담의) 관계에 있다는 것이 불교의 기본인식이다. 물론 재가자[106]는 우주와 인생의 궁극적 진리를 출가자로부터 배우는 입장에서 출가자에게 존경심을

---

106 우바새(upāsaka, 近事男), 우바이(upāsikā, 近事女)는 원래 upāsati(가까이 앉다, 섬기다, 모시다, 존중하다)에서 파생된 말임.

갖고 의지해야 하지만, 그렇다고 하여 출가자를 특별한 권한을 갖는 계층으로 보지는 않는다. 불교적 입장에서 볼 때 출가수행자는 결코 초월적, 예외적, 특권적 존재가 아니다. 근본적으로 일반신도와 평등한 인간 존재이다. 그렇기 때문에 출가자(성직자)를 특별계층으로 간주하여 과세 대상에서 제외하는 것은 옳지 않다고 본다.

둘째, 성직자는 근로자가 아니라는 논리에 대한 반론이다. 성직자는 근로자가 아니라는 반대 논리에는 은연중에 근로자의 노동을 폄하하는 편견이 배어 있다. 하지만 불교의 입장에서 보면, 바라드바자 농부에 대한 석존의 대답(나도 밭을 갈고 씨를 뿌린 후에 먹습니다)을 통해 알 수 있는 것처럼, 농부나 상인의 생산노동 및 경제활동은 결코 천박한 것이 아니다. 오히려 신성한 것이다. 정직한 땀과 노력으로 자신과 자신의 가족, 그리고 이웃에게 먹을 것과 입을 것과 머물 곳을 제공하는 일이 어찌 천박하다 할 것인가. 마음의 양식, 영혼의 양식 못지않게 몸의 양식, 육체의 양식 또한 소중한 것이다. 불교적으로 볼 때 몸과 마음은 연기적 관계 속에서 상호작용하기 때문이다.

특히 대승불교에서는 번뇌와 보리, 생사와 열반, 진과 속을 불이不二적 관점에서 인식하고 있음을 상기할 필요가 있다. 이러한 입장에서 보면 수행이 곧 노동이요, 노동이 곧 수행이 된다. 『법화경』의 표현을 빌면 "농사를 짓거나 장사를 하거나 공무를 보는 것 등등의 모든 일이 불도佛道를 닦는 것과 다름없다(資生産業卽是佛法; 資生業等皆順正法)." 백용성스님의 '선농일치禪農一致' 운동의 사상적 원천도 바로 여기에 있는 것이다. 그리고 성직자의 활동만 '봉사'는 아니다. 사실 모든 직업은 다 봉사적 기능의 측면이 있는 것이다.

셋째, 종교인에 대한 과세는 이중과세라는 논리에 대한 반론이다. 우선 여기에는 이중과세에 대한 개념적 오해가 있는 것으로 생각된다.

이중과세란 본래 '동일한 과세 물건에 대하여 같은 성격의 조세를 두 번 이상 매기는 일'을 뜻한다. 따라서 기부금에 바탕한 소득에 대해 과세하는 것은 이중과세가 아니다. 그리고 약간 성격이 다르긴 하지만, 국민의 세금으로 봉사하는 국·공립학교의 교직원, 공무원, 시민단체 외 각종 비영리 법인에서 활동하고 있는 상근직의 급여에 대한 과세도 이중과세가 아님은 물론이다.[107]

넷째, 종교인에게 과세해도 세수에 별로 도움이 안 된다는 논리에 대한 반론이다. 종교인 과세 결과가 세수에 큰 영향을 주지 않는다는 주장에는 동의하지만, 그러한 이유로 종교인 과세를 할 필요가 없다는 주장에는 동의할 수 없다. '유전무죄 무전유죄'라는 말은 사회적 소외 계층 사이에서 더욱 빈번히 운위된다. 이 말 속에는 사회적 공정성과 형평성에 대한 불만과 불평이 담겨 있다. 이러한 불만이 사회통합에 걸림돌이 되는 것은 자명한 이치다. 사회적 형평성에 위배되는 행위는 항상 사회적 불만을 야기하며, 사회통합 또는 국민통합을 저해한다. 한마디로 대형 교회 목회자를 비롯한 일부 성직자들의 일탈 행위가 세인들의 비난을 사고 있는 현실을 감안해 볼 때, 종교인에 대한 과세는 사회통합의 분위기를 조성하는 데 크게 기여하리라고 생각된다. 종교인에 대한 과세가 설사 세수에 별 영향을 끼치지 못한다 하더라도, 사회정의 및 사회통합을 실현하기 위해서 종교인 과세는 이루어져야 한다.

다섯째, 종교인 비과세에 대한 법적 근거가 없다. 우리나라 헌법 제38조에 의하면, '모든 국민은 법률이 정하는 바에 의하여 납세의 의무를 진다.' 또한 소득세를 과세하지 않는 과세 대상 제외 항목을 명시하고 있는 소득세법 제12조 내용에도 목회자, 승려, 신부 등은

---

107 김상구, 앞의 논문, p.7 참조.

명시되어 있지 않다. 다시 말해서, 현행 소득세법에 따른다면 종교인도 마땅히 소득세를 납부해야 하는 것이다.[108] 또한 노동부의 '한국직업 분류표'에는 목사, 신부, 승려 등의 성직자가 '전문직업인'으로 분류되어 있다. 미국 장로교에서는 목회자를 '자영업자'로 분류하기까지 한다. 따라서 전문직업인 내지 자영업자라면 적어도 형식논리상으로는 소득세를 내야 하는 것이 맞다.

여섯째, 종교인 비과세는 세계적 추세와도 어긋나고 국민적 정서에도 부합하지 않는다. '소득이 있는 곳에 납세의무가 따른다'는 것은 일반적 상식이다. 성직자도 사회 구성원의 한 사람이고 사유재산의 자유가 허용된 국민의 한 사람이다. 공식적인 수입이 있는데도 종교인이라는 이유로 세금을 내지 않는 것은 형평성을 해치고 조세 정의에 어긋나는 일이다. 또한 교회나 사찰에서 서점, 커피숍, 식당, 호텔 운영 등의 수익 사업을 통해 얻은 소득에도 세금이 부과되어야 한다는 것이 일반적인 여론이다. 더욱이 외국의 경우를 보면 미국, 일본을 비롯한 수많은 나라들이 종교인 과세를 일반화하고 종교법인법을 제정하여 운용하고 있다. 한마디로 종교인 과세는 국민적 정서요 세계적 추세라 할 것이다.

일곱째, 종교계의 회계 투명성을 확보하고 종교계의 쇄신을 위해서 종교인 과세는 필요하다고 생각한다. 오늘날 우리 종교계는 적지 않은 문제점들을 안고 있다. 그러한 문제의 중심에 '돈'이 있으며 분배의 정의는 찾아볼 수 없다. 종교계 내의 부익부 빈익빈 현상이 일반 사회의 그것보다 심하다는 말이 나돌 정도다. 이러한 문제점들을 해결하기 위해서는 무엇보다도 종교계에 유입되는 돈의 규모는 물론 수입과 지출의 흐름을 투명하게 밝혀야 한다. 종교계 재정의 투명성과 합리성을

---

108 김상구, 앞의 논문, p.7 참조.

확보하기 위한 첫걸음이 바로 종교인 과세다.

이러한 일곱 가지 이유에서 종교인에 대한 과세는 반드시 필요하고 마땅하다고 본다.

또한 불교계 내부에서는 종교인 과세가 현실적으로도 필요하다는 주장이 제기되고 있다.[109] 2013년 5월 14일 종단쇄신위원회가 개최한 승려복지제도 좌담회에서는 "중앙종무기관과 본·말사 등이 스님들에게 지급하는 보시에서 원천징수해 갑근세를 내야 한다. 조계종은 종교인 과세를 선언하고 국민연금 등의 혜택도 받도록 해야 한다"는 주장(종훈스님)과 함께, "일정 보시를 받는 스님들은 세금을 내고 국민연금 혜택을 받고, 보시가 없는 스님들은 최저 소득액에 대한 국민연금 부담금을 내서라도 가입해야 한다"(고경환 박사)는 주장이 제기되기도 하였다.[110] 더욱이 면세점 이하의 저소득 종교인들은 소득세를 신고함으로써 국가와 사회로부터 다음과 같은 복지 혜택을 받을 수 있는 것으로 보인다.

첫째, 의료보험수가가 낮아짐: 소득세를 신고하고 기존의 지역의료보험을 직장의료보험으로 전환하면 이전보다 의료보험수가가 더 낮아질 것으로 예상된다.

둘째, 국민연금을 이용할 수 있음(노후복지의 대안): 일부 개신교교단에서는 목회자 은퇴 후 은급연금 등을 시행하고 불교계 일부 종단에서도 기로금耆老金 등을 시행하고 있는데, 소득세를 납부하고 국민연금을 이용하면 보다 큰 혜택을 누릴 것으로 판단된다.

셋째, 실업급여 혜택을 받을 수 있음: 소득세를 납부하면 주지와 칠직[111] 및 부전, 그리고 여성 전도사 등 실질적인 비정규직 종교인들이

---

109 퇴휴, 「납세와 복지의 상관관계: 종교인 과세의 현실적 측면」, 『종교인 과세에 대한 불교적 관점』(불교광장토론회, 2013.7.11) 참조.
110 퇴휴, 앞의 논문, p.29.

실업급여 혜택을 받을 수 있다.

넷째, 기초생활보장 자격이 주어짐: 정부가 시행 중인 국민기초생활
보장수급은 점차 확대될 전망이며 소득세 신고를 하면 혜택을 받을
수 있다.

다섯째, 사고나 재해 시 보험금을 받을 수 있음: 국민연금, 건강보험,
고용보험, 산재보험 등 4대 보험을 모두 들 경우 교통사고 등 불의의
사고에 대한 보장을 추가로 받을 수 있다.

여섯째, 사고 시 보상금이나 합의금을 정당하게 받을 수 있다.

일곱째, 스님들의 이동을 파악할 수 있다.[112]

이러한 혜택을 예상한다면, 오늘의 시대정신인 '복지확대'의 실현을
위해서라도 종교인 과세는 가능한 한 빨리 이루어지는 것이 순리다.
소수의 고소득 종교인이 과세하고 다수의 어려운 종교인이 도움을 받을
수 있다면 종교계가 마다할 이유는 없다고 본다.

이상과 같이, 필자는 우리 시대의 사회적 이슈인 '종교인 과세' 문제에
대해 불교적인 관점에서 논의해 보았다. 주로 불교는 '출가-재가'의
관계를 어떻게 보고 있고, 노동과 조세에 대한 불교의 기본 이념 및
입장은 무엇인가 하는 점을 살피면서 '종교인 과세' 문제에 접근하였다.
그 결과, 수행자(성직자)와 신도는 상호보완적이며 분업적 관계에 있고,
성직자를 특별한 권한을 갖는 계층으로 볼 수 없음을 알게 되었다.
또한 모든 노동은 신성한 가치를 지닌다는 점에서 일반 근로자의 노동과
성직자의 노동을 구별할 수 없다는 것, 즉 '성직자도 근로자'임을 살펴보

---

111 포교, 기획, 호법, 총무, 재무, 교무, 사회 부문의 직책을 맡은 스님.
112 이상의 내용은 김상구 사무처장의 위의 글(pp.7~8)과 한보광스님의 보고서를
    참고하여 종합 정리하였음을 밝혀둔다.

았다. 그리고 불교에서는 합리적인 조세제도를 통한 국가의 재분배정책을 추진함으로써 이상적인 복지국가 실현을 지향하고 있음도 밝혔다.

이 밖에도 종교인의 비과세는 법적 근거가 없고, 종교인 과세는 사회통합의 분위기를 조성하는 데 기여하며, 종교인 과세는 국민적 정서요 세계적 추세라는 점, 또한 과세가 종교계의 재정 투명성 확보에 긍정적인 영향을 끼칠 것이며, 과세는 결과적으로 영세하고 어려운 성직자들에게는 적지 않은 혜택을 가져다 줄 수 있다는 점을 밝혔다. 이러한 점들을 이유로 필자는 종교인 과세가 필요하고 당연함을 피력하였다. 그러나 종교인 과세는 강요하거나 서두르지 말고 자발적 납세를 이끌어낼 수 있도록 공론화하고 설득하는 과정이 필요하다. 불교계에서도 총무원과 본사 등에서 소임을 보며 공식적인 수입이 있는 스님들부터 점차적으로 확산시켜 가는 것이 좋을 것이다. 종교인 과세가 정의사회, 복지국가 실현을 앞당기는 견인차 역할을 할 수 있기를 기대해 본다.

제7장 ― 불교생태학의 미래

# I. 지속가능한 발전과 불교경제학

서구의 과학문명과 산업화는 『성경(Bible)』 창세기 1장 28절의 내용이
말해주듯 자연을 정복의 대상으로 바라보는 인간중심주의적 세계관의
산물이라고 할 수 있다. 또한 서구의 진보사관은 개발과 성장의 이념을
통해 인류로 하여금 무한정한 욕망을 추구하게 하여, '대량생산-대량소
비-대량폐기' 체제를 확립시켰다. 그 결과, 레이첼 카슨Rachel Carson이
『침묵의 봄(Silent Spring)』에서 경고하듯, 환경오염과 생태계 파괴는
우리를 심각하게 위협하는 수준에까지 이르게 되었다. 그리하여 지구환
경문제는 인류를 비롯한 생명공동체의 생존과 운명을 좌우하는 문제로
부상하면서, 정치·사회·경제구조에 큰 변화를 야기하며 우리의 전반적
인 삶에 영향을 미치고 있다. 더욱이 지구환경문제는 현 세대만이 아니라
미래 세대에까지 영향을 미친다는 점에서 더 심각하고 복잡하다.

'지속가능한 발전(sustainable development: SD)'이라는 개념은 근본적
으로 이러한 위기 상황에 대한 인식에서 비롯된 것으로 환경문제를
범지구적 차원에서 대처하면서 사회발전을 추구하고자 한다. 이 지속가
능한 발전을 이루기 위해 각종 국제환경협약 등을 통한 국제사회의

노력이 배가되고 있고, 각 정부도 환경정책을 여타의 정책보다 우선시하고 있다. 우리나라도 국가의제 21을 제정하고 '국가지속가능발전위원회'를 운영하는 등, 지속가능한 발전의 구체적 실현을 위해 다각도로 노력하고 있다. 뿐만 아니라 여러 시민사회운동단체들은 활발한 환경운동을 전개하고 있고, 기업 및 개인 차원에서도 환경친화적인 경영과 생활을 위해 노력하고 있다.

이처럼 이 시대의 도도한 흐름을 이루고 있는 '지속가능한 발전'은 새로운 문명의 패러다임을 모색하고 있으며, 이 과정에서 특히 필요한 것은 자연친화적 경향이 농후한 불교의 경제적 지혜라고 생각된다. 일찍이 슈마허는 『작은 것이 아름답다』 제1부 제4장의 제목을 '불교경제학(Buddhist Economics)'이라고 한바, 아마도 이 용어를 처음으로 사용한 사람이라고 추정된다. 또한 스웨덴 출신의 여성 녹색운동가 노르베리-호지는 "불교는 우리에게 세계 전체에 걸쳐 고통을 낳고 영속화시키는 경제구조에 도전할 수 있는 논리와 도구를 제공하고 있다"고 주장하면서 그녀의 『오래된 미래(Ancient Futures)』를 통해 불교적 지혜의 일단을 제시한 바 있다. 일본의 이노우에 신이치(井上信一)도 『지구를 구하는 경제학: 불교로부터의 제언』을 저술하여 대안경제를 모색하고 있다.

본 논문에서는 이러한 연구 성과들에 의거하여 지속가능한 발전을 위한 불교적 자연관과 불교경제학의 기본방향에 대하여 불교 문헌을 중심으로 논의해 보기로 한다.

## 1. '지속가능한 발전'의 대두와 전개

### 1) '지속가능한 발전'의 대두

환경오염이 전 지구적으로 확산되어감에 따라, 1972년 유엔은 스웨덴 스톡홀름에서 '하나뿐인 지구'라는 주제로 유엔인간환경회의(United Nations Conference on the Human Environment)를 개최하였다. 이 회의에서 유엔은 '인간환경선언(스톡홀름선언)'을 채택하고 유엔환경계획(United Nations Environment Program)을 유엔 소속 하에 창설하기로 결정하였다. 그리고 이 유엔환경계획에서 '생태적 발전'이라는 이념이 등장하였다. 이 이념은 1980년 자연과 천연자원 보전을 위한 국제연맹(The International Union for the Conservation of Nature and Natural Resources)에 의해 살아 있는 자원의 보전을 통해 지속가능한 발전을 도모하려는 범세계적 자연환경보전 전략으로 전개된다. 1982년 10월 28일, 유엔은 다시 '세계자연헌장'을 채택하여, 인간은 자연의 일부이고 문명은 자연에 근거하고 있다는 점을 인류에게 일깨운다. 그리하여 "자연은 존중되고, 그 기본적 과정은 방해되어서는 안 된다", "지구상의 유전적 생명력은 항상 우선되고, 야생 상태에 있든 인적 관리 하에 있든 모든 생명 형태의 개체 수는 적어도 그 존속에 필요한 만큼의 수준으로 유지되며 이 목적을 위해 필요한 생식지는 보호한다"는 등의 원칙을 천명한다. 이어 1987년에는 '세계환경발전위원회(World Commission on Environment and Development: WCED)'가 '지속가능한 발전'이라는 개념을 제시하였다.

1992년 6월에는 1972년 스톡홀름에서 열린 유엔인간환경회의 20주년을 기념하고 지구환경보호 및 선진국과 개도국 간의 빈부격차를 해소하기 위해, 브라질 리우에서 178개국이 참석한 가운데 유엔환경발전회의

(United Nations Conference on Environment and Development：UNCED)가 열렸다. 여기에서는 리우선언을 비롯하여, 의제 21(Agenda 21), 산림의 정서, 기후변화협약, 생물다양성협약 등 5개 문서가 채택되었다. 특히 리우환경회의는 WCED가 제시한 지속가능한 발전의 이념을 더욱 강화하는 의미에서 '환경적으로 건전하고 지속가능한 발전(Environmentally Sound and Sustainable Development)'이라는 개념을 통해 경제발전과 환경 보호를 동시에 추구함으로써 현세대의 개발이 미래 세대의 복지를 저해 하지 않도록 하고 있다. 이 리우회의는 환경과 개발에 관한 국제질서를 재편하는 지침으로서 지금까지도 각종의 환경관련 국제회의를 견인하 면서 각국에 상당한 영향력을 행사해 오고 있다.[1]

## 2) '지속가능한 발전'의 개념과 전개

'지속가능한 발전'에 대한 정의는 '세계환경발전위원회(WCED)'가 1987 년에 공표한 보고서, 「우리들 공동의 미래(Our Common Future)」에 포함 되어 있다. 여기에서 지속가능한 발전은 '미래 세대가 그들 자신의 필요를 충족시킬 능력을 손상시키지 않으면서 현 세대의 필요를 충족시키는 발전(development that meets the needs of the present without compromising the ability of future generations to meet their own needs)' 그리고 '현재뿐만 아니라 미래까지도 생활수준을 향상시키고 싶다고 하는 열망과 욕구를 추구하는 것'이라고 정의하고 있다. 그러면서 「우리들 공동의 미래」는 다음과 같은 사항들을 열거한다.[2]

---

1 정대연, 『환경주의와 지속가능한 발전』(집문당, 2004) ; 양명수, 『녹색윤리』(서광사, 1997) ; 이상돈, 『환경위기와 리우회의』(대학출판사, 1993) 등을 참조.

2 安原和雄, 「持續可能な發展と佛敎思想」, 『佛敎經濟硏究』 第31輯(東京: 關澤大佛敎

첫째, 가장 기본적인 욕구는 생계를 유지하는 것, 즉 고용 기회의 확보이다.

둘째, 많은 사람들을 먹여 살리고, 영양실조 상태를 없애기 위해서는 보다 많은 식량이 필요하다. 하지만 식량 생산의 증가가 생태계를 파손시키는 방식의 정책에 의해 이루어져서는 안 된다.

셋째, 에너지도 기본적인 욕구이지만 그 소비 형태를 변화시키지 않는 한, 세계인들이 필요로 하는 양만큼의 공급은 불가능하다.

넷째, 주거, 물의 공급, 위생, 건강관리 등 일련의 기본적 욕구 또한 환경상 중요하다. 이런 것들이 불충분하면 가시적인 환경파괴로 나타나게 된다.

위의 '지속가능한 발전' 개념을 한 걸음 더 진전시킨 것이 세계자연보호기금(WWF)·국제자연보호연합(IUCN)·유엔환경계획(UNEP)이 1991년에 발표한 제언, '신세계환경보전전략-하나뿐인 지구를 소중하게 (Caring for the Earth-A Strategy for Sustainable Living)'이다. 그 중요한 내용은 다음 두 가지로 압축할 수 있다.[3]

첫째, 사람들의 생활지지기반인 각 생태계의 수용능력 한도 내에서 생활하면서 사람들의 생활의 질을 향상시킨다.

둘째, 인간 생활의 질을 진정으로 향상시키면서 동시에 지구의 활력과 다양성을 보호하는 방식의 발전을 실현한다. 지속가능한 방법으로 이 두 가지 요청을 만족시킬 수 있는 발전이 최종목표이다. …… 인간의 생활을 개선한다고 하는 인간을 위한 측면과 함께 자연의 다양성과 생산성을 유지시킨다고 하는 보호의 측면을 갖는 발전을 추구하는 것이

---

經濟硏究所, 2002), pp.82~83.

3 Adams, W. M.(2001), pp.81~82.

필요하다. 보호와 발전은 인간 생활에 있어 불가결한 과정의 표리임을 인식해야 한다.

신세계환경보전전략은 지속가능한 사회의 전제조건에 대해 다음 9가지 원칙을 제시한다.[4]

첫째, 생명공동체를 존중하고 중요하게 여길 것.
둘째, 인간 생활의 질을 개선시킬 것.
셋째, 지구의 생명력과 다양성을 보전할 것.
넷째, 재생 불가능한 자원의 소비를 최소화할 것.
다섯째, 지구의 수용 능력을 넘지 않을 것.
여섯째, 개인의 생활 태도와 습관을 바꿀 것.
일곱째, 지역 사회가 스스로 여러 가지 환경을 지킬 것.
여덟째, 발전과 보전을 통합하는 국가적 조직을 책정할 것.
아홉째, 전 지구적 규모의 협력 체제를 창출할 것.

앞에서 언급한 것처럼 1992년에 열린 리우환경회의는 이러한 '지속가능한 발전'의 개념을 강화하는 의미에서 '환경적으로 건전하고 지속가능한 발전(environmentally sound and sustainable development)'이라는 이념을 채택하였다. 이것은 크게 두 가지의 해석이 가능하다고 생각된다. 하나는 '자연환경이 건전하면서, 그리고 지속가능한 경제발전(environmentally sound, and sustainable development)'이라는 해석이다. 이것은 경제발전의 지속가능에 비중이 놓여 있다. 다른 하나는 environmentally sound and sustainable을 형용사구로 보아 '환경적으로 건전하고 환경적으로 지속가능한' 발전이라는 해석이다. 이것은 자연환경의 지속가능에 초점

---

4 Adams, W. M.(2001), p.84.

이 맞추어져 있다고 할 것이다.[5]

　지속가능한 발전이라는 개념이 세상의 빛을 보게 된 이래 학자, 정치가, 기업인 등 인류와 지구의 미래에 관심을 가진 수많은 사람들이 자신의 지적, 철학적 기반에 근거하여 나름대로의 개념정의를 시도해 오고 있다.[6] 그러나 이렇듯 수많은 개념정의들도 기본적으로 크게 세 가지 유형으로 나뉜다. 그리고 이러한 개념들은 동시다발적이고 병렬적이라기보다 지속가능성이라는 문제의 본질에 보다 근접해 들어감에 따라 진화해 온 개념, 또는 변증법적으로 발전해 온 개념이라고 할 수 있다.

　먼저 초기의 지속가능의 개념은 경제적 성장의 지속성을 주된 관심사로 하고 있었다. 기존의 경제성장 방식으로는 지속적인 환경의 이용이 불가능하므로 현재의 환경이용 방법에 무엇인가 변화를 유도할 필요가 있다는 시각에서 탄생한 것이 '지속가능한 발전'이라는 개념이다. 이 개념은 지금도 지속가능한 발전론에 대한 주류적 접근방법이다.[7] 이러한 논리 뒤에는 산업자본주의와 개발우선주의가 존재한다. 이러한 사고방식은 환경적 재화와 서비스에 가격을 책정하고 시장 메커니즘에 환경적 요인들을 포함시켜 이를 적절히 관리하게 되면 문제를 해결할 수 있다고 주장하고 있다. 이 개념에 근거한 학자와 정치가들은 환경을 보호하기 위해 성장률을 조절할 필요가 없다고 주장하고 있으며, 자연에 대한

---

5 정대연(2004), p.139.

6 Agyeman, J., Bullard, R. D. and Evans, B. (ed.)(2003) *Just Sustainabilities: Development in an Unequal World*, Earthscan, Part 1 'Some Theories and Concepts' 참조.

7 Adams, W. M.(2001) *Green Development: Environment and Sustainability in the Third World*, Routledge, chapter 5 'Main stream sustainability'.

인간의 사용을 적절히 계획하고 관리함으로써 지속적인 경제성장을 이룩할 수 있다고 주장하고 있다. 이들의 기본적인 입장은 여전히 자연환경은 인간의 요구를 충족시키기 위하여 존재한다는 것이다.

그러나 리오체제는 다분히 선진국의 입장에서 수립된 것으로 실제 실행에 있어서는 많은 문제점들이 표출되었다. 이미 자연환경의 훼손을 통해 어느 정도의 경제성장을 이룩한 선진국의 입장과 이제 막 자연환경을 이용하여 경제성장을 시도하려고 하는 개발도상국 및 후진국 간에 현격한 입장 차이를 확인하였기 때문이다. 선진국과 개발도상국 사이의 발전의 불균형 상태에 대한 문제점이 노정되고 이에 따라 지속가능한 경제적 발전을 위한 국가 간의 불평등 해소가 요구되었다. 불평등으로 인한 국가 간의 갈등이 존재하는 한 범지구적 차원에서 추구되어야 할 노력이 불가능해지기 때문이다.[8]

국가 간의 불평등이 지속가능한 발전의 중요한 걸림돌로 인식되면서 여러 차원의 다른 불평등 요소들도 지속가능한 발전을 위해서 반드시 해소되어야 한다는 주장이 지속적으로 제기되었다. 단지 국가 간의 불평등뿐만이 아니라 한 국가 내에서도 부자와 빈자, 남성과 여성, 여러 하위 시스템 간, 특히 지역 간의 불평등은 지속가능한 발전을 성취하기 위해 필히 해결되어야 할 근본적인 과제들로 인식되어 왔다.

뿐만 아니라 여러 사회적 시스템과의 유기적 관계 속에서만이 지속적 성장이 가능하다는 점을 알게 되었다. 이러한 맥락에서 '지속가능한 사회'라는 개념이 대안적인 슬로건으로 등장하게 된다. 지속가능한 사회라는 개념은 지속가능한 발전의 개념이 나오기 전인 1970년대에 이미

---

8 도날드 워스터 외, 문순홍 편역, 『지속가능한 사회를 향한 생태전략』(나라사랑, 1995), 제5부 「세계화의 생태전략」 참조.

대두되었다. 그러나 이 개념은 지속가능한 발전의 대안적인 개념으로 등장하면서 더욱 깊은 의미를 지니게 된다.

사회는 다른 여러 구성요소들로 성립되기 때문에 자연과 경제가 지속가능하다고 해서 사회 전체가 지속가능할 수는 없다. 즉 자연과 경제 이외의 다른 구성요소들도 지속가능할 때 사회 전체가 지속가능하다. 이러한 다차원의 구성요소에 기초한 전체 사회의 지속가능한 발전을 '지속가능한 사회(sustainable society)'라고 할 수 있다. 따라서 지속가능한 사회에서는 발전의 개념이 단순히 경제발전을 의미하는 것이 아니라 자연을 포함하여 사회의 여러 부문들의 총체적인 사회발전을 의미한다.[9]

다음에는 국가 간의 형평성, 사회적 약자와 강자, 그리고 빈자와 부자 간의 형평성과 사회적 정의 및 균형을 뛰어넘어 다양한 생물종들 간의 균형이라는 개념이 등장하게 된다. 지속적 경제발전을 위해서는 환경의 안정적 균형 내지 평형 정상상태가 요구되는데 이는 자연에 대한 생태적 시각이 필요하게 되었음을 의미한다. 그러나 여전히 이러한 관점도 자연을 우리가 필요로 하는 대상으로 인식하는 인간중심적 가치체계를 유지하고 있다.[10]

이러한 생태적 사고가 깊어지면서 인간을 위한 생태적 개념에 문제가 있다는 것을 발견하게 되었다. 생태를 그 자체로서 존중하게 되고 인간도 단지 그 생태계의 일원일 따름이라는 시각이 등장하게 된다. 지구상에 함께 살고 있는 수많은 다른 종들의 정의와 지속가능성을 부정하면서 어떻게 우리가 우리 인간의 정의와 지속가능성을 말할 수 있겠는가라고

9 정대연(2004), p.148.

10 Tisdell, C.(2004), 'Sustainability: can it be achieved? Is economics the bottom line?' in Quaddus, M. A. and Siddique, M. A. B. (ed.), *Handbook of Sustainable Development Planning,* Edward Elgar, pp.66~70.

자문하게 된다. 지구가 단지 인간을 위하여 존재한다는 생각을 가지고 있는 한 우리 인간의 정의와 지속가능성도 요원하다는 것이 이러한 흐름의 주장이다. 이러한 생각은 비현실적이고 극단적이며 심지어는 비인간적이라고까지 비판받기도 하지만 지속불가능하고 불공평한 현 사회를 변화시키기 위해서는 인간 위주 사고의 근본적인 변혁이 불가피하다고 역설한다. 지구상의 다양한 생물 종들의 가치와 역할을 인정하고 존중할 때 비로소 우리는 우리 사회 내의 다양한 구성원들과 지역의 특성을 이해하게 되고 인간 사회의 지속성과 공평한 발전을 기대할 수 있다는 것이다.

지속가능한 발전이 어떠한 것이어야 하는가에 대해 다양한 견해가 존재하고 있지만 우리 모두는 우리 삶의 방식에 중대한 변화가 일어나지 않고 이대로 가게 되면 금세기에 파국을 맞게 될지도 모른다는 사실에 동감하고 있다. 그러나 현재 파국을 막기 위한 우리의 노력은 실질적이고 의미 있는 결실을 맺고 있지 못하다. 우리가 받아들이기에 이론적으로나 정서적으로 기존의 노력들이 여러 가지 문제점을 가지고 있기 때문이다. 그 원인을 앞 절에서 제시한 지속가능한 발전에 대한 관점 별로 살펴보면 다음과 같다.

먼저, 지속가능한 발전을 향한 경제적 발전을 위해 환경을 어떻게 관리해야 할 것인가 하는 관점의 문제점을 살펴보자. 이 관점의 가장 큰 문제점은 한마디로 시장 메커니즘에 의해 문제를 해결하고자 한다는 것이다. 그러나 환경재의 가치를 적절하게 가격으로 환산하는 작업이 거의 불가능하며 미래 환경 변화의 예측 불가능성으로 말미암아 시장 참여자의 기본적인 의사결정이 불가능하다. 기본적으로 시장 메커니즘을 적용하기가 어렵다는 것이다. 이와 같이 이 관점에는 이론적인 문제점이 존재한다. 이론적인 결함이 있는데도 불구하고 이 관점이 주류로 남아 있을 수 있는 것은 이 관점의 기본이 되는 가치관이 기존의 우리 가치관과 일치하기 때문이다. 이 관점에서는 여전히 인간우선주의와 물질주의가 우리의 기본 가치로 남아 있다.[11]

다음으로는 지속가능한 사회에 의한 관점의 문제점을 살펴보기로 하자. 이 관점에 의해 문제를 해결하는 데에는 인간의 기존 욕구 체계와 가치관을 그대로 인정한 데에서 문제점이 발생한다. 물론 이 관점에 속하는 일부 학자들의 경우에는 기존의 욕구체계와 가치체계의 변화 없이 지속가능한 발전의 달성은 불가능하다고 주장하고 있기는 하다. 그러나 여전히 그러한 경우라도 인간 위주의 발전을 염두에 두고 있다.

마지막으로 생태주의적 기반에서 지속가능한 발전을 추구하는 시각을 살펴보자. 인간이 자연의 다른 종들보다 우위에 서 있다는 기존 가치의 입장에서 볼 때, 이러한 견해는 너무나 급진적이어서 쉽게 받아들여지지 않고 있다. 어떻게 땅에 기어 다니는 지렁이를 위해 우리 인간의 이익을 포기할 수 있겠느냐는 것이다. 인간을 지구에서 살아가고 있는 다양한 종의 하나로 인식하는 사고는 그 당위성을 찾고 있지 못하기 때문에 지속가능한 발전을 위한 이론적 기반으로서의 역할을 수행하기에는 한계성을 가지고 있는 것이다. 창조론적 관점에서 인간을 자연의 우위에 두고 있는 기독교적 사고에 기반을 둔 서구식 사고방식으로는 도저히 받아들일 수가 없는 것이다.

이처럼 지속가능한 발전의 개념이 상당히 다양하고, 지속가능한 발전이 어떤 방향으로 나아가야 하는가에 대한 견해 또한 다양하다. 하지만 우리의 경제적 삶의 방식, 나아가 문명의 방향에 큰 변화가 없이 이대로 가게 된다면 현대물질문명은 금세기에 파국을 맞게 될지도 모를 일이다.

---

11 Adams, W. M.(2001), pp.139~142.

이러한 문제점에 적절히 대처하기 위해서는 무엇보다도 기독교나 데카르트 류의 이원론적 세계관의 극복이 절실히 요구된다. 따라서 이 글에서는 자연친화적 또는 일원론적 세계관의 기초가 되는 불교적 자연관에 대해 알아보고, 지속가능발전을 위한 불교경제학의 몇 가지 관점을 제시하고자 한다.

## 2. 불교경전 상의 자연 인식

자연이라는 말은 과학적으로 분석하면 거기에는 세 요소가 있다고 한다. 하나는 '물질적 자연'이다. 물질은 우주와 함께 존재하기 때문에 '우주적 자연'이라고도 불린다. 둘은 '생명적 자연'이다. 생물은 아직까지는 지구 상에만 존재하는 것으로 알려져 있기 때문에 '지구적 자연'이라고 일컬어진다. 셋은 '인간적 자연'으로 '심적心的 자연'이라고도 말한다. 요컨대 자연은 물질(우주적 자연)과 생명(지구적 자연)과 마음(인간적 자연)의 총합체總合體로 보는 것이다.[12]

박이문은 자연을 (1)인간·문화와 대립되는 존재로서의 자연 (2)우주 전체·존재 일반으로서의 자연으로 이분二分하고 각각의 자연관에 내재된 문제점에 대해 꼼꼼하게 비판한다.[13]

이렇듯 자연이라는 용어를 우리는 쉽게 쓰지만, 깊이 따지고 들어가다 보면 개념이 모호해지고 만다. 여기에서는 '산·강·바다·초목·동물·비·바람 등 인위人爲에 의하지 않고 존재하는 것이나 현상'이라고 하는 지극히 상식적이고 일반적인 개념을 자연의 작업가설적 정의로 삼고자

---

12 大越愛子·源 淳子, 『解體する拮教』(東京: 大東出版社, 1994), p.157.
13 박이문, 『환경철학』(미다스북스, 2002), pp.45~67 참조.

한다. 그러면 이러한 자연에 대한 태도를 구체적으로 보여주는 몇 가지 사례를 불교문헌에 의거하여 제시하고 논의해 보기로 한다.

## 1) 보리수에 대한 붓다의 감사

불전佛典의 기록에 의하면, 고타마 붓다가 무상정등정각無上正等正覺을 성취한 후, 처음 한 행동은 보리수(菩提樹, Bodhi tree)에 대해 감사의 뜻을 표한 것이었다. 보리수 아래서 수행하는 동안 보리수는 뜨거운 햇빛이라든가 비바람으로부터 붓다를 보호해 주었기 때문이다. 의식이 있는 생명체라면 몰라도, 의식이 없는 나무에 감사를 표한다는 것은 오늘날의 우리들은 물론 그 당시 인도인들에게도 흔하지 않은 일이었을 것이다. 그러나 붓다는 의식을 가진 인간과 의식이 없는 나무를 구별하지 않았다. 붓다에게는 그 나무도 살아 있는 생명체(living matter)였고, 그래서 그 나무로부터 입은 은혜에 감사를 표하는 것은 당연한 의무라고 생각하였다. 더욱이 붓다가 감사를 표한 방법은 놀랄 만한 것이었다. 붓다는 보리수 앞에 서서 무려 일주일 동안을 눈 하나 깜박이지 않고 보리수만을 주시했다고 한다. 헤마난다(M. Hemananda)는 이 일을 두고 "우주적 자비에 흠뻑 젖어 있는 인간의 드문 본보기이며, 우리가 이웃에게 진 빚뿐만 아니라 주변 환경에 진 빚까지를 극명하게 부각시켜준다"고 평하고 있다.[14]

---

14 Madawala Hemananda, *Nature&buddhism* (Dehiwala: Global Graphics&Printing Ltd., 2002), pp.298~299 참조.

## 2) 장로들의 자연에 대한 찬탄

초기경전인 『테라가타Theragāthā』에는 장로長老들의 자연에 대한 찬탄의 노래가 적지 않게 발견된다. 몇 가지를 소개하기로 한다. 먼저 바나밧차 장로의 노래이다.

"맑디맑은 물이 있고, 넓직한 바위가 있으며, 얼굴 검은 원숭이와 사슴이 뛰놀고, 물에 휘감겨 이끼로 뒤덮인 바위산은 나를 즐겁게 한다."[15]

다음은 삿파카 장로의 노래를 보자.

"새하얀 날개를 가진 학이 검은 구름에 쫓기어 피난처를 찾아 헤맬 때, 아자카라니 강풍경은 나를 즐겁게 한다."[16]

다음으로 마하깟사파 장로의 노래를 살펴보자.

"카레리 꽃으로 뒤덮여 있는 근심 없는 곳이 있다. 코끼리 울음소리가 들려오는 이 아름다운 산악은 나를 즐겁게 한다." "시리고 맑은 물이 있으며, 인다고파카 벌레가 가득한 곳, 푸른 구름빛을 띤 이들 아름다운 바위산은 나를 즐겁게 한다." "아름다운 산기슭에 비가 내린다. 선인仙人들은 종종 이곳을 찾는다. 바위산에서는 공작이 소리높이 울고 있다. 이들 바위산은 나를 즐겁게 한다."[17]

---

15 하야시마 쿄쇼, 박용길 역, 『비구의 告白 비구니의 告白』(민족사, 1991), p.48.
16 위의 글, p.80.
17 위의 글, pp.186~187.

아라한과阿羅漢果를 성취한 거룩한 장로들은 자연환경에 무심할 것 같은데도 이들 노래에는 자연을 즐기고 사랑하는 마음이 잘 나타나 있어 이채롭다. 그 옛날 장로스님들이 자연에서 받은 깊은 영감을, 환경의식을 일깨우는 고전인 『월든Walden』의 작가 소로우(H. D. Thoreau)도 일찍이 우리에게 감동적으로 전해준 바 있다. 그의 다음 글은 장로스님들의 노래에 대한 평석評釋으로 삼아도 좋을 것이다.

> 아직도 가끔 경험하는 것이긴 하지만, 가장 달콤하고 부드러우며, 순수하고, 용기를 주는 사귐은 자연의 대상들 속에서 발견된다. 아주 불쌍한 염세가라든가 우울에 찬 사람에 있어서조차도. 자연 가운데 살면서 자신의 감각을 고요히 유지하는 이에게는 절망적인 비애란 있을 수 없으리라. …… 자연은 순수하고 용감한 사람에게 결코 속된 슬픔을 강요할 수는 없을 것이다. 사계절과 벗이 되어 지내는 동안, 나는 그 무엇도 삶을 우리의 짐이 되게 할 수 없음을 알게 되었다.[18]

### 3) 자연은 나의 것이 아니다

다음은 『맛지마 니까야』「근본법문경(Mūlapariyāyasutta)」의 일부분이다. 여기에서 붓다는 자연을 자신의 것이라고 생각하지 말라고 가르친다.

> 비구들이여, 배우지 못한 보통 사람은 거룩한 성인을 소중히 여기지 않고, 거룩한 성인들의 가르침에 익숙하지 않고(unskilled), 거룩한 성인들의 가르침에 길들여져 있지 않다(untrained). 또한 그는 참사람을 소중히 여기지 않고, 참사람의 가르침에 익숙하지 않고, 참사람의 가르침에 길들여지지 않아, 땅을 땅으로 인정하며, 땅을 땅으로 인정한 다음, 땅에 대해 생각하고,

---

18 헨리 데이빗 소로우·강은교 역, 『소로우의 노래』(이레, 1999), pp.113~114.

자신을 땅과 관련시켜 생각하고, 자신을 땅으로 생각하고, '땅이 자신의
것이다'고 생각하고는 마침내 땅을 즐거워한다. 그 이유는 무엇일까? 그가
그것을 완전히 알지 못하기 때문이라고 나는 말한다.(물·불·바람도 마찬가
지)

비구들이여, 완성된 자, 깨달음을 성취한 자, 여래도 또한 직관적으로
땅을 땅으로 안다. 하지만 여래는 땅을 땅으로 안 다음, 땅에 대해 생각하지
않고, 자신을 땅과 관련시켜 생각하지 않고, 자신을 땅으로 생각하지 않고,
'땅이 자신의 것이다'고 생각하지 않는다. 그리하여 마침내 땅을 즐거워하지
않는다. 그 이유는 무엇일까? 여래가 그것을 완전히 알기 때문이라고
나는 말한다.(물·불·바람도 마찬가지)[19]

위 내용의 요지는 결국, 범부 중생들은 땅과 물과 불과 바람(地水火風)
을 자신의 것이라고 생각하여 거기에 탐착하는 데 반해, 여래는 지수화풍
地水火風을 자신의 것이라고 생각하지 않아 거기에 탐착하지 않는다는
것이다.

### 4) 땅을 파지 말라

"땅을 파지 말라"는 이른바 '굴지계掘地戒'는 『사분율』의 90바일제 가운데
열 번째(『사분율』 제11권)에 설해지고 있다. '땅을 파지 말라'는 계율은
원래 농사일을 하지 말라는 의미가 아니라 땅속의 생물을 함부로 죽이지
말라는, 이를테면 '불살생계不殺生戒'의 연장선상에 있는 계율이다. 그리
하여 『선견율비바사善見律毘婆沙』 제15권에서는 모래, 돌, 기와, 자갈의
비율이 5분의 4가 넘는 땅은 참땅(眞地)의 범주에 넣지 않는다고 하였는

---

19 *Middle Length Sayings* I(P.T.S.), pp.3~7 참조.

데,[20] 이런 땅은 살아 있는 참땅이 아니므로 파도 된다는 의미일 것이다. 이러한 계율은 결국 땅속의 미미한 생명까지도 배려하는 정신의 반증이라 할 것이다.

### 5) 살아 있는 나무를 꺾지 말라

역시 『사분율』의 '살아 있는 나무를 꺾지 말라'는 계율을 살펴보기로 한다. 붓다는 어느 때, 한 비구가 집을 수리하기 위해 산 나무를 잘랐다는 것을 알고, 그것은 위의威儀가 아니고 사문법沙門法이 아니고, 정행淨行이 아니며, 수순행隨順行이 아니라고 힐책하였다. 그리고 비구는 모든 초목草木을 자르거나 꺾으면 안 되며 산 나무 위에 말뚝을 박거나 산초목에 불을 붙이거나 토막을 내어서도 안 된다고 설하였다.[21]

또한 비가 많이 오는 여름철의 우기雨期에 비구들이 여기저기 돌아다니면서 초목을 밟아 피해를 입혔는데, 붓다는 이를 막기 위해 우기에는 일정한 곳에 머물면서 안거安居를 하게 하였다.[22] 초목을 보호하라는 붓다의 교계敎戒를 철저하게 지키고자 한 사례가 『복개정행소집경福蓋正行所集經』에 나오는 초계草繫비구의 유명한 일화에 나타나 있다.[23]

한 사람의 비구가 길을 가다가 도적을 만나 옷을 빼앗기고 길가 풀숲 속에 풀과 줄기로 묶임을 당하였는데, 그 비구는 일체의 초엽草葉을 꺾고

---

20 大正藏 24, 780中, "非眞地者, 多有沙石瓦礫沙土, 是名非眞地. …… 若四分石一分土可得掘."

21 『四分律』 卷12(大正藏 22). pp.641下~642上.

22 上揭書, p.830中~下.

23 大正藏 32, p.744中.

부러뜨리지 말라는 붓다의 가르침을 전념專念하였기 때문에 능히 그 결박에서 벗어날 수가 있었음에도 풀을 다치지 않게 하기 위하여 꼼짝하지 않고 풀에 묶인 채 그대로 엎드려 있다가, 이튿날 그곳에 사냥 나온 국왕에 의하여 구출되었다는 것이다.

이와 같이 초목의 지엽枝葉도 꺾지 말고 산 초목의 생명을 상해傷害치 못하게 하였던 붓다는 다시 생초목生草木의 위에 대소변大小便과 가래침을 뱉지 못하게 하였으며, 또 물속에 대변과 소변을 누거나 가래침을 뱉는 것을 금하였다.[24]

위의 내용을 종합해 볼 때, 자연과 생명에 대한 불교의 기본태도는 감사요 존중이며 자비요 외경임을 알 수 있다.

자연을 아끼고 생명을 존중하는 이러한 정신은 중국과 우리나라 출가 수행자들에게 면면히 이어져 생활의 지침이 되고 있다. 예컨대 운서雲棲 화상和尙의 『사미율의요약沙彌律儀要略』에 의하면, 수행자는 물을 쓸 때에 벌레가 있고 없는 것을 잘 살펴 (벌레가 있으면) 촘촘한 헝겊으로 걸러서 써야 하고, 불을 지필 때에 썩은 나무를 때면 (벌레가 죽기 때문에) 안 되고, 속옷을 빨 때에는 이를 잡아 버리고 빨아야 하며, 끓는 물을 땅에 버리면 안 된다고 한다.[25]

---

24 김영태, 「佛陀와 自然愛護」, 『東國思想』 第10·11合集(동국대학교, 1978), pp.115~116.

25 釋日陀 편, 『沙彌律儀』(청룡사, 1972), pp.157~158.

## 3. 불교사상의 관점에서 본 자연

### 1) 다르마의 개념으로 본 자연

우리가 일반적으로 쓰는 의미의 '자연'이라는 말은 불교경전에서 별로 발견되지 않는다. 물론 자연이라는 단어가 자주 쓰이기는 하지만, 이 자연은 대개 '스스로' 또는 '저절로'라는 의미로(梵: svayaṃ, 巴: sayaṃ) 사용되고 있어 논의의 대상으로 삼기에 적합하지가 않다. 또한 '자연외도 自然外道'에서처럼 자연이라는 말이 인연으로 말미암아 생기는 것이 아니라는 의미로, 즉 우연과 비슷한 부정적 의미로 사용되기도 한다.

해리스(Ian Harris)는 자연에 상응하는 산스크리트어로 loka(세계), pratītyasamutpāda(緣起), dharmatā(法然, 法爾), yathābhūta(있는 그대로의 것), prakṛti(本性), svabhāva(自性, 자기존재) 등을 제시하고 있지만,[26] 우리가 논의하고 있는 대상화된 구체적 '자연'에 가장 근접한 의미를 갖는 것은 역시 'loka'가 아닌가 한다. 왜냐하면 해리스가 제시한 다른 단어들은 주로 자연의 법칙성이나 속성을 드러내 주고 있는 데 반해, 'loka'라는 단어는 우리가 살고 있는 다양한 세계를 의미하면서도 우리가 경험하는 대상으로서의 구체적 자연을 지칭하는 말로도 이해될 수 있기 때문이다.[27]

그렇지만 구체적 자연인 'loka'에 대한 불교적 관점을 분명히 드러내기 위해서는 불교가 'loka'의 속성과 바탕을 어떻게 바라보고 있는지를 살펴야 하는데, 그것은 무엇보다도 'dharma(法)' 개념의 분석을 통해서

---

26 Ian Harris, *How Environmentalist is Buddhism* (Religion 21, 1991), p.104.
27 안옥선, 『불교윤리의 현대적 이해』(불교시대사, 2002), p.416.

가능하다고 본다. 불교의 종교적 성격과 사상적 특징을 가장 근본적으로 규정해 주는 가르침은 아마도 『잡아함』 제12권의 다음 내용일 것이다.

> 연기법緣起法은 내가 만든 것도 아니요 또한 다른 사람이 만든 것도 아니다. 그러므로 그것은 여래가 세상에 나오거나 세상에 나오지 않거나 법계法界에 항상 존재하는(常住) 것이다. 저 여래는 이 법을 스스로 깨닫고 다 옳게 깨달음을 이룬 뒤에, 모든 중생들을 위하여 분별해 연설하고 드러내어 보이시니 이른바 '이것이 있기 때문에 저것이 있고, 이것이 일어나기 때문에 저것이 일어난다'는 것이다. 즉 무명無明을 인연하여 행(行)이 있고 …… 내지 순수한 큰 괴로움의 무더기가 모이며, 무명이 멸하기 때문에 행이 멸하고 …… 내지 순수한 큰 괴로움의 무더기가 멸하느니라.[28]

이 가르침을 통해서 우리는 불교가 모든 도그마와 권위를 배격하는, 참으로 '보편적인 진리' 또는 '진리 그 자체'를 중시하는 철저한 진리지향의 사상임을 알 수 있다. 붓다가 깨달은 보편적 진리 곧 '연기법緣起法'은[29] 시간과 공간을 초월하여 영원한 진리로서, 붓다가 만든 것도 아니고, 다른 사람이나 전지전능한 신神이 만든 것도 아니다. 다시 말해 붓다가 깨달은 진리는 붓다의 주관이 개입된 인위적이고 작위적인 것이 아니라 객관성과 보편성, 일반성과 세계성을 지닌 본래 그러하고 스스로 그러한 (法爾自然) '진리 그 자체'라는 말이다.

연기법에는 '우주 자연의 보편적 진리(理法)'라는 의미와 우리의 '현실 생활에 유용한 도덕적 원리'라는 의미가 병존하고 있다.[30] 따라서 연기법

---

28 『雜阿含』 卷12 「(第299經)緣起法經」(大正藏 2, p.89中).

29 『中阿含』 「象跡喩經」에서는 "緣起를 보면 곧 法을 보는 것이고, 法을 보면 곧 緣起를 보는 것이다"고 설한다.

30 木村泰賢은 불교에서의 法의 관념은 우주적 규율과 도덕적 규율을 모두 포함한다고

은 자연과 인간과 사회를 관통하는 개념으로 이해될 수 있다. 여기에
불교가 자연을 보는 기본관점이 잘 나타나 있다.

원래 인도에서 이 보편적 진리를 지칭하는 말은 'dharma'이다. 다르마
는 'dhṛ'(지지하다, 떠받치다)에서 파생된 말로 20여 가지의 의미가 있지
만,[31] 그 두 가지 기본개념은 '어떤 것을 떠받쳐 유지시켜 주는 것'과
'어떤 것에 의해 떠받쳐져 유지되는 것'이다.

먼저 '어떤 것을 떠받쳐 유지시켜 주는 것'의 대표적인 의미로는 '사회적
규범과 의무', '우주적 진리와 이법理法'을 들 수 있다. 인도 고대 바라문교
와 힌두교 등에서는 카스트 사회에 필요한 '사회적 의무'라는 의미를
가장 중시하였고, 불교에서는 '우주적 진리'라는 의미로 많이 쓰인다.
그것은 바라문교 등에서 절대자로서의 '신'의 개념이 '우주적 진리'를
대체하고 있는 데 반해, 불교에는 절대자로서의 신이라는 개념이 없기
때문이 아닌가 생각된다. 불교에서의 '우주적 진리'는 절대자의 개념이
아니라, '여러 원인과 조건에 따라 물 흐르듯 자연스럽게 생성·변화·소멸
해가는 인연법 또는 연기법'의 개념이다. 따라서 '연기(pratītyasamut-
pāda)'는 자연만물의 원리 내지 본성으로서의 다르마라고 할 수 있는
것이며, 이것은 법성의 개념으로까지 나아간다.

다음으로 '어떤 것(우주적 진리)에 떠받쳐져 유지되는 것'의 의미로는
'모든 사물과 존재 및 현상'을 들 수 있다. 이것은 자연만물이 '연기'라는
우주적 이법理法에 따라 여러 가지 원인과 조건에 의해 '연하여 생긴
것(緣已生)'임을 말해주고 있다. 법계法界라는 관념이 여기서 연유함은

---

주장한다. 木村泰賢·박경준 역, 『원시불교사상론』(경서원, 1992), p.83.

31 M. Monier-Williams, *Sanskrit-English Dictionary* (Oxford University Press, 1960),
p.510. 견고하게 확립된 것·불변의 법령·규정·법·관습·실천·의무·권리·사물·
진리·요소·정의·덕·도덕·종교·공덕·선행·자연·특성·佛法·계율 등등.

물론이다.[32] 불교적으로 보면 자연은 절대자의 피조물도 아니고 그렇다고 우연에 따라 생긴 무질서한 것도 아니다. 어디까지나 다르마, 즉 법法에 의거하여 나타나 있는 질서적 존재다.

이처럼 불교에서는 자연을 절대자나 조물주에 의해 창조된 피조물로 보지 않고 또한 우연한 존재로도 보지 않는다. 자연은 '스스로 그렇게 된 존재(自然)'이지만 그것은 동시에 법(法, 다르마)을 본성으로 하고 있다고 본다. 그래서 불교에서는 자연만물·일체만유를 '제법諸法' 또는 '일체법一切法'이라고 부르는 것이다. 이 법法은 자연만이 아니라 인간을 지탱해주기도 한다. 따라서 자연과 인간은 전혀 다른 차원의 존재가 아니라 법을 매개로 한 연기적 관계에 있는 것으로 본다. 현상적으로 보면 다르지만 본질적(본성적)으로 보면 같은 존재라고 볼 수 있다.

이렇게 본다면 결국 불교는 자연을, 인간에게 예속되고 인간을 둘러싸고 있는 단순한 주변적 환경으로 본다기보다는 어느 정도의 주체성을 인정한다고 보는 것이 더 타당하다고 할 것이다.


## 2) 인간과 자연의 관계: 의정불이依正不二

앞에서 언급한 바 있는 'loka(世間)'는 '자연自然'과 꼭 일치하지는 않지만 상당히 근접한 단어라고 할 수 있다. 따라서 인간과 자연의 관계에 대한 불교적 관점은 중생과 세간에 대한 관계를 살펴봄으로써 충분히 밝혀질 수 있을 것이다.

세간(loka)은 원래 동사 luj에서 파생된 말이다. luj는 '깨지다, 부서지다

---

32 김종욱, 『불교에서 보는 철학, 철학에서 보는 불교』(불교시대사, 2002), pp.158~162 참조

(break, destroy, crumble)' 등의 의미를 지닌다. 그리하여 붓다는 "무너지고 부서지기(lujjati) 때문에 세간(loka)이라고 이름하는 것이다"[33]라고 설하기도 한다. 괴멸하기 때문에 세간이라고 이름한다는 것은 세간과 괴멸이 거의 동일한 의미임을 말해 준다. 본래 괴멸은 무상無常을 뜻하고, 무상은 범부에게 고苦를 뜻한다. 따라서 세간과 고苦는 동의어라고 할 수도 있다. 불교에서 이 사바세계를 흔히 고해苦海나 화택火宅에 비유하는 것은 바로 이러한 연유에서이다.[34] 또한 무너지고 부서지기 때문에 세간이라고 하는 것은 불교에서는 무상이 세간과 자연의 기본 원리로서 인식되고 있음을 보여 준다. 동시에 그것은 불교가 자연을 고정적인 실체로 보지 않고 항상 변하고 움직이는 역동적인 것으로 인식하고 있음을 말해 준다.[35]

이 세간이라는 개념은 아비달마 불교에서는 유정세간(有情世間, 衆生世間, sattva-loka)과 기세간(器世間, bhājana-loka)으로 나뉘고, 화엄종에서는 이 이종二種 세간에 지정각智正覺세간이 첨가되어 삼종三種 세간으로 분류된다. 유정세간이란 무릇 살아 움직이는 중생을 가리키고, 기세간은 이들 중생이 머물고 있는 일체의 국토를 포함한 이른바 삼천대천三千大千세계, 즉 전우주全宇宙를 의미하며, 지정각세간은 중생세간을 교화하는 불보살佛菩薩을 지칭한다.

여기에서 우리가 눈여겨보아야 할 것은 삼종 세간에 모두 세간이라는 말이 공통적으로 사용되고 있다는 점이다. 이것은 불교에서는 자연과

33 *Kindred Sayings* Ⅳ (P.T.S.), p.28.

34 서경수, 『불교철학의 한국적 전래』(불광출판부, 1990), p.19.

35 Lily de Silva, "The Buddhist Attitude towards Nature," ed. by Klas Sandell, *Buddhist Perspectives on the Ecocrisis* (Kandy: Buddhist Publication Society, 1987), p.10.

중생과 불타를 삼원적三元的으로 구분하여 보고 있지 않다는 사실을 잘 말해 주고 있다. 연기론에 입각하여 인간과 세계를 세간이라는 말로써 하나로 묶고 있는 것은 불교사상의 매우 독특한 면이라고 하겠다.

이것은 「창세기」 1장 28절에 나오는 "하나님이 그들(인간)을 축복하사, 땅을 지배하라. 땅에 움직이는 모든 생물을 다스리라 하시니라"는 내용에 나타나듯, 인간과 자연을 별개의 차원으로 보는 입장과는 분명히 다르다. 또한 생각하는 실체와 물질적 실체, 즉 사유思惟와 연장延長 사이의 운명적인 분리를 주장한 프랑스 데카르트(René Descartes, 1596~ 1650)의 입장과도 사뭇 다르다.[36] 불교적 입장과는 너무도 다른 이러한 기독교 사상과 근세 서구의 기계론적 자연관이 자연을 착취와 정복의 대상으로 삼았을 것임은 자명한 이치다. 그렇다면 과연 불교에서는 중생과 자연의 관계를 구체적으로 어떻게 보는 것일까. 붓다는 인간의 운명이 신神이나 숙명이나 우연에 의해 좌우되는 것이 아니라 스스로의 행위, 즉 업業에 의해서 결정된다는 것을 매우 강조하였다. 그리하여 인과응보因果應報의 업설業說을 중심으로 불교적 세계관과 인생관을 전개하였다. 중생이 지옥, 아귀, 축생, 아수라, 인간, 천상의 육도六道나, 욕계欲界, 색계色界, 무색계無色界의 삼계三界를 윤회하는 것은 전적으로 인과응보의 원리에 의해서다. 어떠한 제일원인第一原因이나 절대자 또는 형이상학을 인정하지 않았던 붓다는 중생의 업을 모든 변화의 유일한 동력으로 삼았던 것이다. 따라서 중생의 삶뿐만 아니라 자연과 세계의 변화도 업과 무관할 수 없게 된다.

업설에 따르면 인간의 덕성과 도덕성의 타락은 환경을 열악하게 만드는 원인이 된다. 『앙굿따라 니까야』에서는 한 나라의 왕과 백성이 악업惡

---

36 린 마굴리스·도리언 세이건, 황현숙 역, 『생명이란 무엇인가』(지호, 1999), pp.63~64.

業을 행하면, 가뭄과 흉작 그리고 수명이 짧아지는 등의 과보를 받게 된다고 설한다.[37] 또 다른 문헌(*Visuddhīmaggatthakatha*)에 의하면, 인간의 욕구가 한계를 넘어서면 홍수가 일어나며, 인간의 분노와 증오가 길을 잘못 들면 대화재가 발생하며, 인간의 무지가 그 한도를 넘으면 파괴적인 폭풍이 일어난다.[38] 나아가 인간의 업은 과일의 맛까지 변화시킨다는 이야기가 『자타카(Rajovada Jataka)』에 나온다.

> 왕은 은자에게 '왕이 도덕적인 가르침을 따르지 않으면 과일이 달콤한 맛을 잃느냐'고 물었다. 은자는 그렇다고 대답했다. 은자는 덧붙여, 왕이 도덕적인 가르침을 따르지 않으면 기름, 버터, 꿀, 당밀, 과일, 식물의 뿌리가 모두 영양분을 잃게 된다고 말하였다. 은자의 말을 확인하기 위해 왕은 수도로 돌아오자마자 도덕적 가르침을 지키지 않았다. 그는 억압적이고 부당하게 통치했다. 얼마 후 그는 은자에게 가서 벵갈 보리수 열매를 먹었다. 맛이 매우 썼다. 왕이 은자에게 왜 과일의 맛이 쓰게 변했냐고 묻자, 은자는 왕이 도덕적인 가르침을 따르지 않았기 때문에 그 백성들 또한 도덕적으로 타락하게 되어 벵갈 보리수 열매의 맛이 쓰게 변했다고 대답했다.[39]

이러한 이야기들을 통해서 우리는 불교에서도 인간의 업과 자연과 세계 사이에 밀접한 관계가 있다는 인식이 보편화되어 있었음을 알 수 있는 것이다. 그리고 이러한 인식은 아비달마에서 개념적으로 체계화되기에 이른다. 아비달마에 의하면, 중생의 행위에 의해 생긴 업력은 두 종류의 과보果報를 발생시킨다. 하나는 정보正報로서 중생을 발생시

---

37 *A. N. II*, pp.74~76.
38 청정국토만들기운동본부 편, 『불교와 환경보존』(아름다운 세상. 1998), p.103.
39 위의 책, pp.105~106.

키고, 다른 하나는 의보依報로서 국토를 발생시킨다. 결국 유정세간有情
世間은 유정의 업력에 의해 초래된 정보의 세간이며, 기세간器世間 역시
유정의 업력에 의해 초래되는 의보의 세간인 것이다.⁴⁰ 또한 유정 각자의
차별적인 운명과 현실(유정세간)은 불공업不共業에 의해서 결정되고,
유정이 함께 공유하는 자연환경과 사회환경(기세간)은 공업共業에 의해
서 결정된다고 아비달마는 설명한다.⁴¹

　이러한 사상을 바탕으로 『유마경』「불국품」에서는 정보인 내 마음이
청정해짐으로써 의보인 국토와 환경이 청정해진다고 설한다.

> 지혜를 따라 그 마음이 청정해지고, 그 마음이 청정함을 따라 일체의
> 공덕이 청정해진다. 그러므로 보적이여, 만약 보살이 청정한 국토를 얻고자
> 한다면 마땅히 그 마음을 청정하게 해야 한다. 그 마음의 청정함을 따라
> 불국토가 청정하여지는 것이다.⁴²

　이처럼 불교적 자연관의 독특한 입장은 인간(유정)과 자연(세계)을
똑같은 세간으로 표현한다는 점, 그리고 자연환경과 사회환경을 인간의
공업의 산물로 보고 있다는 점에 잘 나타나 있다. 따라서 유정세간과
기세간의 이러한 관계에 비추어 볼 때, 역시 자연은 환경이라고 보기보다
는 주체에 가깝다고 보아야 할 것이다.

---

40 김동화, 『俱舍論』(문조사, 1971), p.186.
41 김동화, 『불교윤리학』(문조사, 1971), p.98.
42 『大正藏』14, p.538下.

## 3) 화엄사상으로 본 자연

화엄사상은 불교적 자연관을 가장 심도 있고 상징적으로 표현해 준다. 화엄사상의 핵심은 우주만유를 일대연기一大緣起로 보는 법계연기法界緣起라 할 수 있다. 법계무진연기法界無盡緣起 또는 무진연기無盡緣起라고도 불리는 이것은 만물이 서로 인과관계에 있고 상호의존관계에 있다고 보며 전 우주의 조화와 통일을 역설한다. 법계연기설에 따르면, 한 사물은 독립적이고 개별적인 존재가 아니라 전체와 연결되어 있으며, 중생과 부처, 번뇌와 보리, 생사와 열반 등이 서로 대립되는 것이 아니라 원융무애하다.

법계는 흔히 사법계事法界, 이법계理法界, 이사무애법계理事無碍法界, 사사무애법계事事無碍法界의 사법계四法界로 구분되며, 이 중 사사무애법계를 성립시키는 근본 원리가 바로 법계연기인 것이다. 이 법계연기는 십현연기十玄緣起와 육상원융六相圓融의 교설教說을 통해 구체적으로 설명되는데, 여기서는 십현연기 중 인다라망경계문因陀羅網境界門에 의거하여 그 내용을 간략하게 살펴본다.

인다라는 Indra의 음역音譯으로서 제석천帝釋天을 가리키는 바, 인다라망은 제석천 궁전을 장엄하는 그물로서 그 모든 그물코에는 보배구슬이 박혀 있다. 그런데 이 보배구슬들은 서로가 서로를 비춰 장관을 이룬다. 즉 하나의 구슬에는 다른 모든 구슬의 그림자가 비친다. 다른 모든 구슬 하나하나에도 역시 또 다른 모든 구슬의 그림자가 비치는 것은 물론이다(이것을 일중누현一重累現이라 함). 또한 하나의 구슬에 비치는 다른 모든 구슬들 속에는 각각의 구슬에 비쳐진 또 다른 모든 구슬의 그림자까지도 되비치게 되어 더욱 장관을 이룰 것이다(이를 이중누현二重累現이라 함). 이 그림자는 삼중三重, 사중四重, 오중五重 내지는 무한히 겹쳐지게 될 것인 바, 이를 일컬어 중중무진重重無盡이라고 한다.[43] 이처럼 삼라만상 우주만유는 끝없이 상호융합하고 상호침투한다(相卽相入). 상호융합(interfusion)과 상호침투(interpenetration)에는 어떠한 걸림도 없다. 그리하여 한 먼지티끌 속에 수미산이 용납되고 한 털구멍 속에 대해大海가 용납되기도 한다는 것이다.[44]

이러한 법계연기의 진리를 신라의 의상義湘스님은 「법성게法性偈」에서 다음과 같이 표현한다.

| | |
|---|---|
| 한 먼지 티끌 속에 온 우주가 담겨 있나니 | 一微塵中含十方 |
| 모든 티끌 또한 이와 같도다. | 一切塵中亦如是 |
| 억겁의 길고도 긴 시간이 한 찰나이고 | 無量遠劫卽一念 |
| 한 찰나의 짧은 시간이 곧 영겁이도다. | 一念卽是無量劫[45] |

영국의 시인 윌리엄 블레이크William Blake의 유명한 다음 노래는 이 「법성게」와 흡사하여 이채롭다.

한 알의 모래 속에서 세계를 보고
한 송이 들꽃 속에서 천국을 본다.
손바닥 안에 무한을 거머쥐고
순간 속에서 영원을 붙잡는다.

이처럼 법계연기의 입장은 인간과 자연을 각각 독립된 실체로서 파악

---

43 Peter Harvey, *An Inroduction to Buddhist Ethics* (Cambridge: Cambridge University Press, 2000), p.153.

44 교양교재편찬위원회 편, 『불교학개론』(동국대출판부, 1998), p.175.

45 『法界圖記叢髓錄』 권1(韓佛全 6, p.768上).

한 근대 서구의 이원론二元論과는 정면으로 배치된다. 법계연기에서 말하는 중중무진한 법계는 이른바 '생태계(ecosystem)'의 개념과 흡사하다. 생태계는 "자연현상을 물질의 순환이라는 커다란 전제 하에서 해석하고 인간을 포함한 생물 및 비생물적 물질의 총체적인 상호순환 관계"를 의미한다. 예컨대 자연생태계의 구조를 살펴보자. 자연생태계는 크게 네 종류의 요소로 이루어진다. 첫째는 빛, 공기, 기후, 물, 토양 등의 모든 비생물적 요소들이다. 둘째는 생산자라고 할 수 있는 녹색식물들이다. 녹색식물은 광합성을 통하여 생태계에 에너지를 공급한다. 셋째는 초식동물과 육식동물 및 인간을 포함하는 소비자다. 소비자는 생산자(녹색식물)를 섭취하여 활동 에너지로 사용하며 그 과정에서 생산되는 탄산가스를 호흡을 통해 다시 대기 중에 방출한다. 넷째는 박테리아와 곰팡이 등의 미생물로 구성되는 분해자다. 이것들은 생산자 또는 소비자의 사체死體를 분해하여 그 속에 함유된 유기물질을 비생물적 무기물로 바꿔 다시 생태계로 되돌려 보내는 역할을 한다. 이처럼 네 가지 구성요소들은 서로 밀접한 상호의존과 상호순환의 구조를 갖는다.[46]

이러한 생태계의 구조를 체계화한 시스템 이론에 의하면, 어떤 독립된 객관적 실체나 대상은 없다. 그것은 단지 지극히 자의적인 관찰과 판단의 산물일 뿐이다. 나무의 경우를 보자. 우리는 나뭇잎, 잔가지, 가지, 줄기들의 관계의 연결망을 볼 때, 그것을 '나무'라고 부른다. 나무 그림을 그릴 때, 대부분의 사람들은 뿌리는 그리지 않겠지만 뿌리는 나무의 다른 부분들보다도 훨씬 멀리 뻗어 있는 경우가 많다. 또한 숲의 나무뿌리들은 서로 연결되어 조밀한 지하연결망을 이루고 있어서, 거기에서 개별 나무들의 정확한 경계선을 긋기란 불가능할 것이다.[47] 요컨대 우리

---

46 주광렬, 『과학과 환경』(서울대출판부, 1986), pp.89~91.

가 나무라고 부르는 것은 나무 그 자체가 아니라 우리들이 물음을 제기하는 방법에 노출된 나무일 뿐이다.[48]

연기론의 입장도 마찬가지라 할 수 있다. 우리가 단순히 객관적 대상으로 보는 자연은 인간과 다르겠지만, 나무뿌리들이 땅 밑에서 서로 얽혀 있듯이 인간과 자연은 존재의 심연에서 서로 얽혀 있다.

가만히 생각해 보면 자연과 세계가 없는 인간의 삶은 상상도 할 수 없다. 땅이 없다면, 물이 없다면, 불과 태양이 없다면, 바람과 공기가 없다면, 인간의 존재도 불가능할 것이다. 地・水・火・風의 네 가지 요소가 두루 잘 갖추어져 있을 때만 인간의 생명도 비로소 유지되는 것이다.[49] 이러한 인식의 바탕 위에서, 중국의 승조僧肇는 "천지는 나와 한 뿌리요, 만물은 나와 한 몸(天地與我同根 萬物與我一體)"[50]이라고 했을 것이고, 『화엄경』에서는 "일체중생이 모두 같은 뿌리임을 결정코 잘 알아야 한다(決定了知一切衆生皆悉同根)"[51]고 했을 것이다. 나아가 '색심불이色心不二'라든가 '신토불이身土不二'의 사상도 다 같은 맥락에서 이루어졌을 것으로 생각된다.

불교의 연기론에서 본 자연은 인다라망처럼 수많은 원인과 조건들이 서로를 반영하는 관계들의 연쇄로서 유기적이고 역동적이며 총체적이다. 자연의 이러한 유기적이고 역동적이고 총체적인 성격 때문에 아마도 러브록(J. Lovelock)은 지구를 살아 있는 신화적 인격체로서의 가이아Gaia

---

47 프리초프 카프라, 김용정 외 옮김, 『생명의 그물』(범양사, 1998), pp.63~64.

48 위의 책, p.64

49 李法山, 「불교에 있어서 환경과 생명윤리」, 『생명과 환경윤리』(제8회 한·일학술교류회의-東國大·大正大, 1995), p.94.

50 大正藏 45, p.159中.

51 大正藏 9, p.635下.

라고 보았고, 장희익은 자연·지구·우주 전체를 '온생명'이라는 하나의 생명체로 보았으며, 카프라(F. Cafpra)는 우주 전체를 하나의 생태학적·유기적·전일적으로 이해할 수 있는 영적 존재로 파악해야 한다고 주장했을 것이다. 이들에 의하면, 지구는 과학적 유물론이 주장하듯이 서로 기계적인 인과관계로 얽혀 있는 물리학적 미립자로 환원될 수 없다. 지구는 전일적全一的으로만 파악될 수 있는 단 하나의 살아 있는 몸으로서의 '온생명'이다.[52] 이 온생명은 불교에서의 청정법신 비로자나불과 성격이 유사하다고 해야 할 것이다. 이 단계에 이르면, 이제 유정물有情物과 무정물無情物의 구분도 없어진다고 보아야 한다.

　이러한 입장은 적어도 이론적으로는 이미 초기불교의 연기緣起·공空·무아無我·무상無常·중도中道 등 여러 가르침 속에 그 사상적 맹아가 있었다고 생각된다. 일례로『잡아함』은 중도를 다음과 같이 설한다.

> 세간의 발생(集)을 여실하게 바로 보면 세간이 없다는 견해가 있을 수 없고(非無), 세간의 소멸(滅)을 여실하게 바로 보면 세간이 있다는 견해가 있을 수 없다(非有). 여래는 그 두 끝을 떠난 중도中道를 설한다.[53]

　이렇게 유有와 무無를 떠난 것이 중도실상中道實相으로서, 중도실상에서는 유와 무를 엄격하게 가를 수가 없다. 유와 무를 가를 수 없다면 유정물과 무정물은 더더욱 가르기 힘들 것이다. 무정물 속에는 이미 유정물이 내재되어 있고 유정물 속에는 이미 무정물이 내재되어 있다. 사물의 제일원인이나 창조주를 인정하지 않는 불교의 입장에서 본다면 불교는 창조론을 부정하고 진화론의 편에 선다고 볼 수 있다. 그렇게

---

52 박이문, 앞의 책, pp.208~209.

53『雜阿含』10.

본다면 생명은 원래 무생물로부터 연유한 것이라고 볼 수 있겠다. 그러나 무에서 유가 나온다는 것은 형식논리상으로도 인정하기 어렵기 때문에 어떤 형태이든 무생물에 최소한의 생명성이라도 인정하지 않을 수 없다고 본다. 물론 그 생명은 부생물만의 것일 수는 없고, 한 송이 국화꽃을 피우기 위해 온 우주가 관여하듯 우주적 개입은 필수적이다.

어쨌든 연기론적 입장에서 본다면 무정물의 경계와 유정물의 경계를 분명하게 가른다는 것은 불가능하다. 그러나 이것은 결국 무정물에도 유정성有情性을 인정해야 된다는 결론으로 귀결될 수밖에 없다고 본다.

이러한 논리나 사유방식을 깨달음의 문제에 적용한다면 '중생과 부처'의 관계에서 결국 일체중생에게도 불성佛性을 인정할 수밖에 없을 것이다. 그래서 『열반경』은 다음과 같이 분명하게 설하고 있다.

> 선남자여, 중생의 불성佛性도 그와 같아서, 모든 중생은 볼 수 없는 것이, 마치 가난한 사람들이 자기 집 뜰의 풀 밑에 있는 순금 독을 알지 못하는 것과 같느니라. 선남자여, 내가 이제 모든 중생에게 있는 불성이 번뇌에 가려졌던 것을 보여주는 것은 마치 가난한 사람들이 자기 집에 있는 감춰진 순금 독을 보게 해주는 것과 같느니라. 여래가 오늘 중생에게 있는 각보장覺寶藏을 보여주나니 그것은 불성이니라.[54]

그리고 시간이 지나면서 불성의 외연外延은 중생에서 무정물에까지 확장된다. 이른바 무정유성無情有性, 초목국토실개성불草木國土悉皆成佛의 주장이 그것이다. 일반적으로 소승교에서는 무정물에는 불성이 없다고 보지만, 화엄·천태·밀교 등 대승의 일승교一乘教에서는 초목과 장벽牆壁, 와력瓦礫과 국토 등 모든 무정물(또는 비정물非情物)도 성불할

---

54 「如來性品」, 『涅槃經』(大正藏 12, p.648中).

수 있다고 본다. 그것은 비로자나불은 십신十身을 구족하여 삼세간三世間을 융섭하고, 일색일향一色一香도 무비중도無非中道이며, 초목국토가 다 대일여래大日如來의 법신法身으로 육대六大로써 불성을 삼기 때문이다. 중국 천태종의 형계 담연荊溪湛然은 그의 『금강비金剛錍』에서 『대승기신론』의 진여연기설眞如緣起說에 의거하여 무정유성無情有性을 역설하고 있다.[55] 성철스님은 이러한 전통의 연장선에서 한 걸음 더 나아가 다음과 같이 설한다.

> 부처님이 도를 깨쳤다고 하는 것은 무량아승지겁 전부터 성불한 본래모습 그것을 알았다는 말입니다. 이 말은 부처님 한 분에게만 해당되는 말이 아닙니다. 일체중생, 일체생명, 심지어는 구르는 돌과 서 있는 바위, 유정·무정 전체가 무량아승지겁 전부터 다 성불했다는 그 소식인 것입니다.[56]

불교 전통에 의하면, 자연과 인간을 불이不二로 보는 사상은 무정유성, 초목성불에서 그치지 않고 다시 무정설법無情說法 내지는 무정득문無情得聞으로까지 나아간다. 『불설아미타경佛說阿彌陀經』에 의하면, 극락정토에서는 많은 새들이 주야晝夜 육시六時로 노래를 부르는데, 그것은 5근根, 5력力, 7각지覺支, 8성도聖道 등의 설법이며 이 소리를 들은 그 국토의 중생들은 모두가 불법승佛法僧을 염하게 된다고 한다.[57] 중국의 현사 사비玄沙師備 또한 제비 소리를 듣고 "실상을 깊이 말하고 법요法要를 잘 설명하도다"라고 했다고 하며, 소동파蘇東坡는 "시냇물 소리는 곧 비로자나불의 장광설長廣舌이요 산색山色은 비로자나불의 청정신淸淨身

---

55 大正藏 46, pp.781~783 참조.

56 退翁 性徹, 『자기를 바로 봅시다』(장경각, 1994), p.84.

57 大正藏 12, p.347上.

이다"라고 하였다. 동산 양개洞山良价는 위산 영우潙山靈祐의 지시로 운암雲岩을 찾아가서 "무정無情이 설법說法을 하고 무정이 설법을 듣는 다"는 말을 듣고 선지禪旨를 깨달아 다음과 같은 게송을 읊는다.

참으로 기이하고 기이하도다. 부사의한 무정無情의 설법이여. 만약 귀로 들을 수 없다면 눈으로 들어 보라. 그러면 곧 알게 될 것이다.[58]

고형곤高亨坤은 이러한 세계를 다음과 같이 이야기한다.

이렇듯 실상의 세계는 표상 이전의 세계, 주객 대립 이전의 세계, 천지미맹天 地未萌의 세계인 고로, 그것은 인간의 청각, 지각, 판단, 표현에 의해서 일어나는 사태와는 몰교섭적沒交涉的인 것이다. 그러므로 인간이 이 실상에 일치계동一致契同 할려면, 그 자신 또한 주객 대립의 제한 하에 얽매이지 않고, 아무것에도 거리낌 없는 무애자재의 심경에 서 있어야 한다. 이때에만 비로소 무정설법-무량공덕의 수연현형隨緣現形으로서의 삼라만상의 현성 現成에 직접 참여한다.[59]

이와 같이, 일체 중생과 우주 자연은 모두가 한 몸이요 한 체온이며 한 생명이라고 보는 것이 불교의 일반적인 관점이라고 할 것이다. 그러므 로 모든 존재와 자연을 아끼고 잘 보존해야 한다는 것이 여기에 내재된 실천적 논리이자 윤리이다.[60]

요컨대 불교적 관점에서 보면 자연은 인간에게 예속되고 인간을 둘러

---

58 「筠州洞山悟本禪師語錄」(大正藏 47, p.507下), "也大奇 也大奇 無情說法不思議 若將 耳聽終難 會 眼處聞時方可知."

59 고형곤, 『禪의 세계』II(운주사, 1995), p.310.

60 Peter Harvey, 앞의 책, p.185.

싸고 있는 한낱 '환경'이 아니라, 그 나름의 주체적 존재라는 것을 알 수 있다. 이러한 관점은 필연적으로 일원론적인 세계관으로 연결될 것이다. 지속가능한 발전을 저해하는 기존의 성장이데올로기가 인간과 자연환경을 별개의 것으로 보는 이원론적 세계관에 기반하고 있음에 비추어 볼 때, 이러한 불교적 자연관은 우리에게 새로운 희망으로 다가온다 할 것이다.

## 4. 지속가능한 발전을 위한 불교경제학

### 1) 경제활동에 대한 불교의 기본입장

붓다 당시의 출가수행자들에게는 땅을 파고 씨앗을 뿌리는 농사일이라든가 물건을 사고파는 장사일 등의 모든 노동과 생산활동이 금지되어 있었다. 하지만 붓다는 재가자들에게는 적극적인 경제활동을 권장하였다.

재가자에 대한 경제활동의 가르침은 크게 두 가지로 요약될 수 있다. 그 하나는, 세상 사람들은 재산의 획득과 증식에 관심을 가져야 한다는 것이고, 다른 하나는 그 방법의 옳고 그름에 대해서도 주의를 기울여야 한다는 것이다. 다시 말해 우리들은 첫째, 돈 버는 일에 관심을 가져야 하고 둘째, 돈을 벌되 바르게 벌어야 한다는 것이다. 그렇다면 정당한 방법으로 돈을 벌려면 어떻게 해야 될까. 무엇보다도 먼저 직업을 가져야 한다. 붓다는 "종종種種의 공교업처工巧業處로 스스로 생활을 영위하라"(『장아함』)라고 설한다. 여기서 공교업처란 정당한 기술과 공예를 바탕으로 한 건전한 직업을 의미한다. 붓다 당시에는 생산력이 매우 낮은 상태였기 때문에 붓다는 생산력을 높이기 위한 기술을 중시하였던 것 같다. 물론 붓다의 가르침은 재화를 생산하는 데 따른 직업인의 기본적인 태도나 자질에 관한 윤리적 측면에 비중을 두고 있다고 여겨지지만, 어쨌든 기술 습득을 주요한 생산요소로 본 것은 경제 흐름을 명확히 파악한 결과라고 생각한다.

이처럼 불교에서는 물질적 충족을 결코 악으로 보지 않는다. 따라서 노동생산에 대한 높은 평가와 함께 근면과 정려의 덕을 강조한다. 또한 붓다는 『앙굿따라 니까야』에서 수입과 지출이 적절하게 균형을 이루도록 생활하라고 설한 적이 있다. 물론 여기에서의 지출은 개인적인 욕구 충족만을 위한 지출을 의미하지는 않는다. 또한 총수입의 1/4은 생계비로 쓰고, 1/4은 생산비로 쓰며, 1/4은 저축하고, 나머지 1/4은 농부나 상인에게 빌려주어 이자를 얻도록 하라는 이른바 사분법四分法을 설하기도 하였다. 이와 같이 재가자들에게 돈을 빌려주고 이자를 받게 하여 영리 추구를 적극 권장하는 초기경전의 가르침은 놀랍지 않을 수 없다. 초기경전의 이러한 내용을 근거로 "불교의 경제원리야말로 지구상에서 가장 빨리 제창된 자본주의적인 윤리라고 함직하다"[61]는 주장이 제기되기도 하였을 것이다.

## 2) 자리이타의 경제, 보살의 경제

그러나 불교가 자본주의의 목표인 이윤의 무한추구까지를 인정한다고 보는 것은 곤란하다. 불교는 '무아설無我說'을 통해서도 알 수 있듯이 근본적으로 나(我)와 나의 소유물(我所)을 인정하지 않는다. '나' 또는 '내 것'이라는 전도된 관념은 숱한 욕망을 불러일으키는 바, 고통과 윤회의 근본원인인 욕망을 제어하고 극복해야 한다는 가르침은 수많은

---

61 이재창, 『한국불교사원경제연구』(불교시대사, 1993), p.279.

경전 속에 설해져 있다. 사성제와 연기설 등의 근본교리에서도 무명과 욕망(탐욕)이 모든 고통의 근본원인임을 갈파하고 있다. 그리하여 불교는 욕망의 이기적 추구를 경계하고 욕망의 질적 전환을 강조하는 것이다.

우리는 앞에서 이미 '돈 버는 데 관심을 가져야 하고' 또한 '올바른 방법으로 돈을 벌어야 한다'는 두 가지 원칙에 대해 살펴보았다. 그러나 '욕망의 질적 전환'이라는 원리는 내가 정당하게 번 돈이라 하더라도 그것을 내 마음대로 쓰면 안 된다는 것을 가르쳐 준다. 즉 '바르게 번 돈을 바르게 쓰기까지 해야 한다'는 또 하나의 원칙을 제시하고 있는 것이다. 그리하여 초기불교에서는 재화를 남에게 시여하고(施論) 스스로 계행을 잘 지킴으로써(戒論) 천상에 태어난다(生天論)는 차제설법의 종교적 메커니즘을 통해, 생산활동과 부의 증식에 종교적 정당성을 부여한다. 또한 붓다는 자비와 보시를 특히 강조하고 '자리이타自利利他'의 보살행을 역설하는 것이다.

이렇듯 우리가 번 돈은 우리들 자신과 가족만이 아니라 우리의 이웃을 위해서도 바르게 쓰여야 하는 것이다. 자신의 이기적 욕망만을 따르고 주위를 돌보지 않는 사람은 결국 파멸하게 된다.

불교경전에 의하면 인간의 이기적 욕망은 끝이 없다. 『담마파다 Dhammapāda』는 "소나기처럼 쏟아지는 많은 금에 의해서도 욕망은 충족되지 않는다. 욕망의 즐거움은 적고 욕망은 고통을 낳는다는 것을 아는 사람은 현명한 사람이다"[62]라고 설하고, 『잡아함경』「중다경衆多經」은 "히말라야산만큼이나 거대한 순금 덩어리를 한 사람이 가지고 쓴다 해도 오히려 만족을 느끼지 못하리라"[63]고 가르친다. 그래서 여러 불전佛

---

62 *Dhammapada*, p.186

63 大正藏 2, p.289中.

典에는 '소욕지족少欲知足'[64]이라는 말이 자주 등장하는 것이다. 그러나 욕망의 무한성을 생각해 본다면, 욕망을 줄이는 것만으로는 아직 부족하다 할 것이다. 그래서 석존은 더욱 단호하게 "나무를 아무리 잘라내어도, 그 뿌리가 상하지 않고 견고하면 나무는 다시 자라는 것처럼 욕망의 뿌리를 잘라내지 않으면 이 괴로움은 자꾸 생기게 된다"[65]고 설한다. 욕망에 대한 이와 같은 불교의 시각은 단순한 교훈과 상식의 차원을 넘어 사성제四聖諦와 연기법緣起法 등에서 보다 근본적인 이론체계를 구성하고 있다. 즉, 사성제에서는 괴로움의 원인(集諦)을 욕망(taṇhā)이라 하고 있고, 12연기설에서는 무명無明과 욕망을 괴로움의 주원인으로 삼고 있다. 따라서 불교의 최고선인 열반(苦滅諦)을 성취하기 위해서는 욕망의 단절이 필수적이다.[66]

이기적인 욕망의 극복은 결국 자비심을 불러일으키고, 자비의 실천을 통해서 불교의 평등이념은 현실 사회에 구현된다. 자비의 실천은 시여 또는 보시라는 실천 덕목으로 더욱 구체화되며 복전福田 사상으로 전개되기도 한다. 특히 가난한 자와 병든 자들에 대한 봉사를 주요 내용으로 하는 빈궁전貧窮田은 복지 개념으로서 사회적 분배라는 기능을 충분히 담당할 수 있는 것이다.

이런 관점에서 자리이타의 불교경제는 '따뜻한 경제'요 '나눔의 경제'라고 할 만하다. 하지만 오늘날 지구촌을 누비고 있는 '세계자본주의'는 '차가운 경제'요 '착취의 경제'이다. 이 차가운 착취의 경제는 계층간·국가간의 빈부격차는 물론 세대 간의 불평등을 심화시키며 지속가능한

---

64 『잡아함경』 45 ; 『무량수경』 上 ; 『법화경』 「권발품」 등 참조.
65 S. Radhakrishnan, *The Dhammapāda* (London: Oxford University Press, 1985), pp.164~165.
66 박경준, 『불교사회경제사상』(동국대학교출판부, 2010), pp.70~71.

발전, 지속가능한 사회를 방해하고 있다. 경영의 합리화라는 명분 하에 이루어지는 구조조정과 인원감축은 1930년대의 대공황 이후 최고 수준의 지구적 실업 사태를 야기하여 이른바 '노동의 위기'를 초래하였다. 실업상승은 범죄와 폭력을 증가시키며 환경파괴로 이어진다.[67] '따뜻한 나눔의 경제'를 지향하는 불교경제는 결코 인원감축과 같은 방식을 수용하지 않는다. 그렇다고 슈마허가 주장하듯, 완전고용의 사회를 위해서는 궁극적으로 여성 노동자를 가정으로 돌려보내야 한다는 것이[68] 불교경제학의 입장은 아닐 것이다. 불교경제는 노동시간을 단축하여 전원이 작업을 분담하는 워크 셰어링Work Sharing의 방식을 취한다고 볼 수 있다. 이 방식은 실업자를 줄이는 것은 물론 사회적 연대의식의 형성에 큰 도움이 될 것이다. 사회적 연대의식이 확장될 때 우리 사회는 따뜻한 사회, 지속가능한 사회로 더 근접하게 될 것이다.

### 3) 행복의 경제, 열반의 경제

각종 여론조사 결과들에 의하면 현재 지구상에서 소득이 가장 높은 미국인이나 일본인들은 행복 만족도가 낮은 반면 세계 최빈국인 방글라데시나 경제난을 겪고 있는 필리핀 국민들의 행복도는 매우 높다. 자살률도 핀란드나 일본과 같이 잘 사는 나라에서 높은 것으로 보도되고 있다. 이러한 조사 결과들은 부와 행복이 반드시 일치하지는 않는다는 사실을 잘 보여주고 있다 할 것이다.

이미 앞에서 살펴본 것처럼 불교는 물질적 가난과 육체적 고통이

---

67 제레미 리프킨, 이영호역, 『노동의 종말』(민음사, 1996), p.280.

68 E.F. Schumacher, *Small is Beautiful* (New York: Harper & Row, 1973), pp.53~54.

행복에의 걸림돌임을 강조한다. 따라서 적정 수준의 소득과 재화를 창출하기 위한 노동과 생산, 근면과 정려를 덕목으로 삼는다. "수입과 지출이 균형을 이루도록 생활하라"는 가르침처럼, 한편으로는 분에 넘치는 사치스러운 생활을 경계하지만 다른 한편으로는 소득에 비해 지나치게 인색하고 궁색한 생활도 경계한다. 같은 원리로 극단적인 향락주의의 삶을 비판하지만 극단적인 고행주의의 삶도 비판한다.

불교가 정신적 충족, 즉 내면의 평화와 마음의 평정을 중시한다는 것은 두말할 나위가 없다. 적당한 물질적 충족은 이 정신적 충족의 필요조건이라고 할 수도 있을 것이다. 그러나 필요 이상의 물질적 충족은 오히려 정신 상태를 나태하게 하고 방종케 하여 결국 진정한 행복을 감소시키고 고통을 증가시킬 수 있다는 점을 명심하지 않으면 안 된다. 더욱이 물질적 부가 적절하게 분배되지 못하여 오늘날 우리 사회가 겪고 있는 양극화 현상과 같은 결과가 초래된다면, 더 많은 문제가 야기되고 고통은 배가될 수 있다. 석존이 극단적인 가난과 궁핍을 경계하면서도 '의식적인 가난'이라고도 할 수 있는 검소와 절약을 강조한 이유가 바로 여기에 있는 것이다. 또한 검소와 절약은 물질적·신체적 즐거움에 대한 개인적 탐닉과 집착을 배격하고, 이웃과 사회를 향한 보시와 자비를 실천하는 데도 도움이 되는 덕목이다.

불교 승가에서 검소와 절약의 실천은 매우 일반적인 것이었지만, 그것은 아난존자와 우전왕의 다음 대화에 특히 잘 나타나 있다.

우전왕이 어느 날 샤마바티 왕비에게서 5백 벌의 가사를 보시 받은 아난에게 그 많은 옷을 어떻게 할 거냐고 묻자, 아난은 여러 스님들께 나눠 줄 작정이라고 답한다. 그러자 우전왕은 여러 스님들이 입던 헌 옷은 어떻게 할 거냐고 다시 묻는다. 아난은 헌 옷으로는 이불덮개를 만들겠다고 답한다. 우전왕의 질문은 계속된다. "헌 이불덮개들은 어떻게 하시겠습니까?" 아난의 대답은 막힘이 없다. "헌 이불덮개는 베갯잇을 만드는 데 쓰겠습니다. 헌 베갯잇으로는 방석을 만들고, 헌 방석은 발수건으로, 헌 발수건으로는 걸레를 만들고, 헌 걸레는 잘게 썰어 진흙과 섞어 벽을 바르는 데 쓰겠습니다."

이러한 아난의 '의식적인 가난'은 엘긴(Duane Elgin)이 말하는 '자발적인 단순성'의 원형이라고도 할 것이다. 엘긴은 그의 책 『자발적인 단순성: 겉으로는 단순하나 안으로는 풍요로운 삶의 방식을 향하여(Voluntary Simplicity: Toward a Way of Life that is Outwardly Simple, Inwardly Rich)』에서 다음과 같이 주장한다.

단순성은 이제 빈곤과 등식화되어서는 안 된다. 빈곤은 비자발적인 반면 단순성은 의식적으로 선택한 것이다. 빈곤은 억압적이다. 단순성은 자유롭게 하는 것이다. 빈곤은 고립, 수동성, 절망의 느낌을 창출한다. 단순성은 인간의 능력, 창조력, 기회에 대한 감각을 보존한다. 빈곤은 천박하고 인간의 정신을 저하시킨다. 단순성은 우리의 삶을 향상시키는 아름다움과 함께 기능적 순수함을 지닌다. 빈곤은 능력을 박탈한다. 반면 단순성은 능력을 부여한다.[69]

그럼에도 불구하고 우리는 이러한 '자발적인 단순성'의 가치와 의의를 망각한 채 과소비와 사치 풍조에 휩쓸려가고 있다. 과소비 풍조에 편승하는 사람들의 심리는 불교사상의 입장에서 다음과 같이 분석될 수 있다. '충동 소비'와 '현재 중시 소비'는 육경六境에 대한 일차적 탐욕의 발로요, '과시적 소비'나 '모방 소비'는 아집我執과 아만我慢의 산물이라고 볼

---

69 레스터 W. 밀브래스, 이태건 외 역, 『지속가능한 사회』(인간사랑, 2001), p.386에서 재인용.

수 있다. 탐욕, 아집, 아만이 불교적 수행에 있어서 반드시 극복되어야 할 번뇌임을 생각할 때, 과소비는 불교사상의 입장에서 근본적으로 인정할 수 없는 것이다.

이와 같이 불교 사상과 교리의 입장에서 볼 때도 필요 이상의 생산과 소비에는 많은 문제점이 내포되어 있음을 알 수 있다. 부의 축적은 불교경제학이 추구하는 궁극적 목표가 아니다. 한마디로 불교 경제학은 중도와 지족知足에 바탕한, 행복의 경제학이요 열반의 경제학이라 할 것이다.

## 결어

오늘날 환경문제에 대한 접근은 크게 두 갈래로 나뉜다.

하나는 '반근대적 또는 급진적 생태주의'로서 이것은 서구 물질문명에 대한 회의론 내지는 비관론의 입장에서 합리주의와 시장자본주의, 기술공학과 산업주의 등을 환경파괴의 근본원인으로 보고 이를 비판적으로 극복하려 한다. 이러한 입장은 자연숭배론적, 자연신비주의적 '환경파시즘'으로 흐를 수도 있다는 우려를 낳기도 한다.[70] 다른 하나는 '보수적 또는 진보적 환경주의'로서 합리주의와 인본주의 및 산업주의 등, 근대성의 기본요소들을 유지해 가면서 합리적인 환경정책을 펴 나갈 것을 강조한다. 이 입장은 오늘의 환경문제가 실로 '절박한 위기'라고 보는 시각에 대해 회의적이다. 덴마크의 통계학자 비예른 롬보르그Bjørn Lomborg는 그의 『회의적 환경주의자(The Skeptical Environmentalist)』에서 오늘의 환경위기가 검증 없이 부풀려진 면이 있고 환경위기론자들이

---

70 황태연, 「경제성장과 환경위기」, 『생명과 환경윤리』, 앞의 책, pp.140~141.

역설하는 이산화탄소 배출량 감축과 같은 대책보다 더욱 시급한 것은 수십억에 이르는 사람들의 위생환경 개선이라고 주장하여 논란을 불러 일으키기도 하였다.

불교는 정신적 해방(해탈과 열반)을 그 궁극적 목표로 삼고 있으면서도 안락하고 행복한 세속의 삶을 중시한다.[71] 그리하여 붓다는 생산활동을 권장하고 '기술技術'의 습득을 강조하며 수입과 지출의 균형 있는 생활을 가르치기도 한다. 따라서 불교가 무조건 개발과 성장에 대해 부정적 입장을 취한다고 보는 것은 선입견일 수도 있다. 불교는 환경을 인간의 노예로 보는 것도, 인간이 환경의 노예가 되는 것도 극단적인 견해라고 보고 중도적 입장을 가르친다.[72]

한편, '지속가능한 발전'은 이 시대 최대의 이슈가 되었다. 지속가능한 발전의 이념적 두 축은 대체적으로 '인간과 자연의 공존' 그리고 '계층간·국가간·세대간의 형평'이다. 불교는 이러한 이념을 가장 강력하게 뒷받침하고 여기에 풍부한 자양분을 제공하는 사상적 보고라고 할 수 있다.

'열반의 경제학' 또는 '총체적 행복의 경제학'이라고 할 수 있는 불교경제학은 경제성을 평가하는 기준을 단순한 재화가치나 화폐가치로 한정시킬 수 없다. 그 평가기준에는 적어도 '환경적 가치', '사회적 가치', '정신적 가치'가 함께 포함되어야 한다. 따라서 불교경제학의 입장에서 볼 때, '경제적'이라는 단어의 개념은 재화의 양이 아니라 '총체적 삶의 질'로 바뀌어야 한다.

끝으로 오늘의 환경오염과 생태계 파괴가 '문제'의 수준인지 '위기'의

---

71 Bellanwila Wimalaratana, *Buddhism Society and Environment* (Colombo: Printpal Graphic Systems, 1989), p.51.

72 Pallegama Ratanasara, *The Buddhist Concept of the Environment and Individual* (Kuala Lumpur: Buddhist Maha Vihara, 2001), p.166.

수준인지에 대한 결정적 판단은 유보한다 하더라도, 오늘의 인류가 '욕망의 위기' 상태에 빠져 있으며 또한 '세계관과 가치관의 위기' 속에 함몰되어 있다는 점은 부인할 수 없다. 그리하여 이제 우리는 자연을 '효용성'의 기준으로만 보지 말고, 인간과 자연이 본래 하나라는 통찰을 바탕으로 자연의 주체성 내지는 영성靈性(spirituality)을 인정하고, 지구상의 모든 존재가 제 나름의 고유한 본래적 가치를 지니고 있음을 깨달아야 할 것이다. 그리하여 '생명의 그물'의 한 가닥일 뿐인 우리는 소욕지족少欲知足의 지혜를 배우면서 인간중심주의에서 생태중심주의에로 서둘러 패러다임의 전환을 시도해야 할 것이다.[73] 그러한 패러다임의 전환은 궁극적으로 오늘의 '물질문명'을 불교적 '심성문화' 또는 '열반문명'으로 변화시켜 가게 될 것이다.

---

73 Daniel H. Henning, *Buddhism and Deep Ecology* (Xlibris Corporation, 2001), p.86.

# II. 한국의 불교생태학 연구 동향

지구촌의 환경 위기에 대한 본격적인 경종은 페어필드 오스본Fairfield Osborne의 『약탈당한 우리의 행성(Our Plundered Planet)』에서 울리기 시작하였다고 보아도 큰 무리가 없을 것이다. 뒤이어 레이첼 카슨Rachel Carson 여사와 슈마허(E. F. Schumacher) 등이 서구 팽창주의 경제에 큰 우려를 표명하였다. 1990년대 들어서서 "이대로 간다면 인류는 없다"라고 하면서 특히 종교계의 역할을 강조하고 나선 사람은 다니엘 맥과이어Daniel Maguire이다.

하지만 국가의 개발 정책은 크게 달라지지 않고 우리의 일상적 삶에도 별다른 변화가 없는 것 같다. 우리 한국에서는 그동안 새만금 간척사업, 천성산 관통 고속철도, 북한산국립공원 관통도로 등의 굵직굵직한 국책사업 등이 추진되었으며, 4대강개발 사업도 많은 반대 여론에도 불구하고 빠른 속도로 강행되었다. 그 과정에서 불교인과 불교단체 및 환경단체의 저항도 적지 않았다. 특히 수경스님의 3보1배, 지율스님의 100일간의 단식, 도법스님의 생명평화탁발순례 등은 주목할 만하다. 급기야 2010년 5월 31일에는 경상북도 군위군 군위읍 사직리의 한

낙동강 제방에서 문수스님이 "이명박 정권은 4대강 사업을 즉각 중지 폐기하라"는 등의 유서를 남기고 소신공양을 결행하였다.

이러한 상황에서 불교학계에서도 불교의 근본인 연기사상과 생명존중사상을 바탕으로 생태문제에 대한 학문적 접근과 논의가 이루어졌다. 그것은 주로 실천응용불교학의 한 분야로서의 '불교생태학'에 관한 것이지만, 융합학문 또는 학제적 연구로서의 '불교생태학'에 관한 것도 적지 않다. 본고에서는 이러한 '불교생태학'과 관련하여 그간에 이루어진 성과와 그 흐름을 정리 분석하고 미래지향적인 연구 방향을 제시해 보고자 한다.

## 1. 한국불교학 연구의 새로운 흐름

### 1) 응용불교학의 대두

서력기원 4세기 말엽 한반도에 불교가 전래된 이래, 고구려에서는 승랑 僧朗이 삼론학三論學을 집대성하면서 불교학의 기초를 다졌다. 그 토대 위에서 특히 신라에서는 눈부신 교학 연구가 행해졌는데, 그 결과 수많은 저술들이 이루어졌다. 예컨대 원효元曉는 85여종 180여 권을, 경흥憬興 은 40여종 270여 권을, 태현太賢은 50여종 120여 권을 저술하였다. 이러한 불교학 연구의 전통은 고려시대를 거쳐 숭유억불의 조선시대에 들어서면서 현저하게 퇴색된다. 한국 근대불교학은 1906년 명진학교明進學校의 출범으로부터 시작된다고 볼 수 있지만, 혜화전문학교 등을 거쳐 1953년 동국대학교로 승격되면서 특히 불교대학을 중심으로 본격적인 연구가 이루어졌다고 볼 수 있다.[74] 하지만 이후 우리나라 전국의 주요 대학을 중심으로 불교학, 인도철학 연구자가 늘어나고 불교 종립대학들도 생겨나면서 지금은 불교학 연구의 다변화가 이루어진 상태이다.

그동안 불교학 연구는 주로 불교 교리와 역사 분야에 집중되었다. 그리하여 전공 분야도 상당 기간 인도불교, 중국불교, 한국불교의 셋으로 구분되었다고 볼 수 있다. 하지만 이러한 불교학문의 체계는 적지 않은 문제점을 내포하고 있었고 시대적 요청에도 부응하기 힘든 것이 사실이었다. 이러한 문제점을 해결 또는 개선하기 위해, 1990년대에 들어서면서 '한국의 불교학 연구, 그 회고와 전망' 등과 같은 주제로 학술세미나가 개최되었다. 이러한 세미나에서는 그간 국내에서 이루어진 불교학 연구의 경향에 대한 개괄적인 분석, 주요 연구 성과물에 대한 평가, 그리고 앞으로의 연구 경향에 대한 전망과 미개척 분야에 대한 연구 과제 및 방향 제시 등이 논의되었다. 이런 과정을 거치면서 불교학의 전공분야는 자연스럽게 불교교학, 불교사학, 응용불교학의 셋으로 나뉘게 된다. 응용불교학은 실천불교학을 포함하여 다양한 분야로 그 범위를 열어 놓았으며, 불교생태학은 바로 이 응용불교학의 기반 위에서 출범한 것이다.

## 2) 불교생태학의 출범

한국 불교계에서 환경과 생태 및 생명에 관련된 연구는 1980년대 이후 산발적으로 이루어져 왔다. 하지만 '불교생태학'이라는 용어는 2000년 이후 쓰이기 시작했으며, 불교생태학의 연구는 2004년 10월 '에코포럼' 이 창립되면서부터 본격화된다. '에코포럼'은 불교와 생태학을 비롯한

---

74 동국대학교, 『한국의 불교학연구, 그 회고와 전망』, 불교문화연구원, 1994, pp.148~150.

다양한 학문분야에서 학제적 접근을 통해 생태와 환경문제를 집중적으로 논의하고 실질적인 해법을 모색하기 위한 담론과 연구 교류를 위해 창립되어 거의 매월 정례포럼을 개최하였다. 그동안 발표된 발제문들은 현재 네 권의 단행본으로 출간되었다. 2006년에는 '지식기반사회와 불교생태학'을 주제로 8개국 21명의 관련학자들이 참여한 국제학술세미나가 개최되기도 하였다.[75] 이러한 가운데 점차 더 많은 불교학자들이 불교생태학에 관심을 갖고 연구에 참여하고 있다.


## 2. 불교생태학 연구 현황

### 1) 불교생태학의 명칭과 개념

생태학(ecology)이란 말은 원래 1866년 독일의 생물학자이자 철학자인 헤켈(E.H. Haeckel)이 사용한 것으로 알려져 있다. eco는 그리스어 오이코스oikos에서 온 것으로 '집', '가정', 또는 '살기 위한 공간', '삶의 터전'을 의미한다. 이러한 어원적 의미를 근거로 헤켈은 '자연이라는 가정을 연구하는 학문'을 생태학의 소박한 의미로 규정한다. 또한 헤켈이 '생태학'이라는 말을 처음 사용했을 때, 그가 유념했던 것은 다윈Darwin이 제시한 '자연의 경제학'이라는 개념이었다. '자연의 경제학'은 '동물과 그 주변의 유기적이고 무기적인 환경과의 총체적 관계에 대한 연구'로 정의된다.[76] 헤켈은 이 개념을 '동일 공간에서 함께 살고 있는 모든 유기체들의 상호 연관관계'에까지 확대 적용하여 생태학 연구의 대상으

---

75 여기서 발표된 논문들은 『지식기반 사회와 불교생태학』(아카넷, 2006) 단행본으로 출간되었음.

76 Stanley Dodson, 노태호 外 역, 『생태학』(아카데미서적, 2000), p.2.

로 삼는다.[77] 따라서 오늘날 생태학은 흔히 '생물 상호간의 관계 및 생물과 환경과의 관계를 규명하는 학문'으로 정의된다.

그러나 이러한 근본적인 자연과학적 생태학은 '생태 위기'의 시대에서는 일정한 한계에 직면하게 된다. 왜냐하면 자연과학적 생태학은 오늘날 생태계 파괴의 근본 원인을 해명하거나 그 대안을 제시할 수 없기 때문이다. 생태계의 위기를 초래한 인간의 사고방식, 생활방식, 경제제도, 정치제도, 자연에 대한 태도 등을 총체적으로 문제 삼고 새로운 패러다임을 마련하기 위해서는 인문사회과학의 도움을 받지 않을 수 없게 된다. 생태사회학, 생태정치학, 환경경제학, 생태역사학, 생태문학, 생태철학, 생태윤리학 등의 대두는 바로 이러한 배경에서 연유한다. 나아가 생태학은 현대의 모든 학문을 포함하는 통합학문 내지는 하나의 문화적 경향을 의미하게까지 되었다. 불교생태학 역시 이러한 생태학과 인문학의 만남의 연장선상에 위치한다고 할 수 있다.[78]

'불교생태학'은 크게 두 가지 개념으로 구분하여 생각해 볼 수 있을 것이다.

그 첫째는 '협의의 불교생태학'이다. 이것은 환경 및 생태의 문제를 불교적 관점에서 연구하는, 응용불교학의 하위 학문이다. 이것은 불교 교리와 사상을 생태학적으로 해석하며, 동시에 불교 문헌과 전통 속에 함축되어 있는 생태학적 개념과 내용들을 가려내어 체계적으로 정리하고 그 의미를 새롭게 해석하는 불교학이다. 이 협의의 불교생태학은 불교생태사상(The Buddhist Thought of Ecology) 또는 불교생태론(The Buddhist Theory of Ecology)으로서 한마디로 '생태불교학'이라고 할 수

---

77 동국대 BK21 불교문화사상사교육연구단 편, 『불교사상의 생태학적 이해』(동국대출판부, 2006), p.493

78 위의 책, pp.493~494.

있다. 이것은 영어로 한다면 'Eco-Buddhology', 'Buddhist Ecology' 또는 'The Buddhist Studies of Ecology' 정도가 될 것이다. 이때의 불교생태학은 그리스도교 신학 중 환경신학(Ecotheology)에 상응한다.[79]

그 둘째는 '광의의 불교생태학'이다. 이것은 '불교와 생태학의 이념을 바탕으로 유기적인 학제적 연구를 통해 이루어지는 통합적 학문(The Interdisciplinary Research in Buddhism and Ecology)'이라고 정의할 수 있다. 김종욱은, 불교생태학은 "학제적 연구를 통한 창발성의 효과를 극대화하기 위해, 또한 생태계 위기 문제를 철학적 입장에서 근본적으로 진단하고 처방하기 위해, 그리고 생태계의 조화와 생명해방을 구현할 수 있는 구체적인 방안들을 수립하기 위해" 필요하다고 역설한다.[80]

그는 불교생태학의 전개 방향에 대해 '학문 내적 통합으로서의 생태학 연구'와 '학문 간 교류로서의 생태학 연구'라는 두 가지 방향을 제시하고 전자에 대한 연구로 16분야를, 후자에 대한 연구로 5분야를 예시한다. 이것은 다음과 같이 분류된다.[81]

이 분류는 학제적 연구 또는 융합학문으로서의 불교생태학의 구체적 방향을 제시했다는 점에서 의의가 크다고 생각한다. 김종욱은 이 모든 연구 분야에 대한 기본 개념과 주요 연구 내용에 대해서도 개괄적인 언급을 하고 있는 바, 여기에서 제시된 내용들은 앞으로 불교생태학 연구의 기본 지침이 될 것으로 본다.

---

79 졸고, 「불교생태학 프로그램의 발전적 추진방향」(『불교학보』 제42집, 2005), pp.240~ 241.

80 김종욱, 『불교생태철학』(동국대출판부, 2004), p.31.

81 위의 책, pp.31~37 참조

| 〈불교생태학〉 | | |
|---|---|---|
| 불교생태철학 | 불교환경윤리학 | |
| | 생태종교학 | |
| | 비교생태철학 | |
| 불교생태인문학 | 생태문학 | |
| | 생태역사학 | |
| | 생태미학 | |
| 불교생태사회과학 | 생태법학 | |
| | 생태정치학 | |
| | 생태사회학 | |
| | 생태교육학 | |
| 불교생태경제학 | 환경경제학 | |
| | 생태경영학 | |
| | 생태행정학 | |
| 불교경관생태학 | 생태자연과학 | |
| | 생태자원학 | |
| | 생태건축학 | |

## 2) 해외에서의 불교생태학 연구

2003년 초, 던컨 류켄 윌리엄스Duncan Ryūken Williams가 작성한 '불교와 생태학' 관련 문헌 목록은 약 30여 페이지에 이르고 있다. 이 주제와 관련된 연구 성과가 적지 않음을 말해 준다. 2003년 이후 현재까지의 성과물을 더한다면 그 분량은 훨씬 더 많아질 것으로 생각된다. 하지만 가장 주목할 만한 성과는 역시 하버드대 세계종교연구센터에서 출간한 『불교와 생태학』이다.

하버드대학교 세계종교연구센터에서는 1996년부터 1998년까지 3년에 걸쳐 '종교와 생태학'에 관한 일련의 포럼이 개최된 바, 그 첫 번째 주제가 '불교와 생태학'이었다. 이 학술세미나에서는 불교를 비롯하여 유교, 신도神道, 힌두교, 토착종교, 유대교, 기독교, 이슬람교, 도교, 자이나교의 열 가지 세계종교사상에 나타난 생태학적 사유에 대해 다양한 논의가 이루어졌다. 여기서 발표된 논문들은 수정·보완작업을 거쳐 총 10권의 단행본으로 출간되었는데 이것이 바로 '세계종교와 생태학 총서(Religions of the World and Ecology Series)'이다. 그중『불교와 생태학』(1997년 출간)은 '남방불교와 생태학: 태국의 경우', '대승불교와 생태학: 일본의 경우', '불교와 동물들: 인도와 일본', '선불교: 문제점들과 전망', '미국불교: 생태적 공동체 만들기', '불교생태학적 세계관의 응용들', '불교와 생태학에서의 이론적·방법론적인 쟁점들'의 7장으로 편성되어 있다. 이 책에는 부크넬Bucknell 대학의 메리 에블린 터커Mary Evelyn Tucker 교수를 비롯해 총 21명이 기고하고 있다. 이 책은 지금까지 출간된 불교생태학 연구 성과물 중 가장 광범위하고 권위 있는 문헌으로 평가받고 있으며, 불교생태학에 대한 해외 학계의 연구 동향과 성과를 포함하고 있다.[82]

일본에서도 많은 연구가 있지만 릿쇼(立正)대학 불교학부 개설 50주년 기념 논문집인『불교와 환경』이 괄목할 만하며 2000년 도쿄에서 출간되

---

82 하버드대 세계종교연구센터 편, 동국대 불교문화연구원 역,『불교와 생태학』(동국대 출판부, 2005), iv 참조.

었다. 여기에는 일본, 미국, 한국 등의 학자 28명이 참여하고 있다. 다양한 주제로 산만한 느낌이 들기는 하지만, 이 가운데 이토(伊藤瑞叡) 교수의 '불교환경윤리학 서설'은[83] 매우 의욕적인 논문으로 평가된다.

### 3) 한국에서의 불교생태학 연구

#### (1) 불교의 생명관 및 생명윤리 연구

『계율과 불교윤리학 연구논저 목록』(2009)에 의하면, 우리나라에서 불교의 생명사상 또는 생명윤리에 관해 연구된 논문은(1985~2009, 학위논문 포함) 대략 100여 편이며, 단행본은 6권(번역 제외) 정도이다.[84]

불교의 생명사상 및 생명윤리 분야의 논의는 주로 고영섭, 곽만연, 김성철, 박병기, 신성현, 안옥선, 우희종, 윤영해, 조용길, 한자경, 허남결 등에 의해 주도되었다.

단행본으로는, 불교생명윤리정립위원회가 펴낸 『현대사회와 불교생명윤리: 불교생명윤리 정립을 위한 연구결과 보고서』(2006), 우희종의 『생명과학과 선』(2006), 한자경의 『불교철학과 현대윤리의 만남』(2008), 안옥선의 『불교와 인권』(2008) 등이 있다. 에세이류이지만 도법스님의 『화엄경과 생명의 질서』도 눈에 띈다. 불교생명윤리정립위원회는 위 책에서 1)불교생명윤리, 2)생명조작, 3)낙태, 4)뇌사·장기이식·안락사, 5)사형제도 등에 대해 취급하고 있다. 우희종은 그의 책 속에서 '안수정등과 생명 조작', '근대적 생명과학과 탈근대적 불교', '불교, 생명과학 그리고 자본주의' 등의 불교관련 주제에 대해 논의한다. 한자경

---

83 立正大學佛敎學部 편, 『佛敎と環境』(東京: 丸善株式會社, 2000), pp.317~387.

84 동국대 BK21세계화시대불교학교육연구단, 『계율과 불교윤리학 연구논저목록』, 2009, pp.144~165 참조.

은 그의 책 제3장에서 '불교의 생명관', '불교의 생태학' 등에 대해 언급하고 있으며, 안옥선은 그의 책 제8장에서 '인권에서 동물존중으로'의 주제를 다룬다.

허남결 번역의 『불교생명윤리학』(Damien Keown 저)과 『불교응용윤리학 입문』(Damien Keown 저)도 이 분야의 연구에 기여한 것으로 평가된다.

생명사상 및 생명윤리와 관련된 논문들은 대략 다음 몇 가지 주제로 분류할 수 있으며, 그 주제에 대한 주요 연구자들은 다음과 같다.

1) 불교의 생명관 – 이중표, 윤영해, 한자경
2) 불교의 생명윤리 및 생명복제 – 허남결, 조용길, 김성철, 고영섭, 곽만연, 박병기, 우희종, 정승석, 최인숙
3) 동물해방 및 육식문제 – 허남결, 신성현, 안옥선, 고영섭
4) 식물의 중생성 – 우제선

최근 우리 사회에서는 웰빙 바람이 불고 있고 채식주의에 대한 관심이 고조되고 있으며 동물해방에 관한 논의가 활발하다. 이러한 추세와 맞물려 불교계에서도 육식문제가 주요 이슈로 떠오르고 있다.

## (2) 불교생태학 연구와 저술

앞에서 참고한 『계율과 불교윤리학 연구논저 목록』에 따르면, 우리나라 불교생태학 관련 연구 논문은 대략 60여 편(1992~2009, 학위논문 포함)이고, 단행본은 15권 정도에 이른다. 단행본 중 10권 정도는 편저로서 권마다 많은 연구자가 참여하고 있고, 그 외 단행본으로 발간되지는 않았지만 불교생태학 관련 학술세미나의 자료집 속에도 많은 논문들이

숨어 있어서 이것을 단위 논문으로 환산한다면 논문 수는 거의 200편에 이를 것으로 추산된다.

불교생태학 관련 단독 저술로는 김종욱의『불교생태철학』(2004), 서재영의『선의 생태철학』(2007), 고영섭의『불교생태학』(2008), 백도수의『불교와 생태』(2004) 등이 있다. 이 중『불교생태철학』과『선의 생태철학』은 불교생태학의 기본 이론서로 자리매김하고 있으며, 두 저자는 계속적으로 불교생태학 연구를 주도해 오고 있는 바, 이 두 책의 구성과 내용에 대해 간략히 살펴보기로 한다.

먼저『불교생태철학』은 총 5부로 구성되어 있다. 그 주요 내용은 다음 목차를 통해 알 수 있다.

제1부: 불교생태철학의 기초
  1. 불교와 생태학의 만남
  2. 생태계의 위기와 생태학적 사성제
제2부: 불교생태철학의 전개
  1. 농업적 생명, 산업적 생명 그리고 불교생태학적 생명
  2. 자연의 도덕적 지위와 불교적 생태윤리
  3. 자연과 인간의 조화와 불교생태철학
제3부: 근대성의 성찰과 불교생태철학
  1. 근대의 여명
  2. 삼중혁명과 근대의 형성
  3. 근대성의 철학적 기초
  4. 근대성에 대한 불교생태학적 비판
  5. 포스트모더니티와 불교생태철학
제4부: 하이데거와 불교생태철학
  1. 퓌지스와 다르마－하이데거와 불교의 자연관 비교

2. 산은 산이다―하이데거와 불교 그리고 생태철학
제5부: 불교학자와 생태학자의 대화
  1. 생태학은 무엇이고, 불교와 어떻게 만날 수 있는가?
  2. 생태계는 어떻게 움직이고, 얼마나 파괴되었는가?
  3. 상호의존성이란 무엇인가?

저자는 '저자 서문'에서 이 책의 집필 동기에 대해 다음과 같이 설명한다.

이런 무한 질주의 과부하를 막는 길은 시스템 전체의 작동 원리에 대한 분명한 자각을 통해 우리 모두가 느림의 여유와 돌봄의 미덕과 살림의 가치 등을 회복하는 데 합의하는 길뿐이다. 그리고 이를 불교식으로 표현하면, 일체법의 상호의존성(緣起)과 거기에 함축된 비실체성(空性)을 통찰함으로써 중생들 서로 간의 상호존중(慈悲)을 구현하는 것이기도 하다. '상호의존성(연기)―비실체성(공성)―상호존중성(자비)'으로 이어지는 이 도식이야말로 필자가 생각하는 불교생태철학의 기본 구조인바, 이를 학문적으로 정당화하기 위해 적지 않은 분량의 이 책을 집필하게 되었다.[85]

이 책은 목차 내용을 통해서도 알 수 있듯이, '협의의 불교생태학'보다는 '광의의 불교생태학'에 더 가까이 서 있다. 그것은 불교학과 서양철학을 전공한 그의 학문 이력과도 무관하지 않겠지만, 오히려 의도적인 측면이 더 강한 것 같다. 우리는 그가 책 제목을 『불교생태학』이라 하지 않고 『불교생태철학』이라고 한 점에 주목해야 한다. 그가 제시한 '불교생태학 학문 분류표'에 의하면 '불교생태철학'은 '학문간 교류로서의 생태학' 연구 분야에 해당된다. 그리고 그는 불교생태철학의 개념에

---

85 김종욱, 앞의 책, ii.

대해 직접 "불교환경윤리학과 생태종교학과 비교생태철학의 성과들을 불교적 생태철학이라는 시각에서 통합한다. 그리하여 동서고금의 철학과 종교들에 대한 폭넓은 이해의 토대 위에서, 생태계 위기의 진정한 근원을 불교 철학적으로 탐색하고 그 처방의 단서를 인류 보편의 사유구조 속에서 제시한다"라고 말하고 있다. 이 책은 현재로서도 충분한 의미를 갖지만, 앞으로 '협의의 불교생태학' 또는 '생태불교학'에 대한 보강 작업이 이루어지리라고 본다. 저자가 자신의 책에서 '생태학적 사성제'에 대해 논의하고 있는 것처럼 앞으로 그 범위를 넓혀 불교의 다양한 사상들을 생태학적으로 재해석해 갈 것으로 본다.

『선의 생태철학』은 서재영이 그의 박사학위 논문을 수정 보완한 것으로 그 목차와 주요 내용은 다음과 같다.

제1장: 선생태학 연구의 배경과 목적
제2장: 선과 생태학의 철학적 접목
제3장: 법계의 상호관계성과 생태계의 시스템
제4장: 선禪의 자연적 삶과 동물과의 공존
제5장: 식육의 문제와 선의 생명윤리
제6장: 선의 생물평등주의 사상
제7장: 선의 불성관佛性觀과 생명의 내재적 가치
제8장: 무정無情 설법과 자연의 내재적 가치
제9장: 선의 자연관과 '살아 있는 지구'
제10장: 맺음말

저자는 책의 서문에서 '선의 생태철학'에 대한 연구 목표에 대해 다음과 같이 피력한다.

환경위기는 과학적 처방 못지않게 인간 개개인의 삶의 양식을 변화시키는 것이 무엇보다 중요한 문제이다. 그런데 삶의 양식은 곧 세상을 바라보는 가치관과 세계관의 문제에서 비롯된다. 바로 이 점에서 생태철학과 선사상의 공통분모가 성립된다. 선사상 역시 존재에 대한 참다운 안목을 여는 것과 함께 건전한 삶의 양식을 제시하고 있기 때문이다. 따라서 선사들이 제시하는 삶의 양식과 가치관이 보편타당성을 지녔다면 생태위기라는 현대적 문제에 대해서도 여전히 유효한 처방이 될 수 있을 것이다. 이 같은 관점으로 바라본 선사상에는 불교학자와 생태학자들이 예견한 바와 같이 풍부한 생태적 전통과 상상력을 담고 있음을 확인할 수 있었다. 이 책은 그 같은 가능성들을 현실화하고 선사상이 생태철학의 소중한 사상적 자원이 될 수 있도록 하는 것을 주된 연구목표로 삼았다.[86]

서재영의 연구는 심층 생태학 또는 근본 생태론(Deep Ecology)에 초점을 맞추고 있다. 그는 법계라는 개념이 초기 아함에서 선사상에 이르기까지 전체 우주를 포괄하는 개념으로 널리 사용되어 왔다고 보고, 법계와 생태계를 접목한다. 그는 법계와 생태계는 공히 모든 존재가 상호 연결된 세계이며 상호작용하는 세계라는 인식을 공유한다고 주장한다.[87] 또한 그는 불성佛性의 개념을 통해 모든 생명의 내재적 가치(Intrinsic Value)를 지지할 수 있는데, 불성은 인간에 국한되지 않고 동물과 식물, 무정물에까지 열려 있다고 주장한다. 그리고 그러한 법계와 불성의 개념에 근거하여 무정물도 법을 설한다는 이른바 '무정설법無情說法'이 가능해지고 이것은 결국 '자연의 내재적 가치'를 뒷받침한다고 보고 있다. 제6장 '선의 생물평등주의 사상'이라든가 제4장 '선의 자연적 삶과 동물과의 공존'에 대한 논의도 이러한 철학적 또는 세계관적 배경에서 이루어지고

---

86 서재영, 『선의 생태철학』(동국대출판부, 2007), p.3.

87 위의 책, p.27.

있다. 하지만 '법계'나 '불성'의 개념이 선사상이 아니라고는 할 수 없지만, 그것은 근본적으로 화엄 사상과 여래장 사상에 뿌리를 두고 있다. 따라서 앞으로의 '선禪 생태학'은 '교敎 생태학'과 차별화될 수 있는 방향에서 접근할 필요가 있다고 생각된다. 그러기 위해서는 여러 선전禪典 속에서 관련 자료를 추출함은 물론 중국선 및 한국선의 특징적 '이념'과 '정신'들을 생태학적으로 재해석하고 접목할 필요가 있다. 나아가 저자 스스로도 밝히고 있듯이 '선의 생태철학'에 기반한 구체적 실천론이 계발되어야 한다. 다시 말해 우리의 구체적 일상생활과 접목될 수 있는 생태적 삶의 양식과 방식이 제시되어야 한다.

### (3) 불교생태학 연구의 전개

90년대 이후 우리나라에서는 생태와 환경 문제에 대한 불교적 연구가 점진적으로 진행되었다. 목정배는 1992년 「자연환경과 불교 교설과의 관계」(『한국불교학』 제17집)를 발표하여 국내의 불교적 환경윤리 정립에 기초를 놓았고, 계속해서 「과학과 불교윤리─과학시대의 윤리」(1995), 「계율에 나타난 불교의 생명관」(1997) 등을 발표하였다. 오형근은 유식 사상을 바탕으로 물질과 생명의 문제를 연구하였다.[88] 이러한 불교학계의 관심은 1995년에 열린 '제8회 한·일 학술교류회의'로 이어졌다. 이 학술회의의 대주제는 '생명과 환경윤리'였으며, 이 회의에는 불교학자와 선학자뿐만 아니라 환경공학과 및 정치외교학과 교수도 참여하고 있어서, 규모는 작지만 학제적 연구의 성격을 띠고 있다.

1997년에는 동국대 불교문화연구원에서 '불교의 시각에서 본 생명복제'라는 주제로 학술세미나를 개최하여 이러한 분위기를 이어갔다. 불문

---

[88] 류승주, 「불교생태학의 현주소」, 『불교학보』 42, p.195참조.

연은 2003년 5월 '불교생태학, 그 오늘과 내일'이라는 주제로 본격적인
불교생태학 연구를 향한 첫 발걸음을 내디뎠다. 여기에서는 「현대 생태
사상의 경향과 전망」(구승회), 「불교생태학의 현주소」(류승주), 「생태불
교의 필요성과 가능성」(최종석), 「불교생태학 프로그램의 발전적 추진방
향」(박경준) 등이 발표되었다. 동년 10월에는 좀 더 큰 규모의 불교생태학
세미나가 열렸다. 주제는 '자연, 환경인가 주체인가'였고 참여자와 발표
논문은 다음과 같다.

　홍기삼-기조 연설
　박경준-불교적 관점에서 본 자연
　김종욱-자연의 도덕적 지위와 불교적 생태윤리
　장회익-현대과학의 입장에서 보는 관점
　최재천-다윈, 불교에 귀의하다: 불교와 진화생태학의 만남
　유흔우-동양철학에서 자연은 어떤 존재인가
　최인숙-서양철학에서 본 자연
　윤영해-불교와 기독교의 인간과 자연의 관계

　2004년 10월에는 그 범위를 넓혀 '과학기술의 생태학적 혁신 모색-희
망의 생태학, 길도 숲도 필요하다'는 주제로 불교생태학 학술세미나가
열렸다. 여기서는 생태도시의 조성 기법, 환경산업의 콜로이드 관련
기술, 토양오염 정화 기술, 생활폐기물의 관리 등, 주로 기술적인 문제들
이 다루어졌다. 이 세미나는 융합학문으로서의 불교생태학을 위한 또
다른 시도이자 준비 작업이었지만, 그 이후 다른 영역으로 확대되지
못하고 있는 실정이다.
　2005년에는 '불교와 동물의 권리-불교생태학의 정립을 위한 모색'이
라는 주제로 세미나가 열렸고, 「동물권에 대한 윤리적 논의의 현황」(허남

결), 「동물 해방과 불살생」(신성현), 「선사들의 삶을 통해 본 동물의 도덕적 지위」(서재영) 등의 논문이 발표되었다.

2006년 5월 25일~26일에 걸쳐 불문연은 '지식기반사회와 불교생태학' 국제학술대회를 개최하였다. 4분과로 나누어 진행되었으며, 발표된 논문은 다음과 같다.

제1분과: 지식기반사회와 환경문제
○ 지식기반사회와 생태이성의 신지평(황태연)
○ 우리가 전지구적 환경변화에 맞서 중도를 걸을 수 있을까(폴 플렉)
○ 동북아의 생태위기와 환경협력(박수진)
○ 지식기반사회와 불교생태학(김종욱)
○ 불교사상과 지역 자립(나카무라 히사시)

제2분과: 불교생태학과 서양 사상
○ 경관미학의 환경론(이안 해리스)
○ 포스트모더니티와 생태불교학(윤영해)
○ 심층생태학과 불교의 생태적 지혜(안옥선)
○ 실타래 풀기-불교와 에코페미니즘(리타 그로스)
○ 불교와 일반시스템 이론(이중표)

제3분과: 불교생태학의 학제적 접근
○ 지식정보사회와 자연세계에 대한 불교적 네트워크 이론(양형진)
○ 덕의 윤리학과 환경(데미언 키온)
○ 전통사찰에 대한 경관생태학적 조망(이도원)
○ 한국문학과 불교생태학의 관련 양상(홍신선)
○ 종교와 서양 환경윤리학(유진 하그로브)

제4분과: 미래사회의 평화와 불교생태학
○ 현대의 욕망확대 구조와 불교의 욕망이론(홍윤기)
○ 지속가능한 발전과 불교경제학(박경준)

○ 빈곤과 불교적 생활방식−세계화 경제에 맞선 불교적 대응(헬레나 노르베리−호지)
○ 선적 깨달음과 생태학적 각성(진월)
○ 도가의 천인관계론과 현대 환경 윤리가치의 구성(쉬 샤오 위에)
○ 심층생태학과 심층문화, 그리고 위기사회−평화와 불교(요한 갈퉁)

2008년 불문연은 '육식문화, 어떻게 볼 것인가?'라는 주제로 국제학술대회를 개최한다. 여기서는, 「초기불교에 있어서의 육식의 긍정」(岩井昌悟), 「육식에 대한 상좌부의 관점」(Asanga Tilakaratne), 「삼매수참三昧水懺의 육식관」(黃夏年), 「한국불교에서 계율과 육식」(고영섭), 「환경윤리의 관점과 육식문화의 반성」(허남결), 「육식과 질병 발생 및 인간수명에 대한 고찰」(김동일), 「문화인류학적 관점에서의 육식과 그 의미」(박정진) 등의 논문이 발표되었다. 대체적으로 육식문화를 극복하고 개선하는 것이 불교정신에 부합하다는 의견이 많았다.

## (4) 에코포럼의 연구 추진

2004년 10월, '광의의 불교생태학' 정립을 위하여 다양한 분야의 학자 및 전문가들이 참여하는 연구교류 및 담론의 장을 마련하기 위해 '에코포럼'을 창립시켰다. 다음은 에코포럼 창립취지문의 일부분이다.

생태와 환경에 관한 의제는 고도로 복잡한 문제들로 얽혀 있어 여러 분야의 전문성과 협력을 필요로 합니다. 다양한 분야의 전문가들이 함께 논의하여 복합적이며 통합적인 지식을 생산하는 일은 지식기반사회가 요구하는 학문적 요청입니다. 이에 우리는 전문적인 탐구와 진지한 성찰을 생산적으로 결합하기 위하여, 불교와 생태학을 중심으로 여러 학문분야에서 함께 참여하는 학제적 연구교류의 마당인 〈에코포럼〉를 결성하였습니다.

창립 당시 에코포럼의 공동대표는 고건(전 국무총리), 권태준(서울대 명예교수, 전 유네스코 사무총장), 홍기삼(동국대 전 총장)이었고 초대 운영위원장은 박경준(불교학과 교수)이었다.

정례 에코포럼은 원칙적으로 한 학기 5회를 1기로 하여 거의 매월 개최되었고, 한 분야의 전문가가 발표를 하면, 각기 다른 분야의 전문가 3~5명이 지정 토론자로 참여하여 열띤 토론을 하였다. 청중의 질문과 의견 개진도 자유롭게 할 수 있음은 물론이다. 기별 주제는 다음과 같다.

제1기 주제: 시스템과 상호의존성(2004년 2학기)
제2기 주제: 욕망과 생명(2005년 1학기)
제3기 주제: 지속가능한 발전(2005년 2학기)
제4기 주제: 지속가능한 발전(2006년 1학기)
제5기 주제: 지속가능한 발전(2006년 2학기)
제6기 주제: 희망의 공동체(2007년 1학기)
제7기 주제: 희망의 공동체(2007년 2학기)
제8기 (2008년 5월~11월)

이렇게 하여 에코포럼은 26회에 걸친 정례세미나를 개최하였다. 또한 사회적 이슈가 있을 때마다 부정기적인 '쟁점심포지엄'을 개최하였다. 쟁점심포지엄은 그동안 5회 개최되었으며 그 주제는 다음과 같다.

제1회 주제: 환경영향평가제도, 이대로 좋은가(2004. 12)
제2회 주제: 천성산이 제기한 문제와 그 해법(2005. 6)
제3회 주제: 지속가능발전과 시민사회의 역할(2006. 12)
제4회 주제: 환경·에너지 정책을 말하다(2007. 12)

제5회 주제: 촛불과 줄탁동시를 생각한다(2008, 8)

정례포럼과 쟁점심포지엄에 참여한 연인원은 각계각층의 전문가로서 무려 162명에 달한다. 이것은 발표자와 토론자, 그리고 사회자(좌장)를 포함한 숫자이며 물론 중복되는 경우도 있다.

이렇게 하여 쌓인 발표 원고들은 동국대출판부에서 생태학총서로 출간하였으며, 현재 4권에 이른다. 책 제목은『천성산 문제와 환경영향평가제도』(1),『생태적 상호의존성과 인간의 욕망』(2),『지속가능발전이해와 실천적 전략』(3),『생명의 이해생명의 위기와 길 찾기』(4) 등이다. 구체적인 내용과 소주제들은 번잡하여 생략하기로 한다. 하지만 위에서 보는 바대로 생태학에서도 가장 중요한 주제들을 다양한 분야의 전문가들이 집중적으로 논의한 예는 다른 데서 찾아보기 어렵다. 학제적 연구로서의 불교생태학 정립을 위한 기초를 다지고 전문가들이 자유롭게 함께 연구하고 토론할 수 있는 장을 마련하였다는 데에 큰 의의가 있다고 평가된다.

## 3. 불교생태학 연구의 과제와 유의사항

우리나라에서 불교생태학 연구가 본격적으로 시작된 지는 10년이 채 안 된다. 위에서 살펴보았듯이, 그 짧은 기간에 비하면 상당한 성과물이 산출되었다고 생각된다. 하지만 아직도 연구해야 할 과제가 산적해 있다. 우선 몇 가지 과제를 제시해 본다.

첫째, 생태·환경 문제와 관련 있는 실천적 내용들을 여러 불전 속에서 발췌하여 수집 정리하고 그 자료집을 발간한다. 현재로서는 윤영해 등이 펴낸『불교생태학 연구를 위한 원전자료 수집 및 정리 연구: 초기불교를 중심으로』가 학술적으로 가치 있는 자료집이 아닌가 한다. 물론 발췌된 내용들이 곧장 그대로 생태문제 해결에 도움이 될 수는 없을 것이다. 하지만 광산에서 채굴한 원광을 제련하면 우리에게 유용한 금속이 되듯이, 그 발췌 내용들을 다양한 분야의 연구자들이 잘 활용한다면 적지 않은 기여를 할 것으로 믿는다.

둘째, 불교사상과 생태학의 접목, 또는 불교사상의 생태학적 재해석 작업을 더욱 광범위하고 정밀하게 시도한다. 이것은 근본적인 불교교리의 입장에서 총론적인 해석뿐만 아니라, 초기불교, 아비달마, 반야중관, 유가유식, 정토, 화엄, 천태, 선, 밀교 등의 사상, 그리고 역사 속의 위대한 인물들의 불교사상에 대한 각론적인 해석도 포함한다.[89]

셋째, 유교, 도교, 유대교, 그리스도교, 힌두교, 이슬람교 등 여러 세계종교의 생태사상과 불교의 그것과를 비교 연구한다. 또한 우리나라를 비롯하여 스리랑카, 타일랜드, 미얀마, 베트남, 대만, 일본 등에서의 불교전통 속에 깃들어 있는 환경친화적·생태지향적 불교문화 및 생활방식에 대해 고찰하고 비교 연구한다.[90]

넷째, 지금까지의 불교생태학 연구는 주로 이론적인 면에 치우쳐 있다. 이러한 풍토는 빨리 개선되어야 한다. 구승회는 다음과 같이 역설한다.

생태학적 불교는 무한한 것보다는 유한한 것에 대하여, 우주적인 것보다는 지구적인 것에 대하여, 모든 생명계와 무생물계에 대한 긍휼보다는 사람에 대하여, 자손만대의 아름다운 자연보다는 지금·여기의 쾌적한 환경을

---

89 박경준, 「불교생태학 프로그램의 발전적 추진방향」(『불교학보』 42, 2005), p.245 참조.
90 같은 책.

위하여 '내가 무엇을 할 수 있으며, 해야 하는가'에 대한 실천적 지침을 제시해야 할 것이다.[91]

불교생태학의 궁극적 목표는 '환경생태문제'의 실질적 해결에 있다. 대한불교조계종 환경위원회는 2001년 발족 후 '불교환경의제21'의 수립과 실천을 위해 지속적으로 노력해 왔다. 불교환경의제21(초안)은 5개 부문(불교환경기본의제, 친환경적 생활과 수행, 생태사찰 만들기, 수행환경 지키기, 사찰과 지역공동체) 36개 항으로 이루어진 행동목표를 설정하고 있다. 백서 발간과 함께 실천기획단도 구성된 것으로 알고 있다. 이와 같이 앞으로 불교생태학은 이론정립만이 아니라 구체적 생활 및 행동규범을 만들어 내는 일에도 힘써야 한다. 개인적인 차원의 수행과 행동규범만이 아니라 사회적·집단적 행동양식, 정치사회 경제의 구조적·제도적 개혁도 포함되어야 함은 물론이다.

다음으로 불교생태학 연구자들이 연구를 진행함에 있어 특히 유념해야 할 사항에 대해 알아본다.

첫째, 경증經證에 안주하지 말고 이증理證까지 추구해야 한다. 『중아함』은 "나의 제자들은 심지어는 여래까지도 잘 관찰하여, 여래가 참으로 완전한 깨달음을 성취했는지, 그러지 못했는지 살펴보아야 한다"라고 설한다. 이 가르침처럼 불교는 교조주의가 아니다. 따라서 석존의 가르침 중에 이러이러한 내용이 있다는 것을 제시하는 것만으로 어떤 문제가 증명되었다고 할 수 없다. 일반인이나 이웃 종교인들에게도 설득력을 지닐 수 있도록 창조적 재해석을 통해 객관적인 논리로 논증해야 한다. 특히 주의해야 할 점은 텍스트의 참다운 의미를 이끌어내기 위해서는

---

91 구승회, 「현대생태사상의 경향과 전망」(『불교학보』 42, 2005), p.183.

콘텍스트에 대한 바른 이해가 있어야 한다는 것이다.

둘째, 불교의 근본 사상인 연기법을 상호의존성(相依性)으로 해석할 때, 그 근거를 초기불교의 '차유고피유此有故彼有'에서 찾으면 안 된다. 필자가 이미 오래전에 주장했듯이 초기불교의 연기법은 구제론적 의의를 갖는다. 실존적·심리적·사회적인 모든 고통(老死憂悲苦惱)은 절대적인 것이 아니고 그럴 만한 원인과 조건으로 말미암아 일어나므로, 그 원인과 조건을 제거하면 죽음을 포함한 모든 고통에서 벗어날 수 있다는 의미이기 때문이다. 그것은 붓다가 연기법을 깨달은 후 "나는 모든 고통의 속박에서 벗어났노라. 나는 불사不死를 얻었노라"고 선언한 사실로도 알 수 있다.

셋째, '일체중생이 불성이 있다'는 불성사상과 '무정물無情物도 법을 설한다'는 무정설법에 대한 해석을 안이하게 다루어서는 안 된다. 이것은 자연의 내재적 가치를 주장하는 데 많은 연구자들이 그 근거로 인용하는 사상이다. 조성택은 이에 대해 "불성론의 맥락에서 볼 때 무정물인 자연세계에도 불성이 있다고 하는 것은 자연에 대한 불교적 외경심을 표현하는 철학 사상이 아니라, 깨달은 자의 인식세계를 표현하는 일종의 레토릭이다"[92]라고 비판한다. 이러한 비판은 근본적으로 '불성론佛性論'에 대한 철학적 해명이 명쾌하지 못한 데서 연유한다고 본다. 더욱 정치한 이론 작업이 요청된다 할 것이다. 또한 생태변증론자들이 유념해야 할 것은, 모든 생명과 자연물이 '내재적 가치'를 지니고 있다면 과연 우리들은 어떤 태도와 행동으로 새롭게 그 생명과 자연물에 다가갈 것인가 하는 실천적 문제에 대해서 고민해야 한다는 점이다. 생태변증론

---

92 조성택, 「불교생태학: 그 가능성과 한계」, 『철학연구』 29(고려대철학연구소, 2005), p.315.

자들은 생태비평가들의[93] 주장에 더욱 귀 기울일 필요가 있다. 그들의 비판은 좋은 자극제가 되고 결과적으로 더욱 단단한 불교생태학 이론을 확립하게 하는 데 기여할 것이기 때문이다.

## 나오는 말

2010년 3월, 불교환경연대와 에코붓다는 「4대강 개발, 다른 대안은 없는가?」라는 주제로 '불교와 생명 공동연구 심포지엄'을 프레스센터 국제회의장에서 개최하였다. 여기에는 불교계 내외의 전문가 32명을 비롯하여 많은 활동가들이 참여하였다. 이 심포지엄은 구체적인 현안을 불교생태학적 입장에서 조명하였다는 면에서 의미 있는 시도였다고 평가된다. 또한 앞에서 밝힌 바와 같이, 에코포럼에서는 다양한 분야의 전문가들이 함께 참여하는 학제적 연구를 시도해 왔다. 그 바탕에는 불교 이념이 자리하고 있지만 보편적 진리를 지향하는 불교의 열린 정신과 연구의 합목적성 때문에 별다른 갈등은 발생하지 않았다. 오히려 불교적 세계관과 가치관 그리고 과학적 지식과 사실이 상호 보완하여 시너지 효과를 올릴 수 있는 바탕이 마련되었다. 앞으로 이러한 전문가들

---

93 도널드 K. 스웨러, 「불교생태철학의 평가와 검토」, 『학제적 연구로서의 불교생태학』(동국대출판부, 2007), p.313 참조. 스웨러는 불교생태학연구의 흐름을 다섯 가지로 분류한다. 불교의 환경론은 불교적 세계관의 자연스런 확장이라고 주장하는 '생태변증론', 불교적 세계관은 환경윤리와 어울리지 않는다고 주장하는 '생태비평론', 불교환경윤리는 불교의 세계관과 같은 목표를 공유하는 것은 아니라도 불교의 텍스트들과 교의로부터 구성될 수 있다고 보는 '생태구성주의', 실천 가능한 불교환경윤리는 불교적 세계관으로부터 추론되기보다는 불교윤리의 관점에서 평가되어야 한다고 주장하는 '생태도덕주의', 가장 효과적인 불교환경윤리는 특정한 문맥과 상황에 적용될 수 있어야 한다고 주장하는 '생태맥락주의'가 그것이다.

이 워크숍 등을 통한 인적 교류를 바탕으로 네트워크화 할 수 있는 방안을 모색해야 한다. 불교생태학은 그 학문의 특성상 이론가와 활동가들이 자주 만나 대화하고 토론할 필요가 있다. 불교활동가들은 이론에 힘입어 더욱 체계적이고 지속적인 활동을 전개할 수 있고, 이론가들은 현장적 지식의 획득을 통해 탁상공론이 아닌 보다 실질적이고 효율적인 방향으로 연구를 진행할 수 있기 때문이다.

끝으로 생태환경 문제는 그야말로 글로벌한 문제이다. 따라서 생태문제의 해결을 위해서는 국제적인 차원의 연대활동과 공동연구가 필요하다. 국제참여불교네트워크(INEB) 등의 활성화를 위해서는 한국불교의 적극적인 참여가 절실히 요청되는 시점이다.

# III. '불교생태학 프로그램'의 발전적 추진방향

## ─동국대학교의 경우를 중심으로─

동국대학교는 나라의 운명이 기울어 가던 구한말인 1906년 5월, 불교계의 선각자들이 '민족자본에 의한 민족교육'이라는 구국의 기치 아래 설립한 명진학교로부터 비롯되었다. 또한 '섭심攝心·신실信實·자애慈愛·도세度世'라고 하는 교훈에도 잘 나타나 있듯이 그 건학이념은 심원한 불교 정신에 바탕을 두고 있다. 이제 개교 100주년을 목전에 둔 동국대학교의 각 주체들은 특히 '도세度世', 즉 '고통 속의 세상을 구제/제도한다'는 교훈의 근본 취지를 되새겨 볼 필요가 있다.

지난 2013년 본교에서 3일간의 특강을 한 틱낫한스님은 1995년 방한 시에도 동국대 정각원에서 설법을 한 적이 있다. 그때 스님은 "미래의 세계를 구제할 미륵불은 한 개인으로서 오는 것이 아니라, (불교를 건학이념으로 하는 동국대학교와 같은) 공동체를 통해서 온다"라는 요지의 법문을 설하였다. 불교 종립학교로서 명실상부한 종합대학의 위상을 갖추고 있는 대학은 세계적으로도 찾아보기 힘든데, 스님은 특히 이 점에 유의한 것이 아닌가 생각한다. 불교적 세계관과 인생관을 바탕으로 학술과 인격을 연마한 다양한 전공의 동국인들이 사회 각 분야에 진출하여 불교적 이념과 덕목들을 실천해 나간다면, 언젠가는 정토의 실현도 멀기만 한 이야기는 아닐 것이기 때문이다. 요컨대 틱낫한 스님은 동국대학교의 궁극적 이상과 사명이 '도세'에 있음을 간파했다고 볼 수 있다.

세계는 지금 이라크전, 북핵문제 등을 비롯한 전쟁과 폭력의 공포 속에 휩싸여 있다. 특히 환경·생태의 위기는 현대문명의 복잡 미묘한 내용을 총체적으로 반영하고 있는 것으로, 이제 우리의 삶과 문명을 근본적으로 되돌아보지 않으면 안 될 급박한 시점에 도달해 있다. 이러한 환경·생태의 화두를 지혜롭게 풀어 나가지 못한다면 우리에게는 어떤 비전도 허용되지 않는다. 이러한 상황에서 "동국대학교를 불교의 생태관을 중심으로 모든 학문들이 유기적인 관계 속에서 연구되는 불교생태학의 중심지로 만들겠다"는 동국대학교의 계획은 다소 때늦은 감이 있지만 필연적인 것으로 그 의의와 파급효과가 사뭇 클 것으로 예상된다.

언제부턴가 우리나라의 대학 사회에서는 '인문학의 위기론'이 확산되고 있다. 이것은 무엇보다도 대학교육을 '시장의 논리'에 종속시키려는 교육정책에서 기인한다.

> 시장논리만으로 지배되지 않고 전적으로 그 지배에 맡겨서도 안 되는 영역을 시장의 신에게 내 맡기자는 것이 바로 지금의 대학의 교육정책이 빠져들고 있는 오류이다. 그것은 부분을 전체의 요구로 혼동하며, 부분을 위해 교육의 목표를 수정하게 하는 위험천만의 반사회적 오류이다.[94]

---

94 도정일, 「시장전체주의와 인문교육」, 『녹색평론』 통권 제48호(녹색평론사, 1999). p.11.

이러한 도정일 교수의 고언은 귀담아 들어야 할 설득력 있는 지적이다. 그러면서도 그는 "인문학 위기론은 시장논리의 전면적 폐기를 주장하는 것이 아니라 시장논리의 전체주의적 유일논리화를 거부한다"[95]라고 하여 시장논리(시장중심주의)와 인문주의(연구중심주의)의 절충적 입장을 취하고 있다. 그러나 필자는 이러한 절충적 입장으로부터도 한 걸음 더 나아가야 한다고 생각한다. 다시 말해서 대학은 이제 대학 본연의 정체성과 역할, 원칙과 철학을 되살려야만 한다. 순수한 연구중심주의의 실현에 매진할 때 장기적으로는 시장중심주의의 실용적 목표들도 자연스럽게 달성될 수 있을 것으로 생각하기 때문이다. 그렇게 될 때 오히려 대학은 진정한 경쟁력을 갖게 될 것이며 조화와 균형을 이루어 갈 것이다. 이에 우리는 이 시대의 위기 극복을 지향하는 '불교생태학 프로그램'이 동국대학을 미래지향적인 대학으로 거듭나게 할 상징적이고도 실질적인 계획이 될 수 있기를 기대하면서 이 프로그램의 대체적인 추진방향을 나름대로 제안해보고자 한다. 이 제안은 어디까지나 필자의 개인적인 의견으로서,[96] 앞으로 이 문제에 대한 공식적이고도 생산적인 논의를 위한 단초일 뿐임을 미리 밝혀두고자 한다.

---

[95] 도정일, 위의 논문. p.15.

[96] 하지만 이 논문을 쓰는 동안, 본교 교수·직원선생님들과의 논의과정에서 적지 않은 도움을 받았다. 도움을 주신 여러 선생님들께 감사드린다. 그러나 이 논문 내용에 대한 모든 책임은 필자에게 있음은 물론이다.

## 1. 불교생태학의 개념과 방법론

### 1) 불교생태학의 명칭과 개념

'생태학(ecology)'이란 용어는 1896년 독일의 헤켈이 처음 사용한 바, 생태학은 '생물 상호간의 관계 및 생물과 환경과의 관계를 규명하는 학문'으로서 생물학의 한 분과로서 출발했다. 따라서 '불교생태학'이라는 명칭은 불교의 종교적 제현상과 행태를 생태학적으로 연구하는 생물학의 한 영역으로 이해될 수도 있다. 그러나 이것은 현실적으로 거의 불가능한 학문분야이며, 설령 가능하다 할지라도 별다른 의미가 없는 학문이 되고 만다.[97] 그리고 현재 'ecology'라는 용어는 '생태', '생태학 방법론', '생태철학', '환경윤리' 등의 보다 확장된 의미로도 사용되는 것 같다. 또한 최근에는 마치 '포스트모더니즘(post-modernism)'이란 말이 그랬던 것처럼, '생태학'이란 말 역시 하나의 문화적 경향을 표현하는 유행어처럼 사용된다. 이러한 점들을 고려하면서 본고에서는 '불교생태학'의 개념[98]을 '협의의 불교생태학'과 '광의의 불교생태학' 둘로 나누어 생각해 보고자 한다.

---

[97] 굳이 말하자면 불교생태학은 그리스도교신학 가운데 환경신학과 상응한다. 환경신학과 관련해서 서강대학교는 전문대학원인 신학대학원 신학과에 생태(환경)신학이라는 전공을 두고 있다. 이 전공에서는 환경신학개론, 환경학개론, 문화생태학, 환경철학, 환경윤리, 환경보존운동, 생명철학, 과정신학과 환경 등 20여 강좌를 개설해 놓고 있다. 서강대학교는 이 전문대학원과 학내 연구기관인 '생명문화연구소'를 중심으로 연구·교육을 진행하고 있다.

[98] 이에 대해서는 앞의 논문 「한국의 불교생태학 연구 동향」에서 언급하였으므로 참고하기 바람.

## 2) 학제간 연구와 협동과정

불교생태학 프로그램 안에서 행해지는 전반적인 학문 활동으로서의 '불교생태학'은 여러 분과학문들이 함께 참여하기 때문에, '학제간 연구 (interdisciplinary research)'를 통해 이루어질 수밖에 없다. 이러한 '학제간 연구'라는 방법을 현실에서 제도화시키면 학부과정에서는 '학부제', 그리고 대학원과정에서는 '협동과정(Interdisciplinary Program)'으로 나타난다.[99] 그런 점에서 '학부제'와 '협동과정'은 동전의 양면과도 같이 상보적인 관계에 있게 된다. 그러나 대학의 구성원 모두가 학제간 연구를 해야 할 이유는 없다. 기존의 전문적 연구 역시 학제간 연구의 기초가 되는 만큼 원하는 이들이 자발적으로 참여하는 학제간 연구가 되어야 한다.

'학제간 연구'의 이념이 어떻게 등장했는지 그 역사적 연원은 정확히 알 수 없지만, 문·사·철을 통합적으로 바라본 동양의 학문관과도 일맥상통한다. 그러나 20세기에 이 말이 다시금 강조된 것은 특별한 시대적 요청이 발생했기 때문이다. 이러한 '통합적 학문(integral learning)'의 요구는 현대문명의 빠른 속도, 세계화와 다원화의 확대, 과학적·사회적 문제들의 복잡화, 창조적 지식의 요구 등의 이유에 기인한다. 이러한 필요에서 등장한 '학제간 연구' 혹은 '통합적 학문'의 요구는 20세기에 들어와 다양한 형태로 확립되는데, 몇 가지 역사적 사례들을 생각해

---

99 간혹 'Cooperative Program(Course)'이라는 말도 사용되는데, 이는 학문 분과들 사이의 협동을 뜻하기도 하지만 '산·학 협동과정'의 어감이 많이 들어 있다. 본고에서는 학제간 연구의 개념이 보다 명료하게 드러난 용어를 선택하였다. 기존 협동과정들의 명칭을 살펴보면 단순히 'Graduate Program' 혹은 'Program' 등을 우리말 '협동과정'에 대응시키는 경우가 많이 있다.

볼 수 있다.[100] 그러한 사례들은 '학제간 연구'를 현실화시키는 것이 얼마나 어려운지를 잘 알려준다. 미국 학계의 경우, 학제간 연구의 흐름은 몇 십 년 간에 걸친 다양한 노력들을 통해 오늘날의 교육제도로 자리잡았다. 그들이 '창의력 계발'이라는 모토를 일찌감치 강조했음에도 불구하고 학제간 연구의 실현에 곤란을 겪었다는 점은 우리에게도 시사하는 바가 크다. 중요한 점은 오늘날 그들의 교육제도를 살펴보면, 한국에서 시행된 학부제와 같이 미국 전역에서 획일적인 형태를 띠고 있지는 않다는 점이다. 그런데 우리는 지난 얼마간 그것을 거의 획일적인 형태로 이식하는 무모한 실험을 하였고, 향후 몇 년간은 그 후유증을 치유하는 데 소모할지도 모를 상황이다. '학부제' 문제는 '협동과정'의 준비과정에서도 중요한 참고자료가 될 수 있다고 생각한다. 왜냐하면 협동과정의 실행과정에서도 학부제가 실패했을 때 나타났던 현상들과 구조적으로 동일한 문제점들이 발생할 가능성이 높기 때문이다.

어찌되었든 위의 사례들을 통해 우리가 배울 수 있는 점은 '학제간 연구'의 현실적 실현에 학문공동체 내의 문화적 공감과 훈련이 필요하다는 점이다. 즉 연구자들이 타 분야 혹은 타 연구자들에 대해 보다 열린 자세로 접근할 것을 요구하고 있다. 따라서 이러한 문화적 훈련이 충분히

---

100 가령 1930년대 시카고 대학에서 행해진 '시카고플랜(Chicago Plan)'이라든지, 과학과 인문학 사이의 단절을 논의했던 1959년 스노우(C.P. Snow)의 '두 문화' 논쟁. 그리고 학문공동체 내부의 의사소통 단절을 이야기했던 여러 사례들을 들 수 있다. 특히 시카고플랜은 주목할 만한데, 1929년 불과 30세의 나이에 시카고대학 총장 겸 재단이사장으로 취임한 허친스(Robert M. Hutchins, 1899~1977)가 '학자공동체'라는 이상을 제시하고 전문화된 직업주의 교육에서 순수학문 활동중심으로 교육과정을 재편시켰다. 실제로 1939년에는 미식축구팀을 폐지했고, 다양한 고전 연구와 인문교육을 강조하고, 출석 시간수보다는 종합적인 시험으로 평가하는 제도를 도입하였다.

성숙하지 않은 아시아 지역의 교육환경에서 다만 제도적 변화로서만 이 문제를 접근해 갔던 것은 이미 실패를 예고한 것이었다. '학제간 연구'는 좁은 의미로 보면 하나의 학문방법론이지만, 넓은 관점에서 보면 학문공동체의 문화라고 볼 수도 있을 것이다.

이제 우리가 유념해야 할 사항을 한 가지만 더 언급한다면, 협동과정 제도는 실제로 학생을 선발하는 대학원 내의 구체적인 제도라는 점이다. 이것은 우리가 이 협동과정에 자신의 인생과 미래를 걸고 입학할 여러 우수한 학생들의 장래를 진지하게 생각하지 않으면 안 된다는 것을 의미한다.[101] 그러므로 이에 대한 시행은 상당히 치밀하고도 신중한 접근태도가 필요하다. 또한 일반적으로 협동과정들이 지향하는 바는 내용적으로 최첨단인 경우가 많은 만큼 우수한 교수진 확보를 위해 대폭 문호를 개방하는 자세도 필요하다.[102]

---

101 실제로 이미 진행되는 여러 협동과정들을 살펴보면, 거기에 입학하는 학생들이 상당히 우수하며 창조적인 경우가 많다는 것을 확인할 수 있다. 비록 실패하거나 진행이 저조한 경우에도 적어도 학생들만큼은 우수하고 창조적인 학생들이 입학하는 경향이 있었다.

102 협동과정에서는 과정 내에 전임교원을 두지 않는 경우가 많다. 대부분의 교수들은 각각의 학과소속인 경우가 많으며, 협동과정에 참가하는 경우 '핵심교수(Core Professor)'라고 불리기도 하며(연세대 인지과학 협동과정의 경우), 협동과정 소속 학생들을 지도학생으로 받을 수 있다. 그러므로 교육의 질적 수준을 확보하기 위해 중요 강좌에 한해서는 타 대학의 전임교원이나 외부 강사를 활용하여 적어도 국내 최고 수준의 교육이 이루어져야만 한다. 또한 이러한 점을 감안하여 향후 각 학과에서 신임교원을 채용할 경우에도 협동과정 지원이 가능한 인재를 선발하는 등의 정책적인 배려를 할 필요가 있다. 이 점은 바로 협동과정을 중심으로 한 대학구조 개혁에 있어서의 핵심적 내용 가운데 하나가 된다.

## 2. 추진사업의 내용

광의廣義의 불교생태학 프로그램은 크게 연구부문, 교육부문, 사회·문화부문으로 나누어 각각의 특색에 맞추어 추진한다. 이 부분에서는 구체적으로 어떠한 사업들이 계획될 수 있는지 그 내용을 탐색해 보고자 한다. 하지만 이것은 출발점에 서 있는 지금의 상황에서 분류한 것이기 때문에 향후 사업진행에 따라 적절하게 조정될 수 있을 것이다.

### 1) 연구부문

연구부문은 프로그램 전체의 방향을 설정하고 학문 내용적 이념의 도출 및 실질적인 연구활동을 수행한다. 이것은 제도나 기구의 정비에 앞서 가장 중요한 원칙인 '학제간 연구'라고 하는 학문적 활동을 먼저 진행해 나가는 가운데 올바른 방향을 설정해야 한다. 또한 이 연구부문은 동국대학교 불교문화연구원(이하 '불문연'으로 약칭)이 중심이 되어 진행시켜 나가도록 한다.

### (1) 정기적 독서·토론그룹

학제간 연구는 여러 이질적인 분과학문들이 서로 결합하여 공동으로 학문활동을 수행한다. 그렇기에 단순히 학문 내용적 문제보다도 오히려 학문공동체 구성원 간의 상호이해라고 하는 문화적 요소가 더 중요함은 이미 언급한 바 있다. 이 '정기적 독서 토론그룹(Reading & Discussion Group: RDG)'은 겸허하고도 신중하게 실제연구(=공부)를 해나가면서 앞으로의 방향을 설정하고 연구 및 교육사업의 내용을 도출한다. 또한 그 구성원은 학제간 연구 및 관련 주제(불교와 생태학)에 관심을 가진

〔표 5〕불교생태학 프로그램 추진 내용

| 구분 | | 사업내용 | 개요 |
|---|---|---|---|
| 연구 부문 | 기반연구 | 정기적 독서·토론 그룹 (RDG) | 초기단계에서 학자 및 전문가들의 정기적인 연구모임. 불교 와 생태학에 대한 전반적 연구. 협동과정 개설을 위한 학문 내용적 검토 및 학제간 연구 문화에 대한 연구자들의 적응. |
| | 불교문화 연 구 원 중심의사 업 | 제도준비 연구팀 | 준비위원회 산하. 기존의 각종 학술자료 및 타 협동과정들의 현황 조사·분석. |
| | | 불교생태학 연구부 신설 | 응용불교학 내의 분과학문인 협의의 불교생태학을 연구. |
| | | 저널 및 단행본 발행 | 한글과 영어 2종의 저널 발행. |
| | | 학술세미나 | 정기적·주제별 세미나 개최. |
| | | | 개교 100주년 기념 국제 학술세미나 기획. |
| | | 국제 생태학회 참여 | 세계적 연구동향 파악과 국제학회에의 참여. |
| | | 특강 | 비정기적. 연속강의와 1회 강의로 나눔. |
| | | 단기 초빙교수 | 별도의 재원에 의한 1학기 이상 1년 이내의 단기적 초빙. |
| 교육부문 | | 불교생태학 협동과정 | 대학원 협동과정. 모든 불교생태학 프로그램의 내용적 핵심. |
| | | 생태학관련 강좌운 영과 학과 신설 | 불교학과 또는 관련 학과 및 대학원에 이미 개설된 환경관련 과목들의 내용적 충실성 확보 및 생태학 관련 강좌 강화. 또한 향후 사업진행 추이를 보면서 여건이 성숙했을 때 불교생태학과 등의 관련 신설학과를 시작함. |
| | | 불교대학원 | 기존의 제도를 유지하며 강좌개설 등을 통한 점진적 변화. 장차 전문대학원으로 진행. |
| | | 시민환경 대학 | 평생교육. 사회교육원의 활용 혹은 발전적 개선. |
| 사회 · 문화 부문 | 생태운동 활성화 | 청소년불교 생태학교 | 방학 중의 캠프 / 단기과정의 교육. |
| | | 생태운동지원 | 시민사회·환경운동, NGO 등과 교류·협력. 환경운동에 이론적 근거를 제공하고 전문 인력들의 재교육 등 담당. |
| | 문화이벤 트 | 예술 | 예술과 문화를 통한 생태의식의 고양과 저변확대. 환경백일장 등 신설. 음악, 미술, 영화, 무용, 체험행사 등. |
| | | 특별사업 | 개교 100주년 기념 세계환경음악제. |
| | | | 개교 100주년 기념 세계환경영화제. |
| | 국제 교 류 활동 | 외국단체 교류 | 그린피스, 녹색당 등과 직접적인 인적 교류 및 실천적 내용 의 연구. |
| | | 학생교류 | 캠퍼스의 국제화 시도. 언어교육원 등 강화 |

동국대 내의 교수들 및 내용적으로 조언을 구할 수 있는 교외의 다양한 분야의 학자 및 전문가들을 초청하여 10명 내외로 구성한다. 또한 RDG는 향후 독립된 연구방향을 설정하여 학술진흥재단 등의 연구과제사업에도 참여한다. 그러나 주축멤버들 외에도 주요한 활동들을 공개적으로 운영하여 누구나 참여할 수 있는 토론 그룹으로 만들어 나간다.

### (2) 생태불교학연구부 신설

협의의 불교생태학 연구분야로서 응용불교학의 분과학문인 생태불교학을 심도 있게 연구하기 위해, 부설연구기관인 불교문화연구원 내에 '생태불교학연구부'를 신설한다. 이 '생태불교학연구부'는 불교대학의 세 학과, 즉 불교학과·인도철학과·선학과를 중심으로 국내외의 관련단체 및 학자들과의 긴밀한 협력 하에 연구를 수행한다. 새로 설립될 '생태불교학연구부'에서는 다음과 같은 연구사업을 추진하게 될 것이다.

첫째, 생태·환경 문제와 직·간접적으로 관련 있는 내용과 단위 경전을, 경장經藏과 율장律藏과 논장論藏 및 어록語錄 등의 모든 불전佛典 속에서 발췌하여 수집 정리하고 그 자료집을 발간한다.

둘째, 지금까지 국내외에서 발표·간행된 '생태불교학' 관련 논문 및 단행본 등의 문헌 목록을 작성하여 생태불교학 연구의 기초를 다진다.

셋째, 해외에서 출간된 '생태불교학' 관련 주요 논문이나 단행본을 번역하여 출간한다.

넷째, 불교사상과 생태학의 접목 또는 불교사상의 생태학적 재해석 작업을 시도한다. 이것은 근본적인 불교교리의 입장에서 총론적인 접근뿐만 아니라, 초기불교, 부파불교시대 각 부파의 아비달마, 반야, 중관, 유식, 화엄, 정토, 천태, 밀교, 계율, 아울러 원효를 비롯한 걸출한 한국불교인들의 사상도 생태이념과 관련하여 조명한다.

다섯째, 불교 생태사상과 서구의 생태사상·생태철학을 비교 연구한다. 또한 유교, 도교, 유대교, 기독교, 힌두교, 이슬람교, 샤머니즘 등 제 종교의 생태사상과의 비교 연구도 수행한다.

여섯째, 우리나라는 물론 인도, 중국, 일본, 스리랑카, 타일랜드, 미얀마, 베트남 등의 불교 전통 속에 내재된, 환경친화적이고 생태지향적인 불교문화와 생활방식에 대해 체계적으로 조사·연구한다.

일곱째, 조계종을 비롯한 제 불교종단 및 불교환경단체들과의 긴밀한 협력 내지 연대 하에 사찰환경문제를 검토·연구함은 물론 구체적인 불교적 환경윤리지침(불교적 상징성이 강한 48조항 또는 108조항)을 연구·개발한다.

여덟째, 생태불교학 스터디 그룹을 적극 장려·지원하고 소규모의 세미나를 매월 혹은 격월간으로 개최하며, BK21 불교문화사상사교육연구단과 공동으로 교내외 및 국내외 전문가를 초청하여 특강을 실시한다. 또한 불교의 모든 구성원이 참여하는 생태환경실천 동아리를 지원한다.

아홉째, 저널 및 단행본을 발행한다. 한글과 영어 두 종류의 저널을 발행하며 연구 성과를 결집하여 단행본들도 출판한다.

열째, 동국대학교 개교 100주년 기념 불교생태학 국제학술세미나를 준비한다. 이 세미나에는 세계적으로 저명한 전문학자와 학술단체는 물론, 환경운동가나 환경운동단체를 초빙하고 생태를 주제로 한 다채로운 예술 행사를 병행하여 일종의 국제적인 '생태축제'의 한마당이 되도록 준비한다.

끝으로, 우선 국내의 관련학자들이 참여하는 '생태불교학회' 또는 '불교생태학회'의 창립을 추진한다. 국내에서 진행된 세미나 및 우수한 연구결과를 중심으로 준비하여 국제적인 규모의 생태학 관련 학회에 조직적으로 참여, 국제적 연구동향 파악 및 교류를 활성화하며, 동국대학교 불교생태학의 학문적 위상을 다져간다. 나아가서는 국제적 규모의 생태학회 내에 불교생태학 분과를 개설하도록 노력한다.

## (3) 저널 및 단행본 발행

한글과 영어 2종의 저널을 발행하며, 관련 단행본들도 번역·출판하여 소개한다. 영어 저널의 경우, 최초부터 그 인지도를 높이고 일정한 질적 수준의 유지를 위해 2006년에 개최될 100주년 기념 국제학술세미나의 결과물을 창간특대호로 발간하기 시작한다. 그리고 편집과 기획은 불문연이 맡고 제작과 출판은 동국대출판부가 맡을 수도 있을 것이다.

## (4) 학술세미나

가장 주요한 사업은 개교 100주년 기념 국제학술세미나를 준비하는 일이다. 하지만 그 이전에는 학제간 연구 및 협동과정의 기초가 될 만한 소규모 주제들을 선정하여 적절한 시기에 소규모로 개최하며, 기존에 계획된 세미나들을 최대한 활용함으로써 자원의 효율성을 높인다.

## (5) 국제생태학회 참여

국내에서 진행된 세미나 및 우수한 연구결과들을 중심으로 준비하여 국제적인 규모의 생태학 관련 학회에 조직적으로 참여, 국제적 연구동향 파악 및 교류를 활성화하며, 동국대학교 불교생태학의 학문적 위상을 다져간다. 나아가서는 국제적 규모의 생태학회 내에 불교생태학 분과를 개설하도록 노력한다.

## (6) 특강 및 단기 초빙교수

특강은 지명도 높은 생태운동가나 국내외 학자 및 전문가를 초청하여

수시로 실시하며, 내용에 따라 1회 혹은 5~10회 연속 강좌 등 다양한
형태로 기획한다. 단기 초빙교수는 외국의 저명 학자들을 1학기 혹은
1년 단위로 초청하여, 동국대학교에서 상시적으로 연구케 하며 강의를
요청한다.

## 2) 교육부문

교육부문은 생태불교학의 이념 및 학제간 연구라는 방법론을 현실에
제도적으로 구현하기 위한 사업이다. 이 핵심은 대학원 '불교생태학협동
과정(The Graduate Program in Buddhism and Ecology)'이라고 할 수 있다.
또한 부수적으로는 '학부제'에 대한 재검토도 필요하다.[103]

### (1) 불교생태학 협동과정

동국대학교는 '멀티미디어 협동과정'과 '전자상거래 협동과정'이 개설되
었던 전례가 있으나, 현재는 존속되지 않고 있다. 물론 이러한 분야들
역시 '학제간 연구'의 성격을 띠고 있었지만, 불교생태학 협동과정이
가지게 될 외연에 비하면 상대적으로 소규모였다고 할 수 있다. 그리고
현재 국내 타 대학들에 개설되어 있는 협동과정들을 검토해 보면 동국대

---

[103] 이미 설명한 바 있지만, '학제간 연구'의 이념 하에서 '학부제'와 '협동과정'은
동전의 양면과도 같은 구실을 한다. 비록 '학부제'의 무리한 시행으로 일각에서는
'학부제'를 '학부 단위로 신입생을 모집하는 제도로 잘못 인식하는 등, 여러 가지
부작용이 나타나고 있지만, 그럼에도 불구하고 '학부제'의 이념만큼은 미래지향적
으로 고민해야 한다. 따라서 향후 학과중심 체제는 유지하면서도 학부제의 이념을
활성화시킬 수 있는 방안을 모색할 필요가 있다. 가령 인접학문 간의 전공시간표를
서로 겹치지 않게 배려해 준다든지, 타 학과 전공수업 수강생들에게 인센티브를
주는 방식 등 문화적 요소들을 생각할 수 있다.

학교의 협동과정 설치의 방향설정은 더욱 신중할 필요가 있다.[104] 사실 '학제간 연구'가 필요한 통합적 학문인 생태학이 비교적 일찍부터 주목받고 있었음에도, 현재 타 대학에 이 협동과정이 설치되어 있지 않기 때문에, 동국대학교로서는 의미 있는 출발이라고 할 수 있다. 그러나 앞에서도 언급한 바 있지만, 장차 입학할 우수한 학생들을 상대로 무모한 실험을 하지 않으려면 철저한 준비와 차분한 접근이 필요하다.[105] 만일

---

104 가령 일부 대학들의 경우를 살펴보면 다음과 같다. 서울대 34개 과정. 연세대 19개 과정, 고려대 9개 과정, 부산대 25개 과정. 성균관대 13개 과정, 한양대 12개 과정, 부경대 8개 과정, 경북대 9개 과정, 인하대 4개 과정, 아주대 2개 과정 운용 7개 과정 준비 중, 경희대·이화여대·중앙대 공히 3개 과정 등. 그러나 운용 주체가 존재할 것으로 생각되는 홈페이지 운용 상황을 살펴보면 현저히 그 숫자가 떨어지며, 서구의 대학원 스타일로 실제 대학원생 명단까지 공개되는 홈페이지들만 꼽는다면 국내 협동과정들 중 정상궤도에 진입한 경우는 극히 소수이다. 아마도 이러한 원인은 대개 앞에서 지적한 '학제간 연구'라는 문화에 부적응한 탓일 것이다. 그러나 아직까지 국내에서 협동과정이 개설된 학교들이 극히 소수라는 점을 생각하면, 향후 협동과정의 성공 여부가, 그것 자체가 원인이든 아니면 다른 요인들을 반영한 결과의 산물이든 간에, 대학의 위상과 평가에 많은 영향을 끼칠 것으로 예상된다. 또한 여러 대학들에 공통적으로 설치·운영되는 과정들은 타 대학들도 중요하게 고려할 필요가 있어 보인다. 그러한 예로서는 인지과학(특히 연세대 인지과학 협동과정은 국내에서 가장 성공한 협동과정의 사례로 보임), 메카트로닉스(기계와 전자의 인터페이스), 나노테크노, 바이오과학, 과학학, 종합예술, 한국학 등이다.

105 학제간 연구는 과정 자체가 복잡한 문제를 내포한다는 점은 벌써 서구에서 나온 여러 연구 성과들을 통해서도 알 수 있다. Leo Apostel (ed.), *Interdisciplinarity: Problems of Teaching and Research in Universities* (Paris: Centre for Educational Research and Innovation, 1972) ; Stephen Tchudi and Stephen Lafer, *The Interdisciplinary Teachers´ Handbook: Integrated Teaching across the Curriculum* (Portsmouth, NH: Boynton/Cook Publishers, 1996) 등의 문헌들을 참조하기 바람.

하나의 협동과정이 실패하게 되면 다시 다른 협동과정을 시작하는 일이
무척 어려워진다는 점도 염두에 둘 필요가 있다. 참고로 불교생태학
협동과정이 개설되었을 때, 현재 동국대 내에서 참여 가능한 분야들로는
불교학, 선학, 철학, 인도철학, 문학, 정치학, 사회학, 경제학, 법학,
행정학, 윤리학, 체육학, 연극영화, 건축·토목, 미술·음악, 생물학,
교육학, 농학(특히 유기농법 등), 조경학 등의 분야들을 들 수 있다.
또한 장기적으로는 공학 등의 보다 실용적인 학문들의 참여가 절실하다.
물론 이 외에도 앞으로 더 많은 분야의 학문들이 추가될 수 있을 것이다.

## (2) 생태학 관련 강좌운영과 학과신설

현재 개설되어 있는 교양과목이나 각 학과의 전공과목 중에서 환경
관련 강좌들의 내용을 보강하고 늘리는 방안을 모색한다. 하지만 학부제
등과 관련해서도 커리큘럼의 개정은 서두르지 않는 것이 좋을 것이다.
현실적으로 대학당국의 정책이 생태학을 구호적으로 장려하게 되면,
그에 부합하여 내실이 없음에도 불구하고 강좌명만 환경관련으로 바꾸
는 사례가 발생함으로써 학생들만 피해를 입게 되며, 더욱 심각한 것은
그렇게 함으로써 기초학문으로서 꼭 필요한 전통적인 전공강좌의 부실
화가 또다시 초래된다는 점이다. 하지만 향후 사업진행 추이를 보면서
여건이 충분히 성숙했을 때 불교생태학과 또는 생태환경공학과 등의
학과신설을 추진할 수 있을 것이다.

## (3) 불교대학원의 보강

한국에서 특수대학원이라는 평생교육제도가 생겨난 것은 벌써 30년이
넘었고, 행정대학원이나 경영대학원을 중심으로 한 시스템에서 다양한
분야로 급격한 양적 팽창을 보인 것은 80년대 후반부터이다. 현재 주요

대학들에는 10개 이상의 특수대학원이 설치된 경우도 있다. 동국대학교 내에도 8개의 특수대학원이 설치되어 있는데, 그중 하나가 불교대학원이다. 보통 석사학위 과정과 지도자 과정이 함께 수강하는 특수대학원 시스템은 그간 사회적으로도 일정 정도 기여를 해왔지만, 일반인들의 지적 열의와 교양 정도가 과거보다 현저히 고양된 오늘에 있어서 특수대학원 시스템은 근본적으로 재고될 필요가 있다. 이러한 상황에서 불교대학원은 불교생태학 협동과정에서 다소 소홀히 취급될 수도 있는 협의의 불교생태학 및 실무적인 전문 교육과정을 포함하는 체제로 개편할 필요가 있다.

### (4) 시민환경대학

전문대학원이 생태학과 관련된 전문적인 교육을 목적으로 하는 것이라면, 시민환경대학은 대중들에 대한 의식교육과 단기적인 기능교육을 중심으로 함으로써 사회인들의 재교육 기능도 담당한다. 우선은 기존의 사회교육원 시스템을 통해 진행해 나가면서, 장기적으로는 독립된 교육 체계를 별도로 구성한다.

### 3) 사회·문화부문

생태학 관련 활동은 실제적으로는 환경운동, 유기농운동 등의 실천운동으로 나타난다. 그러므로 이러한 사회적 활동들에는 다양한 방식들이 포함될 수 있다. 특히 협동과정 및 국제적 감각을 일상화하기 위해서는 캠퍼스 분위기 자체의 국제화를 시도할 필요가 있는데, 이를 위해서 장기적으로 외국과의 인적 교류를 활성화시킬 필요가 있다. 또한 장기적이고도 일관된 활동들과 더불어 이벤트 행사들도 기획하여 교내외의 분위기를 조성한다.

### (1) 청소년 불교생태학교

생태적 문화의 장기적인 정착을 위해서는 미래의 주역인 어린이와 청소년들을 위한 프로그램들이 개발되어야 한다. 이를 위해서는 단기적인 상설학교 및 방학을 이용한 생태캠프 등이 계획될 수 있고, 전문가들이 참여하면 더 많은 프로그램들이 개발될 수 있을 것이다.

### (2) 생태운동 활성화 지원

생태운동을 실질적으로 담당하는 시민 사회·환경운동, NGO 등과 적극적으로 협력·교류하며, 연구부문에서 얻어낸 이론적 근거를 제공하고, 관련 전문인력들을 재교육하는 등 다양한 활동들을 고려할 수 있다.

### (3) 예술 관련 문화이벤트

사회적 변화에서 문화·예술활동들이 중요한 기여를 하게 된다는 점은 재론의 여지가 없다. 학내에 청소년 환경백일장 등을 개최하는 작은 부분부터 시작하여 환경·생태를 주제로 한 음악, 미술, 영화, 무용, 체험행사 등 다양한 이벤트 행사를 개최한다.

### (4) 개교 100주년 기념 특별 문화이벤트

2006년을 목표로 개교 100주년 기념 '세계환경영화제' 및 '세계환경음악제'를 준비한다. 이는 동국대학교가 세계적인 환경활동의 본산임을 천명하고, 그 실제적인 문화적 본산으로 거듭나기 위한 준비작업이다. 만일 이 행사들이 성공적으로 끝날 경우에는 정례화를 시도할 수도 있다. 또한 동국대는 문화·예술 분야에서 일정 정도 인프라를 구축하고 있다는

점에서 성공 가능성이 높은데, 이를 통해 내부적으로는 이들 분야의
발전도 동시에 촉진시킨다.

### (5) 외국 단체들과의 교류

그린피스, 녹색당 등 오랜 활동 경험을 축적하고 있는 환경운동 그룹들과
직접적인 인적 교류를 통해 실질적인 노하우를 습득하며 연구활동도
활성화한다.

### (6) 국제 학생교류

학제간 연구 및 국제적 감각의 교육이 실현되기 위해서는 캠퍼스의
문화적 분위기 역시 중요한 부분이라 할 수 있다. 이것을 점차로 크게
개선시키기 위해서는 동국대 인적 자원들의 해외 파견도 중요하지만,
그와 동시에 동국대 캠퍼스문화 자체의 국제화 역시 시급히 이루어야
할 과제이다. 그러므로 장기적으로는 언어연구 교육원(어학원)을 강화하
고, 외국으로부터 온 연구자들과 학생들을 위한 게스트하우스 및 기숙사
확충 등을 이루어야 할 것이다.


## 3. 사업추진 방법과 일정

### 1) 조직

앞에서 제시된 사업내용들을 추진하기 위한 준비단계로서 총장을 위원
장으로 하는 준비위원회를 구성하여 사업진행을 준비한다. 준비위원회
는 적절한 시기에 추진 위원회로 개편한다. 또한 제도준비연구 및 불교관
련 생태학의 내용들을 검토하기 위한 활동은 불문연 산하에 새로 개편될

불교생태연구부에서 수행한다. 그리고 제도적 검토를 위한 조사 및 분석은 준비위원회 산하조직이며 불문연 임시조직인 제도준비팀이 준비한다. 또한 학제간 연구에서 발생할 제반 문제들 및 연구·교육 사업의 내용적 컨텐츠를 도출하는 부분은 상시적인 연구활동을 해나가는 RDG에서 담당한다. 하지만 궁극적으로는 이 모든 사업을 총괄할 상설기구, 이를테면 '불교생태학연구센터'와 같은 기구를 두어야 할 것이다.

## 2) 일정

우선은 실현 가능한 내용들부터 시행해 나가야 하는데, 현 시점에서

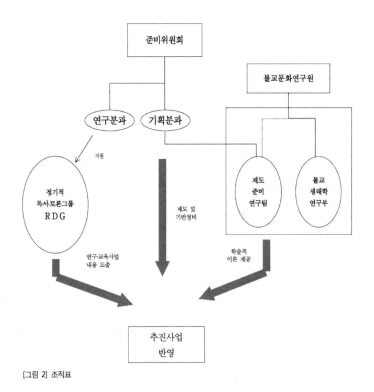

[그림 2] 조직표

예측 가능한 일들을 중심으로 개략적인 진행일정표를 만들어 보면 다음 표와 같다.

〔표 6〕 진행 일정표

| | 사업내용 | 일정 | 비고 |
|---|---|---|---|
| 불교생태학세미나 | | 2003. 5. 2. | 본행사 |
| RDG | 구성작업 | ~2003. 5. 30. | |
| | 학술진행재단 협동연구 프로젝트에 응모 | ~2003. 8. 25. | 학진연구비 신청 |
| 추진조직 | 준비위원회 구성 | ~2003. 7. 30 | 교육부 특성화사업과 연계 |
| | 추진위원회 재편 | 2004. 3월~ | |
| | 연구센터 상설화 | 2004. 9월~ | |
| 협동과정 | 준비팀 구성 | ~2003. 8. 30. | 준비위원회 연구분과 및 기획팀 주관 |
| | 교육부에 개설신청 | ~2004 1학기 중 | |
| | 협동과정 개설 | 2005. 2학기~ | |
| 불교문화연구원 | 조직개편 | ~2003. 8. 30 | 불교학연구부, 불교생태학연구부로 확대 개편. |
| | 국문 저널 창간호 발행 | 2005. 2. 28~ | |
| | 영문저널 창간호 발행 | 2006. 4. 30~ | 개교 100주년 국제학술 대회의 내용들을 창간 특대호로 발행. |
| | 개교 100주년 기념 국제학술대회 | 2006. 5월 중 | |
| | 국제 생태학회 참여 | 2004. 봄 | |
| 교육부문 | 시민환경대학 개설 | 2005. 3월~ | 사회교육원 |
| | 청소년 생태캠프 | 2004. 여름방학~ | 매년 실시 |
| 문화이벤트 | 음악, 미술, 연극, 영화, 무용 | 2003. 2학기~ | |
| 특별문화이벤트 | 국제생태영화제 | 2006. 5월 중 | 개교 100주년 기념행사 |
| | 국제생태음악제 | 2006. 5월 중 | |

## 맺음말

이상에서 필자는 불교 종립학교인 동국대학교가 '불교생태학 프로그램'을 추진해 간다고 했을 때, 과연 어떤 사업들을 계획해 볼 수 있을까하는 취지에서 몇 가지 방안을 제시해 보았다. 다소 광범위해 보이는위의 사업계획들 중 가장 중요한 계획은 역시 불교문화연구원에 불교생태학연구부를 신설하여 협의의 불교생태학 연구를 체계적으로 심화시켜 나가는 것과 대학원에 불교생태학 협동과정을 신설하여 불교와 생태학의 이념을 중심으로 한 학제간 연구를 발전시켜 가는 것이다. 그러나이러한 계획이 성공적으로 추진되려면, 이를 뒷받침해 줄 수 있는 학교와불교계의 분위기 조성이 필수적이다.

이보다 더욱 중요한 점은 불교생태학 프로그램은 그 근본 성격상학문적 성취에만 만족하거나 안주할 수 없고, 궁극적으로는 '대량생산-대량소비' 체제에 바탕을 둔 현대 물질문명의 흐름을 불교적 '열반문명(nirvāṇa-civilization)' 또는 '심성문화(spiritual culture)'로 바꾸어 가는 문명사적 전환을 꾀해야 한다는 것이다. 그러기 위해서는 환경친화적이고생태지향적인 문화운동과 실천운동이 지속적으로 병행되어야 한다.이러한 이유로 사회·문화 부문 사업도 중요하게 인식하여 비중 있게다루어져야 한다고 본다. 끝으로, 이제 이 사업을 추진함에 있어서유념해야 할 몇 가지 사항을 다시 한 번 강조하면서 본고를 마치고자한다.

첫째, 불교생태학 협동과정의 개설과 운영은 충분한 연구·검토 작업이 이루어진 후에 신중하게 추진되어야 한다. 이 계획이 결코 학생들을담보로 하는 실험장이 되어서는 안 되기 때문이다. 책임 있는 준비가필요하다.

둘째, '깨달음의 사회화'를 지향하면서 '참여종단'을 표방한 현 조계종단은 환경과 생태 문제에도 깊은 관심을 가질 것으로 보인다. 특히 사회·문화 사업의 경우는 종단 및 불교시민사회 운동단체들과의 긴밀한 협력이 필요할 것이다.

셋째, 학제간 연구에 참여할 각 주체는 '환경·생태'의 문제의식을 공유하면서, 겸허한 자세로 학문적 교류와 열린 연구문화 풍토를 만들어 가야 한다. 이 과정에서 각 학문 영역이 추구하는 보편적 진리와 불교가 갈등을 일으킬 이유는 별로 없다고 본다. 오히려 물과 기름처럼 서로 겉도는 각 학문 영역들이 불교를 매개로 새로운 접점을 찾을 가능성도 있을 것이다. 왜냐하면 본래 독단적 교조주의와는 거리가 먼 불교는 붓다가 창안해 낸 특별한 진리가 아니라, '진리 그 자체(truth itself)' 혹은 '보편적 진리(dharma, dhamma, 法)'에 기반한 가르침인 만큼, 그 어떤 영역의 보편적 진리에 대해서도 포용력을 발휘할 수 있기 때문이다.

# 참고문헌

## 1. 원전류

*Aṅguttara-Nikāya(A.N.)*, ed. by R. Morris and E. Hardy, 5Vols., London: P.T.S., 1885~1900. tr. F.L. Woodward and E.M. Hare, *The Book of the Gradual Sayings*, 5Vols., London : P.T.S., 1932~1936.

*Dhammapāda(Dhp.)*, ed. by H.C. Norman, London : P.T.S., 1970.

*Dīgha-Nikāya(D.N.)*, ed. by T.W. Rhys Davids and J.E. Carpenter, 3Vols., London : P.T.S., 1890~1911. tr. T.W. and C.A.F. Rhys Davids, *Dialogues of the Buddha*, 3Vols., London : P.T.S., 1899~1921.

*Jātaka*, ed. by V. Fausböll, London : P.T.S., 1879.

Kathāvatthu, ed. by Arnold C. Taylor, London : P.T.S., 1979

*Majjhima-Nikāya(M.N.)*, ed. by V. Trenckner and R. Chalmers, 3Vols., London : P.T.S., 1887~1901. tr. I.B. Horner, *Middle Length Sayings*, 3Vols., London : P.T.S., 1954~1959.

*Saṃyutta-Nikāya(S.N.)*, ed. by L. Feer, 6Vols., London: P.T.S., 1884~1904. tr. C.A.F. Rhys Davids and F.L. Woodward, *The Book of the Kindered Sayings*, 5Vols., London : P.T.S., 1917~1930.

*Suttanipāta(Sn.)*, ed. by Dines Anderson and Helmer Smith, London: P.T.S., 1984.

*Theragāthā*, ed. by Hermann Oldenberg and Richard Pischel, *Therā and Therīgatha : Stanzas ascribed to elders of the Buddhist order of recluses,* Oxford: Pali Text Society, 1999.

778

相應部經典, 中村元 監修; 前田專學 編集; 橋本哲夫 譯,『南傳大藏經』13 東京: 春秋社, 2013.

『과거현재인과경過去現在因果經』, 大正藏 3.

『균주동산오본선사어록筠州洞山悟本禪師語錄』, 大正藏 47.

『근본살바다부율섭根本薩婆多部律攝』, 大正藏 24.

『금강비金剛錍』, 大正藏 46.

『금강선론金剛仙論』, 大正藏 25.

『금강정경대유가비밀심지법문의결金剛頂經大瑜伽秘密心地法門義決』, 大正藏 39.

『금색왕경金色王經』, 大正藏 3

『대반야바라밀다경大般若波羅密多經』, 大正藏 6.

『대반열반경大般涅槃經』, 大正藏 12.

『대방광불화엄경大方廣佛華嚴經(60권)』, 大正藏 9.

『대방광불화엄경大方廣佛華嚴經(80권)』, 大正藏 10.

『대법고경大法鼓經』, 大正藏 9.

『대보적경大寶積經』, 大正藏 11.

『대비바사론大毘婆沙論』, 大正藏 27.

『대승본생심지관경大乘本生心地觀經』, 大正藏 3.

『대승의장大乘義章』, 大正藏 48.

『대승장엄경론大乘莊嚴經論』, 大正藏 31.

『대승현론大乘玄論』, 大正藏 45.

『대지도론大智度論』, 大正藏 25.

『도행반야경道行般若經』, 大正藏 8.

『마하반야바라밀경摩訶般若波羅蜜經』, 大正藏 8.

『마하승기율摩訶僧祇律』, 大正藏 22.

『묘법연화경妙法蓮華經』, 大正藏 9.

『무문관無門關』, 大正藏 48.

『미사색부화혜오분율彌沙塞部和醯五分律』, 大正藏 22.

『반주삼매경般舟三昧經』, 大正藏 13.

『방광대장엄경方廣大莊嚴經』, 大正藏 3.

『범망경노사나불설보살심지계품제십梵網經盧舍那佛說菩薩心地戒品第十』, 大正藏 24.

『법원주림法苑珠林』, 大正藏 53.

『보녀소문경寶女所問經』, 大正藏 13.

『보성론寶性論』, 大正藏 31.

『보행왕정론寶行王正論』, 大正藏 32.

『부증불감경不增不減經』, 大正藏 16.

『불설아미타경佛說阿彌陀經』, 大正藏 12.

『불성론佛性論』, 大正藏 31.

『사분율四分律』, 大正藏 22.

『삼십이상경三十二相經』, 大正藏 1.

『선견율비바사善見律毘婆沙』, 大正藏 24.

『성실론成實論』, 大正藏 32.

『성유식론成唯識論』, 大正藏 31.

『승만사자후일승대방편방광경勝鬘師子吼一乘大方便方廣經』, 大正藏 12.

『십송율十誦律』, 大正藏 23.

『십주비바사론十住毘婆沙論』, 大正藏 26.

『아비달마구사론阿毘達磨俱舍論』, 大正藏 29.

『약사유리광여래본원공덕경藥師琉璃光如來本願功德經』, 大正藏 14.

『용수보살전龍樹菩薩傳』, 大正藏 50.

『우바새계경優婆塞戒經』, 大正藏 24.

『유가사지론瑜伽師地論』, 大正藏 30.

『유마힐소설경維摩詰所說經』, 大正藏 14.

『육도집경六度集經』, 大正藏 3.

『입능가경入楞伽經』, 大正藏 16.

『잡아함경雜阿含經』, 大正藏 2.

『장아함경長阿含經』, 大正藏 1.

『조론肇論』, 大正藏 45.

『중아함경中阿含經』, 大正藏 1.

『증일아함경增壹阿含經』, 大正藏 2.

『지장보살본원경地藏菩薩本願經』, 大正藏 13.

『출삼장기집出三藏記集』, 大正藏 55.

『현양성교론顯揚聖教論』, 大正藏 43.

『현우경賢愚經』, 大正藏 4.


『기신론해동소起信論海東疏』, 韓佛全 1.

『법계도기총수록法界圖記叢髓錄』, 韓佛全 6.

『열반종요涅槃宗要』, 韓佛全 1.


거해스님 편역, 『법구경』, 고려원, 1996.

고익진 편역, 『한글 아함경』, 동국대 출판부, 1991.

동국역경원, 한글대장경 『四分律』, 동국역경원, 2002.

법정 옮김, 『숫타니파타』, 샘터, 1991.

역경위원회 편역, 한글대장경 『中阿含』, 동국역경원, 1988.

함허·장상영, 김달진·현명곤 역,『顯正論·護法論』, 동국대학교부설 역경원, 1988.


『高麗史』


## 2. 사전류

M. Monier-Williams, *Sanskrit-English Dictionary,* Oxford University Press, 1960.

管沼晃, 田丸德善 編集, 金剛秀友, 柳川啓一 監修,『佛教文化事典』, 東京: 佼成出版
    1989.

望月信亨 編,『望月佛教大辭典』, 東京: 世界聖典刊行協會, 1980.

佛光大藏經編修委員會 編,『佛光大辭典』, 台灣: 佛光出版社, 1989.

丁福保 編,『佛學大辭典』, 台灣: 佛光出版社. 1985.

이운허,『불교사전』, 弘法院, 1971.

이지관 편저,『伽山佛教大辭林』 제4권, 伽山佛教文化硏究院 2001.

정승석 편,『불전해설사전』, 민족사, 1989.

## 3. 단행본류

A.K. Naraim, D.C. Ahir edited, *Dr. Ambedkar, Buddhism and Social Change*, Buddhist World Press, 2010.

A.L. Basham, *The Wonder That was India*, Calcutta: Rupa, 1991.

Aakash Singh Rathore and Ajay Verma, *B.R. AMBEDKAR the buddha and his dhamma: A CRITICAL EDITION*, New Delhi: Oxford University Press, 2011.

Adams, W. M. *Green Development: Environment and Sustainability in the Third World*, New York: Routledge, 2001.

Albert Schweitzer, trans. by C.T. Champion, *Civilization and Ethics*, London: Adams & Charles Black. 1929.

Antonie-Nicolas de Condorcet, June Barraclough 譯, *Sketch for a Historical Picture of the Progress of the Human Mind,* The Noonday Press, 1955.

B.R. Ambedkar, *Dr. Babasaheb Ambedkar: Writings and Speeches* Vol. II, New Delhi: Dr. Ambedkar Foundation, 2014.

B.R. Ambedkar, *The Buddha and His Dhamma*, Nagpur: Buddha Bhoomi Publication, 1997.

Bellanwila Wimalaratana, *Buddhism Society and Environment*, Colombo: Printpal Graphic Systems, 1989.

Bertrand Russell, *The Conquest of Happiness*, Bantam Books, 1968.

Christopher Queen & Sallie King, ed., *Engaged Buddhism*, State University of New York press, 1996.

Collingwood, *The Idea of History*, Oxford University Press, 1961.

Daniel H. Henning, *Buddhism and Deep Ecology*, Xlibris Corporation, 2001.

Dr. Rajkumar Mhaske, *Reconstructing the World: B.R. Ambedkar and Buddhism in India*, Kanpur: Chandralok Prakashan, 2012.

E.F. Schumacher, *Small Is Beautiful*, New York: Harper & Row, Publishers, 1973.

Heinrich Zimmer, *Philosophies of India*, New York·Meridian Books Inc, 1959.

Herbert Marcuse, *One-Dimensional Man: Studies in the Ideology of Advanced Industrial Society*, London: Routledge & Kegan Paul Ltd. 1964.

Herman Oldenberg, *Buddha*, Varanasi: Indological Book House, 1971.

Ian Harris, *How Environmentalist is Buddhism*, Religion 21, 1991.

Jaina Sūtras, *Sacred Books of the East* Vol.22, Clarendon Press, 1909.

John S Strong, *The Legend of King Asoka*, Delhi Motilal Banarsidass, 1989.

Leo Apostel, ed., *Interdisciplinarity: Problems of Teaching and Research in Universities*, Paris: Centre for Educational Research and Innovation, 1972.

Madawala Hemananda, *Nature&buddhism*, Dehiwala: Global Graphics&Printing Ltd., 2002.

Max Weber, Translated and Edited by Hans H. Gerth and Don Martindale, *The Religion of India*, New York; The Free Press, 1958.

Michael Pye, *Skilful Means*, London: Roultledge, 2003.

Nandasena Ratnapala, *Buddhist Sociology*, Delhi: Sri Satguru Publications, 1993.

Pallegama Ratanasara, *The Buddhist Concept of the Environment and Individual*, Kuala Lumpur: Buddhist Maha Vihara, 2001.

Paul Tillich, *Christianity and the Encounter of the World Religions*, New York: Columbia University Press, 1964.

Paul Williams, *Mahāyāna Buddhism—the Doctrinal Foundation*, London: Routledge, 1989.

Peter Harvey, *An Introduction to Buddhist Ethics*, Cambridge: Cambridge University Press, 2000.

R.C. Majumdar, *Ancient India*, Delhi: Motilal Banarsiclass, 1982.

S. Radhakrishan, ed and tr. *The Principal Upanisads*, London: George Allen & Unwin Ltd , 1968.

S. Radhakrishnan, *The Dhammapāda*, London: Oxford University Press, 1985.

Stephen Tchudi and Stephen Lafer, *The Interdisciplinary Teachers' Handbook: Integrated Teaching across the Curriculum*, Portsmouth, NH: Boynton/Cook Publishers. 1996.

T.B. Karunaratne, *The Buddhist Wheel Symbol*, Kandy Buddhist Publication Society, 1969.

T.R.V. Murti, *The Central philosophy of Buddhism*, London: George Allen and Unwin Ltd., 1974.

U.N. Goshal, *History of Indian political Ideas*, London Oxford University Press, 1959.

Venkata Ramanan, *Nāgārjuna's Philosophy*, Delhi: Motilal Banarsidass, 1998.

Vishwanath Prasad Varma, *Early Buddhism and its Origins*, Munshiram Manoharlal Publishers, 1973.

Walpola Rahula, *The Heritage of the Bhikkhu*, New York: Grove Press, 1974.

Walpola Rahula, *What the Buddha Taught*, London: Gordon Fraser, 1978.

William H. Dray, *Philosophy of History*, Englewood Cliffs, N.J.; Prentice-Hall, Inc., 1964.


高崎直道, 『如來藏思想の形成』, 東京: 春秋社, 1978.

吉川延太郎, 『註解出定後語』, 東京: 教學書房, 1944.

大越愛子·源 淳子, 『解體する拈教』, 東京: 大東出版社, 1994.

東洋哲學研究所 刊, 『東洋學術研究』, 第20卷·第1號, 東京: 東洋哲學研究所, 1980.

望月信亨, 『淨土教の起源及發達』, 東京: 共立社, 1930.

木村泰賢, 『小乘佛教思想論』, 東京: 大法輪閣, 1980.

_____, 『印度哲學宗教史』, 東京: 大法輪閣, 1981.

_____, 『大乘佛教思想論』, 東京: 大法論閣, 1982.

武田浩學, 『大智度論の研究』, 東京: 山喜房佛書林, 2005.

山本啓量, 『原始佛教の哲學』, 山喜本房佛書林, 1973.

山田龍城, 『大乘成立論序說』, 京都 : 平樂寺書店, 1977.

三枝充惪, 『初期佛教の思想』, 東洋哲學研究所, 1978.

常盤大定, 『佛性の研究』, 東京: 圖書刊行會, 1977.

西義雄, 『業の思想』, 講座佛教 第一卷.(東京: 大藏出版株式會社, 昭和 34年.

松本史朗, 『緣起と空』, 大藏出版株式會社, 1989.

水野弘元, 『原始佛教』, 京都: 平樂寺書店, 1981.

_____, 『經典-その成立と展開』, 東京: 佼成出版社, 1990.

784

宇井伯壽, 『印度哲學研究(第二)』, 東甲子社書房, 1925.

_____, 『佛教汎論』, 岩波書店, 1962.

伊藤義賢, 『大乘非佛說論の批判』, 京都: 眞宗學寮, 1954.

立正大學佛教學部 編, 『佛教と環境』, 東京: 丸善株式會社, 2000.

姉崎正治, 『現身佛と法身佛』, 前川文榮閣, 1925.

赤沼智善, 『原始佛敎之研究』, 破塵閣書房, 1939.

前田慧雲, 『大乘佛敎史論』, 東京: 森江書店, 1927.

靜谷正雄, 『初期大乘成立過程』, 京都: 百華苑, 1990.

中村元, 『宗敎と社會倫理』, 岩波書店, 1969.

_____, 『原始佛敎の思想(下)』, 春秋社, 1981.

中村元 編著, 『ブッダの世界』, 東京: 學習研究社, 1980.

增永靈鳳, 『根本佛敎の研究』, 風間書房, 1948.

村上專精, 『佛敎統一論 第一編 大綱論』, 東京: 金港堂, 1901.

塚本啓祥, 『初期佛敎敎團史の研究』, 東京: 山喜房佛書林, 1980.

椎尾辨匡, 『佛敎經典槪說』, 東京: 三康文化研究所, 1971.

平川彰, 『初期大乘佛敎の研究』, 東京: 春秋社, 1968.

平川彰 外編, 『(講座·大乘佛敎)大乘佛敎とは何か』, 東京: 春秋社, 1981.

豊田劍陵, 『佛敎と社會主義』, 重川書店, 大正13年(1924).

和辻哲郎, 『原始佛敎の實踐哲學』, 岩波書店, 1973.

橫超慧日, 『法華思想の研究』, 京都: 平樂寺書店, 1975.


A.M. Scott, 정태섭 역, 『共産主義(The Anatomy of Communism)』, 思想界社出版部, 檀紀 4294년(1961).

Ben Agger. 김해식 옮김, 『비판이론으로서의 문화연구』, 옥토, 1996.

Don S. Browning, 이기춘 역, 『실천신학』, 대한기독교출판사, 1991.

E.F. 슈마허, 김진욱 옮김, 『작은 것이 아름답다』, 범우사, 1998.

E.H. Carr, 吉玄謨 譯, 『역사란 무엇인가(What is History?)』, 探求堂, 1975.

Erich Fromm, 李克燦 譯, 『自由에서의 逃避(Escape from Freedom)』, 民衆書舘, 1975.

_____, 최혁순 역, 『소유냐 존재냐』, 범우사, 1992.

G.E. Cairns, 이성기 역, 『東洋과 西洋의 만남(Philosophies of History)』, 마음의 샘터사, 1976.

G.W.F. Hegel, 김종호 역, 『歷史哲學(Die philosophie der geschichte)』, 思想界社出版部, 1963.

J.D. 데이비드슨·W. 리스모그, 김만기 역, 『대변혁』, 동아출판사, 1993.

Konrad Lorenz 저, 김종호 역, 『현대의 大罪』, 삼성문화재단, 1974.

Molela Vallée poussin, 岡李貫瑩 譯, 『佛教倫理學』

Sidney Hook, 양호민 역, 『맑스와 맑스주의자들(Marx and Marxists)』, 文明社, 1972.

Stanley Dodson, 노태호 外 역, 『생태학』, 아카데미서적, 2000.

Toynbee, 刊行會 譯, 『역사의 연구(A study of History)』 제4권(동서문화원), 1975.

게일 옴베트, 이상수 옮김, 『암베드카르 평전』, 필맥, 2005.

鎌田茂雄, 정순일 역, 『중국불교사』, 경서원, 1992.

김영로 옮김, 『산티데바의 행복수업[입보리행론]』, 불광출판부, 2008.

金子大榮, 고명석 역, 『불교학개론』, 불교시대사, 1993.

나라 야스아키 著, 정호영 譯, 『인도불교』, 민족사, 1990.

나렌드라 자다브, 강수정 역, 『신도 버린 사람들』, 김영사, 2007.

大野信三, 박경준·이영근 역, 『불교사회경제학』, 불교시대사, 1992.

도날드 워스터 외, 문순홍 편역, 『지속가능한 사회를 향한 생태전략』, 나라사랑, 1995.

道端良秀 저, 목정배 역, 『불교의 효, 유교의 효』, 불교시대사, 1994.

藤吉慈海, 한보광 옮김, 『禪淨雙修의 전개』, 민족사, 1991.

디완 챤드 아히르, 이명권 역, 『암베드카르』, 에피스테메, 2005.

레스터 W. 밀브래스, 이태건 외 역, 『지속가능한 사회』, 인간사랑, 2001.

린 마루리스·도리언 세이건, 황현숙 역, 『생명이란 무엇인가』, 지호, 1999.

마쓰다니 후미오, 박경준 역, 『근본불교와 대승불교』, 대원정사, 1988.

매리 조 메이너스 외, 윤영미 역, 『가족의 역사』, 다른세상, 2018.

木村日紀, 『아쇼카왕과 인도 사상』, 教育出版 Center, 1985.

木村泰賢, 朴京俊 譯, 『원시불교사상론原始佛敎思想論』, 경서원, 1992.

미치하타 료슈, 목정배 옮김, 『불교의 효 유교의 효』, 불교시대사, 1994.

버트런드 러셀, 최혁순 옮김. 『나는 무엇을 위해 살아왔는가』, 문예출판사, 2013.

베르나르 포르, 김수정 옮김, 『불교란 무엇이 아닌가』, 그린비, 2011.

볼드릿지 저, 이효재 외 역, 『사회학』, 경문사, 1983.

사쿠라베 하지메 편, 이미령 역, 『붓다의 과거세 이야기』, 민족사, 1991.

사토 미츠오 저, 최법혜 역, 『律藏』, 동국역경원, 1994.

山崎元一, 전재성·허우성 역, 『인도사회와 신불교운동』, 한길사, 1983.

아그네스 헬러 저, 강성호 역, 『역사의 이론』, 문예출판사, 1988.

암베드카르, 박희준·김기은 역, 『붓다와 다르마』, 민족사, 1991.

_____, 이상근 옮김, 『인도로 간 붓다: 그의 삶과 가르침』, 청미래, 2005.

앤터니 기든스 지음, 김미숙 외 옮김, 『현대 사회학』, 을유문화사, 1996.

에릭 프롬, 문상득 外 역, 『건전한 사회』, 박영사, 1978.

엘빈 토플러 저, 윤종혁 역, 『미래의 충격』, 한마음사, 1981.

운서주굉 지음, 광덕 역주, 『선관책진』, 불광출판부, 1992.

이시이 요네오 편, 박경준 역, 『동남아시아의 불교 수용과 전개』, 불교시대사, 2001.

자크 데리다 저, 양운덕 역, 『마르크스의 유령들』, 한뜻출판사, 1996.

자크 라캉, 권택영 엮음, 『욕망 이론』, 문예출판사. 1994.

장 보드리야르, 이상률 옮김, 『소비의 사회: 그 신화와 구조』, 문예출판사, 1993.

제레미 리프킨, 이영호 역, 『노동의 종말』, 민음사, 1996.

中村元 외 저, 김지견 역, 『불타의 세계』, 김영사, 1990.

지나 서미나라, 권미옥·서민수 옮김, 『윤회의 진실』, 정신세계사, 1995.

크리스토퍼 퀸, 샐리 킹 편저, 박경준 역, 『아시아의 참여 불교』, 초록마을, 2003.

퇴옹 성철 현토·편역, 『돈황본단경』, 서울: 장경각, 1988.

폴 테일러, 김영진 역, 『윤리학의 기본원리(Principles of Ethics)』, 서광사, 1985.

프랜시스 후쿠야마 저, 이상훈 역, 『역사의 종말』, 한마음사, 1995.

프리초프 카프라, 김용정 외 옮김, 『생명의 그물』, 범양사, 1998.

피야닷시 저, 한경수 역, 『붓다의 옛길』, 시공사, 1996.

피야세나 딧사나야케, 정승석 역, 『불교의 정치철학』, 대원정사, 1987.

하버드대 세계종교연구센터 편, 동국대 불교문화연구원 역,『불교와 생태학』, 동국대
　출판부, 2005.

하야시마 쿄쇼, 박용길 역,『비구의 告白 비구니의 告白』, 민족사, 1991.

한용운 편찬, 이원섭 역주,『불교대전』, 현암사, 1997.

헨리 데이빗 소로우, 강은교 역,『소로우의 노래』, 이레, 1999.

헬레나 노르베리-호지, 김동철/김태언 옮김,『오래된 미래』, 녹색평론사, 1998.

혜능지음·단칭선사 풀어씀·김진무 옮김,『혜능육조단경』, 일빛, 2010.

Helena Norberg-Hodge, 황태연 외,『지식기반 사회와 불교생태학』, 아카넷, 2006.


강명구,『소비 대중 문화와 포스트모더니즘』, 민음사, 1995.

姜在倫,『思考와 行動』, 日新社, 1992.

강현두 편,『대중문화론』, 나남, 1989.

고범서,『가치관 연구』, 나남, 1992.

高淳豪,『佛敎學槪觀』, 宣文出版社, 1983.

고익진,『불교의 체계적 이해』, 일승보살회, 2008.

고형곤,『禪의 세계』Ⅱ, 운주사, 1995.

교양교재편찬위원회 편,『불교학개론』, 동국대출판부, 1998.

국사편찬위원회 편,『한국사 20: 고려 후기의 사회와 대외관계』, 국사편찬위원회,
　1994.

권오문,『말 말 말』, 삼진기획, 2004.

吉熙星,『印度哲學史』, 民音社, 1984.

김동화,『俱舍學』, 文潮社, 1971.

＿＿＿,『불교윤리학』, 문조사, 1971.

＿＿＿,『佛敎學槪論』, 寶蓮閣, 1972.

＿＿＿,『大乘佛敎思想』, 宣文出版社, 1983.

＿＿＿,『대승불교사상』, 불교시대사, 2001.

＿＿＿,『선종사상사』, 뇌허불교학술원, 2001.

김세열,『기독교경제학』, 무실, 1993.

김수근,『경제 성장 이야기』, 한국경제신문사. 1990.

김종구·박성용,『소비문화에 관한 연구』, 한국소비자보호원, 1997.

김종욱,『불교에서 보는 철학, 철학에서 보는 불교』, 불교시대사, 2002.

_____,『불교생태철학』, 동국대출판부, 2004.

김청남,『대중문화와 문화실천』, 한울아카데미, 1995.

金泰吉,『倫理學』, 박영사, 1987.

김태길,『철학 그리고 현실』, 문음사, 1999.

대륜불교문화연구원,『太古普愚國師法語』, 대한불교조계종 修禪會, 1997.

대한불교조계종 편,『포교이해론』, 조계종출판사, 2009.

동국대 BK21 불교문화사상사교육연구단 편,『불교사상의 생태학적 이해』, 동국대출판부, 2006.

동국대 BK21 세계화시대불교학교육연구단,『계율과 불교윤리학 연구논저목록』, 2009

東國大敎養敎材編纂委員會 編,『佛敎學槪論』, 동국대출판부, 1986.

동국대학교,『한국의 불교학연구, 그 회고와 전망』, 불교문화연구원, 1994.

無盡藏,『佛敎槪說』, 弘法院, 1980.

민족사 편,『붓다의 과거세 이야기』, 민족사, 1991.

박경준,『불교사회경제사상』, 동국대출판부, 2010.

박이문,『문명의 위기와 문화의 전환』, 민음사, 1996.

박이문,『환경철학』, 미다스북스, 2002.

법성 외,『민중불교의 탐구』, 민족사, 1989.

벽산문도회 편,『정통선의 향훈』, 광륜출판사, 2008.

_____,『안심법문』, 광륜출판사, 2010.

서경수,『불교철학의 한국적 전래』, 불광출판부, 1990.

서재영,『선의 생태철학』, 동국대출판부, 2007.

釋日陀 편,『沙彌律儀』, 청룡사, 1972.

성륜불서간행회 편,『원통불법의 요체』, 성륜각, 1993.

성전편찬회 편,『불교성전』, 동국역경원, 1980.

宋榮培,『中國社會思想史』, 한길사, 1988.

안옥선,『불교윤리의 현대적 이해』, 불교시대사, 2002.

양명수, 『녹색윤리』, 서광사, 1997.

여익구, 『민중불교입문』, 풀빛, 1985.

오만석 외 저, 『한국인의 윤리의식 연구』, 한국정신문화연구원, 1992.

원택 편저, 『성철스님 행장』, 글씨미디어, 2012.

월운스님 外, 『부처님이 들려주는 孝 이야기』, 조계종출판사, 1995.

이강수 편, 『대중문화와 문화 산업론』, 나남출판, 1998.

이동연, 『문화 연구의 새로운 토픽들』, 문화과학사, 1997.

이상돈, 『환경위기와 리우회의』, 대학출판사, 1993.

이영자, 『법화·천태사상연구』, 동국대출판부, 2002.

李載昌, 『佛教經典槪說』, 東國大學校附設 譯經院, 1982.

_____, 『한국불교사원경제연구』, 불교시대사, 1993.

_____, 『불교경전의 이해』, 경학사, 1998.

이중표, 『근본불교』, 민족사, 2002.

이지관, 『南北傳六部律藏比較硏究』, 가산불교문화연구원, 1999.

임희섭, 『한국의 사회변동과 가치관』, 나남, 1994.

張元圭, 『印度佛教史』, 동국역경원, 1973.

정대연, 『환경주의와 지속가능한 발전』, 집문당, 2004.

鄭盛根, 『刑法總論』, 法志社, 1992.

정세근, 『윤회와 반윤회』, 개신, 2008.

정승석 外, 『민중불교의 탐구』, 민족사, 1989.

정승석, 『불교의 이해』, 대원정사, 1989.

_____, 『다섯 가지 주제』, 대원정사, 1996.

_____, 『법화경』, 사계절, 2004.

정유진, 『돈황본 육조단경 연구』, 경서원, 2007.

조명화, 『불교와 돈황의 강창문학』, 이회, 2003.

조정문·장상희, 『가족사회학』, 아카넷, 2002.

주광렬, 『과학과 환경』, 서울대출판부, 1986.

청정국토만들기운동본부 편, 『불교와 환경보존』, 아름다운 세상. 1998.

청화, 『가장 행복한 공부』, 시공사, 2003.

790

____,『생명의 고향 마음자리로 돌아가는 가르침』, 상상예찬, 2007.

____,『실상염불선』, 광륜출판사, 2013.

退翁 性徹,『자기를 바로 봅시다』, 장경각, 1994.

_____,『百日法門』, 장경각, 1995.

_____,『해탈의 길』, 장경각, 2004.

_____,『백일법문』, 장경각, 2014(개정증보판).

_____,『자기를 바로 봅시다』, 장경각, 2014(재개정판).

풍경소리,『풍경소리』, 샘터, 2001.

_____,『풍경소리2』, 샘터, 2004.

_____,『풍경소리(1)』, 풍경소리, 2007.

_____,『풍경소리(둘)』, 풍경소리, 2009.

_____,『풍경소리(3)』, 풍경소리, 2009.

한국가족상담교육연구소,『변화하는 사회의 가족학』, 교문사, 2016.

한정섭,『불교포교론』, 상락향수도원, 1996.

현승일,『사회학』, 박영사, 1995.

홍사성,『한권으로 읽는 아함경』, 불교시대사, 2009.

휴암,『한국불교의 새 얼굴』, 대원정사, 1987.

____,『장군죽비(상, 하)』, 명상, 1994.

## 4. 논문류

K.N. Kadam, "Dr. Ambedkar and Buddhism as an Instrument of Social Change", in *Dr. Ambedkar, Buddhism and Social Change*, ed. A.K.Narain and D.C.Ahir, Delhi: Buddhist World Press, 2010.

Lily de Silva, "The Buddhist Attitude towards Nature," ed. by Klas Sandell, *Buddhist Perspectives on the Ecocrisis*(Kandy: Buddhist Publication Society, 1987.

Tisdell, C., "'Sustainability: can it be achieved? Is economics the bottom line?' in Quaddus", M. A. and Siddique, M. A. B. ed., *Handbook of Sustainable Development Planning*, Edward Elgar, 2004.

岡田行弘,「三十二大人相の系統(Ⅰ)」,『印度學佛教學研究』通卷75, 日本印度學佛教學會, 1989.

_____,「三十二大人相の系統(Ⅱ)」,『印佛研』 通卷79, 日本印度學佛教學會, 1991.

高崎直道,「般若經と如來藏思想」,『印度學佛教學研究』17-2, 日本印度學佛教學會, 1969.

橋本哲夫,「原始佛教の時間」,『佛教における時機觀』, 日本佛教學會 編, 京都: 平樂寺書店, 1984.

朴京俊,「大乘涅槃經の業説について」,『印度學佛教學研究』51-1, 日本印度學佛教學會, 2002.

福原隆善,「佛典における白毫相」,『印度學佛教學研究』40-1, 日本印度學佛教學會, 1991.

石上善應,「淨土教における龍樹の影響」, 壬生台舜 編,『龍樹教學の研究』, 東京: 大藏出版株式會社, 1983.

小川一乘,「佛性とbuddhatva」,『印度學佛教學研究』11-2, 日本印度學佛教學會, 1963.

_____,「icchantikaについて」,『印度學佛教學研究』17-1, 日本印度學佛教學會, 1968.

市川良哉,「如來藏の漢譯の例について」,『印度學佛教學研究』8-1, 日本印度學佛教學會, 1960.

神谷正義,「如來藏思想の成立背景について」,『印度學佛教學研究』21-2, 日本印度學佛教學會, 1973.

安原和雄,「持續可能な發展と佛教思想」,『佛教經濟研究』第31輯, 東京: 關澤大佛教經濟研究所, 2002.

玉城康四郎,「如來藏の諸性格に關する概觀」,『印度學佛教學研究』7-2, 日本印度學佛教學會, 1959.

有賀要延,「法華經における佛性思想の內在性」,『印度學佛教學研究』20-1, 日本印度學佛教學會, 1971.

靜谷正雄,「法師(dharmabhāṇaka)について」,『印度學佛教學研究』3-1(通卷5), 日本印度學佛教學會, 1954.

中野義照, 「佛教と若干の政治思想」, 『佛教と政・經濟』, 平樂寺書店, 1972.

中村元, 「大乘佛教興起時代のインドの社會構成」, 『印度學佛教學研究』, 4-1, 日本印度學佛教學會, 1956.

河村孝照, 「大乘涅槃經と婆沙論」, 『印度學佛教學研究』 29-2, 日本印度學佛教學會, 1981

香川孝雄, 「佛種について」, 『印度學佛教學研究』 17-1, 日本印度學佛教學會, 1968.


高翊晋, 「阿含法相의 體系性研究」, 東國大 碩士學位 請求論文, 1970.

박경준, 「原始佛教의 社會・經濟思想 研究」, 東國大學校大學院 博士學位請求 論文, 1992.

蔡澤洙, 「大乘 佛說 非佛說에 對한 研究」, 東國大學校大學院 碩士學位請求 論文, 1965.

表外淑, 「原始佛教의 十二緣起說에 關한 研究, 東國大 碩士學位 請求論文, 1979.


강석근, 「불교우언문학의 범주와 탐색」, 『우언의 인문학적 지위와 현대적 활용의 가능성』, 제1회 동아우언연구국제회의 발표자료집, 2005.

구범모, 「한국산업사회의 구조와 가치관의 제문제」, 『한국산업사화의 구조와 가치관의 제문제』, 한국정신문화연구원, 1992.

구승회, 「현대생태사상의 경향과 전망」, 『불교학보』 42, 동국대 불교문화연구원, 2005.

김도종, 「문화의 동질성 유지와 세계화」, 『문화철학』, 한국철학회편, 철학과 현실사, 1996.

金東華, 「佛教의 國家觀」, 『佛教學報』, 제10집, 東國大學校 佛教文化研究所, 1973.

김상구, 「종교인 과세의 필요성과 실태」, 『종교인 과세와 사회적 공공성의 실현』, 종교인 과세 워크숍 자료집, 2012.

김성철, 「간디와 성철을 읽고」, 조성택 편, 『퇴옹 성철의 깨달음과 수행』, 예문서원, 2006.

김영욱, 「선사들의 죽음과 열반」, 『불교평론』 제7권 제4호, 불교평론사, 2006.

김영태, 「佛陀와 自然愛護」, 『東國思想』 第10·11合集, 동국대학교, 1978.

_____, 「불타와 자연 애호」, 『새로운 정신문화의 창조와 불교』, 동국대 불교문화연구원 편, 우리출판사, 1994.

김잉석, 「인도중관학파의 진리성과 역사성」, 『동국사상』 2, 동국대학교, 1963.

김종인, 「한국불교 현실에 대한 성철의 대응과 돈오돈수」, 조성택 편, 『퇴옹 성철의 깨달음과 수행』, 예문서원, 2006.

김홍미, 「선바라밀의 예비단계」, 『인도철학』 39, 인도철학회, 2013.

金煥泰, 「佛教的 治國의 史的 實際」, 『佛教學報』 제10집, 東國大學校 佛教文化研究所, 1973.

남궁선, 「공업의 사회성에 대한 생태철학적 해석」, 『한국불교학』 46, 한국불교학회, 2006.

도널드 K. 스웨러, 「불교생태철학의 평가와 검토」, 『학제적 연구로서의 불교생태학』, 동국대출판부, 2007.

도정일, 「시장전체주의와 인문교육」, 『녹색평론』 통권 제48호, 녹색평론사, 1999.

류승주, 「불교생태학의 현주소」, 『불교학보』 42, 동국대 불교문화연구원, 2005.

목정배, 「彌勒信仰의 現代的 意義」, 『韓國彌勒思想研究』, 佛教文化研究所, 1987.

문수스님 소신공양 추모위원회, 「문수스님 소신공양 추모자료집」, 2010.

박경준, 「업설을 통해 본 불교의 역사정신」, 『동국사상』, 동국대학교 불교대학, 1976

_____, 「초기불교의 연기상의설(緣起相依說) 재검토 -불교의 사회화를 위한 한 이론적 정초(定礎)-」, 『한국불교학』, 한국불교학회, 1989

_____, 「불교업설에서의 동기론과 결과론」, 『불교학보』 제29집, 불교문화연구원, 1992.

_____, 「대승열반경에 나타난 일천제 성불론」, 『한국불교학』, 한국불교학회, 1992

_____, 「전륜성왕에 관한 몇 가지 문제」, 『동국논총』, 동국대학교, 1996.

_____, 「대승경전관 정립을 위한 시론」 『한국불교학』 제21집, 한국불교학회, 1996.

_____, 「불교의 노동관 小考」, 『불교학보』 35집, 동국대 불교문화연구원, 1998.

_____, 「문화의 진보에 대한 불교적 관점」, 『문화의 진보에 대한 철학적 성찰』, 철학과 현실사, 1998

794

_____, 「불교적 관점에서 본 소비대중문화」,『불교학보』, 동국대학교 불교문화연구원, 1999.

_____, 「인도불교계율에 있어서의 노동문제」,『대각사상』2집, 대각사상연구원, 1999.

_____, 「현대사회와 불교의 효사상」,『부처님이 들려주는 효 이야기』, 조계종출판사, 2000.

_____, 「민중불교 운동의 흥기와 이념 및 평가」,『한국불교학』, 30, 한국불교학회, 2001.

_____, 「불교사상으로 본 사회적 실천」,『한국불교학』제28집, 한국불교학회, 2001.

_____, 「사회적 불평등 문제와 태고사상」,『태고사상』제2집, 한국불교태고학회, 2002.

_____, 「불교생태학 프로그램의 발전적 추진방향」,『불교학보』제42집, 동국대 불교문화연구원, 2005.

_____, 「재가자는 출가자에 비해 하열한가」,『불교평론』, 만해사상실천선양회, 2006.

_____, 「지속가능한 발전과 불교경제학」,『지식기반사회와 불교생태학』, 아카넷, 2006.

_____, 「풍경소리 글의 성격과 내용 분석」,『불교연구』, 한국불교연구원, 2010.

_____, 「빨리어 경전과 대승경전의 사상적 차이」,『불교평론』제44집, 불교평론사, 2010.

_____, 「문수스님 소신공양의 의미와 평가」,『불교학보』, 불교문화연구원, 2010. 12.

_____, 「한국의 불교생태학 연구동향」,『철학사상』, 서울대학교 철학사상연구소, 2011. 8.

_____, 「불교 업보윤회설의 의의와 해석」,『불교학연구』, 불교학연구회, 2011.

_____, 「전법교화학 정립의 방향과 과제」,『전법학연구』, 불광연구원, 2012. 1

_____, 「불교의 세속화, 기복화를 막아라」,『불교평론』, 만해사상실천선양회, 2012. 12.

_____, 「육조혜능의 선사상과 청화의 실상염불선」, 『불교연구』 제39집, 한국불교연구원, 2013.

_____, 「종교인 과세에 대한 불교적 관점」, 『대각사상』, 대각사상연구원, 2013. 12.

_____, 대지도론에 나타난 대승의 염불과 선, 『인도철학』 42집, 인도철학회, 2014.

_____, 「퇴옹성철의 현실참여문제 一考」, 『선문화연구』, 한국불교선리연구원, 2014.

_____, 「암베드까르와 분노 그리고 불교」, 『불교평론』 제67호, 만해사상실천선양회, 2016.

_____, 「빔라오 람지 암베드까르의 불교관 고찰」, 『불교학보』, 불교문화연구원, 2017.

_____, 「가족의 초기불교적 이해」, 『제2회 혜원 시민포럼 자료집』, 혜원불교교육원, 2018.

박희택, 「문수스님 소신공양 어떻게 볼 것인가」, 『참여불교재가연대 세미나 자료집』, 참여불교재가연대, 2017.

申星賢, 「大乘佛教의 成立에 대한 諸異論考」, 『東國思想』 26집, 1995.

월암, 「청화선사의 禪사상」, 『청화사상연구회 세미나 자료집』, 2009.

유승무, 「현대 한국불교 개혁운동의 흐름과 특징」, 『불교평론』 통권4호, 불교평론사, 2000.

윤승용, 「한국인의 종교관 변화 추이 분석」, 『전법학연구』 제8호, 불광연구원, 2015.

윤승준, 「'풍경소리'를 통해 본 불교우언의 현대적 소통」, 『국문학논집』제20집, 단국대학교 국어국문학과, 2005.

李箕永, 「正法隱沒說에 관한 종합적 비판」, 『佛教學報』 제1집, 동국대 불교문화연구소, 1963.

李法山, 「불교에 있어서 환경과 생명윤리」, 『생명과 환경윤리』(제8회 한·일학술교류회의), 東國大·大正大, 1995.

이병욱, 「합리성과 엄격성으로 바라본 성철 사상」, 조성택 편, 『퇴옹 성철의 깨달음과 수행』, 예문서원, 2006.

이영무, 「太古普愚國師의 人物과 思想」, 『태고보우국사논총』, 대륜불교문화연구원,

796

1997.

이중표, 「청화선사의 순선사상과 원통불법」, 『청화선사의 사상과 수행법』(정통불법
　의 재천명 제3차 세미나 자료집), 2007.

이지은, 「인도 불교부흥운동의 현실과 한계」, 『불교평론』 제10호, 불교평론사, 2002.

일타 저, 지관 편, 「陜川 海印寺 退翁堂 性徹大宗師碑文」, 『韓國高僧牌文總集(조선
　조·근현대)』, 가산불교문화연구원, 2000.

장익, 「환경위기와 태고사상」, 『太古思想』 제2집, 불교춘추사, 2002.

정승석, 「분배문제에 대한 불교의 기본인식」, 『성담 김태우교수 회갑기념논문집』,
　1992.

정원 비구, 『일체 민중이 행복한 그날까지』, 말, 2017.

鄭泰媒, 「共産主義의 挑戰에 직면한 佛敎」, 『世界佛敎學術會議 發表要旨文』(앰배서
　더호텔), 1976.8.31.~9.2.

조성택, 「불교생태학: 그 가능성과 한계」, 『철학연구』 29, 고려대 철학연구소, 2005.

조수동, 「대승불교의 경제사상」, 『철학논총』 32집, 새한철학회, 2003.

조욱종, 「스스로 가난한 삶을 살고자 하는 노력」, 『종교인 과세와 사회적 공공성의
　실현』(종교인 과세 워크숍 자료집), 2012.

조준호, 「선과 염불의 관계」, 『선문화연구』 제14집, 한국불교선리연구원 , 2013.

차차석, 「대립과 갈등의 근대사와 중도법문의 의미」, 『(성철스님 탄신 100주년
　기념 제2차 학술포럼) 한국 근대불교 100년과 퇴옹성철』, 백련불교문화재단,
　2011.5.26.

최병헌, 「太古和尙」, 『한국불교인물사상사』, 민족사, 1990.

＿＿＿, 「태고보우의 佛敎史的 위치」, 『태고보우국사논총』, 대륜불교문화연구원,
　1997.

최원섭, 「불교의 현대화에 담긴 퇴옹 성철의 의도」, 『(성철스님 탄신 100주년 기념
　제2차 학술포럼) 한국 근대불교 100년과 퇴옹성철』, 백련불교문화재단,
　2011.5.26.

칸트, 「도덕형 이상학의 기초」, 『世界의 大思想(Grundlegung zur Metaphysik der
　Sitten)』, 휘문출판사, 1972.

퇴휴, 「납세와 복지의 상관관계: 종교인 과세의 현실적 측면」, 『종교인 과세에

대한 불교적 관점」, 불교광장, 2013.7.11.

틱낫한, 「정념 수형의 실천」, 『정각도량』 통권 15호, 동국대학교 정각원, 1995.

한국리서치, 「지하철 이용시민 종교의식 조사보고서」, 2009.

한명로, 「사찰과 스님의 과세방안에 대한 고찰」, 『대한불교조계종 종회의원 및 총무원재직스님 연수회』, 대한불교조계종, 2013.1.6.

한자경, 「무아와 윤회 그리고 해탈」, 『오늘의 동양사상』 7, 2002

許庚九, 「돈황본 『육조단경』의 眞如考」, 『육조단경의 세계』, 김지견 편, 민족사, 1989.

허우성, 「간디와 성철」, 조성택 편, 『퇴옹 성철의 깨달음과 수행』, 예문서원, 2006.

홍정식, 「佛教倫理의 本質」, 『韓國佛教學 제3집』, 한국불교학회, 1977.

홍정식, 「佛教의 政治思想」, 『佛教學報』, 제10집(東國大學校 佛教文化研究所), 1973.

휴암, 「한국불교를 변명한다」, 『씨알의 소리』, 1979년 1월호, 씨알의 소리사, 1979.

____, 『승가의 양심과 불교탄압의 문제』, 1989.10.20.

____, 「깨달음의 문제: 제3회 수련결사(깨달음) 기조강연」, 『선우도량』 제2호, 1992.

____, 「'간화선의 방법론적 구조'와는 상관없이: 제6회 수련결사/논평2」, 『선우도량』 제6호, 대한불교조계종 선우도량, 1994.

## 5. 기사류

「법보신문」, 2013년 1월 11일자.

「조선일보」, 2013년 1월 9일자.

## 수록 논문 출처〔수록 순〕

논문의 제목과 내용은 일부 수정하였음.

### 제1장

- 「초기불교의 연기상의설緣起相依說 재검토 — 불교의 사회화를 위한 한 이론적 정초定礎 —」, 『한국불교학』, 한국불교학회, 1989
- 「업설을 통해 본 불교의 역사정신」, 『동국사상』, 동국대학교 불교대학, 1976
- 「불교업설에서의 동기론과 결과론」, 『불교학보』(제29집), 불교문화연구원, 1992. 11
- 「불교 업보윤회설의 의의와 해석」, 『불교학연구』, 불교학연구회, 2011. 8. 18

### 제2장

- 「대승경전관 정립을 위한 시론 — 대승불설·비불설론과 관련하여」, 『한국불교학』, 한국불교학회, 1996. 11. 1
- 「대승열반경에 나타난 일천제 성불론」, 『한국불교학』, 한국불교학회, 1992
- 「빠알리어경전과 대승경전의 사상적 차이」, 『불교평론』, 만해사상실천선양회, 2010. 9. 1

### 제3장

- 「재가자는 출가자에 비해 하열한가」, 『불교평론』, 만해사상실천선양회, 2006. 7. 20
- 「전륜성왕에 관한 몇 가지 문제」, 『동국논총』, 동국대학교, 1996. 12. 01
- 「대지도론에 나타난 대승의 염불과 선」, 『인도철학』(42집), 인도철학회, 2014. 12
- 「육조혜능의 선사상과 청화선사의 실상염불선」, 『불교연구』, 한국불교연구원, 2013

## 제4장

• 「문화의 진보에 대한 불교적 관점」, 『문화의 진보에 대한 철학적 성찰』, 철학과 현실사, 1998
• 「불교적 관점에서 본 소비대중문화」, 『불교학보』, 동국대학교 불교문화연구원, 1999. 12. 31
• 「인도불교계율에 있어서의 노동문제」, 『대각사상』, 대각사상연구원, 1999. 11. 30
• 「사회적 불평등 문제와 태고사상」, 『태고사상』(제2집), 한국불교태고학회, 2002. 10. 22

## 제5장

• 「빔라오 람지 암베드까르의 불교관 고찰」, 『불교학보』, 불교문화연구원, 2017. 3. 16
• 「암베드까르와 분노 그리고 불교」, 「만해축전 학술세미나 자료집」, 만해축전추진 위원회, 2016. 8. 26
• 「퇴옹성철의 현실참여문제 一考」, 『선문화연구』, 한국불교선리연구원, 2014. 12
• 「불교의 세속화, 기복화를 막아라」, 『불교평론』, 만해사상실천선양회, 2012. 2. 10
• 「문수스님 소신공양의 의미와 평가」, 『불교학보』, 불교문화연구원, 2010. 12. 31

## 제6장

• 「전법교화학 정립의 방향과 과제」, 『전법학연구』, 불광연구원, 2012. 1
• 「현대사회와 불교의 효사상」, 『부처님이 들려주는 효 이야기』, 조계종출판사, 2000. 8
• 「가족의 초기불교적 이해」, 「제2회 혜원 시민포럼 자료집」, 혜원불교교육원, 2018. 12. 9
• 「풍경소리 글의 성격과 내용 분석」, 『불교연구』, 한국불교연구원, 2010. 2. 28
• 「종교인 과세에 대한 불교적 관점」, 『대각사상』, 대각사상연구원, 2013. 12

**제7장**

• 「지속가능한 발전과 불교경제학」, 『지식기반사회와 불교생태학』, 아카넷, 2006
• 「한국의 불교생태학 연구동향」, 『철학사상』, 서울대학교 철학사상연구소, 2011.
 8. 31
• 「불교생태학 프로그램의 발전적 추진방향-동국대학교의 경우를 중심으로-」,
 『불교학보』, 불교문화연구원, 2005. 2. 28

# 찾아보기

**박경준**

동국대학교 불교학과를 졸업하고 동 대학원 불교학과에서 철학박사
학위를 취득하였다. 1995년부터 현재까지 동국대학교 불교학부 교수
로 재직 중이다.

동국대학교 불교문화연구원장, 중앙도서관장, 평생교육원장, 에코포
럼 운영위원장, 불교학연구회장, 『불교평론』 편집위원장, 민주평화통
일자문회의 상임위원, 공직자종교차별자문회의 위원 등을 역임하였다.
현재 불교방송시청자위원회 위원, 『풍경소리』 작가, 정의평화불교연대
고문으로 활동하고 있다.

주요 저술

● 저서:『불교학의 사회화 이론과 실제』,『불교사회경제사상』,『다비
와 사리』,『민중불교의 탐구(공저)』,『지식기반사회와 불교생태학(공
저)』등 다수.

● 역서:『근본불교와 대승불교』,『원시불교사상론』,『아시아의 참여불
교』,『지구를 구하는 경제학』,『동남아시아의 불교 수용과 전개』,『불교
사회경제학(공역)』

# 불교학의 사회화 이론과 실제

**초판 1쇄 발행** 2019년 2월 26일 | **초판 2쇄 발행** 2022년 6월 30일
**지은이** 박경준 | **펴낸이** 김시열
**펴낸곳** 도서출판 운주사

(02832) 서울시 성북구 동소문로 67-1 성심빌딩 3층

전화 (02) 926-8361 | 팩스 0505-115-8361

ISBN 978-89-5746-539-4 93220  값 37,000원

http://cafe.daum.net/unjubooks 〈다음카페: 도서출판 운주사〉